»In uns selbst liegt Italien«
Die Kunst der Deutsch-Römer

Haus der Kunst München
12. Dezember 1987 – 21. Februar 1988

»In uns selbst liegt Italien«

Die Kunst der Deutsch-Römer

Herausgegeben von
Christoph Heilmann

Mit Beiträgen von
Sigrid Braunfels-Esche · Michael Bringmann
Christoph Heilmann · Andrea Linnebach · Ekkehard Mai
Peter Märker · Günter Metken · Norbert Miller
Gianna Piantoni · Götz Pochat · Winfried Ranke
Emil Staiger † · Marisa Volpi · Franz Zelger

Hirmer Verlag München

Bayerische Staatsgemäldesammlungen München und Ausstellungsleitung Haus der Kunst München e. V.

Bayerische Staatsgemäldesammlungen München:
Dr. Hubertus Falkner von Sonnenburg
Generaldirektor

Konzeption und wissenschaftliche Vorbereitung
der Ausstellung und des Katalogs:
Dr. Christoph Heilmann
Assistenz:
Dr. Annegret Hoberg

Katalog der Zeichnungen:
Dr. Peter Märker, Dr. Fritz Fischer

Restauratorische Betreuung:
Bruno Heimberg, Konrad Laudenbacher

Photoarbeiten:
Gottfried Schneider, Bruno Hartinger

Ausstellungsleitung Haus der Kunst München e. V.:
Prof. Ludwig Scharl, Präsident
Johannes Segieth, Schriftführer
Prof. Erich Koch, Schatzmeister

Andreas Bleeker, Peter Collien, Leo Cremer, Walter Grill,
Helmut Kästl, Herbert Peters, Max Pfaller, Hannes Rosenow,
Karin Welponer

Magdalena Huber-Ruppel, Direktorin
Christina Köhler, Ausstellungssekretariat

Dipl.-Ing. Dr. Patrick Utermann, Ausstellungsarchitekt

Auf dem Umschlag:
Arnold Böcklin, Ideale Frühlingslandschaft, 1871
(siehe Kat. 30)

CIP-Titelaufnahme der Deutschen Bibliothek

"In uns selbst liegt Italien" : d. Kunst d. Deutsch-Römer ;
[Haus d. Kunst, München, 12. Dezember 1987 – 21. Februar
1988] / [(Bayer. Staatsgemäldesammlungen München u.
Ausstellungsleitung Haus d. Kunst München e. V.)]. Hrsg. von
Christoph Heilmann. [Katalog d. Zeichn.: Peter Märker]. –
München : Hirmer, 1987
ISBN 3-7774-4600-9
NE: Heilmann, Christoph [Hrsg.]; Haus der Kunst ⟨München⟩;
Bayerische Staatsgemäldesammlungen ⟨München⟩

Lithographie: Brend'amour, Simhart & Co., München
Satz und Druck: Passavia Passau
Bindung: Conzella, Pfarrkirchen
Printed in Germany
ISBN 3-7774-4600-9

Inhalt

Leihgeber

Basel, Öffentliche Kunstsammlung, Kunstmuseum
Basel, Öffentliche Kunstsammlung, Depositum der Gottfried-Keller-Stiftung, Kunstmuseum Basel
Basel, Öffentliche Kunstsammlung, Kupferstichkabinett
Basel, Öffentliche Kunstsammlung, Kupferstichkabinett, Depositum der Eidgenössischen Gottfried-Keller-Stiftung
Basel, Öffentliche Kunstsammlung, Kupferstichkabinett, Depositum des Vereins der Freunde des Kunstmuseums
Berlin, Staatliche Museen Preußischer Kulturbesitz, Nationalgalerie
Berlin, Staatliche Schlösser und Gärten
Berlin, DDR, Staatliche Museen zu Berlin, Nationalgalerie
Bern, Kunstmuseum
Bonn, Bundesrepublik Deutschland
Bremen, Kunsthalle
Darmstadt, Hessisches Landesmuseum
Darmstadt, Städtische Kunstsammlungen
Dresden, Staatliche Kunstsammlungen, Gemäldegalerie Neue Meister
Düsseldorf, Kunstmuseum
Düsseldorf, Staatliche Kunstakademie
Essen, Museum Folkwang
Florenz, Sammlung Villa Romana
Frankfurt am Main, Städtische Galerie im Städelschen Kunstinstitut
Hamburg, Hamburger Kunsthalle
Hamburg, Hamburger Kunsthalle, Kupferstichkabinett
Hamburg, Galerie Mathias F. Hans
Heidelberg, Kurpfälzisches Museum der Stadt Heidelberg
Karlsruhe, Staatliche Kunsthalle
Kiel, Kunsthalle zu Kiel
Kiel, Stiftung Pommern
Köln, Wallraf-Richartz-Museum
Leipzig, Museum der bildenden Künste
Mannheim, Städtische Kunsthalle
München, Bayerische Staatsgemäldesammlungen, Neue Pinakothek
München, Bayerische Staatsgemäldesammlungen, Schack-Galerie
München, Staatliche Graphische Sammlung
München, Städtische Galerie im Lenbachhaus
München, Galerie Grünwald
Nürnberg, Germanisches Nationalmuseum
Oldenburg, Landesmuseum
Oxford, Ashmolean Museum
Poznań, Muzeum Narodowe
Schweinfurt, Sammlung Georg Schäfer
Speyer, Stadt Speyer
St. Gallen, Kunstmuseum
Stuttgart, Staatsgalerie
Stuttgart, Staatsgalerie, Graphische Sammlung
Winterthur, Museum Stiftung Oskar Reinhart
Worms, Museum Kunsthaus Heylshof
Wuppertal, Von-der-Heydt-Museum
Zürich, Kunsthaus

sowie zahlreiche private Leihgeber, die nicht genannt werden möchten.

Vorwort

Nach längerer Vorbereitungszeit und soweit getaner Arbeit stellt sich die Frage, ob die Motivationen, die zu diesem Ausstellungsprojekt geführt haben, auch heute noch stimmig sind und inwieweit das seinerzeit erarbeitete Konzept realisiert werden konnte.

Zum ersten Punkt läßt sich sagen, daß die Anzeichen für eine wieder auf Inhalte ausgerichtete Kunst neuerdings sich eher noch zu verdichten scheinen und somit der Anspruch auch der Aktualität dieser Kunst der Deutsch-Römer für ein modernes Publikum Ansatzpunkte zum Nachdenken liefern kann. Scheint es doch, als ob das rationale Feld formaler Abstraktion in der zeitgenössischen Kunst für den historischen Augenblick unseres Heute weitgehend ausgeschritten sei und die einem verselbständigten Kunstbegriff verschworenen Richtungen ihre Führungsrolle derzeit abgegeben hätten. Daß hier gelegentlich auch wieder an die Tradition der Antike und mythischer Vorzeit angeknüpft wird, zeigt die italienische Kunstszene momentan vielleicht am deutlichsten. Man braucht im gegebenen Zusammenhang nur Namen zu nennen wir Pistoletto, Parmigiani, Paolini, Kounellis, auch Cucchi, Bartolini, Spagnulo oder unter den Deutschen etwa Markus Lüpertz, wobei sich da auch Assoziationen mit frühzeitlichen Mythen des Nordens gelegentlich einstellen können.

Die Feststellung ist nicht neu, daß wir heute entgegen der geläufigen These, die Moderne sei ein Produkt der Aufklärung, von ihrem doppelten, widersprüchlichen Ursprung auszugehen haben, nämlich dem von Aufklärung und Romantik. Beide Begriffe umschreiben wesentliche Grundzüge auch für die Kunst der Deutsch-Römer, müssen geradezu als deren Wurzeln angesehen werden. Und so finden sich neben Aufsätzen über die Hauptmeister Böcklin, Feuerbach, Hildebrand (Marées ist in einem eigenen Katalog zu der gleichzeitig in der Neuen Pinakothek gezeigten Jubiläumsausstellung gewürdigt) eine Reihe von ergänzenden Abhandlungen zum kunsthistorischen Kontext. So gibt es Aufsätze zum literarischen, musikgeschichtlichen und kunsttheoretischen Umfeld, aus dem heraus die Kunst der Deutsch-Römer aus ihrer Zeit heraus uns heute besser verständlich wird, wie auch einen weiteren Beitrag zu deren Wirkungskraft für die klassische Moderne.

Der von den bedeutendsten Vertretern der Kunst des 20. Jahrhunderts meistzitierte Deutsch-Römer ist Arnold Böcklin, den nicht nur Klinger und Munch als Vorbild für ihr eigenes Kunstwollen und wichtigsten unter den modernen Künstlern benennen, sondern der auf viele der Künstler des Jugendstil, auf Corinth, den Expressionismus und Surrealismus – insbesondere De Chirico – bis zu Dalís bekannten Paraphrasen der *Toteninsel* gewirkt hat. Dieser Beziehungsreichtum versteht sich natürlich nicht so sehr auf Formales, sondern vielmehr auf ein neues Bewußtsein, das in der Weise in Böcklins Kunst einen sehr frühen Ausdruck gefunden hat. Sie wurde seinerzeit von diesen Klassikern der Moderne ganz richtig verstanden und ihren eigenen Kunstvorstellungen dienstbar gemacht.

Eine erste Ausstellung über die Kunst der Deutsch-Römer nun gerade in München zu veranstalten, scheint auch Sinn zu machen. War diese Stadt für die meisten dieser Künstler doch so etwas wie eine geistige Heimat damals zur Zeit Max II. Joseph, dessen über 15 Jahre dauernde Regierung im Revolutionsjahr 1848 begann und der als erster konstitutioneller König Bayerns dem Bild des modernen Herrschers entsprach, welcher sich als erster Diener des Staates verstehen sollte. In dieser liberalisierenden Tendenzen offenen Zeit schufen die hauptsächlich aus norddeutschen Staaten nach München gezogenen Gelehrten der Natur- und Geisteswissenschaften wichtige Grundlagen für eine schöpferische Meinungsvielfalt. Viele von ihnen gehörten der privatem Gedankenaustausch gewidmeten »Königlichen Tafelrunde« an, zu der auch Vertreter des Münchner Dichterkreises geladen waren, wie der junge Paul Heyse, Emanuel Geibel, Adolf Friedrich von Schack u. a. Daß gerade der letztere durch seine dem deutschen Idealismus verpflichtete Gemäldesammlung zeitgenössischer Künstler als Schlüsselfigur für das Verständnis der jungen Deutsch-Römer ins allgemeine Bewußtsein eingegangen ist, muß hier nicht eigens betont werden. Schack ist als Mäzen jedenfalls nicht nur eine wichtige Voraussetzung für die Durchsetzungskraft ihrer Kunst gewesen, sondern ebenso Ausdruck für das geistige Klima Münchens in den Jahren zwischen 1848 und der Reichsgründung.

Um nun zum zweiten der hier und jetzt nochmals nachzuprüfenden Punkte einer Selbstbefragung zu kommen, so darf wohl mit einiger Berechtigung festgestellt werden, daß das seinerzeit erarbeitete Ausstellungs-Konzept bis zu einem hohen Grade realisiert werden konnte. Dafür ist in erster Linie all denen zu danken, die uns tatkräftig in jeder Weise dabei unterstützt haben. Darunter zählen vor allem die vielen in- und ausländischen Leihgeber, die ihrerseits anscheinend von der Stimmigkeit des Unternehmens und dem historischen Stellenwert der Kunst der Deutsch-Römer für ein sich wandelndes Bewußtsein überzeugt, auf großzügigste Weise Verständnis für unsere Initiative bewiesen haben. Denn nur eine gezielte Auswahl repräsentativer Beispiele aus all diesen Sammlungen konnte ein Gelingen ermöglichen. An erster Stelle seien die Leihgeber außerhalb der Bundesrepublik hervorgehoben und bedankt, so die Museumskollegen in Dresden, Leipzig und Berlin (DDR), die unsere Leihgesuche bei ihren übergeordneten Behörden befürwortet haben, sodann die Museen in Basel, Bern, St. Gallen und Zürich wie insbesondere auch die Stiftung Oskar Reinhart in Winterthur, deren Vorstand die ausnahmsweise Genehmigung für die Leihgabe des »Pan im Schilf« von Böcklin erteilte, um endlich einmal beide Fassungen dieses weltberühmten Bildthemas nebeneinander zu sehen und vergleichen zu können. Neben den zahlreichen Museen der Bundesrepublik und den Leitern anderer öffentlicher Institutionen seien nicht zuletzt die vielen privaten Leihgeber für ihre Unterstützung bedankt, ohne die der individuelle Facettenreichtum im Schaffen der deutsch-römischen Künstler nicht hätte vor Augen geführt werden können. Nicht genug zu danken ist den Autoren des Katalogs, die sich trotz Arbeitsüberlastung der gemeinsamen Aufgabe verschrieben und sowohl in Arbeitssitzungen das Ausstellungskonzept mit durchdiskutiert haben und vervollständigen halfen als auch durch ihre Beiträge das Spektrum des vorgestellten Gesamtthemas erweitern und durchsichtiger machen konnten.

Bayerische Staatsgemäldesammlungen München
Hubertus Falkner von Sonnenburg
Christoph Heilmann

Eigens hervorheben möchten wir den selbstlosen Einsatz von Peter Märker, der trotz aller sich entgegenstellender Behinderung nicht nur den wichtigen Aufsatz über die Zeichenkunst von Feuerbach und Böcklin verfaßt, sondern auch die Auswahl der Blätter besorgt hat. Verbindlichster Dank sei auch an Fritz Fischer gerichtet für sein kurzfristiges Einspringen bei der Katalogbearbeitung der Zeichnungen, wie auch Franz Zelger für den selbst übernommenen Diplomatendienst, die Genehmigung für die Winterthurer Böcklin-Leihgabe zu erwirken. Frau Braunfels sind wir für alle geleistete Hilfe beim Katalog und ihre Vermittlung von Leihgaben aus dem Besitz der Hildebrand-Nachfahren außerordentlich dankbar. Gleiches gilt für die bei knapper Zeit kurzfristig eingesprungenen Mitarbeiterinnen des Katalogteils Barbara Eschenburg und Barbara Hardtwig sowie für die beiden Volontärinnen Margarete Benz-Zauner und Angelika Burger, die nach Kräften mithalfen. Entscheidende Unterstützung kam von Annegret Hoberg, ohne deren Assistenz und Arbeitsleistung bei den Katalogtexten und der Bewältigung von allerhand Engpässen manches anders gelaufen wäre. Für den engagierten Einsatz bei Schreibarbeiten und der technischen Abwicklung der Leihgaben danken wir Christina Köhler vom Ausstellungssekretariat des Hauses der Kunst. Um die Besorgung von Photowünschen haben sich neben ihr Inge Dranaz und um deren Herstellung unsere Photographen Herr Schneider und Herr Hartinger verdient gemacht, von der Depotverwaltung die Herren Ziegler, Mähnz und Moritz sowie von der Schreinerei die Herren Seidner, Dallmayer, Heigl und Vogel. Die Flut von Katalogtexten hat vorwiegend Christine Ulrich von den Bayerischen Staatsgemäldesammlungen in lesbare Manuskripte umgesetzt, wofür ihr zusammen mit den in zeitweise pausenlosem Einsatz arbeitenden Mitarbeitern des Hauses Hirmer unschätzbarer Dank gebührt.

Ausstellungsleitung Haus der Kunst
Magdalena Huber-Ruppel
Ludwig Scharl

Christoph Heilmann

Einleitende Anmerkungen zur Kunst der Deutsch-Römer

»Wer unglücklich in der jetzigen Welt ist,
wer nicht findet, was er sucht –
der gehe in die Bücher- und Künstlerwelt –
in die Natur – diese ewige Antike
und Moderne zugleich ...«
Novalis, Fragmente und Studien IX 890

»Wer im Luftballon aufsteigt, sieht nicht sich
sich erheben, sondern die Erde herabsinken
nur immer tiefer.«
Schopenhauer, Parerga und
Paralipomena XXXI, § 391

Den äußeren Anlaß zu dieser Ausstellung über die Kunst der sogenannten Deutsch-Römer gibt eigentlich Hans von Marées, dessen Tod sich 1987 zum hundertsten Mal jährt. Seine immer schon nicht eben leicht zugänglichen Werke, die zum großen Teil von Marées selbst als unvollendet angesehen wurden und deren fortschreitender Verfall bislang als unaufhaltbar angesehen wurde, verlangen heute sicherlich mehr noch als je zuvor den Kontext mit der Kunst der anderen großen Deutsch-Römer. Daß eine Auswahl seines Œuvres zwar gleichzeitig, aber doch getrennt für sich in der neuen Pinakothek ausgestellt werden muß, ist mit konservatorischen Rücksichten zu erklären (siehe den eigenen Ausstellungskatalog zu Marées). Seit Jahrzehnten sind seine Werke nicht mehr exemplarisch in Ausstellungen gezeigt worden, und nur seine bewundcrungswürdigen Zeichnungen stehen in ihrer bislang alle Zeiten überdauernder Schönheit einer verhältnismäßig kleinen Zahl von Kennern im Bewußtsein.

I.

Bekanntlich wurden auch die beiden anderen Großen aus dem Kreis der Deutsch-Römer Arnold Böcklin und Anselm Feuerbach bislang nur in monographischen Ausstellungen in jüngerer Zeit wieder ans Licht geholt und das ebenfalls nach mehr als einem Vierteljahrhundert, währenddessen sie als überwunden galten und von der Geschichte fast ganz vergessen waren. Die Zeit zwischen den beiden Weltkriegen und des angestrengten Wiederaufbaus war nicht danach, den künstlerischen Zielsetzungen eines Böcklin, Feuerbach, Marées oder Hildebrand nachzuspüren, die wenig vor oder erst nach ihrem Tod zu Ruhm gelangt waren, und deren Werke man einst, im Falle Marées, von staatlicher Seite zuerst kaum geschenkt haben wollte. Anselm Feuerbach war gerade fünfzigjährig in vollkommener Einsamkeit und unverstanden 1880 in Venedig verstorben, darin vergleichbar dem etwas jüngeren Hans von Marées, der gleichfalls im Alter von fünfzig Jahren 1887 in Rom verschied, gescheitert auch in den Augen mancher seiner Freunde im Bemühen um Verwirklichung einer abstrakt theoretisierenden Kunst, umgeben von wenigen ihm noch verbliebenen Getreuen. Böcklin hingegen war es vom Schicksal vergönnt, anhand seines vorgerückten Alters spät noch öffentliche Anerkennung zu erleben, von Ehrenbezeugungen und Ruhmesfeierlichkeiten geradezu überhäuft. Bis in die siebziger Jahre fanden seine wie auch Feuerbachs und Marées' Gemälde fast nur in Privatsammlungen Aufnahme, worunter die des Grafen Schack in München vor allem dieser Bilder wegen bald Weltruhm erlangen sollte.

Zu den wenigen Galeriedirektoren, die sich damals relativ frühzeitig für die Deutsch-Römer einsetzten und Bilder ankauften, gehörte neben Hugo von Tschudi in Berlin auch der Leiter der Hamburger Kunsthalle Alfred Lichtwark. In seinen Augen war die Kunst Böcklins »eine Offenbarung für die Welt«, lange ehe diese dem Maler überschwenglich zu huldigen begann. Doch auch in dieser spät einsetzenden Begeisterung vermochte Lichtwark keine selbst erworbene Überzeugung oder wirkliches Kunstverständnis von seiten des Publikums zu erkennen. »Es ist schlimm, konstatieren zu müssen«, heißt es in seiner Jubiläumsrede 1897, »daß die starke Opposition erst von dem Augenblick an verstummte, da es geschickten Spekulanten gelungen war, aus Böcklins Gemälden Börsenpapiere zu machen.«[1] Einzig der Bildhauer Adolf von Hildebrand, den man gemeinhin als vierten im Kreis der bedeutenden Deutsch-Römer nennt, war von früh an erfolgreich und sah sich bereits im frühen Mannesalter unter die ersten Bildhauer Deutschlands eingereiht. Sein von heiterem Selbstverständnis ausgezeichnetes Naturell hatte ihn sich gleich nach seiner Ankunft in Rom 1867 an den um zehn Jahre älteren, immer schon hochkomplizierten Marées anschließen lassen. Von ihm wie von Conrad Fiedlers kunstästhetischen Formprinzipien findet sich Wesentliches in Hildebrands Figurenstil übersetzt, der wie auch die anderen Deutsch-Römer eine wie immer geartete Verlebendigung der klassischen Antike bzw. der italienischen Renaissance zum Programm erhob.

Will man die Zielsetzungen dieser Künstler und ihrer von ähnlichen Vorstellungen geleiteten Freunde zusammenfassend ansprechen, so ist vorauszuschicken, daß fast jeder einzelne von ihnen seinen eigenen Weg dabei einschlug und sich nur hin und wieder direkte Einflüsse gegenseitig dingfest machen lassen. Gleichwohl läßt die etwa während der ersten anderthalb Jahrzehnte gemeinsam eingehaltene Richtung der Wege Vergleichbarkeiten zu, die zum besseren Verstehen ihrer Werke beitragen können. Nicht zuletzt unter diesem Gesichtspunkt wurde die Auswahl für die Ausstellung getroffen und im Katalog erläutert.

Gemeinsam ist diesen Künstlern, daß sie dem damaligen Trend zeitbezogener Wirklichkeitsmalerei – ob es nun die erzählende Salonkunst oder der von Inhalten unabhängige Formalismus der Impressionisten war – ablehnend gegenüberstanden und statt dessen zur bildenden Phantasie zurückzukehren suchten, die von antiken Daseinsformen und klassischen Vorstellungswelten ausgeht. Anknüpfend an den deutschen Idealismus der Zeit nach Goethe wollten sie von dem gegen die zweite Jahrhunderthälfte sich abzeichnenden Realismus nur insoweit Gebrauch machen, als dieser ihren eigenen künstlerischen Zielen dienstbar gemacht werden konnte. Darum zog es sie unabhängig voneinander von ihren frühen, frei gewählten Studienorten Berlin, Düsseldorf, Paris, Brüssel oder auch Antwerpen bald auf den klassischen Boden Italiens, wo die heroisch anmutende Größe der Campagnalandschaft sowie Aussehen und Gebräuche des einfachen Volks noch mit der Antike in direkter Verbindung zu stehen schienen. Nicht zuletzt auch brachten die archäologischen Ausgrabungen und die dabei zutage tretenden Wandmalereien neue Erkenntnisse, die das Kunstschaffen dieser jungen Künstler nachhaltig beeinflußt haben.

Angesichts der ausgesprochenen Eigenständigkeit ihrer Individualitäten als Menschen wie als Künstler, ganz verschieden auch nach nationaler Zugehörigkeit, sozialer Herkunft, Erziehung, Temperament, dürfte darum um so mehr ihre Entschlossenheit zu bewerten sein, nach den Quellen abendländischer Kultur auf italischem Boden zu suchen, statt sich etwa der Faszination der lebensprühenden Weltmetropole Paris hinzugeben, dem neuen Mittelpunkt der Künste und des modernen Lebens, wie wir es aus den Milieuschilderungen französischer Romane der Zeit, etwa Flauberts, oder aus Baudelaires berühmter Abhandlung über den »Maler des modernen Lebens« (1863) kennen. Das damals auch für die Malerei neu aufkommende, überaus zukunftsträchtige Thema der Großstadt hat selbst den für Dandy-Allüren anfälligen Feuerbach künstlerisch nicht fesseln können. Als sie einander erstmals oder wieder in Rom begegneten, entstanden hier bald Freundschaften, wobei über Jahre hin in der angedeuteten Weise eine gewisse Gemeinsamkeit in der Grundhaltung ihres Kunstwollens zu erkennen ist. Ihre gegenseitigen Beziehungen reichten über die entscheidenden Jahre ihrer Entwicklung zwar hinaus, ohne daß jedoch – soweit ersichtlich – hiervon ihr künstlerischer Fortgang irgendwann entscheidend beeinflußt worden wäre. Etwa um die Mitte der sechziger Jahre hatte ein jeder seinen Weg gefunden und setzte von nun an seine Entwicklung unbeirrt fort. Dies ist nicht nur im Technischen, Inhaltlichen, Tendenziellen am Werk jeweils zu verfolgen, sondern schlägt sich auch zuweilen in wörtlichen Äußerungen nieder, soweit sie auf uns gekommen sind. Das Phänomen der Deutsch-Römer erklärt sich also nicht als Gruppierung einiger weniger bildender Künstler, sondern wird auch hier erst verständlich durch die Anbindung eines jeden an die Folie der historischen und geistesgeschichtlichen Zusammenhänge in ihren divergierenden Strömungen.

II.

Daß es sich bei der Italiensehnsucht der Deutsch-Römer um eine Konsequenz aus ihrem Ungenügen an der eigenen Zeit gehandelt hat, läßt sich sowohl aus ihren schriftlichen wie insbesondere aus ihren künstlerischen Äußerungen leicht erkennen. Es mag hier ausreichen, im Zusammenhang auf die seit den dreißiger Jahren des 19. Jahrhunderts zunehmend auch in Deutschland um sich greifende Technisierung und Industrialisierung hinzuweisen, auf die überall zu beobachtende größtmögliche Konzentration der Kräfte also zur Bewältigung diesseitiger Probleme und Aufgabenstellung wie auch die davon ausgehende Faszination. Zum andern standen dem die geisteswissenschaftlichen und musischen Traditionen gegenüber, denen im Zeichen Goethes und der Romantik die Deutschen bis dahin international anerkanntermaßen ihre Größe verdankten. Wenn wir hören, daß Ludwig Feuerbach 1848 in seinen Heidelberger Vorlesungen über das Wesen der Religion ausdrücklich sagt, er wolle seine Hörer »aus Kandidaten des Jenseits zu Studenten des Diesseits«[2] machen, so ist darin eigentlich alles enthalten, was auf eine neue Wende der Zeit deutet. Der aus Humanismus und Aufklärung erwachsene Idealismus sah sich allmählich vom aufkommenden Positivismus verdrängt.

Mit all seinen Folgen diesseitiger Weltanschauung: von Darwins Evolutionstheorie, dem Frühkapitalismus mit seinen sozialen Umstrukturierungen, Errungenschaften und Mißständen, den entsprechenden Reaktionen durch sozialistisches Ideengut wurde der Positivismus zum eigentlich herrschenden Standpunkt bis hinein ins 20. Jahrhundert.[3] Das Problem hat bereits der zum Kreis der Florentiner Deutsch-Römer um Böcklin, Marées, Hildebrand gehörende Essayist Karl Hillebrand angesprochen und unter anderem auf solche Ursachen zurückgeführt. Daneben sah er in Deutschland einen weitverbreiteten Mangel an künstlerischer Ursprünglichkeit.[4] Anstatt die griechischen Formen nachzuahmen, hätte es seiner Meinung nach gegolten, jene vergleichbaren Zustände im Geistigen, Gesellschaftlichen und Sittlichen wieder herbeizuführen, daraus griechische Kunst oder die Florentiner Renaissance erwachsen konnte, und er verbindet dies mit der ganz im Sinne Böcklins erhobenen Forderung eines »naiveren Standpunktes der Natur gegenüber«.[5]

Die naturwissenschaftlich begründete Wirklichkeitsphilosophie des Frühkapitalismus und des beginnenden Industriezeitalters ließ metaphysische Bedürfnisse durchaus unbefriedigt, und so kam es in der zweiten Jahrhunderthälfte zu einer merkwürdig späten Begeisterung für den neu entdeckten Schopenhauer, dessen schon 1819 erschienenes Hauptwerk ›Die Welt als Wille und Vorstellung‹ – trotz seiner Novalis in manchem so verwandten metaphysischen Grundeinstellung – damals kaum größere Anhängerschaft gefunden hatte.[6] Daß die endgültige Fassung in zwei Bänden erst 1859 publiziert wurde, kann kein Zufall sein. Um es in unzulässig verkürzter Weise hier nur wenigstens anzudeuten: In seiner von pessimistischer Welterkenntnis getragenen Philosophie, die auf der Zerrissenheit von Subjekt und Objekt gründet, ist den Künsten eine Schlüsselfunktion zuerkannt. Denn nur in der schönen Vorstellung (oder: Anschauung des Schönen) kann die Weltspaltung auf Augenblicke eins werden im erlösenden Akt der Anschauung. Dieser Grundsatz von Schopenhauers ›Metaphysik des Schönen‹[7] ist in Friedrich Theodor Vischers ›Ästhetik‹ eingeflossen, die als ein wesentlicher Pfeiler der Kunstanschauungen der Deutsch-Römer in diesem Katalog durch Götz Pochat näher erläutert wird.[8]

Die Tatsache von Schopenhauers Wiederentdeckung und Verbreitung seiner den Künsten einen so hohen Stellenwert einräumenden Philosophie gerade zu jenem Zeitpunkt gibt zu denken, und so sollte hier wenigstens ein diesbezüglicher Fingerzeig gegeben sein auch auf Bezüge zwischen dem in der Folge von Schopenhauer wesentlich mitgeprägten Zeitgeist und den künstlerischen Prinzipien der Deutsch-Römer.[9] Unser wieder allmählich wachsendes Interesse für deren Vorstellungswelten und künstlerische Ausdrucksweisen mag in der gleichzeitig erneut aufkommenden Wertschätzung Schopenhauers eine bestätigende Parallele finden.[10] Natürlich ist dann hier im Zusammenhang Nietzsche zu nennen, dessen auf den Punkt gebrachtes antithetisches Begriffspaar des »Dionysischen« und des »Apollinischen« in seinem einflußreichen Frühwerk ›Die Geburt der Tragödie aus dem Geiste der Musik‹ geprägt wurde.[11] 1872 erschienen, fällt es noch in die Zeit seiner Schopenhauer-Verehrung, als er während seiner ersten Professorenjahre in Basel Jacob Burckhardt nahestand, der seinerseits als Schlüsselfigur für Zielsetzungen auch der Deutsch-Römer zu gelten hat.

Unter dessen Einfluß sieht Ludwig Curtius Nietzsche als den Erwecker eines neuen deutschen Humanismus und des archaisch heroischen Griechentums, dessen Verständnis die Konstruktion der romantischen Vorstellung ablöste. Zum besseren Verständnis Roms hat Ludwig Curtius, der die Stadt als junger Archäologe vor der Jahrhundertwende gerade noch im fast unberührten Zustand vorgefunden hatte, etwas überaus Treffendes gesagt, das – ganz aus dem Geiste Jacob Burckhardts und der Klassik kommend – auch für die Deutsch-Römer Geltung hat: »Die Idee Rom ist die unaufhörliche geschichtliche Verwirklichung der humanistischen Idee.«[12] Dieser ursprünglich griechische Gedanke mündete geschichtlich jedenfalls in die römische Welt und in dieser erst entstanden Wort und Begriff der »Humanitas«. Die Spuren dieser griechischen Idee vom reinen Menschentum wurden erst durch ihr »Irdisch werden« in der römischen Welt greifbar, wo man aber diese Idee unter den völlig veränderten Bedingungen hochgehalten hat. Dabei wurde diese Idee zwar »irdisch«, aber nur so konnte sie zum »Sauerteig« der antiken Welt werden mit ihren bis heute immer wieder wirksamen Folgen und Brechungen.

Als Gegenposition sei hier nur kurz Gottfried Benn eingeschaltet, der in seiner Rede auf Heinrich Mann[13] seiner strikten Ablehnung, ja Haß auf Idealismus und alles an klassischen Traditionen Orientierte Ausdruck gibt: Die Kunst in Deutschland sei »immer nur 18. Jahrhundert, Vorstufe der Wissenschaft, Erkenntnismöglichkeit zweiten Ranges ... Hier muß ja alles fließen: πάντα ϱεῖ, – die Philosophie der Flußpferde, Heraklit der erste Deutsche, Plato der zweite Deutsche, alles Hegelianer ... Sie wissen ja von dieser weitgehenden Parallelität des hellenischen und deutschen Geistes, wir sind ja alle nur existent durch diese Anfechtung: nur daß wir den *Sieg der Griechen* nicht errangen, seinen marmornen, über das ägäische Meer nach Osten erkämpften Sieg ....«

Mit Goethe als Leitstern, wie es erst recht auch für alle großen Deutsch-Römer gilt, hatte seinerzeit mit anderen auch Ludwig Curtius das »neue Griechentum« der Hölderlin, Jean Paul, Hans von Marées und Adolf von Hildebrand – wie er sie in merkwürdiger Reihe aufzählt – für sich gefunden. Aber zur inneren Vorstellung mußte das eigene Erlebnis hinzukommen, das sich wie bei den Deutsch-Römern aus der Konfrontation mit der ausgeprägten Landschaft und den daraus hervorgewachsenen Zeugen der Vergangenheit ergab. Wie vor ihm sein gleichermaßen humanistisch gesinnter Archäologen-Kollege Amelung, der noch der Paul-Heyse-Zeit vor den siebziger Jahren angehörte, die griechischen Götter noch als »reale Lebensmächte« sah, »die er verehrte und deren Wirken er in seinem Dasein spürte« – die Äußerung könnte geradezu von Böcklin selbst stammen –, so empfand auch der junge Curtius, wenn er, seine Eindrücke beim ersten Besuch in Paestum beschreibend, sich dort in unberührter Landschaft völlig allein der wie geschichtslos ewigen Tempelanlage gegenüber fand und bei sinkender Sonne weit ins Meer hinausschwamm. Erklärend fügte er in seinen Erinnerungen hinzu: »Die Hingabe an das Element war die einzige Form, in der ich, von der Größe halb vernichtet, die Andacht an die Gottheit ausdrücken konnte.«[14]

III.

Neben dem Erlebnis des von allen Romreisenden des 19. Jahrhunderts als urwüchsig, unverfälscht, antikisch empfundenen Volkslebens in Italien, wie es beispielsweise auch Böcklins Schüler Gustav Floerke erlebt und – von Böcklin, Paul Heyse und Gottfried Keller bezeugt – authentisch beschrieben hatte[15], ist es im wesentlichen doch das Erlebnis der klassisch italischen Naturlandschaft, die in ihrer Poesie Böcklin und alle Deutsch-Römer immer wieder von neuem gefangen nahm.[16]

Diese ihnen immer aufs neue fließende Quelle künstlerischer Inspiration ist in der Ausstellung durch eine Reihe von Landschaftsgemälden unter anderen auch von Johann Wilhelm Schirmer und Carl Rottmann veranschaulicht, deren wegweisendes Künstlertum für die nachfolgende Generation unserer Deutsch-Römer auch von Jacob Burckhardt hervorgehoben wurde.[17]

Vergleicht man die für die Ausstellung ausgewählten Werke dieser beiden um 1800 geborenen Maler mit Bildern beispielsweise von Klassizisten wie Johann Christian Reinhart und Joseph Anton Koch, Künstlern also, die in ihrer um eine Generation früheren Zeit etwa der gleichen Rangstufe zuzuordnen sind, so wird einem die grundsätzlich individuelle Verschiedenheit unter den beiden jüngeren Malern auffallen, deren Thematik auch ganz neue Inhalte ansprechen kann, wie etwa die Nichtigkeit menschlichen Geistes gegenüber den übermächtigen Naturkräften in Rottmanns *Archimedes-Grabmal* (Kat. 126) oder das Schicksalhafte irdischen Daseins in Schirmers *Gewitterlandschaft* (Kat. 132). Noch offenkundiger würde der Unterschied gegenüber Landschaftsbildern der Nazarener oder von Malern aus dem Umkreis von Philipp Hackert, der nochmals um eine Generation älter, fast ausschließlich im 18. Jahrhundert gelebt hat. Man könnte den Versuch noch beliebig differenzieren bei gleichem Ergebnis, woraus man einmal auf ein sehr viel geschlosseneres, ideal vorgefertigtes Bild der italienischen Naturlandschaft bei den Klassizisten schließen kann, wie darauf, daß das strenge Diktat der Akademien im 19. Jahrhundert sich langsam gelockert hat. Wieviel mehr noch das für die nachfolgende Generation der großen Deutsch-Römer gilt und hier nun ein ausgeprägt individueller Stil Platz greift, hat mit vielen anderen Werner Hofmann ausgesprochen, der einmal mehr betont, eine stilbildende Kraft gebe es im 19. Jahrhundert bald nur noch beim Einzelnen und sie ende gleichermaßen auch mit diesem. Folglich müßten bei einem solchen »Chaos künstlerischer Individualitäten alle Bemühungen um formale Kodifizierung fehlschlagen«.[18] Das Problem ist nicht zu übersehen und so wird im Katalog mehr von den Eigenständigkeiten im Werk einzelner Deutsch-Römer die Rede sein, ohne dabei jedoch generell das Verbindende aus dem Auge zu verlieren.

Feuerbach, Böcklin, Marées war nicht nur der Entschluß gemeinsam, nach Rom zu gehen und dort zu bleiben, sondern auch der dabei bewiesene Eigensinn, die Achtlosigkeit hinsichtlich eines Erfolgs, der Aufnahme ihrer Kunst durch ein Publikum, das im allgemeinen noch dem nunmehr überholten, gedankenvollen Linearstil der Cornelius-Schule anhing oder das die zeitgemäße Wirklichkeitsmalerei schätzte, wie sie von den belgisch-französischen Historienmalern ausgehend inzwischen die anderen akademischen Gattungen bis zur Salonkunst auch in Deutschland erfaßt hatte. Der nie wirklich populäre Friedrich Preller der Ältere, ein Freund des von Graf Schack zuerst favorisierten Cornelianers Bonaventura Genelli, war einer der wenigen Bedeutenden unter den deutschen Historienmalern der Zeit, der auf dem Weg der traditionsreichen mythologischen Landschaftsmalerei weitergeschritten war, seitdem sie durch Joseph Anton Koch einen letzten Höhepunkt erreicht hatte. Zu seinen bedeutendsten Werken zählen die schon 1833/36 gemalten Fresken der *Odyssee-Landschaften* im »Römischen Haus« des Industriellen Härtel in Leipzig, wozu auch Koch noch Entwürfe geliefert hatte. Die erst 25 Jahre später im Zusammenhang eines erweiterten Zyklus für den Herzog von Sachsen-Weimar erfundene Komposition der *Leukothea* (Kat. 117) ist in unserem Zusammenhang deshalb von Bedeutung, weil sie einmal in der das entfesselte Meer naturalistisch allegorisierenden Gestalt der Leukothea über die anderen philologisch traditionellen Illustrationen hinausreicht, zum andern, weil Böcklin diese entweder von der Münchener Ausstellung 1858 oder von Weimar her gekannt hat, wohin Preller nach seinem Italienaufenthalt 1861 zurückgekehrt war.

Das in Prellers Schaffen herausragende Bild zeigt aber zugleich den tiefgreifenden Unterschied zu den mythologischen Darstellungen auch schon des frühen Böcklin, denen nichts Literarisches anhaftet, sondern die er mit naturimmanentem Leben und sinnlich körperhafter Phantasie füllt. Seine die Natur bevölkernden Pansgestalten, Faune und Nymphen sind nicht nur kunstvoll in die Landschaft hineinkomponiert. Naturwesen, die sie sind, verkörpern sie darüber hinaus die hier waltenden Naturkräfte und beseelen die stumme Natur und unsere Vorstellung davon. Nicht die über das Menschenschicksal bestimmenden Götter also hat Böcklin je dargestellt, sondern die menschlichen Wesenszügen urtümlich verwandten, naiv existierenden Naturgottheiten aus der Phantasie der antiken Welt. Das versteht sich aus seiner selbst gewählten Aufgabenstellung, die Kunst wieder auf die Prinzipien eines unverfälschten Menschentums zurückzuführen. »Warum«, so äußert er sich einmal, »sind die Griechen Griechen? Weil sie machten, was sie sahen, wie es Ihnen recht schien. Die Antiken haben ja keine Antiken machen wollen ... – bloß wir sollen das.« Und die daraus gezogene Schlußfolgerung für den wahren Künstler daraus ziehend: »Auf das künstlerische Erkennen und Aussprechen der besonderen Wesenhaftigkeit kommt es an.«[19]

Daß Böcklin, wie Isolde Kurz berichtet[20], in Italien selbst am wenigsten verstanden wurde, ist ein bedeutsamer Hinweis, der – trotz aller Affinität zur Antike und ihren Mythen – auf sein Verwachsensein mit der Romantik-Tradition germanisch-pantheistischer Naturbeseelung zurückzuführen ist. Beizeiten hat man schon auf die Kunst Philipp Otto Runges, Caspar David Friedrichs als Vorläufer verwiesen, wo in ähnlicher Weise der dargestellte Mensch gleichsam zum Sprachrohr der Empfindung wird und dadurch der Natur genähert erscheint.[21] Es sei hier nur auf die *Morgenlandschaft mit der Hl. Familie auf der Flucht* für den Sarasinschen Gartensaal (Kunstmuseum Basel), oder die *Hirtin* (Kat. 17) verwiesen bzw. auf die *Villa am Meer* (Kat. 19) und die *Toteninsel* (Kat. 46), deren Nähe zur Romantik in dieser Hinsicht kaum sinnfälliger sein könnte.

Eine besondere Eigentümlichkeit von Böcklins Erfindungsgabe aber ist es, daß uns beim ersten Hinsehen sehr viele der traditionellen »Rahmenthemen«[22] – hauptsächlich aus der Schaffenszeit bis in die siebziger Jahre hinein – wenn nicht gerade übernommen, so doch weitgehend vertraut scheinen, ob es sich nun um Antiken-Mythologie, christliche oder naturpoetische Thematiken handelt. Hierbei erweist es sich, daß Böcklin generell bei seinen Bilderfindungen mit dem Vokabular aus verschiedensten Schulen vom Florentiner Cinquecento und den Flamen des 17. Jahrhunderts bis ins 19. Jahrhundert deutscher Malerei von Caspar David Friedrich bis Karl Friedrich Lessing, Johann Wilhelm Schirmer und Carl Rottmann vollkommen frei nach seiner Vorstellung verfährt, was Giorgio de Chirico zu der Feststellung veranlaßte, mit Böcklins Bildern verbinde sich die Vorstellung des »déjà vu«.[23]

Böcklins – auch schon in jungen Jahren – erstaunlich ungebundene Einstellung zur Vorbildertradition also und das dabei nach Belieben angewandte Auswahlverfahren im Hinblick auf seine ganz individuelle Bildvorstellung ließe die herkömmliche Deduktionsmethode nach den Regeln der Stilkritik in den meisten Fällen zur Spekulation werden. Ähnliches gilt noch in verstärktem Maß für Max Klinger, Edvard Munch und andere gleichermaßen bedeutende Symbolisten der nachfolgenden Generation, die in Böcklin einen ihrer großen Wegbereiter sahen.[24] Wohl eines der überragendsten Verdienste Böcklins ist es, die bereits zwar subjektiv empfundene, aber immer christlich gebundene Symbolsprache eines Philipp Otto Runge oder Caspar David Friedrich verweltlicht zu haben; er hat ihr Anwendungsgebiet erweitert und tauglich gemacht, um existentiell menschliche Belange und Problemstellungen damit zum Ausdruck zu bringen. Wie er die mythischen Gestalten der griechischen Welt romanisiert hat und sie, so Isolde Kurz, »aus der Üppigkeit und dem Überschwang der derb sinnlichen italienischen Landschaft herauswachsen« läßt[25], so verfuhr er auf angemessene Weise und vollkommen originär mit den transzendentalen Verschlüsselungen der Romantiker, um daraus aktuell anwendbare, lebensnahe Bildinhalte zu erfinden. Mit seiner pantheistischen, von Darwins Entwicklungslehre beeinflußten Naturauffassung, die in allem organischen Wachstum einen von innen wirksamen Gestaltungsplan sah, stand Böcklin dem Naturbegriff der Griechen unter den Künstlern seiner Zeit wohl am nächsten, aber auch die Anknüpfung an das Naturgefühl der norddeutschen Romantik sind wie gesagt nicht zu übersehen. Als Schöpfer einer ganz neuen, subjektiven Bildsprache, die auf genauester Anschauung der Natur und den daraus gewonnenen sinnlichen Erfahrungswerten aufbaut, wandte er sich dabei zugleich an die Sensitivität und seelische Befindlichkeit des Einzelnen, die er seinerseits jeweils selbst durchlebt hatte, um ihr schließlich in seinen Bildern Ausdruck zu verleihen. So müssen wir nach wie vor Carl Georg Heise zustimmen, der schon 1936 konstatiert hat, daß »jede Auseinandersetzung mit Böcklin mit den Bildinhalten beginnt«.[26] Es sei daher auf die Gemälde Böcklins und der anderen Deutsch-Römer verwiesen und deren ausführliche, von der Anschauung ausgehende Kommentare im Katalogteil.

Wie sich das Antithetische im Formalen wie Inhaltlichen als gestalterisches Urprinzip von Böcklins Kunst erweist, so trifft – jedenfalls in formal kompositorischer Hinsicht – auf Feuerbach eher das Gegenteil zu. Seine Vergegenwärtigungen großer Menschen aus Antike und

Renaissance erscheinen, der äußeren Form nach, immer in gemessener Ruhe, abgeklärt, dem Ideal harmonischer Ausgeglichenheit dienend. Das gilt beispielsweise auch für Porträts, insbesondere von der sein antikisches Frauenideal verkörpernden Nanna Risi, aber vor allem für die bedeutenden Gestalten aus Mythologie, Geschichte und klassischer Literatur, für die sie und später Lucia Brunacci als Modell, oder besser, nach Feuerbachs Auffassung, als Interpretin gedient hat.

Auch wenn man sich wegen des offensichtlichen Gegensatzes von lebensvollen, zuweilen dramatischen bis zur Rauferei ausartenden Darstellungen Böcklins und den in sich gekehrten, stillen Figuren Feuerbachs hauptsächlich angewöhnt hat, die Unterschiede dieser beiden Exponenten deutsch-römischer Kunst zu sehen, so darf darüber das Gemeinsame ihres Strebens keinesfalls vernachlässigt werden. Das Grundverwandte, welches beide miteinander wie auch mit den anderen Deutsch-Römern verbindet, ist die Rückbesinnung auf das zeitlos Schöne, die Idealität einer aus der Antike überkommenen Vorstellung, wie sie in den Blütezeiten abendländischer Kulturepochen das Weltbild wesentlich bestimmt und zuletzt in der damals gerade zu Ende gegangenen deutschen Klassik einen letzten Höhepunkt erreicht hatte. Nationalgeschichtliches Bewußtsein, wie es wieder in den Jahren um 1848 nach den Enttäuschungen der Restauration erwacht war, spielte hierbei wohl eine bestimmende Rolle, wie auch die eingangs angemerkten Motive des dem Idealismus zuwiderlaufenden Industriezeitalters.

Darüber hinaus bestanden, jedenfalls bis in ihr viertes Lebensjahrzehnt, viele Gemeinsamkeiten zwischen Böcklin und Feuerbach, beginnend mit ihrer beider Düsseldorfer Studienjahre, als Böcklin bei Wilhelm Schirmer und Feuerbach bei Wilhelm von Schadow studierten. Zeiten freundschaftlichen Zusammenseins in Rom bis zu Böcklins Rückkehr nach Basel 1857 und wieder Anfang der sechziger Jahre zu Beginn des zweiten Romaufenthalts, gemeinsame Interessen in Literatur und Musik und beidseitige Freundschaften mit Künstlerkollegen wie die mit Franz von Lenbach und Reinhold Begas. Wie wir durch Julius Allgeyer wissen, hat Feuerbach die überragende Meisterschaft Böcklins bewundert und den Freskenauftrag des Konsul Wedekind in Hannover an Böcklin vermittelt, wie dieser dann seinerseits sich bemühte, Feuerbach nach Weimar zu holen.[27] Ein weiteres äußeres Band bestand in der Person des Grafen Schack, ihrer beider erstem Mäzen, der sie jahrelang während ihrer künstlerisch entscheidenden Entwicklungsphase durch freie Aufträge förderte und so die repräsentative, einzigartige Sammlung von Gemälden Feuerbachs, Böcklins, Marées', Lenbachs aus deren bester Zeit zusammenbrachte. Schacks literarisch geistige Interessen standen ganz in der Tradition des Humanismus und der deutschen Klassik und befanden sich mit denen der Deutsch-Römer in Einklang. Es ist, nebenbei bemerkt, im Zusammenhang vielleicht aufschlußreich, wenn man bedenkt, daß Schack, konsequent in seiner Ausrichtung, keinerlei Gemälde der anderen Avantgarde-Künstler in seine Sammlung aufnahm, die sich wie der junge Wilhelm Leibl und sein Kreis oder Adolph von Menzel dem Realismus verschrieben hatten. Unter den von Schack beschäftigten Künstlern stand Feuerbachs Naturell ihm wohl am nächsten. Dessen durch sein intellektuelles und musisches Elternhaus vorgeprägte Neigung zur Antike und Kunst, besonders der Venezianer des 16. Jahrhunderts, deckte sich mit Schacks Vorliebe, wobei für diesen das malerische wohl weniger eine absolute, sondern zuvörderst eine poetisch vermittelte Qualität war. Selbst Literat und Dichter, war er eine der bestimmenden schöngeistigen Persönlichkeiten der königlichen Tafelrunde König Max II. Josef, der in München eine Reihe weiterer gleichgesinnter Anhänger des späten deutschen Idealismus wie Emanuel Geibel und Paul Heyse versammelt hatte.[28] Es kann kaum Zweifel daran geben, daß bei den bestehenden Bindungen an München eine solche Bastion nachgoetheschen Geistes auf die Ausrichtung Böcklins und Feuerbachs und auch einiger anderer junger Deutsch-Römer nicht einen gewissen Einfluß gehabt hätte. Wie bei den Deutsch-Römern war in diesem bürgerlich gesinnten Dichterkreis idealistisches Gedankengut mit der Forderung nach klassisch strenger Korrektheit der künstlerischen Form verbunden und ihr Schönheitsideal noch ausgeprägter als bei August Graf Platen, der damals hier, noch zwanzig Jahre nach seinem Tod, als Vorbild angesehen war. Eine bei Platen wie auch bei anderen Freunden Schacks latent oder zuweilen auch offen durchscheinende Verzichthaltung, eine zumindest literarische Gebrochenheit bei merkwürdigem dem Leben idealisch Entrücktsein deckt sich in eigenartiger Weise mit vielem, was Feuerbachs Kunst ausdrückt, – nämlich »ein seelisches Geschehen, das aus einem Kunsterlebnis erwächst, der Mensch nicht als praktisch tätiges, sondern als geistig tätiges Wesen.«[29] Für ihn ist in der Kunst etwas wirksam, das das Leben vorenthält. Und gleichwohl lassen sich bei aller tiefgehenden und menschlichen Verschiedenheit[30] gewisse Vergleichbarkeiten und sogar gegenseitige Einflußnahmen im Schaffen beider Künstler feststellen, wenn man beispielsweise an das von Böcklin erstmals 1857 noch in Rom aufgebrachte *Puttenkinder*-Thema[31] denkt, das in unmittelbarer Folge dann auf Jahre hin Feuerbach beschäftigt hat (Kat. 59, 61). Anzuführen wäre unter anderem auch die mit Böcklins zwei *Pan im Schilf*-Fassungen so eng verwandte *Terrainstudie in den Caracalla-Thermen* Feuerbachs von 1858 (Kat. 60) oder Böcklins kleine *Hirtin* von 1861, die Feuerbach zweifelsohne die Anregung für sein sechs Jahre später entstandenes Bild *Ricordo da Tivoli* gegeben hat, das in seiner ersten Fassung im Besitz Conrad Fiedlers war (heute Nationalgalerie Berlin, Stiftung Preußischer Kulturbesitz) und in einer zweiten Fassung ein Jahr später von Schack erworben wurde (Kat. 74).

Neben gelegentlichen Versuchen, die tief leuchtende Farbigkeit Böcklins für bestimmte Bilder auszuprobieren (so in dem gleichfalls von Schack erworbenen Bild einer *Nymphe, die musizierende Kinder belauscht* von 1864, Kat. 69; oder der *Mandolinenspielerin* aus dem folgenden Jahr), gibt es auch einzelne Beispiele umgekehrter Einflußnahme, wie das von Melancholie durchwehte *Villa am Meer*-Thema (Kat. 23), hinter dem zweifellos Feuerbachs *Iphigenie* steht, zu deren erster Fassung (1862; Hessisches Landesmuseum Darmstadt) Böcklin bei seiner Rückkehr nach Rom noch die Vorstudien bei Feuerbach sehen konnte (Kat. Z 11), da das Bild schon abgeschickt war.

Was Feuerbach außer von dem durch seine *Römer der Verfallszeit* weltberühmten Thomas Couture noch an Anregungen sichtbar für sich aufgenommen hat, war jedenfalls die in sich gekehrte, klassisch stille Kunst Puvis de Chavannes, den Feuerbach noch in Coutures Atelier angetroffen haben soll, wie Meier-Graefe versichert.[32]

Hier liegen wohl auch die am ehesten nachvollziehbaren Verbindungen Feuerbachs zu Hans von Marées, die sonst aus der Anschauung des Werks beider nur schwer aufzudecken sind. Die kritische Einstellung gegenüber Feuerbach, die Marées wie auch Conrad Fiedler bald schon zu erkennen gaben, äußert Hans von Marées am 26. März 1869: Feuerbach wie etwa auch Kaulbach und andere schwärmten wohl für Goethe, besäßen jedoch nur eine subjektiv empfundene Kenntnis über diesen.[33] Und am 17. 12. 1881 schreibt Fiedler an Hildebrand: In den Jugendbriefen Feuerbachs stünde einiges Gute, »dann aber wird's immer leerer und immer größer wie seine Bilder«. Und auf den Punkt der Unvereinbarkeit zwischen Feuerbachs und Marées' Kunstanschauung kommend heißt es drei Monate später nach Lektüre der ungekürzten Briefe: »Man sieht übrigens doch ganz klar in das Falsche dieser Individualität, deren Irrtum darin bestand, das lediglich individuell Wichtige für das allgemein Wichtige zu halten.«[34]

Diesen Destillationsprozeß in eine gültige künstlerische Form zu bringen, war eines der hochmoralisch verstandenen Ziele, die Hans von Marées, zeitlebens um das Absolute ringend, mit seiner Kunst verfolgte, – einer Kunst, die »niemals die Dinge selbst, sondern nur die Geste der Dinge veranschaulichen wollte«. Hierin hat man einen wesentlichen Grund zu sehen, weshalb der auf Stofflich-Gegenständliches gerichtete generelle Kunstgeschmack Marées' bohrendem Verstand und seinem vom Besonderen ins Allgemeine vordringenden Abstraktionsvermögen nicht folgen konnte. Wieweit aber doch Ausführung und theoretisches Vorstellungsvermögen bei ihm auseinanderliegen, mag ein Satz über den menschlichen Körper als dem Zentrum der Schöpfung andeuten, in dem er den menschlichen Kopf mit einer Kugel vergleicht, »die auf einer kurzen Säule, dem Hals aufruht. Die Beine nannte er immer die Säulen.«[35] Nur wenige hatten damals begriffen, worum Marées sein Leben lang gerungen hat: das Begreifen des menschlichen Körpers in seinem Zusammenhang.[36] Conrad Fiedler, sein uneigennütziger Gönner und schließlich selbst befremdeter Freund, hat in seinem Nachruf auf Marées das Resümee gezogen: »Indem Marées seinem künstlerischen Ausdrucksbedürfnis eine Form suchte, die von keinerlei gegenständlichem Inhalt bestimmt war, tat er einen neuen Schritt; ... er machte die Kunst zu einem ganz unzweideutigen Ausdruck sichtbarer Wirklichkeit und stellte sie damit als etwas Selbständiges, sich selbst Genügendes neben die anderen Betätigungsarten des menschlichen Geistes.«[37] So betrachtet, macht der Aktualitätsgrad von Marées' künstlerischen Intentionen bis auf den Stand von heute nicht halt, und es wäre immerhin vorstellbar, daß die seit damals eroberten Freiheiten an künstlerischen Ausdrucksmitteln, wären sie Marées an die Hand gegeben gewesen, noch Schlemmers *Triadisches Ballett* hinter sich gelassen hätten. Doch Meier-Graefe sah es noch historisch und meinte in Anbetracht der Gültigkeit der von Marées gefundenen Formen im Raum: Die davon ausgehende Kraft habe eine geradezu antikische Ausstrahlung, denn etwas, das sich aller Greifbarkeit entzieht, ähnle nicht der Antike, sondern scheine diese selbst zu sein.

1 A. Lichtwark: Seele und Kunstwerk, 4. Aufl. Berlin 1911, S. 16.
2 O. Walzl: Die deutsche Dichtung seit Goethes Tod, 2. Aufl. Berlin 1920, S. 101.
3 W. Drost (Hg.): Fortschrittsglaube und Dekadenzbewußtsein im Europa des 19. Jahrhunderts, Heidelberg 1986.
4 K. Hillebrand, Unser Verhältnis zur Kunst, in: Abendländische Bildung, München 1924, S. 130 ff.
5 K. Hillebrand (wie Anm. 4), S. 133.
6 O. Walzl (wie Anm. 2), S. 105 ff. – Vgl. A. Hübscher: Schopenhauer, Biographie eines Weltbildes, 1952. – H. Wolff: Arthur Schopenhauer, Hundert Jahre später, 1960.
7 A. Schopenhauer, Metaphysik des Schönen, Philosophische Vorlesungen Teil III. Hg. u. eingeleitet v. V. Spierling, München/Zürich 1985, S. 21 (Einleitung).
8 Siehe auch G. Pochat: Geschichte der Ästhetik und Kunsttheorie, Von der Antike bis zum 19. Jahrhundert, Köln 1986, S. 567 ff. – Ders.: Friedrich Theodor Vischer und die zeitgenössische Kunst, in: Ideengeschichte und Kunstwissenschaft. Philosophie und bildende Kunst im Kaiserreich, hg. v. E. Mai, S. Waetzoldt und G. Wolandt (Kunst, Kultur und Politik im Deutschen Kaiserreich, Bd. 3) Berlin 1983. – Vgl. a. die frühe, speziell auf Böcklin bezogene Darlegung von C. Heilmann: Zu Arnold Böcklins künstlerischer Individualität. In: Kat. Ausst. Darmstadt 1977, I, S. 34 ff.
9 Ein dieses Thema behandelnder Aufsatz des Hg. ist in Vorbereitung.
10 Siehe die von V. Spierling besorgten Schopenhauer-Ausgaben, darunter: Schopenhauer im Denken der Gegenwart, 23 Beiträge zu seiner Aktualität. München/Zürich 1987.
11 Insel Taschenbuch 1012. Mit einem Nachwort von P. Sloterdijk. Frankfurt/M 1987.

12 L. Curtius: Deutsche und Antike Welt, Stuttgart 1958, S. 300ff. (zusammen mit dem folgenden, bes. S. 302).
13 G. Benn, Das Hauptwerk, II, Limes-Ausgabe 5. Aufl. Wiesbaden/München 1980, S. 271 f.
14 L. Curtius (wie Anm. 12), S. 127.
15 A. Böcklin, Ein Gedenkblatt von L. Perzi, in: Die weite Welt, Bd. 20, Heft 40.
16 A. Böcklin, Aus den Tagebüchern von Otto Lasius, Berlin 1903, S. 105. – Siehe besonders M. Volpis Beitrag in diesem Katalog. – Dies., in ihrem Vorwort zu den von ihr herausgegebenen Böcklin-Zeichnungen. Edizione Nuova Italia, Firenze 1982, S. 29 und passim.
17 W. Kaegi: Jacob Burckhardt, Eine Biographie, Bd. 2 Basel 1950, S. 238.
18 W. Hofmann: Das irdische Paradies, 2. Aufl. München 1974, S. 30ff.
19 G. Floerke: Zehn Jahre mit Böcklin, München 1901, S. 127.
20 I. Kurz: Von Arnold Böcklin, in: Dies., Florentinische Erinnerungen, 3. Aufl. Stuttgart 1919, S. 221 f.
21 K. Jaskulski: Der Symbolismus Böcklins, in: Jahresbericht des k.k. Staatsgymnasiums in Czernowitz für 1908/09, Czernowitz 1909, S. 19ff.
22 J. Białostocki, Stil und Ikonographie, Studien zur Kunstwissenschaft, 2. Aufl. Köln 1981, S. 144ff.
23 Siehe Giorgio de Chiricos 1922 verfaßten Böcklin-Essay, in dt. Übersetzung abgedruckt im Böcklin-Werkverzeichnis von R. Andree: Arnold Böcklin, Die Gemälde, Basel/München 1977. De Chirico nennt den von ihm bekanntlich aufs höchste verehrten Böcklin einen Klassiker »im wahrsten Sinn des Wortes«.
24 H. Hofstätter: Idealismus und Symbolismus, Wien/München 1972, S. 59. – L. Brieger: Max Klinger, Leipzig 1902, S. 84 f., 153 f. – G. Svenaeus: Ed. Munch, Im männlichen Gehirn, Bd. 1, Lund 1973, S. 82.
25 I. Kurz (wie Anm. 9), S. 221.
26 C. G. Heise: Der gegenwärtige Augenblick, Reden und Aufsätze aus vier Jahrzehnten, Berlin 1960, S. 30.
27 J. Allgeyer: Anselm Feuerbach, Bd. 1, Berlin/Stuttgart 1904, S. 358 f., 388.
28 Kat. Ausst. Paul Heyse, Münchner Dichterfürst im bürgerlichen Zeitalter. Bearb. von S. von Moisy. München 1981. – C. Heilmann, Schack-Galerie München, München 1983.
29 H. Theissing: Die Ewigkeit der Kunst, Zu Anselm Feuerbachs Schaffen und Denken, in: Kat. Ausst. Karlsruhe 1976, S. 64.
30 A. Frey: Arnold Böcklin, Stuttgart/Berlin 1903, S. 219.
31 R. Andree (wie Anm. 23), Nr. 106.
32 Siehe F. Fuchs, Deutsche Form, Betrachtungen über die Berliner Jahrhundert Ausstellung und die Münchener Retrospektive, München/Leipzig, S. 227.
33 Adolf von Hildebrand und seine Welt, Briefe und Erinnerungen, Besorgt von B. Sattler, München 1962, S. 99.
34 Adolf von Hildebrands Briefwechsel mit Conrad Fiedler, Auswahl, Hg. H. Eckstein, München 1942, S. 202, 203.
35 J. Meier-Graefe: Entwicklungsgeschichte der modernen Kunst, Bd. II Stuttgart 1904, S. 435.
36 G. Floerke (wie Anm. 19).
37 Conrad Fiedler: Schriften über Kunst. Hg. H. Konnerth, München 1913, S. 430.

Götz Pochat

Mythos und Symbol bei Burckhardt, Bachofen, Vischer, Schopenhauer.
Existenzielles und ästhetische Befreiung

Jacob Burckhardt – Mythos von der Wiedergeburt der Antike

Die Kunst und Kultur der Renaissance in Italien wurde schon zu Beginn des 19. Jahrhunderts als ein Bekenntnis zur Antike und der klassischen Kunst verstanden, deren Formensprache auch in der Frührenaissance ihre unverkennbaren Spuren hinterlassen habe. Wenn den Romantikern auch das Gespür für eine historische Differenzierung fehlte, die ein Unterscheiden zwischen der mittelalterlichen Überlieferung und der vom Humanismus geprägten Vorstellungswelt und Kunsttradition ermöglicht hätte, haben sie dennoch den althergebrachten Gegensatz von Nord und Süd, der Phantastik der Gotik und der geläuterten Formensprache des Quattrocento, gesehen und thematisiert. So stehen sich bei den Nazarenern »Germania« und »Italia« gegenüber, wie etwa in den bekannten Werken Friedrich Overbecks und Philipp Veits in München bzw. Frankfurt. Dem Ersteren diente die plastische Gestaltung toskanischer Prägung als vornehmliches Mittel, um den idealen Charakter des Themas, der Verschmelzung der beiden Traditionen, anzuzeigen. Veits »Italia« und »Germania« sind in erster Linie der Formensprache Rafaels verpflichtet.[1]

Desgleichen hat Jacob Burckhardt in seinem frühen Aufsatz ›Über den Kreuzgang des Münsters in Basel‹ (1837–1839) den Begriff der »Renaissance« zunächst im Sinne eines kunsthistorischen *Stil*begriffs verwendet, der vornehmlich der Charakteristik der *italienischen* Formensprache diente.[2] Jene sei grundsätzlich von der Stiltradition der Gotik zu unterscheiden. Im Laufe seiner vertieften historischen und kunsthistorischen Studien, die auch den Gegensatz von Nord und Süd und das in Auflösung begriffene Mittelalter berührten, erhielt die Kunst für den Historiker immer mehr den Charakter eines Symbols. In ähnlicher Weise wie in der heutigen Ikonologie diene das Kunstwerk als Ausdruck eines tiefergreifenden Prozesses, der letztlich zu der Entdeckung und Objektivierung der äußeren Welt unter gleichzeitiger Befreiung des Individuums aus den Zwängen der Religion und der mittelalterlichen Ständeordnung geführt habe. In einer Vorlesung im Winter 1844/45 heißt es dazu: »Sehr bald stößt man auf die Entdeckung, daß die meisten höhern Resultate der Kunstgeschichte sich nur in relativen Formeln auszudrükken pflegen, daß die Physiognomie einer Epoche, einer Schule, eines Meisters, eines Bildes nur durch den Gegensatz zu anderen Epochen ... Schulen, Meistern, Bildern zur Anschauung zu bringen ist oder nur durch das Herbeiziehen von Gleichnissen aus dem großen Reiche der endlichen Dinge, so daß an die Stelle des Wesens immer nur ein Bild, an die Stelle des wahren Namens ein Symbol tritt. Wir können das innere Leben eines Stiles, eines Kunstwerkes, nie eigentlich *be*schreiben, sondern immer nur *um*schreiben.«[3]

Mit diesem Ausspruch wird nicht nur ein wesentlicher Aspekt der späteren Symboltheorie vorweggenommen – (das Problem, der Komplexität eines Bildes in der nachträglichen sprachlichen Beschreibung gerecht zu werden) – sondern auch einige Grundgedanken des der Romantik verpflichteten Historismus: der organische Zusammenhang einer Epoche mit all ihren Geschehnissen und kulturellen Erscheinungen; die Kunst als physiognomischer Ausdruck einer bestimmten Zeit; der Relativismus, der sowohl bei der stilistischen Einschätzung einzelner Werke und Schulen vorherrscht als auch bei der historischen Einstufung einzelner Persönlichkeiten und der moralischen Beurteilung ihrer Taten zutage tritt.

Die persönliche Begegnung Burckhardts mit der italienischen Kunst fand einen Niederschlag in seinem 1855 erschienenen ›Cicerone‹, der immer noch lesenswert ist. Aus den lebhaft packenden Beschreibungen spricht die Bewunderung des Autors für die Leistung der italienischen Renaissancekünstler und das Bewußtsein um den Primat Italiens in der neuzeitlichen Entwicklung des Abendlandes.[4] Dem ersten Vortragsentwurf zur Kunst und Kultur der Renaissance 1856 folgte 1860 das bahnbrechende Werk ›Die Kultur der Renaissance in Italien‹, mit dem Burckhardt nachhaltig das Renaissancebild im ausgehenden 19. Jahrhundert und auch unserer Zeit geprägt hat. In den Jahrzehnten nach dem ersten Erscheinen setzte ein Kult der Renaissance ein, der seinen Höhepunkt um die Jahrhundertwende erreichte.[5] In jenes farbenprächtige, von Taten, Geselligkeit und Kunst bestimmte historische Gemälde projizierte man die Wunschvorstellungen der eigenen verflachten, an Schönheit armen und an konventionellen Zwängen so reichen Zeit. Arthur Symmonds und Walter Pater, Arthur de Gobineau und Friedrich Nietzsche, alle ließen sie sich von Burckhardts großer Darstellung inspirieren. Einzelne Aspekte wurden nachträglich herausgegriffen und erfuhren eine Steigerung ins Mythische. In ›Die Kultur der Renaissance in Italien‹ wird zunächst das Bild einer homogenen Kultur und Gesellschaftsordnung entworfen, das gleichzeitig von einer Vielfalt an Persönlichkeiten und eigenständigen lokalen Traditionen geprägt wird. Die Renaissance gilt für Burckhardt als die Übergangsphase von der mittelalterlichen Weltordnung zur Neuzeit, in der für kurze Zeit der Mensch, frei von den Zwängen weltlicher und kirchlicher Macht, sich habe entfalten können.

Mit diesem Prozeß der Befreiung engstens verknüpft, ist die von Burckhardt entwickelte Vorstellung einer neuen Bewußtseinshaltung: die »Reflexion«. Jene liege letztlich jeder demokratischen Gesellschaftsordnung zugrunde, die es dem Einzelnen ermögliche, die eigenen Macht- und Zielvorstellungen (manchmal in rücksichtsloser Weise) durchzusetzen. So trage die Reflexion zugleich in sich den Keim des äußeren und inneren Verfalls.[6] Lebenskampf und Durchsetzungsvermögen, die später in Burckhardts Vorlesungen zur ›Griechischen Kulturgeschichte‹ mit dem Begriff des Wettkampfes, dem ›Agon‹, in Zusammenhang gebracht werden, erscheinen in seinem Renaissancebuch als notwendige wenn auch gefährliche Komponenten in der neuzeitlichen Entwicklung des menschlichen und gesellschaftlichen Lebens. So begegnen wir auch in der Renaissance der altbekannten Form der Gewaltherrschaft, der Tyrannis, die als eine bedauerliche aber auch notwendige Folgeerscheinung der Individualisierung und der politischen Reflexion beurteilt wird. Die »Dämonisierung des Staates« und der damit verbundene Begriff vom »Staat als Kunstwerk« widerspiegeln jene Seite der menschlichen Natur, die von Nietzsche später als jenseits von Gut und Böse charakterisiert wird.

Mit der »Reflexion« setzte schon einmal, im Zeitalter des klassischen Altertums, jene Entwicklung ein, die zur Befreiung des Individuums geführt habe. So wie der Grieche sich einst gegen die Barbarenvölker erhoben und das geistige Joch abgeschüttelt hatte, so sei es dem Italiener vergönnt gewesen, sich als erster »moderner Mensch« aus den religiösen und kollektiven Zwängen des Mittelalters zu befreien.[7] Wenn wir auch heute nicht mehr bereit sind, diesem Geschichtsbild zuzustimmen, bleibt seine Wirkung auf die Zeitgenossen unbestritten. In ähnlicher Weise spricht Aby Warburg später von der »Befreiung Athens aus der Umarmung Alexandriens« und sieht in der Wiedergeburt des klassischen Altertums im Zeitalter der Renaissance ein Zeichen der geistigen Befreiung des Menschen schlechthin, das den kommenden Generationen den Weg gewiesen habe. In diesem Prozeß komme der bildenden Kunst eine bedeutsame Rolle zu.[8]

Aus dem Geist des Humanismus und dem politischen Elend Italiens, so Burckhardt, habe der »moderne Mensch« sich zum Kosmopoliten hin entwickelt. Der Kosmopolitismus müsse als die »höchste Stufe des Individualismus« schlechthin begriffen werden.[9] Dieses Ideal eines »uomo universale«, in dem das antike Erbe und die Reflexion und Selbstbestimmung der Moderne in einem ausgewogenen, harmonischen Verhältnis zueinander stehen, fand eine Entsprechung im Kosmopoliten des 19. Jahrhunderts, der als emanzipiertes, von nationaler Enge und kultureller Eingeschränktheit befreites Individuum der Zeit als Ideal vor Augen stand (so etwa bei Baudelaire).

Mit der Wiedergeburt des klassischen Altertums in der Renaissance verband sich demnach die Vorstellung vom idealen Menschen, der in sich das Beste der Antike und der Moderne zu vereinen wußte. So heißt es etwa in der ›Kultur der Renaissance‹ über das Verhältnis von Nord und Süd, von Antike und Moderne: »Anders aber als im Norden wacht das Altertum in Italien wieder auf. Sobald hier die Barbarei aufhört, meldet sich bei dem noch halb antiken Volk die Erkenntnis seiner Vorzeit; es feiert sie und wünscht sie zu reproduzieren.«[10] Die künstlerische Umsetzung solcher Vorstellungen konnte nur in dem klaren Formenkanon der klassischen Kunst erfolgen. Anders als die Klassizisten mit ihren lebensfremden Idealvorstellungen in der Nachfolge Winckelmanns suchten die meisten der Deutsch-Römer die Reflexe antiken Lebens und alter Größe im täglichen Leben Italiens, in ihren Menschentypen und in ihrer Landschaft. In mythisch überhöhten Gestalten hielten sie der eigenen Zeit und dem nordischen Volk ein Bild ursprünglicher Lebenskraft und Harmonie entgegen.

Die Idealisierung der heidnischen Welt und die Antikisierung der Lebensideale setzte in der Renaissance voll ein. Burckhardt war sich natürlich bewußt, daß dies nicht zur völligen Aufgabe der christlichen Überlieferung geführt habe. Vielmehr ist von einer doppelten, »zwischen klassischem und christlichem Altertum geteilten Stimmung« die Rede.[11] Im Falle der bildenden Kunst könne jedoch von einer wirklichen »Paganisierung« des Christentums gesprochen werden, die auch bei manchen Vertretern der Kirche zu einer Verehrung der »profanen Herrlichkeit des alten Rom« geführt habe.«[12] Die Rezeption der antiken Philosophie seitens der Humanisten habe zur Aufweichung des christlichen Glaubensgutes beigetragen, wiewohl sich in ihr auch Anklänge »irgendeiner Art von Gottesbewußtsein« nachweisen ließen.[13] Der Ausschließlichkeitsanspruch des Christentums habe Befangenheit, Wahn und eine träumerische Weltvorstellung mit sich geführt. Der antiken Philosophie wurde jedoch eine positive Wirkung bescheinigt, da sie zur Eigenständigkeit und

Weltsicht beigetragen habe: einmal nach außen hin im Sinne einer objektiven Betrachtung der Welt, des Staates und seiner Einrichtungen; zum anderen in psychologischer Hinsicht, indem das Individuum sich der alten Fesseln des Wahns und des Traums entledigte, um in freier Selbstbestimmung sich den positiven Kräften der historischen Entwicklung zuzuwenden. Burckhardt verwendet in diesem Zusammenhang den Begriff des »Fortschritts«.[14]

In Burckhardts ›Griechische Kulturgeschichte‹ wird die Befreiung des Individuums und der Gesellschaft zugleich mit der Idealisierung des mythischen Zeitalters verbunden.[15] Noch optimistischer wird der Vorgang in der Renaissance beschrieben, bei dem die Objektivierung der Welt gleichzeitig mit der Individualisierung des Einzelnen abläuft. Im wesentlichen finden wir diese Aspekte auch in der bildenden Kunst des ausgehenden 19. Jahrhunderts: die nüchterne Schilderung der sichtbaren Welt und des Menschen; Vergegenwärtigung des Mythos durch die Charakteristik der jeweiligen dargestellten Figur und der Örtlichkeit; zugleich eine Verklärung des Inhalts durch eine idealisierende Tendenz. In der Hinwendung und Schilderung der sichtbaren Welt in ihrer Fülle und Schönheit bekundet sich zugleich der Freiheitsdrang des »modernen« Menschen.

Burckhardts Charakteristik des Letzteren spiegelt die reflexive Bewußtseinslage seiner Zeit und das verstärkte Interesse für psychologische Zusammenhänge. So sei die Seelenlage der Moderne schon in der Kunst der Renaissance zur »bewußten, je nach Umständen künstlerischen Darstellung« gelangt.[16]

Auf eine weitere Parallele im Individuationsprozeß des antiken bzw. modernen Menschen, wie er von Burckhardt postuliert wurde, hat Janssen aufmerksam gemacht: in beiden Fällen sei kulturelle Vielseitigkeit angestrebt worden, die wiederum zur Spezialisierung und zum Virtuosentum geführt habe.[17] In diesen stecke zugleich der Keim des Verfalls. Das »agonale Prinzip« des gesellschaftlichen und künstlerischen Lebens der Antike griff, wie schon erwähnt, in der Renaissance auf die Realität der Politik selbst über, in der sich der Einzelne zu behaupten hatte. So verbinden sich im neuzeitlichen Menschenbild Zweckmäßigkeit und Genialität miteinander.

Nach Burckhardt hatten das Leben und die Geselligkeit in der Renaissance den Charakter eines Kunstwerks angenommen.[18] Wenige Gedanken haben so stark wie dieser zu der Mythisierung und Verklärung des Zeitalters beigetragen. Die romantische Vorstellung des Genies verband sich mit dem Wunschbild dionysischer Lebensfreuden und verlieh der Ästhetisierung des Lebens zusätzliche Aktualität und Sprengkraft. Burckhardts Verherrlichung des Individuums leistet jener Auffassung Vorschub, nach welcher der handelnde Mensch die engen Grenzen bürgerlicher Moral und Konventionen überschreitet, um zur Selbstbestätigung zu gelangen – Gedanken, die in den brillanten und provokativen Formulierungen Nietzsches für Furore sorgten. Desgleichen kann man sagen, daß die retrospektiv ausgerichteten Sehnsüchte der bürgerlichen Gesellschaft im späten 19. Jahrhundert in der Kunst der Deutsch-Römer einen repräsentativen Ausdruck fanden: Idealisierung des Menschen unter gleichzeitiger Wahrung der Naturnähe; Vergegenwärtigung des Mythischen. Was dies Zeitalter der Industrialisierung und der Vermassung dem Einzelnen verwehrte, wurde in Wunsch- und Traumbilder projiziert, die in den großen Zeitbildern der Historiker ebenfalls eine bedeutsame Rolle spielten.

Schärfer als in seinen Renaissancewerken tritt Burckhardts Zeitkritik in seiner ›Griechischen Kulturgeschichte‹ hervor. Vor dem Hintergrund der Verflachung und der Kollektivierung der Gegenwart erscheint die Schönheit des Hellenentums um so strahlender. Bei aller nüchternen Betrachtung der tragischen Geschichte der griechischen Polis in ihren Verstrickungen und Verirrungen bis zu ihrem Untergang, diene sie und die griechische Kultur als Ganzes dem späteren Abendland als Vorbild und Vermächtnis. In der Einleitung zu seinen Vorlesungen über »Griechische Kulturgeschichte«, die Burckhardt von 1872 an in Basel abhielt, heißt es: »Aber die große weltgeschichtliche Stellung des griechischen Geistes zwischen Orient und Okzident muß klargemacht werden. Was sie taten und litten, das taten und litten sie frei und anders als alle früheren Völker. Sie erscheinen original und spontan und bewußt da, wo bei allen andern ein mehr oder weniger dumpfes Müssen herrscht. Darum erscheinen sie mit ihrem Schaffen und Können wesentlich als das geniale Volk auf Erden, mit allen Fehlern und Leiden eines solchen.«[19] Sichtbarer Ausdruck dieser Charakterbildung nach einem höheren Menschentypus hin waren für Burckhardt und frühere Klassizisten die schöne Gestalt des Menschen, die systematisch betriebene körperliche Ertüchtigung in den Gymnasien in Hinblick auf den späteren Wettkampf, dessen Zweck allein in ihm selbst liege. Der Agon diente als Voraussetzung und Gewähr einer unbefangenen Daseinsfreude und inneren Ausgeglichenheit, die im Diesseitigen zu einer gewissen Vollendung gelangt sei.[20]

Burckhardts Gedanken über die Griechen, ihrer Staatsordnung, Kunst und Kultur, fielen auf fruchtbaren Boden. Nicht nur Nietzsche, der zur gleichen Zeit an der Basler Universität tätig war, sondern auch Conrad Ferdinand Meyer und die Künstlergeneration der Deutsch-Römer konnten darin nur die Bestätigung ihrer eigenen Intentionen sehen. Der Brückenschlag von der Antike zur Renaissance ließ sich leicht vollziehen, indem das agonale Prinzip (wenn auch nicht expressis verbis) in die politische Arena verlegt wurde, während die Künste im Lichte ihrer Vollkommenheit und Schönheit erstrahlten.

Aber auch dem großen Kunstwerk blieb das Geschick des tragischen Untergangs nicht erspart. So erhält gerade Leonardos *Abendmahl,* dessen ruinöser Zustand schon im ›Cicerone‹ 1855 angesprochen wird, einen Symbolcharakter: »Das Schönste auf Erden muß untergehen in der Kunst und in der Menschenwelt, das Herrlichste verschlingt der Tod am liebsten.«[21]

Schönheit und Untergang, Kampf und Harmonie, Hinwendung zur Welt und Selbstbestimmung des Menschen, Verfeinerung der Umgangsformen und Ästhetisierung des Lebens selbst, alle diese Aspekte kommen in den beiden epochemachenden Stadien zur Weltgeschichte, bei den Griechen und in der Renaissance, zum Tragen. Athen und Florenz stehen sich gleichberechtigt zur Seite. In der Malerei der Deutsch-Römer, bei Anselm Feuerbach, Hans von Marées, Arnold Böcklin und Max Klinger erfahren diese Gedanken eine groß angelegte, künstlerische Umsetzung. Die Künstler spürten die Nähe zu der antiken Welt und dem klassischen Ideal in Italien, in den idealtypischen Gesichtszügen und in der mittelmeerischen Topographie. Es bedurfte nur des Zugriffs, um den Zeitgenossen ein Wunschbild vor Augen zu halten. Janssens Charakteristik der Position Burckhardts gilt auch für sie: Der Historiker habe das »Dionysische« in den Kulturen der Antike und der Renaissance vor allem im politischen Leben verspürt und geschildert, während das Apollinische eher im kulturellen Leben, in der Verfeinerung der Sitten und in den bildenden Künsten zum Ausdruck gekommen sei.[22]

Johann Jakob Bachofen – Mythisierung der Geschichte

Schon im 18. Jahrhundert hatte man die Frühzeit des Menschengeschlechts als die Wiege der Kultur angesehen. Es war jene Zeit, in der die Beziehung des Menschen zum Göttlichen und den Mächten der Natur noch ungestört, Phantasie und Ausdrucksvermögen noch von ursprünglicher schöpferischer Kraft beflügelt waren, unberührt von der Starre gedanklicher Konstrukte und gesellschaftlicher Konventionen. Vico und Gravina, Blackwell und Lowth, Hamann und Herder haben solchen Vorstellungen Vorschub geleistet und zu jener retrospektiven Haltung der Kulturkritik beigetragen, die auch in der Romantik in modifizierter Form eine Fortsetzung fand.[23] In dieser romantischen Tradition stand Johann Jakob Bachofen, der mit seinen bahnbrechenden Arbeiten ›Versuch über die Gräbersymbolik der Alten‹ (1859) und ›Das Mutterrecht‹ (1861) entscheidenden Einfluß auf die Kulturanthropologie, Symboltheorie und Soziallehre des 19. Jahrhunderts nahm.[24] Die nicht immer unbedenklichen Spuren seiner Arbeiten lassen sich später in der Ausdruckspsychologie und Wesensforschung eines Ludwig Klages ablesen.

Über die Zeiten hinweg nähere sich nach Bachofen der Mensch seinem Ursprung, Gott. Die Erfahrung des Ewigen sei in die Geschichte und Überlieferung eingegangen. In Bachofens Rechtsgeschichte und Religionsforschung zeigt sich stets die Verbundenheit des Autors mit dem noch im Dämmerlicht Verharrenden, Fernliegenden. Intuitiv sucht er den Zugang zu dem riesigen, mit unermüdlicher Akribie gesammelten Material, indem er die Spuren des Menschengeschlechts bis in den Ursprung zurückverfolgt und aus der Tiefe seiner eigenen Empfindung und Erinnerung ausdeutet. Verwandte Ansätze lassen sich in der späteren Wesensforschung feststellen. Bei Aby Warburg und Richard Semon kommt später der Erinnerung ebenfalls eine ähnlich begründete Rolle zu.[25]

In der Abhandlung über das *Naturrecht* greift Bachofen auf die romantische Vorstellung der Verbundenheit von Mensch und Natur zurück: »Jeder Mensch ist ein Produkt seines Bodens, ein Sohn seiner Zeit, ein Kind seiner heimatlichen Sitten.« Am eigenen Leibe erfahre der Forscher diesen Zusammenhang, wenn er in sich hineinlausche und dem dumpfen Schlag seines Herzens und dem Rauschen des Blutes verspüre. Der Thematik des dionysischen Rausches und des dunklen Todestriebes, von Nietzsche zehn Jahre später in seinen selbst mythenbildenden Gedanken über ›Die Geburt der Tragödie aus dem Geiste der Musik‹ entwickelt, wird hier praktisch vorgegriffen.

Engstens mit Bachofens archaischer Kulturanthropologie verbunden, war die Vorstellung vom bildhaften, menschlichen Ausdruck. Als Hieroglyphe tritt sie in archaischer Zeit in Erscheinung, in vielfältigen symbolischen Bildern und Handlungen, sei es im Bereich der Sitten, als sprachliche Metapher oder in bestimmten, immer wiederkehrenden Gestalten in der bildenden Kunst. In den Symbolen begegnen wir der inneren Geschichte eines Volkes, ja der ganzen Menschheit schlechthin. In der überlieferten Handlung oder dem erhaltenen Kunstwerk oder Zeichen offenbart sich demnach die Physiognomie einer längst versunkenen, paradiesischen Zeit. Gefühl und Vorstellungsvermögen werden unmittelbar angesprochen, und dieser Suggestivität können und dürfen sich weder der Forscher noch der bildende Künstler entziehen. Die wahre Geschichte bewegt sich demnach im Rahmen der Symbole, von denen es in Alfred Bäumlers Einführung zu Bachofens Werk heißt: »Was das Wort nicht faßt, faßt und bewahrt das Symbol; was wir selber nicht aussprechen können, spricht eine unbewußt symbolische Handlung aus.«[26] So eröffnen sich dem Geschichtsphilosophen große symbolische Zusammenhänge, die »das geheime Leben der unterweltlichen Mächte«, Leben und Tod des Menschen und der Völker unmittelbar berühren. Im Gegensatz zur kritischen Geschichtsforschung und dem Historismus seiner Zeit suchte Bachofen, der als Rechtsgelehrter eine Antrittsrede über das »Naturrecht und das geschichtliche Recht in ihren Gegensätzen« 1841 in Basel abhielt, in die großen Mysterien des Daseins einzudringen und ihren Spuren bis in die Vorzeit der Menschheitsgeschichte nachzugehen.

Eigentlicher Grund und Nährboden der archaischen Mythen und Symbole sei das *Muttertum*. In ihr liege alles beschlossen, was später in den symbolischen Formen der Kulte, der Sitten und Rechtsgebräuche, der Gräber, der Poesie und bildenden Kunst zum Ausdruck gelange: Leben und Vergänglichkeit, Fruchtbarkeit und Tod. Dem Mütterlichen entspringt das Leben, aber die Erde verlangt auch das zurück, was sie einst gebar. Der als »männlich« bezeichnete Logos, das zielgerichtete, auf die Tat und die Zukunft gerichtete Denken, der Geist des Menschen, entstamme ebenfalls dem mütterlichen Urgrund. Nach dem Verständnis der Romantiker und der in ihrer Tradition stehenden Sprachforschung (wie sie etwa von Jacob und Wilhelm Grimm vertreten wurde) diene das mütterliche Prinzip ebenfalls als Nährboden für die Sprache, die ihrerseits die Grundlage menschlicher Kommunikation und Gesellschaftsbildung ausmache. Nach Bäumler fühlte sich Bachofen dieser romantischen Tradition engstens verbunden, was ihn in einen unversöhnlichen Gegensatz zu der positivistischen Wissenschaft aber auch zu der idealistisch ausgerichteten Universalgeschichte historistischer Prägung setzte.[27] Vielmehr suchte er auf dem intuitiven Wege der Wesensschau den gewaltigen Stoff der Vorgeschichte zu durchdringen, um so zum göttlichen Ursprung zu gelangen. Geschichte verwandelt sich dabei zu Mythologie. Das schicksalhafte Prinzip des Mütterlichen erscheint in seiner reinen Ausprägung in den symbolischen Formen der frühgeschichtlichen und archaischen Kulturen. Aber auch später durchdringt und formt es im entscheidenden Maße das Geschick der Völker, die Ausprägungen der Sitten und Rechtsvorstellungen, den Kult, die Dichtung und die Künste. Im ewigen Kampf der Lebensmächte behält es die Oberhand.

Welche Wirkung Bachofens Veröffentlichungen auf die bildende Kunst der Zeit ausgeübt hat, läßt sich schwer feststellen. Ohne Zweifel hat er Rahmenthemen angesprochen, die unbestreitbar eine große Faszination ausübten und die Kulturphilosophie, Anthropologie und Sozialtheorie des ausgehenden 19. Jahrhunderts entscheidend mitgeprägt haben. Zu diesen Rahmenthemen zählen der Archetypus der Großen Mutter, der Traum vom goldenen Zeitalter, die Erdverbundenheit des Menschen, Fruchtbarkeitskult und Todessehnsucht, das dionysische Element der archaischen Kultur, das von Bachofen mit dem Prinzip des Mütterlichen gleichgesetzt wird und der Lebenskampf zwischen Muttertum und Paternität. Bachofens Studien über die Gräbersymbolik der Alten und das Mutterrecht führten zu einer Mythisierung der Geschichte. Der Suggestivität seiner Symboldeutung konnte sich kaum jemand entziehen. In der Kunst der Deutsch-Römer gelangen auch solche Rahmenthemen zur Ausführung, deren symbolische Bedeutung schon von Bachofen angesprochen und aufgedeckt worden war.

Friedrich Theodor Vischer – Ideal, Symbol und »poetischer Glaube«

Bachofen hatte den Realitätscharakter seiner Symbolik nie in Frage gestellt. Vielmehr war es der Mythos, der in seinen verschiedenen symbolischen Erscheinungsformen dem Leben und der Geschichte Realität und eigentliche Substanz verlieh. Für Friedrich Theodor Vischer ging es hingegen um den *fiktiven* Charakter des Mythos und seine Bedeutung und Wirkung in der Kunst.[28]

In der frühen Kunstkritik der 1840er Jahre schöpfte Vischer noch aus der unmittelbaren Anschauung der Malerei, deren Entwicklungsgang er nach dem Vorbild von Hegels und Hothos Periodisierung sowie nach der eigenen Einschätzung der verschiedenen Kunstgattungen und deren Zuständigkeit nachzuzeichnen suchte.[29] In seinem bahnbrechenden Werk ›Symbolik und Mythologie der alten Völker, besonders der Griechen‹ (1810/1812, erweiterte Auflage 1819/1822) hatte Friedrich Creuzer den mystischen Charakter des Kunstsymbols erläutert, das einmal auf das Schrankenlose, Göttliche ausgerichtet sei, zum anderen aber dies Unergründliche in der endlichen Form zu fassen suche. Die Folge sei schließlich eine »Incongruenz des Wesens mit der Form – Überfülle des Inhalts in Vergleichung mit seinem Ausdruck«, jene »Unangemessenheit« der künstlerischen Gestaltung, die in Hegels *Ästhetik* als ein Charakteristikum der archaischen »symbolischen Kunstform« gewertet wird.[30] Vischer schloß sich dieser Anschauung Creuzers an. Jene Einheit von Mythos und Kunst, der Glaube an die Identität von Bild und Abgebildeten, der in der Antike und im Mittelalter vorherrschend gewesen sei, war nach Vischer unwiederbringlich im 16. Jahrhundert verlorengegangen. Die »Ästhetisierung des Lebens« und die Reflexion hätten im Zeitalter der Renaissance nachhaltig zum Abbau des religiösen Glaubens beigetragen. Wie Burckhardt sieht auch Vischer im Humanismus eine säkulare Macht; darüber hinaus habe die Reformation in Deutschland zur »inneren Befreiung des Geistes« geführt. Die bildende Kunst blieb jedoch in ihrer Formtradition dem Ideal des Geistig-Sittlichen verbunden, was nach dem Verlust des Glaubens zugunsten der geistigen Emanzipation zu einem Zwiespalt von Form und Gehalt geführt habe. Als Beispiele dafür verweist Vischer auf die allegorischen Figuren in der barocken Kunst oder die Unangemessenheit der idealen Formsprache bei den Nazarenern.[31]

Der modernen Malerei stellten sich drei Aufgaben: die Darstellung der »unbeseelten« Natur; die nüchterne

Schilderung des täglichen Lebens ohne seine Erhebung in das Historisch-Bedeutsame; und schließlich die große Aufgabe der Historienmalerei, die schicksalhaften Taten dem Volk vor Augen zu führen. Im letzteren Falle trete das Allgemeine durch das Besondere in Erscheinung, kämen Idee und Wirklichkeit zur Deckung.[32]

Mit dieser Bestimmung der drei Kunstgattungen, die dem positivistischen Ansatz von Vischers Kunstkritik entspricht, zugleich aber auch dem Anspruch des Historismus Genüge leistet, indem Volk, Land und Leben im weitesten Sinne den Grund bilden, vor dem sich die einzelnen großen Taten abzeichnen, sucht Vischer der zeitgenössischen Kunst den rechten Weg zu weisen. Insbesondere die Historienmalerei sehe sich vor die große Aufgabe gestellt, die Geschichte selbst zum Gegenstand der künstlerischen Darstellung zu erheben: »Jene großen, kritischen Momente der Geschichte, die Glanzpunkte, wo die bewegende Seele des Völkerlebens auf die Oberfläche hervortauchte.«[33]

Einen ernsthaften Einbruch erlitt Vischers optimistische Einschätzung der Historienmalerei durch die Ereignisse im Revolutionsjahr 1848, an denen er persönlich Teil hatte. Im folgenden Jahrzehnt wandte er sich von Volk und Nation ab, um in der Abgeschiedenheit des Wissenschaftlers das Wesen der Kunst und der Schönheit zu ergründen. Die daraus entstandene *Ästhetik,* in der auch die vorangegangene positivistische Kunstkritik verarbeitet wurde, darf neben Hermann Lotzes ›Geschichte der Ästhetik in Deutschland‹ (1868) als der letzte Versuch gesehen werden, eine idealistische Begründung des Schönen unter gleichzeitiger Berücksichtigung der zeitgenössischen positivistisch ausgerichteten Kunstgeschichte vorzunehmen.[34] Im Gegensatz zu Hegel war die »Idee des Kunstschönen« für Vischer nicht an eine bestimmte Epoche gebunden. Sie könne vielmehr zu jeder Zeit in den verschiedenen Formen der Kunstgattungen in Erscheinung treten: Als »Erhabenheit« in der Landschaft; als das »Objektive« im Genre- und Sittenbild, sowie in ihrer idealen Form in der Historienmalerei – alle seien sie letztlich auf das Ideal der Schönheit ausgerichtet. (Im Prinzip können wir diese Begriffsbestimmungen auch auf die spätere Kunst der Deutsch-Römer anwenden.) Als »Entäußerung des Schönen« erhält das Komische ebenfalls seinen festen Platz in Vischers ästhetischem System. Rosenkrantz' Versuch, das Häßliche dialektisch mit dem Schönen zu verknüpfen, pflichtet der Autor jedoch nicht bei.[35]

Um 1857 mußte Vischer eingestehen, daß die Schönheit im Grunde keine metaphysische Größe sei, sondern nur »eine Art der Anschauung«.[36] Das Subjekt gehöre wesentlich an den Anfang, nicht an das Ende der Ästhetik. Damit eröffne sich aber eine große Möglichkeit und Aufgabe der modernen Kunst: die Entfremdung des Menschen von der Natur und früheren Glaubensgewißheiten zu überwinden helfen. Das Ästhetische sei als Protest der Seele zu verstehen, die nach einer Versöhnung mit der Welt und dem Schicksal trachte. So utopisch dieses Ziel auch erscheinen möge, durch den symbolischen Akt der »Seelenleihung« in der Kunst, im schönen »Schein« des einzelnen Werkes, werde sie bewerkstelligt. Gerade das Fiktive in der Kunst ermögliche die Durchdringung von Stoff und Form , die Versöhnung von Gefühl und Ratio, Ideal und Wirklichkeit. Was einmal geglaubt, als Identität von Bild und Abgebildetem gesehen wurde, konnte nun zeitweilig, im Augenblick der Betrachtung und des damit verbundenen ästhetischen Genusses, zumindest verspürt wenn auch nicht geglaubt werden. So verlagert sich in Vischers Formulierung des Symbolbegriffs das Gewicht von dem Bereich der Metaphysik und der Religion zu dem der Psychologie und Ästhetik. Die Fiktion des Kunstwerks und seine Schönheit dienen als Ersatz für verlorengegangene Werte. An die Stelle des religiösen Glaubens tritt nun der »poetische«.[37]

Der fiktive Charakter des Kunstwerks und die fundamentale Rolle des ästhetischen Lebens für das seelische Gleichgewicht des Menschen war vormals schon von Schiller in seinen bahnbrechenden Briefen ›*Über die ästhetische Erziehung des Menschen*‹ (gedruckt in den ›Horen‹ 1795) erörtert worden. Auf Schiller geht auch Vischers Vorstellung von der »Seelenleihung« zurück: Der Künstler werde zum »wahrhaften Seelenmaler«, indem er seine Gemütsregung auf die objektive, äußere Form übertrage, um dadurch eine allgemeine Wirkung zu erzielen.[38] Dieser Gedanke Schillers findet schon 1842 in Vischers Artikel über den »Zustand der jetzigen Malerei« eine Entsprechung. Der eigentliche Gehalt eines Landschaftsgemäldes wird darin gesehen, daß es als »Widerschein des subjektiven Lebens im Reich des objektiven Naturlebens« diene. An diesem Symbolisierungsprozeß seitens des Künstlers sei seine Versetzungsfähigkeit wesentlich beteiligt; zum anderen trete im Akt der Wahrnehmung und des Nachvollzugs dieser Projektion seitens des Betrachters die Reflexion in Kraft: »Die Natur spricht, sie tönt uns als verhallendes Echo unserer Seele. Es beruht dieses Geheimnis der landschaftlichen Stimmung auf einem Akte, der als eine Einheit zweier Momente zu fassen ist. Das erste ist ein Leihen; denn da wir uns wohl bewußt sind, daß die Natur, das stumme Reich der Notwendigkeit, nichts von den Gefühlsbewegungen des subjektiven Lebens weiß, so müssen wir ihr eine Teilnahme an diesen erst unterlegen. Nicht, als ob wir dies mit Reflexion wie ein Geschäft vornähmen; mit dem Augenblicke, wo wir die Natur vom ästhetischen Standpunkt anschauen, ist sogleich auch jene Unterschiebung da, denn wir sehen in allem den Menschen. Doch fühlen wir, obzwar dunkel, recht wohl, daß dies ein bloßes Leihen sei, und dies ist das andere

Moment. Wir geben aber darum dieses Leihen nicht auf, sondern wir vollziehen nun die Vorstellung, welche logisch ein Widerspruch, ästhetisch aber vom größten Reize ist, als ob die Natur zu gleicher Zeit eine die Stimmungen des menschlichen Gemüts vorbildende oder wiederholende Seele in sich berge und dennoch in ungetrübter Objektivität und Gesetzmäßigkeit nicht um die Schmerzen des subjektiven Lebens wüßte.«[39]

Um das Verhältnis von Kunst und Wirklichkeit, um das Fiktive im Kunstwerk und dessen Aufhebung durch die Reflexion, geht es demnach in der von Vischer in den 1860er Jahren entwickelten Ästhetik, deren Nähe zu dem gleichzeitig in Entstehung begriffenen Symbolismus in Frankreich unverkennbar ist. In dem Aufsatz ›Das Symbol‹ (1887) hat Vischer noch einmal seine Position zusammengefaßt.

Wir haben gesehen, wie Vischer die Bestimmung der einzelnen Gattungen der Malerei in seiner früheren *Ästhetik* umrissen hat. Auch im Rahmen seiner Symboltheorie wird ihnen eine unterschiedliche Bedeutung zugemessen: Während der Landschaftsmaler nur einen »unentwickelten, im Dunkel des Gefühls, der Stimmung zurückgehaltenen Geist in sein Objekt« niederzulegen vermöge, stehe der Historienmaler vor der Aufgabe, sich in eine ganze Welt der Empfindungen und Affekte hineinzuversetzen, die sich ihm erst durch das eifrige Studium der Geschichte erschließe. In der Historienmalerei seien die anderen Gattungen der Malerei zugleich enthalten.[40] Nicht viel anders als in Vischers Beschreibung erging es dem Historiker der Zeit, der das Gesamtbild einer Epoche zu entwerfen suchte. Mit der Philosophie und der historischen Wissenschaft wird die Historienmalerei von Vischer auch auf eine Stufe gestellt – alle stünden sie auf der »Höhe objektiver Betrachtung«.

Im Gegensatz zu seiner früheren kategorischen Ablehnung des Allegorischen im Bilde, der Vermischung von realen und erdachten Gestalten, erkennt Vischer nun in seinen späten Jahren die schöpferische Kraft der Phantasie an, die imstande sei, den alten Gestalten des Mythos und der Sage Wärme und Leben einzuhauchen. Ebensowenig wie die moderne Weltanschauung von der wunderlosen Wirklichkeit lassen kann, die Historienmalerei ihr Augenmerk auf die wirkliche Geschichte richtet, ebensowenig lasse die Malerei sich »das Mythische, Sagenhafte, Poetische, lebendig Symbolische« nehmen.[41]

Diese »intuitive Symbolik« und der mit ihm verbundene »poetische Glaube« an die künstlerische Fiktion entsprechen in etwa der Intention und der Wertschätzung der Deutsch-Römer, die in ihrer Malerei die antiken mythologischen Gestalten und den Traum des goldenen Zeitalters zu neuem Leben zu erwecken suchten, diesen Stoffen aber zugleich durch die realistische Schilderung der Charaktere und tatsächlicher Örtlichkeiten einen sehr starken Gegenwartsbezug gaben. Die ästhetische Rezeption ihrer Werke verläuft in den von Vischer angezeigten Bahnen, indem der Betrachter bewußt den Akt der »Seelenleihung« nachvollzieht, dennoch aber nicht umhin kann, diesen Akt der Versöhnung von Ideal und Wirklichkeit zugleich als einen psychologischen Vorgang zu erkennen, der ihm nur momentane Erlösung von der Dürftigkeit der Gegenwart oder, nach dem Diktum Schopenhauers, von dem »schrecklichen Schauspiel des Lebens« verschafft. Schon 1866 hatte Vischer in einer kritischen Auseinandersetzung mit seiner eigenen, vorangegangenen Ästhetik die Notwendigkeit des Symbols und des »poetischen Glaubens« postuliert: »Jeder lebendige Geist vollzieht heute und in aller Zukunft den Akt, dem die Götter der Religionen ihr Dasein verdanken; der Unterschied ist nur, daß die Geschöpfe unserer Phantasie uns nicht mehr wirkliche Wesen sind. Um so weniger kann dem wahren Künstler und Dichter sowie dem sinnigen Beschauer die Kraft versagt sein, auch die nicht wirklich geglaubten Gestalten des historischen Mythus noch einmal neu zu beleben, den schon vollzogenen Akt ihrer Schöpfung zu wiederholen.«[42]

Dieser Ausspruch könnte der Rezeption der Kunst der Deutsch-Römer vorangestellt werden. Im ausgehenden 19. Jahrhundert galt Vischers *Ästhetik* zwar als das große enzyklopädische Schulbuch, das allerorts gelesen und benutzt wurde. Aber aus heutiger Sicht erscheinen seine Gedanken zum »Symbol« und zur künstlerischen Fiktion als das wichtigere und zukunftsträchtigere Signal. In ihnen werden die Ästhetisierung von Kunst und Leben angesprochen, das Verhältnis von Ideal und Wirklichkeit als künstlerisches und psychologisches Problem der Zeit erfaßt.

Wenn wir die Kulturphilosophie Burckhardts und die Theorien zu Symbol und Mythos bei Bachofen und Vischer miteinander vergleichen, tritt bei allen dreien ein gebrochenes Verhältnis zur modernen Gesellschaft und der zeitgenössischen Kultur zutage. So hat für Burckhardt nach dem *dictum* Schillers die zersetzende Kraft des reflexiven Bewußtseins schon mit der griechischen Klassik eingesetzt. Später habe die absolutistische Staatsform und die Vormachtstellung der Kirche in der frühen Neuzeit der Selbstverwirklichung des Individuums einen Riegel vorgeschoben, und noch immer lasse die Bewußtseinslage des aufgeklärt positivistischen aber in der wissenschaftlich-historischen Betrachtung befangenen Menschen des 19. Jahrhunderts den direkten Zugang zum Leben und zur tatkräftigen Selbstverwirklichung schmerzhaft vermissen.

Bachofen suchte durch intuitive Wesenschau der Symbole jenen Urgrund dionysischer Lebensfülle und dunklen Todestriebes aufzudecken, der von den gesellschaftlichen Konventionen erodiert werde und im Lichte der kritischen Geschichtsforschung der Zeit zu veröden drohe. Mit dem Entwurf des Mutterkultes und einer im Archaischen gegründeten Kulturanthropologie wurden auch die versiegende Kraft der eigenen Zeit und die Fragwürdigkeit des zivilisatorischen Fortschritts bloßgelegt.

Theodor Vischer sah dagegen in der psychologischen Ästhetik einen Weg, der Substanzlosigkeit der eigenen Zeit und der Einseitigkeit der Reflexion zeitweilig zu entrinnen. Dabei boten sich gerade die bildende Kunst und deren Betrachtung als Möglichkeit an, wenigstens den »Schein« einer heilen Welt zu erwecken, dem zumindest im Reich der poetischen Fiktion Glauben geschenkt werden müsse.

Diese existentiellen Zweifel sowie die neurotische Bewußtseinslage vieler Künstler, Wissenschaftler und einer breiteren kulturellen Schicht im allgemeinen dürfen als Merkmale der Epoche des ausgehenden 19. Jahrhunderts schlechthin bezeichnet werden. In der Philosophie Arthur Schopenhauers hatten diese Tendenzen schon eine einschlägige Vorprägung erhalten. Erst in den 1870er Jahren setzte die Rezeption Schopenhauers mit seiner pessimistischen Weltsicht voll ein. Auch die positive Bewertung einer psychologisch begründeten Ästhetik sowie die Bedeutung der menschlichen Intuition waren in seiner Philosophie bereits angesprochen worden.

Arthur Schopenhauer – Leiden des Daseins und Ästhetik als Heilmittel

Schopenhauers Einfluß auf Literaten und Künstler des ausgehenden 19. und frühen 20. Jahrhunderts sowie auf breite Schichten des Großbürgertums ist beträchtlich gewesen. Sein schon 1818/1819 erschienenes Hauptwerk, ›Die Welt als Wille und Vorstellung‹, (1844 noch einmal wesentlich erweitert), das von den 1870er Jahren immer wieder in neuen Auflagen erschien, sowie die Reproduktion von Böcklins *Toteninsel* fehlten in keinem großbürgerlichen Heim und mögen als Indiz für die gebrochene Seelenlage vieler Menschen und das komplizierte Verhältnis des Individuums zum Leben und zum Tod, zum Werden und Vergehen, zur Gegenwart, Geschichte und zum Mythos gelten. Dem Menschen in der zunehmend industrialisierten, großstädtischen Welt und in der Enge erstarrter Konventionen entgleitet das Leben in seiner Vitalität und Unmittelbarkeit. Künstlertum erweist sich in der Distanz zum Gewöhnlichen, in der analytischen Schärfe der Beobachtung, zum anderen aber auch in der mythischen Verklärung des Daseins. So wird der schöne Traum des Kunstwerks dem Zerrbild einer Wirklichkeit entgegengehalten, deren Realität selbst in Frage gestellt wird. Das Kunstwerk verleugnet nicht seinen Charakter von Trug und Schein, aber sein Anspruch darauf, als notwendiges Heilmittel und zeitweises Quietiv für die menschliche Psyche zu dienen, bleibt davon unbeschadet, ja gilt geradezu als dessen Voraussetzung. Die Problematik der psychologischen Ästhetik und der fiktionalistischen Philosophie und Lebenshaltung ist von Thomas Mann in seinem ›Tonio Kröger‹ mehrfach angesprochen worden. In bezug auf das Künstlertum heißt es in einem denkwürdigen Satz, daß es aus sei mit dem Künstler, sobald er zu empfinden beginne. Dennoch gibt es kaum eine Zeit, in der Empfindung und Sinnlichkeit historisch-mythisch verbrämt so stark zum Tragen kommen wie in der Kunst des Fin de siècle. Durch die Fiktion des Kunstwerks und die Ästhetisierung des Sichtbaren läuft dieses Gefühl freilich wieder Gefahr, fragwürdig und unecht zu erscheinen. Dieser Zwiespalt macht sich in der Kunst der Deutsch-Römer bemerkbar.

Schopenhauers Philosophie bereitete der Aushöhlung des unmittelbaren Lebensgefühls sowie dem Kulturpessimismus und dem Fiktionalismus der Gründerzeit den Boden. Vielfach belegt wurde sein Einfluß auf Theodor Fontane, Christian Friedrich Hebbel, Thomas Mann, Hugo von Hofmannsthal, Stefan George und später Hermann Hesse. Hervorzuheben sind auch Komponisten wie Richard Wagner und Hans Pfitzner, Engelbert Humperdinck und Arnold Schönberg, Alban Berg und Anton von Webern. Unter den bildenden Künstlern sind insbesondere Max Klinger, Alfred Kubin und Wilhelm Busch zu nennen. Auch der ganze Kreis der Deutsch-Römer unter besonderer Berücksichtigung Arnold Böcklins sollte ins Blickfeld gerückt werden.

In einem wichtigen Aufsatz zur Schopenhauer-Rezeption von den 1870er Jahren an bis ins frühe 20. Jahrhundert hat Gabriele von Heesen-Cremer nachweisen können, daß der Einfluß Schopenhauers in dem erwähnten Zeitraum stets im Wachsen begriffen war. Richard Wagner, Julius Bahnsen und vor allem Friedrich Nietzsche, etwa seit 1865, trugen entscheidend zur Kenntnisnahme seiner Gedanken bei und waren in ihrem eigenen Schaffen von seinen Ideen nicht unberührt. Kommt Schopenhauer innerphilosophisch, wenn überhaupt, nur eine sehr beschränkte Wirkung zu, so gelangten seine Ideen in popularisierter Form in weiten Kreisen zu um so größerer Wirkung. Dabei ging es nicht so sehr um die metaphysische Grundlegung des Leidens, des Lebenswillens und der »ewigen Wiederkehr des Gleichen«, sondern eher um die alltägliche Umsetzung dieser leidvollen Lebenserfahrung und pessimistischer Kulturanschauung. An diesem Leiden in und an der Welt und an der Fragwürdigkeit des Daseins überhaupt nahm die ganze Zeit Anteil. In seinen graphischen Zyklen hat Klinger die von Schopenhauer angesprochene »Fruchtbarkeit des Daseins« bewußt zum Ausdruck bringen wollen; in der Malerei, die in besonderer Weise »der Schönheit« verpflichtet sei, müsse nach Klinger eine solche »Darstellung der leidvollen Wirklichkeit als unerträglich empfunden werden«.

Aus dieser Gegensätzlichkeit leidvoller Lebenserfahrung und hehren ästhetischen Anspruchs erwächst jener Zwiespalt von künstlerischer Form und existentieller Aussage, der aus den Werken der Deutsch-Römer nicht wegzuleugnen ist. Im Gegensatz etwa zu Wilhelm Busch, der die bittere Lebenserfahrung und den Pessimismus Schopenhauers in volkstümlich anmutende Sprüche und einprägsame Charaktere münzte, dienten in der Malerei etwa der Deutsch-Römer die ideale Form und die an ihr orientierte ästhetische Betrachtung der zeitweisen Überwindung der fatalen Verstrickung des Menschen in einer Welt, die gar als Produkt seiner eigenen, nach außen projizierten Willensvorstellungen, die vom Lebenskampf geprägt seien, postuliert worden war.

Diese Gestaltung und ihre Wirkung entsprechen aber einem Grundgedanken Schopenhauers, nach dem das Individuum durch die ästhetische Betrachtungsweise zeitweilig in der Lage sei, sich von dem verhängnisvollen Willen zu lösen und sich zu der zweckfreien Betrachtung allgemeiner Ideen erheben zu können. Jedes Kunstwerk sowie die gültigen philosophischen Gedanken, die das ästhetische Urteilsvermögen und die *Intuition* des Menschen ansprachen, könnten auf Grund eben dieser Freiheit von Willensbestimmungen Anspruch auf Gültigkeit erheben. Aus dem Unvorhergesehenen des ästhetischen Moments, sei es beim schöpferischen Akt selbst oder im Augenblick der ästhetischen Betrachtung, ergibt sich die Bedeutung und Macht der Intuition. Im Kunstwerk manifestiere sich eine neue, von den Zwängen des Daseins befreite Einsicht. In der Betrachtung des Werkes finde der Mensch einen Zugang zum wahren Wesen der Welt. So konnte Schopenhauers Philosophie und nicht zuletzt seine Wertschätzung der Kunst und des ästhetischen Genusses dem Künstler des ausgehenden 19. Jahrhunderts als Fundament eines neuen künstlerischen Selbstverständnisses dienen.

1 Siehe etwa den Kat. Ausst. Die Nazarener in Rom, Ein deutscher Künstlerbund der Romantik, Rom/München 1981. Zu Overbeck S. 155ff. und Nr. 78; zu Philipp Veit S. 268ff. und Nr. 144, 145. Während bei Overbeck die Verschmelzung von Nord und Süd thematisiert wird, geht es in den beiden Gemälden von Veit eher um die Gegenüberstellung der siegreichen Kirche (Italia) und der weltlichen Macht (Germania).

2 Jacob-Burckhardt-Gesamtausgabe, Stuttgart/Berlin/Leipzig, 1929 bis 1934, Bd. I–XIV. Kaegi: Jacob Burckhardt, Eine Biographie, Basel 1947 bis 1982, Bd. I–VII. Im Bd. I, S. 512–515 Über den Kreuzgang des Münsters in Basel.

3 Zitat aus W. Kaegi (wie Anm. 2), Basel 1950, Bd. II, S. 487f.

4 Der Cicerone. Eine Anleitung zum Genuß der Kunstwerke Italiens, Leipzig 1855.

5 Zuerst in Basel 1860 erschienen; Gesamtausgabe (wie Anm. 2) 1930, Bd. V; von W. Kaegi, Bern 1943.
Die Rezeption des berühmten Werkes ist von Janssen anhand der Erscheinungsjahre der vielen Auflagen nachgezeichnet worden: 1860, 1869, 1877, 1885, 1896, 1897, 1901, 1904, 1908, 1913, 1918, 1944 ... zu diesem Zeitpunkt waren etwa eine halbe Million Exemplare verkauft worden. Nachdem der Kult um die Jahrhundertwende einen Höhepunkt erreichte, setzte in den 1920er und 1930er Jahren die Kritik an der Renaissance verstärkt ein. Maßgeblichen Anteil daran hatte die negative Beurteilung der Zeit in Oswald Spenglers Untergang des Abendlandes (1923). – Zur Burckhardt-Rezeption und seine kulturgeschichtliche Stellung vor allem E. M. Janssen: Jacob Burckhardt und die Renaissance, Jacob Burckhardt Studien, erster Teil, Assen 1970, S. 6ff. Auf den im Grunde »statischen Charakter« des von Burckhardt entworfenen »Gemäldes« wird u. a. bei Stadelmann und Janssen verwiesen.

6 Über die emanzipatorische Wirkung und den zugleich zerstörerischen Charakter der »Reflexion« äußert sich der Historiker grundsätzlich in seinen Weltgeschichtlichen Betrachtungen (postum 1905 gedruckt); Gesamtausgabe (wie Anm. 2) Bd. VII, S. 42/43. – Vgl. auch die Ausgabe R. Stadelmanns, Pfullingen o. J.

7 Die Kultur der Renaissance, Gesamtausgabe (wie Anm. 2), Bd. V, S. 85.

8 Zu Aby Warburg siehe E. H. Gombrich: Aby Warburg, An Intellectual Biography, London 1971. (Deutsch: Frankfurt 1981.) Das Zitat in: Aby Warburg: Gesammelte Schriften, London 1932, Bd. II, S. 534.

9 Die Kultur der Renaissance Gesamtausgabe (wie Anm. 2) Bd. V, S. 98; auch zitiert von E. M. Janssen (wie Anm. 5), S. 19.

10 Gesamtausgabe (wie Anm. 2), Bd. V, S. 125.

11 Gesamtausgabe (wie Anm. 2), Bd. V, S. 128 und 159; im folgenden wird auf die Studie E. M. Janssens (wie Anm. 5), S. 36ff. verwiesen.

12 Die Kultur der Renaissance, Gesamtausgabe (wie Anm. 2), Bd. V, S. 129.

13 Die Kultur der Renaissance, Gesamtausgabe (wie Anm. 2), Bd. V, S. 361; vgl. Janssen (wie Anm. 5), S. 40.

14 Zu der positiven Beurteilung der Renaissancekultur und dem Begriff des »Fortschritts« im Vergleich zu der tragischen Entwicklung der griechischen Kultur siehe E. M. Janssen (wie Anm. 5), S. 44ff. mit weiteren Textverweisen.

15 Die Drucklegung des Manuskripts der 1872 begonnenen Vorlesung über die »Griechische Kulturgeschichte« wurde erst nach Burckhardts Tod durch Jacob Oeri 1898/1902 besorgt. Siehe hierzu W. Kaegis Ausgabe (wie Anm. 2), Bd. VII, Basel/Stuttgart 1982; hier benutzt wurde auch die illustrierte Ausgabe von R. Jaspert, Berlin 1950.

16 Die Kultur der Renaissance. Gesamtausgabe (wie Anm. 2), Bd. V, S. 317.

17 Siehe E. M. Janssen (wie Anm. 5), S. 46 mit Textverweisen.

18 Die Kultur der Renaissance. Abschnitt I: »Der Staat als Kunstwerk«. Siehe auch Abschnitt III, 4 in den Weltgeschichtlichen Betrachtungen: »Der Staat in seiner Bedingtheit durch die Kunst« (Hg. R. Stadelmann), Pfullingen o. J., S. 158ff.

19 Einleitung zu den Vorlesungen über Griechische Kulturgeschichte, zitiert in der Ausgabe von R. Jaspert (wie Anm. 15), S. 345f.

20 Die nicht unbedenkliche Aufnahme des agonalen Prinzips seitens der Deutschen läßt sich noch 1950 an dem Ausspruch Jasperts ermessen. Im Nachwort heißt es: »Wir Deutsche der Gegenwart, die wir immer wieder die innere Verwandtschaft mit dem Hellenentum spüren, müssen in seiner (Burckhardts) Griechische Kulturgeschichte ein gerade für uns bedeutsames Werk erblicken.« R. Jasperts (wie Anm. 15) S. 346.

21 Zitat bei Jaspert (wie Anm. 15), S. 346.

22 E. M. Janssen (wie Anm. 5), S. 70f.

23 Eine Zusammenfassung dieser Tendenzen habe ich in: Geschichte der Ästhetik und Kunsttheorie, Köln 1986, versucht, und zwar in den Abschnitten »Aufklärung« und »Neuklassizismus und Präromantik« – S. 373ff., 423ff. sowie im Kapitel der »Romantik«, S. 469ff. mit weiteren Literaturangaben.

24 J. J. Bachofen: Versuch über die Gräbersymbolik der Alten, Stuttgart 1859. Siehe Bd. IV in der von K. Meuli besorgten Gesamtausgabe, Gesammelte Werke, Basel/Stuttgart 1943 –. Derselbe: Das Mutterrecht. Eine Untersuchung über die Gynaikokratie der alten Welt nach ihrer religiösen und rechtlichen Natur, Stuttgart 1861. Eine von H.-J. Heinrichs besorgte Ausgabe erschien 1975 in Frankfurt a. M. (2. Aufl. 1978).
Zu den vielen Autoren, die sich mit dem Werk Bachofens auseinandergesetzt haben, gehören Ludwig Klages, Vom Kosmogonischen Eros, München 1922. (Sämtliche Werke Bd. 3 – Philosophie III), Bonn 1974,

S. 494–497; C. A. Bernoulli: Bachofen und das Natursymbol, Ein Würdigungsversuch, Basel 1924. – Derselbe: Bachofen, Urreligion und antike Symbole, Leipzig 1926, Bd. I–III; A. Bäumler: Bachofen, der Mythologe der Romantik, Einleitung zu Der Mythos von Orient und Occident, Eine Metaphysik der alten Welt, Aus den Werken von J. J. Bachofen (Hg. M. Schröter), München (1926) 1956.

Den besten Überblick bietet der Sammelband Materialien zu Bachofens »Das Mutterrecht« (Hg. H.-J. Heinrichs) Frankfurt a. M. 1975, mit einschlägigen Beiträgen von Klages, Bernoulli, Bäumler, Salin, Deubel, Kerenyi, Muschg, Engels, Bebel, Horkheimer, Bloch, Fromm u. a. Zur wissenschaftlichen Rezeption von Bachofens Werk siehe etwa den Aufsatz Deubels: Der Kampf um Johann Jacob Bachofen, S. 161 ff.

25 Man siehe etwa die Ausführungen von R. Semon: Die Mneme als erhaltendes Prinzip im Wechsel des organischen Geschehens, Leipzig (1904) 1920. Zu A. Warburgs Verwendung der »Engramme« vgl. die Ausführungen Gombrichs in der Monographie 1971; siehe auch G. Pochat: Der Symbolbegriff in der Ästhetik und Kunstwissenschaft, Köln 1983, S. 86. Bachofen kommt in jener Darstellung allerdings zu kurz.

26 A. Bäumler: Chtonisch, dionysisch, apollinisch, (in: Materialien, S. 137, siehe Anm. 24).

27 Siehe hierzu ebenfalls A. Bäumler (wie Anm. 26), S. 144 f., sowie E. Salin: Bachofen als Mythologe der Romantik, ebenda S. 150 ff.

28 Grundlegend für das Verständnis für Vischer: E. Volhard: Zwischen Hegel und Nietzsche – der Ästhetiker Friedrich Theodor Vischer, Frankfurt a. M. 1932; F. Schlawe: Friedrich Theodor Vischer als Literaturkritiker, Diss. Tübingen 1953; insbes. W. Oelmüller: Friedrich Theodor Vischer und das Problem der nachhegelschen Ästhetik, Stuttgart 1959. Die kunsthistorische Bedeutung Vischers wird von Lorenz Dittmann angesprochen: Stil, Symbol, Struktur, Studien zu Kategorien der Kunstgeschichte, München 1967, 95 ff.; ferner: G. Pochat: Friedrich Theodor Vischer und die zeitgenössische Kunst, in: Ideengeschichte und Kunstwissenschaft – Philosophie und bildende Kunst im Kaiserreich, hg. v. E. Mai, S. Waetzoldt, G. Wolandt, Berlin 1983, S. 99–131.

Unmittelbar zugänglich sind die Werke Vischers durch die Ausgaben Robert Vischers: Ästhetik oder Wissenschaft des Schönen, 2. Aufl., Stuttgart 1922/1923, Bd. I–VI. Nachdruck: Hildesheim/New York 1975; Kritische Gänge, 2. verm. Aufl., Hg. R. Vischer, München 1922, Bd. I–VI.

29 Zu dieser Periodisierung siehe G. Pochat (wie Anm. 28), S. 103 ff.

30 Die Bedeutung Creuzers u. a. gewürdigt von M. Schlesinger, Geschichte des Symbols in den ästhetischen Theorien des 18. Jahrhunderts, Kopenhagen 1963. – L. Dittmann (wie Anm. 28), S. 85 ff. – M. Titzmann, Strukturwandel der philosophischen Ästhetik, 1800–1880. Der Symbolbegriff als Paradigma, München 1978; G. Pochat, (wie Anm. 25), 40 ff.; zu Hegel ebenda S. 48 ff.

31 Siehe Kritische Gänge (wie Anm. 28), Bd. V, S. 11 ff. oder die §§ 737–741 in der Ästhetik (wie Anm. 28), Bd. IV, S. 477–507.

32 Deutsche Kunstgeschichte in: Jahrbücher der Gegenwart, September und Dezember 1844. Kritische Gänge (wie Anm. 28), Bd. V, S. 98–172; zu den Gattungsbegriffen ebenda S. 139 ff.

33 Zustand der jetzigen Malerei, in: Deutsches Jahrbuch für Wissenschaft und Kunst, 1842. Kritische Gänge (wie Anm. 28), Bd. V, S. 40; zitiert nach G. Pochat (wie Anm. 28), S. 105 f.

34 Zur philosophischen Einstufung Vischers vor allem W. Oelmüller (wie Anm. 28). Zusammenfassend zur Ästhetik Hegels, Vischers und Lotzes in: G. Pochat: Geschichte der Ästhetik, Köln 1986, S. 501 ff., 567 ff. und 574 f.

35 R. Vischer, Ästhetik (wie Anm. 28), I §§ 147–227; II, § 480, wo der Autor sich kritisch mit dem Realismus und seiner Idealisierung des Häßlichen auseinandersetzt. Kritik wird besonders an Liebermann geübt – Kritische Gänge (wie Anm. 28), Bd. V, S. 329 f.; vgl. auch G. Pochat (wie Anm. 25), S. 123 mit weiteren Verweisen.

36 Kritik meiner Ästhetik, in: Kritische Gänge 1866 und 1873, (wie Anm. 28), Bd. IV, S. 222–419; zitiert nach S. 224.

37 Der Begriff des »poetischen Glaubens« und das durch ihn angesprochene Verhältnis zwischen Betrachter (oder Leser) und Kunstwerk läßt sich bis Coleridge zurückverfolgen, bei dem er eine zentrale Rolle spielt (Biographia Literaria, 1817, bes. Kap. 13. (vgl. hg. v. I. Shawcross, Oxford 1907).

38 Eine einschlägige Stelle in bezug auf die Projektion der Gemütsregung auf die äußere Form durch den Künstler findet sich in Schillers Rezension über Matthissons Gedichte (1794), Sämtliche Werke, hg. v. G. Fricke und H.-G. Göpfert, München 1980, Bd. 5, S. 999. Zu Vischers Schiller-Zitat siehe Kritische Gänge (wie Anm. 28), Bd. V, S. 257.

39 Zustand der jetzigen Malerei (1842). Kritische Gänge (wie Anm. 28), Bd. V, S. 45/46.

40 Das Verhältnis von Inhalt und Form in der Kunst (1858). Kritische Gänge (wie Anm. 28), Bd. IV, S. 198–221; zitiert nach S. 218 ff.

41 Kritische Gänge (wie Anm. 28), Bd. V, S. 259.

42 Kritik meiner Ästhetik (1866) in: Kritische Gänge (wie Anm. 28), Bd. IV, S. 324; vgl. auch Das Symbol (1887) in Bd. IV, S. 428 ff. Zur Psychologisierung der Ästhetik in der hier besprochenen Zeit H. Druë: Die psychologische Ästhetik im Deutschen Kaiserreich, in: Ideengeschichte (wie Anm. 28), S. 71–98.

43 G. von Heesen-Cremer: Zum Problem des Kulturpessimismus, Schopenhauer-Rezeption bei Künstlern und Intellektuellen von 1871 bis 1918, in: Ideengeschichte (wie Anm. 28), S. 45–70.

44 G. v. Heesen-Cremer (wie Anm. 43), S. 51 – Zitiert nach W. Pastor: Max Klinger, Berlin 1922, S. 79 f.

45 G. v. Heesen-Cremer (wie Anm. 43), S. 56 f.

Norbert Miller

Emanuel Geibel, Paul Heyse und das literarische München zur Zeit Maximilians II.

Zwei Namen stehen in der zweiten Hälfte des 19. Jahrhunderts für München als Stadt der Literatur. Beide, eng und freundschaftlich verbunden, haben ihr Wirken in der Hauptstadt des bayerischen Königreichs programmatisch auf München bezogen. Mit beiden blieb bis zum Ende aller Herrlichkeit 1914 die Stadt als Sitz der Musen für das Inland und Ausland verknüpft: Emanuel Geibel und Paul Heyse. Im Frühjahr 1852 hatte Max II. den gefeierten Liederdichter Geibel, der seit seinen ›Juniusliedern‹ (1848) als »Herold des Reichs« galt, zum Honorarprofessor für deutsche Literatur und Metrik gemacht und in seine Nähe gezogen. Zwei Jahre später folgte der noch ganz junge Paul Heyse einer Einladung nach München. Der spröde, meist hanseatisch zugeknöpfte Lübecker Geibel, dessen Lyrik Max II. bewunderte, wurde von Anfang an zur beherrschenden Figur des Kreises aus Gelehrten und Dichtern, den der junge König – in unausgesprochenem Widerspruch zur herrischen Forderung der bildenden Kunst durch seinen Vater – in lockerer Anbindung um sich versammelte. Kein bequemer Hofdichter, wie später das Vorurteil gerne aus der glatten Eleganz seiner Gedichte zu schließen glaubte, sondern nach eigenem Anspruch und strenger Selbstzensur ein dichtender Bürger, der unbeirrbar auf eine Wiederherstellung der Reichseinheit aus dem freien Zusammenschluß der Fürsten hinarbeitete, der in allem inneren Widerstreben seines Bürgersinns an die Hegemonie Preußens glaubte und so zwangsläufig in inneren Gegensatz zu den Interessen des bayerischen Königs geraten mußte.

Daß die Monarchie als Herrschaftsform durch alle Stände getragen sein mußte, war der andere Glaubenssatz des legitimistischen Dichters, auf den sich das Einvernehmen mit seinem Gastgeber gründen konnte. Keine einfache Aufgabe für den König wie für den Dichter, aber eine, die Hoffnungen für die Zukunft weckte. Der streng gezogene Rahmen des Privaten, der den Umgang des Fürsten und der von ihm Berufenen zu regeln hatte, war nicht immer ausreichend, Unabhängigkeit und Ruppigkeit des Urteils bei einem Mann wie Geibel auseinanderzuhalten. Paul Heyse war demgegenüber in den liebenswürdigen Anfängen seiner außerordentlichen Dichterlaufbahn zunächst kaum mehr als eine Zugabe, die sich der fünfzehn Jahre ältere Geibel für seinen Münchner Einstand ausbedungen hatte.

Aufgewachsen in einem Philologenhaushalt Berlins, erzogen im ungezwungenen Verkehr mit allen besseren, die Kultur befördernden Zirkeln der Gesellschaft, war Paul Heyse schon als Kind ein von allen geliebter Besucher im Hause Mendelssohn, in der Familie des Kunsthistorikers Paul Kugler, in der Dichtersozietät des ›Tunnels‹ über der Spree wie im Atelier Adolph Menzels, als er 18jährig im Revolutionsjahr dem fünfzehn Jahre älteren Geibel zuerst begegnet war. 1854 hatte er noch kaum etwas geschrieben, was seine Berufung rechtfertigen konnte. Ein Genie auf Vorschuß. Gedruckt war kaum mehr als das ›Spanische Liederbuch‹ (1852) Emanuel Geibels, an dem er einen zunächst nicht näher ausmachbaren Anteil hatte, dazu unter dem Titel ›Hermen‹ eine Sammlung früher Verserzählungen, die er 1854 bei seiner ersten Audienz dem König überreichte. In Italien hatte der junge Dichter, der in Bonn sein Studium der Romanistik absolviert hatte, mit den Künstlern verkehrt, die an eine neue Blüte der deutschen Kunst aus römischem Geist glaubten, hatte sich eng an Arnold Böcklin angeschlossen und hatte schließlich, Zimmer an Zimmer mit Viktor von Scheffel hausend, der dort auf deutsche Manier im Anblick von Capri und Ischia eben seinen ›Trompeter von Säckingen‹ zu Ende schrieb, in Sorrent schwärmerische Idyllen in Goetheschen Versmaßen und in ›L'Arrabiata‹ ein Genrebild in Prosa verfaßt, frisch und duftig wie keines vor ihm. Aber das alles war nicht mehr als ein Versprechen, das Paul Heyse in seinem langen Leben vielleicht mit allzu gründlichem Fleiß einzulösen bestrebt war. Um 1854 nur eine Art Assistent des großen Poeten, war Heyse zwanzig Jahre später unbestritten das Haupt der Münchner Dichterschule und – nach seiner Außenwirkung, nicht nach seiner Geltung unter den Mitstrebenden – der führende Repräsentant der deutschen Dichtung, ein wiedergeborener Goethe. Der Plan des Königs, durch seine Initiative die Wissenschaften und Künste in München zu fördern, war gelungen. Als 1862 das ›Münchner Dichterbuch‹ eine erste Summe des Erreichten zog, war Emanuel Geibel der Herausgeber, und Heyse trat mit seiner Versnovelle ›Rafael‹ nur als einer von vielen Beiträgern auf, neben und nach Wilhelm Hertz, dem Grafen von Schack, dem Schweizer Heinrich Leuthold und den beiden Münchnern Felix Dahn und Hermann Lingg. Als 1882 der Münchner Dichterkreis nach schweren Stürmen noch einmal seine Zusammengehörigkeit im Neuen Münchner Dichterbuch dokumentierte, war ebenso selbstverständlich Paul Heyse der Herausgeber.

Schon als Kronprinz hatte Max II., der sich vor allem als Schüler Leopold von Rankes verstand, damit begonnen, seine Kontakte zur Wissenschaft über das engere Umfeld Bayerns hinaus zu erweitern. Bei seinem Amtsantritt berief er eine Reihe bedeutender Gelehrter nach München, darunter 1852 Justus Liebig, der sich als Begründer der Naturwissenschaften an Universität und Polytechnikum in wenigen Jahren eine Ausnahmestellung verschaffte, 1854 den Kulturhistoriker Wilhelm Heinrich Riehl, der als Professor der Staats- und Kameralwissenschaften seine ausgreifende schriftstellerische Tätigkeit begann, gestützt auf die ersten Bände seiner Naturgeschichte des Volkes als Grundlage einer deutschen Sozialpolitik (1851 ff.), im gleichen Jahr den Mannheimer Physiker Philipp von Jolly und 1856 den Historiker Heinrich Sybel. Länger schon wirkte der Schweizer Johann Kaspar Bluntschli, Verfasser eines berühmten legitimistischen Buchs über ›Das Volk und der Souverän‹ (Zürich 1831) als Staatsrechtslehrer (seit 1848) an der Münchner Universität. Und bereits seit 1847 war Rankes Schüler Wilhelm Dönniges als Bibliothekar des Kronprinzen berufen worden, der nach dem Machtwechsel ohne definierten Posten der engste Berater des Königs blieb. Auffallend an den Berufungen war die strenge Doppelausrichtung des Interesses auf Geschichte und empirische Naturwissenschaften, die in schroffem Gegensatz zu den künstlerisch-ästhetischen Neigungen des Vaters stand. Der durchaus moderne Zug hinter dieser Berufungspolitik verwundert aus dem historischen Abstand angesichts der idealistischen Haltung der gleichzeitig nach München geholten Dichter, deren Festhalten an einer strengen Formkunst und deren klassizistische Vorliebe für die mittelmeerische Landschaft im Kunstempfinden des Königs verwandte Regungen auslösten. Einseitig war freilich auch hier die Politik Max' II. nicht: Friedrich von Bodenstedt, der Dritte im Bunde, hatte nach literarischer Herkunft und Zielsetzung eine ganz andere, den volks- und völkerkundlichen Absichten mancher Gelehrten nähere Stellung. Nach langen Reisen durch den Kaukasus hatte er seine Karriere als Reiseschriftsteller, Ethnologe, Übersetzer und Lyriker noch während der Revolutionszeit begonnen. ›Tausend und ein Tag im Orient‹ (1850) und die daraus gesammelten ›Gedichte des Mirza Schaffy‹ (1851) hatten ihn mit einem Schlage berühmt gemacht. In orientalischer Verkleidung sahen sich König und Publikum hier in der Einschränkung des utopischen Gedankens auf Anerkenntnis des Weltlaufs bestätigt. Westöstliche Weihen für ein neues Daseinsgefühl. Geibel und Heyse verachteten das Scharlatanhafte seiner Existenz. Die Aura des Reisenden, der Fremdes gesehen und erlebt hatte, war ihnen gleichgültig – mochte der König sich unbefangener daran erfreuen –, und die Banalität dieses Buchs der Weisheit durchschauten sie sofort. Max II. hatte aber darauf gesetzt, ein Gegengewicht zu Geibels und Heyses Formkunst zu setzen, einen Autor, der sich gut in die Runde der um ihn gescharten Gelehrten einfügte.

Am Rande dieser »Kolonie der Berufenen«, wie sich die Fremden in der frostig-feindseligen Atmosphäre Münchens bald selbst nannten, standen Franz Dingelstedt, der 1851 als Intendant ans Münchner Hoftheater geholt worden war und, seit 1855, der mecklenburgische Diplomat Adolf Friedrich Schack. Dingelstedt hatte wie Geibel im Vormärz durch Zeitgedichte von sich reden gemacht. Aber seine 1842 erschienenen ›Lieder eines kosmopolitischen Nachtwächters‹, in denen er kühl und mit eitel-unbestechlichem Blick die deutsche Misere gezeichnet hatte, waren nicht vom Pathos der geistigen Form getragen, das für Geibel erst die vaterländische Vision garantierte, sondern zeugten von einer zynischen Weltläufigkeit, die im gärenden Durcheinander der Jungdeutschen überraschte. Seine neuen Gedichte: ›Nacht und Morgen‹ (1851) hatten dann am frühesten die Konsequenz aus der veränderten Lage nach der Revolution gezogen: Selbst- und Zeitkritik auf der einen, nüchterne Aufgabenstellung für die Zukunft auf der anderen Seite. Gewandt in Handhabung des Verses, nutzte er das Gedicht wie eine Waffe und schockierte so von Anfang an das empfindlichere ästhetische Gewissen Geibels und Heyses. Sie ahnten in ihm den Burgtheaterdirektor noch vor Beginn seiner Karriere. Der König mochte ihn nicht und zog ihn zu den geselligen Abenden des inneren Kreises niemals zu. Nach außen aber war Dingelstedt durch sein anmaßendes Auftreten neben Dönniges der am meisten Verhaßte unter den »Nordlichtern«. Schack, weitgereist, bildungsgesättigt, in vielen Sprachen und Kulturen heimisch, unermüdlich im Werben um den Dichterlorbeer für den es seinem engen Talent an geistiger und formaler Sicherheit fehlte, hatte in München zeitlebens eine unabhängige Stellung, die es ihm erlaubte, als Poet, Philologe und später als Kunstmäzen dem kulturellen Leben nach Belieben sich anzunähern. Er blieb aber auch, obwohl über die Jahre eine feste Einrichtung, immer ein Außenseiter unter den Außenseitern. Auch er gewann zu Max II. kein näheres Verhältnis.

Die königliche Absicht, das wissenschaftliche Leben in Bayern zu fördern und München zum fehlenden Mittelpunkt der deutschen Literatur zu machen, weckten den bockigen, lang hingehaltenen Widerstand der Einheimischen. Die Gründe waren unterschiedlich: der Klerikalis-

Abb. 1 Paul Heyse. Photographie von Franz Hanfstaengl, München, Mai 1856

Abb. 2 Emanuel Geibel. Photographie von Franz Hanfstaengl, München

mus und auch das Standesdenken des Hofadels widerstrebten den liberalen Tendenzen der Residenz. Aber auch, wer (in einer altbayerischen Variante) josephinisch-aufgeklärt gesonnen war, sah mit Skepsis auf den Einfluß norddeutscher Gelehrter und Dichter, die gegen Bayerns Lebensinteressen für propreußische Ideen eintraten, mochte ihnen Max II. Gehör geben oder nicht. Die empfindliche Kränkung, gegenüber den Berufenen zurückgesetzt zu sein, wurde durch die latente Einsicht nicht gemildert, daß die eigene Leistung hinter der fremden zurückstehe. Die Lebensart und die Weltauffassung, die gespielte oder echte Daseinsbehaglichkeit, die auch dem Bürger ernste Tätigkeit nur als Beschäftigung zuwies, und der nüchterne Blick auf die Alltäglichkeit, dem schon der antikisierende Kunstenthusiasmus unter Ludwig I. zuwider gewesen war, standen gegen die tatkräftige, sich selbst ernst und wichtig nehmende Zukunftsplanung der Berufenen. Das galt für die Wissenschaft. Das galt erst recht für Dichtung und Kunst. Max Haushofer hat 1898 in einem von Paul Heyse zitierten Essay: »Die literarische Blüte Münchens unter König Max II.« über die liebenswürdigen Gelegenheitsdichter aus bayerischem Stamm, über Franz von Kobell und den Grafen Pocci und ihre zahlreichen Mitdichter geschrieben: »Den vormärzlichen Dichtern Münchens gebrach es nicht an Talent, aber an der Energie des Strebens. Süddeutsche Gemütlichkeit ging ihnen über jeden Erfolg. Vormittags beim Bockfrühschoppen im ›Achazgarten‹ zu sitzen, den Nachmittag in einem der Kaffeehäuser des Hofgartens zu verplaudern und den Abend, wenn er schön war, auf einem der damals noch so prächtigen aussichtsreichen Keller zuzubringen: das war in jener Zeit ein viel schöneres und poetischeres Tun als das Sitzen am Schreibtisch.« Die Poetisierung der gewohnten Existenz war und ist nun freilich die einzige Ursache für die unentschlossene Weiterbildung der dichterischen – nicht der künstlerischen! – Anlagen der Ortsansässigen wie der von Paul Heyse geäußerte Vorwurf eines Dilettantismus aus Überzeugung. Dahinter steckt der Argwohn gegen Kulturbeflissenheit, woher immer sie komme, gegen jede Zeittendenz, welche die Zukunft für sich reklamiert, gegen das als »preußisch« verdächtigte Unbedingte in Politik, Wissenschaft und Kunst. Gegen diesem Traditionalismus, der sich auf jede Marotte als selbstverständliches Herkommen beruft, war für die »Nordlichter« schwer anzugehen. Nur das Haus des greisen Philologen Friedrich von Thiersch, der als Präsident der Akademie der Wissenschaften und als Berater des Königs in allen Fragen der Erziehung sich selbst in Gegensatz zu den konservativen Kreisen Münchens gebracht hatte, stand der Kolonie ohne Vorbehalt offen. Erst langsam konnte Paul Heyses unermüdliches Werben die Widerstände auflösen, weil er sich selbst – aus gerührter Neigung, nicht aus Taktik – den Münchner Lebensverhältnissen anpaßte, während die schroffe Zurückhaltung Geibels, die selbst die Freunde oft irritierte, als ständige Herausforderung betrachtet wurde. Im ersten ›Münchner Dichterbuch‹ begegnen mit Felix Dahn und Hans Hopfen nur zwei jüngere, dem Neuen aufgeschlossene Poeten. Dagegen hat im ›Neuen Münchner Dichterbuch‹ der Herausgeber nicht nur Lyrik von Karl Stieler und Franz von Kobell aufgenommen, sondern in der dünnen Höhenluft dieser Gedichtsammlung der bayerischen und pfälzischen Mundart Heimatrecht gegeben. Für viele Jahre dazwischen blieb es bei der für die Regierungszeit Maximilians II. charakteristischen Bürgerfremdheit seiner Bestrebungen, ob es sich nun um den Bau der Maximilianstraße oder um die Symposien in der Grünen Galerie handelte.

Eingeladen waren in den ersten Jahren die drei Dichter Bodenstedt, Geibel und Heyse, dazu unter der Führung Liebigs in wechselnden Kombinationen die berufenen Gelehrten und die Adjudanten, die Max II. nach ihren nicht militärischen Interessen mit ausgesucht hatte. Geibel war anfangs der Doyen des Kreises. Ohne ihn fand keine der Gesprächsrunden statt, für die sich rasch ein Ritual des Ablaufs einspielte, das der Zielsetzung dieser Abende angemessen war. Ging es zunächst um Fragen der Dichtung, um den Vortrag neuer Werke, unter die sich auch ein Aufsatz gelehrten Charakters drängen mochte, so änderte sich der Ablauf rasch: »Mehr und mehr wurde es Brauch, daß in der ersten Stunde ein wissenschaftliches Thema aus den verschiedensten Gebieten durchgesprochen wurde, ein naturwissenschaftliches, wie über Parthenogenesis (Siebold), Ebbe und Flut, Elektrizität oder die Entstehung des Sonnensystems (von Jolly, zuweilen mit Experimenten illustriert), Chemie (Liebig), Mineralogie (Kobell), ästhetische und literaturhistorische, dann vorwiegend soziale und völkerpsychologische Probleme. Hierauf erhob sich der König und ging in das Billardzimmer voran, wo eine Partie Boule gespielt wurde, während deren er einen oder den andern in eine Fensternische zog und mit ihm besprach, was im Augenblick ihn beschäftigte, etwa daß er über schwebende Besetzungsfragen von Lehrstühlen an Universität und Polytechnikum Liebigs Meinung zu hören wünschte oder über das Ausschreiben eines Wettbewerbs um das beste Drama mit Geibel sich beriet. War dies beendet, so verfügte man sich wieder an den langen Tisch, und nun hatten die Dichter das Wort, die sorgen mußten, daß immer etwas zum Vorlesen bereit war.« Den Dichtern gehörte im Gespräch mit dem König zwar immer das letzte Wort. Aber als eines der höheren Divertissements. Davor galt das Gespräch wissenschaftlichen Gegenständen, den drängenden Sozialfragen oder den Überlegungen der Förderung der Kultur. Max II. wollte den Kreis nicht als seinen geheimen Planungsstab verstanden wissen. Die von ihm leidenschaftlich verteidigte Prämisse war, daß die Gespräche der Grünen Galerie der Residenz privaten Charakter hatten. Keinem der Berufenen war eine genau umrissene Aufgabe zugeteilt. Max II. selbst behauptete die Rolle des Privatmanns. Er saß unter den Denkern und Dichtern – und wie die meisten seiner Zeitgenossen glaubte er an diese Formel, suchte sie aber mit konkretem Sinn zu füllen – als Bürger der Gelehrtenrepublik. So ließ er das Gespräch seinen Lauf nehmen, ermunterte zum Widerspruch, ja, tolerierte selbst heftige Ausbrüche persönlichen Ingrimms. So konnte er offene Kritik hinnehmen, ohne als Institution betroffen zu sein. Der frühe Tod des Monarchen verhinderte den Ausbruch des hier angelegten Konflikts. Aber auch während des Jahrzehnts der Symposien war die bewußt ungeklärte Situation für die Beteiligten wie für die Außenstehenden schwierig. Diese mutmaßten Intrigen, sahen in den Eingeladenen ein Geheimkabinett hinter den Ministerien, jene waren sich über den Stellenwert ihrer Ansichten und Ratschläge schmerzlich im Unklaren. Die Ungezwungenheit des Gesprächs hatte ihre Grenzen darin, daß Max II. auf einem Protokoll jeder Sitzung bestand, begründet mit seinem Wunsch, zur eigenen Belehrung den Gang des Gesprächs aus der Rückschau noch einmal zu überprüfen. Paul Heyse führte das Protokoll, ehe mit Franz Löher ein Protokollant von Amts wegen angestellt wurde. Hier sind mit gleicher Akribie die Ansichten zu Tagesproblemen und zu Fragen der Ästhetik vermerkt. Ein unschätzbares Dokument einer Epoche, in der die Fixierung der Maximen hinter den pragmatischen Entscheidungen der Gelehrten und Dichter kaum je ausgesprochen wurden, zeigt die lange Reihe dieser Protokolle das Spektrum der Themen, zu denen sich neben dem Spezialisten auch der Gelehrte der anderen Disziplin der Kunstkenner und der Dichter gleichberechtigt zu Wort meldete. Das Widersprüchliche und darin zugleich in die Zukunft Weisende dieses Kreises bestand vielleicht in diesem Nebeneinander einer naturwissenschaftlich orientierten Wissenschaftserwartung und einer strengen, alle sittlichen Normen aus dem Anschluß an das Ideal gewinnenden Kunst. Geibel hatte sich in jungen Jahren an Platen angeschlossen, Heyse hatte sein Vorbild in Geibel. Je älter er wurde, um so verpflichtender wurde für ihn darüber hinaus, nicht nur im Schreiben, auch in der Lebensführung, Goethes Einstellung zum Leben aus der Kunst. Das ›Münchner Dichterbuch‹, in das Emanuel Geibel 1862 die Frucht der ersten Jahre dieses Kreises versammelte, ist in der konsequenten Beschränkung der Gattungen auf Lyrik und Verserzählung Ausdruck dieser eklektischen Vorstellung von Dichtung. Nicht einmal angesehene Prosaisten wie Hans Hopfen oder auch Paul Heyse erschienen da mit Proben aus ihrem angestammten Metier. Niemand in der Runde bezweifelte den ästhetischen und politischen Anspruch dieser Dichtung. Die gleichen Autoren aber, denen schon die Vermischung von Prosa und Vers ein Greuel war und die mit angelernter Zurückhaltung von der Novelle und dem Roman als von Gattungen sprachen, die nur mit Vorbehalt dem Reich der Poesie überhaupt zugehörten, diskutierten in den Symposien weltklug über die Möglichkeiten eines neuen Baustils, über das Verhältnis von Geschichte und Kultur, aber auch über Fragen der Sozialpolitik und über die Notwendigkeit der weiteren Förderung der Naturwissenschaft und der Technik. Griechenland und Rom umfingen sie, sobald sie sich ins Atelier und an den Schreibtisch zurückzogen, der Fortschritt der Wissenschaften lag ihnen am Herzen, wenn sie im Kreis um den König über die Zukunft nachdachten. Ein Moment der Schizophrenie mag man aus dem Abstand darin gewahren, und manche Ausbrüche der Melancholie bei Geibel, auch sein Scheitern an den geplanten Hauptwerken läßt sich vielleicht als Wirkung dieses Widerspruchs deuten. Kein Zweifel aber, daß andere die erzwungene Gemeinsamkeit von Naturwissenschaft, geschichtlich bedeutender Soziallehre und Dichtung für förderlich hielten, Wilhelm Heinrich Riehl zumal und auch der proteisch anpassungsfähige Heyse. Nüchtern in seiner Umweltbeobachtung, von der Notwendigkeit wissenschaftlicher Erkenntnis überzeugt und ein willfähriger geistiger Begleiter seiner Freunde unter den Naturforschern, drang er immer auf einen höheren Ausgleich beider Tendenzen, der klassizistischen Ausrichtung der Kunst am Vollkommenen und an den stets gleichermaßen gultigen Grundverhältnissen des Menschen auf der einen Seite, der immer reicher sich entfaltenden Naturerkenntnis und Naturbeherrschung auf der anderen. So sehr es übertrieben wäre, ihn als einen der ersten Apologeten der Zwei-Kulturenlehre anzusehen – er verstand sich vielmehr als legitimen Nachfolger Goethes, für den der Zusammenhang von dichterischer Eingebung und Naturerkenntnis die Voraussetzung des Schöpferischen war, in einer zunehmend arbeitsteiligeren Gesellschaft, bei der dem Dichter nur die Verantwortung für die Naturwissenschaft durch die Spezialisten abgenommen werde –, so bleibt doch wahr, daß er scharfsichtiger als seine Freunde das Nebeneinander von artistischer und scientifistischer Erkenntnis als notwendig und irreversibel ansah, als eine leuchtende oder bedrohliche Utopie. Riehl mochte durch sein eigenes Schriftstellern am meisten zur Ausprägung einer sozialwissenschaftlichen Kultur zwischen den beiden anderen Richtungen des Denkens beigetragen haben (Lepenies), Paul Heyse dagegen, der aus wissender Skepsis den Freund als eine vorwiegend künstlerische, aber keine wissenschaftliche Natur beschrieben hat, erklärte mit dieser Bemerkung das Nebeneinander zum Gesetz.

Die zweite Hälfte des 19. Jahrhunderts mißtraute den Systemen: keine Ästhetik und keine philosophisch durchdachte Dichtungslehre trat an die Stelle der großen Entwürfe der Goethezeit. Graf Schack konnte aus dem Rückblick sich schaudernd der Zeit erinnern, an der sich Studenten mit Hegels Vorlesungen zur Ästhetik gemartert hatten. Nach Friedrich Theodor Vischers ›Ästhetik oder Wissenschaft des Schönen‹ (6 Bde., 1846 ff.), deren letzte, besonders im Deskriptiven überragende Teile in den fünfziger Jahren erschienen, blieb das letzte bedeutende System, das den Zusammenhang der Künste von innen heraus erklären wollte. Die Dichter und Erzähler, die Maler und Bildhauer verständigten sich mittels aus der Empirie gewonnener Winke über ihr Metier. Trivial-Poetiken reichten aus, die Umrisse dieser Handwerkersprache aufzuzeigen. Wer aufmerksam die Briefwechsel zwischen Storm, Fontane, Keller und Heyse liest oder die Tagebuchaufzeichnungen und Schriften der Deutsch-Römer, kann über die Selbstverständlichkeit nur staunen, mit der wenige Winke hinreichen, um einem Novellisten oder Bildhauer das Verfehlte eines Handlungszugs oder einer Geste begreiflich zu machen. In olympische Höhe entrückt, erklärt sich der Künstler bei der Arbeit zum Banausen, den alle philosophische Spekulation nur um die Sicherheit des Metiers bringt. Wichtiger als die zeitüblichen Poetiken, zu denen der noch von Hegel ausgehende Moritz Carrière (seit 1853 Professor in München) seinen Beitrag ableistete, sind da die Protokolle der Symposien, weil sie in lapidarster Verkürzung die Kriterien vorführen, an denen die Zeit künstlerische Leistungen in der Geschichte beurteilt. So heißt es in den Schlußsätzen der Abendunterhaltung vom 12. Jänner 1856:

»I.) Nach dem romantischen Schwärmen in unwesenhaften und unhistorischen Gestaltungen trat die Reaktion der Wirklichkeit ein; die Poesie nahm eine Richtung auf das Realistische, bis ganz in der letzten Zeit hier und da sich diese Richtung bis zum Materialistischen abflachte, und wieder der Idealismus dagegen in seine Rechte trat.

II.) Der Dichter und Künstler soll das Wirkliche in Geschichte und Natur treu und wahrhaft gestalten; es aber mit einer Idee durchgeistigen. Für den wahren Dichter und Künstler läßt sich das Realistische und Idealistische keinen Augenblick trennen. Beides lebt sofort in ihm und seinen Werken, sobald er zu schaffen anfängt, eine Verschmelzung, wie sie sich am schönsten in Shakespeare's Werken offenbart.

III.) Der Dichter und Künstler soll die Menschen mit

historischen Ideen und im historischen Charakter schaffen, aber mit Gedanken und Gefühlen, welche ewig menschlich wahr sind, und für alle Zeiten menschlich rühren.

IV.) Man kann die Lyriker in solche unterscheiden, welche *communia proprie,* das Allgemeinsame auf ihre eigene Weise sagen, und in solche, welche *propria communiter,* ihr Eigenes auf allen gemeinsame Weise sagen.«

Skelettiert bis auf den Gemeinplatz, werden da Grundsätze im Hintergrund erkennbar, die für Kunst und Dichtung der Münchner Ära gemeinsam gelten, für die in der Schack-Galerie versammelten Bilder wie für die Dramen und Novellen der Beiträger zu den beiden Dichterbüchern: die Doppelbegründung jedes Sujets aus der Wirklichkeit und der Idee, die Verfügbarkeit über Zeit und Welt, um das Menschliche als das Bleibende für die Phantasie zu gewinnen, der Rückgriff auf die großen Vorbilder, der zugleich die freie Adaption der überkommenen Gattungen und Gestaltungsweisen in sich schließt etc. Wenige Stichworte mögen das Angedeutete für den Münchner Dichterkeis (stellvertretend für eine breite Gruppierung von Künstlern und Dichtern zur gleichen Zeit überall im deutschsprachigen Raum) aufzeigen.

Verfügbarkeit von Raum und Zeit: der Eklektizismus der Münchner Dichterschule stützte sich, dem artistischen Anspruch nach, so wenig auf die Wiederherstellung des Gewesenen wie der wenig später einsetzende Historismus in der Malerei. Schon die beiden Fechtnamen treffen für die führenden Vertreter nicht zu. Gewiß, das Empfinden, zu spät gekommen zu sein. – Nachfahren einer Ausnahmezeit, Epigonen Weimars vor einer ungewissen Zukunft –, durchzieht die Dichtungen und die autobiographischen Zeugnisse Geibels und Heyses. Aber der Abstand zur Klassik, der die Begegnung mit dem Früheren nicht ausschließt, birgt eine Vision für den Dichter wie für den Künstler in sich: Wer einzudringen versteht in das Innerste einer Epoche, wer durch Gedichte und Briefe hindurch die Ziele einer Generation erkennen kann, der gewinnt in der sorgsamen Achtung der anderen Zeitumstände oder des fernen Ambientes das für sich zurück, was unzerstörbar ist, die Leiden und die Größe des Menschen. Für Corneille und Racine, noch für Voltaire waren Mythos und Geschichte Bühnengleichnisse für die Schicksalsverstrickungen des Menschen. Goethe hatte in seinen Weimarer Dramen die hohe Gattung genutzt, um in einer bestimmten Anschauungsform gegenwärtige Fragen als allgemeine zu erörtern. Und in aller Bravour der Geschichtsevokation, die seine Dramen für die Zeit nach 1850 zum meistkopierten Muster ehrgeiziger Literaten machten, waren Schillers Stücke unverkennbar Ideendramen. Wenn Geibel oder Adolf Willbrandt in der antiken Geschichte sich um den dramatischen Lorbeer mühten, so war für sie der Gehalt des Dramas von der Beschwörung der Vergangenheit nicht zu trennen. Das Zeitkolorit mußte stimmen, jede Dekoration, jedes kulturhistorische Detail, jede Denk- und Redewendung. Erst das Charakteristische, erst das Spezifische der geschichtlichen Situation gibt den Blick für das Allgemeine frei, für die Gedanken und Gefühle, die über den Augenblick hinaus menschlich anrühren. Friedrich Hebbel zog gleichzeitig aus dem gleichen Gedanken die Konsequenz, den geschichtlichen Epochenumbruch selbst zur Aufgabe für den Dramatiker zu machen. Paul Heyse beschränkte sich demgegenüber in seiner vielfältigen, immer zu leichthändig organisierten Theaterproduktion auf die konsequente Durchdringung von historischer Anschauung und tieferer Bedeutung. Mit der Beweglichkeit eines französischen Opernlibrettisten und mit der Akribie des Kulturforschers verfertigte er nebeneinander klassische Tragödien, Sittenstücke aus dem Barock, vaterländische Zeitpanoramen und orientalische Parabeln, vertauschte Shakespearesche und geschlossene Dramenform, wählte je nach Wirkungsabsicht den Blankvers oder die Prosa. Darin verbirgt sich der zweite Grundsatz dieser immanenten Poetik des Münchner Dichterkreises: Sie erklärt den literarischen Gegenstand grundsätzlich für abhängig von der vom Autor gewählten Form. Die legt für ihn und das Publikum – bei einer eingeschränkten Wahlmöglichkeit am Beginn des Schaffens – zwingend die Perspektive fest. Eklektizismus meint für die Münchner Dichter nicht die Resignation vor der Zukunft, nicht den Verzicht auf Originalität, sondern die Freizügigkeit, auf die wechselnden Herausforderungen des poetischen Gegenstands angemessen reagieren zu können. Im Eklektizismus sprechen die Formen. Sie gewinnen für sich oder in der Kombination bis dahin ungekannte Ausdrucksmöglichkeiten. Bewahrung der Gattungen und Formen war dabei notwendige Voraussetzung jeder Kunstübung, im Drama wie in der Lyrik. Wenn Emanuel Geibel in seinem Gedichtzyklus: ›Erinnerungen aus Griechenland‹, die das Hauptstück des ›Münchner Dichterbuchs‹ waren, für seine Natur- und Kulturbilder aus klassischem Gelände statt des zu erwartenden elegischen Versmaßes abwechselnd Romanzen- und Volksliedstrophen verwendete, dann wird im sprechenden Eklektizismus die wechselseitige Sehnsucht nach Griechenland und nach der Heimat thematisiert und bis in die kleinsten Nuancen der Metrik und des sprachlichen Ausdrucks durchgeführt. Nur hat den späteren Lesern das Mißbehagen an Geibels Versglätte und an seiner Neigung zum vorgeprägten Ausdruck den Sinn für die Nuance genommen:

In dem schönen Griechenvolke
Über's blaue Mittelmeer
Schifft' in dichter Schwalbenwolke
Wonnevoll der März daher.

Am Hymettus blühn die Wiesen
Und ein warmer Strahlenguß
Rötet deine Säulenriesen
Jupiter Olympius.

Und wo blitzend am Gestade
Der Iliß vorüberschwillt,
Stehn in Veilchen alle Pfade,
Grünt der Lorbeer im Gefild.

Herz, wie badest du im frischen
Blütenduft der selgen Flur!
Sprich, o sprich, was soll dazwischen
Dieser Laut der Sehnsucht nur?

Ach, dich mahnt's in süßem Grausen,
Wie durch's schnee'ge Waldgebiet
Deiner Heimat jetzt mit Brausen
Erste Frühlingsahnung zieht.

Sinnfälliger ist nicht leicht die Überlagerung von deutscher und griechischer Landschaft, von antiker Reminiszenz und romantischem Naturton im Gedicht eingefangen worden als hier. Selten wohl hat ein Dichter auch die Unvereinbarkeit von griechischem und deutschem Gelände so suggestiv in Anschauung und Melodik spürbar gemacht wie hier, wo die vollkommene Erfassung des fremden Naturaugenblicks durch das an heimatlichen Wiesen und Wäldern geschulte Sehen (und wo blitzend am Gestade / der Iliß vorüberschwillt, / Stehn in Veilchen alle Pfade, / Grünt der Lorbeer im Gefild. – Die Nacht war träumerisch, wir zogen / Hinab des Parnes dunkle Schlucht, / Da grüßt' uns plötzlich weit im Bogen / Eleusis mondbeglänzte Bucht.) das fühlende und schauende Ich nicht einen Atemzug lang aus der ganz anderen Vorstellungswelt entläßt. Ludwig Richter, Felix Mendelssohn-Bartholdy, der in Rom an der Schottischen Symphonie und der Ersten Walpurgisnacht schrieb, Victor von Scheffel mit dem Trompeter von Säckingen – sie stehen in ihrem Festhalten am mitgebrachten Heimweh für alle deutschen Künstler, die im Süden ihr hyperboräisches Erbe absichtlich nicht vergaßen. Das Spiel mit der Erwartung des Lesers, die virtuose Vertauschung von Strophe und Metrum und die Überblendung von Anschauung und Wortwahl erreichen bei Geibel häufig eine neue poetische Qualität, für die eine Verfügbarkeit der Töne die Voraussetzung ist.

Ein Drittes ist, was das Protokoll schematisch mit dem Satz umschreibt: »Für den wahren Dichter und Künstler läßt sich das Realistische und Idealistische keinen Augenblick trennen.« Theodor Fontane wird den gleichen Sachverhalt später mit dem Begriff der *Verklärung* umschreiben, Gottfried Keller wird von der »Reichsunmittelbarkeit der Poesie« sprechen. Gemeint ist ja auch in der Maxime des Münchner Dichterkreises nicht, daß die genau nachgebildete Außenwirklichkeit als Hülle der Idee aufzufassen sei, sondern daß deren Hinzutreten erst das Akzidentielle der Beobachtung vom Essentiellen der Wirklichkeit zu scheiden erlaubt. Paul Heyse verstand sich in seinen Romanen und Erzählungen als Realist wie seine Freunde Fontane, Keller oder Storm. In seinen ›Kindern der Welt‹ (1873) wagt er sich später weiter auf das Gebiet des Zeitromans *à la* Spielhagen vor als sie. Und auch in den frühen Novellenbänden stehen gesellschaftskritische Erzählungen und Abwandlungen der Dorfgeschichte – sie galt um 1850 unter dem starken Eindruck Berthold Auerbachs weltweit als die führende Gattung einer uneingeschränkten Wirklichkeitsdarstellung! – neben kunstvollen Genrebildern aus Italien und den reich instrumentierten historischen Novellen. Das Zugleich von Wirklichkeitsbeobachtung und spontaner Erkenntnis des Gesetzmäßigen im Akt des Schreibens war für Paul Heyse geradezu der Beweis für den Realismus in der Kunst. In einer wie mit dem Silberstift gezeichneten Skizze wie *Am Tiberufer* (1855) oder in *Das Mädchen von Treppi* (1858) wird jede Landschaftsschattierung und jede seelische Regung sorgsam auf ihre Stimmigkeit zu Sujet und Ambiente kontrolliert. Paul Heyse rivalisiert da ausdrücklich mit den Malern, genauer: mit den deutschen Malern in Italien, mit denen er Annäherung und Distanz als künstlerische Aufgabe begreift. Die Idee ist so nicht Aufhebung, sondern Veranschaulichung der vorgefundenen Realität. Den Einfluß Goethes auf diese Wirklichkeitsauffassung hätte Heyse so wenig geleugnet wie der knorrigere Gottfried Keller. Freilich war für seine Zwecke Goethes Umgang mit Natur und Alltag in der Italienischen Reise brauchbarer als seine Kunst der wiederholten Spiegelungen im Wilhelm Meister und in der von Paul Heyse so bewunderten Novelle; denn dort ging es dem Chronisten Goethe darum, die Erziehung des Reisenden zu sich an der genauesten Erfassung der aus dem Realen kommenden Wirkungen zu beschreiben. Nicht nur im Streben nach dem Erfassen der südlichen Natur *secundum veritatem,* sondern auch in der vedutenhaften Genauigkeit der Lokalszenen scheint Goethe ganz nahe bei den Kunstbestrebungen der Münchner Dichter zu stehen. Der Handwerksgrundsatz des Protokolls vom 12. Januar 1856 wendet sich zunächst aber polemisch gegen das Kunstfremde der materialistischen Literaturtendenzen in Deutschland und Frankreich. Weniger gegen den Vormärz und was an jungdeutschen Relikten in Karl Gutzkows ›Roman des Nebeneinander‹ eingegangen war, sondern viel grundsätzlicher gegen die Forderung nach einem

Realismus ohne Vorbehalte, wie ihn eben damals in Frankreich Champfleury und Gustave Courbet verfochten. Der Malerei, die da das Sozialelend und die ungeschminkte Darstellung des Landlebens zu ihrem Thema gemacht hatte, entsprach in der Literatur erst der zaghafte Versuch, Berthold Auerbachs vollständige, nicht geschönte Abbildung der Dorfwelt seiner Jugend für Frankreich lebendig zu machen. Erst 1857 machte bekanntlich der Skandal um Madame Bovary klar, welcher Sprengstoff in dieser polemischen Abweisung jedes Kunstvorbehalts für die Literatur steckte. Wenn Paul Heyse Dorfgeschichten unter seine Novellen einfügte, dann als gezielte Korrektur des indistinkten Realismusbegriffs, für den Berthold Auerbach einstand. War so von früh an dem dichterischen Realismus der Münchner jeder Gegenstand der Verklärung fähig und würdig, so behielt doch Italien, so behielt der Mittelmeerraum insgesamt seine Ausnahmestellung; denn hier bezweifelte keiner, er sei Maler oder Dichter, Kunstkenner oder Käufer, das Zugleich von Ideal und Wirklichkeit, das Fortwirken frühester Vollkommenheit in den klaren Linien der Landschaft und in den Bräuchen des Volks. Die Landschafts- und die Genremalerei hatten seit der Mitte des vergangenen Jahrhunderts in immer neuen Anläufen versucht, den Landschaftsausblicken, dem Ineinander von Natur und Ruinen, den Dorffesten und der Künstlergeselligkeit in den römischen Tavernen das Geheimnis ihres hesperischen Wesens abzugewinnen. Jeder individuelle Zug verwies auf das Ideal dahinter, jede Gegenwart wiederholte älteste und immer wiederkehrende Vergangenheit. Italien war der Garant auch für die Gültigkeit des Realismus, der den Dichtern des Münchner Kreises als Zukunftsaufgabe vorschwebte. Deshalb ist Paul Heyse immer wieder auf Italien zurückgekommen, deshalb tragen die historischen und landschaftlichen Schilderungen, die der Graf Schack von seinen zahlreichen Reisen rund ums Mittelmeer mitbrachte, immer das Signum Italiens. Ja, Schacks Sammelprinzip für die Gemälde in seiner Kollektion ist mit der Forderung nach dem Gleichklang von Anschauung und Ideal in eins zu setzen. Er war darum der einzige Kunstsammler, der an einem bestimmten Punkt das Zusammengebrachte als abgeschlossen erklären konnte. Der Satz, mit dem er, der Mäzen Bonaventura Genellis, Arnold Böcklins, des jungen Hans von Marées und des jungen Franz von Lenbach, die *Ansicht von Gibraltar* von Fritz Baumberger charakterisiert hat, war zugleich die Richtschnur für ihn, das Ungemäße beseitezuschieben. Der gleiche Satz könnte für jede Novelle von Paul Heyse, für jedes Gedicht von Geibel oder Hermann Lingg gelten. Es heißt da:

»Das glänzendste seiner Werke, so viele deren in meiner Galerie vorhanden sind, ist die *Ansicht von Gibraltar,* von der Höhe hinter Algeciras aufgenommen ... Vor diesem Gibraltar bei Sonnenuntergang kann sich derjenige, dem der wunderbare Anblick einmal gegönnt worden ist, denselben auf das lebhafteste von neuem vergegenwärtigen, und zwar ohne daß sein Genuß durch die Zufälligkeiten beeinträchtigt würde, die diesen in der Wirklichkeit oft trüben. Zugleich sieht und empfindet er noch etwas Höheres, Geistiges, das die Seele des Malers in die äußere Erscheinung gelegt hat ... So macht Bambergers Gibraltar es ihm möglich, hoch von der Felsenstelle in die azurne Tiefe hinabzuschauen, wo zwei Meere an den Säulen des Herkules ineinander wallen, in die dämmernde Ferne hinauszuträumen, welche die Küste Afrikas birgt, und die letzte Sonnenglut zu sehen, wie sie sich auf die Stadt Algeciras senkt; dies alles aber wird ihm in geläuterter, verklärter Gestalt dargeboten, so wie es sich im Innern des Künstlers widergespiegelt hat; es ist nicht *ein* Abend in Gibraltar, den er hier erlebt, es ist die Summe, die Blüte vieler Sonnenuntergänge, von denen die schönsten Züge für das Bild ausgewählt sind.«

Mit einem Mißklang war die Ära König Maximilians II. zu Ende gegangen: für die aufgebrachte Menge in München, die sich gegen Preußens Einmarsch in Schleswig-Holstein gewandt hatte, verfaßte Paul Heyse auch im Namen seiner künstlerischen Freunde eine Petition und erregte den Ärger des Monarchen. Freisinnig zu argumentieren, in der gelösten Atmosphäre des Gesprächs bei Hof Meinungen heftig zu verteidigen, die königlicher Ansicht widersprachen, war eine Sache. In einer Angelegenheit aber, bei der Max II. im Grunde nicht anders dachte als seine Untertanen, sich an deren Spitze zu stellen, war eine andere. Der stillschweigende Konsens, die Fragen der Gegenwart für die Zukunft in einer Atmosphäre privater Ungebundenheit zu erörtern, war damit aufgehoben; das Standesdenken von seiten der Bürgerlichen neu gegen den König etabliert. Der Tod des Königs ließ den Konflikt nicht offen zum Ausbruch kommen. Um so empfindlicher reagierte der neue König. Ludwig II. verabscheute eine unklare Regelung, die königlichen Pensionären wie Geibel und Heyse die Illusion bürgerlicher Unabhängigkeit beließ, und seiner neuromantischen Kunstauffassung war überdies der wohltemperierte Klassizismus der Münchner Dichter und Künstler fremd und zuwider. Der Eklat des Jahres 1868, als Geibel eines Huldigungsgedichts für den preußischen König wegen den Ehrensold entzogen bekam, und Paul Heyse daraufhin von sich aus auf seine Pension verzichtete, zieht nur die öffentliche Konsequenz aus einem Konflikt, der hinter der Idee des Ausgleichs zwischen königlicher Herrschaft und Bürgersinn, zwischen Monarchie und Gelehrtenrepublik, immer gelauert hat. Zugleich war dieses Ereignis aber auch Ausdruck eines Generationswechsels. Wie die Berufung der »Nordlichter« durch Max II. eine scharfe Zäsur zur Ära seines Vaters setzte, so bewirkten die hochfahrenden Träume einer Wiedererweckung der Romantik aus modernem Geist eine heftige Ablösung von den vertrauten Verhältnissen des Münchner Kulturlebens. Die Animosität gegen die Fremden war nicht ganz gewichen. Viele sahen die Kränkung Geibels mit Schadenfreude. Aber gerade Paul Heyses heitere Aufmerksamkeit für das Alltägliche neben dem Idealen und seine Künstler-Sympathie für die charakteristischen Züge des Volkslebens rückten ihn im Lauf der Jahre näher zu den einheimischen Literaten und Malern als selbst die ausgleichende Liebenswürdigkeit seines Charakters. Niemand verkörperte so sehr wie er eine Kunstauffassung des verklärten Realismus, wie sie dem Lokaltemperament angemessen erschien. Die Opposition Münchens gegen Richard Wagner und die neudeutschen Tendenzen der Kunst – sie umfaßte die gebildeten Stände insgesamt – sah den weitläufigen, in der französischen wie in der italienischen Moderne gleich bewanderten Dichterfürsten Paul Heyse auf der Seite des konservativen Bayern. Für Jahrzehnte wird er als Privatmann, der seinen gesellschaftlichen Rang als Künstler so nachdrücklich in der italienischen Gestaltung seiner Villa durch Gottfried Neureuther (1872) unterstreicht wie sein Freund Franz von Lenbach, der seinen Palast schräg gegenüber in der gleichen Luisen-Straße (1887) errichten sollte, zu einer Münchner und zu einer europäischen Institution. Bis zum Einbruch des konsequenten Naturalismus der Berliner war der vielbeschäftigte Erzähler, Dramatiker und Übersetzer, der Brieffreund aller Welt und der einflußreiche Kulturpolitiker, aller spöttischen Bemerkungen seiner Freunde und Feinde ungeachtet, der führende Dichter Deutschlands und der Garant einer hohen, das Wirkliche zu idealer Anschauung läuternden Formkunst. Er hatte eine Stellung, nicht unvergleichbar der von Johannes Brahms in Wien. Nur daß er selbstverständlicher den Herrschergestus des Dichters repräsentierte. Er war bei aller Verehrung von Goethes Einzigartigkeit durchdrungen von seiner Sendung, dem Dichter Goethes Ansehen in der Gesellschaft zu verleihen. Richard Wagners Tannhäuser-Pathos hatte da keinen Platz: Paul Heyse warb nachdrücklich für eine moderne Kunst im Anschluß an Weimar. Er schloß sich eng an die italienische Dichtung des 19. Jahrhunderts an, die er in den vier Bänden der ›Italienischen Dichter seit der Mitte des 18. Jahrhunderts‹ in glänzenden Übersetzungen für den deutschen Sprachraum gewinnt, er durchstreift mit Lenbach in immer neuen Reisen und Wanderungen das klassische Gelände und will in seinen Novellen und Gedichten die Klarheit der südlichen Natur als Forderung auch der realistischen Dichtung durchsetzen. Die von ihm vertretene Haltung ließ immerhin die Bewunderung für das dramatische Werk Henrik Ibsens zu, dem er sich spät noch in Freundschaft verbindet. Die strenge Kunstgerechtigkeit und der von ihm rasch diagnostizierte mythische Hintergrund dieses Werks ließen ihn die Zukunftsmächtigkeit Ibsens erkennen zu einem Zeitpunkt, als der von ihm als Autor nie ganz ernstgenommene Adolf Friedrich von Schack lange seine Galerie vor dem harschen Realismus Wilhelm Leibls und der anderen Maler der Courbet-Schule geschlossen hatte. Der verlegene Klassizismus des »Neuen Münchner Dichterbunds« war durchaus nicht das letzte Wort dieses Kunstkreises zur Moderne. Die französischen Bestrebungen, sei es der anstößige Realismus Flauberts oder Théophile Gautiers Forderung des *l'art pour l'art,* sei es Baudelaires Feier des *poète maudit* oder die Auflösung der Wahrnehmung in den Augenblick, hat Paul Heyse aus vertrautestem Umgang mit Paris energisch abgelehnt. Und Richard Wagners Erlösungsdramen waren für ihn nur Tollkirschenfeste einer verwilderten Romantik. Dem Wagnerianer blieb der Eingang in die Villa Heyse verwehrt. Die Deutsch-Römer, die Münchner und Paul Heyse waren sich da in der olympischen Geste der Verwerfung einig.

Vorbemerkung des Herausgebers zum nachfolgenden Essay

Aus seiner lebenslangen musikalischen Erfahrung heraus hat Emil Staiger in einer Folge von Studien über Jahrzehnte hin gelegentlich auch den Wechselwirkungen von Musik und Dichtung nachgespürt und dabei Wesentliches zur gegenseitigen Erhellung beider Künste beigetragen. Diese Untersuchungen, jeweils für besondere Anlässe als Essays verfaßt oder vorgetragen, waren in mehreren Auflagen seit 1947 im Atlantis-Verlag Zürich erschienen und zuletzt 1980 um einen zweiten Teil erweitert worden, woraus der hier im Nachdruck folgende Beitrag über die Liedkompositionen von Johannes Brahms nach Gedichten August von Platens entnommen ist.

Unser Dank für die Erlaubnis des Abdrucks gilt insbesondere Frau Sibylle Staiger, wie auch dem Atlantis-Verlag.

Durch einen ursprünglich vorgesehenen Aufsatz von musikhistorischer Seite, der leider nicht zustande kam, hätte der, wie ich meine, auch für das Gesamtthema höchst anregende Essay von Emil Staiger in den hier gegebenen Zusammenhang deutlicher eingebunden werden können. Es wird daher um Nachsicht für den kurzfristig übernommenen Versuch eines nicht Fachkundigen gebeten, diesen Zusammenhang wenigstens andeutungsweise herzustellen.

Man weiß gemeinhin von Johannes Brahms' freundschaftlicher Beziehung zu Henriette Feuerbach und seiner besonderen Anteilnahme, die er dem Werdegang und Werk des nur um weniges älteren Anselm Feuerbach seit der ersten Begegnung im Frühjahr 1865 über all die Jahre entgegengebracht hat. Zeugnis dieser persönlichen Verbundenheit ist das Chorwerk ›Nänie‹, das Brahms 1881 aus Anlaß des frühen Todes von Feuerbach nach Schillers gleichlautendem Gedicht[1] komponiert und Henriette Feuerbach gewidmet hat.[2] In dieser von Schiller 1799 gedichteten Totenklage, die mit dem berühmten »Auch das Schöne muß sterben ...« beginnt, sind ganz wesentliche Gedanken angesprochen, die sowohl an die Vorstellungswelt von Brahms als auch an die Feuerbachs denken lassen. Und die resignative Grundhaltung im Bewußtsein schicksalhafter Vergänglichkeit alles Irdischen und des sich damit Begnügens hebt Brahms in der vom Chor mehrmals gesungenen vorletzten Strophe hervor, die den gleichwohl tröstenden Schluß des Ganzen bildet: »Auch ein Klaglied zu sein im Mund der Geliebten, ist herrlich.« Man hat den Grundcharakter der Schiller-Brahms'schen ›Nänie‹ als den in antikem Sinne in Ruhe und Anmut gebändigten Schmerz bezeichnet und dieses Werk zu einem musikalischen Symbol der Kunst Anselm Feuerbachs erklärt. In ihm sah die Musikgeschichte noch ein halbes Jahrhundert nach seinem Tode »den großen Wiedererneuerer der klassischen Antike im modernen Geiste.«[3]

Wenn wir dem heute auch kaum mehr uneingeschränkt beipflichten können, so finden wir gleichwohl ein dichtes Gewebe geistiger wie persönlicher Wechselbeziehungen, die sich durchaus nicht auf das Verhältnis Brahms–Feuerbach beschränken, sondern auch andere Deutsch-Römer einbeziehen wie Böcklin oder Hildebrand und selbstverständlich Max Klinger. »Diese drei (Feuerbach, Böcklin, Klinger) füllen Herz und Haus« meint Brahms einmal gegenüber seinem Berner Dichterfreund Josef Viktor Widmann, »und es ist doch keine schlimme Zeit, in der man sich solcher drei freuen kann, dazu ... etwa Freytag, Keller, Heyse ...«.[4]

Wie die Musik zur Totenklage der ›Nänie‹, so steht der ›Gesang der Parzen‹, als Fragment nach Goethes ›Iphigenie‹ 1882 komponiert, Feuerbachs Kunst nahe. Man hat die musikalische Form in ihrer auf äußerste Knappheit gebrachten Reduktion bei zugleich gesteigerter Ausdruckskraft als ausgesprochen antikisch charakterisiert[5] und »die strenge Einfachheit der Musik, die mit der gesammelten entsagenden Ruhe der Verzweiflung majestätisch vorwärts schreitet« als der Strenge des Goetheschen Textes dienend bezeichnet.[6] Dabei vermittelt die musikalische Umgestaltung aus dem episch vorgegebenen Monolog Iphigeniens zu einem sechsstimmigen Chor mit großer Orchestrierung das Empfinden schicksalhafter Beschwernis, das in dem Gefühl des Mitleidens und Erbarmens mit den von den Göttern gestürzten Sterblichen verklingt. Hierin unterscheidet sich die Komposition von der gnadenlosen Schicksalhaftigkeit der dichterischen Vorlage Goethes und nähert sich der Kunstauffassung Feuerbachs, die auf das Mitempfinden des Bildbetrachters abgestimmt ist und die in diesem Punkt auch derjenigen Böcklins und Klingers entsprechen mag.

Im Zusammenhang der Beziehungen zwischen Brahms und einigen der herausragenden Deutsch-Römer, von denen insbesondere Böcklin und Feuerbach hochmusikalisch waren, muß hier noch erwähnt werden, daß Brahms selbst Gemälde von beiden Künstlern besaß, ganz zu schweigen von Graphikblättern Max Klingers, der Brahms zum Neujahr 1894 die berühmte *Brahms-Phantasie* gewidmet hatte, – eine Folge von 41 Radierungen und Lithographien zu seinen Kompositionen, darunter auch das ›Schicksalslied‹ nach Hölderlin. Dem gemeinsamen Freundeskreis gehörten der Schweizer Dichter Gottfried Keller, Josef Viktor Widmann, Adolf Frey und aus dem Münchener Dichterkreis vor allem Paul Heyse an. Von letzterem hat Brahms allein zehn Gedichte vertont. Alle hier genannten standen auch Böcklin nahe. Basel und Zürich waren, wie man leicht begreifen wird, Hochburgen der Brahms-Verehrung; so war beispielsweise die Uraufführung des ›Parzen-Lieds‹ in Basel am 8. Dezember 1882 ein so außerordentlicher Erfolg, daß bereits zu Neujahr eine Wiederholung stattfand.[7] Nicht zuletzt verschiedene Atelierbesuche bezeugen Brahms' Verehrung für Böcklin, obschon dieser in seiner Liebe zur Wiener Klassik mit solch fortgeschrittener Musik nichts anfangen konnte.[8]

Außer von Paul Heyse hat Brahms bekanntlich auch von anderen sonst heute weitgehend vergessenen Dichtern des Münchener Kreises Gedichte für seine Liedkompositionen ausgewählt. Schon früh hatte er sich eine große Bibliothek aufzubauen begonnen und war unerhört belesen. Neben der deutschen Klassik und Romantik sowie den Übersetzungen aus dem Orientalischen wählte er auch Liebeslyrik von Emanuel Geibel, Adolf Friedrich von Schack, Hermann Lingg, Friedrich von Bodenstedt, wobei ihm der elegische Grundton besonders lag und ihn zu den wunderbar einfühlsamen Vertonungen inspirierte, die, wie Emil Staiger bemerkt, lange nicht mehr so »unmittelbar« gesungen klingen wie klassische oder romantische Lyrik. Das läßt an Adorno denken, der sich 1969 ähnlich, aber direkter, dazu geäußert hat: »In nicht wenigen Gebilden der Viktorianischen Zeit, keineswegs bloß englischen, wird die Gewalt des Sexus und des ihm verwandten sensuellen Moments fühlbar erst recht durchs Verschweigen ... Der junge Brahms, dessen Genius bis heute kaum recht gesehen worden ist, enthält Stellen von so überwältigender Zärtlichkeit, wie wohl nur der sie auszudrücken vermag, dem sie versagt blieb.«[9]

Die Mitglieder des Münchener Dichterkreises, die auffallenderweise allesamt – wie auch die deutsch-römischen Künstler – erklärte Anti-Wagnerianer waren, verehrten den bereits 1835 verstorbenen August Graf Platen als »Muster und Meister« in ihrem eigenen Bestreben, einen Neuanfang deutscher Dichtkunst herbeizuführen. Wie Platen, der aus seiner von Verzicht und Empfindsamkeit bestimmten Grundhaltung kompromißlos für die Schönheit und Strenge der Form eintrat, erstrebten auch sie – übrigens ähnlich den gleichzeitig einem L'art pour l'art verpflichteten sogenannten »Parnassiens« in Paris – eine zweckfreie Poesie in Opposition zu den positivistischen Maximen einer zunehmend materialistisch eingestellten Welt des neuen Großbürgertums.[10]

1 Schillers Werke. Mayers Klassiker Ausgaben, Bd. 1, Leipzig/Wien (o.J.) Nr. 179, S. 244.
2 W. Niemann: Brahms. Berlin 1920, S. 124.
3 W. Niemann (wie Anm. 2), S. 366.
4 W. Niemann (wie Anm. 2), S. 125.
5 W. Niemann (wie Anm. 2), S. 363.
6 F. May: Brahms. Die Geschichte seines Lebens, 3. Aufl. München 1983, II, S. 219.
7 F. May (wie Anm. 6), S. 218. – Nach W.G. Zimmermann: Brahms in der Schweiz, Zürich 1983, S. 115 wurde im Rahmen eines Brahms-Konzertabends die ›Nänie‹ am 6. Dezember 1881 in Zürich uraufgeführt und am 11. Dezember in Basel wiederholt. Im folgenden Jahr fand, wiederum im Rahmen eines Brahms Konzerts, am 10. Dezember in Basel die Uraufführung des ›Gesangs der Parzen‹ statt und eine Wiederholung in Zürich am 17. Dezember.
8 A. Frey: Arnold Böcklin. Nach den Erinnerungen seiner Zürcher Freunde, Stuttgart/Berlin 1903, S. 95, 161f.
9 Zitiert nach: F. May (wie Anm. 6), S. xv.
10 O. Walzl: Die Deutsche Dichtung seit Goethes Tod, Berlin 1920, S. 143.

Emil Staiger

Liedertexte: Platen – Brahms

Nachdruck aus: Musik und Dichtung, 4. Auflage Zürich 1980

Es gibt aus den letzten Lebensjahren von Brahms eine Photographie, an der man nicht nur ein persönliches Schicksal, sondern die Stimmung einer ganzen Epoche glaubt ablesen zu können. Ein ziemlich dunkles Zimmer; der etwa sechzigjährige Meister, der sich seiner kurzen Beine wegen nicht gern stehend aufnehmen ließ, sitzt mit dem Rücken gegen den glänzend schwarz polierten Flügel am Fenster, stützt den Kopf auf die rechte Hand und schaut in einen kleinen, von Häusern eingeengten Garten hinaus. Ein Sammetstreifen am Fenstersims, der kalte Luft abwehren soll, und die kahlen Bäume lassen erraten, daß es ein Wintertag ist, der da mit milchigweißem Licht hereinscheint. Obwohl wir uns natürlich in Wien befinden, denken wir unwillkürlich an Intérieurs im Geiste Storms, an jene verhängten, mit Sehnsucht und Erinnerungen gesättigten, von schwerer Luft erfüllten Räume, in denen das Leben gestorben scheint, aber noch zwischen den Bildern und Möbeln und allem, was da herumsteht, geistert. Oder wir denken weiter hinaus an Sonette von Mallarmé, die das Arbeitszimmer und das Instrumentarium eines Dichters heraufbeschwören und alles mit dem Zauber der absence in ein Totenreich und das heißt hier zugleich in reine Kunst verwandeln. Und dies wieder leitet uns hinüber zu Möglichkeiten einer vom Leben abgeschiedenen Poesie, als deren frühester, freilich noch nicht ganz deutlicher Vertreter im Bereich der deutschen Sprache August Graf von Platen gelten darf. Daß Brahms die unter einer Fülle von mühsam erzwungenen Versen verborgene Schönheit einiger seiner Gedichte zu schätzen wußte, wundert uns nicht. Er war ein vorurteilsloser, in ganz verschiedenen Stilen bewanderter Kenner der neueren deutschen Literatur. Er liebte Goethe sowohl wie Tieck, das Volkslied ebenso wie den Münchner Formalisten Hermann von Lingg, erkannte den Reiz der an Rückert geschulten Hafis-Dichtungen Daumers und sogar den eigentümlichen Wert von drei oder vier Gedichten Hans Schmitts, der heute auch als Dichter einer herrlichen gereimten sapphischen Ode ganz vergessen ist.

Die Literarhistoriker tragen keine Bedenken, Platens Namen in diesem Zusammenhang zu nennen. Man findet ihn meist neben Rückert verzeichnet, allenfalls, als Dichter populärer Balladen, neben Uhland. Doch damit wird man ihm nicht gerecht. Vor allem für den Komponisten stellt die Sache sich anders dar. Er wird sogleich bemerken, daß die Verse Platens bei weitem nicht mehr so unmittelbar gesungen sind oder so unmittelbar gesungen wirken wie die der Romantiker oder Goethes, daß vielmehr mit ihm die Entwicklung zu jenem gleichsam abstrakten Wohllaut, jener schon fast tonlosen, sogar die weichsten Vokale nur hauchenden Kunst beginnt, der wir in höchster Vollendung bei C. F. Meyer und den französischen Symbolisten, auch in Werner Zemps Gedichten wieder begegnen. Vermutlich fühlte sich Brahms indes gerade davon aufs tiefste berührt und nahm eine geheime Verwandtschaft mit seinem eigenen Schicksal wahr. Nietzsche hat für das, was ich meine, das freilich böse Wort »Melancholie des Unvermögens« geprägt. »Unvermögen« – damit kann ein Versagen im Leben oder im Reich der künstlerischen Einbildungskraft gemeint sein, grob gesagt, eine Sterilität, bei der uns alsbald Platens unglückliche Neigung zu dem eigenen Geschlecht und das Junggesellentum Brahms' mit seinen verschleierten Hintergründen einfällt. Der Hohn in Nietzsches Formel entspringt aber einem Kult der Lebenskraft, den wir heute zu teilen weit entfernt sind. Im Gegenteil! Wir neigen wohl eher dazu, die Kunst vom Leben zu scheiden, und haben ein neues Verständnis für alle jene Künstler gewonnen, die, genötigt oder aus freier Einsicht, das sogenannte Wirkliche meiden der unantastbaren Schönheit zuliebe, die ihnen dadurch, daß sie selber einer Art von Tod anheimgegeben sind, nicht zu teuer bezahlt scheint. Wir wollen deshalb nicht von einem Unvermögen, sondern, ohne Urteil, von Abgeschiedenheit sprechen und alle damit verbundenen biographischen Fragen unberührt lassen.

Sofern ich mich nicht täusche, hat sich die Auffassung von Brahms und seinem Schaffen während der letzten Jahrzehnte gerade in diesem Sinne verändert. Unsere Väter haben ihn noch sehr nahe bei Beethoven gesehen – was ihm zwar willkommen gewesen sein dürfte, aber ein schiefes Licht auf ihn warf und zu Vergleichen führte, die ihm bei den Jüngeren schädlich waren. Heute erkennen wir wohl besser die Eigentümlichkeit seiner Kunst und stellen uns auch anders zu dem, was man Epigonentum nennen mag. Die selbst in scheinbar heiteren Stücken unüberwindliche Melancholie – denn diese müssen wir in der Formel Nietzsches wohl noch gelten lassen – die schwerblütige Sehnsucht nach einem seit der Jugend entschwundenen oder vielleicht überhaupt nie erlebten Frühling, das ganze schmerzlich gebrochene Verhältnis zum Leben verbindet sich mit dem Verhältnis zu Beethoven, Mozart, Haydn und Bach, der musikalischen Tradition, von der er sich, uneingestandenermaßen, gleichfalls ausgeschlossen fühlt und die er nun künstlich, sozusagen im leeren Raum, zu beleben versucht, nicht anders als die schlichten Gefühle der Liebenden in den Magelone-Liedern oder die heftigen Passionen in einigen großen Gesängen. Gerade dieses neue Verhältnis, das auch Schumann noch nicht kannte, dieses Bewußtsein, von den bewunderten Meistern und den in die Schmerzen und Freuden des Lebens inniger Eingeweihten durch eine Kluft getrennt zu sein, verehren wir als den ergreifenden persönlichen Zauber seiner Musik.

In der Verehrung des Menschen und Dichters Platen gehen wir nicht so weit. Er kann sich – wenn Vergleiche zwischen den Künsten überhaupt statthaft sind – mit Brahms in keiner Weise messen. Die großen Formen versagen sich ihm, und in den Oden, Sonetten, Liedern, Ghaselen ermüdet die Eintönigkeit der feierlich formulierten Klagen und mehr noch der so oft wiederholte Versuch, sich energisch aufzuraffen, der nur zu bald zusammenbricht oder in unglaubwürdigen Posen erstarrt. Immerhin, manches gehört zum ewigen Vorrat deutscher Poesie. Und diesen Stücken werden wir besser gerecht, wenn wir endlich darauf verzichten, Goethes bekanntes Wort: »Ihm fehlt – die Liebe« als Vorwurf aussprechen, sondern, ähnlich wie bei Brahms, in seinem Leiden am Fehlen der Liebe – oder besser: des Glücks der Liebe – in seiner Abgeschiedenheit die Eigenart und das Zukunftsträchtige seines Schaffens anerkennen.

Wie spielt sich nun die Begegnung dieser beiden in einer bestimmten Hinsicht so nahe verwandten Geister ab? Brahms hat nicht die bekannten Balladen »Der Pilgrim vor St. Just«, »Das Grab im Busento«, »Der Tod des Carus« vertont, auch nicht den Sonettenkranz »Venedig« oder die in der Geschichte der Dichtung des letzten Jahrhunderts so wichtigen Verse, die »Tristan« überschrieben sind und zurück auf Friedrich Schlegel und voraus auf Richard Wagner weisen, sondern fünf minder bekannte Gedichte, von denen man die meisten vielleicht als Lieder gelten lassen könnte, die aber – das ist bei Platen kaum anders möglich – ihre Entstehung ebenso dem gewiegtesten Kunstverstand verdanken wie die Sonette, die Terzinen und Pindarischen Oden. Schon gleich das kleine Gebilde, mit dem ich beginnen möchte, ist, so schlicht es auf den ersten Blick aussehen mag, ein höchst seltsames Stück:

»Du sprichst, daß ich mich täuschte,
Beschwörst es hoch und hehr,
Ich wieß ja doch, du liebtest,
Allein, du liebst nicht mehr!

Dein schönes Auge brannte,
Die Küsse brannten sehr,
Du liebtest mich, bekenn es,
Allein, du liebst nicht mehr!

Ich zähle nicht auf neue,
Getreue Wiederkehr:
Gesteh nur, daß du liebtest,
Und liebe mich nicht mehr!«

Wir lesen ganz einfache kurze Verse und eine Strophe, die keinen Anspruch auf Originalität erhebt. Unzählige Gedichte, die »Des Knaben Wunderhorn« geweckt hat, sind nach dem selben Muster gebaut. Ein einfacher Hauptsatz folgt dem andern. Derselbe Dichter, der sich in seinen pindarisierenden Festgesängen zu den monströsesten Satzgebilden versteigt, gefällt sich hier in einer scheinbar mühelosen Parataxe. Auch der nur in der dritten Strophe leicht variierte Kehrreim deutet auf das stilistische Vorbild, die volkstümliche Romantik, hin. Es kann nur allzu leicht geschehen, daß der Leser angesichts dieser vermeintlich naiven Diktion überhört, was eigentlich ausgesagt wird. Erst bei wiederholter Lektüre lüftet sich der Schleier, den der Dichter mit seiner bewußt konventionellen Sprache über den Inhalt breitet.

Zuerst bemerken wir eine gewisse Feierlichkeit der Umgangsformen. Die beiden Aufforderungen »Bekenn es« und »Gesteh es« deuten sie an. Das Wort, das über das Schicksal des unglücklich Liebenden entscheidet, soll in gehöriger Form verlauten. Und offenbar bekennt man sich gegenüber gleichfalls zu diesem Stil. »Du sprichst, daß ich mich täuschte« heißt es, was zeremonieller klingt als »Du sagst«. Es folgt »Beschwörst es hoch und hehr«, was allenfalls bei einem Treuegelöbnis zu erwarten wäre, doch kaum bei der Erklärung: Du meinst, ich habe dich geliebt; du irrst. Wir sehen darin die ersten leisen, aber unverkennbaren Zeichen jener ängstlich-edlen Haltung, mit der sich Platen alle Unbill des Lebens vom Leibe zu halten und gegen eingebildete oder wirkliche Mißachtung zu sichern versuchte.

Und nun ist die Sicherung seines eigenen Selbst ja überhaupt das Thema dieses scheinbar so harmlosen Lieds. Wir schauen rasch zu Goethe hinüber:

»Ich besaß es doch einmal,
Was so köstlich ist!
Daß man doch zu seiner Qual
Nimmer es vergißt!«

»Ich besaß es doch einmal« – das spricht sich als Trost ein Dichter zu, der weiß, daß das innigste Glück den aus Arkadien verbannten Menschen spärlich zugemessen wird. Es war, wenn auch nur allzu kurze Frist mein eigen; das muß mir genug sein,' So dürfen wir zwischen den Zeilen lesen. Doch auch ein solches Bewußtsein ist schmerzlich. Erinnertes *Glück;* nur *erinnertes* Glück: die Strophe zittert von dieser zu jener Betonung hinüber und wieder zurück. Und ungezählte Liebende fühlen sich damit vollkommen verstanden.

Wie anders Platen! Er trauert gleichfalls der Liebe nach. Daran zweifeln wir nicht. Doch wenn er so dringend darauf besteht, daß er doch einst geliebt worden sei, wenn er in den letzten Versen erklärt: ›Du magst mich immerhin nicht mehr lieben, bekenne nur, daß Du mich einmal geliebt hast!‹ so hören wir, fast bestürzt, heraus: Er braucht das auf vergangene Tage bezogene Geständnis der Liebe, um sich selber achten zu können. Er richtet sich auf mit dem Gedanken, doch auch einmal, wie andere Menschen, ein Geliebter gewesen zu sein. So tiefe Blicke in den Abgrund seiner erschütternden Unsicherheit gewähren uns die wenigen Verse!

Daß Brahms von dieser selbstischen Sorge keine Notiz nimmt, ist nicht zu verwundern. Dergleichen entzieht sich der Musik, und so beschränkt er sich auf die unmittelbar vernehmliche Resignation, die müde Klage dessen, der es gewohnt ist, sich nach wenigen Tagen eines wirklichen oder nur erträumten Glücks verschmäht zu sehen. Schon in den sinkenden Sequenzen der Klavierbegleitung finden wir diese Stimmung festgelegt, dann wieder, besonders ergreifend, in dem piano espressivo zu dem Vers »Ich weiß ja doch, du liebtest«, das, unüberbietbar einfach, gleichsam um die Erlaubnis bittet, nur ein einziges Mal noch weich zu sein. Doch auch die wenigen forte-Partien sind con sordino musiziert. Die Last wird nie von der Seele genommen, bis ganz zuletzt nicht, wo uns erst der Sinn der in die Begleitung so seltsam eingestreuten Triolen aufgeht: Das Glück wird von der gleichgültigen Hand des Schicksals leicht hinweggewischt. –

Nachdem ich mich bei dem ersten Gedicht so lange aufgehalten habe, bedarf das nächste nur weniger Worte:

»Ich schleich umher betrübt und stumm,
Du fragst, o frage mich nicht warum?
Das Herz erschüttert so manche Pein,
Und könnt ich je zu düster sein?

Der Baum verdorrt, der Duft vergeht,
Die Blätter liegen so gelb im Beet,
Es stürmt ein Schauer mit Macht herein,
Und könnt ich je zu düster sein?«

Wir finden hier Platen ganz in seiner unüberwindlichen Schwermut befangen, unfähig, noch an ein Glück zu glauben, allein in einer Landschaft, die zu seinem seelischen Zustand stimmt, die ihn bestätigt und vertieft. Die Frage nach dem stilistischen Vorbild dürfen wir auch hier wieder stellen, nicht in der Absicht, ihn auf einer billigen Nachahmung zu ertappen, sondern im Gegenteil, um zu zeigen, wie alles sich anders ausnimmt, wenn er seiner Stimme durch ein Vorbild Autorität zu geben versucht. Die Verse erinnern von fern an Klagen, wie sie Tieck in seine frühen Erzählungen einzustreuen liebte. Wenn aber Tieck sich darin gefällt, der metrischen Regel auszuweichen und seinen Versen einen flüchtig improvisierten Charakter zu geben, hält Platen das Metrum durch, und sogar, wo zwei Senkungen aufeinander folgen, ist die Folge vorbestimmt und kehrt in der zweiten Strophe an genau derselben Stelle wieder. Das entzieht sich natürlich unserm Bewußtsein, sofern wir nicht eigens darauf achten, verleiht aber doch dem kleinen Gebilde jenen Zug von Disziplin, auf den ein Lyriker angewiesen bleibt, den die Fluten der Stimmung nicht tragen, dem vielmehr jeder Zustand sogleich zu einer poetischen Aufgabe wird – ein Nachteil und zugleich ein Vorzug, der Vorzug dessen, der das Los des Epigonen mit Würde trägt und eben damit bisher unbekannte Möglichkeiten erschließt. Ich sage jedoch zu wenig, wenn ich erkläre, daß Platen sein Zustand sogleich zu einer poetischen Aufgabe wird. Sogar den Zustand, hier den Zustand tiefster Düsternis, ist er sich schuldig. »Und könnt ich je zu düster sein?« Er macht sich das Leben ästhetisch dienstbar, noch ohne zu wissen, wie weit dies später bei einigen Dichtern des Jahrhundertendes führen wird und wie er sich damit gerade vom Leben ausschließt, ein Tor wie Claudio, vor der Zeit, und ohne das Hochgefühl, der Repräsentant eines ganzen Geschlechts zu sein.

Brahms legt wieder Wert darauf, die Schwerkraft von Platens Gemüt, das Niedergedrückte, unmißverständlich festzuhalten, diesmal in den monotonen Figuren des Basses am Anfang der Strophen, die erst bei dem erschütterten Herzen und dem Schauer, der hereinstürmt, einer rascheren Bewegung weichen. Besondere Aufmerksamkeit verdient hier aber die Melodie des Gesangs. Die alte Frage, ob sich die Musik dem Wort oder ob sich vielmehr das Wort der Musik zu fügen habe, wird eigentlich gegenstandslos. Wir hören eine Tonfolge, die sich vollkommen selber genügt und keiner anderen Rechtfertigung als ihrer einfachen Schönheit bedarf. Zugleich aber scheint sie sich wie von selbst aus der Rezitation zu ergeben. Wer das Gedicht sehr langsam und ausdrucksvoll vorliest, gelangt, so meint man, unfehlbar zu dieser Melodie, die nobel und zugleich gramvoll ist und eben damit der so ästhetischen Düsternis Platens ganz gerecht wird, ja ihr eine seelische Macht verleiht, die der Text allein nicht so sicher verbürgt.

Bevor ich weiterfahre, eine kleine persönliche Bemerkung. Sie werden überrascht sein. Ich habe Brahms einmal Klavier spielen hören. Zu seinen Lebzeiten war es nämlich schon möglich, Musik auf eine Art von Wachsrolle aufzunehmen. Eine solche ist, freilich nur höchst fragmentarisch und dazu in einem arg verdorbenen Zustand, erhalten. Das Radio hat einmal gesendet, was noch zu senden übrig bleibt, Takte aus einem ungarischen Tanz. So viel war immerhin noch zu erkennen, daß Brahms sehr nervös, sehr unruhig spielte, vielleicht weil die Apparatur ihn störte; vielleicht aber war dies auch seine Art. Ich möchte eher das Letztere glauben. Was man vernahm, entsprach genau dem heftigen Auftrieb, den er sich in den meisten schnellen Sätzen seiner Sonaten und Symphonien gibt, in der F-moll-Klaviersonate zum Beispiel, die gleich mit einer nicht ganz glaubhaften Beteuerung wildester Kraft einsetzt. Auch in den zackigen, übermäßig akzentuierten und synkopierten Scherzi findet man solche Anstrengungen, sich selber zu überwinden, Ausbrüche, bei denen einem nicht wohl wird und die doch unentbehrlich sein dürften, wenn nicht die tiefste Melancholie das ganze Feld behaupten soll. Es scheint mir richtig, an einen nur vier Jahre älteren Zeitgenossen, an Anselm Feuerbach zu erinnern, der außer stillen und vornehmen Gestalten wie Iphigenie oder Orpheus und Eurydike auch den Aufzug des Alkibiades in Platons Symposion und einige rauschende Bacchanale gemalt hat – unglaubwürdige Feste, traurige Tänze unter dem Grau der Schwermut. Und über Anselm Feuerbach finden wir leicht den Weg zu Platen zurück und sehen ihn in denselben verständlichen, aber aussichtslosen Kampf mit dem démon ennui verstrickt: in seinen Komödien, bei denen wir höchstens begreifen, daß wir lachen müßten, aber doch kaum je unbeschwert lachen, und vielen künstlerisch eher berechtigten, aber doch mit brüchiger Stimme lautstark intonierten Gedichten, die große Leidenschaft posieren. Sie gründen alle keineswegs in Sturm und Drang, wie er wahr haben möchte, sondern in einem Entschluß, in einem Willensakt, wie ihn folgende Strophen mit einer entwaffnenden, fast schon wieder naiven Aufrichtigkeit bekennen:

»Wehe, so willst du mich wieder,
Hemmende Fessel, umfangen?
  Auf und hinaus in die Luft!
Ströme der Seele Verlangen,
Ström es in brausende Lieder,
  Saugend ätherischen Duft!

Strebe dem Wind nur entgegen,
Daß er die Wange dir kühle,
  Grüße den Himmel mit Lust!
Werden sich bange Gefühle
Im Unermeßlichen regen?
  Atme den Feind aus der Brust!«

Brahms wählte dafür den 9/8-Takt, dem wir auch in manchen erregten Sätzen seiner Kammermusik begegnen, hilft mit Akzenten nach – das Wort »sforzato« wird buchstäblich wahr; es ist forcierte, allerdings mit Meisterschaft forcierte Musik – und außerdem sorgt er durch Überlagerung von Triolen und Sekundolen für einen künstlichen Tumult, in dem sich alles Lastende, alle hemmende Fessel vergessen läßt.

Wir haben uns bis jetzt nur mit Gedichten beschäftigt, deren stilistische Muster die Lieder der Goethezeit, insbesondere der Romantik sind und die denn auch, obwohl sie Platen zweifellos nicht singt, wie der Vogel singt, als Lieder gelten können. Im Gedächtnis der Nachwelt hat er sich aber mit anderen, schwierigeren Formen besser behauptet, so mit dem Ghasel, das seit dem »Westöstlichen Diwan«, obwohl sich darin kein einziges kunstgerechtes findet, einige Dichter auf der Schwelle der Zeiten anzieht, Rückert vor allem, Bodenstedt, Daumer und noch den jungen Gottfried Keller. Die einen, unter ihnen der ungeheure Virtuose Rückert, werden der Perlenschnur gleicher Reime mit der Allgegenwart der deutschen Vokabeln in ihrem Bewußtsein gerecht und reihen sie auf wie berauscht von den unerschöpflichen Lautbezügen der Sprache. Andere erwägen skrupulös die Tragfähigkeit eines Reims und fügen mit ängstlicher, behutsamer Hand gleichfarbige Steine aneinander. Ich brauche nicht zu sagen, daß Platen zu dieser zweiten Gruppe gehört. Er feiert keine unbekümmerten Feste des Gleichklangs. Seine Ghaselen reißen uns deshalb auch nicht hin. Sie wirken eher feierlich-starr. Im günstigsten Fall überzeugen sie durch eine magische Monotonie. Wir fühlen uns seltsam festgebannt auf *einen* Punkt. Die Zeit steht still. Die Ruhe des Todes breitet sich aus, wovon auch immer die Rede sein mag. Der acherontische Sinn der Kunst, den Platen als einer der ersten zwar noch nicht erfaßt, aber doch geahnt hat, dringt allein schon in der Reimordnung, wie er sie handhabt, durch. Dem Komponisten stellt sich damit ein eigentümliches Problem. Tonkunst, in der die Zeit stillsteht? Wir kennen sie heute als eine bestimmte Richtung der seriellen Musik. Das ist aber eine Erfindung, die völlig außerhalb dessen liegt, was Brahms sich unter Musik vorstellen kann. Er hat denn auch von Platen nur *ein* Ghasel, ein kurzes übrigens, das nur sechs Zeilen umfaßt, vertont.

»Der Strom, der neben mir verrauschte,
  wo ist er nun?
Der Vogel, dessen Lied ich lauschte,
  wo ist er nun?
Wo ist die Rose, die die Freundin
  am Herzen trug?
Und jener Kuß, der mich berauschte,
  wo ist er nun?
Und jener Mensch, der ich gewesen,
  und den ich längst
Mit einem andern Ich vertauschte,
  wo ist er nun?«

Es drängt sich auf, die Frage »Wo ist er nun?« immer gleich zu artikulieren. Brahms aber verbindet das Stereotype mit dem Wechsel auf eine ebenso eindrucksvolle wie einfache Art. Die Frage wird jedes Mal um einen ganzen, das letzte Mal um einen halben Ton hinaufgerückt, wodurch sie, bei aller Stetigkeit, ungemein an Intensität gewinnt – ein sicher wohlerwogener Kunstgriff, der alle musikalischen Gefahren des Ghasels besiegt und den Typus des durchkomponierten Lieds mit dem des Strophenlieds verbindet.

Das Gedicht, mit dem wir schließen wollen, ist das bedeutendste von allen, das einzige vielleicht, von dem man behaupten kann, es zeuge von Größe und erfülle die strengste Form, ohne dabei im Geringsten das unmittelbar Bewegende einzubüßen. Der Dichter, nachts, in einsamen Gassen, den Blick hinab zum Mühlbach gewandt, dem Gleichnis der fließenden Zeit und alles dessen, was unwiderruflich vergeht, dann aufwärts schauend zum nächtlichen Himmel, dem Bild der Ewigkeit, das ihn fragt: Was hast du Dauerndes geleistet? – so zwischen Dauer und Wechsel, die er nicht zu einen vermocht hat, von einer Reue angewandelt, die ebenso der Kunst wie dem Leben gilt: nie wieder hat Platen sein Geschick mit solcher Hellsicht erfaßt; nie wieder war es ihm beschieden wie hier, gerade in seinem Versagen eine so ergiebige Quelle der dichterischen Eingebung zu finden und seine Abgeschiedenheit in so vollendeter, bei aller Strenge von seiner tiefsten Herzensqual durchzitterte Strophen zu fassen.

»Wie rafft' ich mich auf in der Nacht, in der Nacht,
Und fühlte mich fürder gezogen,
Die Gassen verließ ich, vom Wächter bewacht,
Durchwandelte sacht
In der Nacht, in der Nacht,
Das Tor mit dem gotischen Bogen.

Der Mühlbach rauschte durch felsigen Schacht,
Ich lehnte mich über die Brücke,
Tief unter mir nahm ich der Wogen in Acht,
Die wallten so sacht
In der Nacht, in der Nacht,
Doch wallte nicht eine zurücke.

Es drehte sich oben, unzählig entfacht,
Melodischer Wandel der Sterne,
Mit ihnen der Mond in beruhigter Pracht,
Sie funkelten sacht
In der Nacht, in der Nacht,
Durch täuschend entlegene Ferne.

Ich blickte hinauf in der Nacht, in der Nacht,
Ich blickte hinunter aufs neue:
O wehe, wie hast du die Tage verbracht!
Nun stille du sacht
In der Nacht, in der Nacht,
Im pochenden Herzen die Reue!«

Brahms hebt mit einer jener unheimlichen Folgen leerer Oktaven an, in denen uns in seinem Schaffen so oft der Hauch des Todes streift, zuletzt noch in dem späten Intermezzo in Cis-moll für Klavier, das gleichsam schon jenseits des Styx erklingt und uns den alten Mann in dem dunklen Zimmer mit dem Blick hinaus in die Winterlandschaft in Erinnerung ruft. Dann folgt eine Melodie, die vor dem erhabensten Pathos nicht zurückschreckt, in jedem Takt jedoch von dem Bewußtsein »Alles für immer dahin!« geprägt ist und so, in dem engen Rahmen dessen, was hier zur Sprache gebracht werden konnte, zum gültigsten Zeugen jenes Geistes wird, der im letzten Jahrhundert die Kunst mehr als vergangene denn als erst zu leistende und das Leben mehr als ein enteilendes denn als jugendlich quellende Flut empfindet, gerade in dieser Empfindung jedoch ihren eigenständigen Wert gewinnt.

Franz Zelger

Invention, Realisation, Degeneration

Böcklin-Motive und ihre Umsetzung auf Postkarten

Dem Böcklin-Forscher Hans Holenweg

»Noch im Grabe lässt man den Alten malen.« So schrieb Richard Muther 1901 im Zusammenhang mit der Böcklin-Nachlaß-Ausstellung an der Venezianer Biennale. Der Kritiker behauptete, die dort gezeigten Bilder seien zum Teil vom Sohn Carlo gemalt oder vollendet worden.[1] Heute assoziiert der Betrachter Muthers Diktum wohl eher mit dem Schaffen einer Vielzahl von Böcklin-Nachfolgern. Gemeint sind jedoch weder Zeitgenossen wie Max Klinger oder Franz von Stuck, die zum Teil seinen Bildinventionen verpflichtet waren, noch Lovis Corinth oder Emil Nolde, denen er wie vielen anderen Impulse gab; ebensowenig die Surrealisten, Giorgio de Chirico und Salvador Dalí, die sein Erbe eigenständig tradierten. Solches Nachleben Böcklinscher Malerei, auch in Literatur und Musik, hat Jürgen Wißmann 1968 und 1974 in seiner Breite und Komplexität dargelegt.[2] Gemeint sind hier vielmehr die Böcklin-Adepten in der Art der Brüder Hermann (1864–1944), Michael (1874–1923) und Eduard Rüdisühli (1875–1938), die den Meister nachahmten und von seiner außergewöhnlichen Popularität, die ihren Höhepunkt um die Jahrhundertwende erreicht hatte, profitierten.

Zwischen 1890 und 1905 war Böcklin »eine Bildungsmacht«[3], der sich, zumindest in Deutschland, kaum jemand entziehen konnte: »Sancta Aesthetica, die wankelmütigste der Frauen, hat vor der Tiefe und Innerlichkeit des Meisters ihre Grundsätze geändert«, meinte Cornelius Gurlitt.[4] Josef Simko sprach von »Böcklin-Fieber« und Alfred Lichtwark von »Mode« und »Massensuggestion«.[5] Solches allerdings förderten primär die zahlreichen Nachstiche und Nachdrucke von Böcklins Hauptwerken, vorab der *Toteninsel,* des *Schloßes am Meer,* des *Heiligen Hains* und des *Geigenden Eremiten*, Reproduktionen, die vom Münchner Bruckmann-Verlag ediert wurden und die Firma, wie Max Halbe berichtet, »zur führenden in diesem Bereich« machten.[6] Ungewöhnlich ist dabei, daß die farbigen Vervielfältigungen zum Teil auf Grund sorgfältig ausgeführter, nahezu originalgetreuer Wiederholungen von der Hand des Basler Primarlehrers und Böcklin-Kopisten August Voirol hergestellt wurden.[7] (Ab 1892 begann übrigens derselbe Verlag mit der Edition des vierbändigen Böcklin-Monumentalwerkes von Heinrich Alfred Schmid.) Für die Verbreitung von Böcklin-Reproduktionen waren aber auch der Seemann-Verlag in Leipzig und vor allem die »Vereinigung der Kunstfreunde Berlin« besorgt, die neben Einzelblättern eine Reihe von zehn Farblichtdrucken herausgaben, was der ›Türmer‹, die ›Monatsschrift für Gemüt und Geist‹, im Dezember 1908 begeistert registrierte: »Der farbige Böcklin ist jetzt fürs Haus erobert [...].« Fritz von Ostini schließlich resümierte: »Es wird bei uns bald keinen Haushalt gebildeter Menschen geben, in dem nicht Nachbildungen seiner Werke zu finden sind.«[8]

Daß zahlreiche deutsche sowie mehrere slawische Verlage auch Böcklin-Postkarten auf den Markt brachten, ist unter solchen Umständen weiter nicht erstaunlich. Rezeptionsgeschichtlich bemerkenswert ist allein, daß diese Postkarten-Produktionen nach dem Tode des Künstlers (1901), just in der Zeit einsetzten, als in kultivierten kunstinteressierten Kreisen Böcklins Stern schon im Sinken begriffen war und Heinrich Alfred Schmid lapidar feststellte: »die Hochflut der Böcklinbegeisterung ist heute verebbt.«[9] Dies bestätigt nicht zuletzt der damalige tiefe Marktwert der Gemälde. So galt die *Kapelle* von 1898 in ihrem Entstehungsjahr 22 300 SFr., 1920 nur noch 6 500 SFr.[10] Unabhängig davon war aber auf trivialer Ebene das Interesse an Böcklin-Motiven so groß, daß zahlreiche Maler Adaptionen von Werken des Meisters auf Postkarten verbreiten konnten, Dokumente, die bis heute selbst von der die Rezeptionsgeschichte Böcklins anvisierenden Forschung nicht beachtet worden sind – eigentlich erstaunlich, wenn man bedenkt, daß die Beschäftigung mit der Trivialkunst in den sechziger Jahren eingesetzt hat, gleichzeitig also mit dem neu entfachten Interesse an alten Postkarten.[11] Die Wiederentdeckung dieses vergessenen Kapitels der Böcklin-Nachfolge verdanken wir zwei passionierten Sammlern, Camillo Cuvaj, New York, und Hans Holenweg, Pratteln bei Basel.

Die größte Blütezeit erlebte die Produktion von Postkarten mit Motiven des Basler Malers in der Zeit zwischen

1910 und 1920, ganz besonders während des Ersten Weltkrieges. Diese Karten zirkulierten vorab in der Korrespondenz zwischen Soldaten an der Front und den Zuhausegebliebenen, was aus den schriftlichen Mitteilungen, Adressen und Poststempeln ersichtlich ist. Wohl nicht zufällig erkennt man da einerseits all die melancholischen Motive, die *Toteninsel,* die *Ruine am Meer,* die *Villa am Meer,* anderseits aber auch erotisch orientierte Bilderfindungen wie das *Spiel der Najaden, Triton und Nereide* und die *Meeresstille.* Von vielen Postkartenmalern steht lediglich der Name fest, sie figurieren kaum in einem Künstlerlexikon, ihre Lebensdaten können größtenteils nicht mehr eruiert werden, andere sind ganz anonym.

Es stellt sich nun die Frage: Wie verhält es sich mit den Aussagen dieser trivialisierten Werke, divergieren sie vom großen Vorbild, oder: wie weit divergieren sie? – eine Frage, die sich auf die Böcklin-Adepten insgesamt bezieht, also auch etwa auf die Rüdisühli, auf Carl Böheim und Ludwig Neubert. Um darauf antworten zu können, müssen wir immer wieder nach den inhaltlichen Ebenen von Böcklins Schaffen fragen, nach seinem Verhältnis zu Antike und Gegenwart, auch nach dem mythischen Charakter der Kunst des Malers, den Muther den »großen Pan, den letzten Hellenen« nannte und von dem Georg Schmidt angesichts der Alinari-Photographie des Siebzigjährigen meinte: »Wenn man in dieses Antlitz blickt, so weiß man, daß Pan und Faun die seinem Herzen nächsten Gestalten sind.« Auch Ulrich Christoffel nannte Böcklin »eine panische Natur«.[12]

Mythisches und Mythologisches nehmen in Böcklins Schaffen einen zentralen Raum ein, wobei Mythos »als eine globale enzyklopädische Darstellung oder Widerspiegelung der verschiedenen Probleme, Seiten und Aspekte des wirklichen Lebens« aufgefaßt ist.[13] Es gilt also nach Böcklins künstlerischem Anliegen zu fragen. Ein zentrales Stichwort heißt zweifellos Natur. Denn dem Maler ging es wesentlich um das Verhältnis des Menschen zur Natur. Und in der antiken Mythologie fand er Zwittergestalten, die das rein Naturhafte in menschlicher oder halbmenschlicher Gestalt verkörpern.

Böcklins Auseinandersetzung mit mythologischen Stoffen konzentrierte sich in den Jahren 1854 bis 1860 auf die Gestalt des Pan, mit der er – wie wir feststellen konnten – gar identifiziert wird. Aber auch in der Folge taucht der arkadische Hirtengott in den Bildern immer wieder auf, bis hin zum unvollendeten Spätwerk *Pan im Kinderreigen* von 1900 (Privatbesitz, San Domenico). Es ist zweifellos nicht übertrieben zu behaupten, die »Pan-Hausse« um die Jahrhundertwende sei wesentlich durch Böcklin ausgelöst worden. Was er zusammen mit Max Klinger, Franz von Stuck und anderen an Bilderfindungen zu diesem Thema vorlegte, verfeinerten – wie Josef A. Schmoll gen. Eisenwerth bemerkt hat – im französischen Sprachraum zum Beispiel Félicien Rops und Auguste Rodin.[14]

Pan stand als Symbolfigur für neue künstlerische Entwürfe. »Das Flair seines Bockgeruchs durchzieht gleichermaßen die Malerei wie die Literatur und Musik dieser Zeit.«[15] Er taucht in prominenten Zeitschriften auf, zum Beispiel zeigt ihn eine Zeichnung Stucks auf dem Frontispiz des 1895 von Julius Meier-Graefe und Otto Julius Bierbaum in Berlin gegründeten ›Pan‹, einer Kunstzeitschrift, der er auch den Namen gab.[16] An deren Gründungsversammlung hat übrigens auch Böcklin teilgenommen. Etwas später erscheint Pan auf Titelblättern der Münchner ›Jugend‹. Besondere Beliebtheit genoß er in englischen Zeitschriften, etwa in ›The Savoy‹ von 1896 (Nr. 2), wo Aubrey Beardsley sich selbst an eine Pan-Herme gekettet darstellt. Auch in die Musik hielt er um 1900 Einzug. So lebt der Pankult im ›Prélude à l'après-midi d'un faune‹ von Claude Debussy ebenso nach wie in dessen Flötensolo ›Syrinx‹. Ferner hat Gustav Mahler die Einleitung zu seiner 3. Symphonie mit den Worten »Pan erwacht« überschrieben.[17] Der bereits von Plutarch totgesagte Pan ist also um die Jahrhundertwende einmal mehr wiedergekehrt, wenn auch weitgehend – wie wir sehen werden – im Zeichen wachsender Zivilisationsmüdigkeit. Der »Trendsetter« für die europäische Pan-Begeisterung im späten 19. Jahrhundert ist, worauf Aleida Assmann aufmerksam gemacht hat, ein Text, der den ziegenhufigen Gott zwar kein einziges Mal erwähnt: Nietzsches ›Geburt der Tragödie aus dem Geiste der Musik‹ von 1872.[18] Darin propagiert der abtrünnige Altphilologe gegenüber der klassisch-apollinischen Antike als der »Wiege des europäischen Geistes« eine andere, »dionysische« Antike und wirft dem Fortschrittsglauben, der Wissenschaft und dem Christentum den desolaten Zustand seiner Gegenwart vor: »Überall Staub, Sand, Erstarrung, Verschmachten.« Die einzige Alternative liege im »Zauber des Dionysischen«, der nicht nur den Bund zwischen Mensch und Mensch wieder schließe: »auch die entfremdete, feindliche oder unterjochte Natur feiert wieder ihr Versöhnungsfest mit ihrem verlorenen Sohne, dem Menschen«. Und an anderer Stelle heißt es von Satyr, diesem Urbild des nicht entfremdeten Menschen, den wir hier wohl mit Pan gleichsetzen dürfen: »Vor ihm schrumpfte der Kulturmensch zur lügenhaften Karikatur zusammen.«[19]

Die Parallele zu Böcklin ist offensichtlich. Beim Maler manifestiert sich die Zivilisationsmüdigkeit bereits in den fünfziger Jahren. Die Alternative, die er anbietet, ist die Landschaft des »uncivilisierten Südens«, wo der Mythos eine überzeitliche Dimension erhält und die Geschichte kaum Spuren hinterlassen hat oder diese von der Natur fast unkenntlich gemacht worden sind.[20] Böcklins Sehnsucht nach diesem Süden dokumentieren auch die Briefe, die er aus Weimar an Jacob Burckhardt schrieb. So versichert er diesem, daß »ich Deutschland, deutsches Gemüt, deutsche Bildung, Kunst, Poesie etc. allmählich so kennengelernt habe, daß ich gleich morgen mit dem ersten Schnellzug nach dem uncivilisierten Süden fahren möchte«. Und anderswo lesen wir: »Ich warte nur auf die erste beste Gelegenheit, um aus dieser Enge wieder auf hohe See zu kommen [...] dann lebe wohl Großherzog- und Professorentitel mit Gehalt, lebt wohl ihr Kartoffel- und Rübenfelder.«[21] Böcklin war also ganz offensichtlich kein Italienschwärmer im klassisch-traditionellen Sinn: Nicht nach dem kunst- und kulturträchtigen Italien sehnte er sich, sondern nach möglichst abgelegenen Gegenden, fern der Zivilisation. Dafür opferte er Titel und gesicherten Lebensunterhalt. Es ist bekannt, daß Böcklin die Italiensehnsucht mit Jacob Burckhardt teilte. Daß aber auch bei Burckhardt der Zivilisationsüberdruß eine wesentliche Komponente dieser Italiensehnsucht bildete, geht aus einem Brief an Gottfried Kinkel hervor: »Wissen Sie wohl, [...] daß ich hauptsächlich deshalb mich nach Italien sehne, weil dort soviel Bettelei und so wenig Industrie ist?« Dieses »räderschnurrende Elend« machte den Gelehrten »mehr betrübt und confus als irgendein Anblick oder Geräusch auf dem Erdboden«.[22]

In Böcklins Schaffen wird das Zurücktreten der Zivilisation gegenüber der Natur besonders manifest in dem Bild *Pan zwischen Säulen* von 1875 (Kat. 39): Der Hirtengott steht inmitten überwucherter Reste einer antiken Ruine, was nichts anderes besagt, als daß die geschichtliche Epoche der Antike vergangen ist, Pan aber weiterlebt.[23] Die Gegenwärtigkeit des Mythischen hat Hermann Beenken an einem anderen Beispiel prägnant erfaßt, wenn er nämlich in bezug auf den *Pan im Schilf* (Kat. 10) von »jenem Pan« spricht, der »erschreckend leibhaftig am Rande des Schilfdunkels auftaucht [...] Überhaupt will das Ganze so wenig als von uns abgesonderte Bildwelt, so sehr als ein Stück unserer eigenen Wirklichkeit wirken, daß der Eindruck erweckt wird, als vermöchten auch wir hier gegen eine ringsum brütende Hitze Kühlung zu suchen und als wäre das Knacken des niedergetretenen Rohres und das Flüstern des Windes im Schilfe jeden Augenblick auch durch uns zu vernehmen.«[24] Pan ist nicht nur leibhaftig anwesend, in ihm verdichtet sich auch die Naturstimmung, was Friedrich Theodor Vischer wie folgt formulierte: »Der sentimentale außermenschliche Kauz dort im Röhricht flötend, erscheint wie eine natürliche Kreation der feuchtwarmen, brütenden Luft über dem stillen Teich.«[25] Auch Walter F. Otto bringt die Stille der Natur mit Pan in Verbindung: »So ist es auch mit der wesenhaften Stille, die keine bloße Tonlosigkeit ist. Wenn Pan die Flöte bläst, tönt das Schweigen der Natur.«[26] Das Bild fängt die Stunde des Pan ein, die mediterrane Mittagszeit, wie sie auch im Roman ›Flegeljahre‹ von Jean Paul, dessen Werke Böcklin, zumal in späteren Jahren, mit Vorliebe gelesen hat, evoziert wird: »Die Vögel schweigen um diese Zeit. Die Menschen schlafen neben ihrem Arbeitszeug. In der ganzen Natur ist etwas Heimliches, ja Unheimliches, als wenn die Träume der Mittagsschläfer umherschlichen.«[27] Und in Roschers ›Lexikon der griechischen und römischen Mythologie‹ lesen wir, daß nach altem Glauben zur Mittagszeit Pan umgehe. Diesen Aspekt visualisiert Böcklins Bilderfindung *Panischer Schrecken*. Hans Holenweg hat darauf aufmerksam gemacht, daß der Maler auf der Basler Version die Gestalt des Pan doppelt dargestellt hat, und zwar als hitzebedingte Halluzination im verdorrten, rostbraunen Gesträuch rechts oben, das dem Hirten die Figur des Gottes vorgaukelt und ihn in Schrecken versetzt, wie auch als Realität im leibhaftig über dem Felsen auftauchenden Pan.[28] Ebenso sind in anderen Bildern Böcklins vexierbildartig menschliche Züge zu erkennen, etwa in der *Wolfsschlucht bei Gundeldingen*, einem Werk, das erst vor kurzer Zeit aufgetaucht ist (Privatbesitz). Und sicher ist es kein Zufall, daß 1970 der Luzerner André Thomkins (1930–1985), ausgehend von Böcklins Studie *Felsen und Baum* (Kupferstichkabinett Basel), aus den Naturformen Figuren und Gesichter entwickelt hat.

Wirft man nun einen Blick auf die Postkarten mit Böcklin-Paraphrasen, so fällt einmal auf, daß, nach den heute erhaltenen Exemplaren zu schließen, trotz der Pan-Mode um die Jahrhundertwende in diesem Bereich offenbar nur wenige Pan- und Faunmotive rezipiert wurden. Es ist indessen erwiesen, daß die Pan-Begeisterung jener Jahre keineswegs bloß eine intellektuelle Oberschicht, sondern vielmehr breiteste Kreise erfaßte. Im ersten Dezennium des neuen Jahrhunderts wurde der bocksbeinige Gott zum Liebling der nach Konsum und Unterhaltung lechzenden Massen, was unter anderem die Werbung bezeugt: Pan pries etwa Champagner und sogar Seife an. Der Hauptgrund für das Fehlen des Gottes auf den Postkarten ist wohl, daß er seit 1914, abgesehen von einigen vereinzelten »Spätzündungen«, überhaupt von der Bildfläche verschwunden war. Die Prämissen, an die seine Faszination gebunden war, erwiesen sich als überholt: Die neue wissenschaftliche Disziplin der Psychoanalyse entdämonisierte die Sehnsüchte, Triebe und heimlichen Wünsche der Generation um 1900, der Erste Weltkrieg relativierte das kulturelle Erbe Europas, und die Ethnologie eröffnete neue Horizonte. Der technische Fortschrittsglaube suchte in der Landschaft nicht die mythologisch belebte Natur.[29]

Was die Postkarten der Böcklin-Rezipienten betrifft, so fand weder der berühmte *Pan im Schilf* noch der *Panische Schrecken* Berücksichtigung. Wohl aber der *Frühlingsabend* von 1879, wobei für dessen Wahl kaum künstlerische oder qualitative Kriterien ausschlaggebend waren, sondern vielmehr die erotische Spannung zwischen Pan und Nymphe, zwischen Mann und Frau also. Allerdings wird das differenzierte Beziehungsgeflecht von Böcklins Werk in Mieczyslaw Reyzners (geb. 1861) *Liebeslied* auf die banale Konfrontation eines schmachtenden Fauns mit Syrinx und einer gelangweilt posierenden, sich an einen Baum lehnenden Nymphe reduziert. Ein für die triviale Rezeption geradezu prädestiniertes Motiv ist Böcklins *Pan im Kinderreigen* (Abb. 1). Hier erscheint, anders als im *Pan im Schilf*, nicht mehr der in elegisch-sehnsüchtiger Stimmung die Syrinx blasende Hirtengott, der zugleich die Naturstimmung personifiziert, sondern der zottige alte Pan, der wohlgelaunt mit seinem Flötenspiel den Tanz der Kindergenien in Bewegung setzt. Die Komposition wird durch Figuren bestimmt, die Landschaft tritt in den Hintergrund, was für Böcklins spätes Schaffen charakteristisch ist. Vermittelt sein früheres Werk den Eindruck, die mythologischen Gestalten hätten sich gleichsam in die Landschaft eingeschlichen, so zeigt *Pan im Schilf* Figur und Natur einander erstmals ebenbürtig. In der Folge nehmen die Figuren immer mehr Raum ein und werden schließlich zum eigentlichen Bildthema. Im *Pan im Kinderreigen* fällt weiter auf, daß der Bocksgott eine Querflöte bläst, was beweist, daß Böcklins Kunst keine im strengen Sinn historisierende Malerei ist. Er will kein »archäologisches« Idealbild der Antike im Sinne Anselm Feuerbachs entwerfen, sondern er schafft sein eigenes. So sind seine Kentauren,Satyrn, Silene und Tritonen »eigene Schöpfungen, die nicht auf tönernen Füßen der Nachahmung stehen«.[30] Der Postkartenmaler Paul Kämmerer (geb. 1868) dagegen gibt seinem Pan von 1919, der wohl eher ein Faun ist, die Syrinx zurück (Abb. 2). Außerdem nimmt er ihn aus der Mitte des Ringeltanzes heraus und bekränzt den wie aufgeblasenen Körper mit einem großen Blumenkranz. Blumen und Bäume blühen auch allenthalben in der idyllischen Landschaft, die der Darstellung nun das Gepräge gibt.

Landschafts- und Kinderbild spielen in der trivialen Malerei bis heute eine wichtige Rolle, unter anderen in romantischen Waldszenerien, die mit Nymphen, Frauen, Mädchen und Putten bevölkert sind. Diese Bilder tragen Titel wie *Elfenreigen, Blumenreigen, Liebestraum, Liebesreigen, Liebeszauber, Traumverloren, Walzertraum, Hochzeitstraum* usw. »Die Handlung hat hier [...] Vorrang vor der Landschaft, sie soll den Beschauer fesseln und ihm eine ›Geschichte‹ erzählen. Die ›Geschichte‹ allerdings ist nur in der so dargestellten romantischen Landschaft denkbar.«[31] Diese Aussagen von Walter Nutz in seiner ›Soziologie der trivialen Malerei‹ lassen sich an Kämmerers Bild, das den Titel *Reigen* trägt, überprüfen. Vergleichen wir aber noch die Darstellungsweise der Kinder: Böcklin verstand es, die Kleinen in Ausdruck und Stellung stark zu individualisieren; das eine konzentriert sich ganz auf seine

Abb. 1 Arnold Böcklin *Pan im Kinderreigen*, 1884. Museum Folkwang Essen

Abb. 2 Paul Kämmerer *Reigen*, 1919. Postkarte, Verlag NPG, Nr. 564

Beine, um nicht über den ausgestreckten rauhen Bocksfuß des Pan zu stolpern, ein anderes wirft das Köpfchen zurück und ist wie berauscht von der Musik, ein weiteres schenkt seine ganze Aufmerksamkeit dem Flötenspieler. Auch sind ihre Körper entsprechend dem Alter differenziert. Schablonenhaft wirken daneben die ins Süßlich-Sentimentale stilisierten Kinder bei Kämmerer: Wie einstudiert bewegen sich diese pausbackigen molligen »Lebkuchen«-Wesen mit ihren Puppengesichtern, den Blumenkränzlein im Haar und den Engels- oder Schmetterlingsflügeln.

Mehr Resonanz als Pan fanden in der Postkartenproduktion die Topoi *Villa am Meer* (Kat. 23) und *Ruine*. Hier wie dort veranschaulicht Böcklin die Überzeitlichkeit der

Abb. 3 Arnold Böcklin *Villa am Meer,* 1864. Schack-Galerie, München

Abb. 4 R. Borrmeister *Hero,* 1917. Postkarte, Verlag H. Wolff, Berlin, K 1281

Natur gegenüber der vergänglichen menschlichen Zivilisation und der irdischen Macht, die diese Bauten repräsentieren. Seit 1863 beschäftigte er sich mit der *Villa am Meer,* einem Motiv, das bereits im *Schloß am Meer* von 1859 vorgebildet war (Kat. 19). Er schuf zuerst eine Farbskizze, worauf ihm Graf Schack eine solche Landschaft in Auftrag gab. In der Folge sind noch vier weitere Versionen entstanden. R. Borrmeisters Postkartenbild *Hero* (Abb. 4) läßt sich nicht eindeutig einer der fünf Fassungen zuordnen, auch wenn das stark bewegte Meer derjenigen von 1878 in Winterthur am nächsten steht. In Böcklins Gemälde von 1864 (Schack-Galerie, Abb. 3), das auch durch eine Postkarten-Reproduktion verbreitet worden ist, erhebt sich auf einer Felsenterrasse, gegen die Weite des Meeres geöffnet, eine Villa mit großer Säulenhalle und Balustradenfiguren. Das eigentliche Gebäude wird weitgehend durch Bäume und Buschwerk verdeckt. Der Größenvergleich von Bäumen und Architektur läßt die Zypressen geradezu monumental erscheinen: Ihr hohes Alter symbolisiert die Übermacht der Natur. Kaum zufällig sind links zerstörte Bauteile erkennbar. Auch die Frauenfigur mit schwarzem Schleier, die sinnend und bewegungslos den Blick aufs Meer hinaus richtet, steht in diesem Kontext. Böcklin selbst hat sie laut Rudolf Schick als den »letzten Sproß einer alten Familie gedacht«.[32] Von all diesen feinen Anspielungen spürt man auf dem Postkarten-Bild nicht mehr viel: Die Szenerie ist übersteigert. Aus dem Querformat wurde ein Hochformat, wobei die nun stark monumentalisierte Villa durch die Untersicht noch imposanter erscheint. Hier zeigt die Architektur keinerlei Spuren des Verfalls. Um so stärker neigen sich bei Borrmeister die Zypressen, wie er überhaupt die Scirocco-Stimmung durch theatralisch inszenierte Licht- und Schatteneffekte sowie die tobende See steigert. Auch ist die einsame, introvertierte Frau nun gleichsam ans Meer geeilt und stützt sich, in flatternde Gewänder gehüllt, mit einer Hand auf die Felsbrüstung, während sie mit der anderen die aufs Meer gerichteten Augen beschattet, als wolle sie in der Ferne jemanden erspähen.

Mit dem Motiv der *Ruine am Meer* hat Böcklin das Thema weiterentwickelt. Die Ruine wird zur Metapher der Vergänglichkeit: das Menschenwerk geht in die Natur über, fällt ihr anheim. So wird die Geschichtlichkeit des von Menschen Geschaffenen erfahrbar. Am Anfang von Böcklins Ruinendarstellungen steht die *Burgruine* von 1847 (Nationalgalerie Berlin), die sich silhouettenhaft-düster vom wetterleuchtenden Himmel abhebt. In den achtziger und neunziger Jahren entstehen dann, ausge-

Abb. 5 Arnold Böcklin, *Ruine am Meer,* 1880. Aargauer Kunsthaus Aarau

Abb. 6 Hermann Rüdisühli *Es war einmal.* Postkarte, Verlag Hermann A. Wiechmann, München, Nr. 899

hend von der verfallenen *Villa am Meer* (1878/80 Darmstadt), eine ganze Reihe von Varianten des Ruinenthemas bis hin zur *Kapelle am Meer* (1898, Privatbesitz). Immer handelt es sich um einsame, verlassene Bauwerke im Zustand eines schon weit fortgeschrittenen Verfalls. Die Postkarten mit Plagiaten von Böcklin-Ruinen – unverkennbar lehnt sich z. B. Hermann Rüdisühlis *Es war einmal* (Abb. 6) an die Aarauer *Ruine am Meer* von 1880 an (Abb. 5) – sind oft mit gefühlsgeladenen Titeln versehen, etwa *Verklungen, Es stand in alten Zeiten, Stolzes Gestade, Tempi passati, Old old time.* Die emotionalisierende Umformung von Böcklins Gegenbildern zur Zivilisation, das Abgleiten ins Sentimentale, wird so noch offensichtlicher.

Wie in der *Verlassenen Venus* und im *Pan zwischen Säulen* (Kat. 39) thematisiert Böcklin in den Ruinenbildern die Rückverwandlung von Kultur in Natur. Der Topos zeigt sich in seinem Werk durchgängig, womit auch erwiesen ist, daß sich die Zivilisationsskepsis des Künstlers nicht, wie schon behauptet wurde, auf eine bestimmte Schaffensperiode beschränkt, auch wenn er in seinen Bildern seit dem *Kentaurenkampf* von 1872/73 immer häufiger aktuelles Geschehen reflektiert.[33] Aus den achtziger Jahren überliefert Gustav Floerke folgende Bemerkungen Böcklins: »Woraus soll man heutzutage zum künstlerischen Schaffen angeregt werden? Im Altertum hat das Leben das übernommen, aber das Leben, wie es sich heute abspielt, drängt eher alle Produktion zurück. Wir ›leben‹ so wenig! Wie wohnen wir zum Beispiel? Kaum zur ›Existenz‹ ausreichend. Zusammengepfercht, in fremdem Haus, mit verbauter Natur, ohne Licht und Luft [...] Woheraus soll man nun künstlerisch schaffen? Wodurch einmal heller sehen, freudiger, leichter sich aussprechen? [...] Nur der Wein hilft uns gegen das Leben, trotzdem schaffen, nur er schenkt einem noch manchmal Stunden, wo man den ganzen Kram vergißt, und wunder glaubt wer und wo man wäre.«[34]

Hermann Beenken hat schon in bezug auf den *Pan im Schilf* darauf aufmerksam gemacht, daß Böcklins Naturerlebnis über das Visuelle hinausgreife, »indem es von vornherein ganz andere Sinnes- und Erlebnisweisen miteinbezieht«.[35] Und Friedrich Theodor Vischer, dessen theoretische Konzepte Böcklins Praxis weitgehend entsprechen, bemerkte: »In der Natur ist Stimmung nichts anderes als ein menschlicher Seelenzustand, den wir ahnend hineinlegen.«[36]

Keine Bilderfindung bestätigt dies besser als die *Toteninsel* (Kat. 46). Als der Maler der Auftraggeberin Marie Berna das Werk ablieferte, schrieb er dazu: »Sie werden sich hineinträumen können in die dunkle Welt der Schatten, bis Sie den leisen Hauch zu fühlen glauben, der das Meer kräuselt, bis Sie Scheu haben, die feierliche Stille durch ein lautes Wort zu stören [...]«.[37] In dieses Reich des Schweigens wird ein Mensch – weiß gekleidet und von statuarischer Wirkung – übergeführt. Ähnlich wie bei Caspar David Friedrich vertritt die Rückenfigur den Menschen ganz allgemein oder zumindest einen bestimmten Menschentypus. Nach Norbert Schneider wird in der *Toteninsel* symbolisch eine »Heroisierung der großen Einsamen« imaginiert, »denn die ›Gräberinsel‹ ist der Ort der ›Bergentrückung‹, wo nach antiker Sage, die der Nietzsche in vieler Hinsicht verwandte Altphilologe Erwin Rohde in seinem Buch ›Psyche‹ durchaus als regulatives Wunschbild für die gegenwärtigen Geistesheroen andeutete, die Helden Unsterblichkeit erlangen«.[38] Mag sein, daß Böcklin auch eine melancholische Selbstheroisierung vornahm, denn er litt, als er das Motiv gestaltete, noch immer an materieller Not. Bewunderung und Verehrung, die oft hymnische Formen annahmen, sollte er erst in den späten neunziger Jahren erfahren. In erster Linie aber evoziert diese geheimnisvolle Insel mit ihren hell leuchtenden Felsen, die eine dichte Gruppe von hohen Zypressen einfassen und aus dem Dunkel des kaum bewegten Meeres ragen, Melancholie, Isolation und ewige Ruhe. Die Grabkammern und die unendliche Wasserfläche verstärken diesen Eindruck noch. Gefühle von Melancholie, Einsamkeit und Verlassenheit erfaßten um die Jahrhundertwende weite Kreise. Nicht zufällig also wurde gerade dieses Bild im Fin-de-siècle populär, in einer Zeitströmung des Pessimismus, der, nach Paul Heyses Bemerkung von 1878, »täglich lauter als die einzig befriedigende Lösung aller Tages- und Menschheitsfragen gepriesen wird«.[39] Unüberblickbar sind denn auch die Postkarten von Böcklin-Nachahmern, die das Motiv in allen nur denkbaren Varianten modifizieren (Abb. 7, 8). Die *Toteninsel* wurde in den neunziger Jahren – im Spannungsfeld zwischen Fortschrittsglaube und Dekadenz[40] – zu einer Ikone des Weltschmerzes.

Aufschlußreich ist ein Vergleich mit Caspar David Friedrichs *Abtei im Eichwald* (Berlin, Nationalgalerie), wo der irdische Bereich mit der Ruine, den Eichen und dem Zug der trauernden Mönche vor einem unbestimmbaren dunklen Hintergrund Ausdruck von Vergänglichkeit und Tod ist, während die hellen Regionen, in die sowohl die kahlen Bäume als auch die Kirchenfassaden emporragen, auf das Jenseits und – unter historisch-nationalem Aspekt – auf »geschichtliche Auferstehung« anspielen.[41] In der *Toteninsel* dagegen scheint es keine Hoffnung zu geben. Die Zypressen streben zwar aufwärts, doch symbolisieren sie »Wehmuth«.[42] In Adam Breysigs Wörterbuch von 1830 allerdings lesen wir unter dem Stichwort »Zypressen« neben »Verzweiflung« und »Tod« Konnotationen wie »Freiheit und Erhebung bei Betrübnis«.[43] Also doch ein Hoffnungsschimmer? Obwohl sich eine pessimistische Grundstimmung durch sein ganzes Œuvre zieht, hat Böcklin den Pessimismus nie in dem Maße verabsolutiert wie etwa Leopardi, der große Dichter des Weltschmerzes (»Nur Schmerz und Langweil bietet/Das Leben, anderes nicht. Die Welt ist Kot«).[44] Böcklins antithetisches Schaffen zeigt in verschiedenen Abstufungen melancholische Motive auch mit solchen der Lebensfreude konfrontiert. So bildet die *Lebensinsel* von 1888 den Gegenpol zur *Toteninsel*. Formal erkennen wir das gleiche Gestaltungsprinzip, den symmetrischen Aufbau mit dem Eiland im Zentrum. Lichte Baumgruppen ersetzen Felsen und Zypressen, die düstere Melancholie weicht einer gelösten Heiterkeit, die schon in den Farben, den hellen Grün-, Blau- und Rottönen, zum Ausdruck kommt. Die *Lebensinsel* erscheint als eine paradiesische Landschaft, in der Pappeln und Palmen nebeneinander wachsen, unbeschwerte Menschen musizieren und tanzen, zwitterhafte Fabelwesen in Begleitung von Schwänen – Symbolen

Abb. 7 Arnold Böcklin *Die Toteninsel*, 1886. Museum der bildenden Künste, Leipzig

Abb. 8 Ledertheil (?) *Toteninsel*. Postkarte, Verlag NPG, Nr. 787

der Sinnenfreude – sich im Wasser vergnügen. Auf diese Weise veranschaulicht Böcklin einen utopischen Zustand der Harmonie zwischen Mensch und Natur. Inhaltlich weist das Bild auf die *Gefilde der Seligen* zurück.

Wie der *Toteninsel*, so war auch dem *Heiligen Hain* (Kat. 45) wegen seiner feierlich erhabenen Stimmung um die Jahrhundertwende ein geradezu sensationeller Erfolg beschieden. »Die Popularität von *Toteninsel* oder *Heiligem Hain* ist später nur noch von Vincent van Goghs *Sonnenblumen* oder Franz Marcs *Roten Pferden* erreicht worden«, meint Ewald Rathke.[45] Die Arbeiterbewegung wußte die Gunst der Stunde zu nutzen: Möglicherweise angeregt durch den vierzigsten Todestag von Ferdinand Lassalle im Jahre 1904, gab der Leipziger Lipinski-Verlag eine Gedenkserie von Bildpostkarten heraus. Modifikationen des *Heiligen Hains* (Abb. 9, 10). Der Altar des Vorbildes wurde in einen Grabstein umfunktioniert, auf dem – austauschbar – eine Porträtlithographie angebracht ist. Da erkennt man einmal Karl Marx, dann Ferdinand Lassalle oder Karl Liebknecht sowie Ignaz Auer und Karl

Abb. 9 Arnold Böcklin *Heiliger Hain,* 1882. Kunstmuseum Basel

Abb. 10 Karl Marx aus der Gedenkserie *Arbeiterführer,* um 1904. Postkarte, Verlag Richard Lipinski, Leipzig, Nr. 116

Grillenberger. Aus den sich verneigenden Priestern ist eine trauernde Frau geworden. Fälschlicherweise glauben Detlef Hoffmann und Viktoria Schmidt-Linsenhoff, das unmittelbare Vorbild der Postkarte sei Böcklins *Heiligtum des Herakles.* Anderseits konnten sie in ihrem Aufsatz ›Unser die Welt trotz alledem‹ nachweisen, daß mehrere Werke Böcklins vor dem Ersten Weltkrieg in die Bildsprache der Arbeiterbewegung eingegangen waren. So findet sich die *Freiheit* in das Frontispiz des ›Vorwärts‹ vom 1. Mai 1899 integriert, oder die *Nymphe auf den Schultern Pans* ziert abgewandelt das Titelblatt des ›Wahren Jacob‹ vom 17. April 1906.[46]

Stärker an eine Böcklinsche Komposition, an den *Quell in der Felsschlucht* von 1881 (Kat. 44), hält sich eine Postkarten-Darstellung mit Waldlandschaft des Österreichers Hugo Grimm (geb. 1866), die ihrerseits den Titel *Heiliger Hain* trägt (Abb. 11/12). Zu Böcklins pessimistischer Sicht seiner Zeit gehört, daß er sich immer wieder mit der Grausamkeit des Krieges auseinandersetzte. Bereits 1849 fanden die Revolutionserlebnisse von 1848, die den Maler in Paris erschüttert hatten, ihren Niederschlag im pathetischen *Hochgebirge im Gewittersturm* (Kunstmuseum Basel). Die Plünderungen und Hinrichtungen im Zusammenhang mit dem blutigen Arbeiteraufstand im Juni hinter-

Abb. 11 Arnold Böcklin *Quell in der Felsschlucht,* 1881. Privatbesitz

Abb. 12 Hugo Grimm *Heiliger Hain,* Poststempel 1927. Postkarte, Verlag F. Morawetz, Salzburg, Nr. 206

ließen in ihm, wie Adolf Frey überliefert, »mörderische Eindrücke«: »Er sah aus seiner Wohnung Transporte von Gefangenen, die durch das Ende des Luxembourggartens von den Soldaten zum Tod durch Pulver und Blei ins Freie geführt wurden. Das Grauen steigerte sich, als er unter den Unglücklichen mehrere erkannte: es waren einige der jungen Leute, die noch am vorhergehenden Tage mit ihm bei Suisse Akt gezeichnet hatten. Er selbst scheint einmal in höchster Gefahr gewesen zu sein, so daß er über Dächer flüchten mußte.«[47] Damals entwickelte sich seine lebenslange Antipathie gegen alles Französische. Daß Böcklins Anteilnahme an den Kriegsereignissen 1870/71 – im Juni 1871 war er selbst gerade erst aus dem Militärdienst entlassen – ihn zu den verschiedenen Bilderfindungen der Angst, des Schreckens und Grauens veranlaßte, die in jenen Jahren entstanden, steht außer Zweifel. Das läßt sich etwa am *Zerschossenen Haus bei Kehl* (1870, Kunstmuseum Basel) ablesen, wo die Todessymbolik die Landschaft erfaßt hat: Was nützt die humanistische Tradition, die durch das Straßburger Münster im Hintergrund versinnbildlicht ist, vor der Gewalt des Krieges?

Eine umfassendere Symbolik eignet der *Herbstlandschaft mit Reiter* (verschollen), die schließlich zu einem *Ritt des Todes* wurde (1871, Schack-Galerie, München). Böcklin hat »den Gedanken des unheimlichen, unbeeinflußbaren Unheils, das durch die stürmische Herbstlandschaft zugleich als Naturereignis charakterisiert ist, [...] auf den Krieg übertragen«.[48] Aufschlußreich ist auch die zeitgenössische Bemerkung, daß hier »der Maler von fernher die Kanonen [hat] donnern hören, als er daran malte [...] Vielleicht ist auch das zerstörte Gebäude im Hintergrund eine Andeutung an den Krieg, den Böcklin seit den Pariser Bluttagen verabscheute«.[49] Bemerkenswert ist ferner, daß die Gestaltung von *Ritt des Todes* an Böcklins *Mondscheinlandschaft mit Ruine und Reiter* (Privatbesitz) erinnert, die der Künstler 1849 zur Bewältigung seiner schrecklichen Erinnerung an den Pariser Aufstand gemalt hatte. Seine Auseinandersetzung mit dem aktuellen Kriegsgeschehen manifestiert sich auch im *Kentaurenkampf*, den Nietzsche so bewunderte. In bezug auf eine erste Skizze soll der Maler gesagt haben, »da alle Welt voll Kampf sei, müsse er auch wohl ein paar ›raufende Knoten‹ malen«.[50] Damit ist unmißverständlich ausgesprochen, daß diese Bilderfindung durch den Deutsch-Französischen Krieg mitausgelöst worden ist.

Zur Basler Version von 1873 lassen sich als Vorstufen zwei Farbskizzen und ein unvollendetes Gemälde nachweisen, auf denen die Lapithen einmal als blonde Germanen, das andere Mal als Schwarze erscheinen (siehe Kat. 34). Böcklin ging es indessen nicht um eine konkrete politische Anspielung, was sich auch darin zeigt, daß in der endgültigen Fassung die Lapithen weggelassen sind, somit also Kentauren gegen Kentauren kämpfen. Wohl bilden die Kriegsereignisse von 1870/71 den zeitgenössischen Hintergrund des wilden Geschehens; dennoch wäre es falsch, in diesen Kentauren Deutsche und Franzosen zu sehen. Es geht um den Kampf an sich, um den Kampf ums Überleben, der in der Gründerzeit auch als wirtschaftlicher Konkurrenzkampf gedeutet werden darf. Der Bildgehalt ist aber genau so umfassend zu verstehen wie etwa im Fall der *Predigt des hl. Antonius* von 1892 (Kunsthaus Zürich), zu welcher der Künstler auf die Frage, ob er bestimmte Gattungen von Fischen vor Augen gehabt habe, antwortete: »Ja, ich dachte mir dabei Riesbacher Gemeinderäte [Riesbach = damaliger Zürcher Vorort] oder Ähnliches.«[51] Dieses »Ähnliche« allerdings läßt sich sehr weit fassen. Auch wenn der Ausgangspunkt für Böcklins Bilderfindung der Kulturkampf und die damalige Zürcher Lokalpolitik gewesen sein mögen: Das Bild von den großen Fischen, die die kleinen verschlingen, kann als Böcklinsche Metapher für die gesamte Gründerzeit, für die Epoche der Industrialisierung, der Großmacht- und Kolonialpolitik, aufgefaßt werden.

Wie kritisch Böcklin die Gegenwart sah, mag auch seine von Adolf Frey überlieferte Frage illustrieren: »Wissen wir denn, ob die ganze Erde nicht nur ein großes Tier ist und wir darauf die Parasiten?«[52] – ein schrecklich aktuelles Bild: Der Mensch scheut sich nicht, seine eigene Existenzgrundlage rücksichtslos auszubeuten.

Ins Allgemein-Symbolische erhoben sind auch die späten Kriegsbilder (1896/97) sowie die *Pest* von 1898. Anhaltspunkte, daß Böcklin im *Krieg* (Dresden/Zürich) auf einen bestimmten politischen Konflikt anspielen wollte, fehlen; Landschaft und Architektur sind auswechselbar, hier von italienischem, dort von deutschem Gepräge. Durch die jäh hereinbrechende, in Nah- und Untersicht gegebene »apokalyptische« Reitergruppe kommt das Verhängnisvolle, das Angsttraumhaft-Bedrohliche, das Unausweichliche des Krieges zum Ausdruck. Auch die Folgen sind visualisiert: Schrecken, Zerstörung, Tod. Auf dem Bild mit dem Titel *Die Pest* (Abb. 13) erscheint die Seuche als erbarmungslose Macht. Auf einem riesigen, fledermausartig geflügelten Ungeheuer reitet der Tod, mit der Sense weit ausholend, frontal auf den Betrachter zu. Der nächste Hieb scheint sein Gegenüber direkt zu treffen. Diese auf eine prägnante Formel gebrachte Aussage wird in Eduard Rüdisühlis *Dämon der Rache* (Abb. 14) ins Triviale verfremdet. Zwar hat das Ungeheuer gigantische Formen angenommen: es bedroht den Betrachter mit weit aufgerissenem Maul, spitzen Zähnen und mächtigen Krallen. Doch wirkt das Riesentier genauso attrappenhaft wie die Rachegöttin, die femme fatale, die auf seinem Rücken posiert und mit ihren körperlichen Reizen und ihrem ernsten, geheimnisvollen Blick lockt. Nicht zufällig wohl hat der Verlag den Originaltitel *Dämon der Rache*

Abb. 13 Arnold Böcklin *Die Pest* 1898. Kunstmuseum Basel

Abb. 14 Eduard Rüdisühli *Dämon der Rache/Dämon der Liebe*. Postkarte

für die Postkarte in *Dämon der Liebe* umfunktioniert.[53] So vollzieht sich der Verfremdungsprozeß gleich auf mehreren Ebenen.

Bei Böcklin dagegen sind Pest und Krieg in Parallele gesetzt. Der Vergleich der beiden Bilderfindungen macht deutlich, «daß der Krieg in der Vorstellung Böcklins, ähnlich wie bei Klinger und Kubin, eine der Pest vergleichbare, furchterregende Schicksalsmacht war«.[54] Wie der *Kentaurenkampf*, so sind auch diese Bilder im zeitgeschichtlichen Kontext zu sehen. Sie sind Ausdruck der Dekadenzstimmung um die Jahrhundertwende, Visionen des Untergangs vor dem Hintergrund zahlreicher Kolonial- und Imperialkriege und der latenten Gefahr von deren weltweiter Ausdehnung. »Die Zukunft trägt den großen Krieg in ihrem Schoße«, schrieb damals August Niemann.[55] Der Erste Weltkrieg stand tatsächlich vor der Türe. Es war eine Zeit des Umbruchs und der Erschütterung, die ihre Parallele in Böcklins eigenem Leben hatte: die Ahnung seines nahen Endes und die Erinnerung an wiederholte Todeserlebnisse in der eigenen Familie.[56] So ist es kaum bloßer Zufall, daß Böcklins letztes, 1900 vollendetes Bild – welches zugleich sein erstes und letztes im neuen Jahrhundert ist – den Titel *Melancholia* trägt (Kunstmuseum Basel).

Auch die Böcklinschen Meeresszenerien dürfen – wie zu Recht schon oft bemerkt worden ist – mit direktem Bezug zur Gegenwart und Existenz des Künstlers gesehen werden. »Nicht einfach als Verkörperung oder Verlebendigung von Naturkräften wollen Böcklins Fabelwesen verstanden sein; ihre Schilderung bedeutet vielmehr stets und in allen Fällen einen Griff ins volle Menschenleben.«[57] Diese Interpretation von Arnold von Salis muß nur insofern modifiziert werden, als das eine das andere nicht auszuschließen braucht. Der Hinweis des Malers auf die Winterthurer Studie von *Triton und Nereide*, einer der wenigen Selbstkommentare, verdeutlicht dies: »Eine Hauptaufgabe der Durchführung des Bildes wäre aber, den Ausdruck der Figuren mit der Umgebung so vollständig in Einklang zu bringen, daß jedes der Ausdruck des anderen zu sein scheint.« Damit ist gesagt, daß beispielsweise die Seeschlange den optischen Eindruck der Meereswogen vermitteln soll oder der ins Muschelhorn blasende Triton das Dröhnen der rauhen See. Böcklin fährt fort: »Es muß einen so kalt, so naß, so wild und ahnungslos ansprechen, daß man sich in die Tiefen des Meeres versetzt glaubt.«[58] Aus der Feder des Künstlers erfahren wir, was Hermann Beenken seinerseits für den *Pan im Schilf* formuliert hat: Die Verbindung der verschiedenen Bildfaktoren wird zu einer Atmosphäre verdichtet, die alle Sinne des Betrachters anspricht, »die so gar nicht nur auf das Auge [...] wirken soll«.[59]

Durch seine Meereswesen veranschaulicht Böcklin antithetisch intaktes Familienleben und ein zwangloses Verhältnis der Geschlechter, das sich von den viktorianisch-bürgerlichen Moralvorstellungen befreit. Die 1880 entstandene *Tritonenfamilie* (verschollen) und die 1887 datierte *Meeresidylle* (Kunsthistorisches Museum Wien) zeigen jeweils ein Elternpaar und dessen Nachwuchs in fröhlicher, ungetrübter Vereinigung; alles ist zum Besten bestellt. Böcklin folgt gewissermaßen den Anschauungen Rousseaus.[60] Die Väter sind aktiv und bringen Nahrung nach Hause, die Mütter warten freudig auf die Rückkehr des Familienoberhauptes und stillen ihre Kinder selbst.[61] Sind diese Szenen ein Spiegelbild von Böcklins eigenem Familienleben? Man möchte es meinen, zumal er als Vater von vierzehn Kindern einmal sagte: »Je mehr Kinder ich habe, desto mehr Lust habe ich zum Arbeiten.«[62] Dem läßt sich allerdings eine Bemerkung, die er Gustav Floerke gegenüber äußerte, entgegenhalten: »Schopenhauer glaub ich sagt einmal: wir haben das und das und das und dann die Familie – nein, die Familie hat uns! Sie legt sich um mich, will mich verschlingen.«[63] Jochen Poetter macht die interessante Feststellung, daß Böcklin in dem von Floerke aufgezeichneten Gespräch die Entfremdung gegenüber Frau und Familie zusammen mit seinem Kultur- und Zivilisationspessimismus nennt, womit die Institution Ehe und Familie der allgemeinen Umwelt zugeordnet wird.[64] Dies könnte die Vermutung nahelegen, daß seine Sehnsucht einer anderen, freieren Form von Zusammenleben galt. Zumindest wird dadurch ein ambivalentes Verhältnis zum bürgerlichen Familienleben faßbar, was allerdings das Künstlertum per definitionem impliziert. Bei Böcklin kommt hinzu, daß seine katholisch erzogene italienische Frau durch ihre Heirat mit dem protestantischen Ausländer ihren gewohnten Lebenskreis weitgehend aufgegeben hatte und mit dem damals noch unbekannten Künstler Zeiten schwerer materieller Not erlebte. Daraus entstand ein Verhältnis wechselseitiger Abhängigkeit und Verpflichtung, das sich mit Böcklins »Ich schulde und dulde« umschreiben läßt.[65]

Anders als mit den Familienidyllen, deren Rollenverteilung der damaligen Norm entspricht, verhält es sich mit Werken wie *Triton und Nereide, Spiel der Najaden* oder *Odysseus und Kalypso*. Dabei bleibt allerdings offen, ob, wie zum Beispiel Georg Schmidt meint, die Schacksche Fassung von *Triton und Nereide* (Abb. 15, Kat. 36) ganz konkret ein Dreiecksverhältnis visualisiere.[66] Aufmerksamkeit verdient die Beobachtung Winfried Rankes, der auffallende Übereinstimmungen von Schillers Gedicht ›Würde der Frauen‹ mit Böcklins *Triton und Nereide* feststellen konnte: die Frauen sinnlich hingebungsvoll, die Männer angespannt mit bedeutungsschwerem, in die Ferne gerichtetem Blick.[67] Daß ein solches Motiv von der Trivialkunst aufgenommen und auf eine andere Bedeutungsebene versetzt wurde, erstaunt kaum. Auf Ferdinand

Abb. 15 Arnold Böcklin *Triton und Nereide* 1875 (verschollen)

Abb. 16 Ferdinand Leeke *Triton belauscht Nereide*. Postkarte, Münchner Kunst, Nr. 3117

Leekes (1859–1923) Postkarten-Bild (Abb. 16) findet es sich ins Handfest-Erotische transponiert: Steil aufgerichtet, an einen Phallus erinnernd und den Schwanz emporgestreckt, stützt sich der Triton auf den Felsen und richtet seinen Blick voller Begierde auf die Nereide, die alle ihre Reize zur Schau stellt, während die zur Raute gefügten Arme ein vaginales Symbol markieren.

Die Entfremdung, das Nicht-Mehr, die Unmöglichkeit der Kommunikation zwischen Mann und Frau hat Böcklin wohl am prägnantesten in *Odysseus und Kalypso* (Kunstmuseum Basel) thematisiert. Unabhängig von der literarischen Vorlage Homers begreift der Betrachter die

Abb. 17 Arnold Böcklin *Im Spiel der Wellen,* 1883. Neue Pinakothek, München

Abb. 18 Gyula von Benczúr *Im Spiel der Wellen*. Postkarte, Rotophot, Budapest, Nr. 793

Absicht des Malers, der den tragischen Konflikt zwischen Lieben und Nichtliebenkönnen schildert. »Indes Degas und Menzel den Konflikt der Geschlechter in ein Hotelzimmer oder in ein Eisenbahncoupé verlegen, stellt ihn Böcklin in der stummen Entfremdung zwischen Odysseus und Kalypso dar.«[68] In Bildern wie *Spiel der Wellen* (Kat. 47) und *Spiel der Najaden* (Kunstmuseum Basel) hingegen malte er das, was bürgerliche Moral nur in der Kunst zuließ – in gesellschaftlicher Realität waren es »verbotene Spiele«.[69] So sind die Interventionen der Wassermänner im *Spiel der Wellen* (Abb. 17) unzweideutig, was Alfred Koeppens Beschreibung von 1902 bestätigt: »Ein wohlbeleibter Centaur verfolgt ein reizendes Meerweibchen, das sich vor dem älteren Herrn fürchtet und gewiß nicht mit Unrecht, sollen doch ältere Herren für jugendliche Reize nicht ganz unempfindlich sein.«[70] Mit gleicher Absicht nähert sich der gierige Wassermann den sich wohlig räkelnden Mädchen im *Spiel der Najaden*. Und im Hintergrund taucht der Kopf eines zweiten männlichen Wesens auf, das glotzend nach den Meerjungfrauen Ausschau hält. Es sind wohl diese beiden Gemälde, die Gyula von Benczúr (1844–1920) zum Postkarten-Bild *Im Spiel der Wellen* angeregt haben, wo die Wassermänner zielstrebig den Mädchen nachstellen (Abb. 18). Wenn Böcklin nach der Hypothese von Elizabeth Tumasonis *Ruggiero befreit Angelica aus den Klauen des Drachen* von 1880 (verschollen) als Satire auf Richard Wagner und die großen Helden seiner Opern gemalt hat[71], so darf man mit ebensoviel Berechtigung im *Spiel der Wellen* und im *Spiel der Najaden* Reminiszenzen an die erste ›Rheingold‹-Szene erkennen. Wie auf den beiden Böcklin-Bildern die Wassermänner die Nixen und Najaden verfolgen, so hascht Alberich, dieser »lüsterne Kauz« und »haarige, höckrige Geck«, nach den drei Rheintöchtern, »die mit lustigem Gekreisch stets ihm entweichen«.[72] Dabei ist anzunehmen, daß in Böcklins Meeresszenerien ganz allgemein auch Ironie und Satire enthalten sind.

Wie austauschbar Fabelwesen und Menschen sind, illustriert die Tatsache, daß die Zeitgenossen in Böcklins *Spiel der Najaden* in der rothaarigen Nixe die Basler Bürgerstochter Dorothea Nidecker erkannten.[73] Es ist schwer zu sagen, wie weit Böcklin in diese Bilder auch erotische Wünsche einflocht und zugleich ironisierte.

Den Topos der Entfremdung von Mann und Frau griff er mit der *Meeresstille* (Kunstmuseum Bern, Abb. 19) wieder auf: Ein Meerweib liegt auf einer Felsklippe, den linken Arm angehoben. Der Mann dagegen ist, die Augen weit aufgerissen, ganz untergetaucht. Allein seinen schlangenförmigen Schwanz hebt er aus dem Wasser. Die Atmosphäre ist voller Spannung, welche auch der abwartende Ausdruck der Möwen suggeriert. Rolf Andree spricht von »der bleiern lastenden Stille vor dem Sturm«.[74] Zu Recht glaubt Jochen Poetter im Meerweib eine Variante der sphinxhaften »femme fatale« zu erkennen: »Hinter all diesen Vorstellungen taucht letztlich das beängstigende Bild des weiblichen Vampyrs auf, der sich – ähnlich wie die Sphinx, halb Mensch, halb Tier – auf den Mann stürzt, um sein Blut zu saugen.«[75] Von der Faszination und Rätselhaftigkeit, die diesem Bild eigen sind, ist in Eduard Rüdisühlis *Nereide* nicht viel geblieben (Abb. 20). Das Meerweib liegt auch hier auf einer waagrechten Klippe, ist aber nicht mehr zu einem männlichen Wesen in bezug gesetzt. Mit luftig frisiertem Haar, den Kopf lässig aufgestützt, posiert eine Salonschönheit, als läge sie auf Plüsch, verführerisch vor dem Betrachter, der hier gewissermaßen die Rolle des Mannes übernimmt. Nach mündlicher Überlieferung soll die *Nereide,* als sie erstmals in Basel ausgestellt war, einen Volksauflauf verursacht haben, wobei die Straßenbahn durch die Menge blockiert worden sei.[76]

Abb. 19 Arnold Böcklin *Meeresstille*, 1886/87. Kunstmuseum Bern

Abb. 20 Eduard Rüdisühli *Nereide – La Sirène*, um 1920. Postkarte

Böcklins Meeresszenerien haben in seiner Zeit zum Teil Empörung und Ablehnung hervorgerufen; als eine Reproduktion des *Spiels der Wellen* im Schaufenster der Zürcher Buchhandlung Cäsar Schmidt ausgestellt war, schritt sogar die Polizei ein.[77] Die Bilder mit christlicher Thematik dagegen erfreuten sich damals allgemein großer Beliebtheit: Sie wurden nämlich um die Jahrhundertwende durch zahlreiche Photogravüren, Photographien und Öldrucke verbreitet, vorab der *Geigende Eremit* (Abb. 21). Dessenungeachtet wurden solche Bilder nicht überall vorbehaltlos bewundert. 1905 schrieb Johannes Manskopf: »Der *geigende Eremit*, ein sehr bekanntes und beliebtes, weil jedermann verständliches Bild, wird eben deswegen von manchen Kunstleuten etwas schief angesehen. Es ist ihnen zuviel darin erzählt [...] Die Wahrheit, Einfachheit und Stärke der Empfindung, die glückliche Mischung von weihevollem Ernst, zarter Poesie und anmutiger Heiterkeit machen das Werk zu einem Stimmungsbild voll religiös-sittlichen Gehalts, das sich hoch über das Niveau der Genrebilder gewöhnlichen Schlags

Abb. 21 Arnold Böcklin *Der geigende Eremit*, 1884. Nationalgalerie, Staatliche Museen, Preußischer Kulturbesitz, Berlin

Abb. 22 Gd. P. von Erlang *Ave Maria*, Poststempel 1921. Postkarte, Peter Triem, Kunstverlag, München 2 NW, Nr. 132

erhebt.«[78] Das Motiv fand auch Aufnahme ins Repertoire der Böcklin-Adepten und wurde zum Beispiel von Gd. P. von Erlang zu einer Postkarte verarbeitet (Abb. 22). Allein: aus dem *Geigenden Eremiten* ist ein *Ave Maria* geworden. Der irreale Charakter des Vorbildes gleitet auf Grund des größeren Realitätsgrades der Darstellung ins Bodenständige ab und das Ironisch-Geistreiche ins Bieder-Frömmelnde. Solche Veräußerlichung und Trivialisierung haben wohl mit dazu beigetragen, daß Georg Schmidt über Böcklins religiöse Bilder urteilen konnte, sie hätten den Maler »schier hoffnungslos in Verruf gebracht«.[79] Die Frage, wie weit die Trivialisierung und Popularisierung von Böcklins Werken ganz allgemein den Maler in gewissen Kreisen diskreditiert hat, läßt sich kaum eindeutig beantworten, muß aber bei der Beschäftigung mit der Rezeption im Auge behalten werden.

Was immer man zu den Böcklin-Adepten sagen mag – »Das Greulichste [...] sind die Nachahmungen Böcklinscher Bilder«, meinte Lovis Corinth[80] –, es ist aufschlußreich festzustellen, welche seiner Motive und Topoi auf den Postkarten, die in allen Kreisen zirkulierten, weiterlebten und welchen Modifikationen sie unterworfen waren. Offensichtlich ist, daß generell nicht Böcklins Frühwerk, sondern sein reifes und spätes Schaffen auf diesem Weg rezipiert wurde, das, trotz Julius Meier-Graefes Bannstrahl, unsere Vorstellung vom Künstler recht eigentlich geprägt hat. Böcklins Metaphern von Traurigkeit, Isolation, Zivilisationspessimismus und der Sehnsucht nach einer freieren Beziehung der Geschlechter wurden von den Trivialmalern aus dem jeweiligen Kontext gelöst und variabel eingesetzt. Von seiner kritischen Auseinandersetzung mit der Wirklichkeit sind Attrappen und Kulissen übriggeblieben. Die Nachfolger erkannten zwar die Vielfalt von Erlebnisschichten und möglichen Assoziationen, doch ein Nachvollzug gelang ihnen nur an der Oberfläche. Die Gegenüberstellung von Böcklins Originalen mit den Adaptionen seiner Nachfolger – hier dargestellt am Beispiel des Massenmediums »Postkarte« – zeigt, in welchem Maße seine Inventionen in der Hand der Trivialkünstler degenerierten. Umgekehrt vermag eine solche Konfrontation von neuem den ungeheuren Erfindungsreichtum des Basler Malers zu belegen.

1 R. Muther: Studien und Kritiken, Wien 1901, Bd. II, S. 225 ff. – Vgl. auch: Carlo Böcklin gegen Richard Muther, in: Die Werkstatt der Kunst, Jg. II, 24. November 1902, Heft 8, S. 121 ff. – Vgl. ferner: H. Holenweg: Das Schicksal der Gemälde Arnold Böcklins, in: R. Andree: Arnold Böcklin, Die Gemälde, Basel/München 1977, S. 98.

2 J. Wißmann: Arnold Böcklin und das Nachleben seiner Malerei. Studien zur Kunst der Jahrhundertwende. Diss. Münster 1968. – Derselbe: Zum Nachleben der Malerei Arnold Böcklins, in: Arnold Böcklin, Ausst. Kat. Kunstmuseum Düsseldorf 1974, S. 28 ff.

3 Wißmann 1968 (wie Anm. 2), S. 6. – Vgl. auch: I. Koszinowski: Böcklin und seine Kritiker. Zu Ideologie und Kunstbegriff um 1900, in: Ideengeschichte und Kunstwissenschaft. Philosophie und bildende Kunst im Kaiserreich, hg. v. E. Mai, St. Waetzoldt und G. Wolandt, Kunst. Kultur und Politik im Deutschen Kaiserreich, Bd. 3. Berlin 1983, S. 279 ff.

4 C. Gurlitt: Die deutsche Kunst des 19. Jahrhunderts, Berlin 1900, S. 632.

5 J. Simko: Böcklin-Fieber, Budapest 1898. – A. Lichtwark: Die Seele und das Kunstwerk, Berlin 1899, S. 40 und 41.

6 M. Halbe: Geschichte meines Lebens (1893–1914), Danzig 1935, S. 345.

7 A. Gessler: August Voirol, in: Schweizerisches Künstler-Lexikon. Red. von C. Brun, Frauenfeld 1917, Bd. IV, S. 671. – Vgl. auch H. Holenweg: Das Schicksal der Gemälde Arnold Böcklins, in: R. Andree (wie Anm. 1), S. 101.

8 Der Türmer. Monatsschrift für Gemüt und Geist, XI. Jg., Stuttgart 1908, Bd. 1, Heft 3, S. 428 ff. – F. von Ostini: Böcklin. Bielefeld/Leipzig 1904, S. 1.

9 H. A. Schmid: Arnold Böcklin, 2. Aufl. München 1922, S. 52.

10 Vgl. H. Holenweg: Das Schicksal der Gemälde Arnold Böcklins, in: R. Andree (wie Anm. 1), S. 99.

11 Die ältesten Postkarten mit Böcklin-Adaptionen stammen aus dem Verlag Meissner & Buch, Leipzig, und stellen Gemälde von Eduard Rüdisühli dar. Wie sich aus den Poststempeln erschließen läßt, waren diese bereits 1903 in Umlauf. – Zur Bildpostkarte in der Kunst ganz allgemein vgl. S. Metken: Facteur Chevals Posttasche. Die Bildpostkarte in der Kunst, in: Das Kunstwerk 1, XXVII, 1974, S. 3 ff.

12 R. Muther: Studien und Kritiken, Wien 1901, Bd. 1, S. 147. – G. Schmidt: Pan, Stuttgart 1963, S. 29 – U. Christoffel: Natur und Mensch bei Arnold Böcklin, in: Die Ernte, Schweizerisches Jahrbuch, Jg. 28, 1947, S. 50.

13 C. F. Gulian: Mythos und Kultur, Wien/Frankfurt/Zürich 1971, S. 22.

14 J. A. Schmoll gen. Eisenwerth: Der alte Pan – zum Spätwerk Rodins, in: Rodin-Studien, München 1983, S. 79.

15 A. Assmann: Pan, Paganismus und Jugendstil, in: Antike Tradition und neuere Philologien. Symposium zu Ehren des 75. Geburtstages von Rudolf Sühnel, hg. v. H.-J. Zimmermann, Heidelberg 1984, S. 177.

16 Vgl. dazu: J. Thamer: Zwischen Historismus und Jugendstil. Zur Ausstattung der Zeitschrift »Pan« (1895–1900). Diss. Frankfurt a. M./Bern/Cirencester (U. K.) 1980. – Bierbaum verfaßte auch Panlieder, die in seinem Bändchen »Nemt, Frouwe, disen Kranz« (Berlin 1894) erschienen sind.

17 A. Assmann (wie Anm. 15), S. 194, Anm. 1.

18 A. Assmann (wie Anm. 15), S. 186.

19 F. Nietzsche: Die Geburt der Tragödie aus dem Geiste der Musik, Stuttgart 1986, S. 23, 52.

20 Vgl. dazu: W. Ranke: Böcklinmythen, in: R. Andree (wie Anm. 1), S. 68 ff.

21 R. Oeri-Sarasin: Beiträge zum Verhältnis zwischen Jacob Burckhardt und Arnold Böcklin, in: Basler Jahrbuch 1917, S. 267, 269. Brief vom 28. Juli 1861.

22 Zitiert nach W. Kaegi: Jacob Burckhardt. Eine Biographie, Basel 1950, Bd. 2, S. 584. Brief vom 9. März 1846.

23 Vgl. dazu: W. Ranke: Böcklinmythen. in: R. Andree (wie Anm. 1), S. 77. – Möglicherweise ließ sich Böcklin hier von der Hadrians-Villa in Tivoli, vom Nymphäum der Insel, anregen. Freundlicher Hinweis von Bettina Jeske, Bern.

24 H. Beenken: Das neunzehnte Jahrhundert in der deutschen Kunst, München 1944, S. 188.

25 F. Th. Vischer: Eine Reise, in: Kritische Gänge, hg. v. R. Vischer. 2. Aufl. München 1922, Bd. 1., S. 336. – Vgl. auch Ch. H. Heilmann: Zu Arnold Böcklins künstlerischer Individualität, in: Arnold Böcklin 1837–1901. Kat. Ausst. Darmstadt 1977, Bd. 1, S. 37.

26 W. F. Otto: Die Menschengestalt und der Tanz, in: Die Gestalt und das Sein. Gesammelte Abhandlungen über den Mythos und seine Bedeutung für die Menschheit, Darmstadt 1959, S. 107.

27 J. Paul: Gesammelte Werke, Darmstadt, 1962, Bd. 2, S. 851. Auf diese Stelle ist seit Beenken (wie Anm. 24) immer wieder hingewiesen worden.

28 H. Holenweg: Arnold Böcklins gespenstische Visionen, in: Basler Stadtbuch 1985, S. 134ff. (vgl. besonders Anm. 19).
29 Vgl. dazu: A. Assmann (wie Anm. 15), S. 192.
30 C. Sterne: Böcklins Fabelwesen im Lichte der organischen Formenlehre, in: Die Gegenwart. Wochenzeitschrift für Literatur, Kunst und öffentliches Leben, Berlin, 11. Januar 1890, Bd. 37, Nr. 2, S. 2.
31 W. Nutz: Soziologie der trivialen Malerei, Stuttgart 1975, S. 20, 21. – Vgl. in diesem Zusammenhang auch: W. Brückner und Ch. Pieske: Die Bilderfabrik. Dokumentation zur Kunst- und Sozialgeschichte der industriellen Wandschmuckherstellung zwischen 1845 und 1973 am Beispiel eines Großunternehmens, Kat. Ausst. Historisches Museum Frankfurt a. M. 1973, S. 102ff.
32 R. Schick: Tagebuch-Aufzeichnungen aus den Jahren 1866, 1868, 1869 über Arnold Böcklin, hg. v. H. von Tschudi, gesichtet von C. Flaischlen, Berlin 1901, S. 76.
33 W. Ranke: Böcklinmythen, in: R. Andree (wie Anm. 1), S. 90.
34 G. Floerke: Zehn Jahre mit Böcklin, München 1901, S. 14.
35 H. Beenken (wie Anm. 24), S. 189.
36 F. Th. Vischer: Das Schöne und die Kunst, Stuttgart 1898, S. 91.
37 Kat. Autographenauktion Stargardt, Marburg 1967, Kat. 583, Nr. 821.
38 N. Schneider: Böcklins »Toteninsel«, in: Arnold Böcklin, Kat. Ausst. Darmstadt 1977, S. 120.
39 Zitiert nach Th. Ziegler: Die geistigen und sozialen Strömungen des neunzehnten Jahrhunderts, ungek. Volksausgabe, Berlin 1911, S. 345.
40 Vgl. in diesem Zusammenhang: W. Drost (Hg.): Fortschrittsglaube und Dekadenzbewußtsein im Europa des 19. Jahrhunderts, Heidelberg 1986.
41 Vgl. P. Rautmann: Caspar David Friedrich. Landschaft als Sinnbild entfalteter bürgerlicher Wirklichkeitsaneignung, Frankfurt a. M./Bern/Las Vegas 1979, S. 57ff.
42 Vgl. K. Köstlin: Ästhetik, Tübingen 1869, S. 642. – Vgl. auch N. Schneider: Böcklins »Toteninsel«, in: Arnold Böcklin, Kat. Ausst. Darmstadt 1977, S. 125, Anm. 64.
43 A. Breysig: Wörterbuch der Bildsprache oder kurzgefaßte und belehrende Angaben symbolischer und allegorischer Bilder und oft damit vermischter konventioneller Zeichen, Leipzig 1830, S. 971. – Vgl. auch J. Poetter: Studien zum Mythos im Werke Arnold Böcklins, Diss. München 1978, S. 122f. – Die Legende berichtet ja auch, der Kreuzesstamm Christi sei aus Zypressenholz gefertigt gewesen. Vgl. dazu: J. H. Zedler: Großes vollständiges Universallexikon, Halle/Leipzig 1733, Bd. 6 (photographischer Nachdruck: Graz 1961, Sp. 1943, 144ff.). Darauf hat schon J. Poetter S. 123, 184 (Anm. 285), aufmerksam gemacht.
44 Zitiert nach Th. Ziegler (wie Anm. 39), S. 345.
45 E. Rathke: Zur Kunst Arnold Böcklins, in: Arnold Böcklin, Kat. Ausst. Kunstverein, Frankfurt a. M. 1964, S. 8.
46 D. Hoffmann/V. Schmidt-Linsenhoff: »Unser die Welt trotz alledem«, in: Trophäe oder Leichenstein? Kulturgeschichtliche Aspekte des Geschichtsbewußtseins in Frankfurt im 19. Jahrhundert, Kat. Ausst. Historisches Museum Frankfurt a. M. 1978, S. 369ff.
47 A. Frey: Arnold Böcklin nach den Erinnerungen seiner Zürcher Freunde, Stuttgart/Berlin 1912, S. 23.
48 S. Holsten: Allegorische Darstellungen des Krieges 1870–1918, München 1976, S. 71.
49 F. von Ostini (wie Anm. 8), S. 72.
50 A. von Salis: Erinnerungen an Arnold Böcklin. Nach Tagebuchnotizen eines Studenten, in: Basler Jahrbuch 1902, S. 17.
51 A. Fleiner: Mit Arnold Böcklin, Frauenfeld 1915, S. 94.
52 A. Frey (wie Anm. 47), S. 148. – Vgl. J. Poetter (wie Anm. 43), S. 22ff.
53 Es fällt auf, daß die Rüdisühli-Bilder ganz allgemein auf den Postkarten von verschiedenen Verlagen unterschiedlich betitelt sind. Auch kommt es vor, daß dasselbe Bild beim gleichen Verlag einmal als »Eduard Rüdisühli«, dann wieder als »Hermann Rüdisühli« bezeichnet ist.
54 S. Holsten (wie Anm. 48), S. 71.
55 A. Niemann: Der Weltkrieg. Deutsche Träume, Berlin 1904, S. 6.
56 Böcklin selbst wäre fast an Typhus gestorben. Das Ehepaar hatte vierzehn Kinder, von denen acht kurz nach der Geburt oder im frühesten Alter verstorben sind.
57 A. von Salis: Arnold Böcklin und die Antike, in: Basler Jahrbuch 1955, S. 108.
58 Briefentwurf Arnold Böcklins an Max Jordan, Florenz, 25. August 1877, in: Angela Böcklin: Böcklin Memoiren, hg. von F. Runkel, Berlin 1910, S. 276.
59 H. Beenken (wie Anm. 24), S. 188.
60 Vgl. dazu Jean-Jacques Rousseau ›Emile oder Von der Erziehung‹. (1762, im gleichen Jahr deutsch). – Vgl. in diesem Zusammenhang F. Gross: Gegenbilder. Frauenemanzipation und künstlerische Erneuerung im Widerspruch der Zeit, in: Eva und die Zukunft, Kat. Ausst. Kunsthalle Hamburg 1986, S. 41.
61 Rousseau lehnte bekanntlich das Ammen- und Gouvernantenwesen ab, F. Gross (wie Anm. 60), S. 41.
62 A. Frey (wie Anm. 47), S. 51.
63 G. Floerke (wie Anm. 34), S. 15.
64 J. Poetter (wie Anm. 43), S. 136.
65 A. Fleiner (wie Anm. 51), S. 22.
66 G. Schmidt: Böcklin heute, Basel 1951, S. 22.
67 W. Ranke, in: R. Andree (wie Anm. 1), S. 83ff.
68 W. Hofmann: Das Irdische Paradies, 2. Aufl. München 1974, S. 210.
69 W. Ranke, in: R. Andree (wie Anm. 1), S. 87.
70 A. Koeppen: Die moderne Malerei in Deutschland, Bielefeld/Leipzig 1902, S. 108.
71 E. Tumasonis: Böcklin and Wagner: The Dragon Slain, in: Pantheon Jg. XLIV, 1986, S. 87ff.
72 R. Wagner: Das Rheingold, Stuttgart 1966, S. 17, 19, 22.
73 Vgl. dazu: H.(anna) B.(urckhardt)-P.(fisterer): Baslerische Jugenderinnerungen, in: Neue Zürcher Zeitung, 14. Januar 1940, Nr. 61. Wiederabgedruckt unter dem Titel: Jugenderinnerungen an Jacob Burckhardt und Arnold Böcklin, in: Basler Nachrichten, 7. Juli 1951, Nr. 282.
74 R. Andree (wie Anm. 1), S. 474, Nr. 403.
75 J. Poetter (wie Anm. 43), S. 153 – Zitat: H. H. Hofstätter: Symbolismus und die Kunst der Jahrhundertwende, Köln 1965, S. 194f.
76 Schriftliche Mitteilung von Sandra Petra, Dresden, der Großnichte von Eduard Rüdisühli, an Hans Holenweg, Pratteln.
77 Vgl. dazu wti [Jakob Welti]: Anstößige Kunst, in: Neue Zürcher Zeitung, 18. Oktober 1927, Nr. 1750.
78 J. Manskopf: Böcklins Kunst und Religion, München 1905, S. 52.
79 G. Schmidt (wie Anm. 66), S. 26.
80 L. Corinth: Das Erlernen der Malerei, Berlin 1908, S. 116.

Andrea Linnebach

Böcklins Meeresszenen: »Klassische« Ikonographie und »Deutsche Mythologie«

Böcklin als Deutsch-Römer – daß den beiden Begriffsbestandteilen »deutsch« (als Hinweis auf die Herkunft der Künstler) und »römisch« (als umfassende Bezeichnung für ihre Hinwendung nach Italien und zur Antike, zum ›Klassischen‹) in seinem Fall eine besondere Bedeutung zukommt, soll im folgenden anhand der Meeresszenen gezeigt werden.[1] Sein Aufgreifen klassischer Überlieferung, seine Neuinterpretation antiker Mythologie erweist sich nämlich von den siebziger Jahren an als zunehmend geprägt durch eine Überblendung mit deutsch-romantischem Form- und Motivschatz. In dieser (mehr oder minder bewußten) Verschmelzung von Klassisch-Antikem und Deutsch-Romantischem, in seinem Verhältnis zur literarischen und bildkünstlerischen Tradition überhaupt, nimmt Böcklin innerhalb der Gruppe der Deutsch-Römer eine Sonderstellung ein.

Der vorliegende Versuch, den ›deutschen‹ Anteil in seiner Bildersprache herauszuarbeiten, möchte ihn keinesfalls als schlichten Kompilator überlieferten Bildungsguts entlarven; erschlossen werden soll aber ein bislang vernachlässigter Quellenbereich seiner Bildschöpfungen, der in seiner so subjektiv und unvermittelt anmutenden Imaginationskraft einen gewichtigen Stellenwert einnimmt. Daß Böcklin in seiner aus vital-antizivilisatorischen Impulsen gespeisten und auf unmittelbare Vergegenwärtigung antiker Mythen abzielenden Bilderwelt grundlegend mit dem Antikenideal Winckelmannscher Prägung bricht – wie es partiell ja für andere Deutsch-Römer durchaus noch Geltung besitzt – ist offensichtlich. In seiner Abwendung von der klassischen Tradition ›edler Einfalt und stiller Größe‹ spielt, wie ansatzweise gezeigt werden soll, die Anknüpfung an deutsch-romantische Motivvorgaben und Stimmungsvaleurs eine besondere Rolle.

Böcklins ›klassische‹ Meeresszenen

Phantasievoll mit mythischen Gestalten bevölkerte Meereslandschaften bilden von Ende der sechziger bis Mitte der achtziger Jahre eines der bevorzugten Rahmenthemen in Böcklins Werk. Innerhalb dieses Bilderkreises läßt sich nun »klassische« Meerikonographie, z. B. geläufige mythologische Sujets wie die *Venus Anadyomene* von 1868/69 oder 1872, gegenüber späteren Formulierungen zeitlich klar abgrenzen. Seine ersten Meeresbilder führen also tradierte Bildmuster vor: bei den zwei Fassungen der *Venus Anadyomene* und der *Magna Mater* der Basler Museumsfresken aus dem Jahr 1868 ist mit dem Aufgreifen eines gängigen Motivs, mit der südlichen Meeresszenerie, der ›klassisch‹-schlanken Figurenauffassung und dem Bildaufbau bei aller Eigenart die Nähe zu verwandten Bildprägungen der Renaissance, z. B. Raffaels *Galatea,* nicht zu übersehen.

Bereits mit dem chronologisch an diese drei Gemälde anschließenden Meeresbild – *Triton und Nereide,* 1873 – wendet sich Böcklin von solch eher konventionellen Szenen ab, wie sie im Fall der *Magna Mater* als öffentlichem Auftragswerk sicherlich auch durch den Wunsch nach repräsentativer, d. h. durch ›Bildung‹ abgesicherter Formauffassung und Motivik bestimmt sein mögen. Statt der olympischen Gottheit Venus oder der von Tritonen auf einer Muschel emporgehobenen *Magna Mater* wählt er nun – sie aus ihrer üblichen dienenden Rolle entlassend – ausschließlich ›niedere‹ Meerwesen; im Gegensatz zur üblichen südlichen Schönwetteratmosphäre möglicher ikonographischer Vorläufer (– man denke, neben Raffael, etwa an A. Carraccis *Glaucus und Scylla*) fällt die Vorliebe für eine düster-wilde Meereslandschaft auf; daneben verweisen vor allem körperliche Merkmale seiner Meeresgestalten und auch bestimmte Bildmuster, bestimmte Stimmungsgehalte der Bilder in einen von Antike und Antikentradition abweichenden Kontext. Vor der Folie der Bildüberlieferung wird hier nun zumindest für einen Teil seiner vorgeblich »griechischen« Meeresbevölkerung eine Verwandtschaft deutlich mit den im 19. Jahrhundert zu einem Lieblingsmotiv romantischer Literatur und nachfolgend auch der Bilderwelt avancierten Wassergeistern sogenannter ›Deutscher Mythologie‹.[2]

Böcklin im Traditionsfeld ›der‹ Romantik

Daß Böcklins Meerwesen keinesfalls so eindeutig griechisch-römisch sind, wie seine allgemeine Vorliebe für die antike Mythologie, Bildtitel und die meisten Beschreibungen in der Böcklin-Literatur vermuten lassen, wird in der Forschung zwar hin und wieder erwähnt, bisweilen schwanken auch die Bezeichnungen für seine Meerwesen, mehr oder minder reflektiert, zwischen griechischen und deutschen Namen[3], ohne daß dies aber weiter verfolgt wird. So ist auch ein allgemeiner Verweis auf ›die‹ Romantik als Traditionszusammenhang von Böcklins Werk auch bezüglich seiner »Antiken« nicht neu; auf konkrete Parallelen oder Vorläufer wurde aber bislang fast nur außerhalb seiner der antiken Mythologie entlehnten Themen verwiesen oder sein Verhältnis zur Romantik auf das individuell und subjektiv erfahrene Naturerlebnis als gemeinsamen Nenner eingeschränkt. Vorab: »Romantik« steht, weniger als literatur- und kunstwissenschaftlicher Epochenbegriff[4], an dieser Stelle nur für einen bestimmten Teil der deutschen Romantik – für jene eher populäre Strömung im Umkreis und Gefolge der Heidelberger Romantik, die vor allem mit den Märchen-Sammlungen und -Bearbeitungen und den in Anlehnung an überlieferte Motive neu geschaffenen Kunstmärchen auf die Bildproduktion bis weit über die Mitte des 19. Jahrhunderts ihre Wirkung zeitigt; als Hauptrepräsentanten der märchenhaft-volkstümlichen Richtung wären hier Ludwig Richter und Moritz von Schwind zu nennen.

Umfassen die Mythographen der Romantik und ihre Nachfolger erstmals als gleichgewichtigen Gegenpart zur griechisch-römischen Mythologie das ganze Personal des nordisch-germanischen Götterreichs, so wendet sich die zeitgenössische und nachfolgende Literatur und Bilderwelt mit Vorliebe der ›niederen‹ Mythologie, der Elementargeistermotivik zu, beeinflußt auch durch die Naturphilosophie um 1800.[5] Hier sind es nun vor allem die Wassergeister[6], die, mit unterschiedlichen Interessenszügen und Akzentuierungen, eine besondere, im Verlauf des 19. Jahrhunderts zu einem regelrechten ›Nixen-Boom‹ ausufernde Wertschätzung genießen. Neben die altbekannten und wieder neu entdeckten Gestalten von Melusine und Undine (in Friedrich de la Motte-Fouqués Version von 1811 eines der beliebtesten und weitverbreitetsten Kunstmärchen der Romantik überhaupt) treten mythopoetische Neuschöpfungen wie die ›Loreley‹ oder Mörikes ›Schöne Lau‹, erfahren eine Vielzahl »anonymer« Nixen, Seejungfrauen oder männliche Nixe in den verschiedensten Gattungen und Medien literarische und bildkünstlerische Würdigung – als schöne, mildtätige Wasserwesen, als christliche Seelen ins Verderben ziehende Unholde, als erlösungsbedürftige, melancholische Gestalten, als Hüter des Nibelungenhortes wie in Wagners ›Rheingold‹.

Festzuhalten ist also die vielfältige literarische und visuelle Präsenz der Wassergeisterthematik[7], die sich, dies sei am Rande erwähnt, das ganze 19. Jahrhundert auch noch realiter im sogenannten Volksglauben behauptet.[8] Eigenarten von Böcklins Meeresbildern (und darüber hinaus weiterer Werkgruppen) erhellen nun aus dem Kontext des seit Anfang des 19. Jahrhunderts virulenten, vor allem von der Heidelberger Romantik geprägten Interesses an ›deutscher Mythologie‹, deutschem ›Volksglauben‹[9], wobei allerdings die verschiedenen ›Brechungen‹ dieser Romantik-Rezeption bei Böcklin im Auge zu behalten sind – so über bildkünstlerische Umsetzungen literarischer Vorlagen; die geänderten Voraussetzungen einer Beschäftigung mit ›deutscher Mythologie‹ im gründerzeitlichen Deutschland. Vor dem Hintergrund bzw. in der Spanne von tradierter ›klassischer‹ Ikonographie und verwandten Prägungen aus der Fülle des romantischen Überlieferungsbestandes soll nun also Böcklins eigene Auffassung und Gestaltungsweise der Meeresthematik in Ansätzen deutlich werden.

Alraune und Eichendorffsche Nixen – Böcklins Verweise auf romantische Überlieferung

Stellt bereits seine Bevorzugung der ›niederen‹ Meerwesen[10] eine, wenn auch sehr allgemeine Verbindung zu den Elementargeistern als romantischem Lieblingsmotiv dar, so hat sich Böcklin bezüglich seiner Wassergeisterthematik zweimal expressis verbis auf deutsche Mythologie bzw. romantischen Motivschatz berufen. So nennt er zum einen Gestalten der germanischen Mythologie, nämlich Alraune, im Zusammenhang der ›Erfindung‹ seiner ersten Meerwesen. Adolf Frey berichtet: »Merkwürdig ist, was er seinem Freund E. Rothpletz zu wissen tat. In einem Zigarrenkistchen schickte er ihm einmal einige vom Meer angeschwemmte Wurzeln, deren alraunenhaftem Aussehen er mit wenigen Pinselstrichen nachgeholfen hatte. Im Begleitbriefe schrieb er, diese Wurzeln hätten ihn auf seine fabelhaften Meerwesen gebracht.«[11]

Zum anderen hat er sich bezüglich eines Bildelements der *Gefilde der Seligen*, 1877/78 (Abb. 1), zu einer Inspiration durch romantische Literatur bekannt: neben Kentaur und griechisch gewandeten Seligen tauchen – Paradebeispiel einer Verschmelzung klassisch-antiken und deutsch-romantischen Motivschatzes – in einer Nebenrolle Eichendorffsche Nixen auf. Guido Hauck gibt ein Gespräch mit Böcklin wieder, in dem dieser, konfrontiert mit einer Interpretation des Bildes von Hauck, äußert: »Die Nixen rechts dachte ich mir als Wasserdämonen, die die Anwesenden mit schmeichlerischen Lockungen zurückzuhalten und in ihr unheimliches Element zu verführen suchen. Ich dachte an Eichendorffs Verse (in dem Gedicht ›Lockung‹):

> Wenn im Fluß die Nixen rauschen
> Komm herab, hier ist's so kühl.«[12]

Mit der Benennung seiner Gestalten als »Nixen« und dem Verweis auf Eichendorff hat sich Böcklin explizit an unerwarteter Stelle, d. h. innerhalb eines klassisch-antiken Su-

Abb. 1 Arnold Böcklin, *Gefilde der Seligen,* 1877/78 (verschollen)

jets, ins Traditionsfeld romantischer Wassergeisterthematik gestellt – ohne aber die antipaganen Konnotationen von Eichendorffs Elementargeisterwelt mitzuübernehmen; eingebettet in einen neuen Kontext, eine heidnische Jenseitsvorstellung, verliert Eichendorffs im Grunde ablehnende Haltung gegenüber der verführerischen paganen Tradition, seine christlich motivierte Sinnenfeindlichkeit[13], ihre Bedeutung.

Böcklin zeigt sich vor allem von Eichendorffs Schilderung des Dämonisch-Zauberischen in der Statuenverlebendigung – wie an anderer Stelle gezeigt wurde[14] – und des Elementargeisterreichs angeregt, eine der zentralen Verbindungslinien Böcklins zur romantischen Tradition überhaupt; als gravierender Unterschied ist dann allerdings festzuhalten, daß die letztendlich antiheidnische Prägung von Eichendorffs Zauberreich in Böcklins Bilderwelt insgesamt in ein Plädoyer für die alte Naturreligion umgemünzt erscheint.[15]

Mit dem *Gefilde der Seligen* ist, wenn man Haucks Bericht Glauben schenken darf, ein Beweis für Böcklins Kenntnis romantischer Wassergeisterthematik gegeben. Ein solch zitathafter und von ihm selbst bestätigter Einsatz einer romantischen Vorlage ist im engeren Kreis der Meeresszenen nicht mehr ähnlich klar gegeben. Gleichwohl sind die romantischen Ahnen der hier nun aus ihrer Nebenrolle entlassenen Meerwesen offensichtlich.

Die Loreley als *Meeresbrandung*

Wenden wir uns als erstem und deutlichstem Beispiel einer Prägung durch romantische Bildmuster Böcklins *Meeresbrandung* zu (Kat. 41). Von seiner Harfenspielerin in der meerumspülten Felsenspalte, umhüllt von durchsichtigen Schleiern und langen Locken, führen deutliche Spuren zurück zu einem Lieblingsmotiv der Romantik: zu den im 19. Jahrhundert so überaus beliebten Loreley-Illustrationen.[16]

Der Loreley-Stoff, als vermeintlicher Inbegriff deutscher Natursage vor allem in Heines lyrischer Fassung bis in jüngste Zeit populär wie kaum ein anderes deutsches Gedicht, kann, dies ist sattsam bekannt, auf kein allzu großes Alter zurückblicken. Die Gestalt der Loreley in der charakteristischen Verbindung von erotischer Verstrickung und der Naturszenerie des Echofelsens am Rhein hat Clemens Brentano geprägt; in der Anlehnung an tradierte Märchen- und Sagendichtung tritt sie erstmals 1801 in seinem Roman ›Godwi‹ als Zauberin, später in seinen ›Rheinmärchen‹ in ihrer eigentlichen Gestalt als Nixe auf. Durch Übernahme des Stoffes in rheinische Sagensammlungen wird Brentanos ›Lurelay‹ dann bald für eine alte Sagenfigur gehalten. Das Grundmotiv des einsamen Weibes auf einem Uferfelsen, betörend durch Schönheit (und auch Musik) und zugleich Personifikation von Echofelsen und gefährlicher Strömung ist damit gegeben. Unter den zahlreichen nachfolgenden Bearbeitungen hat dann letztendlich Heine »die Loreley als die den Felsen bewohnende Nixe für immer fixiert.«[17] Von Brentanos grausam-unglücksbringender Lurelay-Gestalt unterscheidet sich Heines Auffassung vor allem durch die melancholische Grundstimmung. Brentanos und Heines Versionen als die beiden auch vielfach variierten, verknüpften, weiterentwickelten Haupttypen finden sich dann auch im Bereich der Loreley-Illustrationen. Gegenüber allen bisherigen Verweisen auf mögliche ikonographische Vorläufer ist hier die Motivgeschichte von Böcklins *Meeresbrandung* vorgegeben. Einige Bildbeispiele mögen dies erläutern.

In Edward von Steinles Illustration zur 1840 veröffentlichten Ausgabe der ›Rheinmärchen‹ Brentanos erscheint die Nixe Lurelay, wie Böcklins Gestalt, in der linken Bildhälfte als groß gesehene, stehende Figur auf einem steil aufragenden Felsen über dem Wasser; mit ihrem linken Arm winkt sie, nach rechts gewendet, dem Schiff unter ihr zu; angetan mit einem langen, die Schulter frei lassenden Gewand, Perlenschmuck, mit üppig im Wind flatterndem Haar und im rechten Arm ein Instrument, eine Laute, wird dieser Typus der »aktiv« lockenden, heroisch exponierten Nixe auch in Steinles Gemälde *Die Lorelei,* 1864 (Abb. 2), beibehalten, welches, in Schacks Sammlung befindlich, Böcklin bekannt war.

Neben allen Differenzen zwischen Steinles und Böcklins Darstellung sind das gemeinsame Grundmuster – die Nixe im Uferfelsen – und darüber hinaus Parallelen im Bildaufbau – die Felswand in der linken Bildseite –, in der Plazierung der stehenden Figur mit dem Instrument im rechten Arm (bei Böcklin eine Harfe) und in Details, wie z. B. die Schichtung der dunklen Felsen, die flatternden Haare, deutlich.

Abb. 2 Edward von Steinle, *Die Lorelei,* 1864. Schack-Galerie, München

Abb. 3 Philipp Foltz, *Loreley,* 1850. Bayerische Staatsgemäldesammlungen, München

Was Steinles Lurelay gegenüber fast allen weiteren Illustrationen des Stoffes kennzeichnet und was auch für das Stimmungsmoment den wohl wichtigsten Unterschied zur *Meeresbrandung* darstellt, liegt in der Brentanoschen Vorgabe begründet: die Aktivität der Lurelay gegenüber der melancholisch-passiven Haltung von Böcklins Gestalt. Demgegenüber zeigen die zahlreicheren, an Heines Gedicht orientierten Darstellungen die Nixe in der selbstverloren-schwermütigen Verfassung, die auch Böcklins Nixe eigen ist – ganz dem Grundtyp der ›traurigen, deutschen Nixe‹ entsprechend: »Durch das ganze wesen der elbe, nixe und kobolde geht ein leiser grundzug von unbefriedigung und trostlosigkeit«[18]. Charakteristisch ist ein ziellos-leerer Blick in die Ferne, wie bei Philipp Foltz' *Loreley* aus dem Jahr 1850[19] (Abb. 3). Gegenüber Steinle hat Foltz ausschmückende, erzählerische Details ausgespart; sein Bild ist, Heines Vorlage entsprechend, weit mehr Stimmungsbild als Steinles epische Version. Ähnlich Böcklin hat Foltz dann seine Nixengestalt – auch dies ein Unterschied zu Steinle – nur spärlich mit einem Tuch bekleidet, so den Eindruck eines mythisch-geschichtslosen Naturwesens ganz im Sinne Heines verstärkend. Einziges historisches Requisit, das ihr beigefügt wird, ist, merkwürdigerweise, eine antike Lyra. In Böcklins *Meeresbrandung* ist dann schließlich eine vollständige »Enthistorisierung« mit dem gänzlichen Fehlen eines innerbildlichen Geschichtsbezugs gegeben; die Harfe, die die Frauengestalt spielt[20], ist ein gewaltiges »Urinstrument«, einfachst gebaut ohne jegliche Verzierung, mit den gleichgroßen, sehr langen und dicken Saiten dem monotonen, dunklen Klang der anbrandenden Wogen korrespondierend – ein Musterbeispiel romantischer Synästhesie.

Bei aller wohl bewußt angestrebten »Anonymität« von Nixengestalt und Landschaftsausschnitt sowie dessen Dramatisierung zum meerumspülten Felsen stellt Böcklins *Meeresbrandung* eine Variante der berühmtesten romantischen Kunstfigur dar. In seinem Bild vermischen sich Züge beider Typen der Loreley-Illustrationen. Die vorgeblich »reine« Personifikation eines Naturphänomens transportiert somit Inhalte des Loreley-Stoffes, wie die dämonisierte Weiblichkeit: »Die Lorelei ist eine schöne Frau und zugleich ein konkreter Felsen im Rhein. Der Felsen wird zur Frau vermenschlicht und seine Gefährlichkeit für die Schiffer wird zur ›Dämonie‹ des Weiblichen erweitert.«[21]

Aus dem Kreis der Meeresszenen stellt die *Meeresbrandung* ein Beispiel mit eindeutig romantischem Vorzeichen dar. Die enge Anknüpfung an ein Lieblingsmotiv der deutschen Romantik erscheint als *ein* Modus der Annäherung Böcklins an eine spezifisch deutsche Traditionslinie.[22] In den folgenden Beispielen sind die Übernahmen partieller. Romantik- und Antiken-Allusionen, griechische und deutsche Mythologie treten in ein für Böcklin typisches Spannungsverhältnis.

»Die Wasserbacchanten, die Nixenschar«[23] – Überblendungen

Vergleicht man die erste und zweite Fassung von *Triton und Nereide,* so fallen in der zweiten Version (Abb. 4),

Abb. 4 Arnold Böcklin, *Triton und Nereide,* 1875 (verschollen)

neben dem Verschwinden der Schlange, vor allem veränderte Körpercharakteristika auf: für den nun gänzlich erblondeten, helläugigen Triton werden sich in der Antikentradition wohl schwerlich Vorbilder finden lassen.

Der außergewöhnliche Triton, der wie ein melancholischer ›Meeres-Siegfried‹ Muskeln und Blondschopf präsentiert[24], ist nicht das einzige Meerwesen, das Böcklin mit eindeutig ›unklassischen‹ körperlichen Merkmalen ausstattet. So finden sich in der *Meeresstille* (Abb. 5) gleichfalls Indizien einer Überblendung griechischer und deutscher Wassergeistermythologie. Vor allem in ikonographischen Details zeigen sich beispielsweise Parallelen zu einer Bildergeschichte Wilhelm Buschs, welche im Rahmen einer *Stippstörchen* genannten Reihe von Bilderzählungen mit märchenhaft-volkstümlichen Inhalten im

Abb. 5 Arnold Böcklin, *Meeresstille,* 1887. Kunstmuseum Bern

Jahre 1880 erschienen ist.[25] Das stereotype Märchenschema der ›guten‹ und ›bösen‹ Schwester wird in Buschs Bildergeschichte kombiniert mit dem ›Froschkönig‹-Thema, wobei abschließend die einen vermeintlichen Prinzen küssende ›böse‹ Schwester von diesem, sich allmählich zum greulichen Amphibium umwandelnden und als der »alte, kalte Wasserneck« entpuppenden Wesen auf den Grund des Sees gezogen wird. Die Affinitäten zu Böcklins *Meeresstille* setzen in der zweiten, das Schicksal der bösen Schwester Adelheid betreffenden Hälfte der Geschichte ein. Das Pärchen Adelheid und der »Prinz« haben sich auf einem Felsen am Rande des Wassers niedergelassen; beim ersten Anhauch des Kusses setzt die Verwandlung des Prinzen in ein »grün«, »struppig, eiskalt und schuppig« gestaltetes Untier ein (Abb. 6); sein Lockinstrument, die Leier, mutiert zu zwei Fischen. Bis hierher sind die Parallelen zu Böcklins Bild eher vage: die Paarkonstellation, Felsblock und Wasser, die Böcklins Möwen in der Plazierung verwandten Fische (für den Bildaufbau gibt es bessere Vergleichsbeispiele, dazu weiter unter). Im folgenden ist nun hauptsächlich die Gestalt von Buschs »Wasserneck« von Interesse – als ein im Gegensatz zum Nixen-Boom sehr seltenes Beispiel für die Darstellung des männlichen Nix –, weist doch Böcklins zumeist als »Triton« bezeichneter Fischmensch sehr ähnliche Merkmale auf. So geht, um beim Kopf anzufangen, die schrittweise Verwandlung des Prinzen in den Nix einher mit zurückweichendem Haarschopf, eine Glatze kommt zum Vorschein, und auch Böcklins vermeintlicher »Triton« besitzt, im Gegensatz zur gesamten klassischen Bildtradition, ein kahles Haupt.[26] Abweichend von der üblichen halb-Mann-, halb-Fisch-Gestalt eines Tritonen sind auch die eindeutig amphibienhaften Züge von Böcklins Fischmensch; wie Buschs Wasserneck sind seine bläulich-grünlichen Arme lurchartige Gliedmaßen mit Fingern, bzw. Zehen, die Ansätze von Schwimmhäuten aufweisen, ein Charakteristikum, das auch in Sagensammlungen und Handbüchern zu deutscher Mythologie einem typischen Nix zugesprochen wird: »Seine Hände sind wie die Füße eines Frosches beschaffen«[27]. Sind hiermit die Gemeinsamkeiten von Buschs Bildergeschichte und Böcklins *Meeresstille* erschöpft, so weisen darüber hinaus weitere Eigenheiten des Böcklinschen Fischmenschen, wie die vorquellenden, starren »Glotz- oder Fischaugen« (sehr ähnlich auch bei der nixhaften Gestalt, die hinter dem Paar in seinem *Im Spiel der Wellen* auftaucht)[28], sein »großer Mund«[29] ihn aus als geprägt durch bestimmte, wohlgemerkt: nicht alle, Merkmale des Nixes oder Wassermannes, wie er sich in zahlreichen deutschen Sagen- oder Märchensammlungen geschildert findet. Neben der Verwandtschaft mit Buschs Gestalt und den literarischen Parallelen läßt sich ein weiterer Beleg für diese Ähnlichkeit auch in Böcklins Werk selbst ausmachen: Böcklin hat –

Abb. 6 Kaum küßt sie ihn,
so wird er grün,
so wird er struppig,
eiskalt und schuppig.
Und ist, o Schreck!
der alte, kalte Wasserneck.
Aus: Wilhelm Busch: *Die beiden Schwestern,* 1880

Abb. 7 Arnold Böcklin, *Froschkönig,* 1886 (verschollen)

Beispiel für seine eigene Beschäftigung mit Märchenstoffen – im Jahre 1886, also ein Jahr vor der *Meeresstille,* eine »Froschkönig« betitelte bemalte Plastik geschaffen (Abb. 7)[30], deren Physiognomie fast identisch im Fischmensch der *Meeresstille* wiederkehrt.

Auch sein weibliches Gegenüber ist, ebenso wie die Meereskinder des *Spiel der Najaden,* 1886, durch Verwandtschaft mit Wassergeistern deutscher Provenienz gekennzeichnet[31]. Zum einen ist es die grellrote Haarfarbe der Böcklinschen Wasserfrauen, die so gar nichts mit den verhaltenen, gold- oder tiziankupferroten Haarfarben möglicher Vergleichsbeispiele, z. B. Rubensscher Okeaniden gemein hat und deren Signalwirkung wohl kaum aus rein farbharmonischen Überlegungen zu motivieren ist – als germanisches Erkennungszeichen kehrt sie bei den Cimbern und Teutonen in seinem *Kampf auf der Brücke,* 1889, wieder[32]; zum anderen die großen, »gräßlichen«, weil markant im Kontrast zum roten Haar schwarz umrandeten Augen der *Meeresstille*-Nixe[33], – prädisponiert, als Ausdruck von ›Seelenlosigkeit‹ gedeutet zu werden[34] –, sowie die auffällig vollen weißen Brüste[35], welche als Merkmale und Erkennungszeichen von Nixengestalten in Literatur und mythologischen Sammelwerken immer wieder genannt werden und auch Eingang in die Nixen-Ikonographie finden.

Böcklins weibliche Meerwesen kommen so sehr nahe einem Nixentyp, wie er in den – ihm wohlbekannten – Werken der beiden Hauptrepräsentanten einer spezifisch deutschen, spätromantisch-biedermeierlichen Richtung, Moritz von Schwind und Ludwig Richter, gestaltet wird, so beispielsweise in Richters Illustration zu Bechsteins *Der Müller und die Nixe,* einer fischgeschwänzten, drallen Nixe, die zielstrebig ihr männliches Opfer zu sich herab ins Wasser zieht.[36]

Zu Schwinds Nixendarstellungen zeigen sich noch nähere Verbindungen. So ist die sich in einem See spiegelnde Nixe in seinem *Der Mittag*[37] (Abb. 8) wie Böcklins *Meeresstille* zugleich auch Personifikation einer bestimmten Naturerscheinung – des Mittags mit Stillstand von Raum (die nahezu unbewegte Wasseroberfläche, wie auch in Böcklins Bild) und Zeit (die in ihrem Spiegelbild verharrende Nixe). Schwind stattet seine Nixen, ähnlich Böcklin, mit üppigster Haar- und Körperfülle aus – ganz im Gegensatz zu seiner eigenen Tritonen- und Nereiden-Darstellung (um 1864, Schack-Galerie); in der Darmstädter Fassung des *Mittag* ist das Haar der Nixe darüber hinaus von rötlichen Strähnchen durchzogen – eine blasse Vorwegnahme Böcklinscher Rottönungen. Nicht nur in solchen körperlichen Charakteristika oder in der Art der Personifizierung zeigen sich Parallelen zu Schwind; in einigen Bildern scheint Böcklin auch durch Schwindsche Bildformeln angeregt zu sein. Außer mit dem *Mittag* lassen sich Gestaltungselemente der *Meeresstille* und auch von *Triton und Nereide* mit Schwinds *Morgen* (Abb. 9) und seinem *Ritter auf nächtlicher Wasserfahrt* in Verbindung bringen, alles Bilder der Schack-Galerie, die Böcklin sicherlich gut kannte.[38] Zur *Meeresstille* sind, bei allen gravierenden Unterschieden, Analogien zum *Ritter auf nächtlicher Wasserfahrt* deutlich in der zentralen Figurenkonstel lation mit den verhaltenen Bewegungsrichtungen der oben verharrenden Figur (Ritter – bzw. Böcklins Meerfrau), und der unten wegtauchenden (Nixe – bzw. Böcklins Wassermann). In Schwinds Gebirgsszene des *Morgen* ist zusätzlich der Felsblock als Fundament und Angel-

Abb. 8 Moritz von Schwind, *Der Mittag,* um 1860. Schack-Galerie, München

Abb. 9 Moritz von Schwind, *Der Morgen,* um 1860. Schack-Galerie, München

punkt der Figurengruppe vorgegeben. Die Postierung des hochaufgerichteten Männerkörpers auf dem denkmalhaften Sockel oben und des weich an den Felsen angeschmiegten weiblichen Körpers, der Nacht, unten läßt an die Bildrhetorik (und ›Gentilordnung‹, Geschlechterkodifizierung[39]) von *Triton und Nereide* (Abb. 4) denken.

Zusammenfassend läßt sich bisher festhalten: Böcklins Verhältnis zur ikonographischen Tradition zeigt sich in seinen Meeresszenen – bei unterschiedlicher Intensität – geprägt durch eine Anlehnung an Figurentypik und Bildmuster, wie sie die (spät)romantische Malerei und Graphik bereitstellten. Gegenüber den ›klassischen‹ Formulierungen der frühen Meeresbilder wird seine Meeresthematik zunehmend von deutscher Mythologie und vom romantischen Traditionsfeld bestimmt, wobei bei den einzelnen Bildern unterschiedliche Modi der Annäherung bzw. Überblendung ausgemacht werden können. Stellt die *Meeresbrandung* insgesamt die Variante eines romantischen Lieblingsmotivs dar, so greift Böcklin in der *Meeresstille* oder im *Spiel der Najaden* Details deutscher Wassergeistermotivik auf sowie auch einzelne formale Anregungen.

In der Gesamtauffassung der Meeresmotivik unterscheidet er sich dann allerdings eklatant von möglichen romantischen Inspirationsquellen. Den Holzschnittillustrationen Richters oder der sanften Farbigkeit und den typischen Märchenrequisiten wie Goldkrönchen und der Ritterburg in verschwimmender Ferne in Schwinds sehr kleinen Bildern steht in Böcklins großformatigen Meeresbildern ein nahsichtiger, ›plastischer‹ Illusionismus von kräftigen Farben und klaren Konturen gegenüber, präsentiert sich die Meeresbevölkerung vor der Folie einer urtümlich-mächtigen Meereslandschaft fern jeglicher Zivilisation – eine »gründerzeitliche Meeres- und Sturmflut-Mythologie« (J. Hermand).[40]

Im Triton von 1875 wird dann wiederum ein allgemein ›nordischer‹ Typ (d. h. ohne direkten Bezug zu deutschen Meerwesen) vorgeführt, ähnlich wie bei der »Küßnachter« Nereide und dem »Appenzeller« Triton des *Im Spiel der Wellen*[41], aber auch in der *Meeresidylle,* 1887 (Abb. 10); unter Abzug der eventuell parodistisch gemeinten Momente wird hier, in Übereinstimmung mit dem stürmisch-wilden Naturschauplatz, als Kern doch ein Figurentyp deutlich, wie er in der zeitgenössischen Historienmalerei oder in allegorischen Figurationen, z. B. bei Karl von Piloty oder August von Heyden (Abb. 11), als Inkarnation germanischer Charakteristika und Tugenden gegeben ist.[42]

In dieser Überblendung von antikem Mythos mit Nordisch-Germanischem, Volkstümlichem, in der Verschmelzung von Mythos und Märchen sind Böcklins Meeresbilder für die bildende Kunst seiner Zeit singulär. Von den *Badenden* eines Courbet oder Renoir unterscheiden sie sich, bei verwandtem Frauentypus, außer in ihrem illusionistischen Stil vor allem durch die eindeutige mythologische Komponente; von den zarten Formen der Nixengestalten in präraffaelitischer Malerei, beispielsweise bei Burne-Jones oder Waterhouse, durch vital-drastische Körperlichkeit, den bacchischen Übermut der Meerwesen und ihre eher ›genrehafte‹ (man denke an die Familienszene der *Meeresidylle*) als literarisch-illustrierende Präsentation, Unterscheidungen, die auch insgesamt die Distanz zur zeitgenössischen Salon- oder Akademiemalerei bestimmen; von ihren eigenen Ahnen in der romantischen Ikonographie durch Monumentalität und Antiken-Konnotationen.

Böcklins eigenwilliges Aufgreifen der Meerwesenthematik mit seiner zunehmenden Einbeziehung der deutsch-romantischen Tradition von den siebziger Jahren an ließe an eine Annäherung seiner Bildproduktion ans gründerzeitliche Deutschland, eine Orientierung am ›Erwartungshorizont‹ eines deutschen Publikums denken[43] – die Monumentalisierung, die zumeist stürmisch-trotzige Naturszenerie und die Heraustreibung eines ›germanischen‹ Körperideals in nahsichtigem Illusionismus mögen sich als gründerzeit-typische Momente durchaus in den Vordergrund drängen. Als Intention des Künstlers ließe sich freilich auch anderes vermuten: zum einen deutet sich in der Nähe von Böcklins ›Antiken‹ zu den ›volkstümlichen‹, »einfachen Formen« (A. Jolles) von Sage und Märchen eine Relativierung des hehren Pathos der Antikentradition an – der Abstand seiner Najaden-Nixen vom ›hohen Stil‹ der klassischen Überlieferung (welcher aber in Teilen seines Werks weiterlebt) ist jedenfalls offensichtlich. In der vielleicht eher intuitiven als reflektierenden Verschmelzung von klassisch-antiken und deutsch-romantischen Wasserwesen, wie sie aber auch vor der Folie der seit Anfang des 19. Jahrhunderts virulenten Diskussion um griechisch-deutsche mythologische Parallelen legitimiert erscheint[44], gibt Böcklin andererseits ein umfassendes Panorama heidnischer Elementargeisterwelt. Die Bedeutungsebene der reinen Naturpersonifizierung oder Stimmungsträger wird in seinen ›niederen‹ griechisch-deutschen Meerwesen als Repräsentanten der paganen Naturreligion, von Sinnlichkeit und vitaler Urwüchsigkeit (bei aller gesellschaftlichen Überformung) entschieden gesprengt.

Abb. 11 August von Heyden, *Wittichs Rettung durch seine Ahnfrau Wachhildis,* 1880. Staatliche Kunsthalle, Karlsruhe

Abb. 10 Arnold Böcklin, *Meeresidylle,* 1887. Kunsthistorisches Museum, Gemäldegalerie, Wien

Gerade die tatsächlich anhand der Motivgeschichte nachweisbare Überblendung von antikem Mythos und ›deutschem‹ Märchen bot dann aber wiederum einem nationales Kunstschaffen postulierendem Publikum deutliche Rezeptionsvorgaben, ließ Böcklin als »Schöpfer neuer deutscher Symbole« (Julius Meier-Graefe) erscheinen: eines der zentralen Kriterien der von den neunziger Jahren an mächtig anschwellenden Böcklin-Panegyrik wird die als deutsches Erbe gewürdigte ›Märchenhaftigkeit‹ seiner Bildersprache. So schreibt z. B. Karl Woermann 1894: »Daß es möglich ist, sich antike Vorstellungen, ohne den leisesten Anflug von Klassizismus, im nationalsten Sinne, d.h. im Sinne der deutschen Märchenpoesie, anzueignen ... würde man kaum glauben, wenn Böcklin es uns nicht handgreiflich bewiesen hätte.«[45]

Zwischen dem Werk und seiner Aufnahme durch das Publikum muß hier freilich – und ich möchte auch auf den vorhergehenden Beitrag zum Nachleben der Böcklin-Topoi verweisen – unterschieden werden.

1 Der vorliegende Beitrag ist die teilweise gekürzte und veränderte Fassung eines Kapitels meiner Dissertation zu Böcklins Bild der Antike, die im Rahmen des von der Stiftung Volkswagenwerk geförderten Projekts zur Antikenrezeption im Historismus und Nationalismus an der Universität Tübingen im Wintersemester 1987/88 abgeschlossen sein wird.

2 Als Inkunabel und Standardwerk wird hier der Titel von J. Grimm: Deutsche Mythologie, 1835 gewählt.

3 Seenixen, Wassernixen, Tritonen oder Najaden nennt P. Brandt in seinem weit verbreiteten Buch (1. Aufl. 1910) die Figuren von Böcklins *Spiel der Najaden* abwechselnd – ein Beispiel für viele (P. Brandt: Sehen und Erkennen, Eine Anleitung zur vergleichenden Kunstbetrachtung, 6. Aufl., Leipzig 1925, S. 387).

4 Zur Komplexität des Romantik-Begriffs vgl. insgesamt die Aufsatzsammlung von H. Prang (Hg.): Begriffsbestimmung der Romantik, 2. Aufl., Darmstadt 1972. Für die Kunstgeschichte konstatiert C. Schulz-Hoffmann: »Es gibt weder eine gültige Definition ihrer Inhalte und Ziele noch eine bindende Bestimmung der Künstler, die ihr zuzurechnen sind.« (C. Schulz-Hoffmann: Studien zur Rezeption der deutschen romantischen Malerei in Kunstliteratur und Kunstgeschichte, Diss. München 1974, S. 6).

5 vgl. insgesamt O. Floeck: Die Elementargeister bei Fouqué und anderen Dichtern der romantischen und nachromantischen Zeit, in: Jahresbericht des k. k. Staats-Gymnasiums in Bielitz, Bielitz 1909/10, S. 1–110; Enzyklopädie des Märchens. Handwörterbuch zur historischen und vergleichenden Erzählforschung, hg. v. K. Ranke, zus. mit H. Bausinger u. a., Berlin/New York 1981, Bd. 3, Sp. 1316–1326 (Art. »Elementargeister«).

6 Zum gewichtigen Stellenwert der Wassergeister im deutschen Aberglauben und Sagenschatz vgl. z. B. die zahlreichen Belege in J. und W. Grimm (Hg.): Deutsche Sagen, nach der 3. Aufl. von 1891, Darmstadt 1960, Nr. 49, 51–69, 305–308.

7 Neben der breiten germanistischen Behandlung der Thematik fehlen für die Kunstgeschichte neben Spezialuntersuchungen vor allem auch übergreifende Darstellungen. Einzig für die Jahrhundertwende existiert eine größere Studie: J. Hermand: Undinen-Zauber, Zum Frauenbild der Jahrhundertwende, in: J. H.: Der Schein des schönen Lebens, Studien zur Jahrhundertwende, Frankfurt a. M. 1972, S. 147–179; ein knapper Streifblick auf gründerzeitliche Meeresikonographie, S. 151 f.

8 Zum Volksaberglauben vgl. insgesamt die Stichwörter bei H. Bächtold-Stäubli (Hg.): Handwörterbuch des deutschen Aberglaubens, Berlin/Leipzig 1927–1942, 10 Bde., (Art. »Meergeister«, Bd. VI, Sp. 71–73; »Wassergeister«, Bd. IX, Sp. 127–191; »Erlösung«, Bd. II, Sp. 925–939). Als Beispiel aus Böcklins alemannischer Heimat vgl. den ›Diskurs‹ der Vettern über die Existenz der »Haefnet-Jungfrau« in Hebels ›Alemannische Gedichte‹, 1803 (J. P. Hebel: Werke, hg. v. E. Meckel, Frankfurt a. M. 1968, Bd. 2, S. 96–98), mit dem beschwörenden »Vetter, i glaub sell nit. Me sait so wege de Chinde ...« (S. 98). Zu Böcklins Hochschätzung der Werke Hebels vgl. A. Frey: Arnold Böcklin. Nach Erinnerungen seiner Zürcher Freunde, Stuttgart/Berlin 1903, S. 158 f.

9 Begriffe wie ›Volk‹, ›Volkspoesie‹, ›Volksglauben‹ verwende ich hier, eingedenk ihrer Unschärfe und problematischen Bedeutung, im Sinne der Autoren des 19. Jahrhunderts. Zur ›Erfindung‹ der ›Volkspoesie‹ im 19. Jahrhundert vgl. allgemein H. Bausinger: Formen der ›Volkspoesie‹, Berlin 1968, S. 9 ff.

10 Der Terminus ›niedere Mythologie‹ wird explizit erstmals in den Untersuchungen von F. L. W. Schwartz verwendet (z. B. in F. L. W. Schwartz: Der Ursprung der Mythologie, Berlin 1860, S. 5).

11. A. Frey (wie Anm. 8), S. 126. Zum Alraun schreibt J. Grimm: »Der alraun oder das galgenmännchen (deutsche sage no. 83.84) ist kein eigentlicher kobold, sondern ein aus einer wurzel geschnitztes halbteuflisches wesen von ganz kleiner gestalt ...« (J. Grimm: Deutsche Mythologie, 3 Bde., Frankfurt a. M./Berlin/Wien 1981, hier Bd. 1, S. 424, Anm. 3).

12. G. Hauck: Arnold Böcklin's ›Gefilde der Seligen‹ und Goethes ›Faust‹, in: Anthroposophie, 14. Jg., 1932, Heft 12, S. 528–539 (hier S. 538). Auch separat (mit einigen Unterscheidungen): Berlin 1884.

13. vgl. insgesamt D. Lent: Die Dämonie der Antike bei Eichendorff, Diss. Freiburg i. Br. 1964.
Eichendorffs negative Sichtweise des Dämonisch-Elementaren betrifft sowohl südlich-antike als auch nordische pagane Überlieferung.

14 vgl. W. Ranke: Böcklinmythen, in: R. Andree: Arnold Böcklin, Die Gemälde, Basel/München 1977, S. 75–77. Ranke bringt hier überzeugend Böcklins *Verlassene Venus* mit Eichendorffs ›Marmorbild‹ und ›Julian‹ in Verbindung.

15 Zur Thematik der Dämonisierung der heidnischen Götter zu Teufeln, Unholden, Gespenstern vgl. J. Grimms Einleitung zu seiner ›Deutschen Mythologie‹ – in der die Sympathie für das pagane Verhältnis zur Natur unverhohlen zum Ausdruck kommt. Daß Böcklin Fragestellungen und Methoden der Brüder Grimm bekannt waren, darf man wohl annehmen. Abgesehen vom Bekanntheitsgrad ihrer Werke zu seiner Zeit hat Böcklin sicherlich über die Freunde und Mentoren der Basler Zeit, den Germanisten und vor allem Mediaevisten Wilhelm Wackernagel und Jacob Burckhardt (der auch Schüler Jacob Grimms war), über ihre Schriften erfahren.

16 Einzige umfangreiche Untersuchung zur Loreley-Ikonographie: B. Volmari: Studien zum Bild der Loreley im 19. und 20. Jahrhundert, Magisterarbeit an der Universität Tübingen 1987 (masch. schr.).

17 O. Floeck (wie Anm. 5), S. 92.

18 J. Grimm (wie Anm. 11), Bd. 1, S. 428.

19 Ähnlich auch C. F. Sohns Auffassung (Loreley, 1852/53, Kunstmuseum Düsseldorf, Inv. Nr. 4118 = Ölstudie zum verschollenen Gemälde).

20 Eine Harfe auch bei A. Rethels ›Loreley‹, 1836 (eine Illustration zu Reumonts ›Rheinsagen‹; Abb. in: J. Ponten: Alfred Rethel, Stuttgart/Leipzig 1911, S. 27), sowie bei der Loreley in Müller von Königswinters ›Rheinbuch‹ (W. Müller von Königswinter: Das Rheinbuch, Landschaft, Geschichte, Sage, Volksleben, Brüssel/Genf/Leipzig 1855) – allerdings nicht in den gewaltigen Dimensionen der Böcklinschen Meeresbrandung.

21 G. Dischner: Ursprünge der Rheinromantik in England. Zur Geschichte der romantischen Ästhetik, Frankfurt a. M. 1972, S. 99.

22 Zur Loreley als deutschem Symbol, als Personifikation von ›Deutschlands Strom‹, dem Rhein, und Plänen zur Errichtung eines Nationaldenkmals auf dem Loreley-Felsen vgl. C. Weiler: Von der Loreley zur Germania, Die Geschichte des Niederwalddenkmals, Wiesbaden 1963.

23 Die Überschrift mit ihrer Parallelsetzung von griechischen und deutschen Wasserwesen entstammt einem Gedicht Heinrich Heines. Daß Heines Werk eine der wichtigsten literarischen Quellen Böcklins überhaupt darstellt, wird in meiner Dissertation ausführlich erörtert.

24 Anfang der siebziger Jahre hat sich Böcklin nachweislich mit Wagner beschäftigt. Mehrmals haben ihn Richard und Cosima Wagner zu Bühnendekorationen für Bayreuth aufgefordert; ein Entwurf Böcklins hat sich erhalten: Der Drache Fafner, den Nibelungenhort bewachend.
In der Synthese von griechischer und deutscher Motivik zeigen sich in Böcklins und Wagners Werk Parallelen. Trotz der Ablehnung Wagners, vor allem seiner Konzeption des Gesamtkunstwerks, ist Böcklins Hochschätzung der ›Tannhäuser‹-Ouvertüre bezeugt – mit der für die Venusberg-Thematik charakteristischen Zusammenschau griechischer und

deutscher Motive. Im poetischen Entwurf zum Venusberg läßt Wagner beispielsweise neben den antiken Meerwesen wie Najaden, Nereiden und Sirenen auch den nordischen Wassergeist Strömkarl auftreten. Der Bogen von der germanischen zur griechischen Mythologie wird auch im ›Ring‹ vielfach geschlagen – gerade eine Umkehrung also von Böcklins Überblendung antiker Motivik mit nordisch-germanischen Zügen. Zu Wagner vgl. U. Müller: Richard Wagner und die Antike, in: Richard-Wagner-Handbuch, hg. v. U. Müller und P. Wapnewski, Stuttgart 1986, S. 7–18.

25 Wilhelm Busch, Die beiden Schwestern (F. Bohne: Wilhelm Busch, Werke, Hamburg 1959, Bd. 3, S. 395–404).
Eine Bekanntschaft zwischen Böcklin und Busch ist nicht belegt; gleichwohl lassen sich Verbindungslinien rekonstruieren – so über den gemeinsamen Freund Franz von Lenbach, den Münchner Künstlerverein ›Allotria‹ (gleichzeitiger Aufenthalt in München und Wien im Jahr 1873).

26 Selbst den greisen Teil der klassischen Meeresbevölkerung zieren Haupthaar und Bart, wie z. B. Rubens' Neptun im Medici-Zyklus mit grauweißer Mähne und Zottelbart (›Die Ankunft der Maria Medici im Hafen von Marseille‹, Louvre).

27 R. Kühnau: Schlesische Sagen, Bd. 2: Elben-, Dämonen- und Teufelsagen, Leipzig 1911, Nr. 937, S. 335.

28 vgl. H. Bächtold-Stäubli (wie Anm. 8), Bd. IX,, Sp. 128; R. Kühnau (wie Anm. 27), Nr. 890, S. 244, zum Wassernix: »Man denkt sich darunter einen Mann, halb Fisch, halb Mensch, mit langem zottigem Haar, das zuweilen von allerlei Wasserpflanzen durchwachsen ist. Ein langer Bart und hervorgequollene Augen geben dem Gesicht ein abschreckendes Aussehen.« – Das »abschreckende Aussehen« wird bei Böcklin noch durch die Schlangen (statt Pflanzen) um den Hals des Fischmenschen betont.

29 H. Bächtold-Stäubli (wie Anm. 8), Bd. IX, Sp. 128.

30 Als weitere Beispiele für seine Beschäftigung mit Grimmschen Märchenstoffen siehe seine Zeichnungen zu Hänsel und Gretel (Hexe mit Rabe, 1876, Abb.: Ausst. Kat. Böcklin, Basel 1977, S. 90; Hexe mit Knabe, Böcklin-Archiv, Basel, H. A. Schmid-Verz. 267).

31 Beim »Appenzeller« Triton und der »Küßnachter« Meerjungfrau des *Im Spiel der Wellen* (F. Pecht schrieb in ›Die Kunst für Alle‹, Bd. 3, 1888, S. 360, über das Bild: »Der im Vordergrund einer blonden, von Küßnacht gebürtigen Meerjungfrau Schwimmunterricht erteilende Appenzeller Triton hat ganz offenbar früher Molken von der Ebenalp ins Weißbad getragen ...«) bieten sich als Erklärung der ausgesprochen ›nordischen‹ Typisierung der beiden Vordergrundgestalten die Porträt-Anklänge des Bildes an; so soll hier der Zoologe Anton Dohrn mit einer Verwandten wiedergegeben sein.

32 Das Zusammentreffen verschiedener Indizien läßt die übliche Forschungsmeinung, z. B. bezüglich der auffallenden Haarfarben der Nixen, nämlich daß Böcklins Farben »wesentlich dekorativen selbstherrlichen Charakter« besitzen (H. Floerke: Der Dichter Arnold Böcklin, München/Leipzig 1905, S. 24), fragwürdig erscheinen.

33 vgl. J. und W. Grimm: Sagen (wie Anm. 6), Nr. 60.

34 In der Beschreibung der Physiognomie Böcklinscher Meerwesen wird immer wieder die zum Ausdruck kommende »Seelenlosigkeit« hervorgehoben, so z. B. bei Prandt (wie Anm. 3), S. 387: »So wenig diese Nixen (!) die Abstammung von der Antike verleugnen, so hat der Künstler für den Gesichtsausdruck doch die deutsche Märchenvorstellung festgehalten, daß solche Elementargeister keine Seele haben.« Die ›Seelenlosigkeit‹ und Erlösungssehnsucht der Wassergeister, zentrale Thematik in der romantischen Literatur (populärste Darstellungen in Fouqués ›Undine‹ und in Andersens ›Die kleine Seejungfrau‹, 1837) finden sich bereits bei Paracelsus, Fouqués Quelle, beschrieben.
Extremstes Beispiel für die ›Spätwirkung‹ von Paracelsus: in Otto Weinigers »prinzipieller Untersuchung« (wie es im Untertitel heißt) ›Geschlecht und Charakter‹ (1903) wird das alte Motiv der Seelenlosigkeit der Wassergeister auf weibliche eingeschränkt und zugleich zum grundsätzlichen Charakteristikum weiblicher Psyche erhoben.
Im Gegensatz auch zum »Undinen-Zauber« der Jahrhundertwende beschränkt Böcklin freilich seine Meerwesenmotivik nicht auf weibliche Gestalten, die »Seelenlosigkeit« ist keinesfalls explizit als Thema angesprochen.

35 vgl. dagegen Böcklins ideale Frauengestalten, z. B. die *Venus Anadyomene,* 1868/69, oder auch frühere Nereidendarstellungen, z. B. in Raffaels *Galatea;* selbst Rubenssche Akte sind vergleichsweise flachbrüstig (– wenn sie nicht gerade Milch spenden, wie im Madrider *Liebesgarten*). Weibliche Meeresgeister der ›Deutschen Mythologie‹ aber »haben besonders volle, weiße Brüste« (H. Bächtold-Stäubli, wie Anm. 8, Bd. VI, Sp. 71), so z. B. auch bei Heine, als einem Kenner mythologischer Literatur:

»Die Meerfrau steigt aus den Wellen
Und setzt sich zu mir an den Strand;
Die weißen Brüste quellen
Hervor aus dem Schleiergewand.«

(H. Heine: Buch der Lieder, zitiert nach der Ausgabe H. Heine: Sämtliche Schriften, hg. v. K. Briegleb, Frankfurt a. M./Berlin/Wien 1981, 12 Bde., hier Bd. 1, S. 113). Die ›Nymphomanie‹ der Nixen ist, wie die ›Seelenlosigkeit‹, als Bildthema bei Böcklin ausgeklammert; die Wassergeister bleiben im Bild unter sich. Das erzählerische, anekdotische Moment wird so gegenüber der Romantiktradition reduziert zugunsten einer scheinbar zeitlosen, zivilisationsfernen Zuständlichkeit; in dieser Existenzform erscheinen die Repräsentanten der alten Naturreligion denn auch ›glaubwürdiger‹.

36 L. Bechstein: Sämtliche Märchen, Mit Illustrationen von Ludwig Richter (1853), München 1965, S. 191.

37 Drei Varianten: Schack-Galerie, München, um 1860; Stiftung Oskar Reinhart, Winterthur, 1859; Hessisches Landesmuseum, Darmstadt, 1835/39. Bei einem früheren Gemälde Böcklins, *Kornfeld mit badenden Nymphen,* hat bereits F. Zelger auf die Nähe zu Nixendarstellungen Richters und Schwinds aufmerksam gemacht (vgl. F. Zelger: Arnold Böcklin, Glattbrugg 1982, S. 19).

38 Schack hat den *Ritter auf nächtlicher Wasserfahrt* 1869 erworben (verbrannt; eine Variante in der Neuen Pinakothek, München, um 1865).

39 Vgl. hierzu W. Ranke: Böcklinmythen (wie Anm. 14), S. 82ff.

40 J. Hermand: Undinenzauber (wie Anm. 7), S. 151.

41 vgl. Anm. 31.

42 siehe z. B. Pilotys *Thusnelda im Triumphzug des Germanicus,* 1869/73, Neue Pinakothek, München, oder seine *Verfolgte Germanin,* Sammlung Georg Schäfer, Schweinfurt. Im Verzicht auf mythologisch-märchenhafte Elemente wird in der *Meeresidylle* der Charakter einer nordisch-germanischen Urzeit-Szenerie verstärkt: die rauhe Meereslandschaft, der von dem Hünen herbeigeschleppte Seehund, der archaische Schmuckgürtel des Knaben – ein Verwandter von Thusneldas Sohn bei Piloty – wirken hier als nordische Komponenten zusammen.

43 Eine Hinwendung Böcklins zum Deutschland der Gründerzeit wird vor allem postuliert bei G. Schmidt: Böcklin heute, in: R. Andree (wie Anm. 14), S. 51–63; W. Ranke: Böcklinmythen (wie Anm. 4); ders.: Le ›Cas Böcklin‹: un épisode toujours actuel de l'art en Allemagne, in: Revue de l'Art, 45, 1979, S. 37–49.

44 W. Grimm schreibt in der Vorrede zum 2. Bd. der Kinder- und Hausmärchen, 1815: »In diesen Volksmärchen liegt lauter urdeutscher Mythos, den man für verloren gehalten.«
Neben der Suche nach »urdeutschem Mythos« in der solchermaßen aufgewerteten Märchenüberlieferung sind auch bei den Brüdern Grimm wichtig die Querverweise zum antiken Mythos: z. B. in J. Grimm: Deutsche Mythologie (wie Anm. 11), Bd. 1, S. 404ff. (Vergleich von Nixen mit Nymphen, Sirenen).

45 K. Woermann: Was uns die Kunstgeschichte lehrt. Einige Bemerkungen über alte, neue und neueste Malerei, 3. Aufl. Dresden 1894, S. 183.

Abbildungsnachweis

Abb. 1, 4, 5, 10 aus: Andree 1977
Abb. 2, 3, 8, 9 aus den Gemäldekatalogen der Bayerischen Staatsgemäldesammlungen
Abb. 6 aus: Wilhelm Busch: Werke, hg. v. F. Bohne, Hamburg 1959, Bd. 3
Abb. 11 aus: Paul Vogt: Was sie liebten ... Salonmalerei im XIX. Jahrhundert, Köln 1969
Die Photos wurden von Monika Kaierle, Kunsthistorisches Institut der Universität Tübingen, angefertigt.

Winfried Ranke

Muß ein »Deutsch-Römer« Idealist sein?

Vorläufige Gedanken über einige späte Bilder Arnold Böcklins

Der Schweizer Maler Ferdinand Hodler malte während der achtziger Jahre eine Reihe von Greisenbildern. Er arbeitete damals in einem engen Dachstubenatelier in Genf und berichtete später darüber: »Ich lebte in jener Zeit fast ausschließlich in der Gesellschaft armer Teufel und war selbst einer. ... Ich war der Vertraute ihrer traurigen Verhältnisse; sie beichteten mir und ich hörte ihnen zu, während sie mir saßen. Alle zusammen erwarteten nichts mehr vom Leben und hatten sich und die Welt aufgegeben. Die hoffnungslose Ergebenheit in ein unabwendbares, trostloses Schicksal kennzeichnete sie alle, und dieser Einheitszug des Empfindens zeigte sich auch äußerlich in ihrem Tun und Lassen. Das reizte mich und darum malte ich sie.« Bisweilen trieb die Verzweiflung auch Hodler selbst bis zu Suizidvorstellungen. »Aber plötzlich packte mich dann manchmal eine Angst, daß ich mich vielleicht überhaupt nie mehr an ein anderes Leben gewöhnen könnte.«[1]

Wohl auch, um sich aus diesem Alptraum zu befreien, vollendete der Maler 1892 zwei große, in strenger Frontalität komponierte Bilder, auf denen jeweils fünf Greisengestalten matt, stumpf und hoffnungslos nebeneinander auf einer Bank sitzen: *Enttäuschte Seelen* (Bern, Kunstmuseum) und *Die Lebensmüden* (München, Neue Pinakothek) (Abb. 1). Die Figuren sitzen vor einer bildparallelen Wand, die den Hintergrund auf beiden Bildern ohne Ausblick schließt. Auf einer Photographie, die während der Arbeit an *Die Lebensmüden* aufgenommen wurde, läßt sich erkennen, daß Hodler seine armseligen Modelle vor der Friedhofsmauer von St. Georgen in Genf plaziert hatte.[2]

1891 malte Arnold Böcklin in Zürich das Bild *In der*

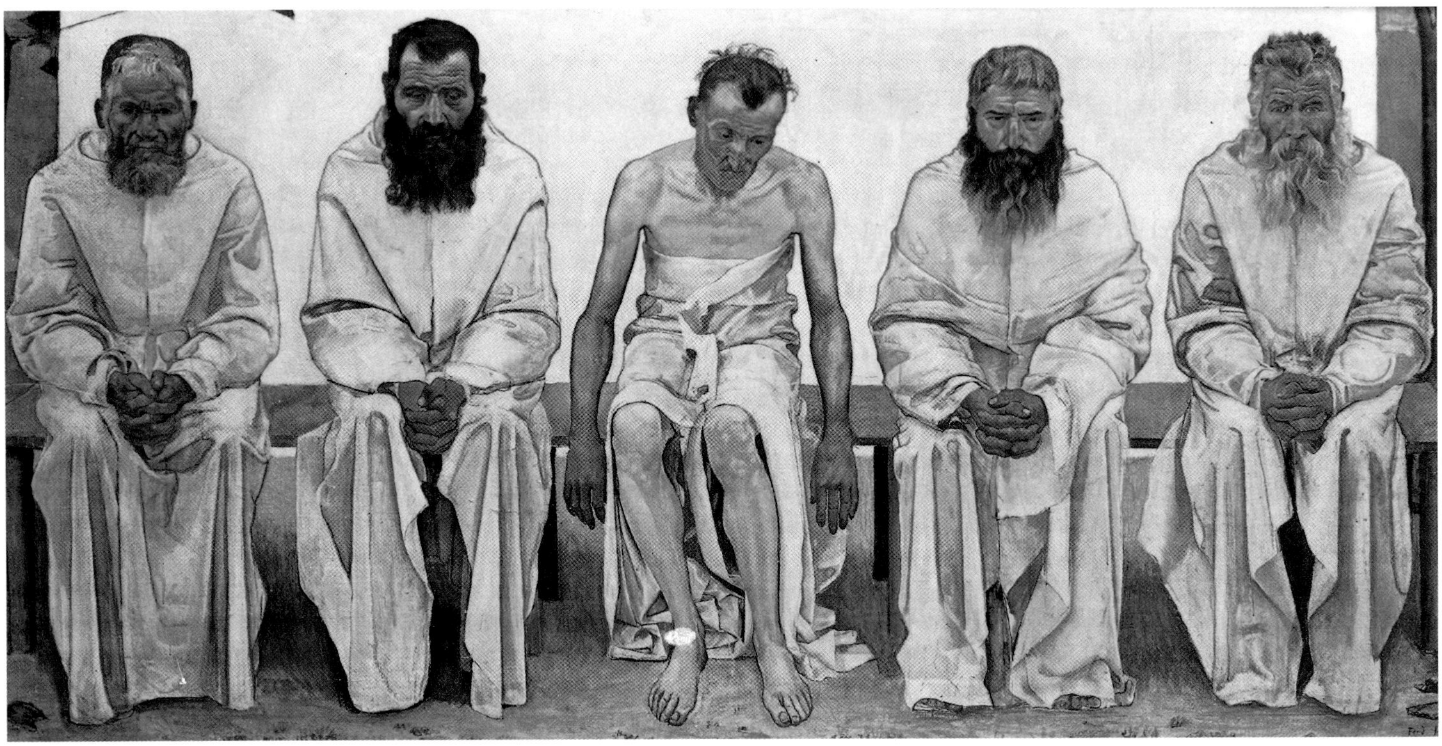

Abb. 1 Hodler, *Die Lebensmüden,* 1892, München, Bayerische Staatsgemäldesammlungen, Neue Pinakothek

Gartenlaube (Abb. 2), das noch im Entstehungsjahr von der Züricher Künstlergesellschaft angekauft wurde und heute im dortigen Kunsthaus hängt.[3] Wegen des strengen Bildaufbaus, der Frontalität und Symmetrie, in der Böcklin hier ein altes Ehepaar darstellt, das in einer Spalierlaube die Wärme der Frühjahrssonne genießt, hat Rolf Andree auf einen Zusammenhang mit Hodlers pessimistischen Bildern verwiesen. Das paßt allerdings schlecht zusammen mit Erklärungen zur Bildentstehung, die von Otto Lasius als Böcklins eigene Aussage überliefert sind.[4] Danach sah der Maler während eines Frühlingsspaziergangs »in einem Garten aus dem dampfenden rotbraunen Boden die Tulpen und Hyazinten hervorragen. Das interessierte mich, ich blieb stehen und schaute zu, wie vor meinen Augen die Natur sich entwickelte, die Pflanzen gleichsam wuchsen. Das ließ mir keine Ruhe und ich wollte den Eindruck, den ich gefühlt, im Bilde verwerten.« Überm Nachdenken, »dies aber malerisch so vorzuführen, daß auch der Beschauer dasselbe empfindet«, kam er an einem Hause vorbei, »vor dem ein eben von einer Krankheit Genesener sich sonnte und in tiefen Zügen die Frühlingsluft einsog. Dies Gefühl der Ruhe, des wohligen Behagens und Genießens suchte ich auszudrücken; es paßte mir für mein Bild und so kam ich auf die beiden alten Leutchen. Wie ich dann ins Atelier ging und drüben ihre Gartenlaube [das Haus von Lasius war Böcklins Atelier benachbart] gewahrte, in der die Sonnenlichter so hell durchs Laub blitzten, kam ich auf die Schlußidee, und mein Bild war in meinem Kopfe fix und fertig.«

Manches in dieser Entstehungslegende kann man als Bruchstücke Böcklinscher Kunstauffassung, wie sie auch von anderen Zeitgenossen überliefert sind, wiedererkennen.[5] Etwa, daß seine Bilder vornehmlich auf selbst empfundenen Natureindrücken basierten, diese sich jedoch erst im Kopf zu einer Bildvorstellung verdichten müßten, ehe mit dem Malvorgang begonnen werden könne, daß dann aber immer noch die Bildwirkung zu bedenken sei, die es oft notwendig mache, die Mannigfaltigkeit der vorausliegenden Eindrücke zu reduzieren und zusammenzufassen. »Man muß überall opfern in der Kunst, um mit seinen andersartigen Mitteln und eigenen Absichten nur halbwegs auf die Höhe zu kommen, man muß übertreiben und vernachlässigen. ... Man opfert ... in summa den Zufall in der Natur und seine Wahrhaftigkeit der Absicht und ihrer Wahrheit. Die Kunst erfordert ein ewiges Zugestehen des Wissens an die Wirkung.«[6]

Dieses Denken auf die Wirkung, auf »das Psychologische eines Bildes, das auf jeden Beschauer wirkt«[7], gibt uns Anlaß, an dem spontanen »Fix-und-Fertigwerden« der Bildidee von *In der Gartenlaube* zu zweifeln. Ein aufmerksames Ansehen des Bildes könnte uns darin bestärken, daß wesentlich mehr und andere Wirkungsabsichten in die Komposition eingebracht wurden. Allerdings riskierten wir bei solch nachdenklichem Hinsehen vielleicht, gegen Regeln zu verstoßen, die Böcklin selbst – laut Floerke!? – aufgestellt hat und an die sich viele seiner Interpreten gehalten haben: »Wer sich nicht an ein Kunstwerk ausliefern kann, vielmehr dasselbe an sich selber misst; wer nicht sozusagen gläubig (mit gutem Willen) sondern kritisch (mit sozusagen bösem Willen) herantritt, hat schon keine Berechtigung mehr mitzusprechen. Vor einem Kunstwerk sollte man gar nichts denken und gar nichts fragen. Sobald man das thut, hat der Künstler seinen Zweck verfehlt.«[8]

Abb. 2 Böcklin, *In der Gartenlaube*, 1891, Zürich, Kunsthaus

Schon beim ersten Blick auf *In der Gartenlaube* ist doch die strenge Bildanlage auffallend und irritierend. Der bildparallele Abschluß des dargestellten Raumes durch die fast mannshohe Gartenmauer und der sie genau in der Mitte überragende Rundbogen der Laube erinnern an die Chorfront eines Kircheninneren oder an Altarbilder der Renaissance, die diese Disposition aufgriffen, um die Madonna in ein würdiges, ihre Anwesenheit steigerndes Tabernakel zu stellen – etwa Piero della Francescas *Madonnen*-Bild in der Mailänder Brera oder Hans Holbeins

Madonna des Bürgermeisters Meyer im Darmstädter Landesmuseum. Diese Bezugnahme auf Sakrales wird noch verstärkt durch die geometrische Gliederung des Bildvordergrundes: Die Gartenwege bilden ein liegendes Kreuz, wie ein perspektivisch verkürzter Kirchengrundriß, und der Stamm des Kreuzes endet im Chor, der hier eine Gartenlaube ist.

In dem beziehungsreichen Tabernakel sitzt ein altes, müdes Ehepaar, sie in ein gehäkeltes Umschlagtuch eingehüllt, er im pelzverbrämten Hausmantel; sie streckt die fröstelnden Füße in die warme Sonne, er läßt den Oberkörper schlaff nach vorn hängen, um sich das greise Haupt wärmen zu lassen. Sie sind ganz für sich und füreinander da, halten sich bei den Händen und blinzeln blicklos vor sich hin, die Welt liegt außerhalb ihres engen Lebenskreises, ihre Abgeschiedenheit ist zugleich ein Ausgeschlossensein. Nur der intensiv blaue, locker bewölkte Frühjahrshimmel wölbt sich zusammenfassend über ihrer Beschränktheit und der weitläufigen Vielfalt des Außerhalb.

Und die sprießend hervorbrechenden Pflanzen? Sie sind eingezwängt in ein strenges Gefüge bürgerlichen Ordnungssinns: Der Rasen ist exakt abgestochen; die Tulpen, in regelmäßigen Abständen entlang der Schnur gesteckt, haben ihre roten Kelche alle zu gleicher Zeit und auf gleicher Höhe entfaltet, keine wagt es, die rechtwinklig gestutzte Buchsbaumeinfassung der Beete zu überragen; die Hyazinthen wurden in Töpfen in der geheizten Wohnstube vorgezogen und stehen nun, wie vordem auf dem Fensterbrett, streng nebeneinander aufgereiht am sorgfältig geharkten Gartenweg; die knospende Blattranke schließlich ist in das Spalier der Laube eingebunden, deren architektonische Bogenform von hervorschießenden Jungtrieben kaum verunklärt wird.

Was da in der Frühjahrssonne hervorwächst, ist domestizierte Natur. Ihr triebhafter Entfaltungsdrang ist gebändigt und beschnitten. Schon im ersten Aufblühen verrät sie, daß üppige Fülle und überschießende Kraft bestenfalls jenseits der Mauer zu erwarten sind. Diesseits, im Rentnergärtchen, herrscht uniformes Gleichmaß und strenge Zucht. Eben das, was die beiden Alten ein Leben lang sich selbst auferlegten und was sie schließlich in gewohntem Miteinander zu sprachloser Ermattung kommen ließ. Der vermeintliche Gegensatz von Erblühen und Verwelken erweist sich als Anfang und Ende desselben Daseins, das sich den Triebkräften der Natur nicht in wohligem Behagen zuwendet, sondern sie in ängstlicher Besorgnis stets zu beherrschen und kleinzuhalten sucht.

Ein pessimistisches Bild also, das von einem Leben wider die Natur erzählt und anschaulich macht, wie die Ausgrenzung aus dem universalen Naturzusammenhang zwar möglich ist, aber Entfremdung und Ermattung zur Folge hat. Mit Böcklins berichteten Beobachtungen während eines Frühlingsspaziergangs hat es offenbar ebensowenig gemein wie mit jenen Bildern einer wilden, von Naturwesen bevölkerten Natur in mythischer Vorzeit, die er drei Jahrzehnte zuvor gemalt hatte. Aber Hodlers pathetischen Demonstrationen menschlicher Erniedrigung und Verzweiflung ist es doch auch nicht gleichzusetzen, denn beklagt oder gar anklagend vorgeführt wird hier ja nichts. Böcklin verstand sich sicher nicht als einer von denen, die er hier malte.[9] Der Maler blickt von außen in den Garten, er weiß auch – so können wir vermuten – was hinter der Mauer ist.

Die Distanz des Künstlers zu seinem Gegenstand wird durch die symbolischen Strukturelemente der Bildgestaltung noch verstärkt. Das Altarbildhafte der symmetrischen Komposition im Hochformat nicht für ein vorbedachtes Wirkungsmoment zu halten wäre wohl gerade so naiv, wie es Böcklin in seiner Äußerung gegenüber dem »Schüler« Lasius zu sein vorgab. In Wahrheit zeigt sich hier, daß des Künstlers Denken auf Wirkung viel weiter ging, als er selber in Worten preisgeben wollte. Der Symbolgehalt des Bildes ist ausgeklügelt und lehrhaft. Nichts darin verweist auf Identifikation. Aus ironischer Distanz soll es vielmehr eine Moral für andere verkünden, die lauten könnte: Seht, so endet ein Leben, das nie richtig angefangen wurde.

Böcklin hatte sich seit 1867 gelegentlich mit dem Bildthema der Trauer um den toten Christus auseinandergesetzt – nach allgemeiner Übereinstimmung seiner Interpreten jedoch nicht, weil ihm das christliche Heilsgeschehen persönlich etwas bedeutete, sondern weil er in der überlieferten Geschichte ein eindrucksvolles – und wohl auch künstlerisch herausforderndes – Beispiel für trauernde Gemütsbewegung sah.[10] Seit den achtziger Jahren, vielleicht in fortdauernder Auseinandersetzung mit dem um 1883 gescheiterten Auftrag zu Monumentalmalereien im Treppenhaus des Schlesischen Museums in Breslau[11], kam es dann häufiger zu Rückgriffen auf die Tradition der christlichen Malerei. Dabei war er jedoch weniger an Themen der biblischen oder kirchlichen Überlieferung interessiert als vielmehr an bestimmten Bildgestaltungen und sakralen Formen der Monumentalisierung. Mehrteilige, triptychonartig oder anders gegliederte und aufeinander bezogene Bildanlagen kommen nun häufiger vor, und die gesuchte Nähe zum Altarbild bekräftigt den Anspruch einer Malerei, die sich der Menge stellt.[12]

Verkündigungspathos, gepaart mit einer schon in Satire umgeschlagenen Ironie, sind am deutlichsten greifbar in dem 1892 entstandenen zweiteiligen Gemälde *Der Heilige Antonius predigt den Fischen*[13] (Abb. 3). Einer aquarischen Gemeinde gebannt lauschender Fische, vorneweg ein Hai mit gefalteten Flossen und verzücktem Aufwärtsblick, predigt der Heilige Antonius die Nächstenliebe. Das Ergebnis dieser frommen Bemühung zeigt der Maler auf

Abb. 3 Böcklin, *Der heilige Antonius,* 1892, Zürich, Kunsthaus

der Predella: Dort fressen die großen Fische weiterhin die kleinen. Auf die alte Legende von der Fischpredigt hatte Gottfried Keller schon in seinen 1873 erschienenen Erzählungen ›Die Leute von Seldwyla‹ ironisch angespielt.[14] Böcklin kannte die Stelle sicher, da er den Schweizer Dichter verehrte und seit seiner Übersiedlung nach Zürich auch freundschaftlichen Umgang mit ihm pflegte.[15] Doch in seinem Altarbild legt er den alten Stoff entschieden kritischer aus. Was er zu sagen hatte, faßte Christian Morgenstern später wesentlich genauer in Worte.

In einem seiner ›Galgenlieder‹, dem Gedicht ›Der Hecht‹, heißt es:

Ein Hecht, vom heiligen Anton
bekehrt, beschloß, samt Frau und Sohn,
am vegetarischen Gedanken
moralisch sich emporzuranken.

Die fromme Anstrengung überforderte jedoch die Verdauung der Raubfische und löste verheerende Folgen aus:

Der ganze Teich ward angesteckt.
Fünfhundert Fische sind verreckt.
Doch Sankt Anton, gerufen eilig,
sprach nichts als: Heilig! heilig! heilig!

Ob weltabgewandter Bekehrungseifer nun ein ökologisches Desaster veranlaßt oder alles beim Alten läßt, die Moral von der – gereimten wie gemalten – Geschichte ist demnach, daß heilsgeschichtliche Drohungen oder Verheißungen sinnlos sind, wenn sie wider die Natur gepredigt werden.

Das ist ein weltanschauliches Bekenntnis, und Böcklin nimmt damit Stellung in einer Diskussion, die in der zweiten Hälfte des 19. Jahrhunderts zunehmend umfangreicher und heftiger geführt wurde. Die Frage, wie überlieferte Heilslehren und Weltdeutungen gegenüber den ständig weiter vordringenden Beweisführungen der Naturwissenschaften bestehen könnten, beschäftigte damals alle, die Zeit und Bildung genug hatten, um über die Sicherung des täglichen Lebensunterhalts hinauszudenken. Unter dem Eindruck technologisch begründeter Entwicklungsdynamik und einer alltäglich erfahrbaren Beschleunigung der Veränderungsprozesse wurde der »Fortschritt« zu einer ebenso hoffnungsvollen wie furchterregenden, aber jedenfalls faszinierenden Redefigur und Denkaufgabe. Anstoß und Nahrung erhielten individuelle Denkanstrengung wie Stammtischgespräch von den in den sechziger Jahren bekanntwerdenden Evolutionstheorien Darwins wie von der in sozialistische Forderungen umgesetzten politischen Ökonomie und Geschichtsphilosophie von Marx und Engels. In groß- und bildungsbürgerlichen Kreisen gab man dabei den schnell zu handfesten Beweisen verfestigten Hypothesen Darwins den Vorzug, ließen sie sich doch als »naturgeschichtliche Wahrheiten« gegen die als bedrohlich empfundene Geschichtsdialektik der Sozialisten ins Feld führen.

»Wäre der Darwinismus auf sein ursprüngliches Gebiet, die Naturgeschichte, beschränkt geblieben, hätte er nie den Grad der Berühmtheit erreicht, der ihm tatsächlich zuteil geworden ist«, sagt Henry Ellenberger zu Recht.[16] Eduard von Hartmann mit seiner ›Philosophie des Unbewußten‹ (1868) und Ernst Haeckel mit seiner ›Anthropogenie‹ (1874) trugen neben vielen anderen zur Vorbereitung dessen bei, was sich bald als »Sozialdarwinismus« ideologisch verhärten sollte.[17] Unter dem Eindruck des deutsch-französischen Krieges und der Niederschlagung des Commune-Aufstandes schrieb Jacob Burckhardt schon am 29.11.1871: »Grässliche Weissagungen auch in Hartmanns ›Philosophie des Unbewussten‹, von allgemeinem Auffressen der Schwächern durch die Stärkern.«[18] Als Nietzsche 1873 in seiner zweiten ›Unzeitgemässen Betrachtung‹ gegen David Friedrich Strauß und die von diesem verheißene »Religion der Zukunft« zu Felde zog, kritisierte er, daß es diesem letztlich doch an

Mut gefehlt habe, eine »darwinistische Ethik« vorzulegen: »... denn hier hätte er seinem ›Wir‹ den Rücken kehren müssen und kühnlich aus dem bellum omnium contra omnes und dem Vorrechte des Stärkeren Moralvorschriften für das Leben ableiten können ...«[19] 1888 sagte der Naturforscher Thomas Huxley, ein Schüler Darwins, in einem Vortrag: »Vom Standpunkt des Moralischen aus steht die Tierwelt auf etwa dem gleichen Niveau wie ein Gladiatorenkampf. Die Geschöpfe werden ziemlich gut behandelt und zum Kämpfen aufeinander losgelassen, wobei die stärksten, die raschesten und die listigsten am Leben bleiben. ... Im Zyklus der Erscheinungen, die das menschliche Leben bietet, ist nicht mehr moralischer Sinn zu entdecken, als in dem, den das Leben von Wolf und Hirsch darstellt. ... Aber die Bemühung des sittlichen Menschen, ein moralisches Ziel anzustreben, hat die tief verwurzelten organischen Impulse, die den Naturmenschen zwingen, seinem nicht-moralischen Kodex zu folgen, keineswegs beseitigt, ja, kaum modifiziert.«[20]

Diese Aussagen bieten sich alle zur Kommentierung des Bildes *Der Heilige Antonius predigt den Fischen* an. Wir wissen aber nicht, ob sie dem Maler geläufig waren und wie weit er sich mit den Denkansätzen eines Darwin, Hartmann, Nietzsche und selbst des ehemals freundschaftlichen Ratgebers Burckhardt beschäftigt hatte. Wahrscheinlich ist, daß sie ihm kaum durch Lektüre, wohl aber durch gelegentliche Gespräche bruchstückhaft und zu handlichen Thesen verkürzt bekannt wurden. Immerhin zeigt schon der Werdegang seiner in kriegerischen Zeiten gefaßten Bildidee vom *Kentaurenkampf* (Kat. 34), daß ihm Hobbes' damals aktualisiertes Dictum vom »bellum omnium contra omnes« vertraut war.[21] Andere Bilder von Kriegerzügen, Seeräuberüberfällen und Kampfszenen aus der Völkerwanderungszeit legen ebenfalls nahe, daß seine Bildphantasie vor und während der Entstehungszeit der *Fischpredigt* häufiger Vorstellungen von Sieg und Überleben der Stärkeren produzierte.[22] Die Frage ist deshalb nicht, ob der »Stimmungsmaler« Böcklin je in den Niederungen der Alltagsgeschäfte und -debatten auf seine Bildvorwürfe gestoßen ist, sondern warum er sich mit solchen »aus dem Leben gegriffenen« Malanlässen beschäftigte und was er daraus machte.

Aus den bisher versuchten Bildinterpretationen ergibt sich, daß Böcklin sich für die sozialen Bedingungen und Folgen des Lebens- und Konkurrenzkampfes nicht sonderlich interessierte. Allem Anschein nach war ihm viel wichtiger, der natürlichen Determination des Menschen nachzuspüren und deren gesellschaftliche Überformung als Deformation aufzudecken. So scheint es, als habe sich der alternde Künstler während der in Zürich verbrachten Jahre in einer Phase der Selbstreflexion und kritischen Rückschau auf sein eigenes Werk befunden. Dafür sprechen zumindest die Bezugnahmen auf bislang wenig beachtete Ikonographien und altmeisterliche Kompositionsschemata, in denen sich ein Pathos der großen Form und somit ein neuer Anspruch auf Allgemeingültigkeit zu erkennen gibt. Deshalb drängt sich nun die Frage auf, ob Böcklin auch jene in mythisch-mediterraner Vorzeit angesiedelten Bilderfindungen, auf denen sein inzwischen verbreiteter Ruhm gründete, einer Revision unterzog.

Anfang der neunziger Jahre arbeitete er an zwei Triptychen: *Mariensage* und *Venus Genitrix*[23] (Abb. 4). Auf beiden »Altarbildern« sind Frauen ins Zentrum der Verehrung gestellt: die zur Himmelskönigin erhobene christliche Gottesmutter und die altrömische Göttin alles Keimens und Reifens in der Natur. Als Veranschaulichung metaphysischer Glaubenstatsachen sind jedoch beide nicht konzipiert. Die *Mariensage* bleibt an Konventionen christlicher Bildtradition gebunden, doch sagt schon der Titel, daß hier zwar sagenhaften, gleichwohl aber für die Menschheitsgeschichte beispielhaften Mutterfreuden und Mutterleiden gehuldigt wird. Diese Konzentration auf ein Exemplum menschlich-natürlichen Empfindens kann bei Böcklin nicht überraschen. Befremdlich wirkt hingegen, daß er in dem auf antiker Mythenüberlieferung basierenden Gegenstück alles Frühzeitlich-Sagenhafte eliminiert. Die *Venus Genitrix* wird nicht nur als gestalthafte Erscheinung vergegenwärtigt, sondern auch als in Gegenwart wirkend dargestellt.

Der im auratisch leuchtenden Frühnebel über einem Stück Ackerland schwebenden Fruchtbarkeitsgöttin sind auf den »Flügelbildern« Situationen des Menschenlebens zugeordnet, die offensichtlich unter dem zeugenden und fruchtbringenden Einfluß der Gottheit stehen. Links sitzt ein Liebespaar in einer Frühlingswiese, darunter schärft Amor auf der Brunneneinfassung der »Fons Vitae«, des Lebensquells, seine Pfeile. Der geflügelte Amorputto ist nackt, wie es humanistisch gebildete Antikenkenntnis verlangt. Das oberhalb der gemauerten Brunneneinfassung in der Blumenwiese sitzende Liebespaar ist jedoch nach der Mode des ausgehenden 19. Jahrhunderts gekleidet. Sie, im hellen Frühjahrskleid mit Puffärmeln und deutlich hervorgehobener, vermutlich geschnürter Büste, hält zwischen den ausgestreckten Armen ein Blumengewinde. Er, im blauen Anzug mit heller Weste und Krawatte, hält ihren Sonnenschirm in Händen, die in grell und angeberisch wirkenden Schweinslederhandschuhen stecken. Mögen die beiden auch nicht so locker gemalt und in diffuses Licht getaucht sein, sie sind unzweifelhaft Zeitgenossen von Monets Frauen im Mohnfeld und anderen impressionistischen Ausflüglern.

Gegenüber dem Sprießen und Erblühen im linken Bild bietet die Natur rechts ihre gereiften Früchte dar. In einer toskanischen Landschaft erntet ein ärmlich gekleideter Bauer, auf steiler Leiter stehend, einen Apfelbaum. Dar-

Abb. 4 Böcklin, *Venus Genitrix,* Triptychon, 1895, Zürich, Kunsthaus

unter, neben schon gefüllten Apfelkörben, sitzt seine Frau und stillt ihr jüngstes Kind. Ein schon etwas älterer Junge stützt sich, in unschuldiger Nacktheit, auf die Schenkel der Mutter und prüft versunken eine Frucht. Die Szene ist in geschichtlicher Zeit weniger bestimmt einzuordnen. Sie erinnert entfernt an Marées' *Orangenpflücker*, doch verdankt sich dies wohl eher der größeren Widerständigkeit des naturverhafteten Landlebens gegen Modernisierungsdruck, als dem künstlerischen Bemühen um eine zeitlose Idealität. Die ärmliche Bauernfamilie kann sehr wohl als gleichzeitig mit dem um Eleganz bemühten Liebespaar vorgestellt werden.

Junge, bewußt und etwas geckenhaft gekleidete Stadtmenschen und gereifte, nach Väterart lebende und arbeitende Landleute existieren im Zeitalter von Elektrizität und Sozialversicherung zugleich unter der Obhut einer mythischen Fruchtbarkeitsgöttin. Was soll das heißen? Ist das ein mißratener Künstlerscherz? Als Anselm Feuerbach 1869 sein mit so viel Hoffnungen befrachtetes *Gastmahl des Plato* im Münchner Glaspalast ausstellte, schrieb ein Kritiker: »Und als Szene antiken Lebens, wie erbärmlich! Das wäre die Daseinsform der Elite der Gesellschaft zur Zeit der höchsten Blüte Griechenlands?«[24] Was hätte derselbe Rezensent wohl zu dieser Gefolgschaft einer Venus genetrix gesagt? Über die schon erwähnten *Orangenpflükker* von Marées schrieb Konrad Fiedler 1879: »Ihr Orangenbild gibt mir noch immer viel zu denken, die modernen Künstler kennen doch entweder die Natur gar nicht oder sie kommen nicht über die Einzelanschauung hinaus, ... das heutige Geschrei nach Naturalismus, Realismus ist ganz thöricht, weil die, die es erheben, von der Natur nur soviel wissen, als sie gerade im Augenblick sehen und das ist meist nicht viel. Nur wer viel von der Natur weiss, kann gleichsam sinnliche Abstractionen geben, ...«[25] Auch aus dieser freundschaftlichen Würdigung wird klar, daß »gleichsam sinnliche Abstractionen« nicht das waren, worauf Böcklin seine Wirkungsabsichten richtete. Marées kannte Böcklin gut und schätzte auch seinen künstlerischen Eigensinn, merkte aber an: »... dass unsere Absichten doch himmelweit auseinandergehen.«[26]

Aber wenn Böcklin weder eine den zeitgenössischen Bildungskonventionen entsprechende Übereinstimmung von antiker Göttlichkeit und Menschlichkeit malen, noch eine in Natur aufgehobene Idealität des Menschseins wiederfinden wollte, was beabsichtigte er dann? Nach den Bildern, die wir hier näher angesehen haben, ist ihm ja keinesfalls vorzuhalten, er habe von Natur nur soviel gewußt als er gerade im Augenblick gesehen. Offensichtlich ist doch, daß er gerade in seinen mehrteiligen Bildkompositionen um Aussagen bemüht war, die – entgegen eigener Behauptungen zur Entstehung der *Gartenlaube* – weit über Augenblickswahrnehmungen hinausgriffen. Ebenso klar scheint aber auch, daß Fiedler und Marées unter »Natur« etwas anderes verstanden als Böcklin. Ist demnach sein *Venus-Altar* apologetischer Ausdruck der unbelehrbaren Romantik eines Malers, der sich im zivilisatorisch rückständigen Italien Jugendträumen von einer vorzeitlich beseelten Natur hingegeben hatte? Oder spricht sich darin eine aus Erfahrung gewonnene Überzeugung aus? Das Beharren auf dem Fortwirken dämonischer Triebkräfte der Menschennatur, die weder im Frühlicht griechischer Bewußtwerdung des Geistes, noch unter der technisch verstärkten Helligkeit naturwissenschaftlich-positivistischer Welterkenntnis als bloße Phantome des Aberglaubens entlarvt werden konnten?

Wenn wir zu überblicken suchen, wie Böcklin zeitlebens Natur gesehen hat, so stoßen wir schon sehr früh auf Bilder, in denen zivilisationsferne, für Menschen kaum betretbare, jedenfalls nicht von ihnen kultivierte Orte festgehalten sind. Rolf Andree, der Autor des Werkverzeichnisses, bezeichnet als den »ersten unverwechselbaren ›Böcklin‹« eine *Felsschlucht im Mondschein* von 1849. Und als kennzeichnend für die noch vor der ersten Italienreise sich ankündigende Eigenständigkeit sieht er »die Verbindung von Phantastisch-Visionärem und realistisch orientierter Darstellungsweise«. In der Tat ist es das, woran Böcklin festhält, als er seit 1850 in der römischen Campagna und den Albanerbergen malt: Seine mediterranen Landschaften sind detailgenau beobachtet, atmosphärisch dicht und ganz konkret dargestellt, bleiben aber zugleich fremdartig und unzugänglich in ihrer vorzivilisatorischen Unberührtheit. In Konsequenz davon sind auch erste Staffagefigürchen zunächst nur aus weiter Distanz gesehen, klein und kaum identifizierbar. Wo sie aber erkennbar sind, erweisen sie sich als Wesen, die nicht an solche entlegenen Orte vorgedrungen, sondern dort seit je »zu Hause« sind – Pan, Nymphen, Dryaden, Satyrn und Kentauren.

Dämonische Wald- und Wasserwesen, teils noch von halb tierischer, halb menschlicher Mischgestalt, bevölkern eine Natur, die als vorgeschichtlich sowohl wie als Geschichte überdauernd aufgefaßt ist.[27] In der sogenannten *Idylle* (siehe Kat. 39) von 1875 in München bläst Pan sein Lied in den Ruinen eines wieder an Natur zurückgefallenen Tempels.[28] Das könnte auf eine historische Situation anspielen, die Jacob Burckhardt in seiner ›Griechischen Kulturgeschichte‹ für das einst weitgehend kultivierte, dann aber durch Kriege verwüstete Arkadien beschreibt: »... Ringmauerreste fanden sich von der einstigen Akropolis von Asea, dachlose und sonst ruinierte Tempel bald hier bald da. Ganz wehmütig aber klingt es, wenn vom Panheiligtum am Lykaion, wo auch noch ein Stadion und ein Hippodrom vorhanden war, gesagt wird, einst hätte man hier den Agon der Lykäen abgehalten, und es fänden sich auch noch Basen von nicht mehr vorhandenen Statuen, ... Zur Zeit des Pausanias kann der größte Teil von Arkadien, soweit es nicht völlig menschenleer war, nur noch von Hirten bewohnt gewesen sein, von denen wir gerne wüßten, wem ihre Herden gehörten.«[29] Es könnte aber auch dieser noch in antiker Zeit stattgefundene Rückfall von Kultur an Natur nur als eine Episode in einem fortdauernden Prozeß gedacht werden. Die Ruinenbilder, die Böcklin bis in die späten Jahre malte, deuten darauf hin, daß er der Natur eine alles Menschenwerk überdauernde Kraft und Beständigkeit zutraute.

Aber diese Natur lebt auf Böcklins Bildern keineswegs mit sich selbst in Frieden. Gestörte Ruhe, rätselhaft Unerklärliches, panischer Schrecken, belauerte Intimität und beutegieriger Raub bestimmen häufig das Handeln mythischer Figuren wie das barbarischer Kriegshorden und Seeräuberbanden. Die Gestörten, Enttäuschten und Beraubten – Pan, Odysseus und einsame Frauen am Meer – verharren in Trauer und sehnsuchtsvoller Melancholie. Wo Bedrohung, brutaler Zugriff oder schmerzliche Verlusterfahrung den Stimmungsgehalt eines Bildes durchdringen, erreicht Böcklin die überzeugendsten Symbiosen von Allnatur und Menschennatur. Schwieriger – und zuweilen peinlich – wird es jedoch, wenn er die ungetrübte Idylle, das glückselige Dasein im locus amoenus darstellen will.

Schon der von Verleger Cotta 1859 in Auftrag gegebene Bildkommentar zu Schillers Gedicht ›Die Götter Griechenlands‹ gelang nicht gerade überzeugend.[30] Das vom Dichter als nunmehr unwiederbringlich verloren beklagte Dasein im »goldenen Zeitalter«:

> »Zwischen Menschen, Göttern und Heroen
> Knüpfte Amor einen schönen Bund;«

wird aus der Fernsicht dargestellt und läßt von einem glücklichen Miteinander der Menschen, Götter und Heroen nur wenig erkennen. Als Böcklin, vom Grafen Schack um eine Wiederholung gebeten, einen zweiten Anlauf nahm, verwarf er schließlich die ursprüngliche

Bildidee und erreichte im dritten Versuch nicht mehr als den unbestimmt faden Darmstädter *Liebesfrühling*.[31]

Auffallend ist, daß der Maler da zuerst auf nahsichtige Distanz zum Bildgegenstand geht, wo er versucht, glückliches Einssein mit Natur darzustellen.[32] Die daraus zwangsläufig resultierende Reduktion von tellurischer und vegetabiler Natur im Bilde weckt den Verdacht, daß er Glückszustände nur als emotionale Befindlichkeiten von Individuen, nicht aber als umfassend naturhaftes Sein begreifen konnte. Darin sieht man sich bestärkt, wenn man seine Pan-Bilder durchmustert: Keiner seiner zum Kinderreigen oder zum Ergötzen von weiblichen Naturwesen (?) aufspielenden Pane ist ähnlich unmittelbar anwesend wie der schreckliche oder in Enttäuschung resignierte Bocksgott[33] (siehe Kat. 10, 11). Daß schließlich graziös posierende oder musizierend dahinschreitende Frauengestalten wie in *Sieh, es lacht die Au* oder *Frühlingshymne* nur noch schmachtende Seelen in Fin-de-siècle-Salons erregen konnten, ist eine heute wohl zulässige Vermutung.[34] Sie wird bekräftigt durch die Tatsache, daß *Die Gefilde der Seligen* niemals die Popularität erreichen konnten, die seit den neunziger Jahren die verschiedenen Fassungen der rätselhaften *Toteninsel* (siehe Kat. 46) genossen.[35]

Macht man sich klar, daß Böcklins Naturschilderung da am überzeugendsten wirkt, wo Momente des Beunruhigenden und Unheimlichen im Spiele sind, dann verwundert es nicht, daß Interpreten immer wieder geneigt waren, diese als bloße, aus sensiblem Naturerleben hervorgegangene Stimmungen aufzufassen. Früh begann damit Friedrich Theodor Vischer, der Böcklin 1859 in München besuchte und dessen Belebung der Landschaft durch mehr oder weniger dramatisch agierende Staffagefiguren zwar für grundsätzlich problematisch hielt, aber doch damit rechtfertigen konnte, daß sie »nur eine Personifikation von Naturpotenzen, sozusagen nur eine leichte, schwebende Gerinnung der Landschaft selbst zu persönlicher Form darstellen«.[36] Entsprechend sah er in *Pan erschreckt einen Hirten* (1860; Kat. 13) einen »in sich« leicht zu wiederholenden »Seelenvorgang, der solche Phantasiebilder der Alten, solche dunkle, mystische Vorstellungen erzeugte«. Und das noch unfertige Bild *Pan im Schilf* (Kat. 11) schien ihm »wie eine natürliche Konkretion der feuchtwarmen, brütenden Luft über dem stillen Teich«.

Es ist nicht ausgeschlossen, daß Böcklin eine solche Auslegung seiner Malerei damals selbst für zutreffend hielt. Berichtet doch Rudolf Schick noch aus der Zeit der Basler Museumsfresken, daß jener zur *Flora-Ceres* zunächst einen Wald »und daneben seine Personifikation (den Pan)« malen wollte.[37] Bald darauf, um 1870/71, macht sich jedoch ein Stilwandel bemerkbar, der in der nahsichtig dargestellten Rauferei des *Kentaurenkampfes* seinen deutlichsten Ausdruck findet. Es scheint, als sei Böcklin dem Pan und seinem dämonischen Gesinde plötzlich nicht mehr nur im Wald, sondern in sich selbst begegnet.[38] Die Staffagefiguren proben den Aufstand. Als Dramatis Personae seiner Bilderzählungen treten sie an die Rampe, lösen sich aus der umgebenden Natur als dem vormals existenzbegründenden Ort ihrer mythischen Anwesenheit. Der enge Naturausschnitt, in dem sie auftreten, wandelt sich zum Schauplatz geschichtlichen Handelns. In den 1873 mit *Triton und Nereide* einsetzenden Meerwesenbildern wird erkennbar, daß Naturerfahrung und Selbsterfahrung sich nunmehr durchdringen.[39] Triebkräfte, die bislang als vornehmlich in der außermenschlichen Natur wirkend begriffen wurden, bemächtigen sich der Individuen, die sich trotz aller mythischen Erscheinungsformen durchaus menschlich verhalten. Mag sein, daß Böcklin sich gerade dadurch veranlaßt sah, in Bildern von Musen, Floren und anderen in festlicher Natur wandelnden Damen einen beruhigenden Ausgleich zu suchen.

Natur und Geschichte im Widerspiel, das ist das in Böcklins Bildern durchgängig anklingende Generalthema. In den späten Bildern *In der Gartenlaube, Der Heilige Antonius predigt den Fischen* und *Venus Genitrix* sagt er noch einmal bekenntnishaft, daß ungeachtet allen Fortschrittes der Zivilisation die im antiken Mythos erfahrene und anschaulich personifizierte Natur den Menschen nicht aus ihrer Obhut und Gewalt entlassen hat. Der große Gestus, mit dem diese Aussage vorgetragen wird, provoziert dazu, sie als Revision zu verstehen, die auch früher Entstandenes einbegreift. Wie immer – Böcklin verdeutlichte damit jedenfalls eine pessimistische Überzeugung, daß der Mensch unentrinnbar an Natur gebunden sei. Damit leistete er einen Beitrag zu der vielschichtigen und bis heute zumeist aus literarischen Zeugnissen rekonstruierten Geschichte von der Entdeckung des Unbewußten, die eben seit den neunziger Jahren durch Sigmund Freud und andere in ein Stadium entscheidender Bestimmtheit überführt wurde.[40] Er tat dies jedoch sicher nicht, indem er Bilder malte, die als psychoanalytische Protokolle aufzufassen und auszulegen wären. Anderes als die Andeutung »archetypischer« Wirkkräfte und Einflußfaktoren darf man wohl aus seinen mythischen Inszenierungen nicht herauslesen. Doch das wäre ja immerhin schon mehr als die geläufige Böcklin-Deutung bislang eingestehen mochte.

Im Laufe seiner Auseinandersetzung mit Natur gelang dem Maler zunehmend weniger, was er vorsätzlich vielleicht noch erreichen wollte: die Darstellung einer unbedrohten und unbeschwerten Daseinsmöglichkeit. Aber er hielt an der einmal eingeschlagenen Richtung fest. Möglichkeiten, sich auf ein anderes Ziel oder gar auf Publikumserwartungen zu orientieren, schloß er rigoros aus. Ein humanistisch zu edler Einfalt und stiller Größe verklärtes Griechentum, auf das sich Anselm Feuerbach, der Sohn eines Altertumsforschers, immer noch verpflichtet sah, war ihm kein zwingendes Vorbild. Ebensowenig reizte ihn, von aller Wirklichkeit völlig abzusehen, um – wie Marées – in seiner Kunst das anzustreben, was Jacob Burckhardt als Besonderheit der antiken Vorleistung beschrieb: »... denn die Kunst gibt nicht den Durchschnitt, sondern das Besondere, ideal Gesammelte und Dargestellte; sie beweist nur, was als hoch und herrlich galt, und wie man gerne ausgesehen hätte.«[41]

Ob er etwas ahnte von dem, was um 1872 die beiden Basler Professoren Burckhardt und Nietzsche nahezu gleichzeitig von griechischem Daseinspessimismus sprechen ließ, ist uns nicht bekannt. Immerhin könnte er während der Arbeit an den Basler Museumsfresken und der Zweitfassung von *Die Götter Griechenlands* Hinweise auf das bekommen haben, was Burckhardt erst später im Kolleg über ›Griechische Kulturgeschichte‹ vortrug: »In betreff der alten Griechen glaubte man seit der großen Erhebung des deutschen Humanismus im vorigen Jahrhundert im klaren zu sein: Im Widerschein ihres kriegerischen Heldentums und Bürgertums, ihrer Kunst und Poesie, ihres schönen Landes und Klimas schätzte man sie glücklich, und Schillers Gedicht ›die Götter Griechenlands‹ faßte den ganzen vorausgesetzten Zustand in ein Bild zusammen, dessen Zauber noch heute seine Kraft nicht verloren hat. Allermindestens glaubte man, die Athener des perikleischen Zeitalters hätten Jahr aus Jahr ein im Entzücken leben müssen. Eine der allergrößten Fälschungen des geschichtlichen Urteils, welche jemals vorgekommen, und um so unwiderstehlicher, je unschuldiger und überzeugter sie auftrat.«[42]

Aber solche Humanismuskritik hätte den Maler erst lange nach seinen römischen Anfängen belehren können. Er versuchte jedoch, idealistischer wie sozialpathetischer Darstellung des Menschseins von vornherein auszuweichen, indem er eine Natur suchte, die ihm archaisch erschien, wo sie von geschichtlichem Handeln des Menschen noch nicht verändert und beeinträchtigt war. Wägt man die Überzeugungskraft der darin entdeckten Unheimlichkeiten und Idyllen Böcklins gegeneinander ab, so erweisen sich die meist angestrengt harmlosen Bilder vom ungetrübten Einssein mit Natur als minder gewichtig. Das legt nahe, seiner mythopoetischen Malerei einen von Anfang an wirksamen pessimistischen Grundzug zu unterstellen, den ihr Autor jedoch erst spät wahrhaben konnte und wollte. Erst nach dem Tode von Anselm Feuerbach und Hans von Marées, jenen Weggenossen in Italien, die einander trotz aller Unterschiede in Temperament und Zielsetzung doch im Stillen die Möglichkeit zur Überwindung der »allgemeinen Kunstmisere« einräumten, begann er Bilanz zu ziehen.

Nun, da er sich als einziger übrig sah, fragte er sich, ob sie denn im gelobten Land der Künstler wirklich entdeckt hätten, wonach sie ausgezogen waren: eine über allen zivilisationsfrommen Realismus erhabene Kunst. Seine Urteile über die Kollegen, wie sie von Floerke aus eben jenen Züricher Jahren überliefert sind, fielen nicht eben gnädig aus. Über Feuerbach sagte er: »Schade, dass das bedeutende Mass grosser Anschauung, grossen ehrlichen Bewusstseins von den Pflichten seiner Kunst und grossen erarbeiteten Könnens so sehr von des Gedankens Blässe angekränkelt war.«[43] Über Marées wird die Äußerung berichtet: »Das Typische, die Abstraktion im Sinne Marées' ist nichts. Objektive Menschen, gedachte Menschen, wie sie vielleicht hätten sein sollen, giebt es nicht. Man muß verständlich, durchsichtig seine einzelnen Vorstellungen aussprechen.«[44] Über sich selbst hat er nicht so unverhohlen geurteilt, aber nach dem, was er in seiner Spätzeit malte, muß man schließen, daß er seine wesentlichen Entdeckungen nicht den humanistischen Traditionen und der großen Kunstvergangenheit Italiens verdankte, sondern seinen dort und anderswo gemachten Gegenwartserfahrungen.

1 H. Mühlestein und G. Schmidt: Ferdinand Hodler, Leben und Werk, Zürich 1983, S. 185–186.
2 H. Mühlestein und G. Schmidt (wie Anm. 1), S. 323–325. – Kat. München Neue Pinakothek, 1981, S. 138.
3 R. Andree: Arnold Böcklin, Die Gemälde, Basel/München 1977, S. 32 und Kat. Nr. 430.
4 O. Lasius: Tagebücher, Berlin 1903, S. 39–40; hier zitiert nach: B. Wyß: Erinnerungen an Böcklin, Basel 1921, S. 69–70.
5 So besonders bei: G. Floerke: Zehn Jahre mit Böcklin. Aufzeichnungen und Entwürfe, 2. vermehrte Auflage München 1902.
6 G. Floerke (wie Anm. 5), S. 99.
7 Die Bild- oder Gesamtwirkung seiner Malerei hat Böcklin schon früh beschäftigt. Vgl. dazu R. Schick: Tagebuch-Aufzeichnungen aus den Jahren 1866, 1868, 1869 über Arnold Böcklin, Berlin 1901, S. 356 und Registerverweise »Gesammtwirkung« und »Farben-Wechselwirkungen«.
8 G. Floerke (wie Anm. 5), S. 121. Es bleibt allerdings zu bedenken, wie weit Floerke in seinen »Aufzeichnungen und Entwürfen« die Meinungen Böcklins authentisch und unredigiert wiedergibt.
9 Der erste Schlaganfall überraschte den Maler im Mai 1892 nach einer Fußwanderung von Oerlikon nach Zürich; vgl. D. Christ: Arnold Böcklin 1827–1901, Biographie, in: Kat. Ausst. Arnold Böcklin, Basel 1977, S. 20.
10 Vgl. R. Andree (wie Anm. 3), Nr. 201, 310–312, 395, 396.
11 Vgl. R. Andree (wie Anm. 3), Nr. 357.
12 Vgl. R. Andree (wie Anm. 3), S. 31 und Nr. 410, 423, 430, 431, 446, 470, 472. – Allgemein dazu: K. Lankheit: Das Triptychon als Pathosformel, in: Abhandlungen der Heidelberger Akademie der Wissenschaften, Phil.-hist. Klasse, Jg. 1959, 4. Abh., Heidelberg 1959. – H. Lützeler: Kunsterfahrung und Kunstwissenschaft, 3 Bde, Freiburg/München 1975, S. 1001–1003.
13 Zürich, Kunsthaus; vgl. R. Andree (wie Anm. 3), Nr. 431.
14 Am Schluß der Geschichte ›Das verlorene Lachen‹; vgl. Gottfried Keller: Werke, Zürcher Ausg. 1978, Bd. IV, S. 345.
15 Andree (wie Anm. 3), S. 30.
16 H.F. Ellenberger: The Discovery of the Unconcious, New York 1970; dt. Ausg.; Die Entdeckung des Unbewußten, 2 Bde, Bern 1973, Bd. 1, S. 330.

17 E. von Hartmann: Philosphie des Unbewussten, Versuch einer Weltanschauung, Berlin 1868, 3. Aufl. Berlin 1871. – E. Haeckel: Anthropogenie oder Entwicklungsgeschichte des Menschen, Leipzig 1874. – Zum Sozialdarwinismus allgemein vgl. F. Bolle: Darwinismus und Zeitgeist, in: H.J. Schoeps (Hg.): Das wilhelminische Zeitalter, Stuttgart 1967, S. 235–287. – H.W. Koch: Der Sozialdarwinismus, München 1973. – H.U. Wehler: Das deutsche Kaiserreich 1871–1918, Göttingen 1973, S. 179–181. – H.F. Ellenberger (wie Anm. 16, dt. Ausg.), Bd. I, S. 323–341.

18 J. Burckhardt, Briefe, hg. v. M. Burckhardt, Basel 1949–1974, Bd. V, Nr. 577, S. 144.

19 F. Nietzsche: Werke, hg. v. K. Schlechta, 6. Aufl. München 1969, Bd. I, S. 167–168.

20 Th.H. Huxley: The Struggle for Existence in Human Societies (1888), abgedr. in: ders.: Evolution and Ethics and other Essays, New York 1914, S. 195–236; hier zitiert nach H.F. Ellenberger (wie Anm. 16, dt. Ausg.), Bd. I, S. 332–333. Ellenberger kommentiert das Zitat: »Wenn schon ein Naturforscher Darwins Lehre in dieser Weise interpretieren konnte, kann man sich unschwer vorstellen, wie sie in den Schriften von Soziologen und politischen Autoren entstellt wurde, die sie nur vom Hörensagen kannten.« (S. 333)

21 Basel, Kunstmuseum, entstanden 1871–73; vgl. R. Andree (wie Anm. 3), Nr. 263–266, Zur Interpretation: W. Ranke: Böcklinmythen, in: R. Andree (Anm. 3), S. 64–91, bes. 80–81; ders.: Arnold Böcklin, Ein Neuzugang unter den Klassikern? Zu den Ausstellungen in Basel und Darmstadt, in: Kunstchronik 31/1978, S. 75–84, bes. S. 83.

22 Vgl. R. Andree (wie Anm. 3), Nr. 271, 274, 358, 399, 416–418.

23 R. Andree (wie Anm. 3), Nr. 423, 424, 446.

24 B. Meyer, in: Süddeutsche Presse 222/23.09.1869; hier zitiert nach: M. Bringmann: Ein erträumter Lorbeerkranz und die Flohstiche der Realität. Feuerbachs Selbstgefühl und die zeitgenössische Pressekritik, in: Kat. Ausst. Anselm Feuerbach, München/Berlin 1976, S. 124–153, Zitat S. 135.

25 A.S. Domm (Hg.): Hans von Marées, Briefe, München 1987, S. 195.

26 A.S. Domm (Hg.) (wie Anm. 25), S. 192.

27 Ausführlich dazu W. Ranke (wie Anm. 21), S. 74–78.

28 R. Andree (wie Anm. 3), Nr. 301.

29 J. Burckhardt: Griechische Kulturgeschichte, hg. v. J. Oeri (zuerst Berlin 1898–1902), München 1977, Bd. IV, S. 511.

30 Zu Auftrag und Ausführung vgl. W. Ranke (wie Anm. 21), S. 65–67.

31 R. Andree (wie Anm. 3), Nr. 123, 124, 206.

32 R. Andree (wie Anm. 3), Nr. 135–137, 159, 160, 183, 186–190.

33 Vgl. R. Andree (wie Anm. 3), Nr. 114, 115, 120, 121, 160, 331, 332, 352, 381, 462–464.

34 R. Andree (wie Anm. 3), Nr. 404, 411.

35 R. Andree (wie Anm. 3), Nr. 319, 320, 407 und 343–347.

36 Diese und die folgenden Zitate aus: Ch. Heilmann: Zu Arnold Böcklins künstlerischer Individualität, in: Kat. Ausst. Arnold Böcklin 1827–1904, Darmstadt 1977, Bd. I, S. 34–41.

37 Schick (wie Anm. 7), S. 369–371.

38 Zum Stilwandel zu Beginn der siebziger Jahre vgl. H. Wölfflin: Arnold Böcklin. Festrede zur Böcklinfeier, Basel 1897, in: Basler Jahrbuch 1898, S. 218–229, bes. 224–225; H. von Tschudi: Arnold Böcklin, in: Die Kunst für Alle 16/1901, S. 251–256; H.A. Schmid: Arnold Böcklin, München 1922, S. 35; G. Schmidt: Böcklin heute, Basel 1951, S. 7 und 9. Zum *Kentaurenkampf* und den zeitgeschichtlichen Bedingungen dieser Bilderfindung vgl. W. Ranke (wie Anm. 21), S. 78–82.

39 R. Andree (wie Anm. 3), Nr. 283, 284, 293, 294, 318, 349, 375, 376, 401, 403, 405; zur Interpretation: G. Schmidt (wie Anm. 38), S. 24–26; W. Ranke (wie Anm. 21), S. 82–88.

40 H.F. Ellenberger (wie Anm. 16).

41 J. Burckhardt (wie Anm. 29), Bd. IV, S. 3.

42 J. Burckhardt (wie Anm. 29), Bd. II, S. 348; F. Nietzsche: Die Geburt der Tragödie aus dem Geiste der Musik (1871), für die Nietzsche bekanntlich im späteren ›Versuch einer Selbstkritik‹ den Titel ›Griechentum und Pessimismus‹ vorschlug; F. Nietzsche (wie Anm. 19), Bd. I, S. 9–134.

43 G. Floerke (wie Anm. 5), S. 246.

44 G. Floerke (wie Anm. 5), S. 169.

Ekkehard Mai

Im Widerspruch zur Zeit oder von der Tragik der Ideale
Feuerbachs Kunstentwürfe

Wer nicht für mich ist, der ist wider mich
A. Feuerbach

I.

Hermann Uhde-Bernays schrieb wohl mit Recht: »Neben Hans von Marées und Wilhelm Leibl gibt es keinen deutschen Maler der neuen Zeit, der so persönlich, oftmals abweisend persönlich ist wie Anselm Feuerbach.«[1] In der Tat haben sich viele Epitheta der folgenden Art zu Feuerbachs Kunst schon zu Lebzeiten und erst recht danach bis heute angesammelt: Distanzierte Hoheit der Form, Strenge des Gedankens, Dominanz der Linie und plastischen Gestaltung, hehre Größe und monumentale Gesinnung – bis hin zum Vorwurf der Erstarrung durch Lebensferne im Ideal. Die Bilder, die damit seit eh und je in erster Linie geradezu bildungskanonisch verbunden werden, sind Formulierungen eines Anspruchs auf »immer und ewig«: *Iphigenie* und *Medea,* die *Nanna*-Heroinen (Abb. 1) und *Das Gastmahl des Plato,* das *Paris-Urteil* und die *Amazonenschlacht,* schließlich all jene einsamen, großen Frauengestalten »am Meer«, die als Figurationen der Sehnsucht und Verlorenheit Zeit und Raum nur allzu bewußt und doch vergessen machen wollen. Die entschiedene Verlorenheit von Blick und Pose wurde zum Symbol der Form: Nah und naturalistisch, groß und mächtig ist Feuerbachs Menschenschlag, doch so verhüllt und entzogen wie die menschliche Figur sind Blick und Gestus abgewandt. Erhaben und von oben über weitem Horizont, mit melancholischem Vergessen und verlorenem Sinnen sind die Gesichter der Ferne zugewandt. Jedes Bild ein angestrengter Entwurf und wiederholt mit dem Signum der Endgültigkeit, von Dauer über den Augenblick hinaus – damit vor allem schuf sich Feuerbach den ihm genehmen, angemessenen Ruf: Ein Maler der projizierten Ideale, der hohen Poesie, einer Klassizität der Werte und Formen, die ihn immer wieder periodisch nach Italien führten, der Heimat nicht nur seines Kunstempfindens, sondern auch der inneren, der wahren Lebensexistenz. Venedig und Rom bedeuteten weit mehr als nur biographische Stationen – sie waren synonym mit einem Existenzzustand zwischen Sehnsucht und Erfüllung, gaben seinem Leben die beruhigende Gewißheit eines Ausgleichs zwischen Inspiration und Geborgenheit. Denn das vor allem, vergleichbar vielleicht einzig mit Marées, zeichnete Feuerbach in hohem Maße aus: die ganz persönliche Spannung seiner Existenz war auch die der Kunst. Insofern gilt immer noch, was potenziert und stilisiert als Bild des Künstlers überkommen ist – eine Legende von Größe und Verzicht, von lebenslanger, verzehrender Suche nach Ideal und Wirklichkeit im Ausgleich durch Kunst – Kunst, die mit Feuerbachs ihm eigenen pathetischen Worten das Leben auf dem »Altar ewiggültiger Schönheit« und höchster Werte opfern sollte.[2] Feuerbachs Werk und Leben scheinen wie geschaffen für all jene oft genug überzeichneten Topoi von der Legende des Künstlers, wie sie Ernst Kris als Psychogramm und Psychodrama durch die Geschichte der Kunst hin verfolgt hat – der Künstler als ewiger Wanderer, rastlos getrieben von der Suche nach dem Einen und Höchsten, verzweifelnd an sich und den Schranken der Wirklichkeit, melancholisch dem Zustand nach, energisch und innerlich voll Bild und Zwang, wo es der Gegenstand verlangt.[3] Aber nicht nur er, noch zwei weitere Namen sorgten für einen Topos des Künstlerbildes um die Mitte und in der zweiten Hälfte des 19. Jahrhunderts, wie er als Nonplusultra einer ebenso literarisch wie bildungsbürgerlich beliebten Verbindung – nämlich Genie und Tragik – in die ältere hagiographische Kunstliteratur Eingang gefunden hat. Es sind dies Böcklin und Marées – mal mehr oder weniger richtig »Deutsch-Römer«, mal Neuidealisten genannt. Als singuläre und exemplarische Gestalten ausgeprägt subjektiver Kunstentwürfe waren – und sind sie teils noch – dem allgemeinen Kunstverlauf entwicklungsgeschichtlichen Denkens eher entzogen als ihm einzuordnen. Freilich sorgte dies langhin auch für eine Bequemlichkeit ganz anderer Art. Kult und Mythos der Person hatten zwar Feier und Verdammnis im Übermaß zur Folge, nicht zuletzt dank Feu-

Abb. 1 Feuerbach, *Nanna,* 1861, Köln, Wallraf-Richartz-Museum

erbachs populären, von der Mutter pietätvoll redigierten »Vermächtnisses«, der Briefe und Allgeyerschen Biographie wegen, sie standen damit aber einer nüchternen, sachlichen Betrachtung eher hinderlich im Wege. Überdies trugen dazu die bereits erwähnten »Ikonen« des späten Feuerbach noch ganz beträchtlich bei – eine Wirkungsgeschichte sui generis. Wer Feuerbachs Werke sieht – und vielleicht sind sie als schmales Dutzend immer noch ein bildungsbürgerlicher Inbegriff –, der glaubt sie, wie gesagt, schnell auf den Nenner gebracht: Klassizität der Themen, ruhige Strenge der Formen, hieratischer Bau der Figuren, hoheitsvoll stilisiert und voller Stille, ganz Kult der Kultur und Aristokratie der Seele.

Der klassische Feuerbach, der Feuerbach der römischen Zeit (ab 1856), des *Nanna*-Ideals, der *Iphigenie,* der *Medea* (Kat. 62, 63, 81, 82, 83), begegnet mit der Pose selbstgewählter Unnahbarkeit, der Arroganz der Form und der vollkommenen Beherrschung bis zur Leere und Leblosigkeit. Stand hier eine mit Willen ausgetragene Kunst gegen den unsinnigen Accessoirekult der Epoche, die »Makartkrankheit« seiner Zeit?[4] Oder sind dies nur Chiffren mühsam beherrschter Innerlichkeit, wovon die Briefe sprechen, ist die Form mehr Formel, die ihm Halt und Sicherheit versprach, ist dies mehr pathologische Subjektivität als Objektivität des ästhetisch perfektionierten Scheins?

II.

Feuerbach war, so scheint es, in der Tat ein Leben lang auf der Suche nach Halt und Verfestigung seiner selbst und seines künstlerischen Wollens, begonnen mit im wörtlichen Sinne fixen Ideen und Vorstellungen, was ein Künstler ist und wie er bilde, vor allem, *was* er bilde, übergehend zu meisterlichen Vorbildern, Wegführern und Weggefährten, ausgeprägt dann in den Stationen seiner Existenz und seines Schaffens und endend in den späten Programmbildern geradezu kunsttheoretischen Stils.[5] Von kaum einem Maler deutscher Nation sind so beharrliche, selbstzweifelnde und -quälende Bildgedanken brieflich-schriftlich niedergelegt worden wie von Feuerbach, voller Unruhe immer auf der Suche, ja Sucht nach Ruhe, die er selten zu erreichen meinte. Die meisterliche, große, klassische Form von Poesie und höherer Idee durch den rechten Gegenstand ins Bild zu setzen – darum rang er bekanntlich immer wieder. Heldentum aus innerem Zwang und in der Stille – das hatte Zucht der Form, Disziplinierung durch Haltung, durch statuarischen Ausdruck und ständige Balance zur Folge – ein Unterfangen voller Mühsamkeit.

Bislang hat man vor allem Feuerbachs römische Zeit und die späten Jahre in den Mittelpunkt seines formelhaften Bildstrebens gestellt, die statuarisch-plastische Reliefbildung seiner Figuren und die Zurücknahme des Kolorismus auf eine gedämpfte, gleichsam mit einem Grauschleier gemilderte Farbigkeit hervorgehoben.[6] Man hat weiterhin Linearität, plastisches Ideal und den Vorrang des Gedanklichen immer wieder betont – wie ich meine: überbetont. Denn Feuerbachs Schaffen galt gerade dem Ausgleich von Idealismus und Sensualismus in einem Maß und Stile, der auf eine lange Vorbereitungszeit, auf ein intensives Studium der Kunstgeschichte und zeitgenössischer Produktion, in einem »juste milieu« der Mittel und Möglichkeiten seiner Zeit begründet ist. Es wäre zu einfach, wollte man immer nur die These des übersteigerten persönlichen Sendungsbewußtseins, seinen von ihm selbst geäußerten »Glauben an die Bestimmung«, geboren »zu großem freien Schaffen«[7], in den Mittelpunkt rücken und übersehen, daß Feuerbach auch objektiv um die Wiedergewinnung großer Figurenmalerei, um die Grundlagen altmeisterlicher Kunst und um eine zeitgenössisch angemessene, wenn auch historisch, allegorisch oder ideell überhöhte und eingekleidete Thematik bemüht gewesen ist. Er wollte Moderner sein, aber aus Gründen der Zeitkritik die Passion, die von ihm selbst so genannte »ruhende

Leidenschaft«[8] zur großen und für gültig befundenen Vergangenheit der Haltlosigkeit der eigenen Epoche entgegensetzen. Wie Marées ging es auch Feuerbach um die absolute Malerei, und wie Böcklin gerann ihm dies zu Bild gewordenen Mythen, die im Sinne Hegels »Widersprüche« aufzuheben hatten – wider und doch mit der Zeit, die zu bessern, wenn nicht zu retten er als selbstgesetzten, heiligen Auftrag nahm. Es erklärt – neben seinem Bildungsweg, der Prägung durch das Elternhaus, der Fähigkeit zur Reflexion mit »heißem Gefühl« und »scharfem Verstand« – seinen Umgang mit Kunst und Geschichte, sein Bekenntnis zu dem sehr tiefgreifenden Begriff »historische Kunst«. Als »peintre philosophe«, der einer Familie von Philosophen, Rechtshistorikern, Philologen und Archäologen entstammte, war Feuerbach Pessimist und Kritiker der Zeitkultur, die er an sich selbst gespiegelt fand und überwinden wollte – ein Konflikt, an dem er mit wechselnden Experimenten zur Lösung kein Genügen, für das er nur Versuche fand – und darum wußte. Feuerbach *setzte* Kunst und suchte im Inbild die Überbrückung von Vergangenheit und Gegenwart zu leisten. Entwurf und Vollendung kam daher in seinem Schaffen grundsätzliche Bedeutung zu, nicht nur in dem magistralen Dutzend ernster Themen, auch bei seinen Bildern heiteren Kunstprinzips, den festlichen, idyllischen und landschaftlichen Themen. Sie waren durchaus zeitgebunden, wenn auch von unübersehbar eigener Form. Und selbst diese kam nicht von ungefähr, hatte bei aller Selbstbehauptung zeitgenössische Parallelen, wenngleich im Banne der allzu dominant überlieferten Persönlichkeit dies bis heute in den Hintergrund getreten ist. Leben und Schaffen haben einer immanenten Werkbetrachtung bislang überreichlich Stoff geliefert. Es gilt dies vor allem für seine Zeit in Düsseldorf, Antwerpen und Paris – schließlich, eigentlicher Anlaß der Betrachtung, für die Bedeutung Roms, Venedigs, ja Italiens als »wahrer« Lebensgrund. Außer über rein formale, ikonographische oder biographisch dokumentierte Bildbeziehungen hat man sich kaum die Mühe gemacht, neben dem äußeren auch dem inneren Gehalt solcher Wechselgespräche des Künstlers mit Gegenwart und Vergangenheit nachzugehen. Renaissance der Kunst hieß für Feuerbach mehr als ein Renaissancismus, der Modeetikett auch seines Historismus war. Es war ihm höchstes Ziel. Ob auch erreicht, steht zur Debatte.

III.

Feuerbachs erste Beschäftigung mit poetischen Stoffen und den Problemen des Kolorismus, einer farbig-festlichen Gestaltung neuer wie vertrauter Bildinhalte, fällt in seine Düsseldorfer Zeit zwischen 1845 und 1847. Die Schule Wilhelm Schadows als Direktor und Haupt der Kunstakademie mit so selbständigen und zu ihrer Zeit

Abb. 2 Von Schadow, *Mignon*, 1828, Leipzig, Museum der Bildenden Künste

prominenten Lehrern und Vertretern der Historienmalerei wie Theodor Hildebrandt (seit 1836 Professor) und Carl Ferdinand Sohn (seit 1838 Professor) hatte zwar den Zenit ihrer europäischen Wirkung schon zu überschreiten begonnen, gleichwohl galten Schadows Neuerungen in der Künstlerausbildung mit den drei Säulen Naturalismus, Kolorismus und Meisterklasse weiterhin als unbestritten fortschrittlichste Leistungen zwischen Berlin und München, Dresden, Antwerpen, Brüssel und selbst noch Paris.[9] Nach den frühen Erfolgen Schadows in der Praxis Ende der zwanziger und in den dreißiger Jahren setzte in den vierziger Jahren vor allem seine theoretische Tätigkeit ein. Schadows »ungewöhnliches Herrschertalent« forderte vom Maler Phantasie und Poesie, die sich nur über die »Form der Sinnenwelt« mitteilen konnten. Er wurde es nicht müde, Poesie als die allwaltende Kraft zu beschwören, diese in vielerlei Programmbildern *(Mignon, Poesie, Bildnis Immermanns* etc.) zu fixieren und als Richtschnur seinen Schülern zu vermitteln. Zwei Zitate dazu: »Was ist ein Kunstwerk?« fragte er z. B. und gab die Antwort: »Jedes Bildwerk ist ein verkörperter Gedanke. Je besser der Gedanke, desto vollkommener dessen Ausdrucksweise, um desto vollkommener ist das Kunstwerk«, und: »Das wahre Kunstwerk ist eine bis zur sinnlichen Erscheinung, ja bis zur Verkörperung gediehene innere Vorstellung oder Idee des Künstlers, wodurch derselbe (gleichsam als Affe Gottes) die Fleischwerdung eines Gedankens bewirkt.«[10]

Ganze Motivketten aus romantischer Literatur, Bibel und geschichtlichen Stoffen durchzogen bekanntlich die ersten Ausstellungsjahre der Schule. Schadows *Mignon* (Abb. 2) folgten Hildebrandts *Judith*, die *Genoveven* Steinbrücks und Mückes oder die *Mirjam* bzw. *Rebecca* Köhlers; Mädchen- und Liebespaare wurden sogar analog dem nazarenischen Programmbild von Overbecks *Italia und Germania* (1811–1828) zu einem Wahrzeichen der Schule; zuvorderst *Rinaldo und Armida* nach Tasso von Carl Sohn, 1828, ein »glänzendes Gemälde«, wie es dazu im Kunstblatt hieß, das »den Wortprunk des Dichters vor unseren Augen wunderbar in Farbenpracht verwandelt«[11], *Ruth und Noemi*, 1830 von Hübner, der schon 1825 *Ruth und Boas* als Erfolgsgemälde vorgestellt hatte, Hildebrandts *Judith und Holofernes, Chlorinde von Tancred getauft* nach Tasso oder sein *Abschied Romeos von Julia*, 1828, ein Thema, das auch von Sohn aufgegriffen wurde, der überdies nach der Italienreise 1829/30 mit den *Beiden Leonoren*, 1834, bzw. *Tasso und die beiden Leonoren*, 1839, diese Serie glanzvoll beschließt (Abb. 3). Die Typologie der Zweierbeziehung vorwiegend als Freundschafts- oder Gefühlsdarstellung fand in Gestalt literarischer Legitimierung selten eine derartige Breite wie in der Düsseldorfer Malerschule. Es muß diese Art Figurenmalerei gewesen sein, die Feuerbach neben der elementaren Unterweisung im Natur- und Farbenstudium an der Hand erst Schadows, dann Sohns auf den eigenen Weg gebracht hat. Spätere Bilder beweisen dies. Beide erkannten Feuerbachs Talent zur Komposition und lobten seinen Farbensinn, Feuerbach selbst berichtet von seinem literarischen Eifer, von Homer über Sallust, Shakespeare bis Goethe, Uhland und zur Bibel. Er spricht von »poetischen Empfindungen« (Juli 1846), doch mit der schon kritischen Einschränkung »nur muß die Handlung ergreifend und klar sein«, er spricht von Schadows ständigen Korrekturen und den Arbeiten für ihn, nennt ihn »Meister«, weiß aber in Sohns Malklasse dessen größere unprätentiöse Natürlichkeit zu schätzen.[12] Das Porträt- und Figurenstudium hatte im Düsseldorfer Ausbildungsgang absoluten Vorrang – kein Zweifel, daß trotz späterer kritischer Rückblenden des »fertigen« Malers diese Düsseldorfer Zeit darin den Grundstein legte. Sie legte aber auch noch auf einem anderen Gebiet den Grundstein – im Studium alter Meister. So äußert er im März 1846: »Die alten Meister studieren, das müssen Farben sein (ich freue mich, dieser Tage bekomme ich einen echten van Dyck zu sehen, eine Madonna).«[13]

Abb. 3 Sohn, *Tasso und die beiden Leonoren*, 1839, Düsseldorf, Kunstmuseum

Die Natur und die Alten, vermittelt am Beispiel der Komposition und vorbildlich für die Wirkung der Farben – dies war es, was ihn auch weiterhin in Bann zog und letztlich den Ausschlag für die Scheldestadt Antwerpen, die Stadt von Rubens, gab, in der mit Wappers, Bièfve, Gallait (Abb. 4) und de Keyser ein neuer, kräftiger Kolorismus blühte und das wie die Fortsetzung von Düsseldorf schien, nur moderner, zeitgemäßer den Inhalten nach. Rubens hatte es ihm schon in Düsseldorf angetan, überdies war eine Freundschaftsclique vorausgeeilt, und wiewohl ihm Antwerpen als Stadt die pure Öde zu sein schien, so äußerte er dennoch: »Frischen Mut, es lebe die belgische Technik und die Alten! Beides fehlt mir. Ich muß hin, und sollte es mir den Hals kosten ... die Düsseldorfer pfuschen am Geiste herum, den mir niemand geben kann, so lerne ich nie meine Ideen klar und frisch auf die Leinwand bringen ...«[14]

Dieser Plan von 1847, dem Entschlußänderungen mal mit dem Ziel Paris, dann wieder der Freiburger Heimat, schließlich erneut Düsseldorf mit Schadows Meisterklasse folgten, realisierte sich erst 1850. 1848 bis 1850 weilte Feuerbach in München – offensichtlich angezogen von den alten Meistern und der Tendenzwende an der Akademie nach Cornelius, welche nach der Kartonkunst der Malkultur endlich einen entschiedenen Stellenwert einräumen ließ. Es war die Zeit Kaulbachs und der von ihm durchgesetzten Malschule Schorns. An sie glaubte er sich zunächst halten zu müssen – freilich mit dem Bemerken: »Ich war überrascht, so wenig Poesie und Gemüt mit einer brillanten Technik verbunden zu sehen.«[15] Von dorther rührt denn auch der denkwürdige Satz: »Jene sind Maler, und Du bist Künstler.«[16] So war es im eigentlichen auch weniger die Akademie als vielmehr das Studium der alten Meister in der Pinakothek, das ihm Lehre

Abb. 4 Gallait, *Abdankung Karls V.*, 1841, Brüssel, Koninklijk Instituut voor het Kunstpatrimonium

und Halt bedeutete. Es ist bezeichnend, daß er nunmehr intensiv zum Mittel der Kopie greifen sollte, um Komposition und Farbkörper eines Bildes zu ergründen. Und neuerlich war es Rubens, den er dazu auserwählte – Rubens, dessen Kolorismus ebenso dominierend wie sein Figurenkanon war, wobei ersterer seit eh und je die Affinität zu Tizian und Venedig eingeschlossen hatte, ja eine Wahlgenealogie zum Inhalt hatte, die für die Kunstprinzipien Feuerbachs – latent und offen gleichermaßen – sicher prägend war. Seine erste eigenständige Arbeit war denn auch *Die Gefangennahme Simsons* nach Rubens in der Pinakothek, heute in der Kunsthalle Hamburg (Abb. 5). Auffällig ist die viel dünnere, skizzenhafte Faktur, die Transparenz der Farben, worauf es ihm – so der Brief an den Vater – primär auch angekommen sei, um für sein eigenes *Bacchus*-Bild die nötige Klarheit und Sicherheit zu gewinnen (*Bacchus' Gefangenschaft unter den Seeräubern* war eine von Düsseldorf mitgebrachte Idee). Er äußert wiederholt »Ich finde auf der Pinakothek in Rubens und van Dyck und namentlich Murillo alles, aber auch alles, was ich brauchte, über jegliches kann ich Aufschluß geben«.[17] Feuerbach schloß sich im übrigen der Schule Karl Rahls an, der später auch das Interesse des Grafen Schack fand, allerdings in den Akademieschriften zum Lehrkörper kaum erwähnt ist. 1850 wechselte Rahl nach Wien und begründete eine Malschule. Die Beziehungen zu Rahl, dessen einziger Schüler Feuerbach war, waren mehr persönlicher, artverwandter Natur, da dieser ihm bei seinem ersten öffentlich vorgestellten Bild *Amoretten und Pan* Mut und Halt geben konnte. Es war wohl auch die Sonderrolle Rahls – sein Opponieren gegenüber der eingefahrenen Münchener Kunst und Künstlerschaft –, die seinem Gefühl und Bedürfnis, anders zu sein, Nahrung gab. Über Rahl wurde in Feuerbach allerdings auch sein Empfinden für die venezianische Malerei wachgerufen, zumal Rahl die Absicht äußerte, nach Venedig gehen zu wollen, dem

Abb. 5 Feuerbach, *Die Gefangennahme Simsons* (Kopie nach Rubens), 1848, Hamburg, Kunsthalle

sich Feuerbach gern angeschlossen hätte. Aus dem Plan wurde nichts. Dennoch: Feuerbach erwähnt Kopien Rahls nach Tizian, insbesondere Porträtköpfe, die es ihm angetan hätten, welche freilich nicht die Originale ersetzten, insbesondere wenn sich die Chance eines Studiums vor Ort ergäbe. Er schreibt: »Warum ich zu Rahl ging, ist klar: Du kennst meine Verehrung für die alten Meister, und die Kopie gibt Dir Zeugnis, daß die Alten nicht bloß eitle Torheit sind ...«, und anderen Orts 1849: »Was ich Rahl zu verdanken habe: er hat mich von meiner Rubensmanie geheilt, mich reeller denken gelehrt.«[18]

Die anschließende Periode für mal eben ein Jahr Antwerpen kam nach München im Grunde zu spät innerhalb der Entwicklung des Malers. Retrospektiv betrachtet, lernte er denn auch München und Düsseldorf daran gemessen erst richtig schätzen. Das Handwerk der Flamen lernte er zwar einmal mehr bewundern, auch gingen ihm thematisch durchaus Anregungen von deren nationalgeschichtlicher Historienmalerei zu – Allgeyer erwähnte dies schon – und zwar für die Bilder *Die junge Hexe, Der betende Mönch* und *Die Kirchenräuber,* das Ungenügen an großem Stoff und hehrer Idee machte sich aber immer drängender bemerkbar. Er bedurfte wiederum des Einsammelns ihn anrührender Eindrücke, zwingender Motive, großer Kunst, um sich hinaufgezogen zu fühlen. Nichts verdeutlicht dies mehr als das Bekenntnis: »Mein einfacher Plan wäre, ich ginge jetzt auf vier Monate nach Paris, kopierte nach Ribera, Tizian, Veronese, um Stoff zu sammeln zu einem großen Bild.«[19]

In der Tat, diesem Ziel kam er mit dem Eintritt in die private Malschule Thomas Coutures bei seinem zweiten der insgesamt drei Pariser Aufenthalte am nächsten. Paris, so möchte man meinen, führte ihn endgültig, malerisch gesehen, geradewegs nach Venedig. Die erste Station und der erste Aufenthalt dazu standen im Zeichen des Louvre und der Kopie. Feuerbach hielt mit der ihm eigenen Unsicherheit an Grundsätzen nahezu ängstlich fest. So berichtet er an seine Mutter, daß er sich um die Spanier im Louvre mühe und auf einen Platz zum Kopieren warte. »Viel Malen und Sehen« stand auf seinem Programm. Die rechte Technik durch Kopien zu erringen, das war nach wie vor das Ziel. Daß er die Spanier dazu wählte, hat wiederum mit der Luminosität und Transparenz des Malerischen zu tun – im übrigen parallel den Absichten des jungen Manet, der ja dann gleich ihm Schüler Coutures werden sollte, eine Parallele, die man in den Grundabsichten bislang noch nicht recht gewürdigt hat.

Der zweite Pariser Aufenthalt des Jahres 1851/52 stand nun zweifellos im Zeichen Coutures, anfangs nicht ohne Schwierigkeiten, doch der Not gehorchend, die sich überraschend günstig wendete. Couture unterhielt zu dieser Zeit die berühmteste Privatschule in Paris, bekannt wegen ihres »laisser-faire«, aber nicht minder wegen der Korrektur Coutures, seiner Vorliebe für alte Meister und vor allem – für Feuerbach ausschlaggebend – wegen seines Versuches, der »grande peinture« der Vergangenheit zeitgenössisch zu ihrem Recht zu verhelfen. Feuerbach schreibt denn auch: »Couture sagte mir, wenn ich erst so malen könne, wie meine Zeichnung und Auffassung sei, dann würde ich bald zur grande peinture gelangen ... Im Louvre führt er uns nur vor Raffael, Tizian und Veronese. Kurz und gut, ich fühle, das ist der erste wahre Lehrer, nach dem ich mich ein ganzes Leben gesehnt habe ...«[20]

Couture gilt gemeinhin als der Maler des »juste milieu«, des Ausgleichs von Tradition und Moderne, mit dem hohen Streben, den großartigen Programmbildern neuerer französischer Malerei – Delacroix' *Dantebarke* (vgl. Kat. 55), Géricaults *Floß der Medusa* – seine Version und Fassung an die Seite zu stellen. 1845/47 war ihm der große Wurf der *Römer der Verfallszeit* (Paris, Musée du Louvre, Abb. 6) gelungen – ein ungeheuer ambitioniertes Bild, das mit Entlehnungen aus der ganzen neueren Kunstgeschichte, mit einer Unzahl von Vorstudien und nach unermüdlichen Kompositionsversuchen entstanden und vom Staat angekauft worden war. Boime konnte die Motivgenese im einzelnen minutiös nachweisen[21] – und es ist klar, wer dafür das Muster im ganzen gab: Die Gastmahlsbilder Veroneses hatten dafür Pate gestanden. In seinen ›Entretiens‹ hatte Couture geschrieben: »Wenn er nicht der Größte der Koloristen ist, dann ist er offensichtlich der Größte der Maler ... er ist der beste Meister für's Studium, er ist ohne Fehler.«[22] Neben Veronese hält er vor allem Tizian hoch, dem er ein ganzes Kapitel widmete. Es waren Kolorismus, Idee und Poesie, die aus den Werken der

Abb. 6 Couture, *Die Römer der Verfallszeit,* 1845/47, Paris, Louvre

Abb. 7 Couture, *Der Jocondo,* 1844, London, Heim Gallery

Venezianer sprachen, vor allem die Idealisierung der Natur, weshalb man auch zeitgenössisch kritisch vermerkte, Couture idealisiere die Natur. Im übrigen folgte er damit den ästhetischen Forderungen Victor Cousins, des Modephilosophen seiner Zeit.[23] [Es würde zu weit führen, Coutures Motivübernahmen aus der venezianischen Renaissancemalerei aufzuzählen und im einzelnen nachzuweisen. Die Vorliebe für Tizian und die venezianische Malerei war im übrigen schon seinen Lehrern Gros und Delaroche zu eigen.] Für Couture selbst ist außer der erwähnten Beziehung zwischen Veroneses Gastmählern und den *Römern der Verfallszeit,* die kompositionell sehr viel später in den beiden Fassungen des *Gastmahls Platos* bei Feuerbach enden (1869, Karlsruhe; 1873, Berlin-Ost), vor allem die Epoche des sogenannten Troubadour-Stils aufschlußreich. Sie fiel in die erste Hälfte der vierziger Jahre. Troubadour-Stil, d. h., daß auf romantisch-gefühlvolle Art Romanzen des mittelalterlichen Lebens bei Hofe die Themen stellten. *Der Jocondo* (Abb. 7) nach einem Thema Ariosts im Orlando Furioso verschmolz z. B. Motive von Giorgiones *Ländlichem Fest* mit Anleihen bei Tizian *(Mann mit Handschuh, Venus von Urbino).* Oder: Neben dem *Bacchanal* nach Tizian hatte Couture als besonderes Vorbild Tizians *Grablegung Christi* im Louvre gewählt, dann auch die Venus-Darstellungen. Der luminose, dünnflüssige und skizzenhafte Farbauftrag war gleichfalls Thema und Stoff der Unterweisung. Tizian/Giorgione – das bedeutete ihm und vor allem auch anderen französischen Malern von Delacroix bis Manet den Inbegriff malerischer und poetischer Kultur, die sich auf einige Standard-Werke bezog. Innerhalb der Lehre war es jedoch insbesondere die Form der skizzenhaften Kopie, was die Venezianer ja auch nahelegten, welche für die Schüler, und so auch für den aufnahmebereiten und empfänglichen jungen Feuerbach, ausschlaggebend wurde. Die Kopie geriet in Frankreich neben der Wahl von Themen zu einem programmatischen Ausdruck der Geschmacksentwicklung.[24] Früchte dieser Jahre in Paris sind für Feuerbach z. B. das *Italienische Begräbnis,* 1851, und vor allem der *Hafis vor der Schänke,* 1852 (Abb. 8). Letzterem galt ein unermüdliches Studium und die Handschrift, das Figurenstudium Coutures, aber auch die thematische Herkunft mit Wein, Weib und festlicher Lagerstätte werden nur zu deutlich. Auch im Kolorit hielt er sich an das venezianische, allerdings ins »alte« gebrochene Vorbild seines Lehrers.

IV.

Wie sehr diese malerische Richtung Coutures weiterhin anhielt, und zwar über den dritten Aufenthalt in Paris 1854 hinaus, das bewies die nach dem Tod des Vaters und mit dem Umzug der Mutter nach Heidelberg verbundene plötzliche Rückkehr nach Karlsruhe. Die Flucht vor einer Liebschaft und langsam drückende Schulden besorgten ein übriges. Obwohl die badische Residenzstadt des Großherzogs Leopold gemessen an Paris lediglich verschlafene Provinz sein konnte, die Kunstschule des noch aus Düsseldorf wohlvertrauten Wilhelm Schirmer erst im Entstehen war, erreichten ihn dennoch einige existenzsichernde Aufträge und Unterstützungen wie z. B. *Das Blumenmädchen,* das der Regent für sein Sommerschloß auf der Insel Mainau erwarb, der Auftrag zu Sopraporten mit Kinderdarstellungen für das Karlsruher Schloß und andere Privataufträge. »In Karlsruhe begann meine eigentliche selbständige Tätigkeit«,[25] heißt es immerhin im Vermächtnis; wie ein ausgedörrter Boden habe er zu sprießen begonnen – offensichtlich Ergebnis dieses »Sammelns« von Motiven und Eindrücken, von denen oben die Rede war. Eine erste Enttäuschung erfuhr er allerdings mit dem *Hafis.* Die kleinliche Gesinnung der Karlsruher Gesellschaft versagte ihm eine schlichte Vorstellung im Kunstverein. Nicht viel anders erging es ihm dann mit dem Versuch der öffentlichen Anerkennung eines weiteren Bildes, das in der Pariser Zeit begonnen und in Karlsruhe zum Abschluß gebracht worden war. Wiederum ein venezianisches Thema, geschult an den alten Meistern und beeinflußt von Couture: Es handelt sich um die anspruchsvolle, durch und durch, im Hochformat, im Aufbau, in den handelnden Personen, vor allem im Frauentypus, veronesische Komposition des *Tod des Pietro Aretino,* 1854 (Abb. 9), also jenes venezianischen Dichters, der als Freund Tizians und durch gelehrte Kunstbetrachtungen in Briefform nicht nur in die Literatur-, sondern auch in die Kunstgeschichte eingegangen ist. Dargestellt ist ein festliches, dramatisches Gelage des wegen seines sinnenfroh-frivolen Lustwandels berühmten Dichters, den mitten im Genuß der Tod ereilt. Feuerbach entwarf damit in der Person Aretinos mit den Mitteln der venezianischen Malerei der Hochrenaissance ein historisches Geschichtsbild – wiederum gebrochen durch die Couturesche

Abb. 8 Feuerbach, *Hafis in der Schänke,* 1852, Mannheim, Kunsthalle

Manier. Feuerbach hoffte, das Bild dem Großherzog verkaufen zu können. Allein, Hofkreise und sogenannte Kunstkenner sorgten mit harschem Tadel des Bildes, wahrscheinlich thematisch veranlaßt, für eine Ablehnung – eine schwere Kränkung für Feuerbach.[26]

Dennoch entstanden weiterhin Bilder, mit denen er die Ungunst, oder vielleicht auch Mißgunst anderer Künstler, in diesem zweiten Falle nach dem *Hafis,* beschämte – und wiederum: Auch sie erweisen sein unermüdliches Studium venezianischer Malerei, ob es nun das *Mädchen, über einen toten Vogel trauernd* oder die *Versuchung des Hl. Antonius* betrifft. Gerade letzteres macht dabei das Studium der Tizianschen *Martyrien* deutlich, nicht zuletzt einmal mehr des berühmten, oft kopierten und im Nachstich überlieferten *Martyrium des Hl. Petrus.* Landschaft und Figurenkonstellation, hier im Vergleich, dürften an einer solchen Herkunft kaum Zweifel lassen. Seine Briefe wie das Vermächtnis sprechen überdies von einer ungebrochenen Fülle von in Arbeit befindlichen Themen, aus denen nur noch eines hervorgehoben sei, nämlich die *Grablegung.* Über sie berichtet er an die Mutter: »Die Grablegung ist in der Anlage das Beste meiner bisherigen Arbeiten, ich arbeite daran mit Leidenschaft ...«[27] Es erscheint uns unzweifelhaft, daß er dabei Tizian zum Vorbild genommen hat – zumal dieses Thema von Delacroix und Géricault in Kopie nach Tizian behandelt und von Couture zum Muster gewählt worden war[28] – wir sprachen schon davon. Es war ein Kernstück der Louvre-Studien.

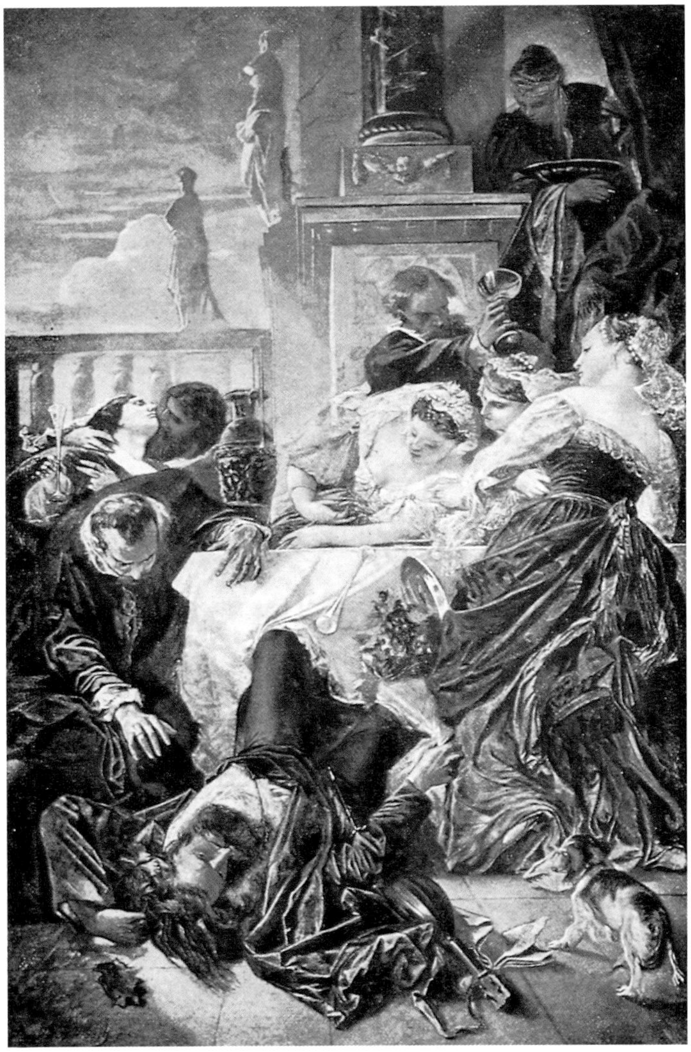

Abb. 9 Feuerbach, *Tod des Pietro Aretino,* 1854, Basel, Öffentliche Kunstsammlung, Kunstmuseum

Aber auch mit diesen Bildern war ihm nicht beschieden zu reüssieren. Eine Fassung der *Versuchung des Hl. Antonius* zerstückelte er sogar in seiner Enttäuschung.

Dennoch waren es diese Umstände, die ihm endlich den langersehnten, schon in München geplanten Aufenthalt in Venedig ermöglichen sollten. Schirmer, wie Oechelhäuser über Feuerbachs Jugendjahre schrieb, vermittelte immer wieder zwischen ihm und dem Regenten. An ihn richtete er jenen denkwürdigen Brief vom 18. März 1855, in dem es heißt: »Es ist mir in der letzten Zeit trotz der angestrengtesten Arbeit unmöglich geworden, mich von der größten Sehnsucht frei zu machen, Italien, zunächst Venedig mit den alten Meistern der Kunst, einmal sehen und studieren zu dürfen. Und meine letzten Arbeiten, die mir deutlich beweisen, daß ich auf Abwege gerathen könne, wenn mir die Umstände nicht gestatten, meinen Geist an den großen Meistern Italiens zu stärken, haben mir die Überzeugung gegeben, daß ich nur allein in Italien meine Ausbildung vollenden kann.«[29]
Schirmer gab dieser Bitte mit einem Gutachten inhaltlich die Richtung: Er spricht von der »seinen Anlagen homogenen Kunstrichtung« Tizians, Bellinis und Veroneses zum Studium technischer Vollendung, verbindet Feuerbachs Kopien und Studien nach der Natur mit dem eigenen Wunsch nach Lehrmaterial für seine Schule, vierteljährlich abzurufen, und nennt als Vorbilder für Behandlung und Pinselführung Tizians *Pietro Martir* in der S. Giovanni e Paolo-Kirche, hierzu noch Raub der Europa von Paul Veronese Pal. Ducale, in St. Rocco, Kreuztragung von Titian, Portrait Ariost's von demselben, ist dieses unerreichbar, so wäre die Grablegung in der Galerie Manfrini? oder die Himmelfahrt Marie in der Kais. Academie geeignet, copirt zu werden ...«.[30]

In der Tat sollte Feuerbach dann Ende Mai 1855 nach Venedig aufbrechen und bis Mai 1856 nahezu ein ganzes Jahr in der Lagunenstadt verbringen. Feuerbach konnte sich wie so viele andere vor und nach ihm dem Zauber der Paläste, Kirchen und Kanäle ebensowenig entziehen, wie er seiner stets zum Stilisieren neigenden emotionalen Überschwenglichkeit in den Briefen und im »Vermächtnis« nicht weniger Ausdruck gab. In der Tat, auch er zitiert, längst vor späteren kunstgeschichtlichen Autoren – es wäre etwa an Theodor Hetzer zu denken –, die klassische Verbindung von Ernst und Heiterkeit, von Festlichkeit und Schönheit, die träumerische Ruhe im Glanz der Farben Venedigs: Venedig ist »mir immer als Heimat der Poesie« erschienen, schreibt er, und: »Wenn ich an Venedig denke, ist es mir, wie wenn ich schöne Musik gehört, ein gutes Buch gelesen, oder mit einem lieben Menschen gesprochen hätte.«[31] »Eine Bruderschaft der echten Farbe«, so nennt er die Venezianer, und mit jedem Tag käme mehr »Heiterkeit, Ruhe und Klarheit« über ihn. Es ist bezeichnend, daß er sich nun nicht dem *Pietro Martyr*

Abb. 10 Feuerbach, *Himmelfahrt Mariae* (Kopie nach Tizian), 1855, Karlsruhe, Staatliche Kunsthalle

Tizians in der Cappella del Rosario in der Kirche St. Giovanni e Paolo widmete (ebenda durch Brand im August 1867 dann vernichtet) – es war ihm u. a. schlichtweg zu dunkel –, es war ihm aber auch zu wenig ambitioniert. Große Bilder, große Figuren, Handlung, Gestik, Ausdruck, das vor allem suchte er nunmehr auf dem Wege zur eigenen letzten Reife. So hatte er sich entschlossen, »die berühmte *Himmelfahrt Mariä* von Tizian (Abb. 10) in der hiesigen Accademia delle belle arti zu copiren, und zwar nicht in dem bei den italienischen Malern herkömmlichen kleinen, sondern in einem der Würde des Gegenstandes entsprechenden großen Format von etwa 12 Fuss Höhe und 5 Fuss Breite«.[32] Andernorts erklärt er sich der Mutter gegenüber dann noch näher, warum gerade dieses Bild: »Erstens, weil es das Schwerste ist; zweitens, weil ich weiß, für wen ich male. Der Ausdruck der Madonna ist so schön, daß er jedermann verständlich ist, dem deutschen Publikum ... Drittens, weil ich meine Verpflichtung großartig lösen will; und dies dann die erste und letzte Kopie sein wird, und ich nach dem dann alles machen kann, was ich will.«[33] Ohne Zweifel – es war ein großes Vorhaben, mit Figuren allesamt größer als sein »Aretino oder Simson, und zudem ein sicherer Ankauf für die Galerie«.[34] Feuerbach malte dieses berühmte Bild Tizians von 1516/18 mit den Maßen 6,90 × 3,60 m in seinen Abmessungen reichlich über die Hälfte groß (3,67 × 1,95 m, heute Kunsthalle Karlsruhe). Er hat sich strikt an das Vorbild gehalten, läßt aber bei näherem Vergleich bereits jene Tendenz erkennen, die zu seinen späteren Figurenbildern führt: Der Kontur ist fester, die Binnenausmalung härter, insgesamt herrschen mehr Spannung und Plastizität. Eine gewisse Zwanghaftigkeit der Linie macht sich geltend, die für diese Art Willenskunst charakteristisch ist und sich späterhin mehr und mehr verfestigte, wenn nicht verhärtete. Bekanntlich kam Feuerbach wegen der persönlichen Schwierigkeiten bei diesem Unterfangen und einer vorübergehenden Flucht vor der Cholera den Terminvorgaben im Kontrakt seines Stipendiums nicht nach – Grund zu neuerlichen Zerwürfnissen mit Karlsruhe, auf die hier nicht näher eingegangen zu werden braucht. Am 24. Oktober 1855 jedenfalls vermeldet er an den Großherzog den Abgang der Kopie »vor drei Tagen«. Am 22. Dezember endlich in Karlsruhe angelangt, verdient die Empfehlung Schirmers wenigstens auszugsweise erwähnt zu werden. »Die strahlende Licht- und Farbenwirkung von Titian's Originalbild ist in Feuerbachs Copie, im Ganzen sowie im Einzelnen, vollkommen wiedergegeben. Die Behandlung ist geistreich und auf die Totalwirkung in angemessener Distanz berechnet, sollte jedoch hier und da skizzenhafte Tractirung dennoch nicht mit Unrecht gerügt werden können, so ist dagegen die lebenskräftige Frische derselben ein hinreichender Ersatz.«[35] Schirmer lobt die Kopie als »vortreffliches Kunstwerk«.

Auch den *Pietro Martyr* begann Feuerbach wegen des Landschaftlichen zu kopieren – es hat sich allerdings nichts davon erhalten. Schon zu Allgeyers und Oechelhäusers Zeiten war keinerlei Nachweis mehr zu greifen. Dafür entstanden aber einige andere, selbständige Bilder des Malers, die gleichfalls ihr weiteres Schicksal an Karlsruhe knüpfen lassen. *Der Sohn des Dichters, Die musizierenden Hirtenknaben* (beide verschollen), vor allem der *Dichtergarten,* in Rom 1862 als *Garten des Ariost* (Kat. 65) vollendet, und schließlich – zur Gänze in Rom entstanden – das

Abb. 11 Feuerbach, *Dante und die edlen Frauen von Ravenna,* 1858, Karlsruhe, Staatliche Kunsthalle

Dante-Bild (Abb. 11). Letzteres im Auftrag des deutschen Musikers von Landsberg entstanden, zeigte »einen Spaziergang holder Frauen, die einen Mann belauschen«, der sein historistisches Kolorit »durch die Wahl Dantes als Hauptfigur« erhielt. Nicht zuletzt zählt hierhin das Bild der *Poesie* (Abb. 12), über welches es neuerlich zu Unstimmigkeiten mit Karlsruhe gekommen war. Der seelisch überreizte und innerlich überanstrengte Künstler projizierte die Enttäuschung hypertropher Erwartungen auf die badische Residenzstadt. Auch dieses Bild – ohne Zweifel – atmet noch venezianischen Geist – so wie die *Gartenszene* von 1855 oder die *Venezianische Szene* von 1856. Ohnehin blieb neben und mit Raffael und Andrea del Sarto und vor allem der Begegnung mit der Antike in Rom das Motivrepertoire Tizians und Veroneses spolienhaft, man kann freilich auch eklektizistisch sagen, erhalten – bis hin zum *Familienbild* (Kat. 72) von 1866 oder dem *Gastmahl des Plato* (Kat. 78) der folgenden Jahre – ja letztlich bis zur Plafondgestaltung für die Wiener Akademie. Aufbau und Schema orientierten sich an den venezianischen Decken.

Abb. 12 Feuerbach, *Die musikalische Poesie,* 1856, Karlsruhe, Staatliche Kunsthalle

V.

Dennoch: Um der selbstgestellten Aufgaben willen, der mangelnden Resonanz, wie er meinte, in der Heimat und um des quälenden ständigen Bangens um eine Verlängerung des Stipendiums willen, wurde Venedig für Feuerbach mehr und mehr zur Last. Innere Unruhe, krankhaftes Ungenügen an sich selbst und die depressive Gemütslage infolge finanzieller Händel mit dem Hofe des Regenten sorgten für den drängenden Wunsch, Venedig den Rücken zu kehren. In Verkennung der Umstände sah er seinen Aufenthalt und inneren Auftrag verleidet. Die Wünsche wechselten bekanntlich unstet hin und her – zurück nach Heidelberg, Paris, dann ein Sich-Anklammern an Italien, Florenz und schließlich Rom. Rom erst, wiederum anfangs mit einem Stipendium Karlsruhes, brachte jene Einkehr, die vom venezianisch inspirierten Feuerbach der Frühzeit zum Feuerbach der klassischen Bilder und Jahre führen sollte – mit Allgeyer: »Ein Wendepunkt in Feuerbachs Schaffen«, der »den Übergang von der vorwiegend malerischen zur plastisch-formalen Richtung« vollziehen ließ.[36] »Rom war mein Schicksal«, formulierte Feuerbach selbst, und nach dem unbefriedigenden Intermezzo in Florenz mit vergeblichen Kopierversuchen berichtete er unter dem 7. Oktober 1856 an die Mutter: »Heute Sistina, dann Rafael im Vatikan. Vor dem Apollo von Belvedere gestanden (dem Schicksalswerk des väterlichen Buches!, d. Verf.); eine Revolution in mir gefühlt und das sichere Bewußtsein, daß ich ein anderer Mensch werde.«[37] Nach den seit München und Paris anhaltenden Proben eines tizianesk und veronesisch gebrochenen Kolorismus bewährt sich auch hier im Banne Raffaels und Michelangelos die über Jahrhunderte überkommene Dialektik zwischen Disegno und Colore, lyrischer Gestimmtheit und gebauter Form. Venedig mußte als Zeit des unbestimmten Suchens, einer nach wie vor von Zielen der Ausbildung, des Lernens und hochfliegender Pläne, Wünsche und Träume geprägten Frühzeit gelten, aber »Rom: Bei diesem Namen hört alles Träumen auf, da fängt die Selbsterkenntnis an, und Rom, die alte Zauberin, weist einem jeglichen Menschenkind seinen Platz an«. Nach wie vor von poetischen Stoffen erfüllt, war es jetzt jedoch »der Ernst, der hier weht ...«[38], welcher ihn unter dem Eindruck eines neuen Menschenschlags und einer herberen, »männlicheren« Landschaft trotz aller Reize Tivolis und der Albanerberge zu größerer Festigkeit und Klarheit seines Wollens und Gestaltens aufforderte. Das Studium der klassischen Antike, deren Inbegriff, abgeschlossen und vollendet, die Skulptur der Alten scheinen mußte, fand zwar erst allmählich Eingang in sein Repertoire, wirkte aber gemeinsam mit dem geradezu kanonisch erfahrenen Formideal Raffaels und der zwingenden Gestaltenfülle Michelangelos sehr bald in den Bildkonzeptionen statuarischer Festigkeit, inhaltlicher Dichte und komponierter Gesetzmäßigkeit nach, mit denen die Folgejahre den Zyklus seiner großen Bilder entstehen sahen. Hier erst fühlte er sich auf den Spuren der Klassizität, nach der er strebte und die von monumentaler Gesinnung erfüllt erschien – monumental im Sinne der Denkwürdigkeit, Erhabenheit, von »Einfachheit und stiller Größe«, wie sie Winckelmann einst forderte. Damit schien eine wohl vor allem psychologisch-biographisch zu verstehende Utopie Gestalt anzunehmen, die Utopie der Zeitenthobenheit, die »Ewigkeit der Kunst« als Mittel, auch zur persönlichen Größe, zu Ernst, Würde, Wahrheit zu gelangen. Allgeyer wußte von seinem ersten Zusammentreffen mit Feuerbach zu berichten, wie hoheitsvoll, vornehm, distanziert ihm dieser vorgekommen sei. »Was ihn als Menschen angehe, so pflege er mit Vorliebe Verkehr mit solchen, die sich ihm bewundernd und bedingungslos unterordneten«[39], erfuhr er in dem von Deutschen frequentierten Café Luigi an der Via Sistina. Verschlossenheit, Kühle, Haltung – Haltung zumal, die dem eher empfindlichen, von der Reizbarkeit der Nerven geprägten Charakter Feuerbachs in der verzehrenden Sucht nach Anerkennung den Mantel eines äußeren Schutzes überwarf – kennzeichneten nicht nur den persönlichen Umgang des Künstlers, sie bestimmten auch die Dialektik von Gestalten, Wollen und Kunstempfinden, mit denen seine Figurationen Sinnbilder, »allégories réelles« der Wirklichkeit wurden. Zwischen beiden schwankte sein Streben noch in Rom – einerseits Form, Komposition, Bildmuster der Hierarchie und Isolation oder Exzesse einer figurativen Komplexität wie in der alsbald begonnenen *Amazonenschlacht* (Kat. 57), andererseits nach wie vor träumerische Poesie existentieller Zustandsbilder der Liebe, Heiterkeit, des beschaulichen Miteinanders wie im *Dante mit den edlen Frauen*, den *Kinderbildern* (Kat. 61) oder der *Madonna* (Kat. 66). Auch Landschaftsgemälde (Kat. 71) und vor allem die natürlich-naturnahen Notizen per Zeichenstift aus den Sabiner- und Albanerbergen (Kat. Z 5–Z 7) zeigen die andere Natur des Künstlers, die Entspannung vom Ideal, das Absehen von dem geradezu manisch auf sich selbst konzentrierten Blick der Selbstbeschäftigung, die ihn von der Natur und Natürlichkeit, vor allem von anderen entfernte. Wenn Bilder Psychogramme sind – bei Feuerbach ist daran gerade während seines ersten und zweiten römischen Aufenthalts der Jahre 1856/60 und 1861/62 kein Mangel. Feuerbachs oftmals nachgewiesener Umgang mit antiken Vorbildern und kunsthistorischen Leitbildern eines vom Formzwang besetzten Schaffensdranges[40], der allemal Gefahr lief, nicht nur eklektizistisch erborgt, sondern – schlimmer noch – »sprachlos« zu werden, wovon die mehrfach erwähnten Lebenskrisen nicht nur äußerer, wirtschaftlicher Natur berichten, schien daher besonders eines Korrektivs zu bedürfen, das neben dem Landschafts- vor allem sein Menschenbild bestimmte: die Erfahrung der Natur, die Realität des Modells, das er in besonders intensiver Bindung – wiederum bezeichnend – aus nächster Nähe und Vertrautheit zum Substrat von entbehrter Lebenswirklichkeit verwendete. Auch dann, wenn wie im Falle erst der Nanna Risi, dann später und nach Jahren der Lucia Brunacci durchaus höchst Persönliches im Spiele war. Die Natur als leibhaftig erfahrene Wirklichkeit vor Ort und im Atelier wurde jedenfalls zu Feuerbachs zweiter Säule neben dem Studium der Antike und der alten Meister. Wenn er denn schon zum *Dante*-Bild in seiner Verschmelzung von Figuration und lyrischer Gestimmtheit sagen sollte: »... Schönheit, Grazie und Heiterkeit, mehr will ich nicht«[41], und damit ausgerechnet bei Vorstellung des Bildes in der preußischen Hauptstadt am realistisch-historischen Sinn des Berliner Publikums scheiterte, so ist bezeichnender noch sein Ausspruch über die *Kinderbilder* (»werdet wie die Kinder«), oder gar am Ende seines ersten römischen Aufenthalts bei neuerlichem Aufbruch in die

Heidelberger Heimat: »Ich habe mir eines bewahrt in allen Verhältnissen, das ist die Natur. Und so wie in mir eine Fundgrube poetischer Dinge schlummert, die ihrer Auferstehung harren, so ist es allein jenes unbesiegbare Naturgefühl, was hervorbrechen wird als Individuum.«[42] Wiederum ist es eine Sehnsucht, die hier spricht – die nach menschlicher Nähe, Gemeinschaft, der Wunsch, in der Zeit zu stehen, wo er selbst auf »die Ewigkeit der Kunst« abzielte, zweifellos ein sehr »erkältendes« Unterfangen, das er in seiner ersten Zeit nach Rückkehr aus dem geschäftigen München 1860 unterwegs in Genua sehr deutlich zu beklagen wußte: »Ja, wenn nur ein oder zwei gleichstrebende Geister um mich wären, allein so verbrennt und verzehrt man am eigenen Feuer.«[43] Einsamkeitsgefühle und die »Reizbarkeit der Nerven« sind die Folge.

Wie eine Offenbarung und wie ein Erwachen aus der selbstdiktierten Haltung des Verzichts muß daher anmuten, was ihm wie die Inkarnation einer Verschmelzung von Ideal und Wirklichkeit erscheinen mußte, dazu noch bald im Stande einer sehr persönlichen Beziehung, die Begegnung mit eben jener Nanna im Sommer 1860 unweit der Piazza Barberini in der Via Tritone, deren Zeuge Allgeyer geworden ist. Er selbst sprach von der Fornarina Raffaels angesichts des »wundersamen Bildes«, das sich ihm an einem Fenster bot – »eine Erscheinung von geradezu imponierender Hoheit«[44], eine Römerin mit schwerer Last der Haare, großen Zügen des Gesichts und melancholischem Blick, Inbild jener Heroinen, denen sich Feuerbach alsbald verschrieb und die wohl als Pendant und Gegensatz seiner eigenen Haltung zu verstehen sind: Obwohl oder gerade weil es weibliche Fürsorge war, der er sich ständig anvertraute, Henriette Feuerbach, der zweiten Frau des Vaters, leichter Umgang mit dem anderen Geschlecht war ihm nicht beschieden. Daß hier das Modell sozusagen als und aus Berufung eine Brücke baute, ist neuerlich Beweis der nicht eben leicht zu nehmenden Beziehung zwischen Kunst und Leben Anselm Feuerbachs. Allgeyer war auch hier mitfühlend ein Eckermann, der allzu deutlich die Not Feuerbachs begriff: »Sicher ist, daß die anfänglichen Beziehungen Feuerbachs zu dieser Frau ursprünglich auf rein künstlerischen Voraussetzungen beruhten und sich erst allmählich zu dem Verhältnis ausbildeten, das in der Folge der Welt so reichlichen Anlaß zu Angriffen auf ihn bot … Und so hat denn auch Feuerbach überall, wo die Frauen ernster in sein Leben eingriffen, den Zoll stets doppelt bezahlt, als Künstler und als Mensch mit seinem leidenschaftlichen Herzen.«[45] Man weiß um die Schwierigkeiten, Glück und Unglück dieser Beziehung, die nach Jahren endete, weil die Frau eines Schusters, der sie letztlich ziehen ließ, in ihrer leicht dämonischen Eigenwilligkeit eines Tags verschwunden war. Man registriert auch Feuerbachs Bemerken, als er ihr in heruntergekommenem Zustand erneut begegnete, daß ihn dieses Schicksal nicht mehr berühren könne. Tatsache ist – sie wurde zur Muse und Geliebten, der sich die großen Bilder Feuerbachs, die Heldinnen dramatischer und poetischer Phantasie verdankten: *Iphigenie, Medea, Francesca, Laura,* über zwanzig Studienbilder u. a. Bereits nach dem *Dante*-Bild hatte er etwas »Dramatisches« geplant, die *Iphigenie auf Tauris*, die er in Zeichnungen 1861 ganzfigurig skizzierte, sie aber in der Darmstädter Fassung von 1862 sitzend mit Blick über das Meer gab, ein einsames Gestade der Sehnsucht und Sinnbild der Schicksalsklage, die von Goethes Iphigenien-Drama Impulse erfuhr. Mehrfach sind die Motivgenese und die Symbolik im Rahmen der neuzeitlichen Melancholie-Ikonographie, der Ariadne- und Odysseus-Figuration bzw. der einsamen Rückenfigur im Bild dargestellt worden.[46] Feuerbach orientierte sich dazu außer an der Vorbildlichkeit seines entsprechend gewandeten Modells an antiken Statuen, glaubte er doch, in der Verschmelzung von Modell und Antike metaphorisch jenen Anspruch zu erfüllen, der für ihn in der Vereinigung von Realität und Ideal Modernität durch Tradition versprach. Feuerbachs konservative Gesinnung begann nunmehr wortwörtlich Formen anzunehmen. »Meine Art zu ringen, wie ich nach langem Suchen den Nagel auf den Kopf treffe, ist ein Kampf, der nur auf klassischem Boden ausgefochten wird«, und bevor er diese einmal gewonnene Bildvorstellung, die zugleich überlieferungsgeschichtlich eine Synthese von Entwicklungen der Kunstgeschichte, des Neoklassizismus und symbolischer Figurationen um und nach 1800, vorstellt, in der Stuttgarter Fassung von 1871 (Kat. 82) durch eine größere Geschlossenheit und Bilddichte fühlbar steigerte, formulierte er selbst: »Wenn einer die Personifikation der Sehnsucht will, so hat er sie in diesem Bilde.«[47] Synthese nicht nur dem Motiv, sondern auch den gestalterischen Mitteln nach, das zeichnet jetzt auch die für Feuerbach ganz eigentümliche Kombination von kompositioneller Architektonik, Plastizität der Figur und farbigem Aufbau aus. Der Strenge der Zeichnung entspricht die Dämpfung des Kolorits bei einem tonalen Grundwert in Grau, eine Farbenharmonie eigener Art, die sein Pariser Studium und den venezianischen Anschauungsunterricht zur Dekkung brachte. Die Glätte und Geschlossenheit insbesondere der Stuttgarter Fassung in Kontur und vor allem im gewaltigen Motiv der Draperie läßt dabei durchaus Zeitparallelen zu – Couture und andere französische »Pompiers« hatten sich gleichfalls diesem Ideal verpflichtet. Auch mit ihm verband sich der Eindruck einer klassisch-*akademischen* Grundeinstellung, die in einigen folgenden Bildern wie dem *Gastmahl des Plato,* dem *Parisurteil* oder auch der *Liegenden Nymphe* besonders auffällig wird und durchaus der zeitgenössischen Salonmalerei dem Erscheinungsbilde, nicht dem Wollen nach an die Seite gestellt werden kann, ja muß. Diese »Kunst ohne Sentimentalität« (Julius Allgeyer) schien endlich den »inneren Beruf zur eigentlichen monumentalen Geschichtsmalerei«[48] ans Licht gefördert zu haben. Feuerbach folgte denn auch in den anschließenden, durchaus von persönlichen Krisen begleiteten Werken jenen schon ausgangs des 18. Jahrhunderts und besonders von Constable namhaft gemachten beiden Richtungen einer landschaftlich-poetischen und einer streng historischen Figurenmalerei.[49] Sein Selbstverständnis wendete sich dabei in einer fast schon verräterischen Art und Weise gegen die modernen »Hurenmaler« oder, um seine nach wie vor von Erbitterung getrübte Sicht der Karlsruher Malergrößen anzuführen, gegen die »Dietzische Schweinerei« eines für zehntausend Gulden angekauften Bildes. Seine *Iphigenie* (Kat. 72) erschien ihm daran gemessen wie ein »mächtiges Bild«, er spricht sogar nach diesem Wurf von seinem »letzten Bild«, um die erreichte Endgültigkeit zu verbalisieren. Daß jetzt der Begriff der historischen Kunst ihn immer mehr besetzt, und zwar im Sinne nicht nur eines Schaffens im Angesicht der Geschichte, sondern als Begriff höchster Gattungsaufgabe und Klassizität des wahren und echten Malers, hat er in der Folgezeit immer wieder formuliert. Sie enthält implizit nicht nur die Kritik, sondern auch das Leiden an der eigenen Zeit: »Das Gute, Edle, wahrhaft Schöne liegt so nahe, so nahe, nur ein wenig mehr Vernunft, nur ein wenig mehr Vernunft der Verhältnisse«, und: »welche arme Zeit ist die unsere; einem Talente wie meinem, müßte alle Welt entgegenkommen ...«[50]

Schon in den frühen sechziger Jahren ist eine Zunahme zeitkritischer Äußerungen auch in seinen Briefen festzustellen, wie auch der programmatische Ernst seines Schaffens und seiner Bildwelt, die sich jetzt bewußt zweispurig zu kanalisieren begann. Er wollte im heiteren und ernsten Genre gleichermaßen tätig werden. In diese Zeit fällt die Arbeit für den Grafen Schack, dessen Vorliebe für leichte und elegante Bilder durchaus einem Wesenszug und Wunsche Feuerbachs entgegenkam, ergänzt und überhöht freilich immer wieder durch »das Groß-Historische«, durch »Historienbilder großen Stils«. Es ist die Zeit des Beginns am *Gastmahl* und der *Medea,* der *Pietà* (mit dem Bemerken Schacks: »Schwerlich hat unsere Zeit noch ein anderes Bild hervorgebracht, aus dem die Sonne der großen italienischen Kunst so rein zurückstrahlt« [51]; Kat. 78, 81, 67), aber vor allem auch heiterer, unbeschwerter, ja lieblicher Themen landschaftlich-poetischer Natur wie das *Nymphenbild* und *badende Kinder,* der *Hafis am Brunnen,* das *Familienbild,* der *Mandolinenspieler,* oder das *Ricordo da Tivoli* (Kat. 69, 72, 74). Mit dem *Garten des Ariost* (Kat. 65) griff er sogar alte venezianische Bildideen auf, deren literarische Figurenstücke jetzt in Themen wie *Paolo und Francesca da Rimini* (Kat. 68), *Romeo und Julia* nach Shakespeare oder *Laura in der Kirche* einmünden. Im Wechsel von Hoch- und Breitformat verbildlichte Feuerbach auch hier ein Zeitgefühl der Sehnsucht nach Unbeschwertheit, Freude, Liebe, arkadisch-zeitloser Existenz. Von Glückszuständen sprechen Feuerbachs Briefe, Idyllen in des Wortes hehrstem Sinn strebte er im modernen und im poetischen Genre nicht minder an. Denn reine Unbeschwertheit ohne Gedankenlast hier anzutreffen, das widerspricht Feuerbachs Formkunst selbst in diesem Genre. Von historischen Reminiszenzen in der Entlehnung der Motive gebrochen, von Phantasie und Naturanschauung bestimmt, schlugen erneut die seit Düsseldorf und Paris gültigen Vorstellungen von der Poesie der Stoffe durch. Allgeyer selbst versteht sich eigentlich nur bei einem Thema zur Charakterisierung als modernes gesellschaftliches Genre, bei den beiden Gesangs- und Gartenszenen der *Frühlingsbilder* des Jahres 1867 (Kat. 77). Anspruchslos sind auch sie nicht, die Absicht, bewußt ein elegantes Genre im modernen Zeitempfinden zu beherrschen, trieb ihn auch hier. Wenn auch kein wirkliches Thema dem Inhalt nach gegeben ist – die Gattung selbst war ihm Thema genug. Die Erfüllung freilich suchte er in der Historie, und nach dem Aufenthalt in Heidelberg mit anschließender Reise über Köln, Düsseldorf nach Berlin und München begann er Ende 1866, wieder in Rom, die Historienbilder »großen Stils«. Gemeint sind hier vor allem das platonische *Gastmahl* (Kat. 78) und die *Medea* (Kat. 81), beides literarische, letztlich auch philosophische Kunstentwürfe, die programmatisch ein Gesellschafts- und Menschenbild durch hohe, ja höchste Kunst entwikkeln sollten. Das Historienbild war dazu einzig in der Lage. Wie er später äußern sollte: »Die Historienmalerei, gleichviel, in welcher Größe sie auftritt, dokumentiert sich stets in der totalen Erschöpfung ihrer Darstellung. Sie darf nie episodisch schaffen, sondern ihre Gestaltungen müssen bei aller Individualität immer der Typus einer ganzen Gattung sein. ... Die echte Historie kann nie zu einem archäologischen Zeit- oder Sittengemälde herabsteigen, sondern sie muß in erster Linie das Sittlich-Große, Menschliche festhalten ...«[52] Das Typische stand dann auch jenseits des Modells, das sich dem Ganzen zu fügen hatte. Der Begriff des »Historischen«, das beweisen auch andere Äußerungen, stand im Range des wirklich Wahren und Wahrhaftigen, war letztlich Prinzip der Malerei schlechthin. Die vielen Planungs- und Entwurfsstudien, das spätere Wiederaufgreifen, der Gedanke eines Zyklus (Medea), die Tatsache, daß sich eine Idee sehr früh festgesetzt hatte und dann über Jahre hinweg aufbewahrt und langsam zur Reife und tatsächlichen Realisierung gebracht wurde, alles dies zeigt nur, daß hier höchste Konzentrationen einer historischen Kunst geschaffen werden sollten. Schließlich war sie um die Mitte des Jahrhunderts in eine Krise geraten, war der Versuch zu ihrer Erneuerung ein geradezu nationales Anliegen, das in allen Maler-

Abb. 13 Makart, *Die Pest in Florenz,* 1868, Schweinfurt, Sammlung Georg Schäfer

schulen Deutschlands das akademische und öffentlich-staatliche Interesse herausgefordert hatte. »Historische Kunst« war übergreifend und international eine Forderung, die sich bewußt gegen das »leichte Gewerbe« der anderen Gattungen zu behaupten suchte.[53] *Das Gastmahl des Plato* zu Ehren des preisgekrönten Tragödiendichters Agathon, von einem Stich Pietro Testas, Antiken und natürlich von Coutures *Römer der Verfallszeit* angeregt, nachdem ihm Platons Dialog durch einen französischen Literaten 1854 in Heidelberg nahegebracht worden war, braucht nicht eigens beschrieben zu werden. Es ist dies schon oft geschehen.[54] Die Karlsruher Fassung in ihrer Glätte und Schärfe von Oberfläche und Kontur, die Exaktheit von Bau und Zeichnung neben der technischen Perfektion im Oberflächenabschluß, die Kombination von Ruhe und Bewegung im Ideal eines historisch projizierten Gemeinschafts- und Geselligkeitsideals, alles dies will von Meisterschaft künden. Mit ihm artikulierte er einen Konservatismus der Form, der bewußt auf die dekorative Historienmalerei eines Makart und illustrative Geschichtsdarstellung eines Piloty reagieren wollte. Eben zur Zeit der Entstehung des *Gastmahls* arbeitete Makart an seinem Bild *Die Pest in Florenz* (Abb. 13), und Piloty war Feuerbach aus München nur zu vertraut. Feuerbach wollte weder Episoden noch Illustration, weder technische Verblüffung noch theatralische Sensation. Sein Urteil in diese Richtung war eindeutig: »Die ganze Pilotyschule ist die brutale Vernichtung alles Ideellen im großen Sinne; ein Aufgehen in theatralischer Sentimentalität und romantischem Materialismus. Der Triumph der Gliederpuppe.«[55] Dennoch, bei allen Unterschieden in Absicht, Zielsetzung und Erscheinungsweise – war Feuerbach letztlich, vom eigenen Verständnis einmal abgesehen, gar so weit von der Antiken- und Geschichtsauffassung, von Technik und Kolorit der großen »Pompiers« entfernt? Auch die Franzosen Gérome und Bouguereau (Abb. 14) strebten nach einer Erneuerung des Figurenbildes, beriefen sich auf klassische Sujets, bemühten die Tradition der »großen Malerei«. Trug nicht die zweite Fassung des *Gastmahls* (Nationalgalerie, Berlin-Ost) bereits einer festlicheren Gesinnung, größerer Dekorativität Rechnung? Putten und Kränze wecken den Anschein danach.

Auch die *Medea auf der Flucht* – und zwar in beiden Fassungen der Jahre 1867 und 1870 – ist bekanntlich der Versuch, den wahrscheinlich seit Jugendjahren vertrauten Dramenstoff des Euripides unter dem Eindruck der Schauspielerin Adelaide Ristori im Stück von Ernest Legouvé, 1865/66 in Rom aufgeführt, in eine gültige Bildform menschlicher Schicksalstragik zu überführen – durchaus in einem eigenwilligen, bis dahin ikonographisch nicht überlieferten, von Legouvés Deutung inspirierten Bild des »Abschieds« der sinnenden Medea vor der Trennung von den Kindern oder deren Tod.[56] Die Landschaft am Meer bei Porto d'Anzio in ihrer heroischen Majestät, in selbständigen Studien Feuerbachs (Kat. 71) festgehalten, mag wie das Motiv der Ruderer, die antik

Abb. 14 Bouguereau, *Spazierritt*, 1878 (zuletzt New York, Galerie Hirschl-Adler)

verhüllt trauernde Amme, die statuarische Medea in der ersten, die der Caritas-Figur angenäherte Figur der Medea in der zweiten Fassung zu dem besonders tragisch-ernsten, römisch-antiken Modus des Bildes beigetragen haben – wiewohl: Anklänge an Zeitgenössisches bei Courbet und Marées, bei Preller und Couture, von Marianne Arndt mit Recht erwähnt, finden sich auch hier. Die Monumentalität und Klassizität der Motive freilich ist ganz Feuerbach. Auch gelingt hier, was Feuerbach als Synthese sehen mochte, die Verbindung von Landschaft und Figur im Sinne historisch-heroischen Typs. Poesie und Anschauung, Modellnaturalismus und literarische Idee fanden überein. Ob ganz passend – man fragt es sich; fremd wirkt es allemal, durchaus bühnen- und tragödienhaft, ein Schauspiel erhabener Existenz. Auch wenn das *Urteil des Paris* in seiner komponierten Altmeisterlichkeit nochmals an das *Gastmahl* der ersten Fassung anschließen wollte, Feuerbach selbst es als eines seiner lustvoll heitersten Bilder im Gegensatz zur *Medea* bezeichnete, es scheint, als hätte Allgeyer nicht unrecht, wenn er schreibt: »Seit Vollendung des platonischen Gastmahls hatte sich seiner das Gefühl bemächtigt, mit der Lösung dieser Aufgabe habe sich für ihn der schulende Einfluß von Italien eigentlich erschöpft.«[57] Die Landschaften mochten noch die Frische der Beobachtung, die heitere Unbeschwertheit eines Daseins in der südlichen Natur vor Augen führen, die großen Historien der Zeit danach mit der Berufung an die Meisterklasse für Historienmalerei der Wiener Akademie, die *Amazonenschlacht* und das Wiener Deckenwerk für die Aula seit 1873, zeigen Feuerbach zwar nach wie vor unter dem Eindruck der Formkultur Italiens, Roms und vor allem Venedigs, aber das Programmatische seiner großen Bildungs- und Kunstentwürfe erreichte er nicht mehr. Auch die persönliche Lebenssituation nach anfänglichem Aufschwung stand aus Überempfindlichkeit gegenüber Kritik und Anfeindungen sehr bald im Zeichen erneuter Melancholie und Flucht – Flucht diesmal nicht nach Rom, vielmehr nach der Lagunenstadt, die ihm mehr Licht, mehr Klarheit, mehr Freiheit zu versprechen schien. Rom – war das nicht erneut Zwang und Qual des Ideals? Rom, wo er »wieder ganz Künstler« zu sein glaubte, war nunmehr eine »Kunstkaserne«.[58] Er scheute den Kunstbetrieb, das Deutschtum dort – jenes, das ihm seit eh und je mit Unverstand begegnet war. »Deutscher Künstler« genannt zu werden, das verbat er sich. Form, Strenge, Natur und Leben – allein Italien sah er dies verdankt, wo er in Venedig dann auch starb. Als Deutsch-Römer gewiß, doch im Sinne von »Italia« als Utopie, Ideal und Lebensgrund, der in Ferne, Fremde und Entfremdung wurzeln mußte.

VI.

Will man ein »Resümee heute« ziehen, so ist man eines zwiespältigen Gefühls nicht enthoben. Feuerbach – ein Mythos? Eine Legende, die sich ähnlich wie Marées von selbst aufbaute, geschützt und gefördert von einem Kreis psychisch Wahlverwandter, denen hohe Kunst und hohes Streben, Stilisierung zur Erhabenheit, die um Distanz zur »Gemeinheit« der Masse und der eigenen Zeit bemüht gewesen ist, zur Selbstbezogenheit geriet und im »verkannten Künstler« die Erfüllung fand? War Italien nur ein psychisches Exil, das dem Leiden an sich selbst Linderung durch Ferne und »Entfremdung« sichern konnte? Italien – das war sicherlich das Land der Sehnsucht, das für Harmonie und Ausgleich im biographischen Verständnis und künstlerischen Schaffensdruck und -anspruch sorgen konnte, es verhieß Wärme und Natur, große Tradition, ließ »das andere« in Feuerbach, das ihn von Zeitgenossen unterschied, zur Geltung, ja Entfaltung kommen. In der Fremde war Feuerbach erst frei – das wohl war es, was seinem quälerischen Ringen um das eigene Ich und die große Form der Kunst den allzeit bemühten Halt vermittelte. Die Bemühtheit der Tradition, der Bildung, des Sinnens auf Endgültigkeit war eine Hypothek, die dabei oft an die Grenze belächelter Verstiegenheit geriet, darüberhinaus durchaus der Diskrepanz verdächtigt wurde – gewaltiges Streben und erzwungene Kunst, die dann letztlich doch nicht soweit weg von Überzeichnung war, ja in die Gefahr der »Leere« aus Verlorenheit gelangte. Traditionalist aus Progression – war dies die eigentliche Zeitkritik, das wahre Selbstverständnis Feuerbachs? Das Ideal der Perfektion, die Glätte seiner Bilder, die Motive seiner Genres zwischen Antike, Renaissance und Gegenwart, die Vielzahl der Entlehnungen, alles dies könnte für eines sprechen – Feuerbach war stets auf der Suche nach den wahren Bildern, doch nicht etwa aus einem Übermaß an bildnerischer Phantasie, sondern aus einer Gefahr des »Bildverlusts«. Er fing dies durch Bildung und die Fixierung auf Modelle ab. Daß er damit akademisch und salonhaft wurde, durchaus mit der Gefahr, nicht nur zeitgemäß wie andere zu sein, sondern sich sogar aus heutiger Sicht gelegentlich durch Überspanntheit dem »Kitsch« zu nähern schien, das ist sicher nur die eine Seite. Die andere ist unbestritten die: Nächst Hans von Marées und Arnold Böcklin kann Anselm Feuerbach mit Recht als der dritte im Bunde einer Erneuerungsbewegung deutscher Malerei um die Mitte und in der zweiten Hälfte des 19. Jahrhunderts gelten. Schließlich ging es ihnen allen um die Wiedergewinnung der großen Form und einer »grande peinture« aus dem Geist der Tradition, die zeitgenössisch als Halt und Fluchtpunkt einzusetzen war. Was für jenen arkadische Einfachheit oder diesem der Mythos der Natur, das war Feuerbach die Strenge des Gedankens aus dem Ringen um das Ideal. Auch er war dabei Kolorist und technischer Erneuerer. Alle drei strebten aus psychologisch und biographisch höchst verschiedenen Positionen nach einer neuen Wirklichkeit des Bildens und des Bildes, für die »das Problem der Form« ein Zentrum von Thema und Gestaltung war. Sie setzten im Grunde fort, was in Klassizismus und Romantik begonnen, aber durch Realismus und Historismus unterbrochen und durch eine »Kunst für alle« im Genre- und Landschaftsfach trivialisiert, ja banalisiert erschien. Form und Technik war das eine, Thema und Konzept das andere. Bemühte Marées das Ideal zeitlosen Menschenbildes arkadischer Existenz, Böcklin Vitalität und Mystik der Natur, so Feuerbach den Maßstab großer Form im Bild der Antike und der alten Meister, die seinem Wunschbild klassischer Vollendung Nahrung gaben. Bei ihm kristallisierte sich mehr als bei jedem anderen ein Konservatismus bildnerischer Willenskunst aus, die zwischen Vergangenheit und Gegenwart den Ausgleich suchte, um dennoch absolut zu sein – ein fast außerzeitliches Verlangen, das kaum erfüllbar war.

1 H. Uhde-Bernays, Feuerbach, Leipzig 1914, S. 67.

2 Leitmotivisch und in ständig wechselnder Stimmungslage über die jeweilige Situation und den Nutzen, den er aus seinen Bildungsstationen Düsseldorf, München, Antwerpen oder Paris zog, finden sich aus seiner Zeit in Venedig und danach immer wieder Worte wie diese: »Mir ist mein Leben wie ein Traum manchmal, oft seh ich hundert Jahre voraus und wandle durch alte Galerien und sehe meine eigenen Werke in stillem Ernst an den Wänden hängen. Ich bin zu Großem berufen, das weiß ich jetzt, mein Leben wird erst zur Ruhe kommen, wenn ich tot bin, Leiden werde ich immer haben, aber meine Werke werden ewig leben.« In: Anselm Feuerbachs Briefe an seine Mutter, hg. v. G.J. Kern und H. Uhde-Bernays, Bd. 1, Berlin 1911, S. 383. Vgl. im übrigen H. Theissing: ›Die Ewigkeit der Kunst‹. Zu Anselm Feuerbachs Schaffen und Denken, in: Kat. Ausst. Karlsruhe 1976, S. 64 ff., sowie Rez. von M. Bringmann, in: Die Weltkunst 14, 1976, S. 1356 ff.

3 E. Kris: Die Legende vom Künstler, Ein historischer Versuch, Wien 1934. – R. und M. Wittkower, Künstler – Außenseiter der Gesellschaft, Stuttgart 1965. R. Leppien lieferte im Kat. Ausst. Karlsruhe 1976, S. 42 ff., speziell für Feuerbach ein Psychogramm: »Anselm Feuerbach aus ärztlicher Sicht.«

4 Vgl. seinen Aufsatz Über den Makartismus, Pathologische Erscheinung der Neuzeit, in: J. Allgeyer, Anselm Feuerbach, Bd. 2, Berlin/Stuttgart 1904, S. 450 ff.

5 Vgl. hierzu speziell H. von Einem: Gedanken zu Anselm Feuerbach und seiner ›Iphigenie‹, in: Zeitschrift des deutschen Vereins für Kunstwissenschaft 18, 1964, S. 127 ff. Über die Entwicklung der Bildideen an Hand des zeichnerischen Materials hat sich entsprechend M. Arndt geäußert: Die Zeichnungen Anselm Feuerbachs, Studien zur Bildentwicklung, Phil. Diss. Bonn 1968.

6 Schon J. Allgeyer (wie Anm. 4), Bd. 1, S. 507, bemerkt im Rahmen der immer wieder von Feuerbach selbst überlieferten Problematik der Auseinandersetzung mit Farbe und Poesie den Wechsel in der Palette zwischen dem »Goldton Venedigs« und dem »Silberton Roms«, was später gar zur »Asphaltfarbe« (M. Bringmann, wie Anm. 2) geriet. Die Praxis dazu rührt freilich von Feuerbachs Lehrer Couture.

7 Geäußert im Zusammenhang mit dem Entstehen der Iphigenie 1861; J. Allgeyer (wie Anm. 4), Bd. 1, S. 485, 487.

8 J. Allgeyer (wie Anm. 4), Bd. 2, S. 49.

9 Vgl. hierzu ausführlicher E. Mai: Feuerbach und die alten Meister, in: Pantheon 2, 1984, S. 131 ff.

10 Ms. in der Bibliothek der Kunstakademie Düsseldorf, sowie W. von Schadow: Über die Anwendung des Nackten ... in: Jahresbericht der Staatl. Kunstakademie Düsseldorf 1939, S. 76 ff. – Vgl. auch E. Mai, Die Düsseldorfer Kunstakademie im 19. Jahrhundert – Cornelius, Schadow und die Folgen, in: G. Kurz (Hg.), Düsseldorf in der deutschen Geistesgeschichte, Düsseldorf 1984, S. 197 ff.

11 Kunst-Blatt Nr. 81, Oktober 1828, S. 331.

12 Anselm Feuerbachs Briefe an seine Mutter (wie Anm. 1), Bd. 1, S. 72.

13 ebenda, S. 76.

14 ebenda, S. 141.

15 ebenda, S. 201.

16 ebenda.

17 ebenda, S. 178.

18 ebenda, S. 231, sowie J. Allgeyer (wie Anm. 4), Bd. 1, S. 146.

19 Anselm Feuerbachs Briefe an seine Mutter (wie Anm. 1), Bd. 1, S. 248.

20 ebenda, S. 297 f. – Vgl. auch H. Uhde-Bernays: Anselm Feuerbachs Lehrer Thomas Couture, in: Münchner Jahrbuch der bildenden Kunst, 1. Halbjahresband 1907, S. 101 ff. – A. Boime: Thomas Couture and the eclectic vision, New Haven/London 1980, S. 498 ff.

21 A. Boime (wie Anm. 20), S. 131 ff.

22 T. Couture: Méthode et Entretien d'Atelier, Paris 1867, S. 271.

23 Vgl. V. Cousin: Du vrai, du beau et du bien, Paris 1858. – A. Boime (wie Anm. 20) S. 27 f., S. 177 f.

24 Vgl. A. Boime: The Academy and French Painting in the Nineteenth Century, London 1971; E. Mai (wie Anm. 9).
25 Ein Vermächtnis von Anselm Feuerbach, hg. von Henriette Feuerbach, Berlin 1912; über die frühe Zeit Feuerbachs vgl. auch A. von Oechelhäuser: Aus Anselm Feuerbachs Jugendjahren, Leipzig 1905.
26 ebenda, S. 16f.; J. Allgeyer (wie Anm. 4), Bd. 1, S. 237ff.
27 Anselm Feuerbachs Briefe an seine Mutter (wie Anm. 1), Bd. 1, S. 346.
28 A. Boime: Couture (wie Anm. 20), S. 447; vgl. G. Busch, Kopien von Géricault nach alten Meistern, in: Pantheon 3, 1967, S. 176ff.
29 A. Oechelhäuser (wie Anm. 25), S. 22.
30 ebenda, S. 25f.
31 Vermächtnis (wie Anm. 25), S. 92.
32 A. Oechelhäuser (wie Anm. 25), S. 30.
33 Anselm Feuerbachs Briefe an seine Mutter (wie Anm. 1), Bd. 1, S. 357.
34 ebenda, S. 357; Kat. Ausst. Karlsruhe 1976, S. 164, Nr. 24.
35 A. Oechelhäuser (wie Anm. 25), S. 46f.
36 J. Allgeyer (wie Anm. 4), Bd. 1.
37 ebenda, S. 329.
38 ebenda, S. 331, 347.
39 ebenda, S. 341.
40 Vgl. u.a. H. Froning: Ästhetik und Antikenverständnis bei Anselm Feuerbach, in: Wallraf-Richartz-Jahrbuch 42, 1981, S. 157ff. – M. Bringmann (wie Anm. 1).
41 J. Allgeyer (wie Anm. 4), Bd. 1, S. 403.
42 ebenda, S. 428.
43 ebenda, S. 463.
44 ebenda, S. 470.
45 ebenda, S. 471.
46 Vgl. vor allem M. Arndt (wie Anm. 5), S. 16ff.
47 Anselm Feuerbachs Briefe an seine Mutter (wie Anm. 1), Bd. 2, S. 252.
48 J. Allgeyer (wie Anm. 4), Bd. 2, S. 509.
49 Vgl. A.C. Hanson: Manet and the modern tradition, 2. Aufl., New Haven/London 1979, S. 103 (Kap. ›History Painting‹).
50 J. Allgeyer (wie Anm. 4), Bd. 2, S. 34.
51 ebenda, S. 66.
52 ebenda, S. 458.
53 Vgl. u.a. die Diskussion der Frage einer Erneuerung der historischen Kunst in: H.W. Schmidt: Die Förderung des Vaterländischen Geschichtsbildes durch die ›Verbindung für Historische Kunst‹, Marburg 1985.
54 M. Arndt (wie Anm. 5), S. 63ff.; W. Zimmermann: Anselm Feuerbach, Gemälde und Zeichnungen aus der Staatl. Kunsthalle Karlsruhe, Karlsruhe 1961, S. 34ff. – Kat. Ausst. Karlsruhe 1976, S. 182, Nr. 53. – H. Froning (wie Anm. 40).
55 J. Allgeyer (wie Anm. 4), Bd. 2, S. 455.
56 Vgl. M. Arndt (wie Anm. 5), S. 36ff.
57 J. Allgeyer (wie Anm. 4), Bd. 2, S. 149.
58 ebenda, S. 298.

Sigrid Braunfels-Esche

Notizen zu Adolf von Hildebrand und seinen Beziehungen zu den Deutsch-Römern

Hildebrand war seiner Herkunft nach der Erbe einer Gesinnung und einer Bildungstradition, die sich an humanistischen Idealen orientierte. Die Lektüre Goethes gehörte zur Reisebegleitung auf seiner ersten Italienfahrt. Das Erlebnis Italiens fiel daher bei ihm nicht auf gänzlich unvorbereiteten Boden. Doch sind, anders als für Feuerbach, Marées und Böcklin, für ihn Landschaft und Kunst des südlichen Landes nicht späte Stationen seines Suchens und Schaffens gewesen, Rom oder Florenz nicht die Städte, in denen er endlich freier atmen konnte als in Deutschland, sondern der Ausgangspunkt seiner eigentlichen, weitgehend autodidaktischen künstlerischen Ausbildung.

Er hatte – nach anderthalb für ihn ganz unbefriedigenden Jahren in der nicht unrenommierten Krelingschen Kunstanstalt[1] in Nürnberg – als 18jähriger im Oktober 1866 in Caspar von Zumbuschs Münchner Atelier auf eigene Initiative einen Arbeitsplatz, nicht als dessen Schüler, sondern für eigenes selbständiges Modellieren gefunden, als Zumbusch gerade den Wettbewerb für das Denkmal König Maximilians II. gewonnen hatte und daran dachte, für diesen Auftrag in Italien die Bronzetechnik der Alten zu studieren. Zwei Monate lang konnte der 16 Jahre ältere Bildhauer die Energie und Begabung des 18jährigen beobachten. Dann forderte er ihn – wohl eingedenk der Bedeutung, die seine eigene erste Italienreise mit dem Lehrer Hähnel einst für ihn besessen – zum Mitkommen auf. Am Silvesterabend 1866 begann die Reise, die sie in acht Tagen über Verona, Mantua, Florenz nach Rom führte. Hildebrand verbrachte einen Monat in Rom und einen weiteren in Neapel. In dieser Zeit hat ihn, den von künstlerischen Fragen und Traditionen gänzlich Unbeschwerten, das alte mittelmeerische Kulturerbe für immer gefangen genommen und zu prägen begonnen. Während Zumbusch zurückkehrte, blieb er. An der Fülle alter Meisterwerke der Antike, der Renaissance, auch des Barock wollte er sein Handwerk erlernen.

Wenige Wochen später traf er Hans von Marées, den er noch in späten Jahren als seinen einzigen Lehrer bezeichnete, als den, der »den größten Einfluß auf meine künstlerischen Anschauungen ausübte«.[2] Marées lehrte ihn den hohen Anspruch an sich selbst. Durch ihn lernte er Conrad Fiedler kennen, den er dann seinerseits dazu bewegen konnte, Marées zu helfen – eine schicksalhafte Dreierbegegnung, die sechs Jahre später das große Werk der Neapler Fresken ermöglichte, das bedeutendste Zeugnis monumentaler deutscher Malerei der zweiten Jahrhunderthälfte. Sie sind Niederschlag dieser ungewöhnlichen Künstlerfreundschaft in der beschwingenden Atmosphäre italienischer Landschaft und des natürlichen Lebens ihrer Bewohner am südlichen Meeresstrand, entstanden in wenigen sternstundenreichen Monaten als Vergegenwärtigung schlichten, elementaren Daseins. Beide Männer, der Lehrerfreund Hans von Marées und der Mäzen Conrad Fiedler, der in seinen Anfängen auch Hildebrand mäzenatisch bis in die achtziger Jahre hinein unterstützte und dann bis zum frühen Tod der nächste Freund, ein zweites Ich, wurde, haben Hildebrands Schaffen entscheidende Richtung gegeben, während er in der Ausübung seiner eigenen Bildhauerarbeit und im Studium der Alten stetig und sicher seinen Weg fand.[3]

Drei Komponenten italischer Kunst haben neben der Lehre von Marées das Werden und Wirken Hildebrands während der zwanzig Florentiner Jahre (1872–1892) entscheidend beeinflußt, aus welcher Zeit vor allem Beispiele seiner Kunst in der Ausstellung zu sehen sind: die realistische Bronzeplastik der spätrömischen Antike und die des Quattrocento, sodann die anfangs nur an römischen Kopien studierte Kunst der klassischen griechischen Plastik. Diese erlebte Hildebrand im Original zuerst 1874 und 1877 in dem Londoner Parthenonfries des Phidias, dann 1887, im Todesjahr von Marées, auf einer Reise mit Fiedler in Griechenland selbst.[4] Die Wirkung der dritten Komponente, der Kunst der mit Plastik geschmückten architektonischen Stadträume des Barock, wurde erst in der zweiten Hälfte seines Lebens voll sichtbar, als er in Deutschland mit seinen Brunnenschöpfungen und der Kunst seiner Platzgestaltungen hervortrat. Auch sie sind ohne das Erlebnis Roms und der durch das barocke Rom geprägten Städte – wie etwa Salzburgs – nicht denkbar.

Wie nachhaltig die Eindrücke waren, die Hildebrand von spätrömischen Bronzewerken empfing, wie genau er ihre Details und den Grad ihrer Ausarbeitung studierte, davon legt eine Vielzahl von Arbeiten Zeugnis ab. Vor

Abb. 1 Adolf von Hildebrand, *Ruhender Hirt,* 1872/73. Marmor; H: 105 cm. Staatliche Museen zu Berlin/DDR, Nationalgalerie

Abb. 2 Adolf von Hildebrand, *Wasserträger,* 1874–78. Bronze; H: 60 cm. Verschollen, ehemals Besitz Villa Mendelsohn Berlin

allem wären hier zu nennen: der im kurzen Berliner Intermezzo[5] zwischen 1870–1873 entstandene *Trinkende Knabe* (Kat. P 4), der gleichzeitige schlafende *Marmorhirt* (Abb. 1), der kleine, seit dem Zweiten Weltkrieg verschollene bronzene *Wasserträger* von 1874/78 aus dem Besitz Franz von Mendelsohns (Abb. 2), der *Wasserausgießer* von 1881/82 der Nationalgalerie (Berlin/DDR; Abb. 3), der Weimarer *Merkur* (1885/86, Abb. 4), sowie der *Marsyas* von Schloß Altenstein (1896, Abb. 5); unter den Porträts wären z. B. die Büsten *Arnold Böcklins* (Kat. P 14), *Max von Pettenkofers* (Abb. 6) und des Münchener Bildhauers *Joseph Floßmann* (Kat. P 16) zu nennen.

Die Halbfigurenbüsten der *Julia Brewster* (Kat. P 6); und der *Mutter Fiedlers* (Kat. P 7), auch das Porträtrelief der *Elisabeth Herzogenberg* (1885/86, Abb. 7) sind dagegen inspiriert von Werken der toskanischen Renaissance, ja als Bildnisse von und für ganz nahestehende Freunde sogar bewußt in Formen gebildet und mit Details geschmückt, die gemeinsam bewunderten, alten Werken nacheiferten. Das Relief der Musikerin ist das einzige, in dem Hildebrand in geringer Umbildung sogar Einzelheiten, nämlich des Rahmens, dem berühmten Florentiner Verkündigungsrelief von Donatello in S. Croce nachschuf.

Das alles war kein Kopisten- oder Epigonentum, sondern freie Entscheidung, eine Art von Hommage, die der Autodidakt seinen Lehrmeistern des Quattrocento und des alten Rom darbrachte. Diese Arbeiten waren als eigenständige Werke so weit von ihren Vorbildern entfernt, wie der *Kugelspieler* (Abb. 8) und der Berliner *Stehende Marmorjüngling,* der »nichts tut und nichts will«,[6] sondern seiner selbst völlig unbewußt dasteht, von jeder griechischen Plastik des 5. oder 4. Jahrhunderts v. Chr. entfernt ist. Und wie diese beiden Statuen dennoch sowohl die Vollkommenheit der technischen Ausführung als auch das einfache freie Menschentum der griechischen Figurenwelt dem 19. Jahrhundert entsprechend verkörpern, so sind die genannten Bildnisse, die in ihrer künstlerischen Ausformung neu nach der Natur geschaffen sind, als lebensvolle Dokumente von Menschen aus Hildebrands eigener Zeit den Bildnissen der Renaissance im Kern mehr als durch ihre äußere Büstenform verwandt. Denn dahinter stand der entschiedene Wille des Bildhauers, sie nicht nur in einem wenn auch noch so charakteristischen Moment ihres Daseins, sondern in ihrem eigentlichen Sein zu fassen und darzustellen. Ebendies ist es, was ihm unter den Porträtisten der Zeit Ruhm vor anderen einbrachte. So packt uns das vom Schauen bestimmte, vom oft sorgenvollen Leben gezeichnete Antlitz *Arnold Böcklins* (Kat. P 14), der fein erfaßte sensible Typ des bayrischen Bildhauers *Josef Floßmann* (Kat. P 16); wir sehen *Julia Brewster* (Kat. P 6) als die aristokratisch zurückhaltende Verfasserin bedeutender Aphorismen, *Fiedlers Mutter* (Kat. P 7) als die gütige, gebildete, am Leben des Sohnes und dem seiner Freunde wissend teilnehmende Gutsherrin; *Elisabeth Herzogenberg* (Abb. 7) als die über ihren Noten sinnende Musikerin.

Das Menschenbild, das als Ideal natürlichen Seins auch allen späten Bildern von Marées zugrundeliegt, hat Hildebrand – nun in doppelter Spiegelung der griechischen Vorbilder und der Schöpfungen des Lehrerfreundes – in vielen Werken, vor allem den Reliefs, zu verwirklichen gesucht. Wie er das Zueinander zweier oder mehrerer Menschen, Liebender oder Freunde in den Reliefs des *Liebespaares* (Kat. P 10) oder der *Werbung* (Abb. 9), *Adams und Evas* (Kat. P 5), des *Geschwisterpaares*, der *Leda*, (Abb. 10), der *jungen Frauen nach dem Bad* (Abb. 11) später in ganz reifer Formung in den für einen Park projektierten, leider nicht ausgeführten kleinen Gruppen des *Freundes-* und *Liebespaars* (Kat. P 18, P 19) darstellt, das läßt sowohl an griechische Grabreliefs wie an die Paargruppen in Marées' Bildern und in vielen von dessen Zeichnungen denken. Doch hat es seinen ganz eigenen Hildebrandischen Klang durch die kompositionelle Fügung, die mit größtem Bedacht die jeweilige psychologische Situation, Zögern und Zuwendung, Vertrauen und Abwendung durch die Formung allein anschaulich macht. Auch durch die ausgesprochenene Melodik der Linienführung heben sich Hildebrands Arbeiten von Marées' strenger Architektonik ab und von den griechischen Reliefs durch die noch differenzierteren Details der sorgfältig bedachten kompositionellen Verflechtung. Es ist die Musikalität Hildebrands, dem Musizieren und Musik-Erleben, das Nachvollziehen der Ton- und Melodiefügungen ein unent-

Abb. 3 Adolf von Hildebrand, *Wasserausgießer*, 1881/82. Bronze; lebensgroß. Staatliche Museen zu Berlin/DDR, Nationalgalerie

Abb. 4 Adolf von Hildebrand, *Merkur*, 1885/86. Bronze; lebensgroß. Staatliche Kunstsammlungen zu Weimar

behrliches Element seines Lebens war, die sich auch in seiner Kunst als wesentlicher Faktor kundtat. Wir kommen darauf zurück. Teilweise hat auch Hildebrand, wie Marées, diese ideale Menschlichkeit in antiker Thematik dargestellt. Es waren die alten mittelmeerischen Sagen und Vorstellungen, in deren Gestalten seit den Griechen die Menschen der europäischen Kulturen sich grundlegende Begebenheiten dachten. So das Thema des kleinen *Abschied*-Reliefs (Abb. 12), auf dem das zögernd schwankende, von der Amme begleitete Mädchen durch zwei Eroten zur Tür des Brautgemachs gedrängt wird. Die alte Dienerin, die der jungen Frau nach dem Bad die Füße trocknet: war sie nicht inspiriert durch eine homerische Gestalt, die bejahrte Beschließerin, die in der Odyssee den heimgekehrten Odysseus beim Fußbad an der Narbe erkannte? Hier mag, wie auch für den *Philoktet* (Kat. P 9) und für das *Amazonentriptychon* (Kat. P 13) die Lektüre von Sophokles und Homer, die Hildebrand und Fiedler

Abb. 5 Adolf von Hildebrand, *Marsyas,* 1892–96. Bronze; lebensgroß. Schloß Altenstein, Thüringen

Abb. 6 Adolf von Hildebrand, *Max von Pettenkofer,* 1899. Gips; H: 35 cm. Bayer. Staatsgemäldesammlungen München, Neue Pinakothek, Depot B 503

gewiß auf der Griechenlandreise 1887 begleiteten, Anreger gewesen sein.

Das *Amazonentriptychon* zeigt Hildebrand auf der Höhe seiner Reliefkunst; an ihm wird deutlich, daß er sich berechtigt glauben durfte, in der Konkurrenz für das Berliner Kaiser Wilhelm-Denkmal mit Reliefs neben die ersten Bildhauer Berlins zu treten. Das Thema war ihm nicht bloß Anlaß zu einer schön komponierten Amazonendarstellung, auch nicht allein zu Kampfszenen, wie sie Hildebrand von Marées' letzten großen Zeichnungsentwürfen kannte. Er dachte nicht an den Kampf der kriegerischen Frauen, sondern an ihr tägliches Dasein, zu dem die Jagd gehörte, und ließ sie von Bogenschützen begleiten. So diente es ihm, friedliche menschliche Aktionen und ihren Gehalt exemplarisch zu veranschaulichen.

Im linken Flügel hatte er wieder ein Paar-Thema gestaltet: der Alte, der den Jungen in der Kunst des Bogenschießens, dem Halten, Anlegen und Zielen des Pfeils unterweist, erscheint hier selbst wie ein lebender Bogen, indem er als geistiger Mentor den Pfeil entläßt. Entsprechend

Abb. 7 Adolf von Hildebrand, *Elisabeth von Herzogenberg,* 1885/86. Bemaltes Terrakottarelief; 100 × 68 cm. Kunsthistorisches Museum Wien, NG 22, Neue Galerie

Abb. 8 Adolf von Hildebrand, *Kugelspieler,* 1886. Marmor. Familie Mendelsohn Berlin

sind in den hochbedacht sich überschneidenden Gestalten des rechten Flügels weitere Phasen des Schießens dargestellt: das äußerste Spannen der Sehne im Moment des Abschusses und der Augenblick unmittelbar nach dem Abschuß, in dem der Schütze gespannt die Bahn des Pfeils verfolgt; dazu der hundeführende Knabe, der das Tier zurückhält und mit ihm dem Erfolg des Pfeilflugs nachschaut. Die Komposition des Mittelbildes mit den jagenden Amazonen bringt dagegen in dem wiehernden Aufbäumen des einen Pferdes und dem Hifthorn, das die zurückblickende Amazone bläst, auf unvergeßliche Weise den Höhepunkt der Jagdlust zur Anschauung, in der die Komposition auch von den seitlich nahenden Bogenschützen her gipfelt, und in dem Roß und Reiterin in innerer Erregung sich vereinen.

Es ist kaum denkbar, daß eines dieser Werke in Berlin hätte entstehen können, wo Hildebrand, zwar angeregt von den Skulpturen der bedeutendsten dortigen Bildhauer, vor allem von Wilhelm von Schadow, seine ersten Idyllen-Reliefs konzipierte, doch kaum die Freiheit gefunden hätte, die ihn in Florenz beflügelte.

Hildebrand und Thoma

Hildebrand hat in Italien die meisten der in dieser Ausstellung vertretenen Deutsch-Römer gekannt. In seinen ersten anderthalb römischen Jahren ist er wie Marées immer wieder mit Feuerbach[7] zusammengetroffen, doch ohne daß sich Fruchtbares daraus ergab.

Abb. 9 Adolf von Hildebrand, *Werbung,* 1880. Stein, 100 × 80 cm. Privatbesitz Florenz

Abb. 10 Adolf von Hildebrand, *Leda,* gegen 1890. Marmor, 63,5 × 51 × 9,5 cm. Staatliche Kunstsammlungen Dresden, Skulpturensammlung Albertinum. Inv. Nr. 1781

Abb. 11 Adolf von Hildebrand, *Junge Frauen nach dem Bad,* um 1888. Terrakotta, 114,5 × 93,5 × 16 cm. Städtische Galerie im Lenbachhaus München. G 12 124

Abb. 12 Adolf von Hildebrand, *Abschiedsrelief,* um 1885/86 (Zum Brautgemach). Terrakotta, 79 × 66,6 × 11 cm. Städtische Galerie im Lenbachhaus München. Inv. Nr. 12 378

9

10

11

12

Als er 1887 – nach dem Tod von Marées – das *Amazonentriptychon* entwarf, weilte Hans Thoma bei ihm zu Gast, auch er einer der deutschen Künstler, die sich immer wieder von der humanistischen Kultur des Mittelmeerraumes anregen ließen, dem sich in Italien »jedesmal viel von der deutschen Phrasenhaftigkeit abstreifte, die hier zur Kunst zu gehören scheint«, während ihm »das Einfachste und Alltäglichste wieder bedeutungsvoll«[8] wurde. Hier schuf Thoma zeitweilig unter dem Eindruck von Marées' Bildern, mit denen er sich durch Hildebrands Einfluß immer wieder auseinandersetzte, idyllische Szenen mit nur wenigen Menschen als den kompositorisch bestimmenden Bildgestalten. Es ist nicht unwahrscheinlich, daß wir in einigen dieser Bilder mit einem sitzenden *Flötenspieler* oder mit *Apoll und Marsyas* Reflexe einer verlorenen Skulptur Hildebrands vor uns haben. Den sitzenden *Flötenspieler* hatte Hildebrand damals gefertigt und noch im Atelier stehen (siehe auch den *Flötenspieler* von Albert Lang, Kat. 103, der damals gleichfalls dem Freundeskreis von Hildebrand angehörte.) Ähnlich ist auf einem Bild des Klosterhofs von San Francesco, das Thoma damals malte, eine Figur Hildebrands zu sehen, die nicht erhalten ist: ein von Donatellos *David* inspirierter stehender *Georg* mit dem erlegten Drachen, wie der Bildhauer ihn später vorübergehend für den Herzog-Georgsbrunnen in Hildburghausen plante. Was Thoma damals auch sicher in Hildebrands Atelier sah, war das *Adam- und Eva-*Relief (Kat. P 15), vermutlich dazu das in der Bozze stehengebliebene Relief eines stehend umschlungenen *Freundinnenpaars,* das sich noch heute in San Francesco befindet; und ein gemaltes Rundbild mit dem *Sündenfall.* Beides scheint ihn seit diesem Besuch zu seinen zahlreichen Varianten des Sündenfallthemas angeregt zu haben. Auch haben sich damals, wie aus einer Zeichnung Hildebrands und einem Bild Thomas ersichtlich, beide Künstler von dem Dürer-Stich des *Schießenden Apoll* mit der danebensitzenden Diana zum freien Kopieren dieser wundervollen Gestalt anregen lassen. Hildebrands Figur steht noch heute, leider beschädigt, im Loggienhof.

Schon vor Hildebrands Rückkehr aus Griechenland arbeitete Thoma 1887 in San Francesco mit dem »herrlichen Menschen«, den Hildebrand als Modell beschäftigte[9] und auch für seine Bogenschützen benutzte. In dieser gemeinsamen Zeit malte Thoma das *Bogenschützenbild,* das Fiedler kaufte, mit den nach den Vögeln schießenden Männern und den im Hintergrund unter dunklem Gewölk hinjagenden Reitern (Kat. 137). Auf ihm konnte der Maler darstellen, was sich der Bildhauer versagte, wollte er nicht die Grenzen der von ihm erstrebten Reliefkunst überschreiten: die Stimmung gewittriger Wolken, die das Dahinjagen der Pferde begleiten, auch den hohen Himmel, in dem sich die Vögel sichtbar bewegen, die in Hildebrands Relief dem Betrachter nur als unsichtbar

Abb. 13 Adolf von Hildebrand, *Hans Thoma,* 1887. Gips, H: 42 cm, bez. auf der Rückseite: A. Hildebrand fecit. Kunsthistorisches Museum Wien. NG 21

gegenwärtiges Ziel existieren, das die von beiden Seiten auf sie gerichteten Pfeile über dem Hifthorn, dem Gipfel der Jagdfreude, suggerieren.

Hildebrand und Thoma waren bis zu ihrem Lebensende befreundet. Der Maler Ernst Sattler, mit dessen Familie Hildebrands Familie nahe verkehrte und später durch die Heirat zweier ihrer Kinder verschwägert war, hatte ihre Freundschaft initiiert. Als Hildebrand 1878 in Tiroler Sommerferien mit Sattlers die Vahrnter Bauernfamilie, bei der sie wohnten, malte, erinnerten diese Bilder Sattler stark an Thoma.[10] Doch erst um 1880 scheinen sie sich persönlich getroffen zu haben. 1884 malte Thoma die Bildnisse *Hildebrands*[11] (verschollen) und *Fiedlers* (Kat. 135). Hildebrand fertigte seine lebensvolle *Thoma-Büste*[12] (Abb. 13) 1887 während der gemeinsamen Arbeit in San Francesco, während der Thoma auch das Bild des Loggienhofs malte. Beide Männer hatten außer ihrem ursprünglichen Naturell manches gemeinsam. Denn trotz seiner Kraftfülle war Hildebrand ein Künstler der Stille, der alles Heroische ablehnte. Sein Lieblingsdichter war Mörike, der ihm zu den »wunderbaren Naturgebilden« gehörte, »durch die die Natur ganz leise strömt und aus denen ein Naturlaut hervorbricht«, der »weder überreden noch etwas erzwingen« will, wie Hildebrand im Zusammenhang mit Richard Wagner schrieb, dessen Musik und Tyrannennaturell auf geistigen Gebieten er ablehnte.[13] Hildebrand, der sich mit Fiedler öfters schriftlich über Bilder Thomas geäußert hat, schätzte den »ewig neuen

Schaffer von Schönem und Halbem – wie es ihm kommt«,[14] wie er einmal 1889 an seine Frau schrieb, nachdem er viele Bilder von ihm gesehen hatte. Er schickte Marie Laroche, die Schwester des Basler Architekten, der sein Mitarbeiter am Kaiserdenkmal und beim Wittelsbacher Brunnen war, als Malschülerin zu Thoma. Zahlreiche Briefe zwischen Thoma und Hildebrand und von beiden an andere geben seit 1886 ein Bild von der regen Anteilnahme, die jeder an des anderen Werk und Leben nahm.[15]

Zum 80. Geburtstag Thomas 1919 zog Hildebrand dem acht Jahre Älteren in Erinnerung an die Zeit, da »sich unsere Wege in Florenz so schön und glücklich kreuzten«, die Summe seines Lebens: »Während Du soviel Schönes als Künstler geschaffen hast, wurdest Du selbst zu einem selten einheitlichen Naturbild von deutscher Menschlichkeit ... so daß einem die Wahl zwischen beiden Lebenswerken schwer wird«.[16]

Auch Hildebrand ließ sich von dem Freund anregen. Eine Reihe seiner Zeichnungen verrät, daß er zu Beginn der achtziger Jahre Thomas *Wasserfall mit badenden Knaben* gesehen hat und daß ihn dies Bild und spätere Bilder Thomas von badenden Kindern am Meer zu Plänen für ein Bild oder Relief anregten, die jedoch nicht zur Ausführung kamen. Auch ein Reliefentwurf, nur in gezeichneten Skizzen erhalten und erst im Alter in einem kleinen Reliefbozzetto plastisch verwirklicht: Wasserholende oder Trinkende an einer Quelle, deckt sich motivisch mit mehreren Bildern Thomas, in denen dieser unter dem Eindruck von Marées' Kompositionen zwei Menschen in mehreren Versionen an einer Quelle malte. Und nicht nur den schön gewachsenen Mann des Bogenschützen hatten beide als Modell bei gemeinsamen Studien, sondern auch einen Knaben, dem wir in Zeichnungen Hildebrands und in Thomas Bildern des *Verlorenen Sohnes* und der *Einsamkeit* begegnen.

Im Jahr 1885 hatte Thoma Hildebrand sein Frankfurter Atelier für die Sitzungen zur Büste von Clara Schumann zur Verfügung gestellt. Zudem haben beide eindrucksvolle Bildnisse von Cosima Wagner geschaffen. Die Freunde waren auch durch ihr gemeinsames Interesse am Schumann-Brahms'schen Musikkreis verbunden.

Für Hildebrand spielte dieser Kreis eine große Rolle, da er mit dem Ehepaar Herzogenberg, beide Brahms-Schüler – Heinrich ein damals bekannter Komponist, Elisabeth Pianistin –, nahe befreundet war. Beide hat er porträtiert, Elisabeth viermal, und ihnen die Grabmale geschaffen, von denen das für die Freundin in San Remo in weißer Majolika und Frührenaissance-Formen eines der schönsten Beispiele der Umsetzung alter italienischer Formtraditionen in ein Werk des 19. Jahrhunderts ist. Hier trifft Thomas Wort besonders zu, daß in Hildebrands Werken »das archäologische Spukgespenst« verschwinde, »das so gern in der Renaissance als in einer Totenkammer wühlt«.[17]

Hildebrand – Klinger
Darstellung von Musik-Erleben

Durch Clara Schumann, Heinrich und Elisabeth Herzogenberg und den Geiger Joseph Joachim, der die Berliner Hochschule für Musik leitete und ihn mit anderen Musikern bekannt werden ließ, die bei der Aufführung von Brahmswerken eine Rolle spielten, hatte Hildebrand oft von Brahms gehört, ehe er ihn persönlich 1891 im Hause des Herzogs von Meiningen traf und tief beeindruckt eines seiner Werke einüben hörte. Auch wenn sich Hildebrand in Briefen kaum über Brahms' Musik äußerte, ist doch sicher, daß er sie im Freundeskreis oft hörte und als Quartettspieler selbst spielte.

Diese Musik hätte das gemeinsame Band sein und auch eine Brücke des menschlichen Interesses bilden können zu dem so anders gearteten, zehn Jahre jüngeren Maler und Bildhauer Max Klinger, der die Wirkungen von Brahms' Kompositionen in seinem Graphikzyklus der *Brahms-Phantasien* zu veranschaulichen unternahm. Wenn man auch ihn den Deutsch-Römern zurechnet, so deshalb, weil fast zwei Jahre römischen Aufenthalts nicht nur auf seine nachdenklich-symbolische Thematik, sondern auch auf seine plastischen Arbeiten wirkten. Er kam wie Marées, Feuerbach, Böcklin erst als reiferer Künstler nach Rom im Jahr 1888, 31jährig, als Hildebrand, längst in Florenz, erstmals wieder die Blicke nach Deutschland richtete; und die Unterschiedlichkeit der Künstlerpersönlichkeiten zeigt sich schon darin, daß Klinger in Rom in weitgehender Einsamkeit seinen von italischer Landschaft und auch von der großen italischen Form beeinflußten, tief pessimistischen, von seinem ganz individuellen Lebensbild getragenen zweiten Teil des Graphikzyklus *Vom Tod* schuf. Er war, wie Hildebrand, von Stauffer-Berns Begabung angezogen, befreundete sich und reiste mit ihm in Italien, zog sich von ihm freilich zurück, als dieser in Not geriet, während Hildebrand sich gerade da seiner annahm und ihn später als Schüler betreute. So war auch diese Kontaktmöglichkeit verschlossen. Es scheint, daß es zwischen Hildebrand und Klinger nie zu einer nennenswerten Begegnung kam, obgleich mit ziemlicher Sicherheit Klinger aufmerksam Hildebrands Werk verfolgte, soweit es ihm zugänglich war. Von Hildebrand, dessen ›Problem der Form‹ 1893 erschienen war, mag er gelernt haben, seine Figuren in den Grenzen jenes Raumkastens zu ersinnen, den die Form des Steinblocks bildet, und ihnen damit ihren eigenen Raum zu geben. In Hildebrands Korrespondenz jedoch finden wir als einzige Bemerkung über den Andern in einem Brief von Fiedler 1892 Befremden über Stauffer-Berns große Bewunde-

Abb. 14 Adolf von Hildebrand, *Brahmsdenkmal,* 1898. Stein. Schloßpark Meiningen

rung für Klinger.[18] Dessen vordergründig naturalistische Form und hermetisch-symbolistische Gedankenwelt lagen ihm fern. Mit Fiedlers Tod war auch der Kontakt zu Leipzig, dem Hauptwirkungsfeld Klingers, gering geworden. Als schließlich Klinger 1905 die Initiative zum Kauf eines Atelierhauses in Florenz ergriff und den Verein der Villa Romana gründete, war Hildebrand weit entfernt mit dem *Hubertusbrunnen* in München und dem *Joachimdenkmal* in Berlin beschäftigt, für das die *Lautenspielerin* geschaffen war (Kat. P 15). Er hat sich nie um das Geschehen in der Villa Romana gekümmert, zumal schon die ersten Stipendiaten und Klinger selbst eine neue, andere Kunstrichtung als er vertraten.

Eine weitere Berührungsmöglichkeit hätten die um die Mitte der achtziger Jahre einsetzenden Bestrebungen sein können, gleich den Griechen, von denen man farbige Plastik ausgegraben hatte, auch die eigene Plastik zu bemalen. Außer dem Kreis um Marées und Böcklin hat sich, angeregt durch die Vorbereitung der Berliner Ausstellung farbiger Plastik (1885), vor allem Klinger um das Wiederaufleben dieses alten Brauchs bemüht. Seine *Salome* und *Kassandra* (Kat. P 21), neben dem Beethovendenkmal die bedeutendsten seiner plastischen Werke, entstanden damals nacheinander als farbig bemalte Figuren; und als er sie zehn Jahre später wie das Bildnis von *Elsa Asenijeff* (Kat. 102) und die *Amphitrite* in sorgfältig ausgesuchten farbigen Marmorsorten ausführte, hat er sie einem farbig erlesen gestalteten Gesamtkunstwerk eingebunden gedacht, wie er es für die Ausstattung von öffentlichen und privaten Räumen erträumte. Wie jene Figuren hat er daher auch den Körper der großen *Badenden* (Kat. P 22) leicht getönt, ihren Baumstumpf dunkel und ihr Haar golden gefärbt, wohl um sie einer vornehmen Wohnung einzugliedern.

Hildebrand hat sich in sehr privaten Werken, die in einem Wohnraum-Ensemble stehen sollten, damals solchen Versuchen nicht entzogen – auch er hat 1885 sein Relief der über dem Notenblatt sinnenden Elisabeth Herzogenberg differenziert farbig gefaßt (Abb. 7) –, stand ihnen aber bald ablehnend gegenüber. Er hat selbst die Färbung jenes heute in Hamburg befindlichen Exemplars der Büste von *Fiedlers Mutter* wieder entfernt, nachdem er sie auf der Berliner Ausstellung als ein Beispiel dafür gebilligt hatte, wie die Farbe allein der künstlerischen Wirkung zu dienen habe.[19] Für ihn, den Bildhauer, sollte Plastik in einem Gesamtkunstwerk, wie er es im *Hubertusbrunnen* verwirklichen konnte, außer durch ihr einheitliches Material der Bronze oder des Steins und außer ihrer wirkungsgerechten Aufstellung in erster Linie durch die Formung wirken, von der keine Buntfarbigkeit ablenken sollte. Er wollte nur leichte, nachhelfende Tönungen gelten lassen, durch die bei ungünstigen Lichtverhältnissen die plastischen Werte eines Werks verstärkt sichtbar gemacht werden konnten. Auch sollten in seinen eigenen Arbeiten, anders als bei Klinger, die Absichten der Formung, der hochbewußte Aufbau einer Figur nach rein künstlerischen Gesichtspunkten, nicht als solche fast aufdringlich, sondern als natürliche Gegebenheit erlebt werden.

Nichts kann den Unterschied der beiden Künstler besser veranschaulichen als die *Brahms-Denkmäler,* die sie, Klinger 1909 für die Hamburger Musikhalle, Hildebrand (Abb. 14) 1898 für den Park des Herzogs von Meiningen, fertigten. Klingers Brahms-Figur, die – dem Balzac von Rodin äußerlich verwandt – in einen Mantel gehüllt, von des Musikers Genius oder seiner Muse von rückwärts mit Armen und Beinen umklammert, aufrecht steht, das Antlitz nach der Totenmaske geformt, wird von drei, der Musik des Komponisten lauschenden Gestalten begleitet, die sich wie aus Wolken, die seine Füße umgeben, oder wie aus dem Meer, aus dem auch in Klingers graphischem *Brahms-Zyklus* horchende Gestalten auftauchen, übereinander daraus emporgehoben haben, die erste bis zu den Knien, die zweite bis zur Taille und der unterste, ein Mann, nur bis zu den Schultern. In großer Intensität, aber übersteigerter Pose lauscht mit zurückgebogenem Kopf die mittlere Frauengestalt; eindringlicher überzeugt das schmerzlich versenkte Hören des Mannes am Mantelsaum, während die Kniende mit verschränkt erhobenen Armen still und konzentriert geradeaus blickt: drei Weisen des Musikhörens, die hier von dem im Denkmal zu Feiernden eher ablenken und nicht ihn, sondern individuelles Erleben von Musik veranschaulichen.

Derartiges lehnte Hildebrand ab. Sein *Brahms-Denkmal* könnte nicht gegensätzlicher und weniger schlicht sein. Für ihn sollte die Persönlichkeit vergegenwärtigt werden, die er in einer eindringlichen Porträtbüste auf eine fein gestaltete und der Mitte einer weit ausschwingenden, exedraförmigen Anlage mit kleinen Seitenbrunnen und Bänken eingefügte Sockelarchitektur ans Ende eines Parkwegs stellte. Wichtig war ihm, den Ort mitzugestalten, an dem man dem Komponisten und seinem Werk nachsinnen konnte und seine Persönlichkeit im sprechenden Sein des Antlitzes vor sich hatte.

Freilich hat auch Hildebrand Musik-Erleben zu veranschaulichen unternommen. Aber er, der Sachliche, ging einen anderen Weg. Den mag er vor den Sängertribünen des Luca della Robbia und Donatello im Florentiner Dom, auch vor Bildern Tizians gefunden haben. Er zeigte das Erleben nicht an den passiv und träumend Hörenden, sondern an aktiv Musizierenden. Gegenüber den hingegeben Hinaussingenden, Musizierenden und Tanzenden der Renaissance hat er seine Darstellungen noch vertieft. Ihm

Abb. 15 Adolf von Hildebrand, *Die Geigerin Gertrud Schuster-Woldan,* 1901–1903. Gips, 54 × 35 × 18 cm. Bayer. Staatsgemäldesammlungen München, Neue Pinakothek. Depot P 468

ging es darum, das Hervorbrechen der Musik als einen aus dem Inneren des Menschen aufsteigenden Naturlaut darzustellen. So stehen seine eigenen Figuren *Musizierender* in seiner Zeit einzigartig da, doch wenig bekannt, da ihm nur Denk- und Grabmäler von befreundeten Musikern und Musikliebhabern Anlaß waren zu solch durchfühlter Ausdrucksgestaltung (Abb. 15, 16 und Kat. P 15). Sie heben sich von verwandten zeitgenössischen Darstellungen durch die freilich stets leise und unaufdringliche Innigkeit und Intensität ab, mit der diese Gestalten nicht nur ihrem Musizieren hingegeben sind, sondern zugleich in jeder Nuance ihres Körpers nach innen gewandt auf die Töne lauschen, die sie aus der eigenen Mitte in das Instrument zu übertragen im Begriffe sind. Es ist Hildebrands psychosomatische Ausdruckskunst, der ein aufmerksamer Betrachter hier in ihrer ganzen Klarheit und

Abb. 16 Adolf von Hildebrand, *Genius vom Grabmal Hohenlohe-Schillingfürst,* 1901–1903. Bronze. Slaviecice

Reinheit begegnet, dieselbe, die wir ebenso eindringlich in den Reliefs und in den beiden Gruppen des *Liebes-* und *Freundespaares* (Kat. P 18, P 19) finden. Er hat sie mit feinem Einfühlungsvermögen in seinem langen Leben und Beobachten im italienischen Volk entwickelt, das gegenüber dem deutschen den natürlichen Körperausdruck seelischer Bewegungen so viel stärker bewahrt hat. Auch hierin ist er und weit mehr als Klinger ganz den Künstlern zuzurechnen, die in ihre Werke auf existentielle, nicht programmatische Weise die alte Kultur Italiens eingeschmolzen haben. Noch seine letzten Skulpturen, die Figuren des *Hubertusbrunnens* in München und auch der Todesengel für das *Grabmal des Herzogs von Sachsen-Meiningen* in seiner kraftvoll jähen, nur im Körper ausgedrückten Wendung plötzlichen Schmerzes verdanken ihre Gestaltung nicht nur – wie etwa *Der alte Jäger* und die *Waldfrau* – unmittelbaren spätrömischen Vorbildern, sondern mehr noch der Beobachtung von Bewegung und Haltungen, wie er sie unter den Menschen des Südens sah.

Hildebrand und Böcklin

Weniger nahe als Thomas Natur, aber doch in gutem Einvernehmen stand Hildebrand zu Böcklin. Den Bildern Böcklins trat er mit geteilter Beurteilung gegenüber, wohl beeinflußt von der Ansicht Fiedlers, daß Böcklin oft »auf der untersten Stufe der Andeutung stehen bleibe, daß die Kraft einer bildenden Durcharbeitung fehle und er den Beschauer nicht durch die überzeugende Positivität der Erscheinung in den Bann seiner« – freilich von Fiedler hoch geachteten Phantasie und – »Einbildungskraft zu ziehen vermöge«; daß er, was den »Grundboden der Formen« betreffe, mehr den Eindruck anstatt die Sache gestalte, aus der sich der Eindruck dann von selbst ergeben würde«[20] – ein Urteil, das Fiedlers Denken über Kunstwerke und Hildebrands daran orientierte Arbeit und ihre Absichten mehr beleuchtet als Böcklins Kunst, die der Phantasie des Beschauers das abverlangte, was ihr an Fruchtbarem zu vielen Zeiten zugemutet wurde.

Böcklin seinerseits machte sich gern über die Absichten des Marées-Kreises lustig: daß sie »nicht nur bis zu den Seinsquellen einer einzelnen ruhigen Figur zu dringen, sondern auch alles, was sie je bewegt hat und was sie ahnt, hineingeheimnissen zu können« versuchten, kurz, daß sie das Ziel hatten, das Allgemeine, Gesetzmäßige der Naturerscheinungen zu geben, während es ihm selbst wichtig war, ein Bild auf »lauter malerisch klugen Kontrasten« aufzubauen.[21]

Schon ein Jahr nach dem Kauf von *San Francesco,* 1875, begannen Hildebrands nähere Beziehungen zu Böcklin, der mit einer Reihe von Künstlern, die Hildebrand nahestanden, regelmäßige Abende bei Wein und fröhlichen Reden verbrachte, die gelegentlich sogar in Marées' Wohnung im Oberstock von San Francesco stattfanden. Aber Hildebrand liebte solch weinselige Gesellschaften nicht. Diesen Abenden blieb er fern. Sein intimer Freundeskreis war ein anderer. Die Kontakte waren dennoch »nachbarschaftlich«, und es ist nicht zu übersehen, daß Hildebrand, der wie Marées und Fiedler die künstlerische Natur des Malers schätzte, sich durch manche Bilder Böcklins zu eigenen Arbeiten anregen ließ.

Nicht nur dürfte Böcklins – im übrigen wenig importantes – *Relief eines Trunkenen,* der von seinem Freund am Sturz gehindert wird (1870),[22] Hildebrand stimuliert haben, das Thema für die später verworfene Gruppe eines vom Satyrn gestützten, jugendlich trunkenen Bacchus aufzugreifen, das er ein Jahrzehnt danach in dem schönen *Dionysosrelief* von 1890 zur endgültigen Lösung brachte, um damit zu zeigen, wie ein wahrer Bildhauer dies Thema künstlerisch gestalten kann. Auch eine der impulsivsten Zeichnungen (Abb. 17) Hildebrands, der wütende Kampf eines Meereszwitters mit einem Meerkentauren und einige andere, schöne Bildskizzen von halbmenschlichen

Meerwesen scheinen unter dem Eindruck von Böcklins Kentaurenkampf- und Meeresidyllenbildern entstanden, zu denen schließlich auch die zwei mächtigen Figurengruppen des *Wittelsbacher Brunnens* Parallelen bilden als rein bildhauerische und in Rücksicht auf ihre platzgestaltende Funktion konzentrierte und distanziertere Gestaltungen personifizierter Naturkräfte. Wie denn überhaupt die Gegenüberstellung von Werken die Unterschiede der künstlerischen Absichten und Naturen beider deutlicher zu machen vermag als Worte. Hier wäre z. B., wenn man Hildebrands späte *Elmauer Phantasie* (1916) betrachtet, in der sich drei von der Seite und halb rückwärts gesehene Satyrn einer im Wald ruhenden, von einer Dienerin und einem Satyrkind begleiteten Nymphe nähern, auf Böcklins Bild zu weisen, auf dem zwei Faune eine Nymphe belauschen (1884): Bei Böcklin das sofort miterlebbare, atemlos stille Entzücken der beiden nah dem unteren Bildrand neben dem Mädchen sitzenden Naturwesen, in welches das betrachtende Auge ohne Überwindung eines Vordergrundes unmittelbar hineingezogen wird; bei Hildebrand die Vordergrundsfiguren der Satyrn, mit und neben denen der Beschauer die Nymphe und ihre Begleitung in respektierter Distanz wie eine Bilderscheinung erlebt. Wie Hildebrand sein Werk stets als ein Gesehenes gestaltete und erlebt wissen wollte, hat er einmal selbst sogar bei der Einrichtung eines Zimmers geäußert, das er als »nicht gesehen« ausgestattet bezeichnete.

Malerisches und plastisches Wirken

Was Hildebrand und Böcklin gemeinsam war, lag darin, daß beide, jeder auf seine Weise, sich von dem »großen Maßstab« Italiens in ihrem Schaffen gelenkt fühlten, »wo einen« – wie es Hildebrand einmal Fiedler gegenüber ausdrückte – »Die Natur wieder mit so hohen Augen ansieht und man sich winzig vorkommt«.[23]

Aber hier begann schon der Unterschied. Denn, wo Böcklin den großen Maßstab weitgehend in der vielfach noch ungestalteten Natur erlebte, sah Hildebrand ihn überall auch in der schon von Menschenhand gestalteten Landschaft und den Kulturschöpfungen, die ihn bald nachhaltig in seinem architektonischen Schaffen beeinflußten. Böcklin legte von Anfang an sein Naturerlebnis in die Landschaften seiner Bilder und in die großartig personifizierten Mächte und Wirkungen dieser Natur, die er in tief empfundenen Gestalten veranschaulichte, Gestalten, wie sie zu allen Zeiten den Stoff der Mythen gebildet haben. Hildebrand dagegen fand allein schon durch sein so anderes Metier des Bildhauers, dem es versagt ist, die Farbe als suggestives Mittel unendlicher Darstellungsmöglichkeiten beliebig einzusetzen, seinen Schwerpunkt in der Menschendarstellung. In ihr hat er, so weit es sich um Porträts handelte, die »Natur« jeder

Abb. 17 Adolf von Hildebrand, *Zeichnung*, 1890–92. Privatbesitz Florenz

Persönlichkeit zu fassen gesucht, wo es aber um freie Gestaltung ging, allgemein gültige, einfache, »natürliche« Handlungen gewählt. In seinen Figuren und Reliefs kam er dabei, indem er alle Ausdrucksmöglichkeiten des in innerem Gleichgewicht befindlichen Körpers verfolgte, zu exemplarischen Gestaltungen der Menschen»natur«. In der zweiten Lebenshälfte aber suchte er diesen Maßstab in die Gestaltung von städtebaulichen und landschaftlichen Situationen einzubringen. In ihnen suchte er – wie er zu sagen pflegte – lediglich ein von der Natur Gegebenes künstlerisch weiterzuentwickeln und auszugestalten. Dies hatte ihn die Kulturlandschaft Italiens gelehrt. Seine großen Brunnen, von denen heute allein drei in München stehen, seine Denkmalsplacierungen und -ausformungen zeugen davon. Er hat damit in seiner eigenen Zeit eine Reihe von Architekten beeinflußt. So konnte er, der räumlich und architektonisch denkende Bildhauer, unter den »deutsch-römischen« Künstlern als einziger das Erlebnis der alten südeuropäischen Natur und Kultur zwar nicht in Bildern unserem Nachempfinden zugänglich, aber auf einem Gebiet fruchtbar machen, das noch heute – nur leider zu Wenigen bewußt – von größter Bedeutung für unser Wohlbefinden in menschlichen Ballungsräumen ist.

1 Der Bildhauer und Maler August Kreling (1819–1876) war ein Schwiegersohn Wilhelm von Kaulbachs.
2 Siehe hierzu die Jugenderinnerungen Hildebrands in: Adolf von Hildebrand, Gesammelte Schriften, hg. v. H. Bock, Köln/Opladen 1969, S. 471–483. – A. v. Hildebrand und seine Welt, Briefe und Erinnerungen, hg. v. B. Sattler, München 1964, S. 361.
3 Zu Hildebrand und Marées siehe S. Braunfels in: Kat. Ausst. Hans von Marées, München, Neue Pinakothek, 1987.

4 Freilich darf nicht vergessen werden, daß die unvermutete Begegnung des etwa 12jährigen mit der Antikensammlung der Baseler Universität, die er in den Jugenderinnerungen als seine erste überwältigende Begegnung mit der »Welt der nackten Statuen« schildert und »als etwas Überirdisches« empfand, wohl das Erlebnis gewesen ist, das im Unbewußten den zweifellos angeborenen Sinn für die plastische Form zu dem Entschluß reifen ließ, Bildhauer zu werden.

5 Hildebrand verbrachte zwischen Herbst 1868 und April 1872 mit Unterbrechungen zweieinhalb Jahre in Berlin.

6 Hildebrand an Fiedler, Brief vom 6. Februar 1883; siehe Adolf von Hildebrands Briefwechsel mit Conrad Fiedler, hg. G. Jachmann, Dresden 1927, S. 198.

7 Zu den Begegnungen Hildebrands mit Feuerbach und dem Urteil über ihn siehe B. Sattler (wie Anm. 2), S. 86, 219, 261.

8 Thoma an J. E. Sattler, 25. Juni 1887, siehe B. Sattler (wie Anm. 2), S. 306.

9 Thoma an Hans Eiser, 25. März 1887, ebenda, S. 297.

10 Ernst Sattler an Thoma 1878, ebenda S. 252.

11 Hildebrand an seine Frau, Dezember 1884, ebenda S. 279.

12 Gipsoriginal in den Bayerischen Staatsgemäldesammlungen, Bronzeausführung im Städelschen Kunstinstitut Frankfurt a. M.; eine spätere 1899 in Karlsruhe, Staatliche Kunsthalle, siehe A. Hass: Adolf von Hildebrand, Das plastische Portrait, München 1984, S. 66 und S. 178.

13 Hildebrand an den Dirigenten Hermann Levi, 26. Juni 1899: siehe B. Sattler (wie Anm. 2) S. 469.

14 Hildebrand an seine Frau, September 1889, siehe B. Sattler (wie Anm. 2), S. 330.

15 Siehe ebenda S. 292 ff., 296–299, 301, 306, 308 f., 311, 320, 330, 348, 356, 386 ff., 399, 405, 547, 553 ff., 646, 681 ff.

16 Ebenda S. 702.

17 Thoma an Emil Lugo, Mai 1887, ebenda S. 300.

18 ebenda S. 385.

19 So Fiedler an Hildebrand, 3. November 1885; siehe G. Jachmann (wie Anm. 6), S. 234.

20 Fiedlers und Hildebrands Gedankenaustausch über Böcklin findet sich in B. Sattler (wie Anm. 2), S. 203, 215 f. (hier die zitierte Stelle), 219, 248 f., 255 (dsgl.).

21 Nach G. Floerke: Zehn Jahre mit Böcklin, 2. Aufl. München 1902

22 Berlin, Preußischer Kulturbesitz, Nationalgalerie, siehe G. van der Osten: Plastik des 19. Jahrhunderts, Königstein/Taunus 1961, Abb. 82.

23 Hildebrand an H. u. E. von Herzogenberg, 18. Januar 1883; B. Sattler (wie Anm. 2), S. 274.

Peter Märker

›Nachahmung‹ und ›Vorstellung‹ der Wirklichkeit

Zu Feuerbachs und Böcklins zeichnerischem Verhalten

I.

Die populäre wie wissenschaftliche Einschätzung der beiden hier behandelten Künstler als Zeichner schien lange Zeit festzustehen: Während Feuerbachs Zeichnungen nicht nur als virtuose Handhabung der zeichnerischen Mittel wenn nicht geliebt, dann doch hoch geschätzt werden, ja, sie für den modernen Betrachter zugänglicher zu sein scheinen als seine gemalten Werke[1], weckten Böcklins Zeichnungen lediglich als Äußerungen eines großen Malers Interesse, die nur deshalb die Beschäftigung mit ihnen lohnen, weil sie Einblick in das bildnerische Denken des Künstlers erlaubten.[2] Das Urteil eines Alfred Schmid, dem wir die umfassendste und kenntnisreichste Edition der Zeichnungen Böcklins verdanken (1921), schien Verbindlichkeit zu haben. Wenn er resümierte: »Diese Kritzeleien, wie Böcklin sie nannte, sind oft von großem psychologischem Interesse, Wunder der Zeichenkunst sind es nicht. Das Höchste hat Böcklin im Gemälde geleistet, wenn er alle Register spielen lassen konnte«[3] und noch 1974 verallgemeinert wurde: »Böcklin war zeit seines Lebens kein virtuoser Zeichner«[4], dann mögen es jeweils die gleichen Normen akademischer Virtuosität und Korrektheit sein, die der positiven Beurteilung der Feuerbachschen und der letztlich negativen der Böcklinschen Zeichnungen zugrunde liegen. Es scheint symptomatisch, daß erst in einer aus der Vertrautheit mit den Zeichnungen der frühen Moderne resultierenden Analyse Dieter Koepplin die zeichnerische Betätigung Böcklins zu würdigen wußte als solche, »die an Art und Rang ihresgleichen sucht«.[5]

Dahinter soll nicht zurückgegangen werden. Es ist nicht die Absicht, mit der Konfrontation der so ungleichen Blätter hergebrachte Wertungen zu verfestigen, obwohl die Zusammenstellung in einer Ausstellung durchaus als Gefahr in dieser Hinsicht zu sehen ist: Schon vom Format her haben die oft winzigen »Kritzeleien« Böcklins es sicher schwer, sich gegen die ungleich anspruchsvoller auftretenden zeichnerischen Äußerungen Feuerbachs zu behaupten.

Die Gegenüberstellung erfolgt, um an Feuerbach und Böcklin zwei extreme Positionen zeichnerischen Verhaltens zu verdeutlichen. Da bei beiden Künstlern die Zeichnung – fast[6] – immer der Vorbereitung, bzw. Konkretisierung eines Bildgedankens dient, in dem Sinne also nicht »zweckfrei« ist, sondern eine Stufe innerhalb der Bildgenese, hat sie immer auch etwas mit Realitätsverarbeitung zu tun, gibt auf dieser Ebene Einblick in ihr so unterschiedliches Verhältnis von bildnerischer Phantasie und deren Rückversicherung an der Wirklichkeit. Das Fragen nach dem jeweiligen Realitätsverhältnis – zunächst nur verstanden als Verhältnis zur sichtbaren Wirklichkeit – kann nicht nur die anschaulichen Qualitäten der jeweiligen Zeichnungen wenn nicht erklärbar, so doch in ihrem konzeptionellen Zusammenhang verstehbarer machen, sondern vielleicht auch dem besseren Verständnis der Kunst der beiden Protagonisten der Deutsch-Römer allgemein dienen.

Die Gemeinsamkeiten der Zeichnungen der beiden Künstler beschränken sich nun keineswegs darin, lediglich Durchgangsstadien auf dem Weg zum ›eigentlichen‹ künstlerischen Ziel, dem Gemälde, zu sein. Auch dürfte der Umfang ihres zeichnerischen Werks vergleichbar sein. Rund 550 einzelne Blätter und 19 Skizzenbücher umfaßt das gegenwärtig bekannte zeichnerische Œuvre Feuerbachs[7], etwa 500 Zeichnungen und vier Skizzenbücher (besser: Notizbücher) dasjenige Böcklins.[8]

Solche statistischen Angaben besagen allerdings nicht allzuviel, wenn man bei beiden große Verluste einberechnet. Sie betreffen bei Feuerbach vor allem Zeichnungen aus seiner Jugend- und Akademiezeit, sowie Entwurfsskizzen aus späteren Jahren, bei Böcklin umgekehrt weniger die Zeichnungen der vierziger und fünfziger Jahre, in denen überwiegend Naturstudien und bildmäßige Zeichnungen entstanden, die früh schon – etwa von Jacob Burckhardt – gesammelt wurden und die etwa die Hälfte des erhaltenen zeichnerischen Werks ausmachen, sondern die flüchtigen »Kritzeleien«, die seit etwa 1860 bis zu seinem Tode entstanden. Der Erhaltungsgrad ist, wie zu zeigen sein wird, also auch Ausdruck der jeweils eigenen, letztlich diametral entgegengesetzten Wertschätzung der Zeichnung. Während Böcklin später die Existenz seiner Zeichnungen wohl am liebsten »unterschlagen« wollte, hat Feuerbach, der zu Lebzeiten zwar keine Zeichnungsausstellung veranstalten konnte, doch immer im Hinblick auf die Öffentlichkeit gezeichnet (und sei es auch eine posthume): »Fünf Mappen Handzeichnungen zusammengestellt«, schreibt er 1871 seiner Mutter, »werden, da sie in zwei Jahren abgebraucht sind, die deutschen Museen beglücken.«[9]

II.

Weitaus stärker als durch stilistische Entwicklung ist die anschauliche Beschaffenheit der Zeichnungen Feuerbachs durch ihre Funktion, die ihr zugedachte Stellung innerhalb der Werkgenese bestimmt. In einer für den abstrakten Regelkanon der Akademie des 19. Jahrhunderts charakteristischen Weise[10] sind bei Feuerbach die Stufen und die Abfolge der Zeichnungsgattungen, die jeweilige Angemessenheit der Zeichnungsmittel und -techniken im Hinblick auf die gestellte Aufgabe sowie die Notwendigkeiten des Ausführungsgrades im Verhältnis zum Gemälde festgelegt.

Aufgrund der Forschungen Marianne Arndts[11] sind wir heute über Feuerbachs Schaffensprozeß von der ersten Bildidee bis zum ausgeführten Gemälde unterrichtet. Die erste uns in einer Zeichnung faßbare Stufe der Bildgestaltung bei Feuerbach bildet die schnell hingeworfene Kompositionsskizze. In ihr wird in flüchtigen, sich mitunter auf bloßen Umriß beschränkenden Formen die Anordnung der Bildelemente, Haltung und Verhältnis der Figuren zueinander und zum umgebenden Raum fixiert, durch Angabe von Begrenzungslinien oft das Verhältnis zur Rahmung festgelegt (Kat. Z 22). Auch wenn man davon ausgeht, daß in der Regel eine Reihe solcher Kompositionsskizzen für ein einzelnes Bildvorhaben entworfen wurden, so sprechen die nur geringen Abweichungen bei den erhaltenen Skizzen – etwa für die Darmstädter Fassung der *Iphigenie*[12] – für eine von Anfang an weitgehend abgeschlossene, nur noch in Details veränderbare Bildvorstellung. Wenn also die Skizze bei Feuerbach nicht der Ort ist, an dem sich die gestalterische Phantasie frei und ungebunden, »regellos« entfalten kann – diese Funktion kommt ihr sonst traditionell zu –, dann hat das seine Begründung in der Tatsache, daß Feuerbach seine Bildidee oft Jahre vor der ersten materiellen Gestaltung auf der Grundlage kunstgeschichtlicher »Vorbilder« »im Kopf« ausgebildet hat, und dies in der Kompositionsskizze dann nur mehr fixiert wurde. Daß die entscheidende Quelle seines Bilddenkens – neben literarischen Anregungen – die Kunst der Vergangenheit war, vor allem der Antike und der italienischen Renaissance, ist im Einzelfall immer wieder nachzuweisen.[13] »Die Komposition ist mir nur so aus der Seele geflossen« – kann er sich deshalb der Mutter gegenüber äußern –, »weil ich sie geistig ganz durchdacht habe.«[14] Oder bei anderer Gelegenheit: »In diesen paar Tagen komponiere (ich) innerlich eine Iphigenie auf Tauris und es arbeitet wieder scharf in mir herum.«[15]

Findet die Klärung der Bildgestalt also weitgehend vor ihrer materiellen Fixierung auf dem Papier statt, so werden allenfalls Einzelheiten in Detailskizzen (vgl. Kat. Z 20), die die Kompositionsskizzen begleiten – ihnen vorausgehen oder nachfolgen können – variierend »ausprobiert«. Kompositionsskizze wie Detailskizze verbindet jener »schnelle« Duktus, der nicht beschreibt, sondern lediglich Proportionen festlegt. Das technische Mittel ist die Feder oder (seltener) der Bleistift, Träger in der Regel das Skizzenbuch (für die kleinformatigen Entwurfsskizzen) oder schlechtes, billiges Papier (für die charakteristischen »Löschpapierskizzen«, vgl. Kat. Z 20, Z 22). Geringer Zeitaufwand, unrepräsentative Technik und das nicht öffentliche Medium des Skizzenbuchs: all das sind Indizien für den privaten Charakter der Skizze bei Feuerbach. Alles spricht dafür, daß Feuerbach in ihnen lediglich Arbeitsbehelfe ohne Kunstwert sah. So ist es wohl auch nicht Zufall, daß die Verlustquote gerade in diesem Bereich sehr hoch angenommen wird.[16]

Auch hierin unterscheidet sich die Skizze bei Feuerbach ganz prinzipiell sowohl von dem Komposition*sentwurf* als auch der Modellstudie. Ihnen ist ein größeres – bis sehr großes – Format, detailliert beschreibende Ausführung, und repräsentative Technik gemein (in der Regel schwarze Kreide und Deckweiß auf meist getöntem Papier, in den sechziger und siebziger Jahren treten Aquarell und Deckfarben, bei den Modellstudien farbige Kreiden hinzu). Daß der Kompositionsentwurf einen auf »Öffentlichkeit« berechneten Charakter hat, ist insofern verständlich, als er ja nicht nur der Veranschaulichung der Wirkung des noch unausgeführten Gemäldes für den Künstler selbst gedient hat, sondern darüber hinaus auch dazu bestimmt sein konnte, einem potentiellen Auftraggeber vorgelegt zu werden. Sind die Kompositionsentwürfe einerseits auch nicht unabdingbare Stufen der Bildgenese – sie sind wohl nicht in jedem Fall entstanden –, so existieren sie in den fünfziger Jahren auch als »autonome« bildmäßige Zeichnungen, denen die Ausführung als Gemälde nicht gefolgt ist (vgl. Kat. Z 2, 3). Wenn dies zeitweilig auch aus materieller Notlage heraus geschieht, so kann die Zeichnung bei Feuerbach dann doch billigerer Bildersatz sein.

Der Öffentlichkeitsanspruch der Modellstudie, der sich durch Ausführungsgrad, verwendete Mittel und Blattformat ergibt, liegt dagegen keineswegs auf der Hand. Die Modellstudie ist diejenige Zeichnungsgattung bei Feuerbach, die nicht nur am zahlreichsten überliefert ist, sondern die tatsächlich auch am häufigsten entstanden ist. Wenn er 1871 seiner Mutter berichtet, er habe 254 Handzeichnungen allein »für die *Amazonenschlacht* gemacht«, so versteht er unter Handzeichnung in erster Linie Modellstudien, die ihm in so großer Zahl für das vielfigurige Bild (heute im Germanischen Nationalmuseum, Nürnberg) erforderlich schienen. Dabei übersteigt die Zahl der Modellstudien bei weitem die Anzahl der im Gemälde vorhandenen Figuren. Er hat nicht nur die gleiche Figur mehrfach nach dem Modell studiert, sondern, ganz wie es akademischer Praxis entsprach, sowohl als Akt als auch als Gewandfigur gezeichnet und sich damit Rechenschaft sowohl über die anatomische Struktur als auch über das Erscheinungsbild gegeben. Bezeichnenderweise geschah letzteres aber nur soweit, als die Figur im Gemälde zu sehen war. Dabei wird das Modell in eine Stellung gebracht, in der die zuvor festgelegte Figur entsprechend im Gemälde erscheint. Begann er mit dem Modellstudium doch erst, nachdem die Komposition in Kohle auf der Leinwand entworfen war. Er selbst spricht verschiedentlich über dies Verfahren: »Die Bilder untermale ich in meinem Zimmer, dann zeichne ich die einzelnen Gruppen auf einen Bogen und zeichne sie alle durch nach der Natur ... Habe ich diese Studien nun, dann schließe ich mich wieder in meine Kammer und vollende.«[17] Das Modellstudium ist ihm unverzichtbar, ja, zahlreiche Briefstellen belegen[18], daß er an bereits begonnenen Gemälden manchmal nicht weiterarbeitete, wenn ihm kein geeignetes Modell zur Verfügung stand, oder er es nicht bezahlen konnte. Auch hierin erweist sich Feuerbach als konform mit der akademischen Lehre des 19. Jahrhunderts, nach der die Modellstudie die Funktion hat, den Wirklichkeitsgehalt des schließlichen Resultats, des Bildes, zu fördern. Bei der Einzelfigur kommt es ihm auf größtmögliche Natur-Wahrscheinlichkeit an, im eigenen Sprachgebrauch auf »Naturlaut«: »ich freue mich, daß alle meine Gestalten Naturlaut haben ... Wenigstens gestohlen habe ich nicht, sondern alles ist aus der Natur heraus empfunden.«[19]

Indem die Modellstudie darauf zielt, den mimetischen Charakter der Darstellung zu garantieren, steht sie immer auch zugleich im Spannungsfeld zwischen »bloßer« Naturwahrnehmung und künstlerischer Darstellung. Die Modellstudie gibt also nicht unreflektierte, »zufällige« Natur, sondern Auswahl und Anordnung des Studienobjekts – sei es menschlicher Körper oder Gesicht, sei es landschaftliche Natur – sind ausnahmslos im Hinblick auf die Komposition des Gemäldes getroffen worden. Der künstlerischen Idee hatte sich die Natur zu fügen, bzw. wurde ihr angepaßt. Diese Anpassung der Natur an die künstlerische Vorstellung Feuerbachs reicht von der dezidierten Wahl eines bestimmten Frauentyps als zeitweilig ausschließlichem Modell – zunächst Nanna Risi, später Lucia Brunacci – bis hin zur Stellung, ja Kostümierung des Modells: »Die nächsten drei Monate widme ich mich ganz dem Modell. Cardwell hat mir ein griechisches Gewand geschneidert, und nun sollst Du die hohe Gestalt sich darin bewegen sehen ...«[20]

Die bewußte Selektion und Inszenierung auf ein bildverwertbares »Ideal« hin bestimmt selbst das Verhältnis zur landschaftlichen Natur. Die in den Jahren 1857/58 nach Motiven aus der Campagna, den Sabiner- und Albanerbergen sowie dem Park der Villa d'Este in Tivoli entstandenen Landschaftszeichnungen zeigen Ausschnitte, die in ihrem pathetischen Stimmungsgehalt zu den Gemäldeplänen, mit denen Feuerbach sich in dieser Zeit trug, hätten passen können, auch wenn ihre Verwendung nicht immer nachweisbar ist, wie in der *Campagnalandschaft* (Kat. Z 6), die im Hintergrund des ersten Zeichnungsentwurfs zu den *Balgenden Kindern* (Kat. Z 8) wieder begegnet. Auch wenn sie nicht direkt übernommen wurde, ist etwa die *Allee der Villa d'Este in Tivoli* (Kat. Z 4) nicht unabhängig von dem Plan zu dem Bild *Paolo und Francesca* zu verstehen (Kat. 68). Die meist ohne Vordergrund ansetzenden Landschaftsausschnitte entspringen nicht einer momentanen Hingabe an einen subjektiven Landschaftseindruck, sondern sind von Anfang an als Hintergrund für das Historienbild gedacht. In dem Maße, wie landschaftliche Elemente in den Gemälden keine Rolle mehr spielen, schwindet auch das zeichnerische Interesse an Natur.

Wenn also Subjektivität und Phantasie in Feuerbachs künstlerischem Universum eine nur geringe Rolle spielen, der Schaffensprozeß sich bei ihm, idealtypisch vereinfacht, als Dialektik von (kunst-)geschichtlich vorgeprägter Bildform und dem Korrektiv zwar »arrangierter«, doch an der Realität »nachgeprüfter« Einzelform erweist, so ist die Frage nach den Konsequenzen für den Zeichenstil Feuerbachs zu stellen. Gibt es einen Zusammenhang zwischen der der Zeichnung zugewiesenen Funktion und ihrer spezifischen anschaulichen Beschaffenheit? Es soll dieser Frage an der für ihn zentralen Gattung der Modellstudie nachgegangen werden.

Der Zeichnungsstil Feuerbachs ist verhältnismäßig wenig wandlungsreich, sieht man einmal von der Akademiezeit (1845–1852) und deren davon geprägten spätnazarenischen Linearität ab, sowie von den Wiener Jahren (1873–1878) mit der Arbeit an den Deckenbildern der Wiener Akademie der Bildenden Künste, die ihn vor ganz neue, mit den alten Mitteln nicht mehr zu bewältigende Aufgaben stellte. Im Folgenden ist nur die Rede von Studien der fünfziger Jahre und der »reifen« römischen Zeit (bis 1873).

Grundlage von Feuerbachs Zeichenstil der fünfziger und sechziger Jahre ist die im Schüleratelier Thomas Coutures in Paris 1852/53 erworbene Kreide-Technik.[21] Ein in großen, umfahrenden Linien angelegter Umriß verbindet sich mit tonigen Abstufungen der Binnenformen. Lichter und Schatten werden durch Wischen der Kreide erzielt.

Dabei ist das gefärbte Zeichenpapier der Mittelwert, der mit dunklen Kreiden bezeichnet und anschließend weiß gehöht wird. Kam es Couture auf den malerischen, nicht linearen Effekt seiner Zeichnung an – er lehrte: »Mit Kohle, Brod und Wischer können Sie ein Bild zustande bringen, ohne eine einzige Linie« –, so hat Feuerbach die Kreidezeichnung zunächst noch weiter ins Malerische gesteigert. Dicht gesetzte Kreuzlagen bilden die Schattenzonen, aus denen durch weiches Verreiben tonige Übergänge zu den herausgewischten Lichtern erzeugt werden. Das ganze Blatt wird nun zuweilen mit Parallel- und Kreuzschraffuren in verschiedene Richtungen überzogen, auf diese Weise Körper und Raum bindend. Dieser bis zu Beginn der sechziger Jahre bestimmende malerische Zeichenstil ist wohl zu Recht auf die Auseinandersetzung mit venezianischer Malerei in diesen Jahren zurückgeführt worden. Die differenzierte Tonigkeit dieser in Venedig entstandenen Zeichnungen wird in einigen größeren Kompositionsentwürfen später noch durch die Verwendung von Deckweiß ergänzt, das zum Teil mit dem Pinsel, zum Teil aber auch in geordneten Federschraffen aufgetragen wird.

Damit tritt zugleich ein neues Element hinzu: die höchst sorgfältig in Parallel- und Kreuzlagen geordneten, die Körper modellierenden Federschraffen geben zum Beispiel den *Kinderstudien* (Kat. Z 9) und einigen Modellstudien zur *Amazonenschlacht* aus den Jahren 1857 bis 1859 (Kat. Z 10) einen regelhaft linearen, gleichsam »altdeutschen« Charakter. Dieser steht allerdings in Widerspruch zu der von seinem Lehrer Couture vertretenen Tendenz, die Zeichnung als rasch hingeworfen und somit als Ausdruck individueller Spontaneität erscheinen zu lassen, wie dies ja letztendlich noch ästhetischen Vorstellungen der Romantik in Frankreich entsprach. Auf anderer Ebene und mit anderen Mitteln nimmt Feuerbach damit Gepflogenheiten der Düsseldorfer Akademie wieder auf. Dort war der, in Paris nicht übliche, mit großem zeitlichem Aufwand, oft in mehreren Tagen »handwerklich« verfertigte Akt das vornehmste Ziel des Modellstudiums, wenn auch gelegentlich ebenfalls der »Zwei-Stunden-Akt« praktiziert wurde. Die Frische und Spontaneität, die in der Kreidezeichnung wie in der Ölstudie das Ziel des künstlerischen Bemühens bei Couture und seinen Schülern war, wird bei Feuerbach nun zunehmend abgelöst durch das Bemühen um sorgfältige Beschreibung des Gegenständlichen, seiner Plastizität, des auf ihn treffenden Lichts, und zwar allein mit den Mitteln der Linie.

Allgemein treten nach der Mitte der fünfziger Jahre sowohl bei den Modellstudien wie bei den Entwurfszeichnungen (vgl. Kat. Z 3) die malerischen Effekte zurück zugunsten einer zunehmenden Linearität. Es ist dies nicht nur bei den kontinuierlich gezogenen Konturen, sondern auch bei den langlinig geführten Falten der Gewänder zu beobachten. Die Schraffen sind weniger reich gestuft und überziehen nicht mehr die ganze Bildfläche, sondern modellieren die Einzelform und isolieren sie gleichzeitig damit.

Diese Tendenz zunehmender Ausdruckskraft der Linie erreicht in den zahlreichen Modellstudien für das *Gastmahl* (Kat. Z 14, Z 15, Z 17) und die Nürnberger *Amazonenschlacht* (Kat. Z 20, 21) ihren zweifellos eindrucksvollen Höhepunkt. Die Figur gewinnt nun in ihrer Vereinzelung eine Monumentalität, die ihr im ausgeführten Bild dann nicht mehr eignet. In ihnen verbindet sich ein ausdrucksstarker Kontur mit sorgfältigster Herausarbeitung der Körpermodellierung. Zu Recht ist darauf hingewiesen worden[22], daß die Modellstudien der späten sechziger und frühen siebziger Jahre in ihrer Stilisierung an nazarenische Akte – etwa an diejenigen von Julius Schnorr von Carolsfeld – erinnern. In ihrem geringeren zeichnerischen Abstraktionsgrad sind sie freilich ungleich »naturalistischer« als jene zwei Generationen früher entstandenen Zeichnungen. Wie diese aber vermögen sie durch die Verbindung von größter Detailpräzision und linearer Stilisierung die akademische Forderung nach gleichzeitig mimetischem wie idealem Charakter der Zeichnung zu erfüllen.

Der Vorgang zunehmender Ausdruckskraft der Linie läßt sich so als Rückkehr zum zeichnerischen Grundakt – als welcher er im 19. Jahrhundert verstanden wird – nämlich der Festlegung von Grenzen, der Grenze vor allem zwischen Figur und Raum, beschreiben. Der konservative Charakter dieser Rückkehr zu akademischen Normen wird deutlich, wenn man bedenkt, daß er im Gegensatz zu den gleichzeitigen Versuchen anderer Künstler steht, eben diese Trennung aufzuheben. Hier sei nur an die Methode Hans von Marées' erinnert, die zeichnerische Linie in ihrer Vervielfältigung aufzulösen. Einzig durch die Bündelung von Linien können bei ihm zugleich Plastizität, Helldunkel und Bewegung erzeugt werden. Raum und Gegenstand sind so nicht länger mehr konträre Pole.

Als noch größer wird sich die Differenz zu den zeichnerischen Verfahren Arnold Böcklins erweisen.

III.

Hinsichtlich der genau festgelegten Funktion und Beschaffenheit der Zeichnungsgattungen, aber auch des grundsätzlichen Primats der Linie als hauptsächlichem zeichnerischen Differenzierungsmittel entspricht Feuerbach weitgehend der akademischen Norm, vor deren Hintergrund das zeichnerische Verhalten Böcklins zu sehen ist: seine Sonderstellung, seine Leistung, aber auch die Widersprüchlichkeit seiner Auffassung von Zeichnung wird von hierher deutlicher.

Ein erster Überblick über das zeichnerische Œuvre Böcklins – den sich zu verschaffen nicht leicht ist: eine Zusammenstellung seiner heute bekannten Zeichnungen ist ein noch einzulösendes Desiderat[23] – ergibt eine deutliche Zweiteilung, deren Phasen aufeinanderfolgen. Von der Baseler Jugendzeit an bis etwa zur Mitte der fünfziger Jahre entstehen nebeneinander Naturstudien und bildmäßige Zeichnungen. Die letzteren haben zum Teil als Entwürfe für Gemälde gedient, zum Teil sind sie aber auch als finale Kunstwerke auf Papier zu betrachten, die als solche verkauft und gesammelt wurden (Kat. Z 29). Dabei trennt Böcklin zunächst wohl nicht strikt zwischen Studie eines Einzelmotivs und bildmäßiger Komposition. Wovor er später warnte, nämlich eine Studie nachträglich durch Rahmung in den Rang eines Bildes erheben zu wollen, dessen hat er sich in der Frühzeit nicht immer enthalten (Kat. Z 26).

Nach Mitte der fünfziger Jahre, also nach Abschluß seiner Ausbildungszeit im weitesten Sinne, verzichtet Böcklin auf die Naturstudie, sei es die Modellstudie für die Figuren seiner Bilder, sei es die Studie landschaftlicher Elemente. Dem scheint zunächst zu widersprechen, daß Böcklin nicht nur selbst auch später noch »Modelle« erwähnt[24], sondern insbesondere die, wenn auch seltenen, Aktstudien, die nachweislich im Hinblick auf ein Bildvorhaben angefertigt wurden (Kat. Z 37). Scheinen Haltung und Körperbau, die mit dem Gemälde übereinstimmen, auch zu bestätigen, daß sie in herkömmlicher Weise »zum Studium« des menschlichen Aktes, seiner anatomischen Struktur und seiner Bewegungsfunktionen, entstanden sind, so spricht die summarische Behandlung, die auch vor anatomischen »Unkorrektheiten« nicht zurückschreckt – sie wurden Böcklin oft genug vorgeworfen –, doch gegen die Annahme, daß der Künstler am lebendigen Modell »kontrollierend« gezeichnet habe. Der Widerspruch löst sich auf, wenn den Berichten der Freunde und Schüler Glauben geschenkt wird, daß Böcklin sehr wohl Modelle angesehen und sich genau ins Gedächtnis eingeprägt, gezeichnet aber erst habe, nachdem das Modell ihm nicht mehr »leibhaftig« vor Augen stand. So berichtet etwa sein Schüler Rudolf Schick, dem hier zu trauen ist: »Naturstudien hat er wenig zu diesem Bilde gemacht. Zu den Tritonen hat er sich selbst im Spiegel gezeichnet, d.h. nie direkt kopiert … Zur weiblichen Gestalt (der Magna parens, vgl. Kat. Z 37) hat er nur zwei bis drei Mal jene obenerwähnte Dame besucht, sich aber, wie es scheint, nur auf das Anschauen und Beobachten beschieden. Zu den Putten endlich zeichnete sich Böcklin einige Köpfe nach Kindern seiner Freunde, meinte aber dann, er könne sie nicht recht brauchen … in so allgemein gedachte Gestalten dürften keine genaue Naturkopien, die von der Natur zufällig so oder so gebildete Formen zeigten.«[25]

Das »Modell im Vorzimmer«[26] zu belassen, ist die einzige Möglichkeit, zeichnend nicht in dessen Kopieren zu verfallen: »Die Vorstellung, auf deren Freiheit alles ankommt, wird leicht erdrückt oder abgelenkt … durch das Modell, das man um Rat fragt, und seine Zufälligkeiten. Man will ja nicht den Augenblick um seinetwegen, nicht das zufällige Lebewesen und seine Reize, sondern die Korrektur der eigenen Vorstellung, ihre Auffrischung, Verstärkung.«[27]

Der hier zitierte Gustav Floerke, der in den achtziger Jahren vertrauten Umgang mit Böcklin hatte und mit gewisser Berechtigung vorgibt, die Auffassungen des Künstlers wiederzugeben, berichtet auch, Böcklin male eben, »weil er den Maler vor der Natur unfrei findet und unfähig, Nebensächliches, Zufälliges zu unterscheiden und zu vermeiden, … schon lange, lange ohne Modell und Studien«.[28]

Es ist also die Angst vor der bloßen »Naturkopie« – und nicht etwa die Eifersucht der Ehefrau, die ihm kein Modell gestattete, wie noch jüngst behauptet werden konnte[29] – der Grund für die programmatische Ablehnung des Studien-Zeichnens. In diesem bewußten Verzicht auf die unmittelbare Auseinandersetzung mit der visuellen, »äußeren« Natur steht Böcklin in einer Reihe mit anderen Phantasie-Künstlern von Blake bis Redon[30], und in bewußtem Gegensatz zu akademischen Gepflogenheiten, wie sie gleichzeitig u.a. von Feuerbach praktiziert wurden. Die Phantasie, die »Vorstellung«, wie es meist bei Böcklin heißt, ist die alleinige Grundlage seiner Kunst, denn: »Da die vorgestellte Welt diejenige ist, in der man lebt, und nicht die wirkliche, so muß man überall Rücksicht nehmen auf unsere Vorstellungen.« Wie in dieser von Floerke[31] überlieferten Böcklin-Aufzeichnung wird immer wieder auf der »Phantasie-Logik«, die gegen die »Erfahrungslogik oder Beobachtungslüge«[32] ausgespielt wird, beharrt.

Grundlage der Phantasie aber ist das Gedächtnis. Böcklins »unerhörtes Gedächtnis … bewahrt ihm das Genossene und sendet aus seinem Reichtum eine Fülle des Verwandten, sei es des Erlebten oder Assimilierten, so daß aus geringem Anlaß mit rapider Ideenassoziation ein Bild vor seinem geistigen Auge entsteht. Das Gedächtnis aber ist die Grundlage dessen, was wir Phantasie nennen. (Phantasie = Beweglichkeit, Erregbarkeit, Sichtbarwerden des Gedächtnisses, das ist der in uns ruhenden Summe von irgendwie Erworbenen). / Das Arbeiten aus dem Gedächtnis bringt es mit sich, daß der Künstler ungebunden von den mit tausend Zufälligkeiten behafteten Einzel- und Momenterscheinungen, frei mit dem für ihn *Wesentlichen* zu schaffen vermag …«[33]

Dem »Wesentlichen«, d.h. den Bewegungsabläufen, den Farb- und Massendispositionen, nicht dem Detail, gilt das zeichnerische Bemühen Böcklins. »In der künstlerischen Gesamtrechnung geht vieles Erreichbare verloren, um anderes ad hoc Wertvolleres dafür einzutauschen, in der Farbe so gut wie in der Formausbildung.« Denn: »Um das Interesse zu konzentrieren und damit künstlerisch zu befriedigen, kann manche Form nur als bewegte – helle und dunkle – Masse dastehn.«[34]

Die hier zusammengestellten Äußerungen aus dem Kreis um Böcklin, die sich noch vermehren ließen, stimmen in den zentralen Punkten überein,[35] und geben deswegen wohl mehr oder weniger wörtlich die Meinung des Meisters selbst wieder. Sie sind deswegen so ausführlich zitiert worden, weil sie sich auf bemerkenswerte Weise mit den Zeichnungen Böcklins zusammenbringen lassen. Von den sechziger Jahren an decken sich die begrifflichen Anschauungen und die zeichnerische Praxis. Freilich entsprechen nicht alle Zeichnungen aus Böcklins »reifer« Zeit und nicht in jeder Hinsicht den Erwartungen, die man aufgrund seiner begrifflichen Anschauungen entwickeln könnte. Auch jetzt noch entstehen detailliert ausgeführte Blätter, oft auch größeren Formats (Kat. Z 38, 39). Soweit es sich in den einzelnen Fällen nachprüfen läßt, haben diese Zeichnungen die Funktion von Visierungen, sollten also einem potentiellen Auftraggeber zur Vergegenwärtigung eines geplanten Bildes vorgelegt werden. Eine solche Funktion hatten wohl auch die wenigen farbigen Entwürfe, vor allem seine Gouache-Skizzen (Kat. Z 36). Für die Fresko-Aufgaben in Basel – Haus Sarasin und Museumsfresken (Kat. Z 37) – kehrt er, rein äußerlich zumindest, zu dem konventionellen akademischen Verfahren zurück. Es entstehen detaillierte Entwürfe, »Studien« von Einzelfiguren und Körperdetails, freilich in oben charakterisiertem Sinn, und schließlich sogar maßstabgleiche Kartons.

Die Regel jedoch, und damit den größten Teil des zeichnerischen Werks der sechziger und siebziger Jahre ausmachend, sind die kleinformatigen Kreidezeichnungen auf zumeist getöntem Papier, mitunter durch Weißhöhung oder farbige Stifte, z. T. auch der Feder ergänzt. Diese Entwurfsskizzen stehen meist nur in einem lockeren Zusammenhang mit einem gemalten Bild, was ihre genaue Datierung oft unmöglich macht. Sie entsprechen dem ausgeführten Werk selten genau, sie können es vorbereiten, aber auch ein »Rahmenthema« weiterführen, an ein schon gemaltes Bild anknüpfen und eine neue Formulierung des Themas vorbereiten.[36] Aus der Tatsache, daß für die meisten Gemälde Böcklins keine Entwurfsskizzen bekannt sind, es in seltenen Fällen mehr als zwei »Anläufe« sind, wird man allerdings nicht schließen dürfen, es seien meist überhaupt keine vorbereitenden Zeichnungen entstanden – wie Böcklin und seine frühen Apologeten die Nachwelt wohl glauben machen wollten –, vielmehr ist gerade in diesem Bereich vom Künstler selbst vieles zerstört worden. Davon spricht Schick: »Seit zwei Tagen hat Böcklin mit Kohleumrissen, leichten Schattentönen und etwas Weiß auf blaugrauem Papier herumprobiert, ohne irgend etwas stehen zu lassen.«[37] Freilich gibt es auch bei den erhaltenen Entwurfsskizzen Unterschiede hinsichtlich des Ausführungsgrades. Ein Extrem ist etwa mit der Skizze zum *Kentaurenkampf* (Kat. Z 41) bezeichnet, bei der der Betrachter aus einem Gewoge von Linien, die weder Licht noch Schatten angeben, die weder Plastizität noch gegenständliche Details benennen, die Gestalten und ihre Bewegungen für sich »herausschälen« muß, was ihm eigentlich nur mit Hilfe der Kenntnis des »fertigen« Gemäldes gelingen kann. Die »kleine(n) Papierfetzen, worauf er mit wenigen Strichen die Werte und Gegenwerte der Hauptlinien angegeben hatte«, sind, an der Grenze zum gegenständlich Lesbaren, jene »Blättchen«, von denen Frey[38] annahm, »ein anderer (werde nicht) klug« aus ihnen.

Auch in jenen Zeichnungen, in denen Hell und Dunkel angegeben ist, von denen deshalb Schmid vermutete, sie stellten ein etwas fortgeschritteneres Stadium des Entwurfs dar, sind Details, soweit überhaupt auszumachen, nur sehr verschwommen angedeutet (Kat. Z 42). Grundsätzlich haben sich zwar Entwürfe, in denen das Verhältnis von Licht und Schatten festgelegt ist, aus fast allen Phasen seines Schaffens erhalten – bedeutete doch »die Fixierung des Lichtgangs für ihn bereits die Erledigung der Hauptaufgabe«[39] –, doch ist diese Aufgabenstellung der Zeichnung kaum je so konsequent unter Preisgabe aller linearen Werte verfolgt worden wie in den sechziger und siebziger Jahren. Nehmen wir die Entwurfsskizze zur *Schlafenden Diana von Faunen belauscht*, 1877 (Kat. Z 44): Das rauhe Papier ist mit Strichelungen der fetten Kreide in subtilen Graduierungen übersät, so daß nur noch stellenweise einzelne Linien – etwa beim weiblichen Körper – auszumachen sind. Die solcherart mitsprechende Körnung des Papiers trägt zur Diffusion der Linie bei, so daß die Möglichkeit gegenständlicher Bestimmung und Abgrenzung kaum noch vorhanden ist. Zeichnen ist nun für Böcklin ein Vorgang, in dem Licht und Schatten in nicht mehr zu unterscheidenden Übergängen verbunden werden. Das solchermaßen erzeugte Helldunkelkontinuum wird kaum noch von fixierenden Linien unterbrochen. Nicht durch Wisch-Effekte, deren sich Feuerbach z. B. ausgiebig bedient, wird solches erreicht, sondern allein durch die Granulierung des Kreidestrichs, der, wenn er dicht gelegt wird, alle Richtungsakzente verliert und schließlich nicht mehr als solcher zu erkennen ist. Nun soll hier allerdings nicht der Eindruck erweckt werden, Böcklin habe erst von den sechziger und siebziger Jahren an in dem oben beschriebenen Sinne gezeichnet, erst als er sich und seinen Freunden gegenüber das »Zeichnen« begrifflich bestimmt hatte, dies auch entsprechend praktiziert. Es macht im Gegenteil gerade das Faszinosum der Zeichenkunst Böcklins aus, daß bei allen Unterschieden der technischen Mittel, der Funktion, der zeichnerischen Verfahren etc. in allen Phasen seines Schaffens eine dezidiert antiakademische Grundhaltung auszumachen ist. Sie zeichnet sich vor allem dadurch aus, daß der Imagination des Betrachters ein heute in der Zeichenkunst der deutschsprachigen Länder nicht üblicher Spielraum gegeben wird.

Zunächst scheint sich Böcklin als gelehriger Schüler der akademischen Lehre, die ihm an der Düsseldorfer Akademie durch Johann Wilhelm Schirmer vermittelt wurde, zu erweisen. Hier könnte denn eine auf den ersten Blick konventionelle, mit spitzem Bleistift auf weißem Papier sorgfältig in ›Biedermeier-Schraffur‹ gegebene Baumstudie (Kat. Z 23) (1850/52?) ihren Platz haben. Doch die gegeneinander gesetzten Lagen aus Parallel-Schraffen beschreiben nicht die Oberfläche der Baumstämme, geben kaum einmal ihre Rundung an. Nicht den Gegenstand charakterisierend, können sich die graphischen Strukturen verselbständigen und beginnen, ein Eigenleben zu führen. Im Extremfall lassen sie etwas anderes assoziieren, als was sie vordergründig bezeichnen sollen. Für letzteres ist die *Landschaft mit Felsen und Baum* ein inzwischen berühmtes Beispiel (Kat. Z 26). In ihm sind Vegetation und Felsen nicht durch differenzierte graphische Strukturen in ihrer jeweiligen Stofflichkeit und Oberfläche unterschieden, sondern nur durch individuellen, starkes Eigenleben führenden Kontur voneinander getrennt. Weil solcherart die Objekte nicht eindeutig in ihrer spezifischen Beschaffenheit beschrieben werden, geben sie Raum für die Phantasie des Betrachters, die sie mit ganz anderem als dem eigentlich Bezeichneten verknüpfen kann. Was in der bloßen begrifflichen Benennung als moderne Willkür erscheinen könnte, hat 1970 der Schweizer Künstler André Thomkins zeichnend »freigelegt«[40]: Der große Felsen erscheint auf einmal als hockender Mann, der Baum als Frauenkopf, der kleine Felsen als ein vom Rücken gesehenes Tier etc. Eines geht ins andere über, verwandelt sich: die Phantasie des Betrachters wird angeregt, weil nichts in seiner Identität eindeutig festgelegt ist. Dem Betrachter ist so Raum gegeben zur imaginativen Ergänzung und Verwandlung der dargestellten Gegenstände und Figuren. Wenn nach dem Bericht von Böcklins Frau der Maler Kaulbach und der Konsul Wedekind, dessen Speisesaal in Hannover Böcklin 1858 ausmalte, an den Arbeiten des Künstlers herumtadelten und behaupteten, »in den Felsen seien Hundefratzen und andere Fratzen hineingemalt, was vielleicht zufällig in der Struktur lag, aber von meinem Gatten nicht im Entferntesten beabsichtigt war«,[41] so läßt sich der kritisierte Charakter des Nicht-Eindeutigen, Geheimnisvollen, Überraschenden als eine prinzipielle Eigenschaft genauso auch für die Zeichnungen Böcklins in allen Schaffensperioden bestimmen.

Es sind dies Eigenschaften, die Dieter Koepplin veranlaßten, vom »Erscheinungscharakter« der Zeichnungen Böcklins zu sprechen. Dieser eignet sowohl den Landschaftsstudien aus der frühen römischen Zeit, als auch den bildmäßigen Federzeichnungen der späten fünfziger und frühen sechziger Jahre, vor allem natürlich den »gekritzelten« Entwurfszeichnungen der sechziger und siebziger Jahre, aber auch noch den letzten überwiegend mit dem Tuschpinsel gefertigten Blättern der achtziger und neunziger Jahre, und dies ungeachtet der jeweils angewandten Verfahren und Mittel. Darin ist ihm nichts an Zeichnungen anderer deutschsprachiger Künstler dieser Zeit zur Seite zu stellen.

Das soll nun allerdings nicht heißen, Böcklin habe keine Zeichnungen anderer Künstler zur Kenntnis genommen, sich an ihnen in gewisser Hinsicht nicht auch orientiert. Auf derlei »Verwandtschaften« ist verschiedentlich hingewiesen worden,[42] und solche Zusammenhänge und Unterschiede bedürfen sicherlich noch der genaueren Untersuchung. Daß die unterschiedlichen Anregungen, deren sich Böcklin bedient haben mag, sich aber auf die Ebene der technischen Mittel beschränken und nicht den Kern seiner Zeichnungsauffassung berühren, mögen noch zwei Hinweise andeuten, die sich bewußt auf bereits von Dieter Koepplin angestellte Vergleiche beziehen: Leider ist so gut wie nichts über das, was Böcklin bei seinem Paris-Aufenthalt 1848 gesehen haben mag, bekannt. Seine wenige Jahre später entstandenen Studien aus der römischen Campagna mit ihren weich kontrastierenden Helldunkelwerten als Resultat eng gesetzter Bleistiftstriche sind gleichzeitig oder wenig früher entstandenen Zeichnungen französischer Vorimpressionisten, der Schule von Barbizon vor allem, durchaus vergleichbar. Solche Zeichnungen sind zwar verwandter, als alles, was Böcklin bei deutschen Zeitgenossen hätte sehen können, doch lehrt ein Vergleich auch die prinzipielle Differenz: Böcklins Zeichnungen, die in ihrer Ambivalenz zwischen Beschreibung und graphischer Mehrdeutigkeit die Gegenstände als nicht »greifbar« erscheinen lassen, haben auch bei den Vorimpressionisten keine Entsprechung. Möglicherweise ist die Nähe zu der ganz anders gearteten Künstlerpersönlichkeit eines Eugène Delacroix viel eher gegeben. Insbesondere die Verknüpfung von im Gedächtnis bewahrten Eindrücken mit präziser Beobachtung und daraus resultierender anschaulicher Mehrdeutigkeit, vor allem die zentrale Bedeutung der »Imagination« für seine Kunst, lassen daran denken. Wieweit solch konzeptionelle Analogien – trotz aller offensichtlichen Unterschiede – auch mit einer Vergleichbarkeit der anschaulichen Beschaffenheit der Zeichnungen beider Künstler einhergeht, kann in diesem Zusammenhang freilich nicht untersucht werden.

Ähnlich verhält es sich bei den bildhaften Federzeichnungen, die Ende der fünfziger und Anfang der sechziger

Jahre, vor allem wohl in der Weimarer Zeit (1860–62) entstanden sind (Kat. Z 31, 32). Die verschiedenen landschaftlichen Elemente und die menschliche Figur sind in ihnen mit gleichartigen Federstrichen umrissen und somit nicht immer leicht voneinander zu unterscheiden. Die engmaschig strukturierten Striche lassen an zwei Generationen zurückliegende Radierungen und Zeichnungen denken, die ihnen in der kleinteiligen Struktur entsprechen. Doch der Vergleich macht wiederum den Unterschied deutlich: Während bei solchen Blättern mancher Romantiker – auch die Radierungen seines Lehrers Schirmer wären hier noch zu nennen – die Helligkeitswerte in der Regel gleichmäßig verteilt sind, wendet Böcklin mit der Konzentration der Federstriche zu dunklen Massen und Schattenzonen und der Aussparung anderer Partien das Prinzip des suggestiven Kontrastierens an, das schon von Floerke beschrieben wurde.[43] Auch wenn Böcklin also an das ältere zeichnerische Verfahren der kleinteiligen Strukturierung, bei der Umriß wie Binnenzeichnung gleiche Prägnanz besitzen, anknüpft, geht es ihm primär um die Bildung von Massen, und damit verbunden: die Vermeidung des schönheitlichen Konturs. Der Rückgriff auf Älteres kann damit auch als Versuch gewertet werden, gegen den zeitgenössischen Kanon der akademischen »Linearität« anzugehen. Bei allen unterschiedlichen zeichnerischen Methoden und technischen Mitteln hat Böcklin hieran bis zuletzt festgehalten.

IV.

Böcklin wie Feuerbach hatten kein naiv positives Verhältnis zur sichtbaren Wirklichkeit, doch wählten sie extrem unterschiedliche Wege des zeichnerischen Umgangs mit ihr. Feuerbach flieht in die Kunstgeschichte und inszeniert nach den von ihr bereitgestellten »Mustern« seine Wirklichkeit, konkret: das Modell. Zeichnend verhält er sich auf dieser Stufe dann kopierend gegenüber dem Sichtbaren und versucht, größtmögliche Naturtreue mit größtmöglicher Idealität zu verbinden. Wenn Böcklin an ihm kritisiert haben soll, sein »Talent sei nur auf das Nachahmen gerichtet«,[44] so bezieht sich diese Kritik vordergründig zwar auf das Verhältnis Feuerbachs zu kunstgeschichtlichen Vorbildern, ließe sich aber auch verallgemeinern und als Prinzip von Feuerbachs Verhältnis zur Kunstgeschichte wie zur Welt des Sichtbaren überhaupt bestimmen.

Böcklin dagegen schafft aus der inneren Welt der Phantasie – daher seine programmatische Ablehnung des Modellstudiums –, in die wohl Natureindrücke, Erinnerungen, Träume eingegangen sind, aber eine ganz und gar subjektive Verbindung bilden, die nicht von der vorgefundenen Erscheinungswelt »kopiert« werden kann. Weil es ihm nicht um die Benennung und Charakterisierung des Gesehenen geht, sondern um die Suggestion eines Vorgestellten, muß ihm auch die »eindeutige« Linie, das zeichnerische Differenzierungsmittel im 19. Jahrhundert schlechthin, unbrauchbar scheinen. Zeichnen im Sinne von »Linien-Ziehen« ist ihm – Floerke zufolge – nur ein »Hauptschulmeisterwort«. Die »Schulmeister« (was dasselbe ist wie Akademiker) verstanden auch zu Böcklins Zeiten noch unter Zeichnung »eigentlich nur Umrisse machen«.[45] Weil er eben dies nicht akzeptieren konnte, mußte er auch das Zeichnen überhaupt wenn nicht ganz ablehnen, dann doch nur als eigenen notwendigen Arbeitsbehelf bewerten. Die Widersprüchlichkeit seiner Auffassung von Zeichnung besteht nicht zuletzt darin, daß er selbst vorstellungsmäßig von der zeitgenössischen Norm, der Zeichnung als Festlegung von Grenzen ausgeht, in der eigenen künstlerischen Praxis aber von dieser akademischen Norm abgehen muß. Selbst zum Teil noch dem alten Begriff von Zeichnung verhaftet, kann er die Modernität des eigenen Vorgehens nicht akzeptieren: Zunehmende Geringschätzung der Zeichnung überhaupt, auch der eigenen, ist die Folge. Daß der Interpret von heute sich diesen Standpunkt des Künstlers nicht zu eigen machen kann, muß nicht betont werden.

Wenn wir den Beginn der Moderne mit dem Umbruch von der »Nachahmung« zur »Erfindung« der Wirklichkeit ansetzen,[46] so stehen in den Zeichnungen Feuerbachs und Böcklins die beiden Verhaltensweisen der Realität gegenüber nahezu exemplarisch nebeneinander. Weil in ihnen anstelle der Naturnachahmung eine subjektive, aus der individuellen Phantasie geschöpfte Natur*vorstellung* getreten ist, erweisen sich die Zeichnungen Böcklins als die »modernen«, in dem Sinne, wie auch das allgemeine Credo des Böcklin-Kreises »modern« ist: »Vorstellung ist nötig, Nachahmung tötlich.«[47]

1 M. Küffner-Arndt: Feuerbach als Zeichner, in: Kat. Ausst. Anselm Feuerbach, Karlsruhe 1976, S. 122.

2 Nach H. A. Schmid: Arnold Böcklins Handzeichnungen, München 1921, S. 9, sind die Entwurfszeichnungen Böcklins vor allem deswegen interessant, weil wir durch sie, »über die Geheimnisse des Werdens seiner Schöpfungen einige Aufschlüsse erhalten«.

3 ebenda (wie Anm. 2), S. 13.

4 So der Kommentar R. Andrees zu der ersten der in der Düsseldorfer Böcklin-Ausstellung von 1974 gezeigten Zeichnung (S. 67, Kat. 63).

5 D. Koepplin: Zu Böcklins Zeichnungen und Kritzeleien, in: Kat. Ausst. Arnold Böcklin 1827–1901, Gemälde, Zeichnungen, Plastiken, Ausstellung zum 150. Geburtstag, Basel 1977; Wiederabdruck in Kat. Ausst. Arnold Böcklin, Darmstadt 1977, S. 257.

6 Ausnahmen bilden bei beiden Künstlern Karikaturen, bei Feuerbach auch Kopien nach älterer Kunst, bei Böcklin Gelegenheitszeichnungen wie etwa für seine Kinder, sowie technische Zeichnungen in Zusammenhang mit seinen Flugstudien. Diese Zeichnungen bleiben im folgenden unberücksichtigt.

7 Nach der Schätzung von M. Arndt: Die Zeichnungen Anselm Feuerbachs, Studien zur Bildentwicklung, Diss. Bonn 1968, S. 12

8 Nach H. A. Schmidt (wie Anm. 2), S. 1 f. – Zu den drei hier erwähnten kommt noch ein weiteres Skizzenbuch in der Nationalgalerie Berlin, (Ost).

9 Anselm Feuerbachs Briefe an seine Mutter, hg. v. G.J. Kern und H. Uhde-Bernays, 2 Bde, Berlin 1911.

10 A. Boime: The Academy and french painting in the nineteenth century, London 1971; zur festgelegten Abfolge der Zeichnungsgattungen vgl. auch das Kapitel The genesis of a painting for the contest, in: Philippe Grunchec. The Grand prix de Rome. Paintings from the École des Beaux-Arts. 1767–1863. Washington 1984/1985, S. 139 ff.

11 Als M. Arndt, 1968 (wie Anm. 7), als M. Küffner-Arndt, 1976 (wie Anm. 1) und als M. Küffner, Anselm Feuerbach als Zeichner, in: Kat. der gleichnamigen Ausstellung, Heidelberg 1969, S. 12 ff. – Ohne diese grundlegenden Arbeiten hätte der vorliegende Beitrag nicht geschrieben werden können. Übereinstimmungen und Differenzen in der Bewertung sind im folgenden nicht jeweils angegeben.

12 Für die Darmstädter Fassung der *Iphigenie* sind ausnahmsweise noch vier gesicherte Kompositionsskizzen nachzuweisen. Vgl. M. Arndt (wie Anm. 7), Kat. Nr. 39, Nr. 40, Nr. 42, Nr. 43.

13 Vgl. Arndt (wie Anm. 7), S. 129 ff.

14 Briefe (wie Anm. 9), Bd. 1, S. 178.

15 Zitat nach M. Arndt (wie Anm. 7), S. 119.

16 Schon Franke, der ausnahmsweise die Entwurfsskizze bei Feuerbach höher schätzte als dessen Modellstudien, bedauerte, daß nur eine geringe Zahl von Entwurfsskizzen auf uns gekommen ist. W. Franke (Hg.): Anselm Feuerbachs Zeichnungen, Berlin/Wien o. J., S. 12; vgl. auch M. Küffner-Arndt (wie Anm. 1), S. 111.

17 Briefe I (wie Anm. 9), S. 456.

18 Z. B. Briefe I (wie Anm. 9), S. 342/343, 380, 461 etc.

19 Briefe II (wie Anm. 9), S. 358.

20 Briefe II (wie Anm. 9), S. 27/28.

21 Zu Thomas Couture, seiner Schüler-Ausbildung und seinem Zeichnungsstil vgl. A. Boime, Thomas Couture and the eclectic vision, New Haven/London 1980.

22 M. Küffner-Arndt (wie Anm. 1), S. 118.

23 Im Rahmen einer Dissertation an der Universität Kiel arbeitet gegenwärtig Anita-Maria von Winterfeld an einem Katalog der Zeichnungen Arnold Böcklins.

24 Z. B. gegenüber seinem Schüler Rudolf Schick, vgl. R. Schick. Tagebuch-Aufzeichnungen aus den Jahren 1866, 1868, 1869 über Arnold Böcklin, hg. v. H. von Tschudi, gesichtet v. C. Fleischlen, Berlin 1901, S. 193, S. 205, S. 216 etc.

25 R. Schick (wie Anm. 24), S. 217.

26 G. Floerke: Zehn Jahre mit Böcklin, München 1901, S. 88.

27 G. Floerke (wie Anm. 26), S. 89.

28 G. Floerke (wie Anm. 26), S. 85.

29 L. Tittel (Hg.): Arnold Böcklin, Leben und Werk in Daten und Bildern, Frankfurt a. M. 1977, S. 12.

30 Marisa Volpi wies hierauf hin: Arnold Böcklin: Disegni, Introduzione di Marisa Volpi, Note alle tavole di Maria Luisa Frongia, Florenz 1982, S. 53.

31 G. Floerke (wie Anm. 26), S. 252.

32 G. Floerke (wie Anm. 26), S. 100.

33 G. Floerke (wie Anm. 26), S. 42.

34 G. Floerke (wie Anm. 26), S. 11.

35 Vgl. etwa die entsprechenden Mitteilungen bei R. Schick (wie Anm. 24) z. B. zur direkten Naturkopie: S. 120; zum Verhältnis von »Vorstellung« und Gedächtnis: S. 383, 384 etc.

36 »Mit den Veränderungen einer Komposition, wie sie an Vorarbeiten und Varianten (gemalten und gezeichneten, d. Verf.) abzulesen sind« und deren Bedeutung für die Bildgenese bei Böcklin beschäftigt sich R. Andree: Arnold Boecklin, Beiträge zur Analyse seiner Bildgestaltung, Diss. Köln 1962, S. 12.

37 R. Schick (wie Anm. 24), S. 369.

38 A. Frey: Arnold Böcklin, Nach den Erinnerungen seiner Züricher Freunde, Stuttgart 1903, S. 89.

39 A. Frey (wie Anm. 38), S. 90.

40 A. Thomkins: Eine Böcklin-Paraphrase, in: Ausst. Kat. Basel (wie Anm. 5), S. 29 ff.

41 Böcklin Memoiren, Tagebuchblätter von Böcklins Gattin Angela, mit dem gesamten Nachlaß, hg. v. F. Runkel, Berlin 1910, S. 75.

42 So insbesondere von D. Koepplin (wie Anm. 5), auf den auch die beiden nachfolgenden Vergleiche zurückgehen. M. Volpi (wie Anm. 30) zielt mit ihren Hinweisen auf Blake, Moreau und Redon dagegen nicht so sehr auf äußere Vergleichbarkeit, sondern auf Gemeinsamkeiten in der zeichnerischen Haltung.

43 G. Floerke (wie Anm. 26), S. 58 f.

44 R. Schick (wie Anm. 24), S. 40/41.

45 G. Floerke (wie Anm. 26), S. 105.

46 W. Hofmann, Von der Nachahmung zur Erfindung der Wirklichkeit. Die schöpferische Befreiung der Kunst 1890–1917, Köln 1970.

47 G. Floerke (wie Anm. 26), S. 87.

Marisa Volpi

Imagination und Wirklichkeit in den Landschaften der Deutsch-Römer

Bevor ich näher auf das Thema meines kurzen Beitrages eingehe, möchte ich den Begriff *Imagination* definieren und begründen, warum ich ihn anstelle von *Idealität* gewählt habe.

Imagination soll hier zunächst ganz allgemein die Spanne von der künstlerischen Interpretation der Landschaft gegenüber der realen Landschaft bezeichnen. Im weiteren sind jedoch dann im Hinblick auf die drei hier behandelten Maler – Feuerbach, Marées und Böcklin – noch genauere Definitionen vorzunehmen.

Anselm Feuerbachs Vorstellungskraft hat mit Italien als Kunst- und Naturerlebnis zu tun: Es handelt sich bei ihm um eine tiefe Sehnsucht nach diesem Land der Kunst und der südlichen Landschaft, mit anderen Worten, sie vereinigt deren kulturelle Vermittlung durch Jahrhunderte in sich, sie ist die vom Vater, dem Archäologen Anselm Feuerbach, von Goethe, von den Reisenden der Kavalierstour aus dem Norden geliebte Landschaft, und so eigenartig es auch klingen mag, das Winckelmannsche Griechenland, also letztlich der Ort, an dem Idealität und Mythos Gestalt annehmen sollten.

Wie wir weiter unten sehen werden, stößt Feuerbach auf die italienische Landschaft fast immer durch große mythologische Themen, deren Kraft in ihrer allegorischen Intensität liegt, die uns trotz des Reichtums an darin verarbeiteten Vorbildern, seien es die zitierten oder die versteckt verwendeten, in Bann schlägt.[1]

Arnold Böcklins Landschaft ist dem Augenschein nach während seiner ersten Schaffensphase, zumindest bis 1857, naturalistischer. Tatsächlich ist sie von der *wirklichen* Landschaft der Albanerberge inspiriert oder der des Pussinotales längs der Via Flaminia, der Egeriagrotte und der Via Appia, so als wollte er durch die Majestät der Orte selbst die klassische Landschaft eines Poussin, Lorrain oder Dughet weiterreichen, war er doch von seinem Freund Jacob Burckhardt auf sie aufmerksam gemacht worden. Dieser war es auch, der ihn davon überzeugt hatte, sich zur Abreise nach Rom zu entschließen.[2]

Bei Böcklin, so wurde gesagt, hat es den Anschein, als ob die anthropomorphen Gestalten aus der Landschaft herausquellen; und nach den ersten kleinen Kentauren oder Nymphen im Wald und den Fresken für die Wedekinds in Hannover (1858) malt er die Landschaft immer häufiger aus der Erinnerung und verquickt zunehmend Traum und Wirklichkeit. Zwei verschiedene topographische Motive etwa werden zu einer Landschaft vereint. Das bekannteste Beispiel eines solchen Verfahrens ist die *Toteninsel* (Kat. 46). In ihren fünf Fassungen ist sie Abbild einer südlichen Insel – Ischia oder Ventotene – darin aber eingefügt grandiose toskanische Zypressen.[3] Die unwirkliche geographische Situation wird wie immer bei Böcklin durch den vollkommenen Illusionismus der beobachteten Natur plausibel gemacht und dadurch nur um so suggestiver.

Bei Hans von Marées fügt die Imagination dagegen nichts hinzu, sie resümiert nicht und verschmilzt nicht, sondern versucht, den Idealentwurf der Natur freizulegen. Während des Malvorganges soll das Bild direkt aus der Form hervorgehen, d. h. also Verzicht auf kulturelle Vermittlungen. Nach Marées' eigener Vorstellung dürfen Vorbildung und Talent aus dem Ergebnis nicht ablesbar sein, ebensowenig wie das innerliche Ringen des Künstlers. Statt dessen strebt er nach idealer Vereinfachung, zu der er auch bei den wenigen Bildern mit vorherrschender Landschaft durch die architektonische, plastische Auffassung des menschlichen Körpers hingeleitet wird. (Zu Hans von Marées siehe auch den Katalog der gleichnamigen Jubiläumsausstellung in der Neuen Pinakothek. Dort auch die hier nicht gezeigten Abbildungen.)

In einem Brief an Fiedler vom 28. Mai 1871 aus Berlin schreibt Marées: »... Auch in mir erwecken die schönen Tage eine Sehnsucht nach dem Plätschern der römischen Brunnen und Fontänen und nach der glänzenden Fläche des Meeres. Doch sind Sie erst hier, so bin ich wenigstens halb dort.«[4] Fiedler berichtet uns in der seinem Schützling und Freund gewidmeten Monographie: »... wie durch eine gewaltige Kluft sah er sich plötzlich von den künstlerischen Zuständen getrennt, die ihn bisher umgeben hatten«[5], und zwar seit 1864, dem Jahr, in dem Marées München verläßt, wonach er mit kurzen Unterbrechungen bis zu seinem Tode in Italien lebt und arbeitet. Dieses Entwurzeltsein wird für den Künstler aus Elberfeld zum Schicksal, ein Fremder ist er in seinem Vaterland, ein Fremdling in Italien und fremd auch einer gewissen Tradi-

Abb. 1 Feuerbach, *Iphigenie I*, Darmstadt, Hessisches Landesmuseum

tion der italienischen Kunst gegenüber. In eindrucksvoller Weise erfaßt er dabei die Gründe für diese mangelnde Zugehörigkeit: »... Und leider sehen wir, daß häufig hochbegabte Individuen die geebnetste Straße verbauen und verbarrikadieren, indem sie sich selbst freilich ein unvergängliches Monument quer auf dieselbe hinsetzen. So haben es meiner Ansicht nach Raffael und Michelangelo gewiss ohne jede Absicht getan. Denn mit ihnen staut sich die Strömung, in der einige ihrer Vorgänger schwammen und ist bis auf den heutigen Tag noch nirgends wieder hervorgesprudelt.«[6] Mit diesen Zitaten soll ausdrücklich sein Wissen um diese Tatsache und die Schwierigkeiten unterstrichen werden, die für Marées das Leben und die Kunst zur Qual werden ließen und die seinem Werk auch heute noch einen schwer zugänglichen und zugleich begeisternden Charakter verleihen. Wie der Kunsthändler Gurlitt meinte, ist seine Kunst nicht für das große Publikum geeignet, sondern für solche, die sich die Zeit nehmen, sich darin zu vertiefen.[7]

Wenden wir uns den Landschaften zu, unter denen nur solche Bilder verstanden werden sollen, die in ihrem Titel auf die Natur anspielen und wo seine Erfahrung als Genremaler – wie bekannt, hatte er als Maler von Pferden, Soldaten und Reitern begonnen – im Kontakt mit der Natur- und Kunsterfahrung in Italien offener in Erscheinung tritt.

Wie Meier-Graefe schreibt, durchstreifte Marées 1864 Rom und sah die Natur nicht, sah nur die Bilder Raffaels und Michelangelos, die ihm den Blick auf alles Andere versperrten. »Es war kaum Enthusiasmus, was er empfand, sondern grenzenlose Verwunderung. Der menschliche Körper war ihm in München wie ein Detail erschienen (...) In der Sixtina und in der Farnesina ging ihm etwas ganz Neues auf: daß es Gesten gab, vor denen alle Beschwörungen der Realisten eitel Gefasel wurden, daß in der Gliedersprache des nackten auf keinem anderen Wege erreichbare Möglichkeiten des Ausdrucks steckten.«[8] Dadurch fiel ihm die Verpflichtung, die Kunstwerke für den Grafen Schack zu kopieren – der Grund, weshalb ihn dieser zusammen mit Lenbach nach Rom geschickt hatte – nur um so schwerer.

Im Kreise um Schack hatte er die beiden älteren Künstler, Feuerbach und Böcklin, kennengelernt: Er sah die Landschaft in Böcklins *Villa am Meer* (Kat. 23), Feuerbachs *Laura in der Kirche* und wahrscheinlich die erste Fassung der *Iphigenie* (Kat. 82, Abb. 1). Obwohl sich ihre Beziehung auf die wenigen Atelierbesuche und die flüchtigen Kontakte im Café Greco in Rom beschränkte, war die Begegnung für Marées wichtig, nicht so sehr für seinen Stil und die Ergebnisse als vielmehr beispielhafter Gestaltungsmöglichkeiten wegen, die sich von einer im Konventionellen längst schon verkümmerten Maltradition abhoben.

Ein Besuch der Stadt Florenz und besonders die Begegnung mit der Florentiner Kunst des 15. Jahrhunderts brachte in ihm die Verwirrung und die Niedergeschlagenheit zum Abklingen, die das Erlebnis der Antike, der Renaissance und des Barock in Rom in ihm hervorgerufen hatten. Anschließend unternahm Marées mit Feuerbach eine kurze Reise nach Siena, Perugia und Orvieto. Feuerbach schrieb an seine Stiefmutter, daß der Aufenthalt in Siena die angenehmste Erinnerung seines Lebens gewesen sei; seine Bewunderung für Signorelli in Orvieto wurde von Marées geteilt: »... wenn unsere Maler der modernen Schule ihre Impotenz und Armut begriffen, so wäre es eine Wohltat für die Welt«, sagt Feuerbach. »Hier begreift man, daß auch Paris schon außer Mode ist, denn es ist nichts geschaffen, was hier nicht schon besser vorhanden wäre.«[9] Sicher ist dieses Zitat Feuerbachs ein Echo der von Marées' dazu geäußerten Meinung.

Da Marées in zunehmendem Maße nicht nur von der Größe der Kunst, sondern auch von deren eindeutiger

Abb. 2 Marées, *Römische Landschaft I,* München, Bayerische Staatsgemäldesammlungen, Neue Pinakothek

und schwieriger Aufgabe, die von der Geschichte unabhängigen Werte neu zu entdecken, durchdrungen war, schätzte er die zeitgenössische französische Kunst nicht. Er zeigte jedoch auch gegenüber der Kunst Feuerbachs und Böcklins Vorbehalte und sah sein eigenes Geschick vorgezeichnet als das eines experimentierenden und gegen sich selbst sehr strengen Künstlers.

Man sollte Marées' erste beide typische Landschaften *Römische Landschaft I* aus der Neuen Pinakothek München (Abb. 2) und *Römische Landschaft II* aus der Dresdner Gemäldegalerie von diesem Ausgangspunkt her untersuchen. In ihnen spürt man den metaphysischen Atem von Raum und Zeit, der auf einer besonderen Ausstrahlung beruht. Sie entsteht durch die Anleihen bei der italienischen Kunst der Frührenaissance. Dieser entnommen sind Bewegungen, Gesten und Akzente in den waagrechten und senkrechten Strukturen, die Körperlichkeit und Tiefe hervorheben sollen, ebenso wie die auf verschiedene Ebenen gesetzten Mäuerchen, Treppen, Bäume, Wasserläufe, Gebäude, Gestalten. Das Verschmelzen dieser als Echo aufklingenden Elemente, die durch einen streng auf das Wesentliche bezogenen Bildaufbau verfremdet werden, mündet in einer Art von irrealem Zauber.

Auf dem Münchner Landschaftsbild umklammert eine Gestalt den dünnen Stamm eines Baumes so wie der Hellebardier von Giorgiones *Tempesta* seine Waffe umfaßt (Abb. 3) und das Gewässer spiegelt die Bäume und den bewölkten Himmel wider. In Italien findet der künstlerische Prozeß auf dem Wege über die innere Aneignung statt und wird nicht durch ein mechanisches Gedächtnis in moderne Malerei übertragen.

Auch die Dresdner *Landschaft* wird von senkrechten und waagrechten Linien beherrscht, nicht nur um eine kompositionelle Einheit zu erzielen, sondern um dem Blick überraschende Tiefen auf den vielen Bildebenen, auf denen die Gestaltungselemente verteilt sind, zu eröffnen: Pferde, durch Lichtbündel voneinander abgesetzte Flecken von Grün, ein Turm, eine Frau mit ihrem Kind auf dem Arm, oberhalb von zwei Stufen wie auf einen Altar gesetzt, und zwei Kinder, in der Pose des Jesuskindes und des Täuferknaben, die sozusagen die Mittelfigur der Gottesmutter eingebüßt haben; zwischen ihnen öffnet sich die Tiefe des Waldes.

Nach Aussage von Meier-Graefe versagte es sich der Künstler, erneut nach Venedig zu reisen, um nicht in eine oberflächliche Malweise zu verfallen, trotzdem finden sich Vokabeln aus italienischen, venezianischen und Flo-

Abb. 3 Giorgione, *La Tempesta,* Venedig, Gallerie dell'Accademia

Abb. 4 Marées, *Abendliche Waldszene* (Entwurf), Bremen, Kunsthalle

Abb. 5 Marées, *Der heilige Martin und der Bettler,* Winterthur, Sammlung Oskar Reinhart

rentiner Bildern mit geistlichen und weltlichen Themen verstreut in seinen italienischen Landschaften. Tiefe der Räumlichkeit, Weichheit und Ertastbarkeit der Körper ermöglichen uns eine neue Sicht der Bildelemente. Nichts wirkt zitiert oder starr, nichts ist zufällig, noch kann man realistische Merkmale darin feststellen.

Nach der Rückkehr aus Spanien, wohin er sich mit Fiedler begeben hatte, entstand 1869 ein Bild *Abendliche Waldszene*[10], wovon eine Studie in Bremen erhalten ist (Abb. 4). Es scheint in seinem verbindenden Grundtenor nicht stark von den bisherigen abzuweichen: italienische Kunst plus Natur. Weder das Gemälde noch der in der Kunsthalle Bremen aufbewahrte Entwurf entfernen sich vom Gesetz der Vertikalen und Horizontalen: Raum und Körperlichkeit erscheinen erneut wie durch Zauberei verklammert. Es sei daran erinnert, daß Marées in Spanien Velazquez gesehen hatte und unter den modernen Malern seine Vorliebe Delacroix gehörte. Das wird durch die Skizze *Der heilige Martin* (Winterthur, Sammlung Reinhart, Abb. 5) und durch das Bild *Heiliger Philippus und der Kämmerer* (Berlin, Nationalgalerie) mit der Freiheit der Farbwahl und durch das Motiv eines prächtig gekleideten Negers sowie durch den Komplementärklang der Rottöne mit Grün und Blau bestätigt.

Wir können feststellen, daß die zwei Gemälde *Römische Vigna* (Abb. 6) der Kunsthalle Hamburg und *Figurengruppe im Römischen Park II* im Folkwang-Museum Essen sich von denen des Jahres 1868 nicht wesentlich unterscheiden. Sie wurden von Marées hauptsächlich während des Berliner Aufenthaltes im Jahr 1871 geschaffen.

Im Bild *Römische Vigna* (Abb. 6) besticht vor allem der vom Licht unterstrichene Bildaufbau, der sowohl auf die Waagrechte der Tische, die Gruppe weiblicher Gestalten links als auch die Gruppe von Fiedler, Marées und dem Kellner rechts fällt. Dieses Bild schafft die für Marées typischen Schauplätze – unbeweglich, verwunschen, architektonisch – und fordert außerdem vielleicht bewußt einen Vergleich mit dem *Frühstück im Grünen* von Manet heraus, auch wenn es von völlig entgegengesetzten Ab-

Abb. 6 Marées, *Römische Vigna,* Hamburg, Hamburger Kunsthalle

sichten getragen ist. Daß die zeitgenössische französische Malerei im Bewußtsein Marées dialektisch gegenwärtig war, scheint vom Gemälde *Figurengruppe im Römischen Park I* bestätigt zu werden. Es zeigt deutlich kühne Schnitte auf allen Seiten, aber vor allem am unteren Bildrand, wo die Personen und das Wasserbecken nur teilweise im Bild erscheinen. Wir sind weit entfernt vom zentralen Bildaufbau der *Rast der Diana* aus dem Jahre 1864 (München, Neue Pinakothek).

Um wieder Landschaften im Werk Marées' zu finden, müssen wir bis 1873 warten, auf die *Fresken* im Aquarium von Neapel, mit denen ihn Anton Dohrn betraute.[11] Der ihm in Italien erteilte Auftrag und die Zusammenarbeit mit dem Freund und gleichzeitigen Schüler Adolf von Hildebrand riefen in ihm Begeisterung hervor und beflügelten ihn zu einer überraschend schnellen Ausführung. Aus dieser Zeit in Neapel stammt der Brief vom 18. Juli 1873 an seine Schülerin Melanie Tauber, in dem er in wenigen Worten sein ästhetisches Konzept ausdrückt: »... Unser Auge nimmt zunächst in der Natur nur verschiedenartig begrenzte und gefärbte Flecken wahr, und nur unsere Erfahrung und Wissen lassen uns auch die ganzen Gegenstände erkennen. Schon die bloße naive Nachahmung dieser Flecken bringt stets eine gewisse Täuschung hervor. Davon würde ich an Ihrer Stelle ausgehen, weil Sie auf diese Weise zuerst dazu kommen, die Mittel, mit denen man nachahmt, zu beherrschen. Ganz falsch ist es, sich die Manier, die Handgriffe eines anderen anzugewöhnen: weil man sich damit einen Block zwischen die Augen und die Natur, die beste Meisterin setzt.«[12]

Was die auf den Fresken dargestellte Landschaft betrifft, so beschreibt sie Marées im Brief vom 20. Juli an Fiedler als »... ganz aus dem Leben gegriffen«[13], wobei er in dieses Urteil offensichtlich auch die schönen Porträts von Dohrn, Kleinenberg, Grant, Hildebrand und sein eigenes einbezieht.

Die kahlen oder begrünten Felsenausläufer, auf denen man Gebäude mit Arkaden entdeckt, aber auch die natürlichen Höhlenöffnungen der Meeresinseln, die über die Wellen dahinfliegenden Vögel, die Boote, der Himmel, die Fischer – sie alle verdeutlichen den totalen Gegensatz zu den Landschaften Böcklins und Feuerbachs. Nichts findet sich hier vom suggestiven, erzählfreudigen Geheimnis des ersteren, nichts von der klassischen, vielschichtigen und symbolischen Feierlichkeit des letzteren. Man könnte fast von einem realistischen, klaren und lichterfüllten Maler sprechen, wäre nicht überall die ihm eigene Sorge um die Bildkomposition zu erkennen, die konstruktive Wiedergabe der Aktfiguren, ihrer Bewegungen und ihres Gleichgewichtes, die offensichtlich von der klassischen Bildhauerkunst abgeleitet sind. Nicht zufällig ist das von ihm bevorzugte Fresko der *Orangenhain;* und vor allem liebt er das hochformatige Paneel mit dem von rückwärts gegebenen orangenpflückenden männlichen Akt, dem auf der Erde längs hingestreckten Knaben und dem Alten mit dem Fuß auf dem Spaten in einer Pose, die sich bei Piero della Francesca findet. Diese Gestalten zwischen den Senkrechten der Bäume, durch die der Himmel schimmert, über der Blätterfülle der Orangenbüsche, das Ganze von Wolken waagrecht durchzogen, schaffen den von Marées bevorzugten Raum mit dem Gefühl für den ›genius loci‹ und nehmen Gemälde wie das für Fiedler geschaffene *Orangenbild* (jetzt in der Nationalgalerie Berlin), die zwei mit dem Titel *Goldenes Zeitalter* in München und weitere, die diesen hohen Grad an Abstraktion besitzen, vorweg.

Von 1874 bis 1887, dem Todesjahr Marées', nimmt der menschliche Körper in seinen Bildern eine Vorrangstellung ein. Mit einer außergewöhnlichen Einbildungskraft wagt er, das Triptychon von 1885/87, das bereits im Jahre 1880 als Projekt vorlag und in zwei Versionen ausgeführt wurde, mit den Titeln *Der Heilige Martin, Der Heilige Hubertus, Der Heilige Georg* (Abb. 7) zu benennen. Der Gleichklang von Natur und Farbe vereint sich hier vollkommen mit der architektonischen Beschaffenheit des Schauplatzes und ist auch befreit von der Regeltreue, der er sich seit den ersten Landschaften vom Jahre 1868 unterworfen hatte. Die Regeln haben sich mit dem ureigensten Gedanken unseres Künstlers selbst identifiziert, und wir besitzen drei Meisterwerke, in denen die menschlichen Gestalten mit den Tieren und der Landschaft vollkommen verschmelzen, wobei sie auf moderne Weise in der Materie verselbständigt und lebendig sind.

Die Intensität des Gefühls beruht auf der Einheit von Gegenstand, malerischen Mitteln und Malweise. Jede Divergenz von Ausdruck und Formvermögen ist aufgehoben. Voller Überschwang läßt uns Marées an der ganzen Fülle seiner romantischen Vision teilhaben.

Eine unendlich große Zahl von Zeichnungen zeugt von der Suche nach einer nicht symbolischen Abstraktion, nach einem Gleichgewicht zwischen den Körpern und einer Gestaltungsnorm. Greifen wir eines der vielen Beispiele heraus, eine Zeichnung vom Jahre 1875, *Figuren in der Landschaft* (München, Staatliche Graphische Sammlung). Ein Balkon bildet die Grenzlinie, die den Raum des Blattes (der Landschaft) im wesentlichen in zwei Hälften teilt, nämlich in den Teil mit den Personendarstellungen, in den der Betrachter jederzeit einbezogen werden kann, und in den Teil jenseits der Balustrade, der undeutlicher, wie vom Lufthauch verhüllt, gezeichnet ist. Die Terrasse mit der Balustrade erinnert an die *Allegoria Sacra* von Giovanni Bellini, aber die übrige Zeichnung, rätselhaft und unvollendet wie sie ist, strahlt wie viele seiner anderen eine außergewöhnliche Formkraft aus.

Wir wissen, daß Marées neben Perugino, Bellini, Giorgione und Raffael vor allem die Antike zum Vorbild

Abb. 7 Marées, *Die drei Reiter,* München, Bayerische Staatsgemäldesammlungen, Neue Pinakothek

nahm. An Fiedler schreibt er am 12. November 1876: »... Schlösser läßt ... Sie durch mich bitten, ob Sie vielleicht die Güte haben wollten, einige unaufgespannte Photographien von den in Olympia gefundenen Ant.(iken) an mich in einem Brief einzulegen; ich schließe mich dieser Bitte an ...«[14]

Aus dem »goldenen Zeitalter« der archaischen Kunst waren ihm von München her sicherlich die Friese des Aphaiatempels von Aegina bekannt. In der Tat ist es seine Befähigung zur Synthese, die Marées zum Mittler zwischen der alten Kunst – vom archaischen Griechenland bis zum italienischen Quattrocento – und der europäischen Kunst des 20. Jahrhunderts macht, dank auch seiner Gabe zur Aneignung moderner Elemente in der Malerei eines Rembrandt und eines Rubens.

Wie Picasso, Vlaminck und Braque auf die exotische afrikanische und ozeanische Kunst zurückgriffen, um den Weg zu einer Vereinfachung des Raumes und der Plastizität wiederzuentdecken, so weist Marées auf die Griechen und Italiener hin, um einen Bildaufbau herauszuschälen, der die aufgestauten Fähigkeiten zur bildenden Phantasie freilegen sollte.

Bei Anselm Feuerbach, der sich bekanntermaßen seiner illustren Vorfahren rühmte – »mein Vater war Archäologe, mein Onkel Philosoph, mein Großvater Staatsmann« – müssen wir seine gebildete Persönlichkeit voller Raffinement und seinen Charakter in Betracht ziehen. Sein Wesen war durch das psychische und geistige Klima seiner Jugendzeit, vor allem durch die Übersättigung mit Bildungsgut und Wissen, verletzlich geworden. Deshalb ist es wichtig, wie geschehen, darauf hinzuweisen, wie sich ihm die italienische Landschaft vom Gefühl her eingeprägt hat, noch bevor er sie mit eigenen Augen sah. Aus Venedig schreibt er, er habe nie geglaubt, daß ein ähnlicher Strudel von Gefühlen die menschliche Seele mitreißen könne und daß er beim nächtlichen Betreten der Stadt ein unaussprechliches Staunen empfunden habe, eine niederdrückende Melancholie und darauf eine innere Freude, die ihm die Brust zu zerreißen drohte. Und aus Florenz schreibt er am 17. Mai 1856 an seine Stiefmutter Henriette: »Gestern war ich im Palazzo degli Uffizi, vor Raffael, und da hat mich diese träumerische Schönheit, diese weiche Schwermut und diese Vollendung Raffaels, Andreas del Sarto so ergriffen, daß ich die Galerie sofort verlassen mußte, weil mir die Tränen unaufhaltsam herunterfließen ... Daß ich so erschüttert sein konnte, habe ich nie geträumt, und heute noch im Palazzo Pitti dasselbe, und zu Hause und überall dieser Schauer. Gott möge meine Schritte leiten und möge mir Kraft geben, alles das wie ein Mann zu ertragen.«[16] In einem Brief aus Rom vom 10. März 1860, ebenfalls an Henriette, finden wir in gewisser Weise den Schlüssel zu dieser intellektuellen Überreiztheit, mit der er die ihn umgebende Landschaft und kulturelle Erwartungen in seinen Empfindungen verschmilzt, und das Knäuel von verwickelten Gefühlen und sein Erbe an psychologischer Verwirrung zutage tritt: »... Ich lese Vaters griechische Plastik ... Wer begreift es, wie mich Vaters Worte ergreifen, ich will davon nicht sprechen. Daß ich ihn sprechen zu hören glaube, daß mir wehmütige, zum Sterben wehmütige Bilder aufsteigen, doch freudevoll, davon will ich nicht sprechen ... der verstorbene gute Vater, so rein, so wahr, so groß sich vor mir aufrichtet ... aber davon rede ich, von dem stillen Wunder der Natur, daß mir jetzt nach diesem Stück Leben, ohne daß ich eine Ahnung hatte, was Vater geschrieben, daß mir jetzt sein Geist dermaßen begegnet, indem ich bei ihm lese, was die Natur im stillen in mir vorbereitet hatte ... Oft in stillen Abendstunden sitze ich in meinem so schönen, vertrauten Atelier und denke, was würde Vater sagen, wenn er das sähe.«

An diesem Brief berühren uns das offenkundig dramatische Verhältnis zu seinem verstorbenen Vater und der narzistische Größenwahn des Künstlers, beides Umstände, die immer auf dem Leben und auf der Kunst Anselm Feuerbachs lasten. Sie lassen seine Person zwischen dem Drang zur Erneuerung und der Tendenz zu einer veredelnden Bewahrung des Erreichten, hin- und herschwanken, und durch ein Übermaß an seelischer Erregbarkeit behindern sich die Kräfte seines Talentes und die seines Träumens gegenseitig.

Feuerbach hatte Böcklin als junger Mann in der Landschaftsklasse der Düsseldorfer Akademie kennengelernt, wo beide 1846 Schüler von Schirmer waren. Schick erzählt, daß die beiden Maler zwanzig Jahre später in Rom mit Begas und Passini ein Vokalquartett bilden und sich so bei Anlässen treffen, die nichts mit ihrer eigentlichen Tätigkeit zu tun haben.

Aber die brüderliche Verbundenheit der fünfziger Jahre in Rom sollte sich wegen der großen Charakterunterschiede und der abweichenden künstlerischen Auffassung zerrütten. So sehr der eine blinden Auges seiner Straße sicher und im Innern seines Wesens entschlossen war, so sehr war der andere, Feuerbach, unsicher, ehrgeizig und sensibler.

Er war kein Landschafter im wahren Sinn des Wortes, aber das wiederholte Zusammentreffen mit Böcklin hat ihn bei gewissen Werken beeinflußt, so im lichterfüllten Gemälde kleinen Formats mit dem Titel *Terrainstudie aus den Caracalla-Thermen* in Rom (Kat. 60). (Die Thermen waren für die deutsche Kolonie das Ziel für Spaziergänge und künstlerische Eingebungen.) Auf der anderen Seite beeinflußte in dieser Zeit auch Feuerbach Böcklin bei einigen Porträts und bei seinen Putten- und Kinder-Darstellungen.

Seine Briefe an seine Stiefmutter und an seinen ihm ergebenen Freund, den Kupferstecher Julius Allgeyer, bezeugen uns, wie sich Feuerbach in die Landschaften rund um die Stadt vertiefte. Anselm begab sich häufig allein, zu Pferd oder bei Ausflügen mit Freunden zum Ponte Molle, zur Hadriansvilla oder der Villa d'Este; er ging nach Cervara, Subiaco, in die Sabinerberge und nach Olevano. Von Frascati aus schreibt er am 15. Mai 1857 an seine Stiefmutter: »... Dunkle Laubgänge, wandelnde verschleierte Frauen; auf der Fahrt das blitzende Meer, die weite, weiche dämmernde Campagna! Schöne Gedanken ziehen wie Musik durch die Seele.«[18]

Aber es gibt von ihm nur wenige nach der Natur gemalte und gezeichnete Landschaften. Allgeyer berichtet uns über die Zeichnung aus dem Jahr 1857 in der Graphischen Sammlung Stuttgart *Allee im Park der Villa d'Este in Tivoli,* die dann zu einem häufig wiederkehrenden Hintergrundsmotiv für andere Bilder wurde.

Jahrelang ist Anzio sein beliebtester Aufenthaltsort. Feuerbach schreibt mit Nachdruck, daß dieser den passendsten Hintergrund für die Themen der *Iphigenie* und der *Medea* (Kat. 82, 81) bilde, erfordere das Pathos dieser Gestalten doch eine an mythischen und poetischen Suggestionen reiche mediterrane Atmosphäre.

Wir besitzen zwei nach der Natur gemalte Bilder der *Küste bei Porto d'Anzio* (Kat. 71) aus dem Jahre 1866, eines im Landesmuseum Oldenburg und eines in der Staatlichen Kunsthalle Karlsruhe. Über einen Ausflug nach Anzio schreibt er schon in einem Brief vom 18. Juli 1861 an die Stiefmutter: »Ich komme von Porto d'Anzio, dem alten Antium, zurück, wo ich zwei Nächte und einen Tag war, um das Meer zu studieren ... Die Ufer sind ganz homerisch. In der Ferne der Circefelsen und in der Nähe die Grotten vom Meere bespült, wo der Apoll gefunden ist. Um solcher Schönheit gerecht zu werden, müßte ich drei Wochen ruhiges Studieren haben ... Nie werde ich die Stunden vergessen, und ich mußte mir Gewalt antun, mich nicht ins Meer zu werfen, dann hätte die ganze dumme Geschichte ein Ende.«[19]

Feuerbach spricht häufig von Homer und dem homerischen Charakter der südländischen Küsten. Er war seit Kindheitstagen durch den Vater darauf vorbereitet worden, wenn sie dieser beim Vorlesen der Odyssee heraufbeschwor und ihm dazu die Flaxmanschen Illustrationen an den Wänden zeigte.

In einem Schriftstück vom Januar 1860 zitiert der Maler zwei offensichtlich mit der Münchner *Medea* (Kat. 81) in Zusammenhang stehende Studien, über deren Ausführung er sagt: »Es ist eine Lust, im künstlerischen Schaffen sich mit der Natur eins fühlen! Das heiterste Bild, welches ich in meinem Leben gemalt habe ...«[20]

Feuerbach wählt die Strände rund um Anzio aus, denn sie geben für ihn fast symbolisch das Vorspiel zum Drama ab oder kommentieren es und entsprechen somit der für den Maler charakteristischen Themenwahl für seine großformatigen Gemälde, in denen das Tragische gegenüber den idyllisch-melancholischen Motiven immer vorherrscht.

Das große Talent Feuerbach entdeckt also in der Landschaft die Möglichkeit, Abbild der Seele oder der Bildaktion der dargestellten Person zu werden. Er wählt bewußt aus der Natur diejenigen Elemente aus, die dem großartigen Idealbild der Gestalten entsprechen, indem er versucht, sich visuell und verstandesmäßig von der ihn umgebenden Landschaft in innere Erregung versetzen zu lassen. Im Falle der *Medea* geschah die Eingebung ohne mühsame Studien zur Gestalt, sie entfloß seinem Inneren wie von selbst, da sie schon seit Jahren in ihm gereift war, wie dies bei all seinen Projekten der Fall war. Feuerbach ist selbst davon beeindruckt, daß er ein klassisches Thema wie aus einem Guß, ohne Schwierigkeiten und mit der ganzen Intensität seiner Bedeutungsinhalte hat ausführen können.

Der Maler arbeitet manchmal an einer nach der Natur gemalten Landschaft, vom *Wasserfall* (Abb. 8; Mannheim, Kunsthalle), einem in der Nähe der Toblinburg bei Trient im August 1855 geschaffenen Bild, bis zur *Brücke von Terni* (Lugano, Sammlung Thyssen-Bornemisza). Aber keines dieser Gemälde kommt in der Fülle der heraufbeschworen Assoziationen den Landschaften gleich, in die er seine Gestalten einbettet und die er mit ihnen durch die für ihn typische Gleichsetzung zu einer Einheit verschmilzt, ja die er mit den Augen der *Iphigenie* in den drei Fassungen dieses Bildes, der *Medea* oder der *Amazonen* (Kat. 82, 81, 83, 57) zu betrachten scheint. In der ersten Version des *Gastmahls des Plato* (vgl. Kat. 78) in Karlsruhe geben die Säulen den Blick auf einen bewölkten Himmel frei, und man erspäht in der Nachtluft wiegende Bäume. Auch hier ist die Landschaft draußen in Gegensatz gesetzt zum bewegten Ausdruck, der die in kaltes Licht getauchten Figuren im üppigen Interieur des Hauses des Agathon erfüllt.

Obwohl also Feuerbach ein Maler von Gestalten und symbolischen Themen der Romanik: der Sehnsucht, der Liebe, des Schmerzes, der Trennung ist, mit dem ganzen künstlerischen Gedankengut, das sie über die klassischen Mythen wieder heraufbeschwört – ich habe bei anderer Gelegenheit beschrieben, wie durch das silberne Licht und die äußerst einfallsreiche Anwendung der Tonmalerei bei ihm auch die schwierigsten Themen so gestaltet werden, daß sie der Unterstützung durch einen Titel nicht bedürfen, um direkt unser intuitives Erkennen wachzurufen – kurzgesagt, seine Landschaften sind manches Mal außergewöhnlich geglückt. Es genügt, sich seine Meeresdarstellungen ins Gedächtnis zurückzurufen, den blauen Horizontstreifen auf dem Bild der *Iphigenie* in Stuttgart und der Wellensaum am Strand des *Medea*-Gemäldes, den rosa angehauchten Sand, den schwachen Lichtschimmer über dem von schweren Wolken verhangenen Himmel hinter dem Vorgebirge. Die italienische Natur empfängt mit Feuerbach als einem der letzten die Gunst eines europäischen Malerauges, wie einen Abschiedsgruß als traurige Vorahnung vom Ende all dieser Schönheit.

Abb. 8 Feuerbach, *Wasserfall bei Torbole,* Mannheim, Städtische Kunsthalle

»... Daß Böcklin trotz seiner wirklich künstlerischen Eigenschaften verhältnismäßig wenig befriedigend in seinen Leistungen wirkt, liegt, glaube ich, vorzüglich daran, daß er mit dem, was das letzte sein sollte, der Erscheinung, beginnt. Darum sind seine Sachen in der ersten Anlage eigentlich ebenso gut als nach vieler Arbeit. Sein Wollen ist dann schon gefesselt und artet in Spielerei aus.«[21] Dieses Urteil gibt Marées in seinem Brief vom 20. Dezember 1875 an Fiedler über Böcklin.

Auch wenn Marées nicht die Erfahrung der reinen optischen Malerei gemacht hat, die später in Frankreich die Salonkunst zu Fall bringt und jegliche vorgefaßte Idee zur Komposition eines Bildes in Frage stellt, so ist er sich auch dessen bewußt, daß die Naturwahrnehmung von dem erworbenen Wissen und der Kultur verstellt ist und daß man sich von jeglicher illustrierenden oder erzählenden Funktion befreien muß, um *den* Punkt der Mitteilung zu erreichen, an dem sich diese mit dem spezifischen Ausdrucksmittel, der Malerei eben, identifiziert. Daher bringt ihn die überschäumende Phantasie Böcklins aus der Fassung, sie, so scheint ihm, ordne die Kunst Absichten unter, mit denen sie eigentlich nichts zu tun hat.

Böcklin war seinerseits bestürzt von der Langsamkeit, mit der Marées immer die gleiche Aktfigur oder dieselbe Komposition wieder und wieder überarbeitete, und vertraut Floerke mehrmals an, daß ihm dieser Umstand wie ein Symptom der Unfähigkeit erscheine.[22]

Abb. 9 Böcklin, *Felsiges Bergland mit Brücke,* Berlin, Staatliche Museen Preußischer Kulturbesitz, Nationalgalerie

Abb. 10 Böcklin, *Römische Landschaft,* Hamburg, Hamburger Kunsthalle

Böcklin liebt die Farben, und für ihn ist die Malerei in erster Linie Farbe, das übrige, wie Zeichnung und Komposition, stehen dagegen an zweiter Stelle. Diese Auffassung führt ihn nach den siebziger Jahren zu den alten Meistern des Nordens zurück und schon 1870 zum unermüdlichen Studium der Rezeptsammlungen und der chemischen Verfahren zur Farbenzubereitung; diese Einstellung ist auch der Grund für den berühmten Verriß durch Meier-Graefe in dessen 1905 erschienenem Buch ›Der Fall Böcklin‹.

Man kann sagen, daß der Naturalismus des Schweizer Malers in den fünfziger Jahren offen zutage tritt. Die Weichheit der Materialbehandlung und der Naturalismus von Licht und Schatten stützen sich wie bei Feuerbach auf die Lehren Schirmers und auf die Absicht, sich von der starren Landschaftszeichnung der Nazarener zu befreien. (Böcklins Arbeitsgefährte bei den Landgängen zwischen der Via Flaminia und der Egeriaquelle war Franz-Dreber.)

Auch wenn die zwischen 1851 und 1857 entstandenen Gemälde Anlaß zu dem Mißverständnis geben könnten, in ihnen moderne Züge zu finden, weil das Bild in die malerischen Mittel eingebettet ist, so liegen die Bezüge zu Poussin und Dughet klar auf der Hand. Diese beginnen schon mit den ihm von Jacob Burckhardt in Auftrag gegebenen Bildern.

Die Sammlung Burckhardts und die römischen Gemälde der frühen fünfziger Jahre wurden von Rolf Andree in mehr als einer Veröffentlichung bis hin zur Monographie von 1977 unter Heranziehung der Landschaftsmerkmale der Albanerberge, der Egeriaquelle und der Pontinischen Sümpfe untersucht. Wenn man die Landschaften Böcklins aus den Gemäldegalerien von München, Berlin und Basel kennt, dann bietet sich die Gegenüberstellung zweier bezeichnender Variationen: *Felsiges Bergland mit Brücke* (Abb. 9), 1858, jetzt in der Nationalgalerie Berlin, und *Römische Landschaft* (Abb. 10), 1863, jetzt in der Kunsthalle Hamburg, für einige Überlegungen an.[23]

Andree schreibt, daß Böcklin in der *Römischen Landschaft* aus dem Jahre 1863 verschiedene der Natur entnommene Eindrücke der fünfziger Jahre verarbeitet, und führt dazu die entsprechenden Gemälde an. Wegen seines Aufbaus und Themas illustriert das Bild von 1858 *Felsiges Bergland mit Brücke,* welches er nicht in Rom, sondern in München oder Weimar, also schon weit entfernt von den aus der Natur gewonnenen Eindrücken, geschaffen hatte, am besten diese Arbeitsweise.[24]

Die Fassung von 1863 zeigt neben den thematischen Variationen (der unter der Brücke aufleuchtende Wasserfall, die Anwesenheit von Figuren, die weggelassene Felsenspitze) eine bessere Farbgebung, auch ist die in der Art des Seicento wiedergegebene Dichte der Grünflächen im Vergleich zum vorigen Bild gemildert. Von da ist es nicht weit bis zur ersten Skizze der *Villa am Meer* (Kat. 19), die jedenfalls ein Motiv aus dem Jahre 1859, *Schloss am Meer* (Kat. 12) wiederaufnimmt, das seinerseits im Fresko der

Wedekinds in Hannover mit dem Titel *Das Feuer als Feind,* 1858, in klassischerer und der italienisierenden französischen Malerei des 17. Jahrhunderts – die wir die Malerei der »francesi romani« nennen könnten – näherstehenden Form wieder auftaucht.

Meiner Meinung nach ist in der wesentlichen Phase seines Schaffens 1858 das entscheidende Jahr für den Wandel der idealen, klassischen Landschaft, an die sich der Künstler auch unter dem Einfluß Burckhardts hielt, zu einer ihm eigenen, absolut originellen Anschauung, die von einer surrealen, in der Geschichte der Kunst des 19. Jahrhunderts einmaligen mythisch-poetischen Kraft gekennzeichnet war. Es ist genau das Jahr, in dem er die erste Fassung des *Pan erschreckt einen Hirten* (Kunstmuseum Basel, Abb. 11) malte, wahrscheinlich während er an Typhus erkrankt war und sich durch Biertrinken im Atelier Steffans in München zu kurieren suchte.[25]

Verglichen mit dem 1859 vollendeten *Pan im Schilf* (Kat. 11) enthüllt der visionäre Blick noch zusätzlich etwas, eine Erregung, die sich nicht nur im dramatischen Thema findet, sondern die auch in der Seele Böcklins wohnt und sich dem Betrachter augenblicklich mitteilt, sei es durch die intensive Wiedergabe des Blau des Himmels, durch das glühende Rot der runden Weinflasche des fliehenden Hirten oder durch den blendenden Lichtschein auf dem Felsen zur Stunde des Pan.

Ich habe mich immer gefragt, was die Mehrzahl der Darstellungen und Landschaften Böcklins von diesem Zeitpunkt an so zweideutig und verführerisch macht. Geleitet von der Gegenüberstellung mit Marées, Feuerbach und Hildebrand, die ebenfalls vom Gedanken an eine Erneuerung der Kunst erfüllt sind, meine ich, daß die Verfremdung aus dem Umstand abzuleiten ist, daß der Schwerpunkt der Malerei Böcklins gerade dem nahebleibt, was an Nichtformalem im Feuer des Einfalls enthalten ist, oder daß dessen Form eine Ausdrucksweise finden will, die sich von der klassischen Maltradition unterscheidet und aus einem Bereich Nahrung zieht, wo das Ausdrucksmittel mit seinem Ursprung unmittelbarer vertraut ist.

Christoph Heilmann führt in einem interessanten Aufsatz von 1977 zwei Beschreibungen an, die der Philosoph Theodor Vischer von Bildern Böcklins gibt. Es handelt sich um die Beschreibungen des *Pan erschreckt einen Hirten* in der Fassung von 1860 in der Schack-Galerie (Kat. 13) und des Gemäldes *Der Mord im Schloßgarten,* 1859, jetzt im Folkwang-Museum Essen;[26] am Ende seiner Abhandlung geht Heilmann auf die Theorie der Mimesis als vom Menschen in die Naturformen eingeführte Phantasie ein, einen Teilaspekt der Ästhetik Vischers, und erwägt die Möglichkeit eines Einwirkens der Kunst Böcklins auf Vischer. Erneut also ein romantisches Konzept. Aber gegenüber Friedrich und der Tradition der ersten Jahrhun-

Abb. 11 Böcklin, *Pan erschreckt einen Hirten,* Basel, Öffentliche Kunstsammlung, Kunstmuseum

derthälfte, die die Landschaft zum Ausdruck der Seelenverfassung heranzieht, beeindruckt die Bedeutung, die Böcklin der Farbe und den sie hervorrufenden Mitteln einräumt: der Erforschung der Farbmischungen und ihrer Resultate. Eine ausdauernde technische Untersuchung, reich an merkwürdigen Episoden, Rückschlägen, Erfolgen, konfusen und interessanten Versuchsserien,[27] eine Technik, die, will sie im Labor die Pracht der Natur nacherschaffen, fast immer die Wirkung erzielt, der gemalten Natur und den heraufbeschworenen Phantasiegestalten eine Körperlichkeit zu verleihen, die naturgetreuer ist als die Natur selbst.

In seiner Kindheit wurde Böcklins von der Landschaft und ihren Elementen fasziniertes Auge stärker von den Farben der in Europa berühmten Basler Färber angezogen als von den Farben der Bilder in schwer zugänglichen privaten Basler Kunstsammlungen.[28]

Die Kunst Böcklins setzt sich erst später mit den großen Farbschöpfern der Vergangenheit intensiv auseinander, vor allem mit Grünewald, van Eyck, Memling und Rubens. Von ihnen holt er sich Anregungen durch die Verschmelzung der verschiedenartigsten Erfahrungen, die er aber mit der von der Leidenschaft dazu diktierten größten Sorgfalt macht.

Böcklin setzt also genaugenommen nicht mit dem Bild ein, besonders nach den siebziger Jahren, sondern vielmehr mit der Farbe – er nähert sich ihr auf verschiedenartige und unsystematische Weise – besonders, wenn die Stimmung der Landschaft Anlaß für das Auftauchen der Gestalten gibt: Düstere bräunliche oder graue Felsen und Wolken, gegen einen hellblauen Himmel mit weißen Zirruswolken abgesetzt, könnten Kentauren sein (1872/73). Im Bild *Herbstgedanken* von 1886 bewirkt ein veilchenblauer Widerschein auf dem Wasser zwischen herbstlichen Gelb- und Rottönen das Erscheinen von Platanen, Kastanienbäumen und einem Mädchen mit violettem Umhang, einer Art Iphigenie. Die Farbe ist offensichtlich an einen stark poetischen Eindruck, an eine Erinnerung gebunden.

In Anspielung auf einige Bilder, wie z. B. *Meeresidylle, Kentaurenkampf, Einsamkeit, Sirenen,* schreibt Fiedler über Böcklin am 22. November 1875 an Hildebrand: »Man muß sich meist mit dem ersten Entwurf seiner Phantasie begnügen, die allerdings eine künstlerische ist und sich sehr direct an die Natur wendet ... die Kraft einer bildenden Durcharbeitung fehlt vollständig und so scheint weder seine Phantasie von allen den Unhaltbarkeiten, Ungeheuerlichkeiten, die ihrer ersten wilden, sozusagen elementaren Äußerung anhaften, gereinigt ... Talent, aber keine große geistige Kraft ...«[29] Auch hier, so könnte man sagen, trifft es zu, daß Fiedler, Hildebrand und Marées, die die Form als Frucht des Abstraktionsvermögens bei der Bildgestaltung sehen, die phantasievolle und technisch perfektionistische Arbeitsweise Böcklins, bei der es im Grunde genommen um die Wiederentdeckung malerischer Ausdrucksmittel geht, nicht erkannt und gewürdigt haben.

Böcklins Farbensprache tendiert sehr bald zu einer archaisierenden Reinheit des Farbklanges, die er in der Tradition der italienischen Kunst vermißt. Es ist von daher kein Zufall, daß er von den sechziger Jahren an Italien vorwiegend motivisch rezipiert. Villen, Inseln, Meer, südländische Bäume erscheinen als Zitate im Bild, aber in einer zunehmend »nordischen« künstlerischen Umsetzung. Nicht aus einer spezifisch deutschen Italiensehnsucht heraus wie Feuerbach oder aus dem Verlangen nach italienischer Form wie Marées, sondern auf dem Wege einer ganz persönlichen Beziehung zur italienischen Landschaft und zu ihrem Mythos kommt Böcklin zu einer Darstellungsweise, die schon bald eine Art von nationaler Identifikation auf deutscher Seite zur Folge hat. Man denke nur an die Popularität, die Böcklin nach 1890 in der deutschen und österreichischen Kunst und Literatur genießt, nicht zu vergessen auch den Bereich der Trivialkunst.

Schon lange vor dem Bild *Die Toteninsel* (Kat. 46) triumphiert in seinen Gemälden diese Verquickung von

Abb. 12 Böcklin, *Italienische Villa im Frühling,* München, Bayerische Staatsgemäldesammlungen, Schack-Galerie

Gegenwart und Vergangenheit, von Traum und Wirklichkeit, von verschiedenen Landschaften, deren Flora und geologischer Aufbau nur in der Vorstellungswelt Übereinstimmungen aufweist. Ein Hinweis auf die *Altrömische Weinschenke,* 1865 (München, Schack-Galerie, Kat. 24), möge genügen, wo ein alter Jasminstrauch seine frühlingszarten Blättchen in der Nähe eines ionischen Rundtempels sprießen läßt, aus dessen Innerem rotes Licht erstrahlt, während Ruinen aus der Zeit Hadrians mit halb im Erdreich versunkenen Bögen sich den Hügel hinaufziehen; zwischen Fruchtbäumen, Sträuchern und Blumen trägt eine groteske, Pan oder Dionysos darstellende Skulptur auf ihrem hohen Sockel die Inschrift »Vinum novum«, und auf den Gebäuden aus dem 17. Jahrhundert über den Ruinen reihen sich Laubengänge mit rostfarbenen Blättern. Gestalten in grellen Gewändern versuchen sich anzupassen, aber an welches Zeitalter, an welche Jahreszeit? Jeder Zweifel wird durch einen strahlenden, glaubhaft italienischen Himmel und durch die heiteren Farben beseitigt.

Das Motiv taucht wieder mit dem korinthischen Tempel beim gleichen Thema im Basler Museum auf und geht bis zur grotesk zur Schau gestellten Verunklärung der Bildinhalte im Karlsruher Gemälde, wo die Schenke mit der Aufschrift »Est, est, est« hervorsticht, die hier von einem guten Wein Kunde geben soll, ein Hinweis, den – der Legende nach – ein hochstehender deutscher Prälat des 15. Jahrhunderts auf seiner Reiseroute nach Rom vorfand.

In der *Rast auf der Flucht nach Ägypten,* einem der Sarasin-Fresken von Basel, 1868, stehen Florentiner Villen im Stil der Renaissance auf kahlen Hügeln, die in der Umgebung Roms mehr Wahrscheinlichkeit besäßen, mit dichten, offensichtlich toskanischen Zypressengruppen.

Das Motiv wiederholt sich, diesmal um Wiesen bereichert, im Bild *Italienische Villa im Frühling* von 1870 (Abb. 12) in der Schack-Galerie und in der Darmstädter Fassung von 1880; das Castello di San Giorgio in der Nähe von Portofino dient als Vorwurf für einen Brand – es war bereits auf den Wedekind-Fresken in Hannover aufgetaucht – in dem verlorengegangenen *Überfall von Seeräubern* von 1872.[30]

Mit dieser provokanten Kompilation der Motive und einem Blick, der alles gierig von seiner elementarsten Körperlichkeit her begreift – »die Menschen der Antike waren nicht antik«, sagte Böcklin zu seinen Schülern – scheint er das Gespenst eines Rückgriffes auf die Kunst der Vergangenheit vertreiben zu wollen und antizipiert darin die deutsche Moderne. In gewissen Porträts nimmt er die Neue Sachlichkeit vorweg und in den nach 1880 entstandenen Bildern mit einer zugegeben etwas vereinfachten Optik sogar den Jugendstil.

Deutlicher als Feuerbach notiert Böcklin auch in der Folgezeit Landschaften, aber allmählich werden seine Skizzen immer flüchtiger. Von dieser Art von Bildern unterscheidet sich auffällig das in der Nähe Genuas entstandene formvollendete Aquarell *Italienische Küste* (München, Stadtmuseum) und *Die Bucht von Lerici*, 1893 (Basel, Kupferstichkabinett), eine flüchtige, fast in der Art einer Karikatur leicht hingeworfene Tuschzeichnung, die die Freude an der optischen Fixierung eines flüchtigen Eindrucks erkennen läßt.[31]

Das einzige Element, das die drei großen Deutsch-Römer verbindet, ist also ihre leidenschaftliche Beziehung zu Italien als Landschaft und Kunsterlebnis mit all seinen materiellen, formalen und symbolischen Verknüpfungen.

Man ist versucht, einen Bogen zu schlagen zwischen den Malern, die in Rom zu Beginn des 17. Jahrhunderts die Landschaftsmalerei aus dem Bann der Geringschätzung befreiten und damit einen neuen Abschnitt der Kunstgeschichte einleiteten – gemeint sind neben den Franzosen Poussin, Lorrain, Dughet und Lemaire auch die übrigen nordischen Landschaftsmaler, die dort malten, also Elsheimer, Poelenburgh, Breenbergh, Pynacker, Swanevelt, Dujardin und Hackaert – bis hin zu den Deutsch-Römern als den letzten, die ihr Malerauge auf die römische Campagna, auf Florenz und seine Umgebung und auf die italienische Mittelmeerküste richteten und damit auch die italienische Malerei beeinflußten.

Aber die überwiegende Zahl der Landschaftsbilder entsteht im 19. Jahrhundert an der Themse, in der englischen Parklandschaft, bei Dresden, in Dänemark und schließlich, alles andere überschattend, an der Seine und in Paris.

Auch wenn die erste Jahrhunderthälfte reich an Künstlern der verschiedensten Nationen ist, die an Poussin wiederanknüpfen, angefangen mit Corot und Koch bis hin zu Eckersberg und Rottmann,[32] so scheint doch nach 1850 die Anziehungskraft der italienischen Landschaft zu versiegen. Sieht man von den Epigonen ab, so sind Feuerbach, Marées und Böcklin die einzigen, die aus der persönlichen Begegnung mit der italienischen Landschaft etwas Neues hervorbringen und sie so zum Katalysator einer allgemeinen künstlerischen Erneuerung machen. Im Werk eines jeden dieser drei Maler lebt aber in dieser Umformung, die der modernen Kunst entscheidende Impulse gab, auch etwas von der ursprünglichen Substanz weiter. Und in jedem von diesen drei haben wir ein Resultat vor uns, das durch die überhöhende Verwandlung etwas noch Wertvolles bewahrt und dann später für die zeitgenössische Kunst eine entscheidende Wirkung hat.

1 Anselm Feuerbach, Gemälde und Zeichnungen, München/Berlin 1976.
2 Ein Datum: 13. Februar 1850, wahrscheinlich das der Entscheidung, ist auf die Rückseite des Bildes *Landschaft bei Sonnenuntergang*, 1849, einem Geschenk Böcklins an den berühmten Kunsthistoriker, geschrieben. Vgl. R. Andree: Arnold Böcklin. Die Gemälde, Zürich 1977, Kat. Nr. 63, S. 206.
3 Vgl. F. Runkel und C. Böcklin (Hg.): Neben meiner Kunst, Berlin 1909.
4 H. von Marées: Briefe, Wuppertal 1946, S. 51.
5 C. Fiedler: Hans von Marées, München 1889, Neuauflage München 1953, S. 12.
6 H. von Marées (wie Anm. 4), Brief an Fiedler vom 30. August 1876, S. 120.
7 ebenda, Brief von Fr. Gurlitt an Fiedler vom 6. Dezember 1883, S. 217.
8 J. Meier-Graefe: Hans von Marées, sein Leben und sein Werk, München/Leipzig, 1909/10, S. 106.
9 Anselm Feuerbachs Briefe an seine Mutter, Berlin 1911, Bd. II, Brief vom September 1865 (Auf der Reise nach Rom), S. 139.
10 U. Gerlach-Laxner, Hans von Marées, Katalog seiner Gemälde, München 1980, S. 114, Abb. 102.
11 Zur Baugeschichte des Aquariums von Neapel, vgl. B. Degenhart: Hans von Marées, Die Fresken in Neapel, München 1958.
12 H. von Marées (wie Anm. 4), Brief an Melanie Tauber, Neapel, 18. Juli 1873, S. 72–73.
13 ebenda, Brief an Fiedler, S. 75.
14 Zum Einfluß der Klassik auf Marées, vgl. W. Bessenich: Der klassische Marées, Basel 1967, woraus der Brief zitiert ist, S. 51.
15 H. von Marées (wie Anm. 4), Brief vom 20. Juli 1871, S. 56.
16 Anselm Feuerbachs Briefe an seine Mutter (wie Anm. 9), Bd. I, S. 422–23.
17 ebenda S. 562–563.
18 A. Feuerbach: Ein Vermächtnis, (Neuauflage) Hildesheim 1977, S. 96.
19 Anselm Feuerbachs Briefe an seine Mutter, (wie Anm. 9), Bd. II, S. 37.
20 A. Feuerbach: Ein Vermächtnis (wie Anm. 18), S. 118.
21 H. von Marées: Briefe (wie Anm. 4), S. 110.
22 G. Floerke. Zehn Jahre mit Böcklin, München 1902, passim.
23 R. Andree (wie Anm. 2), Kat. Nr. 113, Nr. 158.
24 ebenda Kat. Nr. 113, S. 238.
25 Böcklin Memoiren, hg. v. F. Runkel, Berlin 1910, Kap. V, Die schwerste Zeit.
26 C.H. Heilmann: Zu Arnold Böcklins künstlerischer Individualität, in Kat. Ausst. Darmstadt 1977, Bd. I, S. 34. Zum Verhältnis Natur–Mythologie, siehe E. Huber, Natur und Mythologie, ebenda, Bd. II, S. 32.
27 R. Schick: Tagebuch. Aufzeichnungen aus den Jahren 1866, 1868, 1869,

Berlin 1901, passim; siehe auch H. Althöfer, Arnold Böcklin Maltechniker und Kolorist, in: Kat. Ausst. Düsseldorf 1974, S. 19–24, und H. Kühn, Böcklins Farbmaterial, ebenda, S. 25–27.

28 A. Frey: Arnold Böcklin nach den Erinnerungen seiner Zürcher Freunde, Stuttgart/Berlin 1903, Kap. Bildnis.

29 G. Jachmann (Hg.): A. von Hildebrand. Briefwechsel mit C. Fiedler, Dresden 1927, S. 53–54.

30 R. Andree (wie Anm. 2), Abb. 274.

31 Wie bekannt, wurden die Zeichnungen Böcklins zum größten Teil bei den zahlreichen Wohnungsumzügen Böcklins vernichtet. Siehe dazu A.H. Schmid: Arnold Böcklin, Hand-Zeichnungen, München 1921; D. Koepplin: Zu Böcklins Zeichnungen und Kritzeleien, in: Ausst. Kat. Basel 1977, Arnold Böcklin 1827–1901, Basel/Stuttgart) 1977. – M. Volpi und M.L. Frangia, Arnold Böcklin, Florenz 1980.

32 Zur Tradition der Landschaftsmalerei der Deutsch-Römer siehe E. Jaffè und R. Lichtenberg: Hundert Jahre deutsch-römische Landschaftsmalerei, Berlin 1907, und A. Sbrilli: Paesaggi dal Nord, Rom 1985.

Übersetzung: Helga Romei

Gianna Piantoni

Böcklin und die römische Kultur Ende des 19. Jahrhunderts

Um die Beziehungen zwischen Böcklin und der zeitgenössischen italienischen Kunst aufzuzeigen, muß man sich noch einmal verschiedene, für die Entwicklung der Malerei in der zweiten Hälfte des 19. Jahrhunderts wichtige Momente vor Augen halten. Böcklin hatte als Künstler wechselnden Erfolg, sein Einfluß war nicht immer leicht abzuschätzen, doch er war der einzige der »Deutsch-Römer«, der einen Bezugspunkt darstellte oder zu Kontroversen Anlaß gab; und vor allem gegen Ende des Jahrhunderts, als sich die italienische Kultur den Strömungen des europäischen Symbolismus öffnete, zog er das Interesse von Künstlern und Kritikern auf sich.

Die besondere politische Situation zwischen 1850 und 1860, als die Kämpfe des Risorgimento ihren Höhepunkt erreichten, aber auch in der Zeit nach der Einigung, unterschied Italien von den anderen europäischen Ländern und führte auch im künstlerischen Bereich zu unterschiedlichen Auffassungen. Die bildenden Künste in Italien manifestierten sich, trotz des Anspruchs auf eine »einheitliche, nationale« Kunst, weiterhin in ihren gewachsenen regionalen Besonderheiten, bei einer ganz eigenen Vorliebe für die Kunst des Auslands. In den Jahren 1850 bis 1860, in die auch der erste Italienaufenthalt Böcklins und anderer Deutsch-Römer fiel, waren Neapel und Florenz als Kunstmetropolen Italiens führend. Hier gab es, wenn auch mit Unterstützung von Künstlern aus anderen Teilen des Landes, die wichtigsten Neuerungen und originellsten Ergebnisse im Bereich des Realismus: man denke nur an die toskanische Gruppe der »Macchiaioli«. Rom, als das Bollwerk des Kirchenstaates, verlor in den Jahren, in denen sich der Einheitsstaat herausbildete, immer mehr seine »internationale« Bedeutung innerhalb der europäischen Kultur und machte eine Phase des Übergangs und der intellektuellen Stagnation durch, doch blieb es weiterhin der von ausländischen Künstlern bevorzugte Ort.

Nach 1870 durchlebte die erst seit kurzem bestehende italienische Nation eine schwierige Phase der inneren Festigung und der wirtschaftlichen Entwicklung, während der eine harmonische soziale Ordnung nicht möglich war. Die von den bedeutendsten Künstlern und Intellektuellen leidenschaftlich verfochtenen Ideale des Risorgimento gerieten indessen in eine Krise, die mit dem Unabhängigkeitsstreben des neuen italienischen Staates zusammenfiel, und die verschiedenen Tendenzen des sich gerade eine neue Bildsprache suchenden Realismus wirkten dadurch zum Teil unzeitgemäß. In Rom, der Hauptstadt des neuen Staates, gab es die ersten Versuche einer Kritik an den realistischen Strömungen. Hier hatten Böcklins Werke während des Übergangs zum poetischen Symbolismus einen gewissen Einfluß, obwohl man sich damals vor allem für die Präraffaeliten interessierte. Solche Elemente geschichtlicher Wertung muß man sich, wenn auch rein schematisch, vor Augen halten, wenn man die Beziehung zwischen Böcklin und der zeitgenössischen italienischen Kunst nachvollziehen will.

Böcklin selbst hat über seine italienischen Künstlerkollegen keine Zeugnisse hinterlassen, so, als ob sich der Maler isolieren wollte, um von seiner intensiven Beschäftigung mit der Antike und dem eindrucksvollen Zauber der Orte und der Natur Italiens nicht abgelenkt zu werden. Doch schon bei seinem Romaufenthalt in den fünfziger Jahren stellten römische Künstler anerkennend fest, daß er technische und interpretative Neuerungen in die Landschaftsmalerei einführte. Der Maler verkehrte damals im Café Greco, wo es, trotz des schwierigen politischen Klimas jener Zeit, zu fruchtbaren Begegnungen zwischen italienischen und ausländischen Künstlern kam. Wenig vorher hatte es in der Papststadt einen Aufstand gegeben, der zu der kurzlebigen Römischen Republik von 1849 geführt hatte. Einige Künstler hatten in Rom persönlich für die Ideale des Risorgimento gekämpft; an ihrer Spitze stand der Maler Nino Costa. Er war etwa gleichaltrig mit Böcklin und gehörte in jener Zeit zu den ständigen Gästen des Café Greco, wenn er auch, aufgrund seiner rastlosen Tätigkeit als Patriot, nur unregelmäßig dort verkehrte. Costa wurde von 1850 an zum Katalysator der verschiedenen Versuche, die römische Kultur künstlerisch zu erneuern, indem er zeigte, daß es gerade in der Landschaftsmalerei neue Darstellungsmöglichkeiten mit einer freieren Behandlung der Natur gab, die den emotionalen und psychologischen Charakteristiken des »modernen« Menschen besser entsprach.[1]

Seine künstlerische Entwicklung hatte er im spätklassischen und puristischen Rom gemacht, und er erkannte

Abb. 1 Nino Costa, *Satyr im Wald,* um 1870, Rom, Galleria Nazionale d'Arte Moderna e Contemporanea

bald, daß man das Studium der antiken Meister mit dem unmittelbaren Studium der Wirklichkeit verbinden mußte. Wirklich neue Anregungen waren nur außerhalb der institutionalisierten Akademien, in der freien Diskussion, in der Verwirklichung der eigenen Arbeit und auch in der Konfrontation mit jenen Gruppen ausländischer Künstler, die nach wie vor nach Rom kamen, zu suchen.

»Damals gab es eine kleine Gruppe junger Leute, die nach Rom gekommen waren, um die Kunst in den Galerien und Kirchen zu kopieren; sie verliebten sich bald in die römische Landschaft und ihre Bewohner und fingen an, voller Hingabe ihren Charakter zu studieren.« So berichtet Diego Angeli in seinem Buch ›Cronache del Caffé Greco‹[2], das wertvolle Zeugnisse über die Situation vom Rom der Jahrhundertmitte bis zu seinen ersten Jahrzehnten als Hauptstadt liefert. Unter diesen Künstlern befand sich auch Böcklin. Unterschiedliche Motivationen und kulturelle Erfahrungen brachten natürlich unterschiedliche Ergebnisse, doch in all diesen Künstlern lebte der Wunsch, neue Wege des Ausdrucks zu finden. Costa, der von der päpstlichen Polizei gesucht wurde, weil er an der Ausrufung der Römischen Republik vom Jahre 1850 beteiligt gewesen war, hatte sich nach Ariccia zurückgezogen, um dort seine Maltätigkeit wieder aufzunehmen. Er malte die Gegend um Rom und arbeitete an einem neuen Ansatz für die Landschaftsmalerei, der darauf beruhte, daß das in der Wirklichkeit studierte Motiv mit großer Freiheit in Komposition und Farbe wiedergegeben wurde. In der Pension Martorelli in Ariccia, so erinnert sich Costa, hat er Böcklin, Dreber und Lenbach kennengelernt[3].

Und zu den Jahren 1853 bis 1858 bemerkt Costa in seiner Autobiographie:

»Damals bildete sich in Rom eine Gruppe befreundeter Maler, die alle nach Kunst suchten, wenn auch jeder auf seine eigene Weise. Zu dieser Gruppe gehörten Böcklin, David, Mason, Zäner, Lenbach ...«[4] Es ist zwar ungewiß, inwieweit man Costas Behauptung hinsichtlich einer eigenständigen Suche Glauben schenken darf, doch es ist anzunehmen, daß es innerhalb der Gruppe zu einem fruchtbaren Austausch von Ideen und Erfahrungen kam. Der römische Maler, der sich in jener Anfangsphase des Suchens vor allem für die romantische Landschaftsmalerei in Frankreich und England interessierte, verarbeitete erst später, als phantastische Elemente in seinen romantisch-realistischen Landschaftsbildern auftauchten, Motive und Einflüsse Böcklins. In den fünfziger Jahren, so schreibt er,

Abb. 2 Nino Costa, *Das Flüßchen »Serchio« und seine Nymphen,* um 1870/75

Abb. 3 Nino Costa, *Leda mit dem Schwan,* um 1870/75

als er, vor allem in Gesellschaft des englischen Malers G. Mason, die römische Landschaft malte, habe er zu einem der Grundprinzipien seines Konzepts gefunden: »Das Wirkliche sagt nichts aus, wenn es nicht gefühlt und gedanklich verarbeitet ist.«[5] Dieses Prinzip arbeitete er immer weiter aus und wandte sich schließlich der Auffassung von einer spiritualisierten Natur zu, wodurch er sich von den Bestrebungen der Macchiaioli unterschied, obgleich er durch seine Werke die Theoriebildung der »macchia« im Café Michelangelo mit angeregt hat.[6]

In den siebziger Jahren näherte sich Costa immer mehr den idealistischen und symbolistischen Tendenzen der Jahrhundertwende an, und in Rom, wo er, abwechselnd mit seinen Aufenthalten in der Toskana, bis zu seinem Lebensende wohnte, wurde er zu einem der Katalysatoren dieser Strömungen. Damit wandte er sich der Poetik Böcklins zu, die seiner Naturauffassung eher entsprach als die der Toskana, die von den »macchiaiolischen« und »postmacchiaiolischen« Tendenzen beherrscht wurde.

Einige der Grundprinzipien über die Beziehung zwischen Natur und Landschaftsmalerei, die Costa in diesen Jahren aufgestellt hat, tragen zur Erklärung einer solchen Annäherung bei: man muß die Wirklichkeit, oder besser, das Leben der Natur studieren, bis eine symbolische und »sympathische« Wiedergabe der Natur selbst erreicht wird; psychologischen Zuständen entsprechende Motive und »poetische« Momente entdecken wie z. B. Morgenröte oder Sonnenuntergang, die Empfindungen der Ruhe und des Geheimnisvollen auszulösen vermögen; und dann vor allem, die Natur in ihrer Ganzheit und Harmonie darstellen. Diese Prinzipien waren während des Umgangs mit seinen englischen Freunden G. Mason und F. Leighton und wahrscheinlich auch unter dem Einfluß des Ruskinschen Gedankenguts entstanden, das er in idealistisch-ästhetisierender Bedeutung auffaßte.[7] Die engen Beziehungen, die Costa mit der Kulturlandschaft Englands verbanden, waren zwar vorherrschend, aber doch nicht so ausschließlich, daß kein Platz für andere Einflüsse blieb. In den siebziger Jahren kam es dann zum Berührungsmoment zwischen Böcklin und Costa: bei beiden Malern finden sich nicht nur ähnliche Landschaftsmotive, sondern auch eine gewisse Verwandtschaft in der Naturauffassung.

Costas Landschaften sind von Nymphen und Satyrn belebt, und zwar nicht in Form einer »gelehrten« Anmerkung und als Verweis auf die klassizistische Landschaft, sondern als bewußter Hinweis auf die geheimnisvolle Belebtheit der Natur und als Verherrlichung der Natur selbst als Leben erzeugender Kraft.

Bosco con satiro, Il serchio e le sue sinfe, Leda con il cigno (Abb. 1–3) – alles Werke aus den Jahren 1870 bis 1875 – scheinen auf ein lebhaftes Interesse an Böcklin, über dessen Tätigkeit sich Costa während seines Florenzaufenthaltes informieren konnte, hinzudeuten.[8]

Die erste Fassung des *Risveglio della Natura* (1875–1877) und die vorbereitenden Studien zu *L'alba*[9] (Abb. 4–5) stehen dafür als Beispiele. Es handelt sich dabei um Landschaften, in die das mythologische Element eingebracht wird, um die poetischen und suggestiven Aspekte der Orte und zugleich den ewigen Rhythmus der Natur zu unterstreichen. Obwohl sich die beiden Maler durch ihren kulturellen Hintergrund und ihre künstlerischen Intentionen doch stark unterschieden, suchten beide in der Natur eine Lebensauthentizität, ein Mittel, um sich selbst zu erkennen. Der italienische Maler fühlte sich von Böcklins phantastischer Wiedergabe der Orte in vor allem idylli-

Abb. 4 Nino Costa, *Erwachen der Natur,* um 1875/77

Abb. 5 Nino Costa, *Morgendämmerung,* um 1875

schen oder elegischen Tönen angezogen, obwohl ihm Böcklins komplexe Problematik in bezug auf den Naturmythos fremd war. Den englischen Kunstliebhabern, die über Jahre hinweg als einzige Costas Werke kauften, gefiel vor allem, daß er in seinen Bildern den Reiz der italienischen Landschaft und das »griechische« Gefühl für die Natur als Heimat phantastischer Wesen wiedergab.[10]

Mit dieser Naturinterpretation unterscheidet sich Costa von der Auffassung, die Leighton und die Künstler der sogenannten zweiten Generation der Präraffaeliten vertreten und rückt in die Nähe Böcklins und seines panischen und animistischen Naturgefühls.

Wahrscheinlich auf Anregung Costas erlangte Böcklin in Rom die erste öffentliche Anerkennung. Er wurde als einer der wenigen ausländischen Künstler eingeladen, an der ersten Kunstausstellung teilzunehmen, die ab 1870 in der neuen Hauptstadt von der Künstlergruppe um Costa – Vincenzo Cabianca, Enrico Coleman, Onorato Carlandi – organisiert wurde und die von Costa selbst, auch in seiner Eigenschaft als Stadtrat – einem Amt, das man ihm im Rahmen der neuen Politik aufgrund seiner Teilnahme an den Kämpfen für die Befreiung Roms verliehen hatte – unterstützt wurde. Die antipäpstliche, von der obengenannten Gruppe im Jahre 1870 gegründete Internationale Künstlervereinigung beabsichtigte, Kunstausstellungen zu fördern, die als Gegeninitiative zu den ehemaligen offiziellen Ausstellungen der Papstregierung verstanden wurden. Die ersten Ausstellungen, die in den Jahren 1870 und 1871 auf dem Pincio abgehalten wurden, machten die kulturelle Situation deutlich: die offiziellen Maler der Accademia di San Luca standen der Gruppe der Landschaftsmaler – Cabianca, Coleman, Carlandi, Joris und Vertunni – gegenüber, und das Ausland war durch die starke spanische Kolonie, die seit einiger Zeit im Gefolge von Mariano Fortuny arbeitete, vertreten.[11] Die vorherrschenden Tendenzen eines bereits überholten, ins Anekdotische abgesunkenen Verismus, unter den auch die riesige Produktion der Genremalerei im spanischen Stil fiel, erzielten einen beträchtlichen Marktwert, der in keinem Verhältnis zur Qualität stand. Das Neue dagegen wurde durch die Gruppe der Landschaftsmaler, und, von den ausländischen Künstlern, durch Böcklin und Lenbach vertreten, die in den Jahren 1870 und 1871 an der Ausstellung teilnahmen.[12] In Anbetracht des Erneuerungscharakters und der Öffnung für ausländische Künstler, den diese Ausstellungen anstrebten, war die Anwesenheit der beiden Maler von Bedeutung. Schon 1870 forderten Künstler und führende politische Persönlichkeiten, die sich für die Erklärung Roms zur Hauptstadt Italiens eingesetzt hatten, daß etwas gegen die kulturelle Stagnation in den letzten Jahren der Papstregierung unternommen werden sollte. Für Costa und seine Freunde war dies der erste Versuch, die Kultur zu fördern, dem andere, vor allem gegen die ausländische Kunst gerichtete Initiativen folgten, weil man glaubte, durch breitgefächerte Information und die Ausweitung kultureller Anliegen zu einer »nationalen« Kunst zu gelangen.

Während der Verismus langsam überwunden wurde, wandte sich die Aufmerksamkeit der römischen Künstlerwelt ähnlichen Versuchen zu, wie sie vor allem in England und, in kleinerem Umfang, auch in Frankreich und Deutschland unternommen wurden. Die Debatte über die Landschaftsmalerei, die Costa für am besten geeignet hielt, um den neuen kulturellen Ansatz auszudrücken,[13] wurde in den achtziger Jahren mit neuen Beiträgen bereichert. Costa arbeitete an einer Konzeption der Landschaftsmalerei, die einen Ort oder eine Naturansicht durch einen Prozeß intellektueller Selektion neu erfaßte; damit rückte er seine Versuche in die Nähe der »psychologischen Korrespondenzen«, wobei er Positionen bezog, die dem Ästhetizismus ziemlich nahestanden. Nachdem die Ideale, die seine Jugend bestimmt hatten, in eine Krise geraten waren und er dabei das Vertrauen in eine positive Beziehung zur Gesellschaft seiner Zeit verloren hatte, wandte er sich, als Ergebnis eines inneren Umschwungs, einer aristokratischen Kunstauffassung zu. Andere, jüngere Künstler, Schüler oder Bewunderer Costas, unter denen sich vor allem G. Cellini hervortat, nahmen Costas Positionen zum Ausgangspunkt für das eigene Schaffen und bildeten das Verbindungsglied zu jenem Kreis von Literaten und Kunsttheoretikern, der sich um Gabriele D'Annunzio und den Idealisten Angelo Conti gebildet hatte.[14] Aus einem komplexen Austausch von Ideen und kulturellen Erfahrungen heraus, der zwischen Malern und Literaten stattfand, zeichneten sich erste Tendenzen zum italienischen Symbolismus ab. Gefördert wurden diese ersten symbolistischen Ansätze wahrscheinlich durch die ›editio picta‹ von D'Annunzios Text ›Isaotta Guttadauro‹, die im Jahre 1885 erschien. Cellini ist die Initiative zu verdanken, hiervon nach englischem Beispiel ein illustriertes Buch herausgegeben zu haben.[15] Die Veröffentlichung des Buches war vor allem der erste Versuch einer Symbiose zwischen den bildenden Künsten und der Literatur, zwischen Malerei und Dichtung. Die Initiative entstand also aus den Grundprinzipien präraffaelitischer Auffassung heraus, und in der Tat wurde die jüngere Malergeneration in Rom, mehr noch als ihr Meister Costa und D'Annunzio selbst, zunehmend vom Präraffaelimus durchdrungen. Trotzdem interpretierten Künstler wie Onorato Carlandi, Vincenzo Cabianca, Cesare Tormilli, Mario De Maria, Aristide Sartorio und Cellini selbst, die vor die schwierige Aufgabe gestellt waren, D'Annunzios phantastischer Welt Gestalt zu geben, die Themen entsprechend der eigenen Sensibilität und dem unterschiedlichen kulturellen Hintergrund. So scheinen z. B. die Illustrationen Cellinis, wie *Melusina* und *La Maga Tessala* (Abb. 6), Böcklinsche Einflüsse zu verarbeiten.[16]

D'Annunzios Verse bieten den Künstlern die Möglichkeit, dem Traumhaften, dem Geheimnisvollen, dem Wesen des Phantastischen Gestalt zu verleihen und verhelfen damit der Kunst, unabhängig von aller Theorie, zu ihrer eigentlichen Entfaltung. Und mit dem wachsenden Interesse für das Phantastische, für die »poetischen« und literarischen Werte in den bildenden Künsten, tauchen immer mehr Böcklinsche Motive und Stimmungen auf. Es handelte sich dabei nicht um reine Zitate, sondern um Einflüsse, die von Böcklins Werken ausgingen und die in sich selbst »poetisch« waren. Bis zum Ende des Jahrhunderts treten diese Einflüsse, zusammen mit den häufigeren, manchmal oberflächlichen Verweisen auf die späten Präraffaeliten wie Burne-Jones oder Leighton und die französischen Symbolisten wie Moreau und Puvis de Chavan-

Abb. 6 Giuseppe Cellini, *Melusine,* 1886, Rom, Galleria Nazionale d'Arte Moderna e Contemporanea

nes, immer wieder auf. Im übrigen ist die literarische und künstlerische Kultur jener Zeit von einem Nebeneinander verschiedenster, kultureller Strömungen gekennzeichnet. Dieses Zusammenwirken von Einflüssen führt zu einem raffinierten intellektuellen Spiel mit visuellen Verweisen: beispielhaft hierfür sind die Schriften D'Annunzios, vor allem ›Il Piacere‹, erschienen im Jahre 1889.

Besonders in den Illustrationen zu ›Isaotta Guttadauro‹, die sich Aristide Sartorio, Mario De Maria und Cesare Formilli ausgedacht hatten, scheint die Natur von schwerelosen Kräften beherrscht, und natürliche Elemente oder der »Wirklichkeit« entlehnte Motive sind in eine dichte Atmosphäre der Erwartung und des Geheimnisvollen projiziert. Immer wiederkehrendes Thema dieser Maler ist die Ansicht antiker Parkanlagen und jahrhundertealter Villen, jener Villen, die die vom Baufieber gepackte Hauptstadt gerade im Begriff war, zu zerstören, wie z. B. die Villa Ludovisi.[17] Beispielhaft hierfür sind die Illustrationen *Nympha Ludovisia* von Onorato Carlandi und *Romanza* von Vincenzo Cabianca in ›Isaotta Guttadauro‹.

Das Thema der Villen und der großen Parks mit ihren waldigen Schlupfwinkeln und dunklen Schatten, der üppigen Vegetation und den perspektivisch verkleinerten, einsamen Statuen scheint eine ideale Ebene der Begegnung zwischen symbolistischen Malern und Dichtern darzustellen. In seinem »Poema ›Paradisiaco‹« (1893) pries D'Annunzio die suggestive Kraft der »Geschlossenen Gärten, kaum einsehbar / oder lange durch das Gartentor hindurch betrachtet / das noch nie eine Hand dem verirrten / Wanderer öffnete wie einen Traum! / Stumme Gärten, Friedhöfe ohne Gräber / wo vielleicht ein liebender Geist umherirrt / dem Schatten seines verlorenen Glückes folgend ...«

Das symbolische Bild der Villa, das Böcklin mit seinen berühmten Versionen der *Villa am Meer*[18] entwirft (Kat. 23), hat wahrscheinlich einen gewissen Einfluß darauf gehabt, daß die antike Villa und ihr Park nicht mehr als eine Ansicht im Stil des Neo-Barock, wie sie in Italien durch den spanischen Maler Rusiñol verbreitet war, sondern voll verborgener poetischer Andeutungen und emotionaler Spannungen dargestellt wurde.

I cipressi di Villa Massimo von De Maria sind dafür ein wichtiges Beispiel (Abb. 7). Der junge Maler hatte an der Ausgabe von ›Isaotta Guttadauro‹ mit originellen und, dem darzustellenden Thema entsprechend, satanischen Illustrationen, die deutlich symbolistisch beeinflußt waren, mitgearbeitet. Sehr bald war er innerhalb der Gruppe um D'Annunzio zu einer herausragenden Persönlichkeit und zum Wortführer bei den künstlerischen Diskussionen im Caffè Greco geworden. Er hatte schnell die Bewunderung D'Annunzio und Angelo Contis erregt, die seine neuen Versuche in bezug auf den Symbolismus und seine Begeisterung für das Denken Schopenhauers teilten, dem in

Abb. 7 Mario de Maria, *Zypressen der Villa Massimo in Rom*, um 1898

der Debatte darüber, wie man die Wirklichkeit erfassen und sie verändern wollte, besonderes Interesse galt.[19] De Maria, der sein Leben lang der deutschen Kultur verbunden war, hatte enge Kontakte zum Deutschen Zirkel in Rom, der ihn 1886 einlud, als einziger Italiener an der Ausstellung teilzunehmen, bei der auch Böcklin, Feuerbach und Lenbach vertreten waren.[20] Im selben Jahr wurde er zum wichtigsten Künstler bei der ersten, von der Società In Arte Libertas in Rom organisierten Ausstellung, wo er eine Serie von Studien über Farbe und über die Wirkungen des Mondlichts ausstellte. De Maria verließ danach Rom und begab sich nach Venedig, wo er seine Beziehungen zu Deutschland intensivierte, indem er in Berlin und München ausstellte und sich immer mehr zum mitteleuropäischen Symbolismus hin orientierte, den er demjenigen des präraffaelitischen Ästhetizismus, dem die Sympathien der römischen Kunstwelt galten, vorzog.

I cipressi di Villa Massimo zeigen, wie der Künstler sich jener Stimmung heiteren Heidentums angeschlossen hat, die der Böcklinschen Poetik zu eigen ist, aber auch, wie es ihm gelungen ist, deren feines Wechselspiel zwischen Wirklichkeit und Phantasie, das von den Italienern selten verstanden wurde, zu interpretieren.

Das Bild, das 1899 auf der Biennale in Venedig ausgestellt wurde, ist nicht das einzige Beispiel Böcklinschen Ansatzes: zahlreiche andere, um die Jahrhundertwende entstandene Arbeiten des Künstlers, z. B.: *Il pomeriggio di un Fauno, Il meriggio di un fauno, Il fauno suona il flauto* und *Le ninfe affiorano dall'acqua* (letzteres gehörte D'Annunzio), die 1909 in Venedig bei der Retrospektive seiner Werke gezeigt wurden, bezeugen sein Interesse für Böcklin.[21] Währenddessen erschienen Böcklins Werke auch weiterhin nur in den römischen Ausstellungen, die von der Società In Arte Libertas, der anfangs auch De Maria angehört hatte, organisiert wurden. Die Gesellschaft war im Jahre 1886 in Rom gegründet worden, und zwar von denselben Künstlern, die die illustrierte Ausgabe von ›Isaotta Guttadauro‹ angeregt hatten, nämlich Giuseppe Cellini, Onorato Garlandi, Alessandro Morani und Alfredo Ricci.[22] Wenn Costa auch noch immer die Schlüsselfigur der Initiative war und sein Charisma junge Künstler auch unterschiedlicher Tendenzen zusammenführte, so war doch Cellini die treibende Kraft. Ziel der Vereinigung waren Ausstellungen, bei denen sich junge Künstler neben älteren, bereits als Meister anerkannten Malern – wie z. B. Costa – und einigen Vertretern der ausländischen Kunst, die als Bezugs- und Vergleichspunkte herangezogen wurden, vorstellen konnten. Dadurch sollten, in Opposition zu den offiziellen Ausstellungen, – die erste internationale Ausstellung in Rom im Jahre 1883 diente als negatives Beispiel – neue Wege aufgezeigt werden.[23]

Wie schon der Name der Gesellschaft, In Arte Libertas, zeigt, forderte diese sowohl das Recht auf Freiheit des künstlerischen Ausdrucks, als auch das auf Freiheit in der politischen Entscheidung: von demokratischer und weltlicher Ausprägung, stellte sie »aristokratische« und ästhetisierende Forderungen gegen die Dekadenz des Geschmacks und gegen eine bürgerliche Auftraggeberschaft, die den bauwirtschaftlichen Interessen der Hauptstadt verpflichtet war. Die ersten Ausstellungen, vor allem die der Jahre 1886–1887, führten zum Bruch mit der offiziellen Kunstwelt und leiteten die endgültige Überwindung des Verismo ein, indem sie eine nicht mehr »imitierende«, sondern eine psychologisch-symbolische Realitätsauffassung vertraten.

Erneut diente die Landschaftsmalerei als bevorzugte Gattung für das Experimentieren mit einem Ausdruck,

Abb. 8 Giuseppe Cellini, *Phantasie,* 1889, Rom, Galleria Nazionale d'Arte Moderna e Contemporanea

der mit der neuen Sensibilität besser in Einklang stand. D'Annunzio hatte in seinen negativen Rezensionen der römischen Ausstellung von 1883 die Landschaftsmalerei als einen »Seelenzustand« definiert. Mehrmals war er auf dieses Thema zurückgekommen: »In der Landschaft suche ich außer dem Aussehen der Dinge noch etwas anderes, ich suche eine Bedeutung, einen Hauch von Leben, den Ausdruck dessen, was ein Dichter kühn als ›Die Gedanken der Natur‹ bezeichnet hat.« Der Dichter, den D'Annunzio zitiert, ist mit größter Wahrscheinlichkeit Novalis, der solchen ›Naturgedanken‹ früh Ausdruck gegeben hatte.

Und im selben Artikel schrieb er weiter: »... die Rückkehr des modernen Menschen zu den primitiven Formen der Natur, die liebevolle Suche nach der einfachen, demütigen, naiven Schönheit der Erde, das Eindringen in die Seele der Dinge, die Religion des Meeres, der Wälder, der Berge, der Felsen, der Wolken; kurz, die leidenschaftliche Hinwendung einer überalterten Zivilisation zum sympathischen Verständnis der Natur ist es wert, studiert zu werden«.[24]

Wahrscheinlich wollte die Società In Arte Libertas mit ihrer Einladung, zusammen mit Lenbach[25] an der Ausstellung des Jahres 1889 teilzunehmen, den Landschaftsmaler Böcklin ehren. An dieser Ausstellung war die ganze Gruppe beteiligt: Nino Costa, Carlo und Enrico Coleman, Onorato Orlandi, Vincenzo Cabianca und die jüngeren, Giuseppe Cellini, Napoleone Parisani und Alessandro Morani. Böcklin stellte zwei Bilder mit dem Titel *Monti Parioli* und *Fantasia* aus.

Auf derselben Ausstellung zeigte Cellini ein Bild mit dem Titel *Fantasia,* das ebenfalls eine Ansicht der Monti Parioli darstellte (Abb. 8). Sowohl in der Wahl des Titels als auch der Orte und Motive scheint es ein echte Huldigung an Böcklin darzustellen. Man könnte sogar annehmen, daß sich Böcklin in jener Zeit in Rom aufgehalten und daß er vielleicht Cellini in seinem Atelier aufgesucht hat, das direkt an der Via Flaminia in der Gegend der Monti Parioli lag, die auf den Bildern beider Maler dargestellt sind, so als ob sie einen Moment der Begegnung und gemeinsamer Arbeit unterstreichen wollten. Cellini zeigt sich also trotz seiner erklärten Vorliebe für die Präraffaeliten dem Einfluß Böcklins gegenüber empfänglich. Gewiß, die unterschiedliche Sensibilität und kulturelle Persönlichkeit der beiden Künstler bewirkt, daß die Böcklinschen Motive in einer sozusagen idyllischeren Tönung und beinahe heimatlicher Vertrautheit interpretiert werden. Es ist weiterhin bemerkenswert, daß auch in der Ausstellung des darauffolgenden Jahres 1890 einer der wichtigsten, was die Beteiligung ausländischer Künstler betrifft, Böcklin, ebenfalls vertreten ist. Das hauptsächliche Verdienst der von der Società In Arte Libertas organisierten Ausstellungen liegt eben darin, daß sie das Schaffen zeitgenössischer Künstler des Auslands bekannt machten, und zwar vor der Mostra Internazionale di Venezia im Jahre 1895.[26] Es ist allerdings anzumerken, daß die Einladungen, die von In Arte Libertas an ausländische Künstler ergingen, nicht nach den Kriterien allgemeiner Information erfolgten, sondern deutlich die Präferenzen der Gruppe widerspiegelten. Auf der Ausstellung von 1890, die vor allem einige Werke der englischen Maler aus der prä- und postraffaelitischen Phase – Rossetti, Burne-Jones, Alma Tadema, Leighton – die in den kulturellen Kreisen des damaligen Rom so großes Gewicht hatten, in Italien direkt bekannt machte, wurde durch die Teilnahme Böcklins auch der deutschen Kunstwelt Anerkennung gezollt. Obgleich die präraffaelitische Bewegung, die zu einem durch die neue dekadente Sensibilität eines Burne-Jones oder eines Leighton gefilterten Klassizismus zurückkehrte, in den neunziger Jahren immer mehr an Einfluß gewann, spielte Böcklin eine wichtige Rolle in der europäischen Kunst der Jahrhundertwende. Sein Name erscheint, zusammen mit dem Klingers, immer wieder dort, wo die Vertreter der idealisierenden Kunst im Italien der Jahrhundertwende den Vergleich zu anderen europäischen Künstlern suchen. Die Jahre 1889–1899 bilden den Höhepunkt der idealistischen Tendenzen: in angesehenen Zeitschriften wie ›Il Convito‹ und ›Il Marzocco‹ tragen Künstler, Literaten und Kritiker zur Formulierung der neuen ästhetischen Theorien einer Kunst bei, die den schöpferischen Wert des Künstlers betont, der sich, unabhängig von der modernen Zivilisation, die Natur, die Wirklichkeit, zu eigen macht, um sie zu umzusetzen. »Das Kunstwerk,« schreibt D'Annunzio, «ist die Fortsetzung der Natur.«

Man betont den engen Zusammenhang zwischen Kunst und Literatur, die Überlegenheit der Kunst, die eine »Idee« vermittelt, den geistigen Prozess, der mit Hilfe der Malerei einen Gedanken symbolisch darstellen kann. Die ersten internationalen Ausstellungen von Venedig drücken diesen Standpunkt auch durch die Auswahl ausländischer Künstler aus, für sie sind Puvis de Chavanne, Moreau, Burne-Jones, Crane, Leighton, Watts und Böcklin exemplarisch. Die im Jahre 1895 gegründete Zeitschrift »Emporium« trug mit gut dokumentierten Artikeln zur Information über die ausländische Kunst in ihren verschiedenen Ausrichtungen bei. Im Jahr 1896 erschien der erste, Böcklin gewidmete Artikel, dessen Autor Francesco Novati, ein Literaturkritiker und Wissenschaftler, der sich unter anderem mit klassischer Literatur befaßte, für den italienischen Leser ein klares und korrektes biographisches Bild des Malers zeichnete.[27] In seinem Artikel sprach er anerkennend über die verschiedenen Phasen von Böcklins Schaffen und bewies auch eine bemerkenswerte Fähigkeit der Interpretation. Novati hatte die bedeutendsten Werke des Malers persönlich kennengelernt und erinnerte sich an den tiefen Eindruck, den das Bild *Im Spiel der Wellen* (Kat. 47), das er in der Neuen Pinakothek in München gesehen hatte, in ihm hinterlassen hatte. Er lobte Böcklins originelle Intuition bezüglich der antiken Fabeln und Mythen, seinen literarischen Wert und die einprägsame Kraft, mit der er die heidnischen Götter zu neuem Leben erweckte, indem er sie zurückführte »an jene Orte, wo, vor vielen Jahrhunderten, ihnen zu Ehren von den Altären Rauch aufstieg und die Hymnen der Dichter erklangen«. Vor allem wird Böcklin wegen seiner Verdienste um die psychologische Konzeption der heidnischen Welt und die neue Sicht der Mythen, die zahlreiche andere Künstler mit unterschiedlichem Ansatz erst in den letzten Jahrzehnten vor der Jahrhundertwende erreichten, der erste Platz eingeräumt. »Nicht nur als tiefsinniger Philosoph, sondern auch als begnadeter Künstler war Böcklin auf außergewöhnliche Weise vom Gedanken des Heidentums durchdrungen«, wobei er auch das Groteske und Humoristische mit einbezog. Nymphen, Kentauren, Nereiden »eine gut gelungene Mischung von Menschlichem und Feenhaftem, so tritt jene Traumwelt der Antike aus dem Bereich der Phantasie, um in die Realität einzufließen.« Der Autor rühmte seine Fähigkeit, die Leidensgeschichte Christi mit ebensolcher Intensität zu behandeln, wie Themen aus dem Jenseits und das Motiv des Todes. Und schließlich hob Novati das Neue hervor, das darin lag, die »durchdringende Melancholie« der römischen Landschaft nachzuempfinden. Der Kritiker hatte damit die verschiedenen Aspekte im Schaffen des Malers erkannt und gleichzeitig Böcklins Aktualität als erster Interpret von heidnischem Mythos und heidnischer Religiosität hervorgehoben. Abschließend beklagte Novati, daß ein so repräsentativer Künstler auf der ersten venezianischen Ausstellung fehlte und sagte seine baldige Teilnahme daran voraus. Im Jahr 1897 wurde Böcklin dann zusammen mit anderen bedeutenden Vertretern der ausländischen Kunst eingeladen, die Schirmherrschaft über die schweizerische Abteilung zu übernehmen, während er auf derselben Ausstellung in der deutschen Abteilung mit der Bildergruppe: *La Cacciatrice, Castello in rovina, La Notte, Inno di primavera,* vertreten war, wobei letztere Arbeit für den höchsten Preis, den ein Bild in diesem Jahr erzielte, an E. Seeger verkauft wurde.[28] Die Werke waren nach langen Bemühen Fradelettos, dem zum großen Teil die Organisation der venezianischen Ausstellung zu verdanken war, zur Verfügung gestellt worden, doch sie waren, nach Meinung der Kritiker, für das Werk des Künstlers nicht repräsentativ.

Ojetti, einer der bedeutendsten Kritiker jener Zeit, der ausführlich über die venezianischen Ausstellungen berichtete, beurteilte die Auswahl der Werke sehr negativ, doch da er in jenen Jahren die Wende zum Idealismus unterstützte, ergriff er die Gelegenheit, um Böcklin als beispielhaften Maler dieser Richtung zu preisen. »Böcklins größtes Verdienst«, so schrieb er, »ist sein kraftvoller und innovatorischer Idealismus, der von den großen Malereien im Rathaus von Basel und von dem herrlichen kleinen Bild in der Schackgalerie, der *Herbstlandschaft mit reitendem Tod* – bis zur *Toteninsel,* zum *Frühling* reicht ... eine unermüdliche Arbeit des Geistes und des Herzens, mehr noch als des Auges und der Hand.«[29] Nur die Landschaft des Bildes *La Notte* sei auf der Höhe von Böcklins Können, »auf der ganzen Ausstellung erreicht kein anderer nächtlicher Himmel diese Suggestivkraft. Und wenn man ihn aufmerksam betrachtet, versteht man, daß es nicht übertrieben ist, seine ersten Landschaften mit denen von Poussin und den anderen vor Ruysdael zu vergleichen.« Im selben Artikel leistet Ojetti mit seinen kritischen Analysen einen Beitrag zur Debatte um die Beziehung zwischen Idealismus und Symbolismus, indem er versucht, das Konzept des »modernen Symbolismus« zu erklären. In diesem Zusammenhang betrachtet er Böcklin und Klinger – ebenso wie Moreau, Watts und Segantini – als künstlerische Erneuerer, die »mit Hilfe von Farbe und Linie, mit Ton und Formen eine Idee oder eine Empfindung ausdrücken« und definiert ihre Bilder, die er entsprechend dem Kanon der psychologischen Ästhetik interpretiert, als »psychologische Werte«.[30]

Dies zeigt, wie lebendig Böcklins – und jetzt auch Klingers – Einflüsse waren und welche Anregungen er der italienischen Kultur durch die »idealistische« Rezeption seines Werks gab.

Pica, einer der am besten über die ausländische Kunst informierten Kritiker Italiens und fleißiger Kommentator der venezianischen Biennale, bestätigte, daß die auf der Ausstellung gezeigten Werke Böcklins nicht jene »ursprüngliche Kraft der Auffassung und jenen feinen Reiz der symbolischen Suggestion besitzen, die zu seinen besten Begabungen gehören ...«[13]

Es gab aber auch negative Urteile, die einen Kontrast zum italienischen Geschmack ausdrückten. Pica beispielsweise kritisierte bei Böcklin »die ziemlich ungetreue und in ihrem verherrlichenden Lyrismus geradezu übertriebene Naturwiedergabe; die harten Konturen seiner Figuren und eine disharmonische, schreiende Farbgebung, die wir bei vielen deutschen Malern und auch bei Watts und verschiedenen anderen englischen Präraffaeliten finden und an die sich unser geschultes romanisches Auge niemals ganz wird gewöhnen können.«[32] Derselbe Pica kehrte anläßlich der Retrospektive, die die Ausstellung in Venedig im Jahre 1901 Böcklin widmete, zu diesem Thema zurück und bekräftigte die wichtige Rolle, die Böcklin unter den »neu-idealistischen Malern« spielte, die »aus natürlicher Neigung« den Traum der Wirklichkeit vorzogen und sich gern von Legenden, Mythen und Allegorien inspirieren ließen. Bei der Besprechung der Werke im venezianischen Katalog wird Böcklin nunmehr der Geschichte zugerechnet; hinsichtlich Technik und Ideation mit den Alten verglichen, bleibt er der Interpret »der modernen Geistesauffassungen«, »des schönen Lebens von Tieren und Menschen, dort, wo die Antike die Abgründe des Meeres und die grüne Einsamkeit der Wälder mit Leben füllte ...«.[33] Ähnlich wie Pica vermerkte D'Annunzio 1900 in seinem Notizbuch: »Ein Mensch aus dem Norden, der nostalgische Halluzinationen von der Welt der Mythen hat – Kräftige, volle Farben, aber keinerlei Farbgefühl – ein vergebliches Streben nach der Energie und eine schwache Zeichnung. Eine wirre Auffassung vom heiligen Mysterium. Die Vision der Schönheit ist ihm versagt. Seine Frauen sind häßlich. Sie haben nur eine mittelmäßige Seele – wie die von Holbein ...«[34] D'Annunzios negatives Urteil ist dadurch zu erklären, daß er sich zu diesem Zeitpunkt dem Präraffaelismus von Burne-Jones, dem viktorianischen Klassizismus von Alma Tadema und dem zweideutigen Weiblichkeitsbegriff bei Rossetti zuwandte und sich vor allem für den Präraffaelismus, nicht so sehr in seiner »primitiven« und engelhaften, sondern in seiner neu-renaissancehaften und perversen Ausprägung interessierte. In der römischen Zeitschrift ›Il Convito‹ war seine erste theoretische Abhandlung über den Übermenschen erschienen, und die Rückkehr zur italienischen Tradition des Rinascimento war mit nationalistischen Tendenzen durchwachsen. Um das harte Urteil über Böcklin etwas abzuschwächen, fügte er hinzu: »So empfindet man bei Kentauren und Tritonen etwas von mythischer Bestialität; und eine gewisse Kraft. Der Kampf der Kentauren auf dem Gipfel eines Berges (Kat. 34) vor einem Stück wolkenverhangenem Himmel, wo die Nacht sich fortzusetzen scheint (Söhne der Wolken) – die mächtigen Pferdekruppen als Pfropfstelle der

Abb. 9 Aristide Sartorio, *Die Gorgo und die Helden,* um 1896/99, Rom, Galleria Nazionale d'Arte Moderna e Contemporanea

beiden Naturen – der wilde Zorn. Aber sogar in der heftigen Gebärde ist die Zeichnung kraftlos.«[35]

Der römische Maler Aristide Sartorio, eine wichtige Gestalt im Rom D'Annunzios und mit dem Dichter durch gemeinsame Ideen und Arbeitsgewohnheiten verbunden, fällte ungefähr zur selben Zeit über Böcklins Landschaftsmalerei ein gleichfalls eingrenzendes Urteil, indem er den Maler als dem französischen Romantizismus der Schule Barbizons verpflichtet sah und ihn einen »sentimentalen Landschaftsmaler, der in neu-alexandrinische Szenen vernarrt ist ...« nannte.[36]

Dieses Urteil wird verständlich, wenn man sich vor Augen hält, daß Sartorio begeisterter Anhänger der späten Präraffaeliten war und die englische Landschaftsmalerei bewunderte. Doch während seines langen Weimar-Aufenthaltes in den Jahren 1896–1899, wo er als Lehrer an der Kunstschule unterrichtete, an der schon Böcklin und Lenbach gewesen waren, kam er in direkten Kontakt mit der symbolistischen Kultur Deutschlands.

Zur selben Zeit vollendete er das große Diptychon *La Gorgone e gli eroi* und *Diana di Efeso*. Das von Gedichten Diego Angelis inspirierte Thema bildete den Anfang einer komplexen symbolischen Komposition, in die er eine umfassende kulturelle Bildung einbrachte, die auch Böcklin mit einschloß. In einer weitgefächerten intellektualistischen und formalen Spannung verarbeitete er verschiedene Erfahrungen gleichzeitig: vom Präraffaelismus eines Burne-Jones über die preziösen Techniken Moreaus bis hin zur Ambiguität menschlicher und tierischer Natur bei Böcklin. Besonders in der *Gorgo* vermitteln die schlüpfrigen männlichen Akte fast ein Gefühl der Tastbarkeit des Körperlichen, das ihn in die Nähe Böcklins rückt (Abb. 9).

Um die Jahrhundertwende jedoch scheint Böcklin vor allem aufgrund seiner besonderen Interpretation der römischen Landschaft, wie sie schon Novati festgestellt hatte, Bezugspunkt gewesen zu sein.[37] Die Landschaft um Rom ist für viele der bereits erwähnten römischen Maler wie Sartorio, Carlandi und Coleman, aber auch für jüngere Künstler wie Duilio Cambellotti, ein anregendes Thema.

Abb. 10 Enrico Coleman, *Die Kentauren,* 1895, Rom, Galleria Nazionale d'Arte Moderna e Contemporanea

Abb. 11 Duilio Cambellotti, *Colonna (Vision)*, vor 1904, Rom, Galleria Nazionale d'Arte Moderna e Contemporanea

Motiv der idealistischen Kultur Roms ist das Naturgefühl, vereint mit der Sehnsucht nach der Welt des Mythos, und die römische Landschaft wird als der ideale Ort angesehen, um die mediterranen Mythen wiedererstehen zu lassen. Abwechselnd wird die Vergangenheit als ein barbarischer Urzustand und als die Zeit der großen Zivilisationen beschworen.

In dem Bild *Die Kentauren* aus dem Jahr 1895 stellt sich Enrico Coleman die römische Landschaft als in eine prähistorische Vergangenheit projiziert vor, die von geheimnisvollen primitiven Stämmen durchstreift wird, und bezieht sich damit deutlich auf Böcklinsche Phantasien (Abb. 10).

In seinen Illustrationen für ›I castelli romani‹ von Edoardo De Fonseca, die im Jahre 1904 erschienen, formt Cambellotti Motive aus der römischen Landschaft durch

Abb. 12 Duilio Cambellotti, *Der Steinbruch von Marino*, vor 1904, Rom, Galleria Nazionale d'Arte Moderna e Contemporanea

die Verarbeitung sichtbarer Gegebenheiten in symbolische Visionen um. Die römische Landschaft ist der Ort phantastischer Visionen, in denen mythische Formen und antike Legenden Gestalt annehmen: *Colonna* »mit den Zypressen, die nach den niedrigen Mauern greifen, und der Vision der Dioskuren nach der Schlacht am nahegelegenen Lago Regillo« und *Le Cave di Marino,* aus denen die riesenhafte Gestalt eines Zyklopen als Symbol für die menschliche Kraft und die Ursprünglichkeit der Natur auftaucht.

Dieser beobachtet drohend die vorüberfahrende Lokomotive, eine Errungenschaft der modernen Zivilisation, die für Cambellotti, der sich in jenen Jahren mit den Themen von Ruskin und Morris befaßte, als »falsche Zivilisation« galt[38] (Abb. 11–12). In dem eindrucksvollen und phantastischen Aufbau des Ortes scheinen noch einmal Böcklinsche Einflüsse auf die Einbildungskraft des Künstlers und seine Ängste vor den radikalen Veränderungen durch die »Modernität« zu Beginn des Jahrhunderts zu wirken.

1 N. Costa (geb. 1826 in Rom, gest. 1903 in Marina di Pisa) war einer der am besten über die europäische Kunst seiner Zeit informierten Maler Italiens; er war 1862 in Paris und lernte dort Corot, Decamps und Troyon kennen. Danach ging er mehrmals nach London, wo er freundschaftliche Beziehungen zu F. Leighton und George Howard, Lord Carlisle, unterhielt, mit denen er auch häufig zusammenarbeitete. Beide unterstützten ihn nach Kräften in seinem künstlerischen Schaffen und bei seinen politischen Aktivitäten. Zu seiner Biographie: O. Rossetti Agresti, G. Costa, his life, work and times, London, 1907; Dizionario Biografico degli Italiani, Rom 1984 (Artikel von G. Piantoni).

2 D. Angeli, N. Costa, in: Capitolium, Bd. III, 1927–28, S. 165 und Cronache del Caffè Greco, Mailand, 1930, S. 74. Wie es bei den Malern, die damals im Caffè Greco verkehrten, üblich war, hatte Böcklin für das Album eine Zeichnung von einem Kellner namens Raffaello angefertigt (vgl. O. Rossetti Agresti, wie Anm. 1, S. 71).

3 Rossetti Agresti (wie Anm. 1), S. 55.

4 N. Costa: Quel che vidi e quel che intesi, Mailand 1927, S. 22. Emile David (1824–1891); George Mason (1818–1872); G.R. Zahner (1825–1903); Costa besaß ein Bild Böcklins – welches, ist heute nicht mehr festzustellen – und ein von Lenbach gemaltes Porträt seiner Tochter Giorgina (Nachlaß des Künstlers, Rom). Diese Bilder verwahrte der Maler sorgsam in seinem eigenen Atelier. (vgl. O. Rossetti Agresti, wie Anm. 1, S. 276).

5 Ebenda, S. 121.

6 Costas erste Begegnung mit den Künstlern des Caffè Michelangelo fand im Jahre 1859 statt. A. Cecioni, einer der bedeutendsten Vertreter der Gruppe, bemerkte treffend, daß bei Costa »die psychischen und idealistischen Eindrücke« überwogen, bei den Macchialioli dagegen »die physischen und materialistischen«. (Vgl. A. Cecioni: Scritti e Ricordi, Florenz, 1905, S. 329). Vgl. auch R. Monti: Böcklin e la pittura in Toscana, Kat. Ausst. A. Böcklin e la cultura artistica in Toscana, Fiesole 1980, S. 56ff.

7 Die Theorien Ruskins verbreiteten sich, zum größten Teil der ethisch-sozialen Problematik entblößt, in den ästhetisierenden Zirkeln Italiens. Besonders in Rom wurden der Ruskinsche Gedanke und das Interesse für die Präraffaeliten von dem Philosophen und Idealisten A. Conti vermittelt. Die Aufmerksamkeit, die man in der zweiten Hälfte des Jahrhunderts in weiten Teilen Italiens der englischen Kultur entgegenbrachte, erklärt sich aus der Verbindung zwischen beiden Ländern, die während der Kämpfe für die nationale Einheit Italiens entstanden war.

8 Costa von 1867 bis 1870 in Florenz; danach hielt er sich mehrmals in der Toskana auf, wo er in der Nähe von Livorno, in Boccano und Marina di Pisa malte. Die erwähnten Bilder befinden sich in Privatsammlungen in Italien.

9 Vgl. Katalog zur Ausstellung Nino Costa e suoi amici inglesi, Mailand 1982, die von F. Nicholls und S. Berresford betreut wurde. Die im Katalog abgedruckten Fotos sind freundlicherweise von P. Nicholls zur Verfügung gestellt worden. Die erste Fassung von *Risveglio della Natura* ist uns durch den darin abgebildeten Stich bekannt. Die Endfassung des großen Bildes, in dem die Satyrgestalt fehlt, wurde von Costas englischen Freunden, unter anderem von Burne-Jones und Watts, für die National Gallery of London gekauft. Das Bild *L'Alba* befindet sich in der Kollektion Drysdale, England.

10 Berresford (wie Anm. 9).

11 Hierzu und zu den einzelnen Künstlern vgl. Kat. Ausst. Aspetti dell'Arte a Roma, Rom 1971, die von D. Durbé betreut wurde. Die Einführungstexte sind von P. Frandini, G. Piantoni und A.M. Damigella.

12 Siehe Roma artistica, 1871, Nr. 12 und 16. Die Kataloge sind vergriffen, so daß nicht mehr festgestellt werden kann, welche Werke ausgestellt wurden.

13 Costa behandelte das Thema mehrmals, besonders in dem Artikel ›Relazione sulla pittura all'Esposizione di Torino‹, in: Roma artistica, 1880, Nr. 17.

14 Vgl. D. Angeli, Cronache del Caffè Greco (wie Anm. 2), S. 97ff. Zur historischen Bewertung von D'Annunzios Werk siehe vor allem: C. Salinari, Miti e coscienza del decadentismo italiano, Mailand 1969; verschiedene Autoren, D'Annunzio e il Simbolismo europeo, Blätter zum Studienseminar, Gardone 1973, Mailand 1976. – Zu den Theorien von A. Conti (1860–1930) siehe B. Croce, A. Conti e altri estetizzanti, in: La letteratura della Nuova Italia, Bd. IV, Bari 1974.

15 Giuseppe Cellini (Rom, 1855–1940): vgl. V. Gianfarqui, Cellini pittore romano e l'opera sua per D'Annunzio, in: L'Urbe, 1949, S. 2–29.

16 Hierzu und zu den einzelnen Künstlern vgl. Katalog Aspetti dell'Arte a Roma (wie Anm. 11) und A.M. Damigella: La pittura simbolista in Italia 1885–1900, Turin 1981, S. 56ff.

17 Hierzu siehe A. Caracciolo: Roma capitale, II. Ausg.

18 Böcklins Werke wurden auch bekannt durch eine Sammlung Arnold Böcklin, Eine Auswahl der hervorragendsten Werke des Künstlers, München (o.J), zitiert in: F. Novati, Arnold Böcklin, in: Emporium, Bd. IV, 1896, S. 243–259.

19 D. Angeli, Il caffè Greco (wie Anm. 2), S. 99ff.

20 M. De Maria (Bologna, 1852 – Venedig, 1924), Kat. Ausst. M. De Maria, Venedig 1984, hg. v. G. Romanelli, F. Scotton, mit Bibliographie, S. 9 et passim. Er stellte mit großem Erfolg in den Jahren 1883 und 1888 in München aus.

21 Wie Anm. 20.

22 Über Entstehung und Ziele der Gesellschaft: D. Angeli (wie Anm. 2), S. 175ff.

23 Catalogo Generale Ufficiale illustrato, Rom 1883.

24 G. D'Annunzio, I paesisti, in: Fanfulla della Domenica, 11. und 18. Febr. 1883. – I paesisti, in: La Tribuna, 4. März 1888.

25 Katalog IV, Ausstellung In Arte Libertas, Rom 1889.

26 Vgl. O. Rossetti Agresti (wie Anm. 1), S. 217.

27 F. Novati, Arnold Böcklin, in: Emporium, Bd. IV, 1896, S. 243–259, mit Illustrationen.

28 Catalogo Il Esposizione Internazionale di Venezia, Venedig 1897; A. Stella: Cronistoria dell'Esposizione Internazionale d'Arte a Venezia 1895–1912, Venedig 1913, S. 33. Bei der Venedigausstellung von 1899 wurde der Gipsabdruck eines Böcklin-Porträts von dem neapolitanischen Bildhauer F. Cifariello (1864–1936) ausgestellt. Die Bronzeskulptur trägt das Datum Monaco 1899 und befindet sich im Besitz der Galleria Nazionale d'Arte Moderna, Rom.

29 U. Ojetti, L'Arte Moderna a Venezia, Esposizione mondiale del 1897, Rom 1897. S. 70–75.

30 Ebenda, S. 19.

31 V. Pica: L'Arte mondiale a Venezia – I pittori tedeschi, in: Il Marzocco, Nr. 8, 6. Juni 1887. Im Jahre 1887 hatte Böcklin in Florenz ein Bild mit

dem Titel *Caccia di Diana* ausgestellt (vgl. V. Pica: L'Arte europea a Firenze – I pittori tedeschi, in: Il Marzocco, Nr. 6, 14. März 1887).

32 V. Pica, in: Il Marzocco, Nr. 8, 6. Juni 1897.

33 V. Pica: L'Arte mondiale a Venezia, Venedig 1901, S. 86. Lobt besonders die Bilder *La Guerra* für die »makaber-phantastische Konzeption« und *La Caccia di Diana* wegen des »gekonnten chromatischen Empfindens«.

34 G. D'Annunzio: Pagine scelte sull'arte, hg. v. S. Fugazza, Mailand 1986, S. 100.

35 Ebenda; hierzu: G. Piantoni: La Cronaca Bizantina, Il Convito e la fortuna dei pre-raffaeliti a Roma, in: Aspetti dell'arte a Roma (wie Anm. 11).

36 A. Sartorio (1860–1932): Della pittura di Paesaggio in: Flores et humus, Citta di Castello 1922, S. 270–71. Er behauptete außerdem: »Die schönsten literarischen Zeilen, die erklären, warum die reale Landschaft an sich ein ästhetisches Werk der Natur ist, wurden in Deutschland von Schopenhauer verfaßt; diese Zeilen waren den deutschen Malern eigentlich unzugänglich«.

37 F. Novati (wie Anm. 27).

38 E. De Fonseca: I castelli romani, Florenz 1904. – E. Agostinoni, D. Cambellotti, in: Il secolo XX, nr. 3, März 1903. Ebenfalls zu D. Cambellotti (Rom 1876–1960) (vgl. Aspetti dell'Arte a Roma): *La Falsa civiltà* (1905–1907) ist ein Pastell, das symbolisch die Zerstörung der Natur durch die sich rasch ausdehnende Stadt Rom zum Beginn des Jahrhunderts darstellt.

(Übersetzung Ulrike Bossert)

Michael Bringmann

Deutsch-römische Kunst im Spiegel der zeitgenössischen Kritik

Die Maler Böcklin, Feuerbach und Marées, dazu der Bildhauer Hildebrand, die wir heute als »Deutsch-Römer« bezeichnen, waren weder ein gemeinsamen Zielen oder Reformen verpflichteter Künstlerbund noch war ihr »ultramontanes Fieber«[1] ungewöhnlich im 19. Jahrhundert. Nicht erst seit Goethes ›Italienischer Reise‹ hatte sich »ein großer Teil deutscher Kunstgeschichte ... in Rom abgespielt«.[2] Schon bevor Winckelmann erklärt hatte, »daß erst die Romreise den Künstler fertig mache« (sc. vollende)[3], »war Italien das gelobte Land, oder wenigstens die obligate Sehnsucht deutscher Musensöhne«.[4] Denn es beherbergte das, »was für alle Zeit und jedes Volk schön ist«[5] – also einen einzigartigen Fundus alter, klassisch-normativer Kunstwerke; insofern bildete Rom den historisch-musealen Pol, in fruchtbarer Spannung zu dem anderen Orientierungspunkt der Künstler, zu Paris, zeitweilig auch zu Brüssel und Antwerpen, zu Orten also, von denen moderne, ja avantgardistische Impulse ausgingen. Es erscheint symptomatisch für das Gewicht der italienischen Komponente in der deutschen Kunst des 19. Jahrhunderts, daß bereits um 1905 mehrere wissenschaftliche Untersuchungen über die deutsch-römischen Kunstbeziehungen publiziert wurden.[6] Damals waren durch eine Vielzahl kunstgeschichtlicher Überblicke – zuletzt und am folgenreichsten durch Meier-Graefes ›Entwicklungsgeschichte der modernen Kunst‹ von 1904 – die Wertung und Gewichtung der Kunstströmungen und der sie tragenden Nationen bereits festgelegt. Die Wissenschaft, so schien es, hatte Klarheit in die verwirrende Vielfalt, in das Neben- und Nacheinander der Richtungen gebracht, hatte das Schlechte vom Guten, Traditionalistisches und Modisches vom wirklich Fortschrittlichen getrennt und hatte vor allem die Tageskritik als einen parteiischen, ja entwicklungsfeindlichen Faktor des 19. Jahrhunderts bloßgestellt; so konnte diese zum Prügelknaben der Kunsthistoriker werden, weil man ihr vorwarf, wichtige Ansätze, Tendenzen und Künstler verkannt oder – wie Marées – sogar in der Hauptzeit ihres Wirkens ignoriert zu haben.

Mittlerweile sind wir uns darüber im klaren, daß diese vereinfachte, lineare Darstellung nicht der Pluralität der Kunstentwicklung im 19. Jahrhundert gerecht geworden ist. Zu den Grundlagen für eine angemessenere Ansicht des Kunstgeschehens zählen aber nicht nur die Werke und Selbstzeugnisse vergessener, unterbewerteter oder verkannter Künstler, sondern gehört auch die Bilanz der Erfolge oder Mißerfolge, die sie und ihre Konkurrenten vorweisen können, gehört also die öffentliche Resonanz, wie sie sich vor allem in der publizierten Kunstkritik niedergeschlagen hat. Wie im 19. Jahrhundert Nutzen und Nachteile des Studiums oder einer längeren künstlerischen Schaffensphase in Rom bewertet und wie über die jeweils neuesten Werke der Deutsch-Römer geurteilt wurde, wissen wir heutzutage kaum noch. Auch die Spezialisten verzichten bei ihren Werkanalysen weitgehend auf die Auseinandersetzung mit zeitgenössischen Urteilen oder berufen sich allenfalls auf Angaben in der älteren Sekundärliteratur.[7]

Diesem Mangel soll die folgende Studie abhelfen; ihr begrenzter Umfang erlaubt jedoch weder eine vollständige, statistisch abgesicherte Erörterung der Rezeptionsgeschichte, noch bietet er die Möglichkeit, die Bedeutung der Kunstkritik im 19. Jahrhundert grundsätzlich darzulegen. So muß an dieser Stelle der Hinweis genügen, daß die – vor allem in Tageszeitungen und populären Zeitschriften veröffentlichte – Kritik an Werken, Künstlern, Prinzipien und Tendenzen des damaligen Kunstlebens nicht nur eine Fülle unbekannter Fakten überliefert, sondern auch eine wesentliche Grundlage für ein angemessenes Verständnis und ein gerechtes Urteil aus kunsthistorischer Sicht bildet.[8] Denn die ad hoc geschriebene Tageskritik ermöglicht es uns, eine versunkene Gedankenwelt, die damals aktuellen Fragen, die Maßstäbe und Erwartungen, zu rekonstruieren, von denen die Reaktion des kunstinteressierten Publikums auf die in Ausstellungen gezeigten neuen Kunstwerke bestimmt wurde. »Es liegt gewiß nichts entwürdigendes in einer solchen Ausstellung, etwas das des wahren Künstlers unwürdig wäre ... er schafft für die Oeffentlichkeit, mit der Erwartung sein Werk in die Welt hinausgehen zu sehen, es an die Welt fortzugeben. In der Kritik des Mitstrebenden aber, der seine Arbeit hingeben wird, liegt nur förderndes für ihn, wenn er sie richtig zu benützen, das Zutreffende und Richtige vom Verwirrenden, von der subjectiven Meinung zu scheiden weiß.«[9] Daß es derartige Rückwirkungen auf das künstlerische Schaffen tatsächlich gab – wie an anderer Stelle dargelegt wurde –, kann als Beleg für die enge Zugehörigkeit der Kritik zum damaligen Kunstgeschehen dienen.[10]

Wir müssen uns hier mit ein paar quantitativen Angaben und mit Streiflichtern auf einige wenige Aspekte jener Kritik begnügen, die der deutsch-römischen Kunst gewidmet wurde. Das der Studie zugrunde gelegte Quellenmaterial umfaßt etwa 195 Notizen, Artikel und Aufsätze, die in verbreiteten Publikationsorganen, zu Lebzeiten der Künstler, veröffentlicht wurden; darunter befinden sich auch mehrere Berichte und Stellungnahmen zur deutschen Kunst in Rom. Die 63 Äußerungen über Böcklin verteilen sich gleichmäßig auf etwa vier Schaffensjahrzehnte zwischen 1860 und 1898. 95 Berichte beschäftigen sich mit Feuerbachs Wirken; der erste erschien 1854, die letzten 25 wurden zwischen dem Todesjahr 1880 und 1893 publiziert. Wesentlich spärlicher ist das zu Marées und Hildebrand aufgefundene Material: Vier Kritiken aus den Jahren 1863 und 1864 beziehen sich auf das Frühwerk von Marées, vier weitere sind posthum erschienen. Die zehn Besprechungen von Werken Hildebrands verteilen sich über zwei Jahrzehnte, 1873 beginnend. Wahrscheinlich hat die weitgehende Abstinenz beider Künstler vom zeitgenössischen Ausstellungsbetrieb dazu geführt, daß die Kritiker nie (das gilt für die italienischen Werke von Marées) oder nur selten Werke der einsiedlerisch schaffenden Künstler zu Gesicht bekamen – ein historisches Faktum, das man nicht in einen Vorwurf gegenüber der Kritik ummünzen sollte. Denn die von Marées in München ausgestellten frühen Bilder sind von der Presse keineswegs übergangen worden. Offenbar haben später aber auch die gelehrten Freunde des Malers – Fiedler und Dohrn – kaum einen Anlaß oder eine Möglichkeit gesehen, seine in Italien geschaffenen Hauptwerke in der Öffentlichkeit bekanntzumachen – ja, es hat sogar den Anschein, als ob die Fresken in der Zoologischen Station selbst solchen Korrespondenten nicht zu Gesicht kamen, die über die wissenschaftliche Arbeit des Instituts berichteten.[11] Dieses Defizit in der schriftlichen Überlieferung kann nicht durch den Hinweis auf die erst posthum erkannte »wahre Bedeutung« von Marées ausgeglichen werden; es ist vielmehr ein Prüfstein für die Frage, welches Gewicht wir eigentlich historischen Fakten in unserem Bild von der Kunstgeschichte des 19. Jahrhunderts beimessen.

Erschwert wird die Aufgabe, über die zeitgenössische Beurteilung der Deutsch-Römer zu berichten, auch durch den Umstand, daß diese vier Künstler den Zeitgenossen niemals als eine in sich geschlossene Gruppe vor Augen traten. Zwar sind in Ausstellungskritiken Werke von Böcklin und Feuerbach häufig nacheinander abgehandelt worden. So hat A. Teichlein 1863 von den »geistverwandten Freunden« Begas, Lenbach, Böcklin und Feuerbach gesprochen, die »eine kleine Gruppe ächter und ganzer Künstlerindividualitäten« bildeten; und er hat erwähnt, daß einige Kritiker in jüngster Zeit diese Talente besonders hervorgehoben hätten.[12] Unseres Wissens wurde aber Marées – zu seinen Lebzeiten – nicht im Zusammenhang mit diesen Künstlern genannt. Erst 1891 stellte Herman Helferich sowohl Marées wie Hildebrand den anerkannten Größen Böcklin und Feuerbach gleichberechtigt an die Seite.[13] Wenig später, 1898, galten sie alle als Protagonisten des »Neuidealismus«[14] oder – bei Cornelius Gurlitt, den Feuerbachs *Gastmahl Platos* »an die alten Deutsch-Römer«, also die Klassizisten, erinnert hatte – als »Neurömer«.[15] Gurlitt wollte mit diesem Terminus zum Ausdruck bringen, daß sie in Rom versucht hatten, »angeregt durch die Alten, zu selbständiger Stellung zur Natur sich durchzukämpfen, so selbständig zu werden, wie jene es einst waren«.[16]

Dieses Bemühen um individuelle Eigenart in Auseinandersetzung mit der Antike und der Renaissance läßt auch heute noch den nachträglich auf sie eingeschränkten Sammelbegriff Deutsch-Römer angemessen erscheinen.[17] Die Kunstgeschichte muß sich jedoch bei seiner Erklärung mit der Tatsache auseinandersetzen, daß die vier Individualisten miteinander nur zeitweilig in losen Beziehungen standen und daß sie auch vom deutsch-römischen Kunstleben ihrer Zeit weitgehend isoliert waren. So ist es zu erklären, daß sie in zeitgenössischen Berichten aus »römisch-deutschen Kunstwerkstätten«[18] ebenso fehlen wie etwa in der Namensliste »jener stolzen römisch-deutschen Tafelrunde die, mit Mengs und Carstens beginnend, in Genelli, Rahl und ihm (Fr. Preller) ihre modernsten Glieder zählte, nachdem ihr Cornelius und Overbeck, Wächter und Schick, Koch und Schnorr, Führich und Veit so viel Glanz verliehen« hatten.[19]

Zwar verdankten vor allem Cornelius und die »neualt-deutsch-italienische Malerei« der Nazarener[20] dem »Land der Schönheit und des Frühlings«[21] ihre Ideale und Inspirationen. Aber die Ausbildung eines »neu alterthümlichen Geschmacks«[22] und der Blick »nach den Marmorsärgen der Vergangenheit«[23] konnten auch als Irrweg, ja als unfruchtbarer Rückschritt bewertet werden. In Feuerbachs Ansicht, »daß Rom kein Aufenthalt für immer sei, es sei zu weit ab von der lebenden Kunst«[24], wird die retrospektive Orientierung an den Normen der Antike und der italienischen Renaissance bereits als Widerspruch zur Vitalität moderner Kunstbestrebungen gesehen. Elf Jahre später sprach sich Herman Riegel gegen die Vergabe von Staatsstipendien aus, indem er argumentierte, »daß die geistige Atmosphäre Roms auf alle diejenigen Talente vergiftend und tödtend einwirkt, welche in sich nicht die Kraft besitzen, sich aus dem dortigen Nebel und Dunst emporzuschwingen in den reinen Aether, wo die Gestalten eines Phidias und Rafael wandeln. ... Niemand, der in der Gegenwart leben will, kann in Rom leben«.[25] Dieses Zitat läßt erkennen, daß mittlerweile weniger der Romaufenthalt im Mittelpunkt der Debatte stand als die Frage, welche Anregungen und Prinzipien den erhofften Aufschwung der deutschen Malerei unterstützen könnten.[26] Dieser Kerngedanke verband das Romthema ebenso mit Erörterungen über eine möglichst effektive Ausbildung der angehenden Maler wie mit der Frage nach den Auswirkungen des vermarkteten Italien-Klischees; diskutiert wurde in diesem Rahmen aber auch über künstlerische Originalität und den Nutzen von Vorbildern[27], über Idealismus und Realismus, Linie und Farbe, Historienmalerei und populäres Genrebild, ferner über die zeitlose Gültigkeit der alten Meisterwerke und über das lokale oder nationale Gepräge in der modernen Kunst.[28]

Diese Aufzählung läßt die Breite und Intensität der Überlegungen ahnen, die Kritiker der zeitgenössischen Kunstentwicklung widmeten. Unser Thema verlangt allerdings die Beschränkung auf solche Äußerungen, die sich unmittelbar auf die kunstgeschichtlichen Auswirkungen Roms beziehen.

Für einen Studienaufenthalt in der Ewigen Stadt sprach zwar der Nutzen, den klassizistische und romantische Künstler aus der Berührung mit Meisterwerken der Antike und der Renaissance gezogen hatten. Da aber die idealistisch-lineare Figurenmalerei um 1850 nicht mehr als zeitgemäß gelten konnte, gewannen die ablehnenden Stimmen immer mehr an Gewicht. Denn die aktuelle italienische Malerei schien nicht dazu geeignet, die Lücke zwischen dem Idealismus der ersten Jahrhunderthälfte und dem aufkommenden Realismus in Frankreich, Belgien und auch in Deutschland zu schließen. Verstärkt wurde die Skepsis gegenüber den künstlerischen Anregungen der Ewigen Stadt durch das Niveau des gängigen römischen Bilderangebots, das sich dem mediokren Geschmack kaufkräftiger Ausländer angepaßt hatte. Die stets wiederholten folkloristischen Motive und die marktgängige Aktmalerei vieler italianisierender Künstler hatten Pecht schon 1852 während seiner Italienreise zu dem vernichtenden Diktum »Hurenmalerei« greifen lassen.[29] »Eine solche ausschließliche Besetzung des Marktes durch französische schlüpfrige Bilder ist mir noch nirgend vorgekommen; wenn ein junges Mädchen an einem Mailänder Bilderladen eine Minute steht, so ist das genug, um sie zeitlebens zu verderben ... Dieser Cynismus geht durch alles italienische Leben, durch ihre ganze neuere Kunst; es handelt sich bei ihren Bildern immer ... darum, die Sinne zu reizen, keineswegs das Gemüth zu ergreifen und zu erheben. ... selbst in Rom droht diese Kunstentartung andere Richtungen zu verdrängen, und ein nicht geringer Theil unsrer Landsleute dort ist davon angesteckt, weil das Publicum vorzugsweise solche Darstellungen sucht und kauft.«[30]

Derartige Schilderungen sind insofern von besonderem Interesse, als sie den Zwiespalt der Situation und der Meinungen erkennbar machen, von dem Rom bei der Ankunft Böcklins (1850), Feuerbachs (1856) und Marées' (1864) geprägt war. Damals, 1864, äußerte sich auch Aloys Flix »mißvergnügt ... über die gegenwärtige Kunst in Rom: ›Mein Trost sind nur einige wenige Künstler: Cornelius, Overbeck, beide Rhoden ... Aber diese sind hier nur Eremiten; sie beherrschen die Oeffentlichkeit nicht, sie sind in Rom, aber sie gehören nicht zu Rom. Und so bleibt mir immer das Gefühl des Mangels eines gegenwärtigen nationellen Kunstlebens ... Die Künste liegen in Rom ... gänzlich darnieder an einer ekeln Entartung. Der Geist ist geschwunden, eine prunkende Form, die nur den Pöbel ... ergötzen kann, ist das unzulängliche Surrogat‹«.[31] Ein ähnliches Urteil konnte man im selben Jahr auch in der vielgelesenen ›Gartenlaube‹ finden; der Abgeordnete Julius von Kirchmann erklärte: »ein dauernder Aufenthalt deutscher Künstler in Rom kann nach meinen Beobachtungen für ihre Leistungen nur lähmend und nachtheilig werden ... Die künstlerische Thätigkeit in Rom beschränkt sich wesentlich auf das Copiren der alten Meisterwerke, auf Genrebilder des italienischen Volkslebens, auf Landschaften und Portraits. ... Aber abgeschnitten von Familie und Vaterland, in einen flachen Kosmopolitismus versunken, vermag der deutsche Künstler in Rom nicht jene classische Schönheit, die ihm in den Werken vergangener Jahrhunderte entgegentritt, in genialer Weise auf andere Gebiete des Lebens zu übertragen; er bleibt in der passiven Benutzung jener alten Werke und in der Wiederholung ihres Inhaltes .... «[32] Der Verfasser vermißte bei den Arbeiten deutsch-römischer Künstler vor allem formale Selbständigkeit, thematische Zeitgenossenschaft und die Bindung an die nationale Entwicklung.

Vier Jahre später sprach sich auch der Kunsthistoriker Herman Riegel gegen »dieses versumpfte Rom« aus, »wo man, wie Fernow sagt, nothwendig den Glauben an die Menschheit verlieren müßte ... Denn daß die neuere deutsche Kunst von der Höhe ihrer Blüthe herabgestiegen ist, und immer schneller und tiefer hinabsteigt, dies sieht man ... Ich eifere nicht gegen die Nacktheit in der Kunst, sondern gegen die Gemeinheit; ... der Fingerzeig ist zu deutlich, daß die schlimmsten Arbeiten (sc. deutscher Maler) ... nicht auf vaterländischem Boden, sondern in der vielgepriesenen, ewigen Roma gewachsen sind. Leicht begreiflich ist es für Denjenigen, welcher das moderne Rom kennt, wo all und jede lebendige ... Gegenwart – mit Ausnahme der Natur – fehlt. Niemand, der in der Gegenwart leben will, kann in Rom leben. Nur für den historischen Sinn ist Rom unvergleichlich.«[33]

Die letzten Sätze Riegels lassen erkennen, daß selbst die heftigste Kritik an den Mängeln des aktuellen römischen Kunstbetriebs zwei Vorzüge Italiens gelten ließ: »die ungeheure Fülle von Meisterwerken aus allen Perioden« der Kunst und »die eigenthümliche Physiognomie des Lebens, die harmonische Gestaltung aller Existenzverhältnisse, die ruhevolle, zwischen olympischer Heiterkeit und leiser Elegie vibrierende Stimmung«[34] – gemeint war damit wohl die von Poesie und Mythos umgebene Naturhaftigkeit der Menschen und der geschichtlichen Landschaft. »Dessen hat Rom so viel – stiller, schweigend daliegender Schöpfungen vergangener Zeit, Bauwerke aller Art mit stillen Höfen, mit geschlossenen Thoren, auf deren Schwelle Gras wächst, mit hohen umhegenden Mauern, über die dunkle Cypressen oder die Fülle von ›Goldorangen im dunklen Laub‹ oder Hunderte blühender Rosen blicken ... kleine Welten für sich, ... die um ihrer selbst willen wie Kunstgebilde, wie zur Nahrung für Dichterträume, wie Staffagen eines großen Landschaftsbildes dahingestellt scheinen. ... In der Luft Roms liegt eine moralisirende Kraft; und wie die ewige Stadt einst den Occident zur Cultur erzogen, so zieht die stille Macht ihrer Ruinen noch jetzt aus den Söhnen der Barbaren, die hier Leinwand bemalen oder Steinfiguren aushauen lernen wollen, brave fleißige Leute.«[35] Die Attraktivität Roms beruhte also auf einem Wechselspiel zwischen Kunst und Natur, das alle Nachteile des oberflächlichen Kunstbetriebs aufwiegen konnte: »Man hat in Rom nun einmal nicht die Macht, sich der Kunst und ihren Zauberkreisen zu entziehen, und fühlt doch deutlich, wenn man wieder Campagnaluft athmete, oder gar sich im Gebirg gegen die alte Zauberin sicher verschanzte, daß eine Art Tyrannei uns für die übrigen Reize, die der Natur vor allem, unempfänglich machte, und daß in Italien überhaupt bald das Regiment der einen, bald das der andern über uns Gewalt übt.«[36]

Kunst und Natur, die unerschöpflichen Inspirationsquellen Italiens, konnten als günstige Voraussetzungen, aber nicht schon als Garantie für die erhoffte künstlerische Vervollkommnung der deutschen Maler betrachtet werden. Denn ihr normatives Gewicht und ihre lokale Prägung stellten eine Gefahr für die Selbständigkeit und die nationale Färbung des Schaffens dar. An diesen beiden Komponenten waren aber die Kritiker besonders interessiert. Schon 1863 wünschte A. Teichlein den Malern Lenbach, Böcklin und Feuerbach, »daß sie eine Zeitlang in irgend einer stillen römischen Villa, angesichts der unsterblichen Werke der großen Periode der Malerei, unter wechselseitiger Anregung« arbeiten könnten. »Späterhin aber wünschte man diese streitbaren Talente auf dem Boden des deutschen Vaterlandes in einem angemessenen Wirkungskreise vereinigt zu sehen.«[37] Über den Nutzen, den Feuerbach aus dem Umgang mit der Renaissancemalerei gezogen hatte, waren dann allerdings – einige Jahre später – Pecht und Ranzoni geteilter Meinung. Pecht: »Eines aber hat Feuerbach voraus vor all den Genannten: seinen langen Aufenthalt in der reinigenden Luft der römischen Kunst, ohne die ja auch Cornelius, Genelli, Rahl und Ingres und Flandrin nicht denkbar sind. Diesem Aufenthalt verdankt er jene Ausbildung des Sinnes für die edle stylvolle Größe und Würde der Form in welchen er seine Rivalen alle übertrifft, und der seinen Werken immer einen hohen Platz sichern wird, wie er als ein entschiedener großer Fortschritt der deutschen Kunst bezeichnet werden muß.«[38] Dagegen Ranzoni: »Welche coloristische Sünden hat der einst gerade in dieser Richtung vielversprechende Verewiger des ›Pietro Aretino und seiner galanten Töchter‹, trotzdem er jahrelang an der Farbenpracht der italienischen Meister sein Auge bilden konnte, in der letzten Zeit begangen.«[39]

Pecht hat später der Frage nach der nationalen Komponente – auch in der Historienmalerei – mehr Gewicht beigemessen als der Abwägung zwischen künstlerischer Eigenständigkeit und Vorbildnähe. »Alle Vorzüge Roms vermögen ... den großen Nachtheil nicht auszugleichen daß der deutsche Künstler hier durchaus des nationalen Bodens entbehrt, auf dem allein eine gesunde Kunst gedeihen kann«. In der religiösen Malerei befremdeten ihn »italienische Gesichter und deutsche Styl-Formen, altflorentinische Motive und moderner Naturalismus ... Berliner und römische Ingredienzien.«[40] Solche formalen wie nationalen Dissonanzen in deutsch-römischen Kunstwerken bewogen den Kritiker mehr und mehr zum Widerspruch gegen Studienaufenthalte in Italien und gegen den indifferenten »Kosmopolitismus.«[40] »Es ist der ungeheure Fehler unserer Kunstwissenschaft seit Winckelmann, die Künstler auf den verderblichen Weg gedrängt zu haben, alles Heil in Italien zu suchen ...« »Als wenn es der Zweck unserer Kunst wäre, die Kenntniß des antiken, statt des eigenen nationalen Lebens zu vermitteln! Und doch kann man zwar in einzelnen Fällen wohl wie bei Preller, Feuerbach und Böcklin echte Griechen, irgend glaubwürdige alte Römer aber bis heute noch gar nie gemalt sehen ... Was haben wir denn ... von ... gelungenen Darstellungen aus fremder Geschichte aufzuweisen? Nichts oder so gut wie nichts, wenn man Feuerbachs Symposion abrechnet.« »Alles Andere, was die Malerei sonst noch geschildert hat, von Delaroche, Gallait bis Feuerbach und Alma Tadema oder Makart, das sind entweder maskirte Zeitgenossen oder unwahre Schemen.«[41]

Wenn das Fehlen des nationalen Stempels in der Figurenmalerei als schädliche Auswirkung der Kunsteindrücke Roms gewertet werden konnte, dann ließ sich – aus derselben Perspektive – argwöhnen, daß auch die italienische Natur keinen besseren Einfluß auf die künstlerische Entwicklung ausüben müsse. In einer längeren Abhandlung über »Rom und die moderne Malerei« äußerte sich 1872 Gustav Floerke, der doch wenige Jahre später zum Anhänger Böcklins wurde, zu dieser Frage: »der trübe, dunstig-feuchte, wolkenreiche und farbenernste Himmel des Nordens und die anspruchslose nordische Bodenformation gewähren dem Maler mehr, als der meist heitere, glanzvolle Himmel des Südens und die Mannichfaltigkeit und fast stilisirte Schönheit italienischer Bodenformation. ... Ist man sich nun darüber einig geworden, ... so brauchen wir auch nicht mehr mit einem oder beiden Augen nach Rom zu schielen. Unsere Kunst ... kann auch zu Hause groß werden. Was bedürfen wir dazu Roms! Was bietet Rom für diese nächsten Zwecke? Schöne Außenexistenzen, schöne Formen, schöne Costüme, schöne Farbe, schönes Licht – ja. Aber darauf kommt es nun einmal augenblicklich nicht an. Wie sich die Landschaft ... an nordischen Motiven und mit Hülfe des intimsten realistischen Naturstudiums verinnerlicht hat, so muß es auch die Darstellung des ›Menschen bei sich‹ machen.«[42] Floerke ging es, wie anderen Kritikern, bei diesen Angriffen auf Italien nicht um Fragen des Bildthemas oder der Topographie, sondern um die Weiterentwicklung der deutschen beseelten »Stimmungslandschaft«. »Am ehesten geht das Verweilen in Rom noch bei der Landschaftsmalerei, welcher hier in Italien so wunderbare Aufgaben zuwachsen. Aber classische Formen und romantisch stimmungsvolle Auffassung zu vereinigen wird unter allen Umständen eine schwere Aufgabe bleiben.«[43]

Dieser Aufgabe hatte sich der »Landschaftsmaler A. Böcklin« angenommen, dessen »belebende und erfrischende Kraft« bereits 1860 in einem umfangreichen Artikel der ›Süddeutschen Zeitung‹ gewürdigt wurde. Seine *Pan*-Darstellungen (siehe Kat. 10, 11) überzeugten den Kritiker durch ihre »geheime Poesie«, die »innere Harmonie der poetischen Stimmung« und ihre »rührende Melancholie«. Das *Schloß am Meer* (Kat. 23) veranlaßte durch die »melancholischen Reize dieser abendlichen Farbenwelt« die Redaktion sogar zu dem Eingeständnis, »daß uns kein modernes Bild einen ähnlichen Eindruck gemacht hat.« Diesem positiven Urteil konnten ein paar kritische Bemerkungen über die Anzeichen oberflächlichen Inszenierens kaum Abbruch tun – denn sie mündeten in den Wunsch, »Böcklin möge sich nicht fortreißen lassen durch die Leichtigkeit seiner Produktion, sondern sie vielmehr als untergeordnetes Mittel zum Ausdruck eines tiefen inneren Gehaltes, einer großen und wirksamen Naturpoesie weise gebrauchen.«[44] Das Interesse des Kritikers am Gefühls- und Ausdrucksgehalt, an der evokativen »Naturpoesie« macht deutlich, daß Anzeichen der eigenartigen, modernen Qualitäten in den Bildschöpfungen Böcklins schon früh bemerkt und gewürdigt wurden. Titus Ullrich charakterisierte diese als »naturtreu und mysteriös zugleich«, womit er die künstlerische Methode des Malers auf eine knappe Formel brachte.[45]

Andere Kritiker hoben Böcklins Fähigkeit hervor, Landschaft und Figur zu gegenseitiger Ausdruckssteigerung zu verbinden. »Seine ›Natur‹ und seine Gestalten ergänzen und erläutern sich gegenseitig, sie gehören untrennbar zu einander.«[46] Angesichts einer solchen Wirkung lag – etwa bei der *Jagd der Diana* – der Vergleich mit der »Lebendigkeit und Großartigkeit einer Rubensschen Landschaft« nahe.[47] Gleichwohl wurde in einer Kritik bereits 1863 die Frage gestellt, »ob der Künstler nicht in der Figurenmalerei seinen Beruf zu suchen habe«; begründet wurde dieser Gedanke mit dem Eindruck, den das Bildnis einer *Römerin* auf den Autor gemacht hatte, und mit der Feststellung, daß im Gemälde *Felshang mit Einsiedler* (Kat. 20) ohnehin »die Staffage ... die Seele des Bildes und unzertrennlich von der Landschaft« sei.[48] Der Kritiker hatte offenbar erkannt, daß Böcklins Kunst über Schirmers und Drebers belebte Naturschilderung (siehe dort) hinauswollte, daß also erst der größere Figurenmaßstab seiner Begabung entsprechen würde, das Elementare, Natur- und Triebhafte, das »Dämonische«[49] des Lebens mit dem »wildesten«[50], »ganz eigenthümlichen barocken Humor«[51] vor Augen zu führen.

Neben den expressiven Landschaften beanspruchte in den folgenden Jahren vor allem die großfigurige Darstellung von Naturwesen die Aufmerksamkeit der Kritik. So wurde 1875 in einem bebilderten Artikel Böcklins »große, schöpferische Kraft« hervorgehoben, den Betrachter für einen »seltsamen, fernmythologischen Stoff«, den *Kentaurenkampf* (Kat. 34), zu interessieren, ja »sogar durch ihn unser Gemüth tief zu berühren«. »Hoch in öder Felswildniß, wo Himmel und Erde zusammenstoßen und die Wolke düster auf vegetationslosen Felsen braut, sichtbar in einer Zeit, wo die elementaren Kräfte noch wild miteinander rangen und die Erde noch von den gährenden Kräften des Feuers und des Wassers in steter Umbildung erhalten wurde, sehen wir lebende Geschöpfe dieser furchtbaren, sturmvollen Jugendperiode unseres Planeten, die in wunderbarer Uebereinstimmung mit der eben dem Chaos entstiegenen Schöpfung stehen.«[52]

Gerade wegen der heute noch gängigen Ansichten über die konservative Engstirnigkeit des damaligen Urteils verdienen die Offenheit und Sensibilität derjenigen Kritiker hervorgehoben zu werden, die in Böcklins Werken den »Umfang seines geistigen Horizontes, die Beweglichkeit seiner reichen Künstlerseele«[53] erkannten und seine Fähigkeit würdigten, abstrakte Naturkräfte, Triebe und Emotionen, Verhaltensweisen und Handlungen in realistisch-expressiven »Elementarwesen«[54] zu vergegenwärtigen. Zur *Meeresidylle*: »Was stecken hinter dieser Farbensymphonie für tiefe Gedanken voller Kraft, voller weltverspottender Lustigkeit und voller genialer Poesie! Wie ist in diesem kalten, nassen Weib ... die Natur des Meeres ausgedrückt; wie erbarmungslos blicken diese kalten, schwarzen, seelenlosen Augen – ganz so erbarmungslos, wie das menschenvertilgende Meer, das gestern in brüllender Wuth hundert in Todesangst verzweifelnde Menschen verschlungen hat, und heute daliegt, still und heiter, in blauer Unendlichkeit und in seelenlosem Vergessen aller Unthaten, die es verübt hat. ... Was ist in diesem Bild realistisch? Was ist auf's Genaueste der Wirklichkeit abgelauscht? Nicht die Existenz dieser Wesen, aber ihr Thun und Lassen, ihr Verhalten: die Bethätigung ihres Daseins. Wohl sind es Fabelwesen ... Die Aeußerungen des Lebens aber sind in den Bildern Böcklin's von unübertrefflicher realistischer Wahrheit.«[54] Zum *Schweigen des Waldes* (Kat. 48) »Glaubhaft und überzeugend tritt uns das vom Maler geschaffene Bild entgegen, die Schöpfung einer Phantasie, die an die Kraft des gestaltenbildenden, das elementarische Naturwalten zu plastischen Formen verkörpernden Mythus erinnert.«[55] Später hat Carl Neumann in diesem Zusammenhang von der »Metamorphose des Naturlebens« gesprochen. »Seine Gestalten scheinen Brüder zu sein von Hain und Meer; sie schaffen eine Brücke, durch die das Wesen der Natur vernehmlicher und so erst verständlich uns entgegenkommt.«[56] Böcklin vergegenwärtigte jedoch mit den Geschöpfen seiner Phantasie – wie sich aus den zeitgenössischen Kommentaren ergibt – eine umfassendere, keineswegs nur idyllische »Interpretation des elementaren Lebens«.[57] So machte selbst seine *Venus Genitrix* – die bereits 1892 als vollendet galt[58] – zeitgenössischen Betrachtern als »geisterhafte Erscheinung aus einer andern Welt« einen wesentlich tieferen, elementaren Eindruck: »Es ist die unergründliche, aus sich selbst räthselhaft schaffende Naturkraft, die spielend das Leben beherrscht und mit ihrer feinen Sphärenmusik Alles übertönt; diese Figur hat etwas Nornenhaftes, fast Unheimliches, Unbegreifliches wie die Natur selbst.«[59]

Daß Böcklins sorgloser Umgang mit den Sehgewohnheiten der kritischen Betrachter nicht nur auf willige Augen und geistiges Einverständnis stieß, muß kaum besonders betont werden. Wie manche Autoren sich von der Phantastik oder dem häßlichen Naturalismus[60] seiner Erfindungen abgestoßen fühlten, so kritisierten andere das Theatralische der Bildszenerie[61], mit der er auf die Sensationslust des Publikums spekuliere. Vor allem seine ungewöhnliche Farbgebung forderte zur Stellungnahme heraus. War Böcklin für die einen ein »Dichter in Farben, der sich die Natur auf seine eigene Weise zurechtlegt«[62], so betrachteten ihn andere als »Sensationsmaler«[63], der sich durch »süße und schreiende Farben«[64] um die ernste Wirkung seiner Themen bringe. »Böcklin in Basel hat eine Nymphe und Faunen ausgestellt. ... Trotz diesen und der Nymphe ... ist das Ganze eine künstlerische Verirrung, eine schreiende Verletzung jedes feineren Farbengefühls. Man denke sich einen *leichtblauen* Himmel, in welchem ein Kranz *bläßlicher* Amoretten schwebt, unter demselben einen *grünen* Grashügel mit *gelben* Frühlingsblumen, in welchem die schöne Nymphe von *violettem* durchsichtigem Gewande umflossen hingegossen ruht, neben und unter derselben an einer Quelle die beiden *fleischrothen* Faune, von welchen der eine vom Künstler mit *strohgelben* Haarborsten ausgestattet wurde!«[65]

Im Gegensatz zu dieser verächtlichen Beurteilung der Böcklinschen Farbgebung steht ein Bericht von 1872 über den in München ausgestellten *Überfall von Seeräubern*.[66] Obwohl der anonyme Autor harte Kritik an der »beinahe abstoßenden Phantastik« der Szene übte, erkannte er doch, daß Böcklin hier in künstlerisches Neuland vorgedrungen war. Denn wie er elementaren Kräften und Trieben in Fabelwesen anschauliche Gestalt verliehen hatte, so hatte ihm offenbar auch der expressive Eigenwert der Farben als Inspiration zu einem »schauerlichen orientalischen Märchen«, einem »gräßlichen Traum«, einer »Fata Morgana seiner Palette« gedient: »als wären in einer Nacht die Geister der Farben aufgestanden, und hätten selbst ein Bild machen wollen. Ein Roth hätte gesagt, ich will Feuer sein, ein zweites ich will einen Türken vorstellen, ein Weiß, ich will zum schönsten glänzenden Stein werden, und ein anderes ich will sprühender Schaum auf den Wellen sein, und nun hätten sie angefangen, sich zusammenzustellen – da brach der Morgen an, und sie mußten wieder der Hand des Meisters gehorchen. Aber etwas von Selbständigkeit blieb ihnen, der Künstler konnte ihrer nicht mehr ganz Herr werden.«[67]

*

Böcklins und Feuerbachs Œuvre überschneiden sich nur an wenigen Stellen, am deutlichsten wohl in der religiösen Historienmalerei. Deren Aufgaben waren jedoch, wie die Stoffe der klassischen Antike, durch die Propagierung eines modernen Realismus beiseite geschoben worden, nachdem sie in der ersten Hälfte des Jahrhunderts noch im Zentrum der künstlerischen Interessen gestanden hatten. »Bilder und Künstler der Art kann das Zeitalter des Verstandes nicht weiter brauchen«, konnte man 1859 in einem Artikel über die »Stellung und Aufgabe der bildenden Kunst der Gegenwart« lesen.[68] Wenig später hieß es dann: »Unsere Zeit hat nichts mehr zu thun mit der Darstellung von übersinnlichen Ideen, von Begriffen, von Heiligen oder von Helden. Alle Wiedergeburtsversuche jener Kunstrichtung werden darum vergebliche Wiederbelebungsexperimente und beweisen für ihre Unternehmer nur ein Verkennen des Zeitgeistes, der auch in der Malerei eine eigenartige Höhe erreichen will und wird.«[69] »Die alten Götter und Helden, langweilige und nach den Regeln drapirte Gestalten sind verschwunden; sie sind nicht mehr von unserer Zeit ... Auch die Heiligen sind sehr selten geworden und scheinen ihren Exodus zu feiern. Wir haben uns für diese augenverdrehenden ascetischen, in Leintücher gehüllten Kameraden nie erwärmen können, wir wünschen ihnen glückliche Reise.«[70]

Freilich war die wichtige Frage nach der Berechtigung klassischer und religiöser Stoffe im aktuellen Kunstleben damit nicht endgültig beantwortet. Aber die Maler, die sich derartigen Aufgaben widmeten, mußten wissen, daß ihre künstlerischen Lösungen – vor dem Hintergrund dieses Richtungsstreites zwischen Klassizismus und Realismus – besonders kritisch aufgenommen werden würden.[71] Selbstverständlich hat sich Feuerbach, der an der öffentlichen Resonanz und Diskussion interessiert und mit modernen Kunstströmungen vertraut war, anfangs um eine zeitgemäße Formulierung derartiger traditionsreicher Motive bemüht. Seine 1863 auf der Internationalen Kunstausstellung in München gezeigte *Pietà* (Kat. 67) wurde deshalb auch von der Kritik »als eine der hervorragendsten Leistungen der Ausstellung«[72] und als »würdig nach den Zeichnungen von Cornelius genannt zu werden«[73] gewertet. Dieses Lob galt vor allem der Aktualisierung des Themas. »Kaum haben wir es hier noch mit einer religiösen Darstellung zu thun; der Vorgang ist einfach ins rein Menschliche übersetzt und in die Realität des Lebens zurückgeführt. Eine solche Auffassung der christlichen Mythe kann nur willkommen sein; denn sie zeigt, daß die Stoffe derselben, welche für die Gegenwart ganz unbrauchbar zu werden drohten, noch immer dankbare Motive abgeben können. Es handelt sich nur darum, den trüben Nebel der Heiligkeit und Uebernatürlichkeit, der sie noch immer umhüllt, obwohl er für das moderne Bewußtsein ein für alle Mal zerflossen ist, entschieden fallen zu lassen. So gut das Christenthum in seiner großen einfach menschlichen Bedeutung noch immer lebendig ist und erst recht lebendig werden kann, so gut kann das Leben seines Gründers noch immer Gegenstand der Kunst sein, wenn nur diese in ihm nicht mehr den Sohn Gottes sieht, sondern einfach den großen Menschen zu fassen sucht. Und es ist nicht zu läugnen, Feuerbach hat es vermocht, einen der ergreifendsten Momente dieses Mythenkreises unserer Empfindung nahe zu bringen.«[74] »Diese drei Frauen sind Frauen aus dem Volk, keineswegs prächtig, keineswegs überirdisch schön – aber dennoch ist eine tiefere und wahrhaft ergreifendere Empfindung in dieser Gruppe, als in zwanzig anderen Heiligenmalern, die nicht wissen, daß der unbewegt starre, stille Schmerz, wenn ihn nur das Antlitz wahr ausspricht, erschütternder wirkt, als alles Händeringen und Gesichtverziehen.«[75] Andere Kritiker glaubten aber gerade in diesem Detail die Schwierigkeiten zu erkennen, die Feuerbach bei der Modernisierung des Stoffes nicht ganz bewältigt hatte. So bemängelten sie etwa an der »Gruppe ruhig anbetender jüngerer Frauen« den Anschein »einer allzutheilnahmslosen Frömmigkeit, eines gewissen kühlen, konventionellen Pathos«[76] – sie seien »im Grunde weit eher betende Römerinnen in der Kirche, als Frauen, die den gekreuzigten Messias beweinen.«[77] Die Kritiker vermißten also eine, dem Thema adäquate ausdrucksvolle Mimik und Gestik und betrachteten »die reflektirte Ruhe des Chores«[78] als einen Mangel »an Bestimmtheit und Energie«[77] – ebenso wie sie in der »Stimmung etwas Modernes«[76], »etwas Krankhaftes, eine drückende Wirkung«[77] spürten, die nicht so recht dem »Abend des außerordentlichen Tages«[76] zu entsprechen schien.

Verursacht wurde dieser Eindruck durch »die ohnedies weich gehaltenen und durch Reflexe in einander spielenden Localfarben«, die »wie mit einem feinen Nebel überzogen« schienen, was der ganzen »Färbung etwas Trübes und Unentschiedenes« verleihe.[77] Daß A. Teichlein die »Wucht des Tizianischen Colorits«[76] vermißte, muß Feuerbach – der sich u.a. durch eine Kopie der *Assunta* Tizians[79] und als »Colorist quand même«[80] einen Namen gemacht hatte – empfindlich getroffen haben. Julius Grosse, der Kritiker der ›Bayerischen Zeitung‹, erkannte im Kolorit zwar »das Studium der Alten« und versuchte, den Sinn der gebrochenen, stumpfen Töne zu deuten: »tiefe Schattenmassen mit spärlichem Licht, keine einzige ganze Localfarbe, alle vielmehr gebrochen und bis zur Wirkungslosigkeit abgetödtet – aber die Stimmung des Unheimlichen, der tiefsten Trauer wird dadurch unnachahmlich erreicht.« Zugleich vermutete er aber, daß Feuerbach mit dem »Nebel« über den Farben »das Nachdunkeln des Colorits ... imitiert« habe, um eine museale Patina, »das künstliche Alter« vorzutäuschen.[81]

Grosses Vorwurf enthält möglicherweise ein Körnchen Wahrheit. Denn Feuerbach hat um 1862/63 offenbar sein »glänzendes Farbenspiel«[82] klassizistisch zu beruhigen versucht, um »weniger im Geschmacke der Zeit als im Geiste der Kunst«[83] zu arbeiten. Seitdem entfernte ihn sein »Streben nach der einfachen Größe der alten Meister«[84] nicht nur in der Themenwahl von jenen Künstlern, die wie Böcklin »die moderne, meist ganz im Lager der Landschafterei aufgegangene Kunst«[85] vertraten, sondern auch in der von Grau beherrschten, realitätsfernen und distinguierten Farbgebung. »Die Farben- und Formenwelt, welche Feuerbach beherrscht, hat etwas Großes, rein Künstlerisches in sich; der Einfluß der Renaissance hat Feuerbach glücklicherweise von jenem naturalistischen Colorite befreit, das heutzutage selbst in den Schulen von Historienmalern grassirt und das seine Rechtfertigung in der Nachahmung der materiellen Farbe jener Gegenstände sucht, welche dargestellt werden sollen. ... In den Bildern Feuerbach's hingegen ist eine harmonische große Farbenstimmung und ein echt historisches Colorit zu finden.«[86]

Was hier als Ausweis überzeitlicher, musealer Interessen gedeutet wurde, bildete seit etwa 1863 einen Hauptgegenstand der Kritik. Hatte diese zunächst die wirklichkeitsfernen Farben getadelt – »wo finden sich solche grüne Färbung des Rasens, ... solche graugrüne Fleischtöne«[87] –, so nahm sie schon bald Anstoß daran, daß einzelne Werke »gar zu kalt und grau gemalt«[88] oder »etwas zu bleiern in der Färbung«[89] seien. Namentlich in der Auseinandersetzung um Feuerbachs 1869 ausgestelltes *Gastmahl Platons* (siehe hierzu Kat. 78) – über die hier nicht erneut referiert werden muß[90] – spielte die Graufarbigkeit eine entscheidende Rolle. »In der letzten Zeit brachte er, der gesunde Colorist aus früherer Zeit, entweder absichtlich angekränkeltes oder wirklich krankhaftes und verletzte uns durch einen grauen Spital- und Gespensterton, der auch seinem ›Gastmahl des Platon‹ sehr viel schadete. ... Feuerbach's Werk macht unbestritten nicht den Eindruck eines Gemäldes, sondern nur eines angetuschten Cartons. ... Freilich wäre es leichter gewesen, ... das antike Motiv in moderner Form zu behandeln; es hätte der Künstler damit unzweifelhaft ein größeres Publikum gewonnen. Aber er hätte damit sich gegen den idealen Inhalt des Motivs, gegen den Geist der Antike grob verfehlt, denn die Antike verträgt überhaupt keine moderne Behandlung und am allerwenigsten eine coloristische. ... So tritt uns das Bild, wenn wir uns einmal gewöhnt haben, von der unangenehmen Färbung, von dem herben tintigen und kalten Ton abzusehen, der über das Ganze gehaucht ist, in edler, einfacher Größe entgegen ...«[91]

Die zwiespältige Resonanz und die erregten Diskussionen[92], die das Werk hervorrief, bewogen Feuerbach, »seine Verachtung gegen die Farbe« aufzugeben. »Ein glänzendes Beispiel davon ist seine größere Wiederholung des ›Gastmahls‹ ...; nämlich in Folge einer geistreichen, verständnißvollen Kritik hat Feuerbach das Grau in Grau der herrlichen Komposition durch wärmere, lebendige Töne belebt ...«[93]; »durch das hellere und leuchtendere Colorit hat das Werk nur gewonnen und ist auch dem Verständnisse unseres Publicums, das ungewöhnlichen Farbenreiz und Farbenschmelz sucht, wo es bewundern und lieben soll, nähergerückt worden. So ist denn die Thatsache zu constatiren, daß durch das ›Gastmahl des Platon‹ es dem Meister gelungen ist, auch hier jene allgemeine Werthschätzung zu gewinnen, welche sein ideales und vornehmes Streben in vollem Maße verdient.«[94]

*

Nach ihrer Zahl und der Vielfalt der Aspekte fallen die Kunstberichte über Marées und Hildebrand deutlich gegenüber der Kritik an Böcklin und Feuerbach ab. Dieses Faktum ist ein Indiz dafür, daß Marées nicht »die zentrale Gestalt ... in dem heroischen, deutsch-römischen ›Zwischenspiel‹«[95] gewesen sein kann, als die er seit Meier-Graefes Würdigung gern gesehen wird. Überdies betreffen die uns bekannten Besprechungen nur die voritalienischen Werke des Malers; die Entdeckung und Aufwertung seines Hauptschaffens nach seinem Tode war eine Angelegenheit der Kunstgeschichte und ist deswegen nicht Gegenstand dieser Studie.

Zwar erinnerten Marées' frühe Landschaften mit Staffage einen Kritiker »in ihrem Reichthum des Tons an die besten alten Niederländer«[96]; doch hielten sich in den wenigen Kritiken sonst Lob und Tadel die Waage. Betrachtete etwa Pecht die *Pferdeschwemme* als »eine ... hervorragende und ungewohnte Leistung« von »entschiedenem Zauber der koloristischen Erscheinung«[97], so erklärte ein anderer Kritiker kategorisch: »So darf man mit der Kunst nicht umgehen. Es ist ein falscher Weg, auf welchem der Künstler wandelt. Schade um das schöne Talent, dem es an Geschmack und Zeichnung, ja wie die Behandlung des Terrains im Hintergrunde zeigt, an den ersten perspektivischen Begriffen oder Kunstgriffen fehlt. Nichts ist bedauerlicher, als wenn eine geniale Kraft am falschen Prinzip oder an falscher Gewöhnung zu Grunde geht oder auf Abwege geräth.«[98] Ergänzt wurden diese – durchaus akademischen – Einwände durch eine Klage über die unzureichende Beherrschung der Maltechnik: »Doch welcher Auftrag hier wie im übrigen Bilde! Pastos bis zum Relief!« Einzig diese Bemerkung verbindet die frühe Kritik an Marées mit seinen posthumen Würdigungen, in denen seine Manie des Übermalens oft als Ausweis genialen Ungenügens gedeutet wird.

*

Hildebrand, dessen Werk auch als Umsetzung mancher Prinzipien von Marées anzusehen ist, kann nur bedingt als Deutsch-Römer bezeichnet werden. Eher könnte man seine Wendung nach Florenz als Reaktion auf die eingangs geschilderte Romkritik deuten, in der es etwa 1868 hieß: »Schicke man sie (gemeint sind: »hoffnungsvolle Talente«) doch anderswohin auf Reisen oder zu längerem Aufenthalt in eine andere Stadt, wie etwa nach Florenz.«[99] Daß die Arnostadt einem jungen Bildhauer besonders günstige Voraussetzungen für sein Schaffen bieten konnte, ergab sich unter anderem aus den ›Studien über moderne Bildhauerei in Florenz‹, die Hans Semper 1870 in der ›Allgemeinen Zeitung‹ publizierte. Die Serie gipfelte in der Folgerung, daß »die jetzt in Florenz angebrochene Periode eines gefühlvollen Realismus auf eine, sagen wir es kühn heraus, classische Blüthe der Kunst wieder hoffen« lasse. »Ja, bewußt und unbewußt knüpfen die Künstler die dieser Richtung huldigen wieder an die realistische Auffassungsweise des 15. Jahrhunderts an, um dem letzteren vielleicht die Vollendung nachträglich zu verschaffen, die durch Michelangelo's plötzlich einbrechende Gewaltherrschaft im Reiche der Sculptur für lange Zeit vereitelt worden war.«[100]

Die ersten Kunstberichte über den jungen Hildebrand scheinen 1873 publiziert worden zu sein; immerhin einer von ihnen enthält einen vorsichtigen Hinweis auf das Vorbild der florentinischen Frührenaissance. Die drei Werke, die er im selben Jahr, anläßlich der Wiener Weltausstellung, aber im Österreichischen Museum präsentierte, wurden von der Kritik überschwenglich gelobt. Pecht erklärte, daß die »Marmorfigur eines sitzend eingenickten Jünglings von Hillebrandt in Florenz ... in Conception wie Durchführung der einfach edlen Anmuth der Antike näher gekommen ist als ich von neuerer Sculptur fast je gesehen. Es ist da eine Formvollendung mit einem glücklichen Styl- und Naturgefühl vereinigt, wie das nur in den seltensten Fällen gelingt, besonders ist die Erschlaffung der Glieder durch den Schlaf bewunderungswürdig dargestellt. Auch der eine Traube in eine Schale auspressende Junge in Bronze hat diese eigenthümlich feine Verbindung von Schönheits- und Naturgefühl; ebenso eine Büste.«[101]

Eine zwei Monate später in der ›Kunst-Chronik‹ veröffentlichte Würdigung von Carl von Lützow gipfelte sogar in dem Bekenntnis, »daß seit den goldenen Tagen hellenischer Kunst kaum jemals wieder ein edleres Marmorbild geschaffen worden ist, als wir es in dieser schlafenden Jünglingsfigur, der Perle unter den drei besprochenen Werken, vor uns haben.«[102] Unter den von Lützow genannten »Analogien für die Vortrefflichkeit der Arbeit« Hildebrands findet sich auch – mit Bezug auf den Naturalismus des *Trinkenden Knaben* (Kat. P 4) – der erste Hinweis auf Donatello.[103] Pecht hingegen sah sich noch, fünf Jahre später, in seiner Ansicht bestätigt: »Zwischen der antikisierenden (sc. Skulptur) Hildebrands in Florenz und der malerischen des Begas liegt eine ganze Welt, oder doch mindestens zwei Jahrtausende. ... Hildebrand kennt ... nichts als Phidias.« Pechts Ansicht galt dem *Schlafenden Hirten* und *Adam* – zwei auf der Pariser Weltausstellung 1878 gezeigten Figuren –, an denen »der Körper von großer und edler Schönheit, dagegen der Kopf viel zu mangelhaft und unbedeutend« wirkte.[104]

Ein Jahr später äußerte sich der Kritiker in einem Überblick über die »Deutsche Kunst in Rom« allerdings skeptisch zu den Möglichkeiten deutsch-römischer Bildhauer, von der antiken Tradition und den künstlerischen Normen der ewigen Stadt zu profitieren. »Am ehesten noch könnte man derlei bei den Bildhauern annehmen, die doch einer starken Beeinflussung durch die herrlichen Schätze antiker Kunst hier unterliegen. Aber auch diese wird zum guten Theil durch jene der modern italienischen Schule aufgehoben, deren Tendenzen bekanntlich mit der Anschauung der Antike nicht das Mindeste gemein haben.« In diesem Dilemma lag es nahe, auf die noch unausgeschöpfte Tradition der italienischen Frührenaissance zu verweisen, auf »Ghiberti ..., dessen Studium, wie das der alten Florentiner überhaupt, unseren Bildhauern so sehr zu empfehlen wäre, die jetzt so oft zwischen Canova und Perraud oder Rubens und Michel Angelo hin- und herschwanken.«[105] Kurz darauf konnte Pecht – anläßlich der Münchener Kunstausstellung 1879 – auf ein diesen Vorstellungen entsprechendes Werk hinweisen: »In sehr ansprechender Weise erinnert an die alten Florentiner Meister das Halbrelief einer jungen Dame von Hildebrand in Florenz, mit einem Ausdruck von fröhlicher Lebenslust wie ein lachender Morgen.«[106]

Spätestens um 1890 hatte Hildebrand, der offenbar nie ernsthaft von der Kritik angegriffen worden war, einen der ersten Plätze im Kunstleben eingenommen. Als er 1891 in München eine Übersicht seines etwa zwanzigjährigen Schaffens gab, sparte Pecht nicht mit Anerkennung. Diese entsprach ebenso seiner verstärkten Abneigung gegen das »schlottrige Wesen unserer neuesten, sogenannt malerischen Richtung«[106] wie der allgemeinen Erwartung einer künstlerischen Reform durch die Vertreter des »Neuidealismus«. »So hatte sich auch Hildebrand zu Florenz vor zwanzig Jahren in einem ehemaligen Kloster drüben überm Arno eingenistet und überraschte von da aus 1873 die in Wien zur Weltausstellung versammelten Kunstfreunde mit der Marmorfigur eines schlafenden Hirtenknaben, bei der Jedermann zugeben mußte, daß der Künstler mit derselben der Anmuth und Natürlichkeit, sowie der Formvollendung der besten Antiken näher gekommen sei, als dies bisher irgendeinem Anderen, weder Thorwaldsen noch Rauch noch Canova, je gelungen.«[107] »Daneben würde selbst ein Thorwaldsen noch geziert aussehen. Auch die Bronzefigur eines Wein aus der Schale schlürfenden Knaben hat denselben Zauber antiker Unbefangenheit bei hoher Formvollendung. Sonst erinnert Hildebrand, besonders in seinen Büsten, weit eher an die alten Florentiner, an die naive Anmuth des Lucca della Robbia u. A., mit denen er in Florenz ja täglich und fast allein verkehrt.«[108] »So geht man denn mit einer stillen Befriedigung aus diesem Cabinet, wie sie uns kein zweites in der Ausstellung auch nur entfernt so zu gewähren vermag, da wir nur hier den Künstler ganz über seinen Werken vergessen, und uns erst später einfällt, wie durchaus eigenartig und selbständig er in Allem ist, was er macht.«[109]

Hildebrands Werkübersicht gehört, strenggenommen, in die Zuständigkeit der wissenschaftlichen Kunstgeschichte – genauso wie das zu diesem Zeitpunkt bereits abgeschlossene Wirken von Feuerbach und Marées. Mit diesen war auch die deutsch-römische Kunst aus der Aktualität in die Geschichte übergegangen[110]; und folgerichtig hatte sich die Tageskritik in den drängenden Fragen der künstlerischen Sezessionen an der Jahrhundertwende moderne Aufgaben gesucht.

In den Anmerkungen wurden folgende Abkürzungen verwendet:

Ab. Bl.	Abend-Blatt
AZ	Allgemeine Zeitung (Augsburg, München)
Beil.	Beilage (zur)
Mbl.	Morgenblatt
M. Bl.	Morgen-Blatt
N. Fr. Pr.	Neue Freie Presse (Wien)
N. N.	Neueste Nachrichten (München)
Sem.	Semester
TR	Tägliche Rundschau (Berlin)

1 Deutsches Künstlerleben in Rom. Grenzboten 15/1856, II. Sem., IV. Band, S. 361.

2 C. Gurlitt: Die deutsche Kunst des Neunzehnten Jahrhunderts, Ihre Ziele und Thaten, Zweite Aufl. Berlin 1900, S. 5.

3 C. Gurlitt (wie Anm. 2), S. 37.

4 Grenzboten 1843, S. 1439.

5 Recensionen 3/1864, S. 108.

6 O. Donner-von Richter: In Rom vor 50 Jahren, Jahrbuch des Freien Deutschen Hochstifts, Frankfurt 1903, S. 139–166. – H. Smidt: Ein Jahrhundert Römischen Lebens, Von Winckelmanns Romfahrt bis zum Sturze der weltlichen Papstherrschaft, Leipzig 1904. – R. von Lichtenberg und E. Jaffé: Hundert Jahre deutsch-römischer Landschaftsmalerei, Berlin 1907. – F. Noack, Deutsches Leben in Rom 1700–1900, Stuttgart/Berlin 1907.

7 Vgl. etwa: R. Andree: Arnold Böcklin, Die Gemälde, Basel/München 1977. – U. Gerlach-Laxner: Hans von Marées, Katalog seiner Gemälde, München 1980. – Die Tageskritik der Zeitungen ist auch in den, kaum Neues bietenden Aufsätzen von L. Tittel (1977) und I. Koszinowski (1983) ausgespart. – Soweit ich sehe, steht der Beitrag zu Feuerbach immer noch allein auf weiter Flur: Kat. Ausst. Karlsruhe 1976, München/Berlin 1976, S. 124–153.

8 Vgl. M. Bringmann: Die Kunstkritik als Faktor der Ideen- und Geistesgeschichte, Ein Beitrag zum Thema »Kunst und Öffentlichkeit« im 19. Jahrhundert, in: Ideengeschichte und Kunstwissenschaft. Kunst, Kultur und Politik im Deutschen Kaiserreich, Bd. 3. Berlin 1983, S. 253–278. – Ders.: Friedrich Pecht (1814–1903), Maßstäbe der deutschen Kunstkritik zwischen 1850 und 1900, Berlin 1982.

9 Deutschland in Rom. Beil. AZ 363/28.12.1864, S. 5909.

10 Vgl. M. Bringmann (wie Anm. 8), bes. S. 273–276.

11 Vgl. als Beispiel den Bericht von C. Vogt: Aus der zoologischen Station in Neapel. Gartenlaube 1880, S. 340–344. – Die im Kat. der Schack-Galerie, 1969, Textband, S. 247 genannte, scheinbar früheste Biographie (Conrad Fiedler: Hans von Marees, mit einem Nachwort von H. Uhde-Bernays, München 1874) verdankt ihr erstaunliches Erscheinungsjahr einem Druckfehler; sie ist erst 1947 erschienen. Ich danke Thomas Lersch, Zentralinstitut für Kunstgeschichte, der mir meine dahingehende Vermutung bestätigen konnte.

12 Recensionen 2/1863, Beiblatt, S. 169–170.

13 Die Kunst für Alle 6/1891, S. 193–196.

14 E. W. Braun-Troppau: Hans Thoma und die nationale Kunst. Kunst und Handwerk 1898, S. 85.

15 C. Gurlitt (wie Anm. 2), S. 604, 600.

16 C. Gurlitt (wie Anm. 2), S. 596.

17 Daß neuerdings der Terminus »Deutsch-Römer« undifferenziert auch für die Nazarener verwendet oder zumindest als unspezifisch verstanden wird, erscheint gegenüber den Klassifizierungsversuchen der älteren Kunstgeschichte weder originell noch nützlich. Vgl. etwa: R. Zeitler, Die Kunst des 19. Jahrhunderts, Propyläen Kunstgeschichte, Bd. XI, Berlin 1966, S. 64, 66, 82, 136, 202. Auf Böcklin usw. wird der Begriff »Deutsch-Römer« hier nicht angewendet. – Vgl. ferner: Kindlers Malerei Lexikon, Zürich o. J., Bd. VI, S. 239–240. – Lexikon der Kunst, Bd. I, Leipzig 1968, S. 537. – H. Keller, Deutsche Malerei des 19. Jahrhunderts, München 1979, S. 106, 111.

18 Beil. AZ 67/8.3.1865, S. 1081.

19 Beil. AZ 123/3.5.1878, S. 1809; die Schreibweise des Namens »Schick« (im Original liest man: Schik) von mir verändert.

20 A. Hagen: Die Deutsche Kunst in unserem Jahrhundert, Berlin 1857, Zweiter Theil, S. 177. – Vgl. auch E. Förster: Geschichte der deutschen Kunst, Fünfter Theil, Von 1820 bis zur Gegenwart, Leipzig 1860, S. 540–562.

21 F. Lewald, 1847; zitiert nach: Grenzboten 6/1847, IV. Bd., S. 125.

22 Goethe; entnommen: A. Hagen (wie Anm. 20), S. 175.

23 Deutsche Reisende in der Fremde. Grenzboten 6/1847, IV. Bd., S. 115.

24 Nach F. Noack (wie Anm. 6), S. 308.

25 H. Riegel: Deutsche Kunststudien, Hannover 1868, S. 453. – Vgl. Grenzboten 22/1863, I. Sem., I. Bd., S. 245, 246.

26 Vgl. die Rede von Moritz Carriere zur Eröffnung der ersten deutschen Kunstausstellung in München am 22.7.1858, abgedruckt in: E. von Stieler: Die Königliche Akademie der bildenden Künste zu München, Festschrift zur Hundertjahrfeier, München 1909, S. 145.

27 Vgl. Grenzboten 21/1862, I. Sem., II. Bd., S. 161–177. – Grenzboten 24/1865, I. Sem., I. Bd., S. 81–98.

28 Vgl. die grundsätzliche Auseinandersetzung mit einer »Kritik über die moderne deutsche Kunst in München«, die im ›Saturday Review‹ publiziert worden war: Beil. AZ 347 bis 349/13. bis 15.12.1863, S. 5769–5770, 5789–5790, 5805–5807.

29 Nach F. Noack (wie Anm. 6), S. 309. Pecht hat das Wort nur angedeutet; bei ihm liest man »H-malerei«. Doch läßt der Kontext den Sinn erkennen: diese »als Albaneserinnen und Pilgerinnen verkleideten Grisetten und Loretten« ... »ein guter Theil davon (sc. von den Bildern) würde am passendsten seinen Platz als Schild vor einem Bordell finden.« F. Pecht, Südfrüchte, Skizzenbuch eines Malers, Erster Band, Leipzig 1853, S. 292 und 293 (24.4.1852).

30 Grenzboten 1852, IV. Bd., S. 467–468.

31 Briefe aus Rom von Dr. Aloys Flix, hg. v. L. Rapp, Innsbruck 1864; nach: Beil. AZ 122/1.5.1864, S. 1978. – Vgl. das Urteil von M. G. Conrad in: Gesellschaft 4/II, 1888, S. 967: »Italien kennt in Malerei und Plastik keinen höheren Ehrgeiz, als für Allerwelts-Geschmack zu arbeiten und dem raffinierten Luxus-Bedürfnisse der großen internationalen Geldsäcke brillante Befriedigung zu bieten, ohne jede höhere geistige Nebenabsicht.«

32 Erinnerungen aus Italien, Die deutschen Künstler in Rom (Auszug aus dem gleichnamigen Buch, Berlin 1864). Gartenlaube 1864, S. 617–619.

33 H. Riegel (wie Anm. 25), S. 453, 452, 454.

34 E. Eckstein, Deutsche Künstler in Rom. Gartenlaube 1878, S. 531.

35 Deutsche Künstler in Rom. I. Beil. AZ 67/8.3.1865, S. 1081.

36 Musterung römischer Bildhauerateliers. Grenzboten 15/1856, II. Sem., IV. Band, S. 61 (Zitat) – 70. – Vgl. Grenzboten 6/1847, IV. Band, S. 115–125.

37 Recensionen 2/1863, Beiblatt, S. 170, 171.

38 Beil. AZ 11/11.1.1871, S. 163.

39 N. Fr. Pr. 28.2.1872, Ab. Bl., S. 4.

40 Beil. AZ 180/29.6.1879, S. 2635. – 1853 hatte Pecht die römische Schulung von Overbeck und Cornelius noch als Grundlage für die »Schaffung einer neuen selbstständigen ganz eigenthümlichen deutschen Kunst« betrachtet. Südfrüchte (wie Anm. 29), S. 292–293.

41 Reihenfolge der Zitate: Gegenwart 1884, S. 363. – Beil. AZ 199/19.7.1883, S. 2914, 2915. – Gegenwart 1884, S. 362. – Vgl. auch die – im Zusammenhang mit Feuerbachs »Vermächtnis« geäußerte – Kritik am römischen Einfluß: Beil. AZ 328/25.11.1884, S. 4842.

42 Gegenwart 1/1872, S. 75. Wie weit Floerke damals von Böcklin entfernt war, ergibt sich aus Carl Neumanns Charakterisierung (Preußische Jahrbücher 71/1893, S. 199): »Von südlichen Eindrücken sind die Sinne des Malers erfüllt und seine Bilder. Vergebens würde man die Schnee- und Eiswelt seiner Heimath auf ihnen suchen und die grauenvolle Starrheit des Hochgebirges, von der das Leben flieht.«

43 Beil. AZ 180/29.6.1879, S. 2635.

44 Süddeutsche Zeitung 273/2.10.1860, Beil., S. 1–2.

45 Anlaß war die Kunstausstellung 1860; Ullrich war vor allem Kritiker der Berliner »Nationalzeitung«. Das Zitat nach: T. Ullrich: Kritische Aufsätze über Kunst, Litteratur und Theater, Berlin 1894, S. 150.

46 Mbl. zur Bayerischen Zeitung 257 vom 18.9.1863, S. 890. Vgl. U. Bl. der N. N. 61/2.8.1863, S. 116. Vgl. auch C. Neumann (wie Anm. 42), S. 204: »Man wird wohl einmal sagen, daß Böcklin am vollkommensten

die Staffage in innerliche Beziehung zur Landschaft gesetzt hat« – die Kunstkritik hatte dies 30 Jahre zuvor bereits gesagt!
47 Süddeutsche Zeitung 61/2.8.1862, M.Bl.
48 U.Bl. der N.N. 61/2.8.1863, S. 116.
49 Beil. AZ 166/15.6.1873, S. 2542.
50 Süddeutsche Zeitung 416/18.8.1863, Ab.Bl.
51 Mbl. zur Bayerischen Zeitung 257/18.9.1863, S. 890: »und allerdings anmuthet wie ein Gedicht von Heine.«
52 Ueber Land und Meer 34/1875, S. 972. – Gegen »die vollkommene Zwecklosigkeit der Balgerei« hatte sich zuvor Pecht ausgesprochen, der eine ›Geschichte‹ erwartete: Beil. AZ 8/8.1.1873, S. 118. Wenig später äußerte er sich jedoch günstiger über das Bild: Beil. AZ 166/15.6.1873, S. 2542.
53 Recensionen 2/1863, Beiblatt, S. 170.
54 C. Sterne: Böcklin's Fabelwesen im Lichte der organischen Formenlehre. Gegenwart 37/1890, S. 24 (»Elementarwesen«). – Zur »Meeresidylle«: Gegenwart 38/1890, S. 169 und 170.
55 Fendler, Zum 60. Geburtstage Arnold Böcklin's. Illustrirte Zeitung 89/8.10.1887, S. 350.
56 C. Neumann (wie Anm. 42), S. 206.
57 Beil. AZ 43/12.2.1887, S. 630.
58 Vgl. R. Andree (wie Anm. 7), S. 511/Kat. Nr. 446. Die ausführliche Besprechung dieses Bildes und des »Heiligen Franziskus« bzw. der »Fischpredigt« (bei Andree, S. 500/Kat. Nr. 431: »Der Heilige Antonius«) fehlt – wie alle übrigen Kritiken und Ausstellungen – in dem Standardwerk.
59 TR 1892, S. 480.
60 H. Becker: Deutsche Maler, Leipzig 1888, S. 514 (Internationale Kunstausstellung in München 1869).
61 Beil. AZ 76/16.3.1872, S. 1138.
62 E. Koppel: Arnold Böcklin. Vom Fels zum Meer 1884, S. 378. Vgl. auch den Text zu Anm. 54.
63 A. Rosenberg: Drei Sensationsmaler, I. Arnold Böcklin. Grenzboten 38/1879, I. Quartal, S. 387–397.
64 Beil. AZ 166/15.6.1873, S. 2542. Vgl. auch die Kritik am unfertigen Zustand und dem »barocken« Kolorit der »Quellnymphe«: Wissenschaftliche Beil. der Leipziger Zeitung 67/19.8.1869, S. 344.
65 Frankfurter Zeitung 1869, Nr. 293. Bei R. Andree (wie Anm. 7), S. 311/Kat. Nr. 207 als »Wiesenquelle«, verschollen. – Zur Farbkritik später Rosenberg (wie Anm. 63), S. 391.
66 Bei R. Andree (wie Anm. 7), S. 364/Kat. Nr. 274.
67 Gegenwart 1/1872, S. 127.
68 Grenzboten 18/1859, II. Sem., IV. Bd., S. 432.
69 Gegenwart 1/1872, S. 75.
70 Frankfurter Zeitung 1869, Nr. 251.
71 Vgl. AZ 139/19.5.1873, S. 2127, wo von der schwindenden Zahl und »Lebenskraft« der religiösen Bilder die Rede ist.
72 Recensionen 2/1863, Beiblatt, S. 181.
73 Beil. AZ 202/21.7.1863, S. 3346.
74 Grenzboten 22/1863, II. Sem., IV. Bd., S. 242.
75 Mbl. zur Bayerischen Zeitung 248/9.9.1863.
76 Recensionen 2/1863, Beiblatt, S. 182.
77 Grenzboten 22/1863, II. Sem., IV. Bd., S. 243.
78 Recensionen 2/1863, Beiblatt, S. 182. Vgl. die Bemerkung über das »halb bewußte Clair-obscur der Seele« in Feuerbachs »Dante«: Dioskuren 1858, S. 213.
79 Badische Landeszeitung 16/19.1.1856, S. 63.
80 Kölnische Zeitung 269/28.9.1861. – Vgl. AZ 59/28.2.1856, S. 930. Ferner: Grenzboten 21/1862, I. Sem., II. Bd., S. 217, wo Feuerbach »in der Färbung zum Maß der Harmonie« aufgefordert wird.
81 Mbl. zur Bayerischen Zeitung 248/9.9.1863. – Vgl. Illustrirte Zeitung 57/1871, S. 160, wo Feuerbach vorgeworfen wird, »den Verwitterungsproceß der Jahrhunderte« imitiert zu haben.
82 Kölnische Zeitung 269/28.9.1861.
83 Recensionen 3/1864, S. 108.
84 Recensionen 3/1864, S. 117.
85 Gegenwart 1/1872, S. 75.
86 N.Fr.Pr. 15.9.1866.
87 Recensionen 3/1864, S. 116. – Vgl. U.Bl. der N.N. 9/1.2.1863, 107. – Recensionen 3/1864, S. 135.
88 Recensionen 3/1864, S. 405.
89 Recensionen 3/1864, S. 255. – Vgl. N.Fr.Pr. 5.10.1872, Ab.Bl., S. 4. – Ueber Land und Meer 30/1873, S. 712.
90 M. Bringmann: Ein erträumter Lorbeerkranz und die Flohstiche der Realität, Feuerbachs Selbstgefühl und die zeitgenössische Pressekritik, in: Kat. Ausst. Karlsruhe 1976, S. 124–153.
91 Illustrirte Zeitung 57/1871, S. 160–161.
92 Beil. AZ 10/10.1.1871, S. 146.
93 Ueber Land und Meer 30/1873, S. 712.
94 N.Fr.Pr. 14.3.1874, Ab.Bl., S. 4.
95 H. Keller (wie Anm. 17), S. 111.
96 Recensionen 3/1864, S. 44. Der Abdruck des Artikels (nach der Elberfelder Zeitung vom 14.5.1864) bei J. Meier-Graefe: Hans von Marées, München/Leipzig 1910, Bd. 3, S. 349, weicht durch eine ausführlichere Charakteristik der Figuren von der oben genannten Erstveröffentlichung ab.
97 Recensionen 3/1864, S. 255.
98 U.Bl. der N.N. 50/23.6.1864, S. 593.
99 H. Riegel (wie Anm. 25), S. 453.
100 Beil. AZ 152/1.6.1870, S. 2432. – Vgl. den Überblick über die Bildhauer in Rom: Ueber Land und Meer 29/1873, S. 77–78.
101 Beil. AZ 205/24.7.1873, S. 3135.
102 Kunst-Chronik 8/1873, Sp. 777–780, Zitat Sp. 779.
103 Wie Anm. 102, Sp. 778.
104 Beil. AZ 150/30.5.1878, S. 2211.
105 Beil. AZ 180/29.6.1879, S. 2635.
106 Beil. AZ 268/25.9.1879, S. 3939.
107 AZ 257/16.9.1891, M.Bl., S. 1.
108 TR 61/13.3.1891, S. 242. – Vgl. TR 110/11.5.1889, S. 438.
109 AZ 257/16.9.1891, M.Bl., S. 1.
110 Vgl. als Schlußbeitrag zum Thema: Karl Voll: Der Werth unsrer Fahrten nach Italien. AZ 134/15.5.1897, M.Bl., S. 1–2.

Günter Metken

Nord-Süd: Monolog oder Gespräch?

Vom Nachleben der Deutsch-Römer

Ich betonte im Verhältnis zu Hans von Marées der momentan so sehr auf das Schild gehoben wird eine starke Individualisierung der Figuren und stellte aus dem Grunde Böcklin als künstlerisches Prinzip höher da er naiver und kraftvoller seine Figuren lebensfähig zu bilden verstünde während die Figuren bei Marées mir zusehr absichtliche Träger von Linien und Licht und Schatten darstellten, also zu abstrakt wären, mir wohl ein gewisses ästhetisches Wohlgefallen aber kein so unmittelbares individualisiertes Lebensgefühl abnötigten wie manche Intentionen von Böcklin. Von Rubens und Rembrandt natürlich garnicht zu sprechen. Verglich Marées mit Stefan George. Beide nicht vulgär genug.

Max Beckmann, Tagebuch, Berlin, 27. Dez. 1908

»Das Convenu von italienischer Landschaft entspricht, wie jeder wirkliche Kenner des Landes uns ohne weiteres bestätigen wird, als Stil den wirklichen Formen- und Farbenmöglichkeiten des Gegenstandes, seiner Struktur und Sphäre so wenig, daß man, einige Böcklinsche Fingerzeige abgerechnet, Italien nicht anders als ein malerisch unentdecktes Land nennen kann, zum mindesten neben dem deutschen Mittelgebirge, Schottland, Holland, Schweden, der Normandie. Der citramontane Aberglaube, der alle Künstlerqualitäten von Phantasie und Leidenschaft, genialem und brausendem Blut, Leichtsinn und Idealität auf den Ehrenscheitel des Italieners häuft, kann kaum irgendwo grimmigerem Hohne begegnen als bei den so Mißkannten selber, den zähen und rechnerischen, kalten, überlegenen und klaren Kindern einer seit undenklicher Zeit festgewordenen Rasse, so fein von Kopf, wie deutlich, ja grob von Seele, im ausgeträumten Innern schwunglos und streng bei der Sache, so schönen Schein des Schwunges eine elastische Sprache ihnen leihen mag – diesem greisen und ungläubigen Volke von Bauern und Gerichtsleuten, Bürgern im historischen Sinne des Wortes, Händlern und Unterhändlern, Vermittlern und Bankiers, das nur halb aus der Lähmung von Armut und Unfreiheit hat heraustreten dürfen, um sich auch schon mit den immanenten Eigenschaften des Lateiners wieder zu bezeugen.«

Berühmte, aus eifernder Wahlverwandtschaft zugespitzte Sätze, polemischer Auftakt zu Rudolf Borchardts Villa-Essay von 1907.[1] Er zeigt zumindest, daß Einbildungen hartnäckiger sind als die Wirklichkeit. Noch immer vermuten Franzosen, mit entsprechenden Schulbüchern großgeworden, in Deutschland endlose Wälder und Freischützwiesen, welche Amerikaner gern mit einem Gretchenkorps bevölkern. Deutsche halten England nach wie vor für einen Golfplatz hochstilisierter Gentlemen; das weithin ozeanische Spanien gilt als südliches Land.

Man weiß, wie es zum Italienbild unserer Maler gekommen ist. Goethe, der Weltbürger des 18. Jahrhunderts, hatte auf seiner Grand Tour noch in der Gesellschaft und in gelehrten Sozietäten der Halbinsel verkehrt. Er betrachtete Kunst und Alltag von der Warte des Gebildeten, des Mythenkundigen aus, was ihm, nebenbei bemerkt, Einblicke ins Bodenständige eher auftat als verschloß. Für die nur zwanzig Jahre später eintreffenden Nazarener schrumpfte dies von Großgriechenland bis zum Römischen Karneval reichende Panorama zusammen auf ein paar fromme, rückgewandte Kunstwallfahrten ohne Realitätsbezug oder übertriebene Neugier auf lokale Zustände. Als die ›Italiänische Reise‹ des Weimaraners 1816 in Rom bei Niebuhrs gemeinsam gelesen wurde, fand man sie »gräßlich«. An Rom und seiner Umgebung interessierte diesen Kreis die Anschauung biblisch-patriarchalischer Zustände, das Ambiente zeitenthobener Krippenkunst, für welche die Einheimischen, denen man sich kulturell überlegen fühlte, als Staffage dienten.[2]

Dergleichen geht über den gewohnten Superioritätsdünkel von Nordlichtern hinaus; wir haben es mit einem generellen Nord-Süd-Problem zu tun, das seit den flämischen Romanisten, den Schöpfern der klassischen Landschaft, den Ruinenspezialisten des 16. bis 18. Jahrhunderts akut ist: die römische Campagna, Latium, die Albaner-

und Sabinerberge dienten als heroisch-idyllische Folie des Goldenen Zeitalters. Carl Rottmann, an den sich Georg Schrimpf in Sizilien erinnern wird, dynamisiert diese Sicht dann aus dem Geschichtsfatalismus des nachnapoleonischen Zeitalters heraus; seine Walstätten, den Visionen eines Turner gar nicht so fern, wirken fast menschenleer und wie ausgestorben.

Den Umschlag bringen delikate, schon biedermeierliche Maler wie Johann Georg Dillis, Camille Corot und Carl Blechen; Blechens *Gärten der Villa d'Este* spiegeln, wie seine Pfaueninsel, das neue Entzücken an der subjektiv erlebten, regellosen Natur und am Licht. Die Empfindung ist die eines Virtuosen der Farbklaviatur, als ob Franz Liszts ›Années de Pèlerinages‹-Etüden aus den Bosketten perlten. Italien zwischen Park und Pifferari, zwischen Sonnenreflexen und Folklore.

Die Deutsch-Römer, auch Johann Wilhelm Schirmer, Edmundt Kanoldt, Friedrich Preller d. Ä. und d. J., der junge Franz von Lenbach und Artverwandte, haben Italien dann härter gesehen. In Städten residierend, kam ihnen die Idylle abhanden. Doch waren die meisten von ihnen auch Neo-Renaissancisten mit der industriellen Gründerzeit im Rücken, welche Land und Leute, wiewohl schärfer aufgefaßt, zu Kunstträumen, zu Fluchtburgen arrangierten, je nach Temperament und Gesinnung unwiederbringlich melancholisch oder vitalistisch. Den direkten Zugriff gibt es allenfalls bei Adolf Menzel, der 1884 die Piazza Erbe zu Verona als allsinnige Kakophonie malt. Nur dies eine Mal und für dies eine Bild ist er im Süden gewesen, der sonst für ihn in Bayern und Bad Gastein aufhörte. Das chaotische, andringliche Gewimmel steht im absoluten Gegensatz zur Rangordnung deutschrömischer Kompositionen; es mutet wie ein optischer Beutezug, wie das Einfangen pittoresker Autochthoner vor brausender Kulisse an. Diese Art Süden wird später den zartbesaiteten Georg Schrimpf abschrecken, bei Alexander Kanoldt zu kristallinen Stadtkronen erstarren, für Christian Schad eine dekadente Lebewelt einhüllen.

Wir sind vorausgeeilt. In den Jahren vor dem Ersten Weltkrieg war das Deutsch-Römische umkehrbar geworden und für kurze Zeit keine Einbahnstraße mehr. München, der nördliche Brückenkopf, zog nun die »Romani Tedeschi« an, unter ihnen Ubaldo Oppi, Piero Marussig, Baccio Bacci, Giorgio de Chirico, Alberto Savinio; auch Boccioni und Mario Sironi reisen 1911/12 zusammen in Deutschland. Und Arturo Martini studiert 1909 bei Adolf von Hildebrand in München. Tatsächlich spielen in das Frühwerk dieses Bildhauers Überlegungen hinein, wie sie auch in Florenz von Marées, Konrad Fiedler und Hildebrand angestellt wurden. Des letzteren Schrift ›Das Problem der Form‹ war Martini bekannt und traf sich mit eigenen Gedanken über eine unrhetorische, unanekdotische Plastik, die dem Raumkontinuum einbeschrieben bleiben, nicht durch unnatürliche oder erzählende Gestik aus ihm isoliert werden sollte. Skulptur wird, wie bei Hildebrand, als nichtstatuarisch begriffen. Für den Italiener wie für den Wahlflorentiner waren griechische Metopen und Reliefs des Quattrocento Leitbilder. Doch wollte Martini andererseits auch kein rein visuelles Gegenüber, wie es nach den Vorstellungen des Deutschen die architektonisch geprägte Zweidimensionalität erzeugte, sondern ein Miteinander. Der schlanken, klarlinigen Figur sollte ihr (Lebens)Raum dazugewonnen werden (*Il sacrificio, Icaro,* 1923). Dies führt dazu, daß Martini, Carràs Archaismus aufgreifend, seine Terrakottafiguren in Kammern einschließt und szenisch anordnet (*La nenna,* 1930; *Donna alla finestra,* 1930; *Il sogno,* 1931) und sich dem fließenden Umriß Canovas annähert (*La Pisana,* 1926). Doch bleibt eine Gruppe wie *Il Figlio prodigo* aus dem gleichen Jahr von fern der Strenge des Maréesschen *Hl. Martin* in München verpflichtet.[3]

Die Studenten aus Italien interessierte in München also kein nördliches Ambiente, sondern die Art und Weise, wie sich das Zuhause eher hemmende und die Futuristen zu Zerstörungsphantasien reizende klassische Erbe jenseits der Alpen brach und spiegelte, wie es in eine moderne Formproblematik gehoben, inhaltlich verallgemeinert, flächig-linear abgeklärt, endlich verfremdet wurde.

Von diesem Nord-Süd-Monolog, der für kurze Zeit zum Dialog wird, sollen hier einige Beispiele zeugen. Der Deutsch-Römer-Rezeption im einzelnen nachzugehen, wäre uferlos und ist im einzelnen teilweise schon geschehen. So hat Jürgen Wißmann das besonders intensive Nachleben Böcklins im Jugendstil, bei Lovis Corinth, im Expressionismus und Surrealismus bis hin zu den bekannten Paraphrasen der *Toteninsel* von Salvador Dalì untersucht.[4] Auch Hans von Marées wirkt, diskreter, fort, in den Strandakten von Edvard Munch etwa oder beim frühen Max Beckmann (*Junge Männer am Meer,* 1905). Sicher gibt es ähnliche Rückzündungen Anselm Feuerbachs, im Falle seiner Porträts sogar in Italien. Hier aber soll es nur um Stichproben gehen, welche Spielregeln und Verlauf des Gesprächs über die Alpen hinweg andeuten. Sie reichen mit Gerhard Merz bis in die unmittelbare Gegenwart und finden ihren Epilog in einer Feuerbach-Betrachtung von Botho Strauss.

Böcklin bei Max Reger

Giorgio de Chiricos Beziehungen zu Deutschland sind oft geschildert worden. Der in Griechenland aufwachsende Sohn eines italienischen Eisenbahningenieurs – »il figlio del costruttore« – kommt in Athen mit deutschen Lehrkräften als letztem Nachklang der Wittelsbacher Königsepisode in Berührung. Als der Vater überraschend stirbt, wendet sich seine Witwe, den musischen Neigungen der beiden Söhne folgend, nach München, das zu Beginn des Jahrhunderts, zumindestens im fernen Hellas, den Ruf einer europäischen Kunstmetropole genießt. De Chirico hat 1962 rückblickend erzählt, wie er, des Deutschen mächtiger als Alberto Savinio, den Bruder zu Max Reger begleitet, »den man damals für den Bach der modernen Zeit hielt«.[5] Savinio nahm bei ihm Privatstunden in Harmonielehre und Kontrapunkt: »Wenn ich nicht übersetzen mußte, blätterte ich in einem großen Band mit Wiedergaben nach Gemälden Böcklins.«

Ob diese Begegnung nun so oder vor Originalen, zum Beispiel in der Schack-Galerie, erfolgt ist – fest steht, daß Böcklin fortan zu den ständigen Begleitern De Chiricos gehört, und zwar im Rang eines Klassikers. Das spiegelt der Aufsatz ›Arnold Böcklin‹, der 1919 veröffentlicht wird, gerade als sein Verfasser zu den alten Meistern zurückkehrt, den Idealen der Pittura metafisica abschwört und sich in ›Valori Plastici‹ stolz als »pictor classicus sum« vorstellt.[6] Gleich eingangs wird Böcklin gegen den Vorwurf des Wagnerismus und fehlerhaft schludriger Malerei verteidigt:

»Er verstand sein Handwerk bewundernswert; er hatte es langsam erlernt, dann aber in einem gründlichen Studium der Natur und der alten Malerei entwickelt. Er oblag dieser Lernarbeit so planmäßig und geduldig wie ein Philosoph und mit der Liebe und der Klarsicht des Dichters. Im Gegensatz zur Malerei aller Modernen, die das Ergebnis des Augenblicks ist, der keine Kleinarbeit und kein Planen erlaubt, wurde die Malerei Böcklins geduldig erarbeitet. Einige Bildnisse des Museums in Basel genügen, um darzustellen, wie kräftig und klug er im Metier war. Sie sind solide, genau und fein nach dem Verfahren der großen Malerei gearbeitet; sie sind so stark wie Werke von Dürer und Holbein.«

Es ist nun aufschlußreich zu sehen, daß De Chiricos Selbstporträts dieser Jahre, die mit Antiqua-Inschriften, Büsten und dem eigenen plastischen Profil seinen Anspruch, ein klassischer Maler zu sein, als ernst gemeintes Spiel zu erhärten suchen, im Ansatz auf Böcklins berühmtes *Selbstbildnis* von 1875/76 in der Hamburger Kunsthalle und damit indirekt auf Hans Holbeins *Amerbach*-Porträt zurückgehen. De Chirico, der als umgekehrter Deutsch-Römer nicht an den italienischen Akademien, sondern in München studiert, zitiert von ferne altdeutsche Malerei, durch Vermittlung Böcklins, von dem er behauptete: »Er dürfte die große Lektion der frühen Künstler und der italienischen, flämischen und deutschen Klassiker besser als jeder andere Maler gelernt haben.« Gegen Ende des Textes, der um das Thema des Lernens von den Alten kreist, findet sich dann der Satz: »Böcklin integrierte die Erscheinungsformen der italienischen Landschaft mit Elementen der Architektur. So gelang es ihm, eine eigene Welt voll von überraschender Poesie zu schaffen.«

Böcklins in nordisches Idiom übersetzte italienische Landschaft ist von De Chirico formelhaft und in mehrfacher Spiegelung, die zuletzt einer Fata Morgana ähnelt, ins Ursprungsland rückübertragen worden. Anfangs, 1909, war die Rezeption eine rein dionysische, mit den entsprechenden Mischwesen, wie ja auch De Chiricos Münchner Böcklin-Erlebnis zunächst, ein wagnerisches war. Er hat in der bayerischen Hauptstadt keine Gelegenheit ausgelassen, Wagner in der Oper oder im Konzert zu erleben. Anläßlich des Retour à l'ordre seit 1919 möblieren Böcklins Zypressen und Villen am Meer dann beruhigte, entrückte Schauplätze (*Abschied des fahrenden Ritters,* 1923), und im Spätwerk feiern die Kreaturen des Schweizers, rein malerisch aufgefaßt, noch einmal barocke Urständ.

Hieraus ergibt sich, wie einseitig Julius Meier-Graefes polemischer ›Fall Böcklin‹ (1905) schon zur Entstehungszeit war. Künstler, die dem Impressionismus und seinen Folgen – Themenschwund, Auflösung der sichtbaren Welt – abhold waren, wußten mit dem Diktum, Böcklin habe den Königsweg der europäischen Malerei verlassen, wenig anzufangen. Selbst Kandinsky bescheinigte ihm 1912 in seiner Schrift ›Über das Geistige in der Kunst‹, er habe seine »abstrakten Gedanken« in »stark entwickelte körperliche Formen« gekleidet – ein salomonisches Urteil. Für Metaphysiker und Magische Realisten öffnete sich hier jedenfalls ein Weg, den Sinnverlust der Moderne, ihren Bruch mit der Tradition, in rätselhafte, die Zeiten und Ebenen klitternde Schwermut zu kleiden.

Dafür gab es einen weiteren, auf Böcklins Vorstößen fußenden Kronzeugen, dem De Chirico bis in seine letzten überaus wankelmütigen Lebensjahre treu geblieben ist – Max Klinger: »Er ist einer der tiefsten und einsamsten Künstler nicht nur des deutschen 19. Jahrhunderts, sondern aller Jahrhunderte und aller Länder der Erde. Genial und begnadet mit ungewöhnlicher Willenskraft und Arbeitsfähigkeit, mit Scharfsinn und Poesie, die ihn unter die bedeutendsten schöpferischen Kräfte aller Zeiten stellen, war er ein würdiger Bruder Arnold Böcklins.« Das steht in den ›Betrachtungen über eine Ausstellung deutscher Kunst‹ zu lesen, die 1942 in Venedig abgehalten wurde, nachdem sich De Chirico zu Alfred Rethel und dem über alles geliebten Moritz von Schwind bekannt hat. Klinger aber gilt das Hauptaugenmerk des Rezensenten, der ihm bereits 1920 einen ungewöhnlich eingehenden, häufig von sich selbst handelnden Essay gewidmet hatte. Dieser ist deutlich aus einem antifranzösischen Affekt heraus geschrieben und gegen eine angebliche Kultur der Oberfläche, der Diesseitigkeit gerichtet, die in seinen Augen alle Rätsel, alle »Metaphysik« ablehne. Aber: »Die Schranke, die zwischen Deutschland und dem Mittelmeer und dem Orient liegt, ist wirkungsvoll. Wenn seine genialen Männer tiefer in diese Welt eindringen wollen, müssen sie sich wie Gefangene hinter den Gittern der hohen Fenster aufrecken, sich abmühen, sich anstrengen und das ganze komplizierte Räderwerk des Denkens und der Phantasie in Gang setzen. Dank der so großen Distanz und der so großen Mühe, nehmen sie das, was sie zu sehen und zu begreifen wünschen, dann besser und gründlicher auf.«

Hier haben wir das Problem der Deutsch-Römer, gesehen von einem Italiener, der in beiden Kulturen zu Hause war. Klinger, der die Brüche als intellektuelle Collage zum Kunstmittel macht, ist in den Augen De Chiricos moderner und damit für ihn wie für Surrealisten wie Max Ernst – man denke an das Aufgreifen des radierten Zyklus *Paraphrasen über den Verlust eines Handschuhs* – anwendbarer als Böcklin: »Dieser erfuhr die Tragik der nördlichen, kontinentalen Natur. Er beschwor weit zurückliegende Ereignisse aus dunklen und unruhigen Zeiten und heilige Stätten, die den Nordwinden und der Macht der nordischen Dämonen ausgesetzt waren: die weissagenden Eichen von Dodona (*Heiligtum des Herakles*); bewaldete Berge in Thessalien, von wilden Kentauren bewohnt, und dunkle Zypressen, von den Stürmen des Meeres zerzaust und gebeugt (*Toteninsel, Villa am Meer*). Klinger, geistig viel komplizierter, wenngleich weniger klassisch als Böcklin, integriert in einem Bild Szenen aus der Gegenwart und antike Erinnerungen. Er gewinnt auf diese Weise eine Traumrealität von großer Eindruckskraft ... Er besitzt eben die dramaturgische Gabe, die in einigen Filmdramen zu beobachten ist, in denen Personen der Tragödie und des modernen Lebens zwischen erschreckend realen Szenen in magischen Augenblicken identisch werden.«

Im Bild des Kentauren, halb Mensch und halb Mythos, personifiziert sich diese Zusammenführung und vielleicht das Deutsch-Römische überhaupt. Nicht umsonst hat De Chirico die Auftritte dieses Zwitterwesens bei Böcklin und Klinger immer wieder beschrieben, bis hin zu der berühmten Belebung Klingerscher Gravüren in seinem Traumbuch ›Hebdomeros‹, das 1929 auf französisch in Paris veröffentlicht wurde und eine Art Gegenstück zu Hölderlins ›Hyperion‹ ist. Die Kentauren standen »alle vor der Tür, stampften und verjagten mit wuchtigen Schwanzschlägen die Fliegen, die sich in ihre von Schauern überlaufenen Flanken verbissen; sie waren alle da, die Kentauren mit ihren gefleckten Kruppen; unter ihnen Greise, alte Kentauren; diese waren größer als die andern, obwohl magerer; sie sahen aus wie gedörrt und als ob ihre Knochen sich unter der Last der Jahre verbreitert und verlängert hätten; im Schatten der dichten weißen Augenbrauen, die sich merkwürdig von der dunklen Tönung ihres Gesichtes abhoben, sah man ihre Augen, bläulich und sanft wie die Augen nordischer Kinder; ihr Blick war voll unendlicher Trauer (die Trauer der Halbgötter); er war aufmerksam und reglos wie der Blick der Matrosen, der Bergbewohner, der Adlerjäger und der Kamele, überhaupt der Blick derjenigen, die weit zu schauen pflegen und Menschen, Tiere und Dinge von fern wahrnehmen. Die anderen, jüngeren versetzten sich gewaltige Hiebe mit der flachen Hand und schlugen zum Spaß gegen die Zäune der Gemüsegärten aus. Manchmal löste sich ein Kentaurjüngling von der Gruppe und trabte durch die Wege, die zum Fluß führten; dort hielt er an, um mit den Wäscherinnen zu plaudern, die am Fluß auf den Knien ihre Wäsche bearbeiteten. Die Annäherung des Pferde-Mannes beunruhigte die jüngsten. Hebdomeros, der mehr als einmal bei diesem Ereignis zugegen war, ging diese Unruhe der jungen Wäscherinnen immer durch den Sinn; doch diesmal glaubte er ihre Ursache entdeckt zu haben: – Gewiß sind es Reminiszenzen mythologischer Art, die sie ängstigen, sagte er sich; und er fuhr in seinen Gedanken fort: – von diesen Reminiszenzen heimgesucht, sieht ihre weibliche Phantasie, immer bereit, sich ein Drama auszumalen, schon die *Entführung;* der Kentaur, der mitten in Wirbeln den Fluß durchquert und die schreiende, gleich einer trunkenen Bacchantin zerzauste Frau mit sich schleppt; am Ufer Herkules, der kraftvoll und angestrengt seine vergifteten Pfeile vom Bogen schießt; und dann die blutgetränkte Chlamys; die Chlamys, deren Farbe nachdunkelt bis zur dunkelroten Tönung der Weinhefe und die sich unablösbar an den Rumpf des Kentauren klebt, den sie vollendet abformt.

Doch die älteren beruhigten sie und sagten ihnen, da sei, jedenfalls im Augenblick, nichts zu fürchten«.[7]

Marées und die Pittura metafisica

Böcklin setzte sich »mit den tragischen Auftritten der Standbilder« auseinander. Auch De Chirico, von dem die Bemerkung stammt, tat dies seit 1919 und verstärkt in den dreißiger Jahren, als er mythologische Szenarien mit Amazonen, Dioskuren und Argonauten zu bevölkern pflegte. Diese meinen nicht die Naturkräfte und Elementargeister wie bei dem Basler und sollen auch keinen Text nachvollziehen. Sie scheinen sich in einer Fabelwelt aus antiken Anklängen und moderner Sehnsucht abzuspielen, als von Vergeblichkeit berührte und durch sie poetisierte Rhetorik des Wunsches. Es ist, als ob man Skulpturengruppen Leben andichtete, als ob Akte des Hans von Marées aus ihrem introvertierten Fürsichsein zu benennbarer Aktion erlöst würden.

»Stimmung« hatte der Italiener jenes »metaphysische« Gefühl benannt, das seine durch Arthur Schopenhauer, Otto Weininger, Giovanni Papini und Friedrich Nietzsches ›Geburt der Tragödie‹ präparierte Psyche an Herbstnachmittagen auf leeren Plätzen befiel. Bei Marées war diese Stimmung, der ja auch Alois Riegl damals einen berühmten Aufsatz gewidmet hat, als Grundbefindlichkeit anzutreffen. Was De Chirico an Klinger schätzte, nämlich daß irreale Szenen nicht »neblig und verworren« dargestellt sind, sondern in vollster Klarheit, als *Mystère en plein jour,* das ist sozusagen die Folie jenes Goldenen Zeitalters, dem der Deutsch-Römer aus Elberfeld mit einer Unbedingtheit nachstrebte, deren Scheitern seine Größe ausmacht; die Äpfel der Hesperiden hingen in den Gründerjahren schon zu hoch.

Aber kannte De Chirico Hans von Marées überhaupt? Der Name erscheint erst 1920 im März/April-Heft der von Mario Broglio edierten Zeitschrift ›Valori Plastici‹, als Theodor Däubler auf seine inspirierte Art über ›Il classicismo moderno‹ von Marées handelt. Das Werk selber aber dürfte ihm, wie Marisa Volpi Orlandini wahrscheinlich gemacht hat, schon während seiner aufgeschlossenen Münchner Jahre kaum entgangen sein, sei es Ende 1908 in der umfassenden Ausstellung der Sezession, oder aber durch die im Jahr darauf erscheinende dreibändige Monographie von Julius Meier-Graefe. Auch als er sich anschließend in Florenz aufhält, ist sicher die Kunde vom ehemaligen Kloster San Francesco di Paolo als Treffpunkt des Hildebrand-Kreises zu ihm gedrungen.

In ihrer schönen Studie[8] hat Marisa Volpi Orlandini Vergleichsreihen aufgestellt, die sich, wie sie selbst sagt, noch erweitern ließen. Werken von Marées, meist Zeichnungen und Entwürfen, werden Bilder De Chiricos aus den Jahren 1917–36 zugeordnet. Sie betreffen stehende Jünglingsakte, Reiter, Amazonen. Immer sind es Haltungen und Gesten des zeitfern meditierenden Deutschen, die bei dem Italiener in ein benennbares, deshalb aber nicht unbedingt überzeugenderes Mythenklischee eingebaut werden.

Marées besaß jene handwerkliche Sicherheit, die De Chirico erst intellektuell zu erwerben suchte. Eine so zwingende Situation wie das sich umarmende Paar der *Abschied* genannten Rötelzeichnung im Basler Kupferstichkabinett konnte zweimal sehr unterschiedlich zünden: in dem berühmten metaphysischen Blatt vom *Verlorenen Sohn,* 1917, und in dem opernhaft gerahmten *Abschied von Hektor und Andromache,* 1923. Einmal ist der Umarmer ein Manichino, dann ein Ritter; die Umarmte zunächst ein Herr im Gehrock als Vater des Verlorenen-Sohn-Konstrukts, dann wieder die – inzwischen statuenhaft erstarrte – Dame in Rück(en)ansicht.

»Ich freue mich wieder auf die deutsche Wiese ...«

Im 20. Jahrhundert ist das Deutsch-Römertum gebrochener und indirekter. Was Georg Schrimpf im Herbst 1924 aus Sizilien an Franz Roh schreibt, klingt wie eine ironische Umkehrung des Borchardtschen Eingangszitats. Nun beginnen sich nördliche Besucher an der Verschlossenheit des Südens zu stoßen: »Hätte ich vorher gewußt, wie es hier ist, so hätte ich nicht drei Monate lang die Wohnung gemietet, nicht daß es hier nicht schön wäre, man hätte in einem Monat genug die Umgebung gesehen, die sehr eng und begrenzt ist. Wir wohnen hier am Meer, und dahinter in einem Kessel von Bergen liegt die Ebene Conca d'Oro, alles große Zitronen- und Orangengärten, die ummauert sind, so wenn man eine Straße durch die Ebene geht, nur rechts und links hohe Mauern sieht. Am besten geht man an einen Bergabhang.«[9] Als Zusatz: »Farben, wie man sichs nicht vorstellen kann. Ich denke dabei oft an die Rottmannschen Bilder, sie sind sehr schön.« Wohl weil es Landschafts- und Geschichtsvisionen sind, Entgrenzungen. Und sechs Jahre später, gleichsam als Postscriptum der Entzauberung, an den gleichen Empfänger diese Postkarte aus Rom: »14 Tage bin ich schon hier und noch nicht konnte ich mich einleben, es wird auch nichts daraus. Je mehr man nach Italien kommt, desto fremder wird es einem. Die Romantik ist längst dahin und die Zivilisation ist scheußlich hier. Wenn man in die Umgebung geht, dann gibts nur staubige, schattenlose Straßen, auf die die Autos sausen, man kommt sich klein und kümmerlich vor. Als Maler muß man sein Auto haben. In Deutschland kann man noch wandern. Ich freue mich wieder auf die deutsche Wiese, wo man sich hinlegen kann.«

Sicher war Georg Schrimpf für das, was er letztlich suchte, die Aussöhnung von Mensch und Natur, im modernen Italien an der falschen Adresse. Fast ornamental wirkt das Linienspiel seiner Frauen und Kinder in der Landschaft, auf die man aus Fenstern blickt, in die man hineingegossen ist. Deshalb destilliert er aus Reisen, die ihn vor und nach dem Weltkrieg und noch einmal 1930 ins Gelobte Land locken, eine verklärte, idealtypisch zusammengezogene Gegend als Locus amoenus. Es ist eine Art Vogelschau der oberitalienischen Seen, vielleicht sogar des Lago Maggiore bei Ascona, wo Schrimpf 1913 in der Reformerkolonie auf dem Monte Verità weilte.

Hierzu paßt, wie Franz Roh bezeugt, daß er nie vor dem Motiv arbeitete, immer aus der Erinnerung. Auf Spaziergängen füllten sich seine Hefte mit andeutenden Kürzeln, die den inneren Formenvorrat ergänzten. Für seinen privaten Madonnenkult hielt er sich an Raffael und vor allem an Mantegna, wie übrigens alle jene Maler, die um 1920, aus verschiedenen Richtungen kommend, der Maternità, dem Ideal von Mutter und Kind huldigten: Pablo Picasso, Gino Severini, André Derain, Mario Sironi. Generell gilt, was Christian Schad, Kriegsdienstverweigerer und Dadaist in der Schweiz, 1927 rückblickend im Katalog seiner Ausstellung in der Galerie Würthle in Wien bemerkt: »... mir öffnete Italien die Augen über mein Wollen und über mein Können. Denn nirgends ist der Unterschied zwischen Kunst und Kitsch so offenbar wie in Italien. Da hängen viele gut gemalte Bilder von guten Malern. Freilich nur in den Museen. Die Kunst ist alt. Und die alte Kunst ist oft neuer als die neue. Dennoch wäre es zuviel gesagt, wollte ich behaupten, daß ich in Italien etwas gelernt habe. Ich fand den Weg zu mir. Das ist alles.« Solche Stellen und Bildzitate finden sich auch bei Heinrich Maria Davringhausen und Carlo Mense, der 1922 übrigens mit der Gruppe der ›Valori Plastici‹ in Florenz ausstellt.

Im Unterschied zu diesen altmeisterlich präzise ausgerichteten Malern nimmt Georg Schrimpf die frühen Italiener schon gefiltert durch den Nazarener Friedrich Overbeck auf. Er ist daher weit von Carlo Carràs archaischem Giotto-Erlebnis entfernt, das bei allen oberflächlich mit Schrimpf übereinstimmenden Zügen zur Geballtheit der Ursprünge, zu Terribilità und kubischer Gesetzmäßigkeit zurück will.

Carrà wird hier genannt, weil sich Schrimpf – wie übrigens auch Mense, Grosz und Davringhausen – aufgrund von Abbildungen in der Zeitschrift ›Valori Plastici‹, die ihm 1919 in der Galerie Goltz vor Augen kamen, mehr zu ihm und seiner harmonisierenden Italianità hingezogen fühlte als zu De Chirico, dessen Klitterungen unterschiedlicher Realitäten dagegen Max Ernst und Anton Räderscheidt ansprachen: die Weichen zwischen Magischem Realismus und Surrealismus waren somit gestellt. Carrà wiederum, zu dem Schrimpf Verbindung aufgenommen hatte, leitete 1924 in der angesehenen Buchreihe der ›Valori Plastici‹ eine kleine Monographie über den – in seinen Augen jungen – Deutschen ein. Dieser Text, einer der merkwürdigsten, die je von einem Künstler über einen anderen verfaßt wurden, klingt eher wie das Credo Carràs selber, wenn er Schrimpf als Mystiker bezeichnet, der sich wie viele idealistische Künstler seiner Generation vom sensualistischen Impressionismus abgesetzt habe und zurück zum Quattrocento strebe, das zugleich mystisch und klassisch gewesen sei.

Das hieße freilich die von Oskar Maria Graf, dem Freund und kommentierenden Weggefährten so genannte »Formverfestigung« bei Schrimpf und Mense etwas einseitig festlegen. Das klar Geschnittene der Figuren und Landschaften kommt bei Schrimpf wohl eher aus der deutschen Romantik, von Caspar David Friedrich und, näher zu ihm, von Karl Haider oder, zur schlichten Idylle gewendet, von Hans Thoma. Die »neue Solidität der Anschauung«, die »Dichtigkeit der Herstellung« aber, die Schrimpfs Bilder 1924 laut Franz Roh auszeichnen, seine blockhaften Kinderdarstellungen vor allem, sie wurden durch Philipp Otto Runges Kinder, diese so konzentrierten Inbilder erwachsener kleiner Erdenbürger, beeinflußt. Deutsch-Römer des 20. Jahrhunderts erinnern sich demnach sowohl der Romantiker, Nazarener, Altdeutschen wie der frühen und späten Italiener – ein Spektrum, das noch schillernder wird, wenn in unseren achtziger Jahren ein Künstler wie Gerhard Merz die Exklusive der Moderne aufbricht und sich die Errungenschaften der Kunstgeschichte insgesamt zunutze macht, Nord und Süd in einer nostalgischen Schärfe zusammenzwingend, die unser Thema noch einmal, und diesmal brennend, aktualisiert.

Dove sta memoria – Wo ist Erinnerung (Ezra Pound, Pisaner Gesänge, Canto LXXVI)

Gerhard Merz tritt seit einigen Jahren mit ausgemalten Bildersälen hervor. Er möchte die Kunst der Beliebigkeit entreißen, in die sie zwangsläufig gerät, wenn sie ihres architektonischen Kontexts beraubt ist. Ein solcher Versuch der Sinngebung setzt historisches Denken voraus. Tatsächlich scheint es kein Zufall, daß Merz im klassizistischen München zu Hause ist, das sich im vorigen Jahrhundert als Stadtgebilde einen Künstlertraum vom Süden zu erfüllen suchte, der, wie alle derartigen Wahlverwandtschaften, nicht ohne nostalgisches Zurückhängen und Mißverständlichkeiten war, was die Harmonisierung der konfliktuellen Gegenwart und die Inanspruchnahme durch konservative bis faschistische Kreise betraf. Merz erkennt diese Brüche und bezieht sie mit ein. Als ein später Deutsch-Römer selbst von Italien und seinem Kunstwollen angezogen, ist er doch zugleich ein Maler des ausgehenden 20. Jahrhunderts, den die Orts- und Funktionslosigkeit der Bilder anfangs bis zur Monochromie und dem endlosen Ziehen gerader Linien auf farbigem Grund getrieben hat: das Bild als reine Idee, als Ding an sich, nur durch Prozeß und Pigment definiert. Malewitsch, Ad Reinhardt, Donald Judd gehörten damals zu seinen erklärten Vorbildern. Die Futuristen, Tatlin, Rodtschenko kamen hinzu, als die ausstrahlende Dynamik eines jeden Kunstwerks erkannt, Schlemmer und De Chirico, als Raumgestaltung durch Bilder angestrebt wurde. Vor allem Giorgio de Chirico, der in Griechenland geborene, in München ausgebildete Neuklassiker, durch dessen Arkaden und schwarze, randlose Fenster die Melancholie über einen unersetzlichen Verlust weht: Kraft ihrer hart erkämpften Autonomie hat sich die Malerei selbst isoliert und des sinnstiftenden Eingreifens in das Gefüge der Polis begeben. Kein Wunder, daß De Chirico dann in die falsche Geborgenheit der Meister flüchtete.

Merz weiß, daß es keine solche Rückkehr gibt. Er macht De Chiricos Nostalgie fruchtbar. Auf dem Hintergrund der Moderne bezieht er die »reine Malerei« ihrer Pioniere als pigmentgesättigte, edel gerahmte Tafeln in seine Säle ein, die in einem Farbton gehalten, durch Bilder und Plastiken rhythmisiert sind und ikonographische Schlüssel durch eingefärbte Siebdrucke nach Motiven alter oder neuer Meister oder nach photographierten Realitätsausschnitten erhalten. Malende »Wiedergabe« ist für Merz nicht denkbar, nur dies indirekte Sprechen in Zusammenhängen, dies Museum im Museum, das via Kunst Erkenntnis vermittelt und bei aller Gebrochenheit offen die Schönheit anstrebt.

Unter den vielen Ausmalungen, die Merz letzthin in Europa und Amerika vorgestellt hat, nehmen zwei Münchner Arbeiten eine Sonderstellung ein. 1985 konnte der Künstler das Treppenhaus einer Finanzgesellschaft in der Barer Straße nach seinen Ideen umgestalten. Es handelt sich um ein eher anonymes Bürogebäude der sechziger Jahre, allerdings in unmittelbarer Nähe von Karolinenplatz, »Führerbauten«, den Sockeln der gesprengten Troostschen »Ehrentempel«, von Glyptothek, Propyläen und Lenbachvilla gelegen, also im Herzen von biedermeierlichem Klassizismus, großbürgerlichem Italienprunk und deren brauner Anwendung – jenem Spannungsfeld mithin, auf das es Merz abgesehen hat. Er ließ die Wände blau, rot und gelb streichen, mit einem Klötzchenfries darüber, und hängte in jede Etage eine monochrome Malerei, deren Farbton optisch und als poetischer Klang in Richtung Italien weist: GIALLO DI CADMIO LIMONE, ARANCIO DI CROMO, BLU OLTRA-MARE SCURO. Im Obergeschoß, ehe man zum geschilderten Rundblick auf die Terrasse tritt, wird die Sehnsucht dann Bild: Tivoli. Diesen Pilgerort der Rom-Maler vergegenwärtigt ein eingefärbter Siebdruck mit der Wiedergabe der berühmten Wasserfälle. Die Ikone idyllischer Nostalgie, die zugleich durch die Serigraphie als Illusion oder touristische Dutzendware entlarvt wird, ist kostbar in Tondoform gerahmt.

Dove sta memoria (1986), die temporäre Umrüstung des Münchner Kunstvereins zum ›Merzbau‹, war dann wesentlich pointierter, auf den Ort und seine baulichen wie kunstpolitischen Implikationen zugeschnitten. Die Galerieräume am Hofgarten sind 1780/81 vom Architekten Karl Albert von Lespilliez im Auftrag des Kurfürsten Karl Theodor für einen Teil der Wittelsbachischen Gemäldesammlung errichtet und nach den Zerstörungen des letzten Krieges in vereinfachter Form wiederhergestellt worden. Doch noch immer vermitteln sie etwas von der Feierlichkeit klassischer Museumssäle. Die Merzsche Ausmalung unterstrich die langen Bilderkorridore und die ideale Lichtführung durch hochliegende Fensterreihen. Zugleich aber unterbrach sie solch hehre Zeitlosigkeit mit gezielten Anspielungen. Im Schlußraum war ein Siebdruck jener Skulptur von Otto Freundlich sichtbar, welche die Nationalsozialisten, brutal verfremdet, als Beispiel abschreckender »Untermenschenkunst« auf den Umschlag der Schandbroschüre gesetzt hatten, welche die Ausstellung ›Entartete Kunst‹ begleitete; und diese wurde vor fünfzig Jahren, dove sta memoria – am 19. Juli 1937 in den Hofgartenräumen beim Armeemuseum eröffnet. Otto Freundlich, der also gebrandmarkte deutschjüdische Künstler, kam wahrscheinlich 1943 im KZ Lublin-Majdanek ums Leben. So nahm man den Ziegelaufbau vor dem Bild mit der krönenden Metallschale zunächst fraglos als Ehrenmal für den verfehmten Künstler. Doch erinnerte das Ganze auch fatal an die Pylonen mit Rauchschalen für NS-Aufmärsche, an den Mißbrauch klassizistischer Zeichen durch den Faschismus also. Merz ließ die Entscheidung vieldeutig offen.

Vorher war dem Besucher schon ein Erlebnis von Pittura metafisica zuteil geworden. Die Bogenöffnungen der Beletage mit ihren farbig abgesetzten Durchblicken auf leere Fenster präsentierten sich als dreidimensionale Bilder von De Chirico. Es waren jene Arkaden, welche kulissenartig seine leeren Plätze begrenzen. Und es verstärkte sich der Eindruck, daß De Chirico diese scharfgeschnittenen schmucklosen Bogenstellungen vielleicht gar nicht Ferrara, Florenz oder Turin verdankt, wie er andeutet, sondern den glatten, profillosen Hofgartenarkaden, die transalpinen Bogengängen von Bologna bis zur Lombardei respondieren in immer abstrakterer Spiegelung, bis sie Cosa mentale werden, Motiv der Erinnerung, metaphorisch aus sich überlagernden Vorbildern herausgefiltert.

Es überrascht dann kaum noch, als abschließenden Prospekt De Chiricoscher Bilder wie *Orest und Elektra* (1923) und anderer ein der Klassik nachempfundenes Kompositgebäude anzutreffen, das unweigerlich an die Villa Franz von Lenbachs hinter den Propyläen erinnert. Das fremdgewordene Eigene wird einem durch die Wunschaneignung der Fremde wieder vertraut.

Botho Strauß: Epilog

»Das Kunstwerk bewahrte uns einst vor der totalen Diktatur der Gegenwart.

Die Gruppe unter den Malern des 19. Jahrhunderts, die sich die Deutsch-Römer nannten, unter ihnen vorrangig Feuerbach, wandte sich ab von der ›Sauepoche‹ des frühen Industrialismus und den ›Idealen des Humanismus‹ zu, den Vorbildern der klassischen italienischen Malerei. Wir haben inzwischen keinen Grund mehr, eine solche Haltung als hochmütige Fluchtgebärde, als restaurative Verzückung zu verunglimpfen. Dazu müßte uns ein Progressismus in der Kunst mehr bedeuten, als er es noch tut. Inwieweit ein Kunstwerk zu seiner Zeit Kongruenz und Gegenwartsnähe bildet, inwieweit ihm, nicht nur in technisch-formaler Hinsicht, vorwärtsdrängende und bahnbrechende Verdienste zukommen, ist längst nicht mehr die aufregendste Entdeckung, die wir an ihm machen können. Wenn einer nur in dem, was er hervorbringt, offenkundig ›nicht anders kann‹, so bietet er unter Umständen selbst in der entschlossenen Abkehr von seiner Epoche eine merkwürdigere Folie von Zeitgenossenschaft als andere, die, immer dem anbrechenden Morgen hinterher, in Zeiten des Umbruchs Neues mit Neuem zu vergelten suchen. So erblicken wir heute in Feuerbachs großen Gemälden weniger die Monumentalität des edlen Scheins; der Zwang zur altertümlichen Manier erschließt sich uns eher schon als ein extremer Traum von geschichtlicher Geborgenheit; seine hehren Gestalten als Paranoia einer zuchtvollen Menschen-Ähnlichkeit, erhöhte Geschöpfe einer gewaltigen Verlustangst an der Schwelle zu einer Welt der tollen Neuerungen. Steht man heute vor der ›Pietà‹ in der Münchner Schack-Galerie (Kat. 67), wirkt der Anachronismus Feuerbachs auf einmal beunruhigend. Der Schulbuch-Schwindel ist verflogen; man sieht die Einheit von Riß und Form. Die Ikonographie erfüllt, still, getragen, übergroß, die Pathosgebärde der alten Malerei; sie bedient sich zugleich, sparsam, einiger Details von sinnlichem Gewicht, die dem ›modernen‹ Realismus angehören, einem Realismus freilich mit idealischem Antlitz, der die Darstellung vor der leeren Formelhaftigkeit ebenso wie vor dem allzu nachbarschaftlichen Gefühl des Betrachters bewahrt.

Die am Corpus Christi kniende Maria Magdalene, den Kopf in Tücher gehüllt, hat sich weinend über seine Brust geworfen. Ihre Linke – eine entkräftete, lassende, krumme Pfote – liegt in der rechten Schlüsselbeinkuhle des Leichnams, liegt da wie auf einer Tischplatte, so daß das tote Fleisch, das hier beweint wird, nicht sinnlicher hervorgehoben werden könnte. So liegt eine Hand nur auf lebloser Materie. Man kann auch sagen: diese Hand ruht auf dem Corpus wie die Hand einer eingeschlafenen Köchin auf dem Nudelbrett. Die Dornenkrone liegt neben der Bettstatt, neben dem herabhängenden Arm des Erlösers wie das Gebiß, das ein Betrunkener sich vor dem Schlafengehen aus dem Maul gerissen hat. Denn plötzlich befällt den Betrachter ein unwiderstehlicher Zwang zu solch rüpelhaften Vergleichen und er weiß, daß der Maler irgendwo für einen Augenblick, eine Straßen-Szene lang, in seiner alltäglichen Umgebung etwas erblickt hat, das Linien und Formeln der Pietà in sich trug (was für diesen Fall im übrigen auch bezeugt ist). Und : die Augen der Formeln gruben sich in den banalen Vorwand und die Formeln dankten der Banalität ein neues Leben. Formel und Fund bilden gemeinsam die Faust des Werks, den Stoß, die Durchsetzungskraft. Von daher entsteht auf dem späteren Gemälde dann jene täuschende Ähnlichkeit unserer Empfindungen mit der unerreichbaren Trauergebärde der Pietà. Diese Gebärde existiert allein im (kunst)geschichtlichen Raum, in einem, sagen wir, Raffaels Andacht und Feuerbachs Eisenbahnfahrten verschmelzenden Zeit-Raum. Selbst in einer von ideal bemessenen Menschen in einer perfekt nachgestellten und koloritgetreu ausgeleuchteten Szene, die man filmte oder fotografierte, würde sie niemals erscheinen. So ist es die Geschichtlichkeit *in* einem großen Bild, die wir dankbar aufnehmen und die uns für eine Weile erlöst – nicht von den Sorgen des Alltags und der Wirklichkeit, ganz im Gegenteil, die blicken mit, sondern erlöst von den Qualen einer illusionären Optik, die uns die totale zeitliche Eindimensionalität des fotografischen Abzugs aufgezwungen hat. Wir schöpfen schon deswegen Atem vor einem Gemälde, weil es Bild und Anti-Film-Bild zugleich ist. Nicht die Schrift, nicht die Musik, zuerst und paradoxerweise ist es das Gemälde, das uns vom visuellen Müll, der die Sinne belastet und zersetzt, reinigen könnte. Es gibt kein besseres Verbrennungsaggregat als die imaginäre Einstrahlung eines großen Bilds.«
(Botho Strauß: Paare Passanten. Carl Hanser Verlag München 1981, S. 11–113)

1 R. Borchardt: Italienische Städte und Landschaften, hg. v. G. Schuster, Stuttgart 1986, S. 14f.
2 G. Metken: Italien und Rom aus der Sicht der Nazarener, Kat. Ausst. Die Nazarener in Rom, München 1981.
3 M. Volpi Orlandini: Alcune riflessioni su Arturo Martini e il Novecento, Kat. Ausst. 1935, Gli artisti nell' università e la questione della pittura murale, Rom 1985.
4 J. Wißmann: Zum Nachleben der Malerei Arnold Böcklins, Kat. Ausst. Düsseldorf 1974.
5 G. de Chirico: Memorie della mia vita, Mailand 1962.
6 Zitiert nach: G. de Chirico: Wir Metaphysiker. Gesammelte Schriften. Hg. v. W. Schmied, ins Deutsche übertragen von A. Henze, Berlin 1973.
7 G. de Chirico: Hebdomeros, aus dem Französischen von B. Weidmann, Berlin 1969, S. 60f.
8 M. Volpi Orlandini: Hans von Marées. Appunti sui ›Tedeschi Romani‹ e l'Arte Metafisica di Giorgio de Chirico, Studi in onore di Giulio Carlo Argan, Rom 1984.
9 Zitiert aus: W. Storch: Georg Schrimpf und Maria Uhden. Leben und Werk, Berlin 1985.
10 G. Merz: Tivoli TRV. Texte von L. Glozer und V. Magnago Lampugnani, Köln 1986. – Dove sta memoria, Text von F. Zdenek Felix, Kat. Ausst. Kunstverein München 1986.

Katalog

Gemälde

Die Autoren der Bildkommentare:
S. B. = Sigrid Braunfels-Esche
B. E. = Barbara Eschenburg
F. F. = Fritz Fischer
M. G. = Michael Grünwald
B. H. = Barbara Hartwig
C. H. = Christoph Heilmann
A. H. = Annegret Hoberg

Oswald Achenbach

1 Zypressen, um 1850

Pappe; 39,5 x 27,5 cm
Düsseldorf, Kunstmuseum. – Inv. Nr. 4189
Literatur: W. Cohen, Oswald Achenbach in Italien und daheim, in: Die Kunst für Alle, 32, 1917, S. 41, Abb. 44. – Ders., Hundert Jahre rheinischer Malerei, Bonn 1924, S. 12. – J. H. Schmidt, Oswald Achenbach, Düsseldorf 1946, S. 27f., Abb. S. 40. – W. Hütt, Die Düsseldorfer Malerschule 1819–1869, Leipzig 1964, S. 136. – Kat. Düsseldorf Kunstmuseum, 1969, S. 29. – Kat. Ausst. Düsseldorf 1979, Nr. 9.

1

Ein großes Gemälde Achenbachs, *Cypressengruppe aus der Villa d'Este* (in Tivoli), war 1876 in der Kunsthandlung Eduard Schulte in Düsseldorf ausgestellt (Kunstchronik, 11, 1867, Sp. 28). Ein Kunstrezensent kritisierte, daß es »bei aller Genialität doch keinen rechten Genuß gewähren« könne und »im Vorder- und Mittelgrund etwas flau und körperlos« erschiene. Die Vorstufe zu diesem Gemälde bildet sicher die vorliegende Ölskizze, die als ganz malerisch gesehene Naturstudie anhand einer 1850 datierten Zeichnung des Motivs gleichzeitig, also während des ersten Romaufenthaltes angesetzt wird.

Das in Zeichnungen und Gemälden der deutschen Kunst des 19. Jahrhunderts äußerst beliebte Zypressen-Motiv (zur Ikonographie siehe Kat. 129) erscheint bei Achenbach in gesteigerter Form und Farbigkeit. Der Vergleich mit demselben Motiv seines Düsseldorfer Lehrers Wilhelm Schirmer, das zehn Jahre früher entstand (vgl. Kat. 129), zeigt das ausgesprochen malerischen Werten verpflichtete Künstlertemperament des Jüngeren. Achenbachs Zypressen stehen als Kern einer im übrigen fragmentarischen Ausführung, in steilem Bildformat dichtgedrängt und undurchdringlich und, obwohl nach den Seiten frei, gewinnen sie an Dramatik und Stimmungsintensität. Gegenüber dem ausgleichenden Braunton bei Schirmer herrscht hier »ein tiefes Grün wie beim frühen Böcklin« (Cohen 1924, S. 12). Tatsächlich traf Achenbach in Rom auch den gleichaltrigen Schirmer-Schüler Arnold Böcklin, der sich dort von März 1850 bis Oktober 1851 aufhielt. Schon Gustav Floerke sah 1876 bei Böcklin und Achenbach eine Wesensverwandtschaft, die Gemeinsamkeit »poetischer Anschauung« und »großartig-malerischer Phantasie« (Gustav Floerke, Zehn Jahre mit Böcklin, München 1901, Vorwort v. H. Floerke).

Neben dem Einfluß von Oswald Achenbach spricht Karl Scheffler auch von der Nähe von Böcklins damaliger Landschaftsauffassung und Malweise zu Schirmer und Dreber, was aber nur bedeutet, daß sich Böcklins Stil zu Beginn des ersten römischen Aufenthalts noch nicht festgelegt hat (in: Kunst und Künstler, XXIII, 1925, S. 441).

B. H.

2

2 Pinien, um 1850

Pappe; 25 x 32 cm
Bezeichnet oben rechts: Osw. Achenbach
Wuppertal, Von der Heydt-Museum. – Inv. Nr. 47
Literatur: Schmidt 1944, S. 27, 42. – Kat. Wuppertal Von der Heydt-Museum 1974, S. 12.

Die Ölskizze stammt, wie die *Zypressen* (Kat. 1), aus dem Besitz der Tochter Caecilie Achenbach, die über ihren Vater Erinnerungen niedergeschrieben hat, in denen sie seine Maltechniken aus der von ihr erlebten Praxis des Künstlers beschreibt (Oswald Achenbach in Kunst und Leben, Köln 1912). Eine große Anzahl der erhaltenen Skizzen geht auf die Italienaufenthalte zurück. Sie dienten Achenbach jedoch nicht als direkte Vorlagen für die später in Düsseldorf im Atelier ausgeführten Gemälde, sondern eher als Erinnerungsstützen, die er in der bildmäßigen Fassung meist variierte und stark abwandelte.

Die in flüchtigen Pinselstrichen festgehaltene Piniengruppe ragt vom unteren Bildrand beschnitten gegen den Himmel auf. Die schmalen Stämme mit abgebrochenen oder geborstenen Ästen und knorrigen Verdickungen veranschaulichen in scharfen Kontrasten die vorgegebene Licht- und Schattenwirkung, wie wir sie so nur aus südlichen Ländern kennen. Aus dieser Lichtsituation versteht sich die unterschiedliche Farbintensität der grob und treffend charakterisierten Stämme, wobei nicht zuletzt der wie zufällig gewählte Naturausschnitt die spontane Frische der Studie bewirkt (vgl. auch eine sehr ähnliche Bleistiftstudie der Düsseldorfer Kunstakademie, welche Achenbach mit »Albano 21. August 1850« bezeichnet hat, in: Schmidt 1944, S. 42, Abb. 41). B. H.

3 Italienische Berglandschaft, um 1870

Leinwand; 33 x 46 cm
Bezeichnet unten links: Osw. Achenbach
Bremen, Kunsthalle. – Inv. Nr. 300-1931/1
Literatur: Kat. Bremen Kunsthalle 1973, S. 15, Abb. 199.

Das Bild zeigt wohl ein Motiv aus den Sabinerbergen bei Olevano, wo die Maler aus dem Norden, und seit Josef Anton Kochs Zeiten insbesondere die Deutschen, bevorzugt die Sommermonate verbrachten. Berühmt war der nahegelegene Eichenhain, der immer wieder zu neuen Naturstudien anregte. Auf einer Anhöhe mit kargem Boden und unregelmäßigen Felsen wachsen knorrige uralte Steineichen, die ihre Kronen einander zuneigen. In der Bildordnung, so unruhig sie durch den abrupten Licht-Schattenwechsel wirkt, klingen noch immer von Ferne die Kompositionen Ruisdaels nach, den der Lehrer Achenbachs, Johann Wilhelm Schirmer, Zeit seines Lebens geschätzt hat. Die großzügig andeutende und vielgestaltig variierende Malweise ist charakteristisch für Achenbachs Arbeiten; seine Tochter Caecilie meinte, daß er Pinsel »im Notfall entbehren konnte, malte er doch am liebsten mit Spachtel und Daumen« (C. Achenbach, Oswald Achenbach in Kunst und Leben, Köln 1912, S. 39). Die körnige bis pastose Oberflächenstruktur geht mit den Bedingungen der Landschaft, dem ausgebrannten Boden und den schrundigen Felsen, und den zerrissenen Lichtflek-

3

4

ken eine enge Verbindung ein. Achenbachs Gemälde evoziert die Spröde der uralten Kulturlandschaft und läßt zugleich anklingen, wie die Existenz der Landbevölkerung von ihrer Härte geprägt ist. B. H.

4 Via Cassia bei Rom, 1874

Leinwand; 65,5 x 92,5 cm
Bezeichnet unten rechts: Osw. Achenbach 1874
Privatbesitz
Literatur: Kat. Weltausstellung Paris 1878, Deutsche Abteilung, Hauptverzeichnis der ausgestellten Werke, Berlin 1878, Nr. 8. – Kat. aus dem Künstlerhaus Wien 1879 (Februar). – B. Groller, Aus dem Wiener Künstlerhause, in: Zeitschrift für Bildende Kunst, 19, 1879 (Beiblatt 14). – Boetticher I, 1, S. 13, Nr. 95. – Kat. Auktion Lempertz, Herbst 1986, Nr. 201.

Im Katalog der genannten Lempertz-Auktion war das Bild mit der lapidaren Bezeichnung *Ansicht von Rom* gegeben. Die Lage von Sankt Peter mit dem Vatikan und dem Monte Mario zur Rechten lassen jedoch den Standort des Malers entsprechend dem hier gewählten Bildtitel einwandfrei bestimmen. Wir sehen eine der großen Ausfallstraßen des antiken Rom, die über den Bracciano-See nach Siena führt und über die viele der Romfahrer und Pilger aus dem Norden gekommen sind und die Ewige Stadt von hier aus erstmals zu Gesicht bekamen.

Da außer in dem bei Boetticher aufgeführten Werkverzeichnis (Nr. 95) diese Bildbezeichnung sonst nicht vorkommt, sie in der neueren Literatur gänzlich unbekannt geblieben ist, und das Entstehungsdatum zu den wenig späteren Ausstellungsdaten paßt, darf man von der Identität dieses Bildes mit den oben genannten Literaturangaben ausgehen. (Eine spätere Zweitfassung mit näher gerückter Staffage und höher gelegtem Horizont von fast doppeltem Format aus dem Jahr 1881 tauchte unter der Bezeichnung »Straße am Palais Pitti bei Florenz« (!) im Düsseldorfer Kunsthandel auf [14. Verkaufsausstellung Fa. W. Körs].) Der erste Besitzer scheint (dem Weltausstellungskatalog von 1878 folgend) der Buch- und Kunsthändler J. Budden in Düsseldorf gewesen zu sein, um 1900 befand sich das Bild bei dem bekannten Berliner Galeristen Eduard Schulte (nach Boetticher). Was der Kritiker der Ausstellung im Wiener Künstlerhaus 1879 neben dem Lob »vorzüglich« daran auszusetzen hatte, war der Mangel an leuchtkräftigem Kolorit, das mit seinen kontrastreichen Gegenstandsfarben damals bereits mehr und mehr die italienische Genre-Landschaft Achenbachs bestimmte. Diese später bei ihm schon zur Manier getriebene grelle Farbgebung würde allerdings auch für die gewählte Abendbeleuchtung des Bildes nicht recht gepaßt haben. Statt dessen finden wir ein überaus harmonisches, dem Natureindruck vollkommen entsprechendes Kolorit, das die tiefen Verschattungen am Boden gegen die von der fast untergegangenen Sonne gerade noch beleuchteten Stellen in Beziehung setzt, wobei diese Lichtsituation im Abendrot des Himmels mit dem schon aufgegangenen Mond als vollkommen natürlich überzeugt. Studien zu dem Bild hat Oswald Achenbach wohl während des davor liegenden

5

dreivierteljährigen Italienaufenthalts 1871 notiert, als er mit seiner Frau und den beiden ältesten seiner Kinder auch länger in Rom war (W. Cohen, Oswald Achenbach in Italien und daheim, in: Die Kunst für Alle, 32, 1916/17, S. 44f.). C. H.

5 Konstantinsbogen, 1882

Pappe; 26,8 x 34,2 cm
Bezeichnet unten links: Rom 19. Juli 82, oben rechts: Osw. Achenbach
Düsseldorf, Kunstmuseum. – Inv. Nr. 4537
Literatur: Kat. Düsseldorf Kunstmuseum 1969, S. 36, Abb. 17. – Kat. Berlin Nationalgalerie 1976, S. 28. – Kat. Ausst. Düsseldorf 1979, Nr. 14, S. 252f.

Die Ölskizze entstand während Achenbachs letztem Romaufenthalt 1882, als neben der italienischen Landschaft auch die Denkmäler und die Stadtlandschaft sein Interesse fanden. Auch Lenbach hatte bei seiner ersten Italienreise 1858 antike Monumente gemalt (vgl. Kat. 108, 109), an denen ihn die »Natur«, das »farbige Treiben« der Situation gereizt hatte.

Der Konstantinsbogen, 312/315 n. Chr. zur Erinnerung an den Sieg Kaiser Konstantins über Maxentius errichtet und ein Zeugnis für die Macht und Bedeutung des antiken Rom, bildet den Hintergrund für beginnendes Leben am Morgen auf der Straße. Historisches Monument und momenthaftes Geschehen sind bewußt konfrontiert. Die nur andeutende Wiedergabe der im Verhältnis winzigen Staffage deutet auf das Transitorische der Situation; der Bogen erhebt sich dagegen unüberschnitten erst in der oberen Bildfläche; rechts sind die Reste des erst im 20. Jahrhundert abgetragenen antiken Brunnens »Meta Sudans« zu sehen, dahinter der Palatin. Der Karren vorn ist eingebunden in eine bogenförmige Schattenzone, die das Kolosseum bei früher Morgensonne verursacht.

Achenbach verwendete die Farbskizze vier Jahre später in Düsseldorf zu einem in Großformat ausgeführten Gemälde (Berlin, Nationalgalerie, 120 x 149 cm). Die Staffage ist hier bereichert und geht in Details, die Proportionen des Triumphbogens wirken eher breit als hoch, vor allem hat Achenbach, offenbar anhand eines Stiches oder einer Fotografie, Korrekturen vorgenommen, denn über den Seitendurchgängen befinden sich nicht vier, sondern zwei Tondi. B. H.

Arnold Böcklin

6

6 Römische Landschaft mit sitzendem Hirten, 1851 (Felsabhang im Albanergebirge)

Leinwand; 61 x 74 cm
Bezeichnet unten rechts: A. Böcklin/Rom 1851
St. Gallen, Kunstmuseum
Literatur: Schmidt 1963. – S. 6, Andree 1977, Nr. 68 – Kat. Ausst. Basel 1977 Nr. 32, Kat. St. Gallen Kunstmuseum 1977, Nr. 68. – Kat. Ausst. Darmstadt 1977, Nr. 8. – Poetter 1978, S. 49 ff.

Während des ersten gemeinsamen Romaufenthalts kaufte Jacob Burckhardt 1851 von Böcklin dieses Bild und stellte es im Mai des Jahres in der Basler Lesegesellschaft aus. Durch seine Vermittlung erhielt Böcklin zudem den Auftrag, für den Basler Bürgermeister Sarasin-Brunner eine *Römische Landschaft* zu malen (heute in der Karlsruher Kunsthalle), was Böcklin die Mittel verschaffte, länger in Rom zu bleiben.

Aus verhältnismäßig naher Sicht erblickt man eine Wildnis aus Felsen und Steineichen. Helles Sonnenlicht kontrastiert zu feuchtschattigen Partien, deren fast tropisch anmutende Vegetation durch einen kleinen, aus höhlenartig dunklem Grund hervortretenden Wasserlauf bedingt scheint. Da, wo geheimnisvoll unergründliches Dämmer in sommerlichte Helligkeit übergeht, sitzt kaum erkennbar eine Gestalt: Hirt oder na-

7

turmythisches Wesen, wird sie nicht näher definiert, verbindet sich uns jedoch sogleich mit der Vorstellung urzeitlich antiken Daseins in unberührter südlicher Natur.

Im Vergleich zu allen früheren Arbeiten, die – menschenleer – noch durch seinen Düsseldorfer Lehrer Wilhelm Schirmer geprägt sind, gewinnt Böcklin hier hinsichtlich Bilderfindung und maltechnischem Können eine künstlerische Selbständigkeit und Freiheit, wie sie sich auch in dem genannten, wohl zeitlich unmittelbar darauffolgenden Auftragswerk für Sarasin-Brunner mit seinem eher konventionellen Bildaufbau nicht vermittelt.

In unserem Beispiel mit seinem verhältnismäßig engen Bildausschnitt und der naturgetreuten Detailschilderung möchte man fast von einer Naturstudie sprechen, wäre sie nicht in allen Teilen gleichmäßig und höchst genau bis ins Einzelne durchgeführt. Ob gegebenenfalls dabei auch Erinnerungen an Landschaften der Barbizon-Maler verarbeitet sind, muß vorläufig offen bleiben. Gelegentlich hervorgehobenen Vergleichbarkeiten mit den gleichzeitigen Landschaften Oswald Achenbachs wird man entgegenhalten müssen, daß dieser einstweilen darin nicht über den gemeinsamen Fundus ihrer beider Ausbildung unter Wilhelm Schirmer hinausgeht. Gerade an solchen Vergleichen erweist sich die frühe persönliche Eigenständigkeit und künstlerische Freiheit von Böcklins Naturschilderungen, und gleiches hat in Hinblick auch auf Franz Dreber zu gelten. C. H.

7 Aus den Sabinerbergen, 1850/55

Leinwand; 20 x 23 cm
Privatbesitz Schweiz
Literatur: Andree 1977, Nr. 88

Zusammen mit anderen Beispielen aus den ersten römischen Jahren kann dieses Bild wie ein Beleg für die Feststellung von Georg Schmidt dienen (1963, S. 12), so nah und so genau habe wohl kaum je ein Maler die römische Landschaft ins Auge gefaßt. Noch enger als in dem *Felsabhang im Albanergebirge* (Kat. 6) ist hier der Bildausschnitt gefaßt und rückt das gleichwohl bis zu den Rändern voll ausgeführte Werk in den Bereich der reinen Naturstudie. Wie in Kat. 6 beruht die Spannung auf der Polarität von Licht- und Schattenzone, von üppiger Vegetation und unfruchtbarem Gestein in reich abgestuften Tönungen von grün und sandfarben. Ungewöhnlich ist, wie der Geländeabbruch fast die gesamte Bildfläche ausfüllt – bis auf den winzigen Himmelsausschnitt am oberen Bildrand, dessen Blautönung sich auf die gesamte Farbigkeit auszuwirken scheint und die Gegensätze damit harmonisiert. Der vom Bildrand unten überschnittene, unabsehbar tiefe Terrainabsturz, nicht so ungewöhnlich für eine Naturstudie, wurde von Böcklin jedoch auch für Gemäldefassungen effektvoll eingesetzt (vgl. Kat. 13). Die spannungsvolle Aufladung des Kontrasts von Licht und Schatten sowohl als auch das souverän vereinfacht wiedergegebene Blattwerk, das gerade damit in seiner natürlichen Vielfalt beeindruckt, läßt an Motive Blechens denken. Obschon für den frühen Zeitpunkt bislang nicht belegt, könnte sich Böcklin doch Kenntnisse über Blechen verschafft haben, wie einige vergleichbare Bilderfindungen vermutungsweise nahelegen (vgl. Kat. 9). Möglicherweise haben aber Felsstudien von Alexandre Calame auf Böcklin gewirkt, als er im Herbst 1847 in Genf bei diesem damals hochberühmten Naturlandschafter Unterricht nahm (D. Koepplin, Zu Böcklins Zeichnungen und Kritzeleien, in: Kat. Ausst. Basel 1977, S. 92). C. H.

8 Syrinx flieht vor Pan, 1854

Leinwand; 107,5 x 67 cm
Bezeichnet unten rechts: Böcklin/fecit.
Dresden, Staatliche Kunstsammlung, Galerie Neue Meister. – Inv. Nr. 2532
Literatur: Schmidt 1963, S. 4, 15 f. – Andree 1977, Nr. 81. – Ranke 1977, S. 69. – Kat. Ausst. Basel 1977, Nr. 36. – Putz 1979, S. 189 f. – Kat. Dresden Gemäldegalerie Neue Meister 1977, S. 20

An Ovids Metamorphosen (I 689–713) anknüpfend, zeigt das im 16. und 17. Jahrhundert vielfach abgehandelte Bildthema die arkadische Nymphe Syrinx auf der Flucht vor den Nachstellungen Pans (vgl. hierzu besonders Poussin und Dughet). Ihr verzweifeltes Flehen um Rettung wird von den Göttern erhört, indem sich ihr Leib in Schilfrohr verwandelt. Im weiteren Verlauf der mythischen Erzählung schneidet sich der enttäuschte Hirtengott daraus die nach der Nymphe seither benannte Rohrflöte, die als Musikinstrument der Hirten in den verschiedensten frühen Kulturen in Gebrauch war und auch schon bei Homer eine Rolle spielt.

Schon in diesem sehr frühen Beispiel verwendet Böcklin die literarische Quelle ziemlich frei. So findet die Verwandlung in Schilfrohr nicht im Fluß Ladon statt, sondern während des flüchtigen Laufs, was das eng verwandte Apollo-Daphne-Thema in Erinnerung bringt, und wovon die berühmte Marmorfassung Berninis in der Villa Borghese in Rom sicherlich das be-

8

kannteste Beispiel ist. Beide Mythen, die der Daphne und die der Syrinx, stehen für die Selbstverteidigung weiblicher Keuschheit, wobei in Böcklins hier besprochener Bilderfindung das Thema sich gänzlich darauf, also auf die weibliche Rolle im Handlungsablauf konzentriert. So ist es zu verstehen, daß die im antiken Lamento-Gestus durch die Wildnis laufende Gestalt der Syrinx vom hellsten Licht getroffen, sich aus ihrer überall dunkleren Umgebung sofort erkennbar abhebt, während der ihr nachsetzende Pan sich erst allmählich neben wucherndem Blattwerk und Geäst ausfindig machen läßt. Nur seine gierig nach ihr ausgestreckte Hand greift aus dem dämmrigen Schatten hervor und vermittelt dem Betrachter den schreckhaften Impuls für die beginnende Metamorphose. Die Polarität von feuchtwarmen Schatten und blendenden Licht als Verhaltensfunktion von Mann/Weib im Sinne einer »sonntäglichen Auffassung des bürgerlichen 19. Jahrhunderts« generell als Prinzip Böcklinscher Bildvorstellung zu erklären (vgl. Schmidt 1963) scheint uns des Künstlers von Mal zu Mal immer wieder neu schöpfende Phantasie nicht ausreichend zu berücksichtigen. Abgesehen von einer Reihe widersprechender Beispiele im engsten thematischen Zusammenhang, erscheint zudem der Bildinhalt hier durch Kompositionsweise und Lichtregie ziemlich eindeutig als Ein-Personen-Drama gekennzeichnet, wobei der Verfolger lediglich die Rolle einer Assistenzfigur für die Transfiguration weiblicher Keuschheit übernehmen kann. Die Szene lediglich als Mittel für die Darstellung bukolischer Erotik zu sehen, wie zuletzt wieder von Putz bemerkt (1979, S. 189), verkennt Böcklins, jedenfalls zu dem Zeitpunkt, immer auch aus eigenem Erleben mit inspirierte Bildphantasie.

Wie vollkommen und spannungsvoll die Figuren hier in die Gesamtkomposition des Naturausschnitts nicht nur integriert sind, sondern diesen erst mit pulsierendem Leben versehen, macht eine unmittelbare vorbereitende Fassung noch ganz ohne Staffage augenfällig (Andree Nr. 80; heute verschollen). Der für Böcklins Bildvorstellung grundlegende Ansatz einer Konkretisierung seines eigenen Naturgefühls mittels mythischer Figuren ist hier erstmals deutlich ausgesprochen. C. H.

9 Waldlandschaft mit ruhendem Pan, um 1855

Leinwand; 90 x 75,5 cm
Bezeichnet unten rechts: A. Böcklin f.
Basel, Öffentliche Kunstsammlung, Kunstmuseum. – Inv. Nr. 98
Literatur: Schmidt 1963, S. 4, 6. – Kleineberg 1971, S. 59. – Andree 1977, Nr. 96. – Ranke 1977, S. 69. – Kat. Ausst. Basel 1977, Nr. 39. – Kat. Ausst. Darmstadt 1977, Nr. 17. – Poetter 1978, S. 54 ff. – Putz 1979, S. 190 f. – Kat. Ausst. Fiesole 1980, Nr. 4. – Kat. Basel Kunstmuseum 1970, S. 16. – Kat. Ausst. Tokyo 1987, Nr. 15. – Sammlungsheft ›Böcklin im Kunstmuseum Basel‹ (in Vorbereitung).

Wie schon bei der wenig früher datierten *Syrinx* (Kat. 8) oder der nächstverwandten *Quellnymphe* der Schack-Galerie aus demselben Jahr dient auch hier die Figur eines naturmythologischen Wesens der Steigerung des Atmosphärischen. Der am Waldboden auf dem Rücken liegende Pan scheint ermattet, er hat aufgehört, auf seiner Flöte zu blasen und blickt gedankenverloren in die (unseren Blicken entzogenen) Baumkronen. Erst bei seinem Anblick verbinden sich die in das kühltonige Waldesinnere stellenweise eindringenden orangeroten Farbwerte mit der Vorstellung von brütender Hitze, die auch vor dem Waldesdickicht nicht Halt macht und alles Leben zum Erliegen bringt.

Mit seinen zottigen Bocksfüßen scheint er ganz der Welt des Waldes anzugehören, ist der Vegetation integriert, und zugleich zeigen Haltung und Ausdruck seines menschengleichen Oberkörpers deutliche Anzeichen eigener Vorstellungswelten, denen er in Gedanken nachhängt. Dorthin scheint ihn sein Flötenspiel entrückt zu haben, diese ihm eigene Vorliebe für die Musik, welche wiederum sich einfach erklärt aus der musikalischen Begabung der Hirtenstämme, als deren Gott Pan schlechthin gilt.

Der entscheidende und für das Verständnis des Bildgedankens tiefgreifende Unterschied zu der sich in Schilfrohr verwandelnden *Syrinx* liegt darin, daß dort dem Geschehen ein äußerer Anlaß zugrunde liegt, während der ruhende *Pan* lediglich aus seinem So-Sein, seiner existentiellen Befindlichkeit heraus sich der ihm zugeordneten Wirklichkeit entzieht, was bei ihm allerdings nicht wie bei *Syrinx* irreversibel, sondern notwendig zeitgebunden bleibt. Und doch klingt auch hier ein literarischer Bezug an. Jedenfalls handelt der von Böcklin geschätzte Theokrit (um 300 v. Chr.) in seiner ersten Idylle von der mittäglichen Stunde des Pan, der dann von der Jagd zurückgekehrt einschläft, wenn alles um ihn in Stille versinkt. Ob bei der immer wirksamen, unerhört originellen und innovativen Vorstellungskraft Böcklins formale Anregungen von vorgegebenen Bildfassungen etwa Corots oder Blechens (Poetter 1978, S. 56) ausgegangen sind – wobei eine Kenntnis davon bei Böcklin bislang hypothetisch bleiben muß –, kann hier nur am Rande interessieren. Daß Böcklin wahrscheinlich eine verwandte, zu seiner Düsseldorfer Zeit entstandene Radierung seines Lehrers Schirmer gesehen hatte (Andree 1977, Nr. 96) oder vielleicht besaß, liefert jedenfalls auch keinen nennenswerten Aspekt für den Aussagegehalt des Bildes, das in jedem Fall eine sehr persönliche und freie Poetisierung des mythischen Geschehens erkennen läßt. Die oft im Zusammenhang erwähnte ›Stunde des Pan am Sommermittag‹ aus Jean Pauls ›Flegeljahre‹ ist wahrscheinlich in die meisten der frühen Böcklinschen Pan-Darstellungen mit eingeflossen, da wir von seiner Hinneigung zu diesem großen Schilderer erlebter Naturpoesie wissen: »Die Vögel schweigen um diese Zeit. Die Menschen schlafen neben ihrem Arbeitszeug. In der ganzen Natur ist etwas Heimliches, ja Unheimliches, als wenn die Träume der Mittagsschläfer umherschlichen. In der Nähe ist es leise, in der Ferne, an den Himmelsgränzen schweifet Getön. Man erinnert sich nicht sowol der Vergangenheit, sondern sie erinnert sich an uns ...« (Jean Paul, Gesammelte Werke, Darmstadt 1962, Bd. II, S. 851.) C. H.

9

10 Pan im Schilf, 1856/57

Leinwand; 136 x 99,5 cm
Bezeichnet unten rechts: A. Böcklin fec.
Winterthur, Museum Stiftung Oskar Reinhart.
Literatur: H. von Sonnenburg, Die antike Mythologie in der Malerei des 19. Jahrhunderts, Diss. München 1952, S. 46. – Schmidt 1963, S. 3 ff., 17 ff. – Kleineberg 1971, S. 61 ff. – Kat. Winterthur Stiftung Oskar Reinhart 1977, Bd. 1, Nr. 35. – Andree 1977, Nr. 114. – Ranke 1977, S. 69 ff. – Poetter 1978, S. 59 ff. – Putz 1979, S. 94 ff.

Bei der außergewöhnlich großen Zahl der seit Mitte der fünfziger Jahre auftretenden Beispiele zur Pan-Thematik wird spätestens seit den diesbezüglichen Publikationen von Georg Schmidt darauf verwiesen, daß dieser mythische Schutzpatron der Ziegenherden, der seit der Antike auch als phallischer Fruchtbarkeitsgott in Verbindung mit Naturdämonen gesehen wird, für Böcklin – und nicht nur für ihn – eine ausnehmend wichtige Rolle spielte. In Böcklins Bilderfindungen der frühen römischen Jahre verlagert sich indes zunehmend das Gewicht vom lebensdrängend dionysischen Wesenszug (Themen wie Nymphenraub) auf den apollinischen. Dieses zuerst von Schelling geprägte Begriffspaar bezeichnet die in der Natur des Menschen angelegte, sein Fühlen, Denken und Handeln bestimmende Polarität von animalisch rauschhaften bzw. kontrolliert ordnenden Wesen, wie es dann beispielsweise auch für Nietzsche gilt, der in seiner ›Geburt der Tragödie aus dem Geist der Musik‹ (1872) die attische Tragödiendichtung und Wagners Musikdramen als Einheit aus Apollinischem und Dionysischem sieht.

Wie schon in dem Basler Bild des *Im Walde ruhenden Pan* (Kat. 9) ist auch der *Pan im Schilf* eher in apollinisch verklärter Gemütsverfassung gegeben, hier jedoch nicht ausruhend nach dem Spiel, sondern noch auf seiner Flöte blasend, alleine mit sich im hochwogenden Schilf des Seeufers. Die Darstellung lehnt sich noch eng an die Ovidstelle (Metamorphosen I 705–712) an, indem sich Pan mit dem zur Flöte zusammengefügten Schilfrohr der Syrinx über seine Liebesenttäuschung hinwegtröstet: Befriedung im Einklang mit der Natur. Dem Betrachter derart nahegerückt und sich vom hellen Hintergrund abhebend, erscheint der mythische Gott gleichsam als Personifikation der ihn umgebenden Naturstimmung. Durch solch konzentrierte Darstellung des gegenständlich Wesentlichen wird die Aufmerksamkeit suggestiv gleichermaßen auf den flötenden Pan wie auf das vom Wind bewegte Schilfrohr gelenkt, so daß wir uns in unserer Vorstellung dabei an die Geräusche »erinnern«. Das Wissen um den mythengeschichtlichen Zusammenhang zwischen Flöte (Syrinx) und Schilfrohr trägt wesentlich zu diesem Eindruck bei, wie auch die in das schattige Dickicht eindringenden Sonnenflecken und die dort sichtbaren Frösche zur weiteren Verlebendigung beitragen. Und gerade dies bezweckt Böcklin. Denn er will den antiken Mythos nicht illustrieren, sondern vergegenwärtigen, auch für uns erfahrbar machen. Und hierin liegt eines der grundsätzlichen Anliegen von Böcklins Kunst überhaupt. Für das 19. Jahrhundert ist diese Darstellungsweise unter Verzicht auf direkte mythologische Zusammenhänge neu und knüpft hierin an Rubens an, dem er sich nach Floerkes Aussage (1901, S. 21) überhaupt am nächsten verbunden fühlte.

C. H.

11 Pan im Schilf, 1859

Leinwand; 119,7 x 152,6 cm
München, Bayerische Staatsgemäldesammlungen, Neue Pinakothek. – Inv. Nr. WAF 67
Literatur: R. Herbig, Pan, Der griechische Bocksgott, Versuch einer Monographie, Frankfurt a. M. 1949, S. 25, 98, Tafel 32. – H. von Sonnenburg, Die antike Mythologie in der Malerei des 19. Jahrhunderts, Diss. München 1952, S. 46. – Schmidt 1963, S. 3 ff. – Kleineberg 1971, S. 75 ff., 86 ff. – Andree 1977, Nr. 115. – Ranke 1977, S. 69 ff. – Poetter 1978, S. 59 ff. – Putz 1979, S. 194. – Kat. München Neue Pinakothek 1981, S. 30 ff.

Hatte Böcklin in der Winterthurer Erstfassung des *Pan im Schilf* die Distanz zum mythisch imaginären Geschehen bereits wie nie zuvor verkürzt, so ging er in dem 1859 erstmals im Münchner Kunstverein ausgestellten Bild der Neuen Pinakothek, das Ludwig I. im gleichen Jahr angekauft hat, noch einen Schritt weiter: ein noch enger gefaßter Bildausschnitt entzieht die Landschaft nun jeder genaueren Bestimmung und rückt den flötenden Pan noch näher ins Blickfeld. Die so gesteigerte Unmittelbarkeit, mit der wir den mythischen Naturgott im hohen Schilf sitzend entdecken, wird in der psychologischen Wirkung nochmal erhöht, indem dieser jetzt mehr abgewendet sich ganz ungestört zu fühlen scheint. Alleine mit sich und seiner Panflöte (Syrinx) wirkt er ganz auf sein Spiel konzentriert. Nicht den lebensvollen, vor lachendem Sonnenhimmel und gegen frei wogendes Uferschilf sich klar abhebenden Hirtengott der frühen Fassung hat man hier vor sich, sondern einen Pan in der Gestalt seiner schon vorgerückten Jahre, der bei schwül grauem Sciroccowetter seine Schwermut den Klängen seines Instruments überläßt. So ist auch die gesamte Farbigkeit auf silbrig-oliv gebrochene Töne herabgestimmt, wodurch Pan sich der Natur vollkommen integriert und sie in monumentaler Gestalt verkörpert.

Der gedankliche Zusammenhang mit der ursprünglichen Mythenerzählung von Pan und Syrinx ist damit weitgehend aufgelöst. So fühlte sich auch bei einem Besuch in Böcklins Atelier schon der Kunstästhetiker Friedrich Theodor Vischer vor dem Bild nicht mehr daran erinnert. Ihm erschien der »sentimentale außermenschliche Kauz dort im Röhricht flötend ... wie eine natürliche Konkretion der feuchtwarmen, brütenden Luft über dem stillen Teich« (Kritische Gänge, 2. Aufl. München 1922, Bd. 1, S. 336).

Mit dem Abkoppeln vom literarischen Vorwurf bei gleichzeitiger Steigerung ins Monumentale geht eine Verallgemeinerung und Überhöhung des Bildgedankens einher, die es für den Betrachter damit erst sinnvoll werden läßt, sich dem naiv in sein Flötenspiel versunkenen Pan unbemerkt zu nähern, gleich den Fröschen und Libellen, die dem Klang gefolgt sind. In seiner suggestiven Wirkung läßt das Bild (man beachte den bleischweren Himmel) keinen Zweifel an der tiefen Melancholie des Stimmungsgehalts, der jetzt – außerhalb alles Ereignishaften – auch Ausdruck ganz persönlichen Befindens sein kann. Die Stimmungsträger sind austauschbar geworden. Ob, wie durch Vischer und andernorts immer wieder bemerkt, die Gestalt des Pan als Personifikation für das Naturgefühl steht oder umgekehrt die hier nun geordnete Natur als Ausdrucksträger für dessen Seelenleid, ist so gut wie bedeutungslos geworden. Zugleich wird die Möglichkeit einer Befreiung aus erdgebundenem Dasein aufgezeigt im vergeistigenden Akt der Musik.

Wohl als erster hat Richard Muther anläßlich von Böcklins 70. Geburtstag einen ganz engen Bezug zwischen Biographie und künstlerischem Werk gesehen (R. Muther, Studien und Kritiken, Wien 1905, Bd. 1, S. 151 ff.), und Böcklin selbst sah, nach eigener Aussage im Jahr 1870, als die eigentliche Aufgabe der Malerei, »bestimmte Formerscheinungen und Stimmungen zum Bewußtsein, zur Empfindung zu bringen« (A. von Salis, in: Basler Jahrbuch 1902, S. 7). Daß es hierbei nur um seinen eigenen Erfahrungsbereich, sein persönliches Weltverständnis gehen kann, dürfte kaum in Zweifel gezogen werden. Wie Ranke (1977, S. 74 f.) dargelegt hat, gilt dieser Deu-

10

11

12

tungsanspruch jedenfalls da, wo in Böcklins mythischen Bildern »Geschichtliches ... als Spur von Vergangenheit und Gegenwart selbst anschaulich wird«. C. H.

12 Mord im Schloßgarten, 1859 (Schloß am Meer)

Leinwand; 43 x 75 cm
Düsseldorf, Kunstmuseum. – Inv. Nr. 4140
Literatur: Schick 1901, S. 89. – F. Th. Vischer, Kritische Gänge, 2. Aufl. München 1922, Bd. 1, S. 334 ff. – Kat. Düsseldorf Kunstmuseum 1968, S. 13. – Andree 1977 Nr. 127. – Kat. Ausst. Basel 1977, Nr. 46. – Kat. Ausst. Darmstadt 1977, Nr. 57

Kaum vom Typhus genesen, hat Böcklin in München 1859 das hier in der skizzenhaften Fassung gezeigte Bild *Mord im Schloßgarten* gemalt. Zugleich hat er damit das Motiv einer *Villa am Meer* erfunden, das ihn über zwanzig Jahre hin immer wieder beschäftigen sollte und das überhaupt zu einer seiner berühmtesten Darstellungen wurde (vgl. Kat. 23). So ist auch zu verstehen, daß sich hier später der Bildtitel *Schloß am Meer* eingeschlichen hat, was seinerseits wieder den (unwahrscheinlichen) Gedanken aufwarf, ob dem Bild nicht eine Uhland-Ballade gleichen Titels zugrunde liegen könnte, wobei der Tenor dort jedoch ein anderer ist (Uhland, Poetische Werke, Leipzig o. J., Bd. 1, Tempelausgabe, S. 135). Das Sujet des eingeflochtenen Piratenüberfalls tauchte im Jahr zuvor auf einem der Wandbilder für Konsul Wedekind bereits auf, wurde von Böcklin jetzt aber auf die ganz unterschiedliche Landschaft abgestimmt und neu behandelt. Böcklins Schüler Rudolf Schick (1901, S. 89) spricht vom »ersten Piratenbild«, dem dann erst im Jahr 1886 ein weiteres, ganz andersartiges folgte.

Die hier gezeigte farbige Skizze unterscheidet sich von dem in Weimar vollendeten Großformat (Andree 1977, Nr. 128) durch die gelungene Harmonisierung von Landschaft und Handlungsablauf. Durch Schick (1901, S. 89) wissen wir von Böcklins mehrfachen Lösungsversuchen, den Geschehenshergang lediglich als »düsteres Mitklingen« für die Landschaftsstimmung ins rechte Verhältnis zu bringen. Dies muß insofern erstaunen, da Böcklin bei seinen naturmythologischen Figurenlandschaften in all den davor liegenden römischen Jahren damit keinerlei Probleme hatte. Eine Erklärung wird in den theoretischen Erörterungen zu finden sein, welche während eines Atelierbesuchs 1859 in München mit Friedrich Theodor Vischer stattfanden. Dieser Böcklins Freundeskreis nahestehende, damals sehr einflußreiche Kunstästhetiker vertrat angesichts der beiden auf der Staffelei befindlichen Gemälde *Panischer Schrecken* und *Mord im Schloßgarten* seinen Grundsatz reiner Landschaftsmalerei und ließ ein Konkurrieren durch Staffagefiguren nur bei naturmythologischen Wesen gelten, weil diese zum gesteigerten Eindruck der erstrebten Landschaftsstimmung allgemein beitrügen. Keinesfalls dürfe die Figurendarstellung von der Landschaft ablenken, denn das Wesentliche der Landschaft sei, »daß Stimmungen der Seele in ihr nur geahnt werden«.

Es stand dieses grundlegende Problem für Böcklin jetzt zur Lösung an, da nunmehr in immer größerer Zahl Bilder mit von einzelnen Menschen oder von kleinen Gruppen bevölkerten Landschaften in seinem Œuvre auftauchen. Nach alledem scheint wahrscheinlich, daß die großformatige Fassung mit der einen deutlichen Eigenwert beanspruchenden dramatischen Handlung der hier gezeigten Farbskizze vorausging, und in dieser eine Reaktion auf Vischers grundsätzliche Einwände gesehen werden darf. C. H.

13

13 Pan erschreckt einen Hirten, 1860

Leinwand; 134,5 x 110,2 cm
Bezeichnet unten rechts: A. Böcklin p.[t]
München, Bayerische Staatsgemäldesammlungen, Schack-Galerie. – Inv. Nr. 11533
Literatur: Böcklin-Memoiren 1910, S. 39f. – F. Th. Vischer, Kritische Gänge, 2. Aufl. München 1922, Bd. 1, S. 336f. – Schmidt 1963, S. 22. – Kat. München Schack-Galerie 1969, S. 44ff. – Kleineberg 1971, S. 78ff., 86f. – Andree 1977, Nr. 121. – Ranke 1977, S. 71ff. – Poetter 1978, S. 75ff. – Putz 1979, S. 197ff.

Eine der ausgefallensten Bilderfindungen des jungen Böcklin, wie seinerzeit überhaupt, ist der *Panische Schrecken,* zu dem neben dem hier gezeigten Bild von 1860 in der Schack-Sammlung eine zwei Jahre frühere Fassung sich in der Stiftung Reinhart, Winterthur befindet (siehe Abb. 11, S. 129). Die uns zuerst durch Böcklins Frau Angela bekannte Entstehungsgeschichte gibt Einblick in den künstlerischen Schaffensprozeß: Nach der Heirat 1853 verbrachte das junge Paar die Sommermonate in Palestrina bei Rom; bei einer seiner häufigen Naturstudien in der sonnglühenden, steinigen Gebirgslandschaft wurde Böcklin einmal plötzlich in der mittäglichen Stille von einem abgehenden Steinhagel erschreckt; dieser Eindruck habe ihn zu Bildgedanken angeregt, deren Resultat wie so oft erst Jahre später sich in den beiden Gemäldefassungen niederschlug.

Graf Schack liebte das hier besprochene Bild besonders wegen der wirklichkeitsnahen Naturschilderung, die ihn zudem sicherlich an die betreffende Stelle in Jean Pauls ›Flegeljahre‹ erinnerte. »Nie wohl«, so Schack, »ist die Dürre und die Öde südlicher Felsenlandschaft in der sengenden Glut der Mittagssonne mit so lebendiger Wahrheit dargestellt worden wie hier ... Das ist die Zeit, wo, nach dem Glauben der Alten, Pan seinen Schlummer hielt ...« (A. F. von Schack, Meine Gemäldesammlung, 5. Aufl. Stuttgart 1889, S. 145). Auf das formal damals völlig neue und allen klassischen Regeln Hohn sprechende, wie das psychologisierend erzählerische Moment geht der Kunstästhetiker Friedrich Theodor Vischer ein, der, mit Jacob Burckhardt und Paul Heyse befreundet, das Bild noch auf der Staffelei in Böcklins Atelier stehen sah. Für ihn ist alles so überzeugend geschildert, so »stimmungsreich« gegeben, daß man den Seelenvorgang, der solche Phantasiebilder der Alten, solch dunkle, mystische Vorstellungen erzeugte, angesichts des Bildes leicht und schnell in sich wiederholt: »Die einsame wilde Bergeshöhe stimmt gespenstisch und irgendein Laut, Schall in der Wildnis, vergrößert sich der scheu gewordenen Einbildung zu geisterhaftem Ruf einer dunkel geahnten Gottheit.« (Kritische Gänge, Bd. 1, 1922, S. 336.)

Zusammen mit dem *Pan im Schilf* in der Neuen Pinakothek gehört das Bild zu den frühesten Beispielen, in denen Böcklin zu einer vollkommenen Gleichgewichtigkeit und gegenseitigen Wechselbeziehung zwischen Naturausschnitt und Figur gefunden hat, um von nun an auf diese Weise die empfundene und gewünschte Naturstimmung zu konkretisieren.

Wie bei Böcklin in der Regel, so läßt sich auch hier die Bilderfindung nicht auf eine literarische Quelle fixieren. Wahrscheinlich kommt Vischers Hinweis auf den griechischen Idyllendichter Theokrit (um 300 v. Chr.) Böcklins Phantasie hier am nächsten.

Diese spät erfolgte künstlerische Objektivierung eines eigenen Schreckerlebnisses zurückzuführen auf Fieberhalluzinationen während Böcklins Typhus-Krankheit 1858 in München (Kleineberg) hieße wohl seine unerschöpfliche Bildphantasie übersehen. Hiergegen sprechen nicht nur ähnliche Beispiele künstlerischer Spätfolgen, wie etwa das Bild *Drachen in einer Felsschlucht* von 1870 in der Schack-Galerie, in dem sich zwanzig Jahre zurückliegende Eindrücke von der Via Mala mit späterer Lektüre von Goethes »Mignon« verbinden.

Ein Vergleich der beiden Bildfassungen zeigt die schon beim *Pan im Schilf* beobachtete Tendenz der Beruhigung in Form und Farbigkeit zum Zwecke erhöhter Bildwirkung. So wird beispielsweise in der zwar spontan wirkenden ersten Version die über der Bergkuppe auftauchende Pansgestalt als Motiv allen kopflosen Davonstürzens zwar sofort ablesbar, ist aber kaum nachzuempfinden. Ähnlich erzählend naturalistisch ist auch die koloristische Behandlung. Mit welch schwachem Effekt jedoch wird erst durch den Vergleich mit der hier gezeigten zweiten Fassung ersichtlich. In allem vollkommen durchkalkuliert, verschieben sich die Proportionen von Ursache und Wirkung, indem die Pansgestalt – beinahe nur Sinnestäuschung – neben dem Felszacken kaum hervortritt, jedoch der mit seiner Herde jetzt direkt auf den Betrachter zurennende, hünenhaft starke Hirte die Wirkung des empfangenen Schreckens dem betrachtenden Publikum zu Bewußtsein bringt. Wie in der späteren Version des im Schilf flötenden Pan ist auch hier die Palette auf den der Scirocco-Stimmung entsprechenden Grundton gedämpft, aus dem die hier auch als Bewegungsverstärker dienenden Bergziegen noch als höchste Helligkeitswerte hervortreten. Für solch absichtsvolles Einstimmen auf einen Gesamtfarbklang, dem sich alles einzelne der optischen Wirkung wegen unterzuordnen hat, gibt es genügend Belege (vgl. etwa Schick 1901, S. 4ff., 14, 163). Wir haben hier eines der schlagendsten Beispiele von Böcklins durchkalkulierter Bildregie vor uns, die seine wahrnehmungspsychologischen Beobachtungen geradezu lehrstückhaft künstlerisch umsetzt. C. H.

14 Altrömisches Opferfest (Römisches Landfest), um 1860 (?)

Leinwand; 23,3 x 30,5 cm
Rückseitiger Aufkleber von Böcklins Hand: Stimatissimo Signor Placidi! Le manderò per un' altra occasione quel quadraccio per Lei destinato e la prego di accetare per dono ...
Heidelberg, Kurpfälzisches Museum der Stadt Heidelberg
Literatur: H. A. Schmid, Arnold Böcklin, Handzeichnungen. München 1921, S. 10. – Andree 1977, Nr. 179. – Kat. Ausst. Darmstadt 1977, Nr. 39. – Putz 1979, S. 284.

Das zuerst von H. A. Schmid (1921, S. 10) gewürdigte Bild ist nach einer *Waldlandschaft mit Bacchanten* das zweite Beispiel in der Reihe dionysischer Kultbilder, die uns in Böcklins Werk von nun an mit den charakteristischen Akzentverschiebungen bis in die achtziger Jahre mehrfach begegnen. Die Datierung um 1860 (Andree 1977, S. 289) erfolgte zum einen wohl aufgrund von bereits in die Zeit des ersten römischen Aufenthalts fallenden Zeichnungsstudien zum Rundtempel und der Hügelkuppe mit den drei Bäumen (Kat. Ausst. Basel 1977, Nr. Z 68), zum anderen im Bewußtsein der Italiensehnsucht, die Böcklin in Weimar bald überfiel und sich in Bildmotiven aus der Erinnerung niederschlug. Eine Datierung um 1855, noch vor der *Waldlandschaft mit zymbelschlagenden Bacchanten* (Putz 1979, S. 284), scheidet aus stilistischen Gründen aus.

Der heutige Bildtitel, wie üblich nicht von Böcklin stammend und bei Schmid *Altrömisches Opferfest* genannt, hat immer berücksichtigt, daß es sich bei dem Rundtempel um Vignolas S. Andrea auf der Via Flaminia in Rom handelt. Was aber merkwürdig unbeachtet blieb, ist der große Architekturriegel auf dem Hügel, in dem die Villa Mondragone in Frascati unverkennbar wiedergegeben ist. Vignolas christlicher

Zentralbau steht also nicht für einen antiken Tempel, wie auch die den Hang beherrschende frühbarocke Villenanlage der Borghese nicht unbedingt die antike Villa des Maecenas darstellen soll. Vielmehr erscheint gerade durch die realistische Wiedergabe dieser beiden örtlich voneinander völlig unabhängigen Bauten aus neuerer Zeit Ort und Zeit aufgehoben im Bewußtsein von Geschichte. Wie bei der *Villa am Meer* (Kat. 23) neuzeitliche Architektur und christliches Votivbild Brücken für unser Bewußtsein schlagen, um den eigentlich geschilderten Zustand der Zeitlosigkeit besser zum Ausdruck bringen zu können, so verbinden uns hier die wohlvertrauten, unverändert erhaltenen Bauten des 16. und 17. Jahrhunderts mit der Schilderung antiken Daseins – deutlich gemacht seinerseits in den einem Ritual beiwohnenden Gewandfiguren. Der Bildtitel *Römisches Landfest* erscheint wegen der mit erhobenen Händen wild tanzenden Gruppe vor dem Sakralbau weniger genau als die von H. A. Schmid gegebene Bezeichnung. C. H.

14

15

15 Weidengruppe mit Dudelsackpfeifer, um 1861

Leinwand; 49,6 x 73,7 cm
Bezeichnet unten links: Böcklin.
München, Bayerische Staatsgemäldesammlungen, Neue Pinakothek. – Inv. Nr. 9471
Literatur: Andree 1977, Nr. 138. – Kat. München Neue Pinakothek 1981, S. 32.

Das ursprünglich Franz Lenbach gehörende Bild, welches dieser vor seinem Weggang aus Weimar dem dort noch weilenden Arthur von Ramberg gegeben hatte, kann als Schulbeispiel dafür stehen, wie Böcklin subjektiv erlebte Natureindrücke malerisch derart umsetzen konnte, daß sie für den Betrachter solcher Bilder nachvollziehbar werden.

Der um 1861 entstandene und nicht ganz zu Ende gemalte *Dudelsackpfeifer* baut auf Prinzipien auf, die denjenigen von *Faun einer Amsel zupfeifend* (Kat. 21) vergleichbar sind. Über dem kleinen Geländeabsturz steht der traditionell gewandete Hirt wie eine Erscheinung gegen den blauen Himmel und bläst auf seinem Dudelsack (Das auch heute noch von Hirten der römischen Campagna und anderen Orten gebrauchte Instrument war bereits im Altertum bekannt, wie schon an der griechischen Vasenmalerei zu sehen ist).

Der aus dem Gebüsch gerade auffliegende Vogelschwarm veranschaulicht den unvermuteten Klang in der sonst stillen Weite der Landschaft. Die Erzählweise findet sozusagen zwischen den Zeilen statt: der sichtbare Effekt eines sonst nicht darstellbaren, tatsächlichen oder imaginierten Geschehens. Alles in dem Bild ist auf diese Idee hin konzipiert. Vgl. hierzu auch den *Panischen Schrecken* (Kat. 13).

Ähnlich wie die Anregung zu jenem Bild ging sie wohl auch hier von einem ganz zufälligen, in der Natur empfangenen Eindruck aus. Böcklins eigene Aussage (Schick 1901, S. 31f.) bringt uns dem sehr nah, wenn er von der Zufälligkeit bei der Wahrnehmung von in der Natur vorkommenden Motiven spricht. C. H.

16 Doppelbildnis Reinhold Begas und Franz Lenbach, 1861

Leinwand; 66 x 53 cm
Bezeichnet oben rechts: Böcklin pt.
Privatbesitz
Literatur: Andree 1977, Nr. 132. – Kat. Ausst. Darmstadt 1977, Nr. 100. – Titel 1977, S. 66

Beide hier nebeneinander von der Seite in tonig lasierenden Farben porträtierte Künstler waren Böcklin schon vor ihrer aller Berufung an die 1860 neu gegründete Weimarer Kunstschule bekannt. Der hier im Vordergrund gezeigte Berliner Bildhauer Reinhold Begas (1831–1911; s. Kat. P 1–P 3) kam erstmals 1856 nach Rom, wo er zusammen mit Böcklin, Allgeyer und Feuerbach (s. d.) regelmäßig im Quartett sang und wo auch die ein Leben lang dauernde Freundschaft mit Böcklin geknüpft wurde. Lenbach (1836–1904; siehe Kat. 108–113) und Böcklin waren bereits seit Herbst 1860 in Weimar, Begas kam erst im folgenden Jahr, weshalb das Doppelporträt nicht eher gemalt worden sein kann.

Unter allen dreien bestand ein freundschaftlich enges Verhältnis, das zwischen Böcklin und Lenbach jedoch dann vor ihrem erneuten Zusammentreffen 1863 in Rom schon reserviert gewesen sein mag, als beide sich mit Louis von Hagn dort ein Atelier teilten. Lenbach verließ Weimar auch bereits im März 1862, während Begas und Böcklin gemeinsam noch ein halbes Jahr länger blieben und hier gelegentlich auch miteinander bildhauerten und malten (H. Mendelsohn, Böcklin, Berlin 1901, S. 65). So hat auch Begas in Weimar von Lenbach ein Porträt gemalt (A. G. Meier, Reinhold Begas, Bielefeld/Leipzig 1897, S. 78, Abb. 57). Ein Hauptgrund für Lenbach, sein Lehramt in Weimar vorzeitig aufzugeben, scheint Begas' und Böcklins vorbildliche Auffassung der Malerei der italienischen Renaissance und insbesondere auch des Flämischen Barock gewesen zu sein, weshalb Lenbach sich zu einem Neuanfang entschloß, der seinen Malstil von da an wesentlich beinflußt hat (Kat. Ausst. Lenbach, München 1987, S. 28f.). Im Vergleich zu zwei weiteren Lenbachbildnissen aus den sechziger Jahren (Andree 1977, Nr. 150, 154) ist eine zunehmende Distanziertheit Böcklins festzustellen, wobei das letztere Porträt (ein weiteres von 1866 ist verschollen), das in Rom 1863/64 gemalt ist, einen geradezu verschlagenen Gesichtsausdruck zeigt. Dahinter dürften die damals schon beginnenden Spannungen zwischen Lenbach und Marées bzw. Feuerbach stehen, wodurch auch Böcklins Beziehungen zu Lenbach belastet wurden. Wie in den Böcklin-Memoiren (1910, S. 168) zu lesen, hat Böcklin den Freundschaftsbezeigungen Lenbachs nie getraut (siehe hierzu auch Kat. Nr. 111).

Der den Dingen und erst recht dem Wesen der mit ihm verkehrenden Menschen immer auf den Grund gehende Böcklin hat den Bildaufbau auch des hier gezeigten frühen Doppelporträts konzise auf Aussagegehalt angelegt. Deshalb erscheinen Kompositionsvergleiche mit Beispielen der Vorbildertradition (im Kat. Ausst. Darmstadt 1977, S. 222 ein Ausschnitt aus Rubens' *Selbstbildnis im Kreis seiner Mantuaner Freunde*) reichlich abwegig oder jedenfalls sekundär. Die Bildwirkung besteht vor allem im Nahgerücktsein der beiden dargestellten Freunde und der grundsätzliche Unterschied in der Einstellung des Malers zu ihnen, wie deren Einstellung zu ihm. Während Lenbach beziehungslos und vollkommen für sich im Profil geradeaus schaut, wendet sich Begas' Aufmerksamkeit in der Kopfdrehung nach außen dem Betrachter, zuerst einmal also dem malenden Böcklin zu, ohne daß dabei die Nähe zu dem dahinter neben ihm stehenden Lenbach aufgegeben wäre. Der Grad der Kopfwendung, des Blickes sowie, ganz wichtig, die geöffnete Haltung der eine Zigarre haltenden Hand, machen die Faszination dieser unausgesprochenen Psychologie-Studie aus. Hierbei gewinnt auch die Raumvolumen schaffende Andeutung des Pfeilers im Hintergrund einen zusätzlichen Wert. Aus den Gesichtszügen von Begas spricht eine menschliche Nähe, die möglicherweise seine und Böcklins gemeinsam 1861 von Weimar aus nach Genua unternommene Reise als vorausgegangen annehmen läßt (vgl. dagegen das von Lenbach etwa zur gleichen Zeit gemalte Begas-Porträt; Kat. 110). C. H.

17 Hirtin, um 1862

Leinwand; 62 x 52,8 cm (linke Bildseite beschnitten und umgeschlagen)
Bezeichnet unten links: AB (ligiert)
München, Bayerische Staatsgemäldesammlungen, Schack-Galerie. – Inv. Nr. 11 529
Literatur: Kat. München Schack-Galerie 1969, S. 43f. – Andree 1977, Nr. 139. – Kat. Ausst. Basel 1977, Nr. 50. – Kat. Ausst. Darmstadt 1977, Nr. 20.

Das sehr lyrisch angelegte Bild hat man hinsichtlich seiner ähnlichen Wirkung in engen Zusammenhang mit dem *Dudelsackpfeifer* gebracht (Andree 1977, S. 258). Diese, jedenfalls formal zutreffende Feststellung könnte man auch dahingehend erweitern, daß es sich bei beiden Beispielen eigentlich um verselbständigte Paraphrasen des *Frühling* (Kat. 18) handelt, in dem die dort beobachtete latente Verfremdung von Hirt und Hirtin nunmehr zu zwei thematisch eigenständigen Bildern geführt hat.

Die sinnende Haltung des Mädchens, das hier am Rand eines Geländeabfalls, eingerahmt von üppig blühenden Büschen gedankenverloren sitzt, erfordert eine poetisch gestimmte Betrachtungsweise. Das

16

17

sonst wohl eher attributiv für die Rolle als Hirtin verwendete Motiv des Mutterschafs mit dem Lämmchen weist hier eher auf die dem Mädchen von der Natur vorgezeichnete Rolle im Leben hin. Auch die unterhalb des Geländeabsturzes fließende Quelle mag der Ausdeutung des Bildgedankens noch einen Schritt weiterhelfen.

Hinsichtlich der zwischen 1859 und 1861 schwankenden Datierung ging man zuletzt von 1861 aus (Andree 1977, S. 259), in Anlehnung an den *Dudelsackpfeifer,* dessen Entstehungszeit durch die beiden Weimarer Jahre und den Erstbesitzer in Person Lenbachs festgelegt ist. Geht man jedoch von einem ursprünglich querformatigen, weil links beschnittenen Bild aus und seiner somit noch engeren Entsprechung zum *Dudelsackpfeifer* und berücksichtigt obendrein die beispielsweise mit den beiden Fassungen des *Pan im Schilf* gemachten Beobachtungen (vgl. Kat. 10, 11) einer deutlichen Harmonisierung in Komposition und Farbe, so deutet die gegenüber dem *Dudelsackpfeifer* ausgesprochen streng geordnete Strukturierung der *Hirtin* eher auf ein doch späteres Datum, das man wohl in die Zeit bald nach Böcklins Rückkehr nach Rom im Spätherbst 1862 ansetzen sollte. Diese Vermutung mag durch die bei Böcklin damals noch recht ungewohnte Leuchtkraft der akzentuierenden Farbpartikel weiter bestätigt werden, die er wohl schwerlich im Norden erstmals erarbeitet haben wird und die uns in dem kleinen Bild *Faun und Amsel* (Kat. 21) von 1863 so charakteristisch anmutet. Vorbereitende Zeichnungen im Hessischen Landesmuseum Darmstadt zeigen bereits die Sitzhaltung der Hirtin auf dem hier besprochenen Bild.

Wie schon im *Pan im Schilf* ist hier ähnlich ausdrucksstark die Vereinzelung der menschlichen Figur als Verkörperung der empfundenen Naturstimmung wirksam, die vollkommen erreichte Harmonie tut sich außer im Kompositionellen vornehmlich auch im Kolorit kund, das die bunte Vielfalt der blütenübersäten Büsche im Gewand des Mädchens zusammenfaßt. Ein entscheidender Schritt zu der um die beginnenden siebziger Jahre dann erreichten Farbenglut ist hier festzustellen wie auch, daß in der *Hirtin* eine Vorform zur 1872 entstandenen *Euterpe* gefunden ist (vgl. Kat. 32).

C. H.

18 Der Frühling (Farbskizze), 1862

Leinwand; 33,5 x 57 cm
Basel, Öffentliche Kunstsammlung, Kunstmuseum, Depositum der Gottfried Keller Stiftung
Literatur: Kat. Basel Kunstmuseum 1970, S. 18. – Andree 1977, Nr. 137. – Kat. Ausst. Basel 1977, Nr. 56. – Kat. Ausst. Darmstadt 1977, Nr. 29. – Kat. Ausst. Fiesole 1980, Nr. 7. – Sammlungsheft ›Böcklin im Kunstmuseum Basel‹ (in Vorbereitung).

Diese vielleicht als korrigierende Zwischenstufe zu dem unvollendet gebliebenen Großformat in Philadelphia entstandene Farbskizze (Andree 1977, S. 256f.) hat Böcklin im Februar 1862 an die Basler Kunstkommission gesandt, die wegen der »zu nackten« Mädchenfigur im selben Jahr dann die *Dianajagd* (Basel, Kunstmuseum) gekauft hat. Es sind Paraphrasen eines gleichfalls in Weimar gemalten Bildes *Venus und Amor*, zu dem die Anregung wohl von dem Bild Guido Renis in der Dresdener Galerie ausging, wo Böcklin auf dem Weg nach Weimar Station gemacht hatte (Andree 1977, S. 256). Ist in Böcklins genanntem *Venus-Amor*-Gemälde der traditionell mythologische Bildvorwurf gewahrt, indem Venus dem davonfliegenden Amor verlangend nachschaut, so ist jetzt mit der Umwandlung der Götter in Menschen eine völlig andere Bezugsmöglichkeit für den Betrachter gegeben.

Der eigentlich neue Bildgedanke aber ist die seelische Unabhängigkeit, mit der Mann und Frau – jeder für sich – ihren eigenen Vorstellungen und Stimmungen nachgeben. Während aber in der großen Fassung die träumerisch daliegende weibliche Gestalt eine glaubhafte Verbundenheit mit dem Jüngling vermittelt und dem Klang seiner Schalmei zu lauschen scheint, macht sie sich auf der Ölskizze hier mit dem Pflükken der Buschrosen zu schaffen und erweckt den Eindruck weitgehenden Unbeteiligtseins am Flötenspiel des ihr mit dem Rücken zugekehrt sitzenden Jünglings. Einmal sind dies die frühesten Beispiele großfiguriger Menschendarstellung, darin Böcklin nun Inhalte auszudrücken unternimmt, wie er sie in mythologischer Verschlüsselung davor schon thematisiert hat. Zum anderen klingt hier bereits das Thema der problematischen Beziehung zwischen den Geschlechtern an, wie sie sich in beiderseitiger Isoliertheit und Entfremdung ausdrückt, so etwa in dem Bild der Schack-Galerie *Triton und Nereide* von 1874, wo ein bis dahin unerhörter Höhepunkt künstlerischer Unabhängigkeit im Schaffen Böcklins erreicht ist (siehe Kat. 36). Als eines der Leitmotive seiner Vorstellungswelt wird dieses Thema auch später mehrfach von ihm wieder aufgenommen, wofür vor allem die sensationell neue, einprägsame Bilderfindung von *Odysseus und Kalypso* aus dem Jahr 1882 steht (Basel, Kunstmuseum).

Daß es sich auch schon bei dem hier besprochenen Bild *Frühling* um eine fundamentale Aussage von Böcklins Lebensauffassung handelt, dafür kann die unmittelbare Vorzeichnung zu dem Flöte spielenden Jüngling einen weiteren Beweis liefern (Basel, Kunstmuseum). Die als genaue Vorbereitung für die Ölskizze dienende Rückenfigur füllt hier das querformatige Blatt und gewinnt auch durch die auf notwendigste Striche beschränkte Form einen solchen Grad von Monumentalität, daß hinsichtlich der Ölskizze ein etwaiger Gedanke an eine genrehaft aufzufassende Bildaussage im Sinne illustrativer Pastoralen von vornherein zu entfallen hat. Dahinter stehen fraglos Idyllendichtungen der Griechen, die Böcklin so besonders geliebt und als Ausdruck existentiellen Daseins verstanden hat.

Folgt man Schicks Tagebuchaufzeichnungen (Schick 1901, S. 81), so handelt es sich offenbar bei unserer Skizze um nur einen von mehreren Entwürfen, die Böcklin seinerzeit der Basler Kunstkommission zugeschickt hat. Dabei ist es aufschlußreich, daß auch hier die abgewendete Rückenfigur des Flöte blasenden Jünglings feststand, während das Mädchen ähnlich dem oben genannten Großformat schlafend, aber »fast ganz bekleidet« dargestellt war. Auch hier also die Grundstimmung des Voneinander-Abgewendetseins, während die vier Jahre später wieder aufgegriffene äußere Bildform das Thema inhaltlich grundlegend ändert durch die jetzt zugewandte Haltung des Mannes. Der immer wieder in Böcklins Schaffen zu beobachtende Variationsmodus, der eine einmal gefundene Bildform stets mit neuen Inhalten füllen kann oder umgekehrt, sollte uns davon abhalten, in der traditionellen Weise nach Vorbildern alter Meister zu suchen, wie das bis heute in der Regel immer noch getan wird. So führt auch der häufig zitierte Vergleich mit Tizians *Hirt und Nymphe* (Wien, Kunsthistorisches Museum) oder dessen *Venus mit dem Orgelspieler* (Madrid, Prado) notwendig zu grundlegenden Mißverständnissen von Böcklins vollkommen subjektivem, kreativem Bilddenken. C. H.

19 Villa am Meer (Farbskizze), zwischen 1859 und 1863

Leinwand; 62 x 74 cm
München, Bayerische Staatsgemäldesammlungen, Neue Pinakothek. – Inv. Nr. 10811
Literatur: Schick 1901, S. 75f., 104, 217f. – Andree 1977, Nr. 172. – Kat. Ausst. Basel 1977, Nr. 68. – Kat. Ausst. Darmstadt 1977, Nr. 60. – Poetter 1978, S. 120. – Kat. München Neue Pinakothek 1981, S. 33

In dieser Farbenskizze, die Böcklin wahrscheinlich noch in Rom dem zeitweiligen Ateliergenossen Louis von Hagn geschenkt hat, ist das Landschaftsmotiv von *Mord im Schloß* der Weimarer Jahre (s. Kat. 12) wieder aufgenommen. Zugleich ist es der Ausgangspunkt für die fünf ausgeführten Versionen der berühmten *Villa am Meer*-Bilder.

18

19 

Adolph Friedrich von Schack, bei dem Böcklin damals noch unter Vertrag stand, und der bereits vier Gemälde von ihm besaß, hatte diese Skizze 1864 in Böcklins römischem Atelier stehen sehen und eine Bildfassung danach für sich bestellt (A.F. von Schack, Meine Gemäldesammlung, 5. Aufl. Stuttgart 1889, S. 145 ff.). Bei dieser in einer neuen Harz-Wachs-Technik ausgeführten ersten Fassung (Schick 1901, S. 75 f., 104), die Böcklin noch im selben Jahr malte und an Schack sandte, war bereits bei der Ankunft in München die Malschicht in Auflösung begriffen, weshalb Schack sofort eine Wiederholung forderte.

Während in all den fünf ausgeführten Varianten eine Frauengestalt einsam am Gestade steht, zeigt die hier besprochene Farbskizze auf der Parkmauer eine Dame sitzend und daneben einen zu ihr gewandten Herrn, und beide scheinen gedankenverloren. Die Tatsache, daß Schack die Skizze während seines Rombesuchs 1864 in Böcklins Atelier sah, bestätigt keineswegs die immer wieder vorgebrachte These einer Datierung in dieses oder das davor liegende Jahr. Vielleicht sollte man die Äußerung Friedrich Theodor Vischers über die verschiedenen Entwurfsphasen von *Mord im Schloß* ernst nehmen (vgl. Kat. 12); danach ergibt sich unter Berücksichtigung der vielen zugehörigen Entwurfsversuche wie zum anderen aus Vischers Lösungsvorschlag, statt dramatischem Überfall ein von einer Gondelfahrt zurückkehrendes glückliches Ehepaar zu zeigen, ein Ansatz für eine frühere Datierung (F.Th. Vischer, Kritische Gänge, 2. Aufl. München 1922, Bd. 1, S. 335). Demnach wäre die Komposition des von der Parkmauer gemeinsam herabblickenden Paares doch wie eine Variante von Vischers Anregung aufzufassen, wobei die ungleiche Bildhöhe von Kat. 12 und unserer Skizze hier diese Überlegung nicht widerlegen muß.

Die gegen dunkelblauen Abendhimmel im Licht der sinkenden Sonne aufscheinende Villenarchitektur bereitet die hierin enorm gesteigerte Bildwirkung der ersten Fassung bei Schack schon vor. Die vollkommen der Naturstimmung eingeordnete, in die Parklandschaft eingebettete Zweiergruppe des Paares läßt in der gegenseitigen Zuwendung einen harmonischen Grundton entstehen, der in der danach ausgeführten ersten Gemäldefassung ins Tragische umgedichtet erscheint: In der hier verlassen in Trauerkleidung direkt am Wasser stehenden einsamen Frauengestalt ist jetzt der Grundton unverwechselbar angeschlagen, wozu die geschilderte Landschaftssituation den vollen Akkord bildet. Während der Entwurf die Absicht noch ganz fest durchstrukturierter Formen aufzeigt, gegen welche die Naturenergien (Brandung, Windschraffuren rechts) arbeiten, konzentriert sich in der ersten Gemäldefassung die Spannung auf die psychologische Situation der Vereinsamung vor einer in Dunkelheit versinkenden Gegenwart. C. H.

20 Felsabhang mit Einsiedler, um 1863

Leinwand; 106 x 57,8 cm
Bezeichnet unten rechts: A. B. (ligiert)
München, Bayerische Staatsgemäldesammlungen, Schack-Galerie. – Inv. Nr. 11 525
Literatur: Kat. München Schack-Galerie 1969, S. 46ff. – Andree 1977, S. 248f., Nr. 130.

Der Einsiedler (oder: Anachoret) der Schack-Sammlung ist nach Andree (1977, S. 248f.) um 1863 zu datieren. Vorausgegangen war eine wohl noch vor Ende des ersten römischen Aufenthalts 1857 entstandene Federzeichnung (ehem. im Besitz von R. Begas; vgl. Kat. Z 31), an die sich unmittelbar eine erste Bildfassung anschließt (Andree 1977, Nr. 129), von welcher die hier gezeigte etwa vier Jahre spätere Version sich nur geringfügig unterscheidet. Es ist, soweit bekannt, das erste christlich-religiöse Thema, das Böcklin gestaltet hat. Mit unerhörter Sicherheit ist der Gegenstand bildwirksam komponiert und farblich eingestimmt: gegen das steil abfallende Felsmassiv steht ein roh aus Rindenstämmen zusammengeschnürtes Kreuz, vor dem ein sich geißelnder Eremit kniet. Der Ort ist durch einen kleinen Felsvorsprung gekennzeichnet, auf dem der Einsiedler im bloßen Gestein kaum Platz findet. Die Höhe der Felswand ist nicht bestimmbar, läßt sich nur aus dem Absturz am linken Bildrand in die schwindelnde Tiefe erahnen. Nach oben scheint die Steigung abzunehmen, so als sei der Berggipfel nicht mehr allzu fern. Ein Hinweis darauf mögen auch die Raben oder Bergdohlen sein, die über dem Büßer kreisen, und die zugleich Böcklins langjährige Studien des Vogelflugs bezeugen.

Die für den Gesamteindruck weit mehr durchorganisierte Wiederholung des Themas, die wir hier vor uns haben, läßt ebenso

20

wenig wie die vorausgegangene Fassung heitere Gedanken aufkommen, wie sie deren Besteller von Böcklin erbeten hatte (Kat. München Schack-Galerie 1969, S. 47). Der Hinweis auf ein Böcklin damals schon bekanntes Vorbild von Tizian in der Brera in Mailand (Andree 1977, S. 248) macht deutlich, wie frei hier damit umgegangen ist. In die ganz naturalistisch expressiv vorgestellte Gegebenheit der Situation erscheint der Büßer ganz und gar integriert, der irdischen Ausweglosigkeit aber durch den Glauben entrückt. Indem Böcklin den in der ersten Fassung noch von Tizian und der alten Bildtradition her übernommenen Totenschädel als Memento mori bzw. als Erlösungssymbol später wegläßt, ist die Möglichkeit einer freieren Deutung gegeben, die im übertragenen Sinn auch einen persönlichen Bezug haben könnte. Thematisch erscheint somit eine Parallele zum *Pan im Schilf* denkbar, wo eine Befreiung aus irdischer Gebundenheit ins Transzendentale aufgezeigt ist. C. H.

21 Faun einer Amsel zupfeifend, 1863

Leinwand; 46,4 x 35,6 cm
München, Bayerische Staatsgemäldesammlungen, Neue Pinakothek. – Inv. Nr. 9284
Literatur: Andree 1977, Nr. 159. – Poetter 1978, S. 79. – Kat. München Neue Pinakothek 1981, S. 32

Dieses hinsichtlich Lokalität, Gewichtverteilung und Harmonisierung von Figur und Landschaftsausschnitt mit der *Hirtin* (Kat. 17) eng verwandte Bild knüpft motivisch an den im Walde *Ruhenden Pan* an (Kat. 9). Es läßt hier den Betrachter in eine Erdmulde blicken, darin es sich ein Faun neben einer Quelle bequem gemacht hat. Das übergeschlagene Bein mit der Rechten umfassend, pfeift er aus seinem Versteck mit einer Amsel um die Wette, die über ihm auf einem Zweig sitzt. Diese Zwiesprache der Natur wird von Böcklin wunderbar pointiert beobachtet, indem einmal die Amsel auf ihrem dünnen Zweig gegen das Hellblau des Himmelsausschnitts sofort ins Auge fällt und zugleich in Beziehung gebracht wird zu dem erdhaften Faun unter ihr, der bei pfeifend gespitztem Mund seine aufwärts gerichtete fingerschnalzende Linke wie zu einer Stimmgabel spreizt und damit den singend geöffneten Schnabel der Amsel wiederholt. Erde und Luft, Schatten und Licht verbinden sich im gemeinsamen Lied voll irdischer Daseinsfreude. Hier wie in all seinen mit mythischen oder menschlichen Wesen belebten Landschaften gelingt es Böcklin, die Natur – wie Henry Thode formuliert – »als Spiegel des Seelenlebens im Bilde« darzustellen (H. Thode, Acht Vorträge über neudeutsche Malerei, Heidelberg 1905, S. 122).

Die ungebrochene Lebenslust des jungen Faun erfährt in der etwas später angesetzten Zweitfassung des Landesmuseums Hannover einen parodistischen Akzent (Andree 1977, S. 273), indem Böcklin auf das mit der Flöte weggelegte Notenblatt das Wort »Hopser« gut leserlich geschrieben hat. Der vielleicht salopp am ehesten mit »Luftikus« zu übersetzende Schweizer Ausdruck ist es jedoch nicht allein, was die Grenze zwischen antikischem und modernem Bewußtsein verschwimmen läßt. Die absichtsvolle Hinzufügung eines fraglos zeitgenössischen Flöteninstruments und der Notenblätter alleine bricht bereits mit der historischen Distanz und setzt so die originale und zeitlos verständliche Bilderfindung einem trivialen Beigeschmack aus. Das dialektische Verhältnis von Luft (Amsel) und erdhafter Gebundenheit (Faun), das die eigentliche Spannung in dem hier gezeigten Bild erzeugt, wird in der genannten Zweitfassung aufgegeben zugunsten des Eindrucks von verminderter Schwerkraft, indem der Faun, beide Arme zum rhythmischen Fingerschnalzen ausbreitend, der Amsel nun auch körperlich ganz nah gerückt ist. Diese Aussageabsicht ist bereits in der vorbereitenden Zeichnung des Basler Kupferstichkabinetts verdeutlicht (Kat. Z 34), die mit »Rom 1864« bezeichnet einen terminus ante für unser Bild abgibt. Es erscheint sinnvoll darauf hinzuweisen, daß Böcklin entgegen anders lautender Auffassung (Putz 1979, S. 191) sehr genau unterschieden hat zwischen Pan- und Faunsdarstellungen. Im Gegensatz zu dem auch der Reflexion fähigen naturmythischen Gott wird der nur seinem spontanen Lebensgefühl nachgehende Faun immer ungebrochen positiv gezeigt. C. H.

22 Bildnis Angela Böcklin als Muse, 1863

Leinwand; 70 x 57,5 cm
Bezeichnet oben rechts: AB
Basel, Öffentliche Kunstsammlung, Kunstmuseum. – Inv. Nr. 1451
Literatur: H. Mendelsohn, Böcklin, Berlin 1901, S. 87. – Lasius 1903, S. 64. – Schmidt 1951, S. 15. – Kat. Basel Kunstmuseum 1970, S. 18. – Kat. Ausst. Basel 1977, Nr. 62. – Andree 1977, Nr. 156. – Sammlungsheft »Böcklin im Kunstmuseum Basel« (in Vorbereitung)

Das außergewöhnliche Kolorit dieses 1863 vom Basler Kunstverein angekauften Porträts ist auf die für Böcklins weitere Entwicklung so entscheidenden Eindrücke pompeianischer Wandmalerei zurückzuführen, die er zu Beginn seines zweiten römischen Aufenthaltes 1862 kennenlernte und die ihn von da an zu immer wieder neuen Farbexperimenten anregte. Schmidt begreift deshalb Böcklins damalige Fahrt nach Pompei als das wichtigste Ereignis von Böcklins zweitem Romaufenthalt. Das hier gezeigte Porträt seiner damals 27jährigen Frau Angela gilt als das erste Bild, das Böcklin in der für ihn neuen (enkaustischen) Farbtechnik der Alten ausgeführt hat. Otto Lasius berichtet an gleicher Stelle (Lasius 1903, S. 64) von Böcklins Kenntnis der bereits durch Plinius überlieferten Tempera-Wachs-Malerei, die er aber bald gegen andere Techniken eintauschte. Die Tiefe der Farbwirkung bei einer zugleich stumpf erscheinenden Oberfläche unterstützt hier die ganz besondere Porträtauffassung, welche die »intimen Züge eines Bildnisses mit monumentaler Würde« verbindet (Mendelsohn 1901, S. 87). Kompositionell wie in seiner Farbigkeit ist das Porträt auf spannungsvollen Gegensätzen aufgebaut: Raumgreifendes Körpervolumen gegen die Fläche betonendes Wanddekor – warmtonige gegen kühl wirkende Farben – Wirklichkeitsnähe in den unidealisierten Gesichtszügen gegen herbe Distanziertheit im Ausdruck – nahe Vertrautheit gegen Monumentalisierung – Mythos und Gegenwart. All dies erhält seinen Akzent zusätzlich in dem Lorbeerzweig, der diese Frau in ihrer Rolle als Muse des Künstlers Arnold Böcklin allegorisiert. Die immer noch gelegentlich wiederholte Behauptung, Angelas Eifersucht habe das Modellstudium ihres Mannes verhindert, sollte in diesem Bildnis eine entschiedene Widerlegung finden.

C. H.

21

22

23 Villa am Meer II, 1864/65

Leinwand; 123,4 x 173,2 cm
Bezeichnet unten links: A. Böcklin 1865
München, Bayerische Staatsgemäldesammlungen, Schack-Galerie. – Inv. Nr. 11 536
Literatur: Schick 1901, S. 76, 217 f., 290, 369. – F. Runkel und C. Böcklin (Hg.), Neben meiner Kunst... Arnold Böcklin, Berlin 1909, S. 144. – Kat. München, Schackgalerie 1969, S. 54 ff. – Andree 1977, Nr. 174. – Ranke 1977, S. 67 f. – Poetter 1978, S. 120 ff, 124 ff. – Putz 1979, S. 271 f.

Für die aufgrund maltechnischer Mängel beanstandete erste Fassung der *Villa am Meer* von 1864 hatte Baron Schack sogleich eine Wiederholung bei Böcklin bestellt. Obwohl das hier gezeigte zweite Bild, wie immer bei Böcklin, einen ganz anderen Stimmungscharakter hatte und eigentlich ein anderes Bild war, dachte Schack anfangs nicht daran, für die erste verdorbene Fassung zu bezahlen, was den empfindlichen Böcklin zur Auflösung seines festen Werkvertrages mit Schack veranlaßt hat. Immerhin fand Böcklin diese zweite Version, die er in drei Wochen »heruntergemalt« hatte, schließlich fast schöner als die erste (Schick 1901, S. 290). Die Bilderfindung als solche hat ihn überhaupt befriedigt. So bemerkte er 1871 Arnold von Salis gegenüber einmal, er sei ja froh, wenn er seine Bilder verkaufe und nicht mehr sehen brauche; nur die *Villa am Meer* sehe er gerne wieder (von Salis 1902, S. 18). Es ist eines der wenigen Male, daß Böcklin sich anderen gegenüber positiv über seine eigene künstlerische Leistung geäußert hat. Seinem Schüler Rudolf Schick gegenüber nannte Böcklin das Bild anscheinend des öfteren »Iphigenia«. Doch wollte er dies wohl später nicht mehr wahrhaben. So war sein Kommentar, als Ferdinand Runkel beim gemeinsamen Betrachten von Fotografien die *Villa am Meer* »Iphigenia« nannte: »So ist es richtig, jeder muß sich bei einem Bilde das denken, was das Bild ihm sagt. Es ist nicht nötig, daß es gerade dasselbe ist, was dem Maler vorgeschwebt hat. Ich habe bei dem Bilde nicht an die Iphigenie gedacht« (Neben meiner Kunst 1909, S. 144). Daß auch hier nicht etwa eine mythische Begebenheit der Literatur dargestellt sein wollte, sondern lediglich eine nachempfundene Situation darauf den Anlaß gab, kann u. a. eine andere Bemerkung zeigen, wo Böcklin in der Trauernden im Gestade den letzten Sproß eines alten Familiengeschlechts sah (Schick 1901, S. 76). Schick beschreibt die zweite Fassung der *Villa am Meer* folgendermaßen und vermittelt uns wohl damit wesentliche Gedanken Böcklins: »Es geht eine wunderbare Trauer und Melancholie durch das Bild. Es scheint Scirocco und die Luft ist weiß, nach unten grau und hat oben lange Windstriche. Die Zypressen und andere Bäume neigen sich stark, fast wie bei Scirocco-Sturm. Böcklin scheint aber nicht gerade Sturm gemeint zu haben, auch ist das Wasser ziemlich ruhig. Er sagte, Bäume und Buschwerk am Meer sehen immer wie vom Sturm bewegt aus, auch bei ruhigem Wetter. Und nun gar bei einem leisen Wind, wie er ihn angenommen. Bei dem beständigen Windwehen vom Meere her wachsen sie so phantastisch bewegt landeinwärts ...« (Schick 1901, S. 290).

Diesen von Böcklin solchermaßen beabsichtigten Tenor im Stimmungsgehalt des Bildes hat man richtig in Zusammenhang gebracht mit den später entstandenen Themen der *Ruine am Meer* und hierin ein charakteristisches Phänomen Böcklinschen Naturverständnisses gesehen: Für Böcklin gibt es jedenfalls in diesen Bildern eine unversöhnliche Konfrontation von Natur und den kultivierenden Spuren des Menschen, somit der Geschichte. Natur geht dabei immer als Siegerin hervor. »Sie ist dem zivilisatorischen Anspruch von Geschichte, die sich nur durch Aneignung von Natur realisieren kann, letztlich überlegen.« (Ranke 1977, S. 68). Weshalb sich Böcklin, wie oben gesagt, auf Interpretationen seiner Bilder nie festlegen wollte, dafür ist die *Villa am Meer* ein besonders aufschlußreiches Beispiel. Eine Vielzahl von Anregungen, die in die Bilderfindung eingeflossen sind, lassen sich vermuten, von Goethes ›Iphigenie‹ über Caspar David Friedrichs *Mönch am Meer* und Feuerbachs erster und verworfener *Iphige-*

23

nie-Fassung vor derjenigen in Darmstadt von 1862, die bei Böcklins Ankunft in Rom allerdings schon ein halbes Jahr zuvor nach Karlsruhe abgeschickt war (Kat. Ausst. Karlsruhe 1977, S. 169ff.). Die zugehörigen Entwürfe hat Böcklin jedoch zweifelsohne bei Feuerbach gesehen (vgl. Kat. Z. 11), wobei hier direkte Bezüge zu einem Penelope-Fresko in Pompeji festgestellt wurden. Hinzu kam bei Böcklin wahrscheinlich außerdem das Erlebnis einer landschaftlichen Situation während seines ersten Romaufenthalts, da das Villenmotiv bereits früher schon aufgetaucht ist (vgl. *Mord im Schloßgarten;* Kat. 12).

Schon Carl Neumann hat eine der Besonderheiten Böcklinscher Bilderfindungen in der »unermeßlichen Resonanz der Sinneseindrücke« gesehen, die in seinem Inneren gespeichert sein mußten (C. Neumann, Arnold Böcklin, in: Der Kampf um die neue Kunst, Berlin 1897, S. 261). Und wenn wir dort weiter unten lesen (S. 264), hundert Jahre später würden einem Betrachter Böcklinscher Bilder darin »einer der tiefsten Züge unserer Zeit verraten«, so ist es heute Zeit, sich daran zu erinnern. Lange vor Ablauf dieser hundert Jahre findet sich in unmittelbarem zeitlichen Anschluß die Vermutung Neumanns bestätigt, wenn man beispielsweise Hugo von Hofmannsthals Abhandlung über »Gärten« liest: »... Ein alter Garten ist immer beseelt. Der seelenloseste Garten braucht nur zu verwildern, um sich zu beseelen« (Die deutsche Literatur, Texte und Zeugnisse, hg. v. W. Killy, München 1967, Bd. 7, S. 286). C. H.

24 Altrömische Vigna (Altrömische Weinschänke; Oktoberfest), 1865

Leinwand auf Holz: 63,8 x 98,4 cm
München, Bayerische Staatsgemäldesammlungen, Schack-Galerie. – Inv. Nr. 11 526
Literatur: Schick 1901, S. 105, 191, 232, 364. – H. Mendelsohn, Böcklin, Berlin 1901, S. 80f. Böcklin-Memoiren 1910, S. 142. – Kat. München, Schackgalerie 1969, S. 49ff. – Andree 1977, Nr. 180. – Putz 1979, S. 287f.

Die Fülle reizvoller Details, der kompositorischen Einfälle und die delikate Farbigkeit entzückten Baron Schack (Meine Gemäldesammlung 1894, S. 158), der dieses für ihn völlig unvergleichliche Bild erst einige Jahre nach der Fertigstellung erhielt (Schick 1901, S. 191). Böcklin sei damals beim Malen immer heiterster Laune gewesen, was sich auch in dem Bild mitteilt, dessen Zustand aber schon damals problematisch war und deshalb von Böcklin in dem Jahr darauf wiederholt wurde (Kunstmuseum Basel). Schick beschreibt es als »durch und durch

24

Lustigkeit, Sonnenschein, Farbenbuntheit; man sieht, B. hat das Bild lustig aus sich heraus geschrieben, ohne weiter nach Regeln zu fragen ... Es ist nicht eine Stelle in dem Bilde, aus der nicht Sonnenschein und Lustigkeit in Form und Farbe spräche. Die Helligkeit des Bildes und der Sonnenschein allein gibt dem Bilde Wärme, denn in dem Gewirr von Farben stehen zuweilen ganz positiv kalte Farben. Im Allgemeinen jedoch ist das Bild jedoch goldgrün. In den Architekturen sind der Landschaft entgegenlaufende Linien, die Ferne ist ganz untergeordnet, wenig bemerkbar. Klare, durchsichtige Luft und darum auch in den fernen Teilen so starke Farben wie vorne.« Henriette Mendelsohn (1901, S. 80) nannte das Bild eine »Jubelhymne festlichen Heidentums« und stellt es der *Villa am Meer* gegenüber, in der sie »eine große Elegie auf die Antike« sieht. Diese und die unmittelbar anschließenden Versionen gehören zu dem von Böcklin über Jahrzehnte immer mal wieder abgewandelten Thema von kultischen Handlungen, die in enger Verbindung mit ihrer natürlichen Umgebung zur Gruppe »Heiliger Hain« gezählt werden können. Es kann sich dabei um bacchantische Veranstaltungen oder um ernste Kultzeremonien handeln (siehe Kat. 14, 31; bzw. Kat. 35, 42, 45).

Die Inschrift auf dem Sockel der Priapus-Statue VINUM NOVUM deutet darauf, daß der früher benutzte Bildtitel »Oktoberfest« in etwa Böcklins Intentionen entsprochen haben mag. Wahrscheinlicher noch erscheint der hier gewählte Haupttitel »Altrömische Vign«, den Schack in einer internen Notiz und nochmal in einem Brief an Böcklin vom 29. 9. 1870 gebraucht (Böcklin-Memoiren 1910, S. 142). C. H.

25 Petrarca an der Quelle von Vaucluse, 1865/66

Leinwand: 60 x 93 cm
Bezeichnet: A. Böcklin
Leipzig, Museum der Bildenden Künste. – Inv.-Nr. 1132 (Vermächtnis Max Klinger)
Literatur: F. Runkel und C. Böcklin (Hg.), Neben meiner Kunst ... Arnold Böcklin, Berlin 1900, S. 221 f. – Schick 1901 S. 23 f. – Andree 1977, Nr. 194. – Kat. Leipzig, Museum der Bildenden Künste 1979, S. 24.

Diese ehemals im Besitz von Max Klinger befindliche kleine Fassung von *Petrarca an der Quelle von Vaucluse* scheint wohl doch nicht, wie Andree angibt, eine frühere Skizze aus dem Jahr 1863/64 zu dem Großformat im Basler Kunstmuseum zu sein. Nach der (dort auch zitierten) Erwähnung bei Schick (1901, S. 23 f.) wird es unter dem Datum 26. Mai 1866 zusammen mit einer Reihe »angefangener Bilder« aufgeführt: »Drittens Landschaft mit einem lesenden schwarzen Mönch. Sehr schön und ernst gehalten. Hinten ein nicht ferner Fels mit Büschen. Links oben Luft. Dünn untermalt mit etwas bräunlich durchgehendem Grundton.« Die kleine Federskizze daneben von Schicks Hand zeigt in Andeutungen den dann unverändert ausgeführten Zustand. Da spätere Erwähnungen bei Schick sich ausschließlich auf das Großformat beziehen, daran Böcklin lange herumexperimentiert hat und das auch sehr geteilte Aufnahme fand, ist höchstwahrscheinlich die hier gezeigte kleine Version noch in Rom vollendet gewesen und dort zuerst in den Besitz des Malerkollegen Heinrich Ludwig gelangt. Motivgeschichtlich vom bis in die Romantik hineinreichenden Typus der büßenden Magdalena herkommend, mag das Bildthema von Böcklin in Anknüpfung an den *Anachoreten* (Kat. 20) gewählt worden sein, was der von Schick gebrauchte Titel des Bildes bestätigen könnte. Daß allerdings Böcklin hier schon nicht unbedingt an einen Mönch gedacht hat, macht die Laute deutlich, die achtlos von dem mit Lesen Beschäftigten zur Seite gelegt, doch sehr deutlich ins Auge fällt. Obschon ein innerer Sinnzusammenhang damit nicht eindeutig erklärt ist, scheint doch ein solcher in Petrarcas lyrischer Gedichtsammlung ›Il Canzoniere‹ als Anhaltspunkt denkbar. Offenbar hat die gesamte Komposition Böcklin aber für die große Fassung nicht mehr befriedigt, weshalb dann aus dem am Boden liegenden Mönch ein aufrecht stehender Dichter in gewohntem mittelalterlichem Habit wurde. Dem Auftraggeber Merian-Iselin in Basel schrieb Böcklin am 26. September 1865, es müsse das ein »schönes Bild« werden (Neben meiner Kunst 1900, S. 221 f.).

Daß der umfassend belesene Böcklin sich die Gestalt Petrarcas als Bildthema gesucht hat, ist innerhalb seines Œuvres gleichwohl ungewöhnlich und dürfte gegebenenfalls mit Anregungen von Feuerbachs Seite zusammenhängen. Andererseits erscheint aber speziell die Gestalt Petrarcas für Böcklins Bildvorstellung auch wieder schlüssig, da dieser große Humanist und Wiederentdekker der klassischen Antike und der Natur als Landschaft schon alleine von daher für Böcklin eine willkommene Verkörperung seiner eigenen Ideale war. Hinzu kommt für Böcklins Weltverständnis und künstlerisches Prinzip die Unvereinbarkeit von Idealität und Wirklichkeit, wie sie ähnlich schon die humanistische Lyrik des Spätmittelalters prägt und sich in Petrarcas idealer Liebe zu Laura ausdrückt, einer Liebe, der er nur in den Traumvorstellungen seiner formvollendeten Lyrik zu nahen vermochte. So ist wie im *Pan im Schilf* oder der *Klage des Hirten* und anderen Beispielen, die wir hier gesehen haben, erneut das Grundproblem des Menschen thematisiert, der seine Bestimmung erst in der Transzendenz seiner Vorstellungswelt findet. Daß Böcklin mit der Thematisierung Petrarcas dem Zeitgeist entsprach, hat Andree (1977, S. 302) durch den Hinweis auf Franz Liszts 1858 erschienene ›Petrarca-Sonette‹ bekräftigt. C. H.

26 Die Klage des Hirten (Daphnis und Amaryllis), 1866

Leinwand; 137,9 x 100,4 cm
Bezeichnet unten rechts: A. Böcklin pinxt.
München, Bayerische Staatsgemäldesammlungen, Schack-Galerie. – Inv. Nr. 11 535
Literatur: H. Wölfflin, Arnold Böcklin, in: Basler Jahrbuch 1898, S. 219 ff. – Schick 1901, S. 4 ff., 14, 16, 21, 163. – Kat. München, Schackgalerie 1969, S. 60 ff. – Andree 1977, Nr. 186. – Kat. Ausst. Darmstadt 1977, Nr. 28. – Tittel 1977, S. 102. – Putz 1979, S. 205 ff.

Wie vielfach bestätigt, wählte Böcklin in seiner Vorliebe für die griechischen Idyllendichtungen den in der Antike häufig behandelten Stoff für dieses Bild aus der dritten Idylle des Theokrit, darin Daphnis, der plattnasige Hirte, seine Liebe zu der Nymphe Amaryllis beklagt, die ihn verlassen hat. Wie nur selten sind wir durch Rudolf Schick gut über den Fortgang der Arbeit an dem Bild informiert, das bei seinem ersten Besuch Januar 1866 in Böcklins Atelier in der römischen Via Margutta schon in Arbeit und im Juni desselben Jahres fertig abgeschlossen war: Neben einer Vielzahl von

25

26

Naturdetailstudien, den durchgehend im Bild eingehaltenen Proportionen von dreiviertel Lebensgröße, den narrativen Einzelheiten, der Bedeutung des Rahmens etc. ist die auf Wirkung hin streng kalkulierte Farbigkeit hervorzuheben, deren gegebenenfalls zu stark empfundener Ernst Böcklin durch den roten Krug und die bunten Früchte im Vordergrund ausgeglichen hat, die sich ihrerseits zugleich auf den Bildinhalt beziehen. Zu den Rosen etwa bemerkt er, sie seien nicht naturfarben, sondern er habe sich nur den Formaufbau, die plastische Erscheinung eingeprägt, und sie dann solange »gestimmt«, bis sie zu den anderen Farben im Bilde eine rosarote Erscheinung annahmen (Schick 1901, S. 163).

Baron Schack, der in Rücksicht auf die schöpferische Eingebung der von ihm unterstützten Künstler nie Bilder nach seiner eigenen Vorstellung bestellte, war von dem Bild sehr angetan und sprach im Zusammenhang voller Bewunderung von Böcklins literarischer Bildung und seiner Vorliebe für die Idyllendichter der Griechen: »Die Gestalt des kaum noch dem Knabenalter entwachsenen Liebhabers und seine Züge sind von außerordentlicher Anmut; die im Hintergrund befindliche Nymphe möchte man anders wünschen; wer aber außer Böcklin hätte den Blumenkranz über der Grotte, die vor ihr niedergelegten Früchte und sonstigen Spenden so malen können? Das sind nicht Blumen und Früchte dieser Erde, sie sind in einem Wunderland der Phantasie erblüht und gereift. Über dem Ganzen liegt ein wunderbarer Reiz.« (A. F. von Schack, Meine Gemäldesammlung, Stuttgart 1894, S. 152). Die Aussage ist insofern recht aufschlußreich, als der besonders literarisch-ästhetisch ausgerichtete Schack lediglich von der Nymphe in ihrer Grotte enttäuscht war, da sie bedeutsamerweise nicht dem Text bei Theokrit entspricht. Statt kalt, abweisend und steinern, lauscht sie, von eher mütterlicher Gestalt, verständnisinnig der Klage des Knaben, dessen Blicken sie in ihrer Grotte aber verborgen bleibt. In ihrem Erscheinungsbild und dem des noch halb kindhaft jungen Daphnis wird der antike Stoff psychologisierend mittels einer ödipalen Komponente umgedeutet, die in der Kunstgeschichte – lange vor Sigmund Freud – etwas völlig neues bedeutet. Eine weitere Spezialität Böcklins ist das hier erneut, aber auf andere Weise zum Ausdruck gebrachte Anliegen, akustische Effekte für die erweiterte Erlebnisdimension eines Bildes einzusetzen und zur Wirkung zu bringen. Daphnis hat die Flöte längst vom Mund abgesetzt, die Töne scheinen verklungen und Daphnis beim Hinterherlauschen ganz in seiner eigenen Traumvorstellung versunken. Im Grunde existiert Amaryllis nur eben dort.

In dem das gesamte Bild durchziehenden Dreiklang, »Flötender Kopf des Daphnis, dem zuhörenden der Nymphe und links unten in den Geschenken« spricht sich nach Schick (1901, S. 21) die »Idee des Bildes« aus, die damit die literarische Vorlage gänzlich neu deutet. Wie an anderen Stellen sei hier noch betont, daß in Böcklins schöpferischer Phantasie immer mehrere Bewußtseinslagen zusammenfließen und eine Deutung deshalb nie ganz eindeutig objektiv ausfallen kann. »Er malt aus dem Kopf, aus der inneren Vorstellung ... Was er gibt, ist nie der einzelne Fall, sondern das Resultat von vielen Beobachtungen ...« So ließ sich in seiner Festansprache zum Böcklin-Jubiläum bereits Heinrich Wölfflin vernehmen (1898, S. 219), dem wir auch den ersten Hinweis auf die hier ganz deutliche Nähe zu Feuerbach verdanken. Man könnte etwa hier auf *Ricordo da Tivoli* verweisen, das zwei Jahre später von Feuerbach gemalt wurde und zudem noch Züge von Böcklins *Hirtin* aufweist (Kat. 74, 17). Daß es hier aber nur um formale, kaum je um inhaltliche Entsprechungen gehen kann, liegt bei der grundsätzlichen Verschiedenheit beider Künstlerpersönlichkeiten auf der Hand.

C. H.

27

27 Odysseus am Strand des Meeres, 1866/68

Leinwand; 47 x 55 cm
Bezeichnet unten links: A. Böcklin 1869
Privatbesitz Schweiz,
Literatur: Schick 1901, S. 143. – Mendelsohn 1901, S. 78. – H. A. Schmid, Arnold Böcklin, Vorwort. München 1901, S. 49. – Andree 1977, Nr. 231. – Kat. Ausst. Basel 1977, Nr. 104. – Tittel 1977, S. 58. – Kat. Ausst. Fiesole 1980, Nr. 10.

Das 1869 von Böcklin offenbar nachsignierte und datierte Bild hat Schick am 18. August 1868 bereits dem heutigen Zustand entsprechend beschrieben. Will man Henriette Mendelsohn, die oft recht gut informiert scheint, Glauben schenken, so war das Bild sogar noch in Rom vor der Rückkehr nach Basel gemalt worden. Der Gestus des hilflosen Schmerzes fand in einer verworfenen Studie zum Mittelfresko des Sarasinschen Gartensaals von 1868 nochmal Verwendung (Andree 1977, S. 331; *Christus am Ölberg;* s. Abb. Schmid 1901, S. 56). Als bildhafte Anregung mag eine in der vatikanischen Bibliothek befindliche Wandmalerei des 5. vorchristlichen Jahrhunderts gedient haben, die Odysseus am Strand zeigt (Kat. Ausst. Fiesole, Nr. 110). Es ist der erste gedankliche Niederschlag zu der berühmten Bildkomposition *Odysseus und Kalypso* (Kunstmuseum Basel), die erst 1882 vollendet war und eines der Hauptwerke von

Böcklins künstlerischem Ausdruckswillen darstellt. Die Intensität dieses Ausdruckswillens findet in dem hier gezeigten frühen Bildbeispiel eine allen traditionellen Kunstregeln zuwiderlaufende Lösung. Die Absage an die schönheitlichen Kunstvorstellungen, wie sie Böcklin teils selbst vertrat, auch die Mißachtung bildkompositorischer Grundregeln zeigen den experimentellen Charakter dieses Entwurfs, lassen zugleich aber die eigentlichen Intentionen Böcklins ungeschminkter als sonst deutlich werden. Die körperlich eher häßliche Gestalt und das struppige Haupt des nackten Mannes betonen die kreatürliche Seite des Menschen, sein darin Verhaftet-Sein und davon nicht Loskommen-Können drückt sich im Pathosgestus der sehnsüchtig ausgestreckten Arme aus. Zugleich wird das Nutzlose seines Wehklagens deutlich in der Ereignislosigkeit des weiten Horizonts. Aufschlußreich ist auch der jeder akademischen Bildtradition widersprechende Mangel an dekorativen Elementen, die geradezu brutal unvermittelte Nähe zu der ärmlichen Gestalt in ihrer unattraktiven Nacktheit. Hierin äußert sich nicht nur die dem homerischen Text folgende Situation des Odysseus (5. Gesang, 156ff.), sondern überhaupt das Existenzielle menschlichen Daseins, dem kein Fluchtweg offen bleibt als die Sehnsucht selbst. Es ist wohl kein Zufall, daß die Gesichtszüge denen des mit der Amsel um die Wette pfeifenden Faun (Kat. 21) gleichen, um das Urzeitliche, die Nähe zum Mythos zu demonstrieren und für den Betrachter erfahrbar zu machen.

Der uns von Böcklin sonst meist behutsam eröffnete Zugang zum mythischen Erscheinungsbild ist hier einer vorbehaltlosen Direktheit der Aussage gewichen, die für Böcklin aber nicht endgültige Formfindung bedeuten kann, wie schon in den Schaffensprozessen fortschreitenden Ordnens und Straffens der Einzelteile bei den vorliegenden Bildthemen zu erkennen war (Kat. 10, 11 etc.). Diesen Klärungsprozeß finden wir auch hier von der lapidar ausgesprochenen Bildidee des gezeigten frühen Entwurfs zum schließlichen Resultat *Odysseus und Kalypso* von 1882. Denn dort sehen wir nicht mehr den menschlich verzweifelten Odysseus, wie er »am Ufer weinend die Götter anruft« (Schick 1901, S. 143), sondern den in Resignation als Rückenfigur in die Chlamys (Manteltoga) gehüllten Heroen, der gegen das Meer gesehen mit seinen Gedanken alleine steht wie eine Denksäule und den verführerisch auf rotem Tuch sich bietenden Reizen der Kalypso keine Beachtung mehr schenkt. C. H.

28

28 Venus Anadyomene (Farbskizze), 1870

Leinwand; 57 x 34 cm
Bezeichnet unten links: A. Böcklin
Worms, Museum Kunsthaus Heylshof. – Inv.-Nr. Swarzenski 95
Literatur: Schick 1901, S. 265, 385. – von Salis 1902, S. 15. – Andree 1977, Nr. 279. – Kat. Ausst. Basel 1977, Nr. 120. – Kat. Ausst. Darmstadt 1977, Nr. 34.

Dieser wunderbar weich in den Formen und im Kolorit angelegten Farbskizze hat Böcklin 1872 eine ganz entsprechende voll ausgeführte Fassung von etwas breiterem Format folgen lassen, die im selben Jahr im Münchner Kunstverein ausgestellt war (Andree 1977, S. 368). Während jene über die Kunsthandlung Gurlitt in die berühmte Sammlung Eduard Arnhold, Berlin gelangt ist, kam die Ölskizze später in den Besitz des Freiherrn von Heyl. Zweifelsohne muß in dieser Komposition (vorbereitet in einer Kohlezeichnung des Landesmuseums Darmstadt; Kat. Z 26) eine Reaktion auf Jacob Burckhardts harte Kritik an der frühesten Fassung von 1869 gesehen werden (Landesmuseum Darmstadt), die im Anschluß an das Basler Museums-Fresko *Magna Mater, von Kentauren über das Meer getragen* als schlankes Hochformat entstanden ist (Andree 1977, S. 326). Wir sind durch die

Aufzeichnungen besonders von Rudolf Schick (1901, S. 265) über Burckhardts Einwände informiert, die anscheinend über die Kopflastigkeit der Komposition hinaus sich auch an dem spannungslosen blau in blauen Kolorit stießen. Laut Schicks Notiz vom 18.6.1869 (S. 385) hat Böcklin nach der Auseinandersetzung mit Burckhardt jenes erste Bild nicht zu Ende geführt, wohl damit den Argumenten seines kritischen Freundes damals insgeheim Recht gebend. Jedenfalls erfüllt die spätere Komposition mit dem als Sockelschwerpunkt dienenden Seeungeheuer und dem schwebenden Kranz von Putten recht genau die Forderungen Burckhardts und die allerdings noch nicht in dieser Skizze, sondern erst im ausgeführten Bild verwendete völlig neue Farbpalette von Tintenblau und Braunrot nach Goldgelb, Oliv und Orange nähert sich der gerade damals beginnenden Bevorzugung eines warmleuchtenden Kolorits. Hierfür ein besonders schönes Beispiel ist das kleine Bild *Ideale Frühlingslandschaft* aus dem Jahr 1870 (Kat. 30), welches Arnold von Salis zusammen mit der hier gezeigten *Venus Anadyomene* am 28. August 1870 in Böcklins Atelier in Arbeit gesehen hat. Da von Salis von einer »vielversprechenden Skizze« spricht (von Salis 1902, S. 15), ist damit höchstwahrscheinlich unsere Fassung gemeint, die man entgegen dem von Andree vorgeschlagenen Jahr 1872 somit wohl doch auf 1870 vordatieren kann.

Gegenüber der kopflastigen von Burckhardt kritisierten ersten Bilderfindung von 1869 hat Böcklin die Komposition stabilisiert und oben bis in die Bildecken hinein ausgefüllt. Der jetzt tiefgelegte Meereshorizont bildet ein ausgewogenes Gegengewicht und läßt die mitsamt dem Meerungeheuer aus den Wellen erstandene Venus in monumentaler Größe erscheinen. Daß Böcklin den Ratschlag des akademisch-klassischen Regeln zuneigenden Jacob Burckhardt, einen Delphin zu verwenden, nicht befolgt hat, sondern dieses grotesk glotzende Seetier wählte, ist eine seiner wohlerprobten Spezialitäten. Offenbar wollte er die Schönheit der Venus durch einen solchen Kontrast noch steigern, wie er das hin und wieder schon versucht hatte, etwa in der *Wiesenquelle* von 1869 (Schick 1901, S. 300). Der ungefähr in Augenhöhe verlaufende Horizont läßt den Blick unschwer auf die in der Ferne auftauchende Insel richten, in der man im allgemeinen »Kythera«, das Heiligtum der Venus, gesehen hat (Andree 1977, S. 368), womit aber bei dem immer sehr gut belesenen Böcklin wahrscheinlich doch Zypern gemeint ist, das als ihre eigentliche Heimat angesehen wurde. Denn der nachhomerischen Sage von der Schaumgeborenen Venus (Anadyomene) folgend, wurde die Göttin nach ihrem Auftauchen von Zephyr dorthin geleitet, um daselbst, von den Horen geschmückt, zum Olymp emporgeführt zu werden (Hymni Homerici VIII, 1 ff.; siehe A. Schäfer, Götterfabeln und Heldensagen der alten Griechen, Hannover o. J., S. 78). Motivgeschichtlich ist der Puttenkranz von Darstellungen der aufgefahrenen Madonna übernommen wie auch die Geste des Bekrönens. C. H.

29

29 Der Gang nach Emmaus, 1870

Leinwand; 94 x 139,5 cm
München, Bayerische Staatsgemäldesammlungen, Schack-Galerie. – Inv. Nr. 11 517
Literatur: Schick 1901, S. 144f. – Mendelsohn 1901, S. 90. – Andree 1977, Nr. 213. – Kat. Ausst. Basel 1977, Nr. 109. – Kat. Ausst. München leuchtete, München 1984, Nr. 22.

Das Gemälde ist wie auch die sogenannte *Italienische Villa* mit den Landschaftsfresken zusammen zu sehen, die Böcklin im Sommer und Herbst 1868 im Gartensaal der Villa Sarasin-Sauvin in Basel ausgeführt hat. Baron Schack kannte diese Fresken und hatte Böcklin mit je einer Wiederholung beauftragt, da ihn die Landschaftsauffassung an Poussin erinnerte. Am 10. Juli 1870 sah Arnold von Salis bei Böcklin unter anderem diese Wiederholung der *Emmausjünger* in Arbeit (Andree 1977, S. 318). Böcklin, so hebt Schack in seiner Beschreibung hervor, stellt auch in diesem Bild die seltene Gabe unter Beweis, »daß er die Eindrücke der verschiedensten, oft vor vielen Jahren gesehenen Gegenden lebendig genug in seiner Phantasie bewahrt hat, um sie allein aus der Erinnerung zu reproduzieren. Wie wenige Landschaftsmaler«, so fährt er fort, »können hierin mit ihm wetteifern ... und ein so getreues Abbild der Natur in ihren wesentlichen Zügen herstellen. Und nur auf die wesentlichen Züge, auf die Seele und Physiognomie des Ganzen, nicht auf die zufälligen Einzelheiten kommt es an« (F. A. von Schack, Meine Gemäldegalerie, Stuttgart 1894, S. 157). Als Anregung für das Landschaftsmotiv diente Böcklin wahrscheinlich das nördlich von Rom in den Latinerbergen gelegene Städtchen Formello (Schick 1901, S. 144).

Nur wenige von Böcklins Bildern zeichnen sich durch eine derart plastische Raumwirkung aus. Die von Sturmwind gejagten Wolken verstärken die düstere Stimmung der rauhen Gegend, die mit der biblischen Staffage Christi und der beiden Jünger einen heroischen Akzent erhält. Im Fresko war dem bedrohlichen Charakter dieser Sturmlandschaft eine lichterfüllte Sommerlandschaft mit entsprechender biblischer Staffage einer heiter idyllischen *Ruhe auf der Flucht* gegenübergestellt. Dieses Gegenstück hatte sich Schack gleichfalls von Böcklin nachmalen lassen, jedoch ohne die Staffage, nur als Ausschnitt mit der zypressenumstandenen Landvilla und leuchtend bunter Blumenwiese. Im Gegensatz zum Fresko mit seinen eher harten Gegensätzen von Licht und Dunkel erscheint das hier gezeigte Leinwandbild »zusammengestimmter, weicher« (Mendelsohn 1901, S. 90).

Die ebenso unauffällige wie unerläßliche Staffage beseelt die aufgewühlte Landschaft mit dem ganz verlassen wirkenden Felsennest des Bergstädtchens. »Durch diese Einöde schreitet die ängstliche Gruppe der beiden Jünger mit dem Unbekannten, der ihnen begegnet ist und den sie bitten, mit ihnen zu gehen. Ihre innere Stimmung ist es, die ringsum in der umgebenden Natur ausgebreitet ist. Wie in der Landschaft das Gewitter nachbebt, das eben ausgetobt hat, so in ihnen das Drama, das sie erlebt haben.« (W. Barth, Arnold Böcklin, Frauenfeld/Leipzig 1928, S. 73). Diese Böcklins Intentionen wohl in unübertroffener Weise zum Ausdruck bringenden Erläuterungen beziehen sich auf das Fresko, das in der gesteigerten Fassung der Schack-Galerie eine wichtige Zutat in der vereinzelten Gestalt aufweist, die auf halbem Weg der Dreiergruppe schon voraus ist und damit das Ziel des Weges sinnfälliger macht. Da die Entwurfszeichnung im Hessischen Landesmuseum Darmstadt (Kat. Z 19) diese Gestalt auch aufweist, könnte man dieses Blatt eher als Vorbereitung für das Bild der Schack-Sammlung ansehen denn als ersten Kompositionsentwurf für das Fresko. C. H.

30 Ideale Frühlingslandschaft, 1871

Leinwand; 73,5 x 59,6 cm
Bezeichnet unten Mitte rechts: A. Böcklin
München, Bayerische Staatsgemäldesammlungen, Schack-Galerie. – Inv. Nr. 11 527
Literatur: von Salis 1902, S. 15f. – Kat. München, Schackgalerie 1969, S. 63ff. – Andree 1977, Nr. 240.

Das Bild zählt zu den frühesten Beispielen, in denen Böcklin sich dieses schmelzend leuchtenden Kolorits bedient. Nach von Salis, der das Bild im August 1870 noch mit einer anderen Staffage in Böcklins Atelier gesehen hatte und berichtete, es sei noch Ende Januar 1871 in Arbeit gewesen, wird man eine Fertigstellung um den Zeitpunkt einer Honoraranweisung durch Baron Schack im Mai 1871 vermuten (Andree 1977, S. 339).

Die Komposition wirkt wie eine Zusammenfassung einzelner vorangegangener Bildmotive. So erinnern die Putten an den *Liebesfrühling* (Andree 1977, Nr. 206), das Liebespaar an die *Götter Griechenlands* (Andree 1977, Nr. 123, 124), und die beiden Frauengestalten könnten ähnlich im zweiten *Petrarca*-Bild auf dem Wiesenausschnitt erschienen sein (Andree 1977, Nr. 195), ehe sie Böcklin dort selbst wieder entfernt hat. Hierfür ein weiteres Vergleichsbeispiel wäre das *Römische Landfest* (Kat. 14) und das zwei Jahre später gemalte Bild *Frühling* (Andree 1977, Nr. 275), wo sich beide Figuren schon verselbständigen. Auffallend jedoch ist auf unserem Bild der Eindruck einer durchweg harmonisch ausgeglichenen Grundstimmung bei gleichwohl zarter Spannung unter den drei ganz unterschiedlichen Gruppen: Die Puttenstaffage als Ausdruck blühenden Lebens und die beiden Arm in Arm ganz lyrisch dahinschreitenden Freundinnen wirken zusammen wie ein Akkord zu dem im blühenden Wiesengrund sitzenden Paar, dessen gegenseitige Zuwendung bei zur Laute vorgetragener Liebeslyrik gemessen bleibt und nichts Drängendes, Forderndes hat, wie noch in den *Göttern Griechenlands*.

Um etwa 1870 gelangt Böcklin zu dieser strahlenden Lokalfarbigkeit, wie wir es beispielsweise auch in dem Bild *Altrömische Maifeier* finden (Kat. 31), das im darauffolgenden Jahr gemalt wurde. Böcklin war sich immer bewußt, daß die Palette anderen Zwängen unterworfen ist als die Farbnuancierungen in der Natur und daß deshalb die Proportionsgesetze in gleicher Weise für das Formale wie für das Koloristische zu gelten haben. Wahrscheinlich dürfte ein Zusammenhang bestehen zwischen dieser neuen Freude an frisch leuchtender Farbigkeit und Böcklins Parisaufenthalt im Mai 1870 anläßlich der Weltausstellung, an der er selbst auch beteiligt war (Kat. 32) – ohne Erfolg. Daß er diese Kurskorrektur nicht in Nachahmung dessen, was ihm dort vor Augen kam, noch unter irgendwelchen Abstrichen an seiner unverwechselbaren Eigenständigkeit vornahm, muß als weiterer Beweis für Böcklins künstlerisches Identitätsbewußtsein eingestuft werden. C. H.

31 Altrömische Maifeier, 1872

Leinwand; 75,7 x 61,6 cm
Bezeichnet unten links: A. Böcklin
München, Bayerische Staatsgemäldesammlungen, Neue Pinakothek. – Inv. Nr. 9335
Literatur: Böcklin-Memoiren 1910, S. 219. – Schmidt 1963, S. 17. – Andree 1977, Nr. 254. – Kat. Ausst. Basel 1977, Nr. 112. – Kat. Ausst. Darmstadt 1977, Nr. 40. – Putz 1979, S. 290. – Kat. München, Neue Pinakothek 1981, S. 33.

Wie der *Von einem Einhorn bewachte heilige Hain* (Kat. 35) ist auch die *Altrömische Maifeier* während der zweiten Münchner Periode gemalt. In seiner leuchtenden Farbigkeit wirkt das Bild vollkommen anders,

30

31

32

weshalb die beiden Darstellungen auch nur äußerlich miteinander in Zusammenhang gebracht worden sind. Und doch müssen wir unter dem Eindruck von Paul Heyses Erinnerungsgedicht davon ausgehen (vgl. auch Kat. 35), daß beiden Bildern der gleiche Anlaß jenes Weingelages im Hain der Nymphe Egeria zugrunde liegt. Wie auch in dem Gedicht Heyses beschrieben, ist hier die Umsetzung des zwanzig Jahre zurückliegenden bacchantischen Treibens aus der Erinnerung heraus von Böcklin nur insoweit verfremdet ins Bild gebracht, als aus der weinseligen Ausgelassenheit der Freunde hier ein heidnisches Ritual geworden ist mit gänzlich anderen Teilnehmern (Putz 1979, S. 290).

»... Bacchantisch überschwoll die Festeslaune
Genährt von des Velletri dunkler Flut;
Bis unser Däne dann, der Bärt'ge, braune,
Die Kleider abwarf und ums Feuer nackt
Mit Jauchzen sprang gleich einem ries'gen Faune.
Drei taten's nach von gleichem Rausch gepackt,
Und an den Schultern festlich sich umschlingend,
Den Boden stampften sie im Reigentakt,
Im Vierklang eine nord'sche Weise singend, ...«

(Paul Heyse, Werke, 1980, Bd. 1, S. 112). Aus dem verwunschenen Wäldchen in offener Campagnalandschaft ist hier ein von steil ansteigenden Hügeln umschlossener Talgrund geworden mit einer Fortuna-Statue auf hoher Säule und im Hintergrund halb versteckt ein Rundtempelchen, das wir ähnlich schon von den *Göttern Griechenlands* und von dem Schackschen *Oktoberfest* (Kat. 24) her kennen. Geschichtslos Urzeitliches, wie im zuvor gezeigten Bild, erscheint hier definiert, erzählend in jeder Weise ausgeschmückt. Dem heidnischen Tanzritual in seiner an Komik streifenden Ausführlichkeit anekdotisch geschildert, steht die Gemessenheit feierlich gewandeter Gestalten gegenüber, die den Hügel schon bestiegen haben als die von Böcklin gerne verwendete Antithese von Dionysisch und Apollinisch oder von Erhabenheit und Komik im Sinne Friedrich Theodor Vischers.

Nach dem Brief von Rudolf Schick aus Berlin vom 9. Februar 1873 (Memoiren, 1910, S. 217f.), in welchem er Böcklin von der Berliner Ausstellung und der verheerend negativen Aufnahme seiner Bilder (darunter auch die *Maifeier* und die *Euterpe;* Kat. 32) berichtet, dürfte das Bild 1872 gemalt worden sein. Bei der Frage, welches der beiden Bilder, *Maifeier* oder *Hain mit Einhorn*, eher entstanden seien, wird man nun wohl dazu neigen, die *Maifeier* wegen der Überfülle an Details und der darin begründeten Unruhe in der Darstellung als das frühere anzusehen. Haben wir doch bislang in der Regel eine fortschreitende Straffung der Komposition und des Bildgeschehens bei aufeinanderfolgenden Fassungen des gleichen Themas feststellen können. Zu bedenken wäre auch, daß die Verschiedenheit beider Bilder nach Kolorit und äußerer Form überhaupt gerade auf ihren inneren Zusammenhang schließen läßt, auf die jeweils gültige Entsprechung von Gestaltungsweise und Aussage.

Die *Altrömische Maifeier* knüpft in ihrer Farbigkeit und im Gegenständlichen an die *Altrömische Weinschenke* (Kat. 24) an, erhält aber ihre inhaltliche Bereicherung durch das in der Erinnerung selbst Erlebte. Wie Pan und Nymphen, Tritonen, Najaden, Kentauren und Einhörner, so sind auch urzeitliche Menschenwesen bei Böcklin in den tatsächlich möglichen Erlebnisbereich gerückt. Daß all diese Naturwesen losgelöst von mythologischen Zusammenhängen in ihrem Naturdasein bildthematisch wirksam werden, ist ein für die Kunst des 19. Jahrhunderts wesentliches, neues Phänomen.

C. H.

32 Euterpe mit einer Hirschkuh, 1872

Leinwand; 78 x 58,5 cm
Bezeichnet unten rechts: A. Böcklin
Darmstadt, Städtische Kunstsammlungen
Literatur: Böcklin-Memoiren 1910, S. 218f. – Andree 1977, Nr. 258. – Kat. Ausst. Basel 1977, Nr. 118. – Kat. Ausst. Darmstadt 1977, Nr. 85. – Tittel 1977, S. 56. – Kat. Darmstadt, Hessisches Landesmuseum 1979, Nr. 8. – Kat. Ausst. Paris 1984/85, S. 97f., Nr. 3.

Zusammen mit dem *Selbstporträt und Tod* (Kat. 33), der Basler Fassung des *Kentaurenkampfes* und der ähnlich farbintensiven *Altrömischen Maifeier* (Kat. 31) war die *Euterpe* in Berlin 1873 ausgestellt und hat dort von allen vier Bildern am meisten Unverständnis hervorgerufen. Wie Böcklins ehemaliger Schüler Rudolf Schick nach Florenz schreibt (Böcklin-Memoiren, S. 218f.), wurde neben der angeblich mißlungenen Zeichnung von Figur und Reh auch die kontrastreiche Farbigkeit kritisiert. Wie seit Beginn der siebziger Jahre öfters, hat dem Künstler seine Tochter Clara, der wir schon in der ein Jahr zuvor gemalten *Melancholia* begegnen, als Modell gedient.

»Euterpe« (Originaler Bildtitel, da von Schick bereits im oben genannten Brief so benannt) gilt als die Muse der tragischen und der lyrischen Dichtkunst und wird traditionell mit ihrem Attribut, der Doppelschalmei, abgebildet. Der meist paarweise verwendete Aulos (eine Art Schalmei) war das wichtigste Blasinstrument der Griechen und erscheint somit besonders oft auf antiken Vasenbildern (M. F. Schneider, Arnold Böcklin, Ein Maler aus dem Geiste der Musik, Basel 1943, S. 24, 70 Anm. 6). Der Blütenkranz, den die Muse in der Hand hält. sowie die äsende Hirschkuh sind Zutaten Böcklins, der damit einen Stimmungseffekt hehrer Reinheit und feierlicher Stille erzielt. Der kostbare rotgoldene Brokatstoff des Mantelumhangs und der gedankenvolle Ernst von Gesichtsausdruck und Sitzhaltung kontrastiert mit dem rohen Felsensitz, schließt sich dem Auge aber zusammen mit dem wunderbar abgestimmten Grün der Matten und dem monochrom lapislazuliblauen Himmel. In der Übereinstimmung von Natur, Meditation und Kunst liegt die Bildaussage. Dabei ist ganz nach den Regeln der Farbperspektive von Rot im Vordergrund über Grün nach Blau raumschaffend verfahren.

Bei dem geradezu überdeutlich gezeigten Realismus der gegenständlichen Natur wirkt die Idealgestalt der Muse als vollkommen ausgeglichenes Gegengewicht. Und wie Böcklin, beginnend mit dem *Pan im Schilf* von 1859 (Kat. 11), eine Balance in der Komposition von Natur und Figur erreicht hat, so bedient er sich nunmehr hier noch als zusätzlicher Komponente der feinsten abgewogenen Verteilung der Grundfarben, die in ihrer Leuchtkraft den Eindruck ganzheitlicher Harmonie hervorrufen und im Zusammenspiel mit dem Gegenständlichen den orphischen Stimmungscharakter ausmachen.

Der hohe Stellenwert dieses Gemäldes in der Entwicklung der modernen Malerei kann kaum überschätzt werden. Hier hat Böcklin den Weg aufgezeigt, den Klee und die Künstler des Blauen Reiter nach den Erfahrungen mit dem Kubismus weiter beschritten. Um die Einfügung der Hirschkuh zu erklären, die wie gesagt nicht zur Motivtradition gehört, hat man auf Ludwig Richter *(Genoveva)* verwiesen (Kat. Ausst. Darmstadt 1977, Nr. 85). Abgesehen von Böcklins eher unwahrscheinlicher Kenntnis dieses Bildes gehört es darüber hinaus in seiner naiv erzählenden Darstellungweise einer völlig anderen Welt an. Viel eher erscheint eine Anregung von Moritz von Schwind möglich, dessen *Nixen an der*

Waldquelle zusammen mit einer Vielzahl seiner weiteren sogenannten Reisebilder 1869 in die Sammlung Schack gelangt sind. Wie nahe Schwind der ausgeklügelten Bildregie Böcklins und seinem künstlerischen Denken stand, ist bisher noch nicht beachtet worden (vgl. hierzu den Beitrag von Andrea Linnebach, S. 65). C. H.

33 Selbstbildnis mit fiedelndem Tod, 1872

Leinwand; 75 x 61 cm
Bezeichnet oben links: A. Böcklin pin. 1872
Berlin, Staatliche Museen Preußischer Kulturbesitz, Nationalgalerie. – Inv. Nr. AI 633
Literatur: M. F. Schneider, Arnold Böcklin. Ein Maler aus dem Geiste der Musik, Basel 1943, S. 34. – Kat. Ausst. Le Symbolisme en Europe, Rotterdam etc. 1976, Nr. 8. – Andree 1977, Nr. 259. – Kat. Ausst. Basel 1977, Nr. 114. – Kat. Ausst. Darmstadt 1977, Nr. 103. – Putz 1979, S. 282f. – Kat. Berlin-West, Nationalgalerie 1977, S. 68. – S. L. Hirsh, Arnold Böcklin's Images of Death, in: Arts Magazine, Februar 1981, S. 25. – Kat. Ausst. Paris 1984/85, Nr. 4.

In dem berühmten Berliner *Selbstbildnis*, das 1872 in München entstand, finden wir eines der vielsagendsten Beispiele, in denen sich Böcklin künstlerisch mit dem Tod auseinandersetzt. Beginnend mit dem *Hünengrab* und anderen aus der Romantik überkommenen Todesmotiven der frühesten Zeit, greift Böcklin in den späten sechziger und den siebziger Jahren zu dem Thema im Zusammenhang mit der Passion Christi bzw. auch historischer oder mythologischer Gestalten wie Cleopatra, Sappho oder Medusa. Daneben, und das ist die überwiegende Zahl, finden wir seit Beginn der siebziger Jahre erlebnishafte Vergegenwärtigung des Todes, wovon die sechs Versionen der *Toteninsel* von 1880 an nur die bekanntesten sind (vgl. Kat. 46). Aber die Spannweite reicht von den *Erinnyen* und *Stadtmauer mit Galgen*, beide von 1870, über das koloristisch so expressive *Herbst und Tod* von 1871 zu den zahlreichen Variationen der *Ruine am Meer*, die 1880 einsetzend, das Thema der *Villa am Meer* mit der *Toteninsel* vereinen. Hierzu gehört auch das sturmgepeitsche, düster endzeitliche *Heiligtum des Herakles* (um 1880; Kat. 42). Und aus seiner spätesten Zeit nicht zu vergessen *Krieg* und *Pest*, die 1886 und 1888 datiert, aus den Zeichnungsentwürfen zur *Cholera* von 1876 hervorgegangen sind.

Diese über fünfzig Schaffensjahre immer wieder von neuem angegangene Auseinandersetzung mit dem Tod hat man verschiedentlich mit seiner Biographie erklären wollen, den Zeiten existentieller Not, dem Tod von damals bereits fünf seiner Kinder, – ein sechstes starb noch vier Jahre danach – (zuletzt Putz 1979, S. 282). Eine neueste und unserer an persönlichem Erfolgsdenken orientierten Zeit so entsprechende Deutung versteht das *Selbstbildnis* im Alter von 45 Jahren als die noch immer ausgebliebene künstlerische Anerkennung unter dem Druck der verrinnenden Zeit (E. Tumasonis, in: Pantheon, Bd. 44, 1986, S. 87). Andere waren mehr um kunsttheoretisch ausgerichtete Deutungen bemüht, die in diesem Selbstporträt sogar eine symbolhafte Auseinandersetzung zwischen künstlerischer Individualität und Akademietradition sehen wollten (Kat. Ausst. Paris 1984/85, Nr. 4). Zur Verunsicherung trägt die verschiedentlich geäußerte Vermutung bei, der fiedelnde Tod sei später von Böcklin hinzugemalt worden, was aber möglicherweise mit dem als Inspirationsquelle zitierten Bildnis des *Sir Bryan Tuke* der Alten Pinakothek zusammenhängt, das damals noch als ein Original des jüngeren Holbein galt und an dem sich die Darstellung des Todes als spätere Zutat herausgestellt hat. All solche Spekulationen können kaum überzeugen und führen grundsätzlich bei Böcklins originellen Bildschöpfungen auch nicht weiter.

Richtig scheint einerseits, daß es speziell in Basel eine reiche Tradition an mittelalterlichen Totentanzdarstellungen gibt. Andererseits kann nicht außer acht gelassen werden, daß Böcklin diese zweite Münchner Zeit (1871–1874) als eine der glücklichsten Perioden seines Lebens bezeichnet hat und es überhaupt nicht ein Selbstbildnis von ihm gibt, aus dem nicht ein hohes Maß an gesunder Selbsteinschätzung spräche. Sich selbst in einer seiner melancholischen oder gar pessimistischen Seelenstimmungen zu porträtieren, wäre für Böcklin undenkbar. Dazu hielt er sich nach außen, auch gegenüber den Nächststehenden, viel zu sehr bedeckt und um sich dafür Ausdruck zu verschaffen, hatte er ein unübersehbares Arsenal an verschlüsselten Darstellungsmöglichkeiten. Kein Memento mori also kann hier gemeint sein. Hier dürfte im Hören auf den einsaitigen, als monoton zu denkenden Geigenton das permanente Bewußtsein von der Antithese Tod und Leben Ausdruck finden, wie es der beobachtende Blick und der Geist verstehend erfaßt, um die daraus gewonnene Erkenntnis in seiner Kunst zu versinnbildlichen. Demnach wäre dieses ganz sachlich charakterisierte, prüfende Selbstporträt, das Böcklin mit drei weiteren seiner bedeutendsten Neuschöpfungen 1873 auf die Berliner Ausstellung schickte (vgl. Kat. 32), eine Art Bekenntnis seiner künstlerischen Zielvorstellungen. Hermann Beenken meint etwa dasselbe, wenn er schreibt: »In diesem Bilde ist der Tod nicht als Grenze, als Erinnerung an die Grenze, sondern umgekehrt als Lebenssteigerung gemeint, ähnlich wie auch in den Schlußzeilen von Hebbels Gedicht ›An den Tod‹:

Oft noch berühre du mich,
Tod, wenn ich in mir zerrinne,
Bis ich mich wieder gewinne,
Durch den Gedanken an dich.
(H. Beenken, Das 19. Jahrhundert in der deutschen Kunst, München 1944, S. 241).

In einer zeitgenössischen Würdigung Arnold Böcklins wird über seine ihrer Zeit (und der Kunstkritik) immer vorgreifende Kunst gesprochen und seine Konzentration hervorgehoben, die ihn vor seiner Staffelei »mit horchend nach innen gerichtetem Blick« arbeiten lasse (H. Helferich, Arnold Böcklin, in: Museum, 1896, Bd. 1, S. 23f.). So sieht es auch Hofstätter: In der Balance von aufmerksamem Zuhören und dem (offensichtlich) merkwürdig durchdringenden Geigenton liege die Bedeutung des Bildes, das die künstlerische Inspiration und deren malerische Umsetzung thematisiert. Auf Böcklin zurück geht das etwas spätere *Selbstporträt mit Tod* von Hans Thoma in Karlsruhe, das *Selbstbildnis* des 32jährigen Edvard Munch wie auch das *Selbstporträt mit Skelett* aus dem Jahr 1896 von Lovis Corinth, der der Kunst Böcklins nicht wenig verdankt. C. H.

34 Kentaurenkampf (Farbskizze), 1872

Leinwand; 43,5 x 70 cm
Bezeichnet unten Mitte links: A. B. fec./1872
Bern, Kunstmuseum. – Inv. Nr. 1795
Literatur: Böcklin-Memoiren 1910, S. 219. – Andree 1977, Nr. 264. – Ranke 1977, S. 79. – Kat. Ausst. Basel 1977, Nr. 123. – Poetter, in: Kat. Ausst. Basel 1977, S. 109ff. – S. Wichmann, A. Böcklin. Schlachten: Amazonen- und Brückenkampf. Sindelfingen 1975. – Putz 1979, S. 232ff. – Kat. Ausst. Fiesole 1980, Nr. 13. – Kat. Bern, Kunstmuseum 1983, Nr. 551.

Mit dem aus Ovids Metamorphosen (XII, 210–231) entnommenen traditionsreichen Thema des Kampfes der Lapithen und Kentauren erscheint dieser von Böcklin geschätzte Dichter nach über 15 Jahren wieder in seiner Bild gewordenen Vorstellung (vgl.

33 

34

Kat. 8). Der äußere Anlaß für die Themenwahl scheint jedenfalls nach Böcklins eigener Aussage (von Salis 1902, S. 17) im Ereignis des Deutsch-Französischen Krieges zu suchen zu sein, wie das wohl für *Herbst und Tod* aus demselben Jahr u. v. a. gilt. Nach einer ersten Entwurfzeichnung entwarf Böcklin in zwei Farbskizzen und einer unvollendet gebliebenen Fassung ein Höchstmaß an Angriffslust, indem er wie schon beim *Pan im Schilf* bei jedem weiteren Versuch die Szene noch näher ins Visier bringt, zusammenrückt und dadurch die Unmittelbarkeit der auf Tod und Leben gehenden Auseinandersetzung steigern kann. Hinzu kommen Änderungen der Hell-Dunkel-Werte: Aus den ursprünglich blonden Lapithenjünglingen werden wirkungsvoller sich gegen den Himmel abhebende Schwarze, die Szene ist zudem aus noch weiter nach unten verlegtem Blickpunkt her geschildert, so daß Kampfgetümmel einen derart lebensvoll heroischen Eindruck hinterläßt, wie man ihn von einer Schlacht erwarten dürfte, aber kaum von nur fünf Kämpfern. Das Beunruhigende liegt in der schon im Unterbewußtsein sofort registrierten Übermacht der von vornherein ungleich stärkeren Kentauren, gegen die der »moderne Kampfspeer« erwartungsgemäß nicht viel ausrichten wird. Die untrügliche Übermacht der Kentauren, wie sie in beiden Farbskizzen und der danach unvollendet gebliebenen Erstfassung dargestellt wird, zeigt, daß Böcklin sich bereits von Anfang an von der literarischen Vorlage gelöst hat. Einmal mehr verfährt er auch hier damit nach eigenem Gutdünken.

Das Thema hat Böcklin nach seiner Rückkehr nach München entwickelt, und die unmittelbar aufeinanderfolgenden Variationen der Formfindung zeigen, mit welchem Durchsetzungswillen er an der gültigsten Lösung des Bildgedankens arbeitete. Daß sie ihm seiner Ansicht nach Ende 1872 in der Basler Fassung gelang, kann die Tatsache belegen, daß er das Bild sofort auf verschiedene Ausstellungen schickte: In Berlin war es seit Anfang Februar 1873 zu sehen und erregte dort wie anschließend auch auf der Wiener Weltausstellung – merkwürdigerweise in der Sektion des Deutschen Reiches – großes Aufsehen (Böcklin-Memoiren 1910, S. 217; Ranke 1977, S. 78).

Erst in jenem Großformat wurde nun durch Weglassen der Lapithen jeglicher mythologische Zusammenhang gänzlich aufgegeben, um so die Auseinandersetzung unter jetzt sechs gleichen mythischen Wesen darzustellen. Nicht mehr parteiische Auseinandersetzung also, sondern Kampf jedes gegen jeden, nirgendwo ein erkennbares Motiv oder absehbares Ende, auf der nunmehr ins Olympische entrückten Bergeshöhe scheinen Ort und Zeit aufgehoben, ein Dauerzustand als Naturgesetz. Wie von der ersten Entwurfskizze an der mythologisch-literarische Zusammenhang bereits schrittweise an Bedeutung verlor, so ist mit der vollendeten Basler Schlußfassung auch jeder zeitgeschichtliche Bezug eliminiert. Statt dessen finden wir eine Aussage zu Böcklins Verständnis von Natur und der darin wirksamen Kräfte (siehe auch Kat. 9). – Vgl. das Kentaurenthema auch bei Reinhold Begas (1881) und bei Franz von Stuck (um 1895), das jedoch bar einer erkennbaren Metaphorik mehr als literarisches Zitat zu verstehen ist. C. H.

35

35 Heiliger Hain, von Einhorn bewacht, um 1873

Leinwand; 80,5 x 103,1 cm
Bezeichnet unten rechts: A. Böcklin
München, Bayerische Staatsgemäldesammlungen, Schack-Galerie. – Inv. Nr. 11 530
Literatur: Kat. München, Schackgalerie 1969, S. 75 f. – Andree 1977, Nr. 252.

Ganz in mythisch urzeitliche Bereiche weist der *Von einem Einhorn bewachte heilige Hain*. Die literarische Allusion des Baron Schack, der darin »einen von Einhörnern bewachten Zauberwald der Armida« sah, war von Böcklin trotz seiner verbürgten Begeisterung für die »Gerusalemme Liberata« des Tasso sicherlich weder beabsichtigt noch entspricht es dem Bildgegenstand. Daß Böcklin in dem Bild, wie Schack berichtet, »alle die verborgenen Herrlichkeiten« dieses Walddickichts ausdrücken wollte und »in dem undurchdringlichen Dunkel der dicht verschlungenen Wipfel sich wunderbare Geheimnisse zu bergen scheinen« (A. F. von Schack, Meine Gemäldesammlung, Stuttgart 1894, S. 157), läßt sich am Bildaufbau gut begründen. Das aus der Weite der Campagnalandschaft hervorgewachsene dichte Gehölz füllt die Bildfläche zum größten Teil aus und läßt den Blick kaum weiter eindringen als bis dahin, wo noch am Rande vorne zwei hohe Opferschalen aufragen, dazwischen sich ein Einhorn gelagert hat. Dieses aus der frühen Antike für seine unbezähmbare Wildheit bekannte Fabeltier spielte vor allem dann im Mittelalter eine Rolle als Symbol der Keuschheit. Nach dem Physiologus (ein seit dem 4. nachchristlichen Jahrhundert weit verbreitetes Tierbuch) war dieses nie gesehene, aber an Hand der Stoßzähne des Narwals vorgestellte Fabelwesen nur zu zähmen, nachdem es seinen Kopf in den Schoß einer Jungfrau gelegt hat.

Wie in der Regel bei Böcklin, werden Zusammenhänge topographisch formaler oder inhaltlicher Art auch hier verwischt und somit für die Phantasie in Schwebezustand versetzt. Gleichwohl läßt die üppige Vegetation inmitten einer sonst baumlosen Campagnalandschaft auf eine Wasserquelle schließen, die in der deutlich angezeigten Bodensenke, für uns unsichtbar, vorzustellen ist. Folgt man Schmid mit seiner Annahme der Darmstädter Zeichnung *Hain mit antikem Gemäuer* (Verz. Nr. 211) als zugrundeliegender Naturstudie vor Ort, so kann es sich hier nur um die Grotte der Egeria handeln, die als Ausflugsort für Böcklin und einige junge Deutsch-Römer-Freunde während der frühen fünfziger Jahre durch das Gedicht von Paul Heyse berühmt wurde. Da das Bild kurz vor 1874 in die Schack-Sammlung kam, wie aus dem Katalog zu ersehen, hat der mit Schack befreundete Paul Heyse es zweifelsohne dort gesehen, bevor er 1877 auf einer Romreise in Erinnerung an jene gemeinsamen Jugenderlebnisse das Gedicht für Böcklin schrieb (Paul Heyse, Gedichte, ›An Arnold Böcklin in Florenz‹, Berlin 1895, S. 326).

Nach der erinnerungsvollen Beschreibung des weinseligen Bacchanals, daran die meisten Freunde ganz in der Vorstellung der Antike teilnahmen, kommt Heyse auf das Verhalten Böcklins zu sprechen:

»Kein schwärmend Wort war deinem Mund entsprüht,
Doch tief im Innern sammelnd alle Gluten
Des schönsten Abends, brannte Dein Gemüt,
Indess auf Farb' und Form die Augen ruhten,
Sog still der Geist das Mark der Schöpfung ein
Und stählte sich im Bad der Schönheitsfluten.
Kunst ist ein Schatz, und Geister hüten sein.
Wer glaubt und schweigt, kann ihn heraufbeschwören;
Wer spricht, dem wird der Zauber nicht gedeih'n ...«

Demnach bezieht sich Heyses Gedicht nicht nur auf seine Erinnerung, sondern auch auf das Bild, dessen eigentlichen Bedeutungsinhalt Schack nicht wissen konnte. Daß Böcklin die Lokalität verfremdet hat, die obengenannte Naturstudie also nur Ausgangspunkt für die Bilderfindung war, kann nachgerade nicht mehr erstaunen. Es ist für Böcklins Kunst charakteristisch. Die Konzentration auf die gegen den Himmel sich geschlossen abzeichnende Silhouette des dichten Wäldchens bereitet gewissermaßen die Komposition der *Toteninsel* vor, während das Thema Einhorn-Mythos sich in dem Gemälde *Schweigen des Waldes* verselbständigt (Kat. 48).

In dem hier gezeigten Bild sind die zwei späteren Gemälde *Heiliger Hain* (Kat. 45) erstmals thematisiert, wenn auch auf ganz andere Weise und bei unterschiedlicher Aussage (vgl. auch Kat. 42). Mit ihrem natürlichen Vegetationsreichtum macht diese frühe Fassung die zeitliche und örtliche Entrücktheit der Kultstätte sinnfällig und wirkt damit als unmittelbare Äußerung des Mythos selbst, indem sie sich zugleich jeder rationalen Kontrolle entzieht. C. H.

36 Triton und Nereide, 1873/74

Leinwand; 105,3 x 194 cm
Bezeichnet auf der Felsklippe rechts: A. Böcklin
München, Bayerische Staatsgemäldesammlungen, Schack-Galerie. – Inv. Nr. 11 534
Literatur: H. Wölfflin, Arnold Böcklin. Festrede an seinem 70. Geburstag, in: Schweizer Akademiereden, hg. F. Strich, Bern 1945, S. 240. – Schmidt 1963, S. 9, 24 ff. – Kat. München, Schackgalerie 1969, S. 77 ff. – Andree 1977, Nr. 284. – Ranke 1977, S. 82 f. – Kat. Ausst. Basel 1977, Nr. 132. – Tittel 1977, S. 92. – Poetter 1978, S. 138 ff. – Putz 1979, S. 264 f. – Kat. Ausst. Fiesole 1980, Nr. 13.

Mit diesem seinem letzten Ankauf von insgesamt 16 Werken Böcklins meinte Baron Schack zu Recht, es sei damit eines der bedeutendsten Bilder in seine Sammlung gelangt. Wie der große *Kentaurenkampf* von 1873 ist wohl in direktem Anschluß auch *Triton und Nereide* in München gemalt, ehe Böcklin mit seiner Familie im Herbst 1874 nach Florenz übersiedelte.

Seit Anfang der sechziger Jahre hat Böcklin immer wieder das Thema »Meer« be-

36

schäftigt, und zwar vorerst ausnahmslos in dessen Spannungsverhältnis mit »Land«. Aus den zahlreichen Variationen hierzu hebt sich eine Gruppe heraus, die sich in etwa mit der Bezeichnung »Zivilisation und Natur« umschreiben läßt. Hierzu gehören die verschiedenen Fassungen der *Villa am Meer* (Kat. 23) und der *Toteninsel* (Kat. 46), zwei von Böcklins bekanntesten Bildthemen überhaupt. Wie weiter unten noch näher auszuführen, zählt zu dieser Gruppe auch das Bild *Triton und Nereide* von 1874, das Böcklin in der Folge ebenfalls in mehreren Variationen zum Teil völlig neu thematisiert hat.

In den Ausmaßen dem gestreckten Querformat des unmittelbar vorangegangenen *Kentaurenkampfes* vollkommen gleich, scheint auch in der Thematik beider Bilder eine gewisse Analogie zu liegen: So sieht es auch Andree – noch in Anknüpfung an Wölfflins 1897 gehaltene Festrede: »Wie Böcklin für die Naturkräfte im Hochgebirge den *Kentaurenkampf* erfand, so hat er für das Dämonische, geheimnisvoll Unergründliche des Meeres eine ebenso eindringliche Formulierung in diesem Bild gefunden« (Andree 1977, S. 372). Tatsächlich erstreckt sich diese Analogie auch auf die jeweils vorgenommenen Änderungen gegenüber den Farbskizzen, denn beide Male wurden Horizont und Augenpunkt um ein Wesentliches tiefer gelegt, um die heroische Wirkung der Bilder und den Aussagegehalt zu steigern. Beiden Bildern eignet eine schicksalhafte Tragik, die in der unerhört gesammelten Dichte der Komposition bei gleichzeitig engstens beschnittener Bildfläche sinnfällig wird und eine Weite des Raumes ahnen läßt, wie das von nun an Böcklin häufig angewendet hat (vgl. Kat. 47).

Doch bei all diesen Vergleichbarkeiten lassen Qualitäten wie Farbigkeit, Energiefaktor des Geschehens und Kontrastwirkungen den Gedanken an ein Bilderpaar nicht zu. Demnach ist wohl von einer Intensivierung des Bildgedankens auszugehen, der über die Personifikation der Naturkräfte insofern weit hinausgeht, als deren Wirkung auf Verhalten und Schicksal der menschlichen Kreatur – verkörpert von mythischen Wesen – dergestalt demonstriert wird.

War die mythische Gestalt des flötenden *Pan im Schilf* vielleicht lediglich als Verkörperung der feucht-warmen Naturstimmung zu verstehen, oder die kämpfenden Kentauren noch als Symbol der Naturkräfte schlechthin gesehen worden, so ist die Bildidee hier jedenfalls viel komplexer: Triton und Nereide als dem Meer zugehörige mythische Wesen sind auf einer umbrandeten Klippe zu sehen, der Mann kehrt dem Weib den Rücken zu und bläst auf seinem Muschelhorn sein Fernwehlied gegen die unendliche Weite des Meeres. Ihm abgewandt, aber ihn doch mit dem Arm berührend, faßt die ganz in menschlicher Gestalt gegebene Nereide auf dem Rücken lagernd und sich räkelnd, nach einer schillernd grell gemusterten Meerschlange und drängt dieser wollüstig ihre Brust entgegen. Spätestens hier wird offenkundig, daß Böcklin mit seiner Kunst eine Botschaft verbindet, die aus seinem »Wissen um den Konflikt des Zivilisationsmenschen zwischen Wollen und Dürfen« resultiert (W. Hofmann, Das irdische Paradies, München 1974, S. 210). Während im vorliegenden Fall mit dem Weib zwischen Ehemann und Liebhaber (Schmidt 1963, S. 25) ein bestimmter Konflikt im Zusammenleben der Geschlechter sehr eindeutig angesprochen ist, findet sich bei Böcklin das Thema in anders verschlüsselten Variationen mehrmals wieder, wobei der eigentliche Bildgedanke gewöhnlich auf den sich von seinen festgefügten Bindungen wegsehnenden Mann konzentriert ist.

Was oftmals wegen der bei Böcklin so persönlich umgedeuteten, vollkommen frei in seinen Bildern verwendeten literarischen Vorlagen übersehen wird, ist seine außergewöhnliche Bildung und Belesenheit auch in zeitgenössischem Schrifttum. Nicht nur Schack hat uns das mit seinem Urteil bestätigt. Ein Bildthema wie *Triton und Nereide,* das in der hier gezeigten Fassung alle von den damaligen Moralvorstellungen festgelegten Grenzen überschreitet, läßt an Zusammenhänge mit den geschichtsphilosophischen Deutungen antiker Mythologie bei Johann Jakob Bachofen denken. Daß zudem Bachofens Schriften, wenn auch nur im größeren Zusammenhang, Böcklin bekannt gewesen sein dürften, läßt sich schon aus beider Freundschaft mit Jacob Burckhardt vermuten. Von den zwei bei Bachofen als gegensätzlich vorgestellten Urverkörperungen des Muttertums wird die asiatische Aphrodite als Hetäre gesehen, deren hemmungslos triebhafter Sinnlichkeit der geknechtete Mann erliegt. Demnach wäre die oben wiedergegebene, episodenhafte Interpretation, »das Weib zwischen Ehemann und Liebhaber«, zu eng gefaßt und müßte vielmehr darin liegen, daß Böcklin die Schlange lediglich als Attribut der Weibmutter verstanden wissen will, von der sich der ihr beigeordnete Mann hinwegsehnt. Diese meines Wissens bislang nicht diskutierte Interpretation scheint auch von Böcklins eigenen Selbstzeugnissen her schlüssig, in denen sein manchmal übermächtig werdender Drang ausgesprochen ist, sich vom Joch seiner Ehe irgendwie zu befreien, das ihn in seiner Kunst nur einengte (Neben meiner Kunst ... hg. F. Runkel und C. Böcklin, Berlin 1909, S. 33, 37). Am offenkundigsten ausgesprochen ist dieser Aspekt in dem Bild *Odysseus und Kalypso* von 1882 im Kunstmuseum Basel.

Ein anderer Bezug findet sich möglicherweise bei Baudelaire, der in den 1857 erstmals erschienenen ›Blumen des Bösen‹ die verödete Insel Kythera und damit den Zerfall der eigentlichen Idee des Eros besingt: »... und jetzt nur Wüste, felsig dürre Welt vom scharfen Schrei der Vögel wild durchgellt ...« (Ch. Baudelaire, Die Blumen des Bösen, hg. F. Blei, München o.J., S. 251, Eine Reise nach Kythera).

Damit wäre das öde Felsenriff auch noch Sinnträger derselben Bildidee: Hemmungsloser Urtrieb hat die Liebesbeziehung zerstört, der Mann wendet sich ab, die der Aphrodite geweihte Insel, die den einst selig Liebenden paradiesischer Aufenthaltsort war, ist zur wüsten Klippe im endlos weiten Meer geworden.

Über den psychologisch-persönlichen Aspekt hinaus ist mit der bei Böcklin so oft angesprochenen Sehnsucht oder Flucht in die Einsamkeit ein Phänomen ausgedrückt, das sich seit Rousseau als immer virulent erwiesen hat und, mehr noch als in der frühen Romantik, um die Jahrhundertmitte von tiefer Melancholie durchweht ist. Die Einsamkeit des großen Menschen und die Erkenntnis seines Ausgeliefertseins an die bedrohlich übermächtigen Triebkräfte der Natur sind bei Böcklin Themen von einer neuen Bedeutungsschwere, die dann bei Max Klinger, Edvard Munch, August Strindberg, Henrik Ibsen u. a. zur weiteren Entfaltung kommen. C. H.

37 Nonnen beim Kirchgang, um 1874

Leinwand; 67 x 53 cm
Privatbesitz
Literatur: Kat. Ausst., Münchner Malerei 1860–1880. München 1914, Nr. 6. – Andree 1977, Nr. 291. – Kat. Ausst. München leuchtete, München 1984, Nr. 23.

Nach Komposition und Thematik ist dieses wenig bekannte Bild in Böcklins Œuvre einzigartig. Wenn nicht mit einem 1872 in Wien ausgestellten *Kloster in Spanien* identisch, nimmt man eine Datierung um 1874 an (Andree 1977, S. 378). Weder Vorstudien

37

noch direkte Ableitungen in späteren Bildern sind bisher bekannt. Nicht nur die ungewöhnliche Erfindung, sondern wohl auch der Bildinhalt scheinen auf wenig Verständnis gestoßen zu sein, da der engagierte Böcklin-Sammler Maximilian von Heyl das Gemälde nur wenige Jahre behielt, um es 1914 über die Münchner Galerie Heinemann wieder abzustoßen.

Beim Versuch, es mit späteren Werken Böcklins in Beziehung zu bringen, bietet sich die als ganze Rückenfigur vor unabsehbar hohem Gitter stehende *Frau in schwarzer Mantille* aus dem Jahr 1874 an (Andree 1977, Nr. 292). Beide Male wird ein Sehnsuchtsmotiv angesprochen, dem mit der Abgeschlossenheit des Bühnenraums situationsbedingt Verzicht aufgezwungen ist. Von der darin geschilderten Verlassenheit der einzelnen Frauengestalt wie auch vom Gewand her knüpft jenes Bild aber zugleich an die *Villa am Meer* an (vgl. Kat. 23). Was den Grad an Ausgefallenheit in der Formgebung angeht, so wird man vergleichbar Ungewöhnliches noch in dem *Kopf eines toten Mädchens* von 1879 finden (Andree 1977, Nr. 337). Der auch dort ganz nahsichtige, engstmögliche Bildausschnitt gemahnt seinerseits an die beiden ebenfalls extrem knapp gehaltenen Kompositionen zweier Pietà-Darstellungen aus dem Jahr 1877 (Andree 1977, Nrn. 312, 313), was auf eine damals intensive Beschäftigung mit solchen Formproblemen deutet.

Tatsächlich ist in dem hier besprochenen Bild die Abstraktion vom gegenständlichen Detail weg zur großen Form unerhört weit getrieben, und es läßt sich daher die gleichfalls auf ein Minimum reduzierte Gebärde als Ausdrucksträger deutlich beobachten. Durch die additive Reihung der nur als weiße Hauben rückseitig gesehenen Nonnen fällt der ausnahmsweise nach rechts zur Seite gewandte Kopf nur der einen Nonne am vorderen Bildrand als der letzten im Zuge sofort als Besonderheit auf. Der im verlorenen Profil sichtbare Blick ist zudem noch mit der Bildmittelachse identisch und setzt sich in der Horizontallinie der Hofmauer fort. Mit diesen geringen Mitteln gewinnt das Ganze seinen bedeutungsvollen Ausdruck: der Moment einer individuellen Regung unter dem disziplinierten Normverhalten der übrigen Ordensschwestern. Wie diese kurze Äußerung einer persönlichen Regung, so kurzfristig ist auch das Erscheinen des Zuges der Nonnen im luft- und lichterfüllten Klosterhof, über dessen Mauer hinweg ein paar Laubbäume zaghaft von der Außenwelt künden.

Neben der abstrahierenden Formgebung, die auf das Wesentliche zielt, dem kalkuliert eingesetzten Licht, das den Bewegungszug schrittweise und unaufhaltsam erscheinen läßt, fällt die wie beliebig vom unteren Bildrand beschnittene Komposition auf, die aus ästhetisch anatomischer Sicht als gewaltsam beeindruckt. Wie auch die runden, weichen Linien, erinnert das an zwanzig Jahre später gearbeitete Lithographien von Edvard Munch (etwa: *Anziehung* und *Loslösung*, beide von 1896, oder auch *Mondschein* aus demselben Jahr; oder *Rouge et Noir* von 1898. Siehe Schiefler, Nr. 65, 67, 81, 115). Seltsam nur findet sich bei Munch keine Reihung von Rückenfiguren, immer nur solche en face. Nur *Die Einsame* (Farbholzschnitt, 1896; Schiefler Nr. 42) vermittelt einen vergleichbaren Grad von innerem Gesammeltsein, wie das Böcklin bei seinen *Nonnen* gelungen ist. Romanhafte Assoziationen, von denen unlängst die Rede war (Kat. Ausst. München leuchtete, 1984, Nr. 23), fallen in die Themenbereiche eines Gabriel Max oder auch von Puccinis ›Suora Angelica‹ und können zum Zeitpunkt jedenfalls nicht in der Absicht Böcklins gelegen haben. Seine ebenfalls um 1874 datierte *Vestalin* (Andree 1977, Nr. 290), eine zwischen zwei brennenden Kandelabern aus dem Bild blickende jungfräulich verschleierte Priesterin, könnte mit dem Bild der *Nonnen* insofern im Zusammenhang stehen, als beide Gemälde wahrscheinlich konzeptionelle Vorarbeiten für den *Heiligen Hain* von 1882 abgegeben haben (Kat. 45).

C. H.

38

38 Flora (Bekränztes Mädchen), 1875

Holz; 63 x 50 cm
Bezeichnet auf der rechten Schulter: A. Böcklin
Leipzig, Museum der Bildenden Künste, – Inv. Nr. 1133
Literatur: Andree 1977, Nr. 307. – Kat. Ausst. Basel 1977, Nr. 137. – Kat. Leipzig, Museum der Bildenden Künste 1976, S. 24.

Dieses im ersten Jahr nach der Übersiedelung nach Florenz gemalte Bild ist in Ausdruck, Farbe, Komposition ein neuer, vielleicht sogar absoluter Höhepunkt im Schaffen Böcklins. Es befand sich mit weiteren seiner Bilder im Besitz von Max Klinger, der danach im Jahr 1888 die letzte seiner Radierungen nach Böcklin herausbrachte. Das Blatt trägt die Aufschrift ›Die Quelle mit Benutzung eines Bildes von Arn. Böcklin‹. In Verehrung zu Böcklin hat ihm Klinger seinen *Liebesgeschichte*-Zyklus von 1887 gewidmet, daran er fast zehn Jahre gearbeitet hatte.

Das Thema des personifizierten Frühlings bzw. der Flora, in den sechziger Jahren vereinzelt schon aufgetaucht, wurde nun in Florenz zu einem der wichtigsten Bildthemen Böcklins. Die Intensität der wunderbar aufeinander gestimmten Farben schon verrät, daß der Grund hierfür nur in Böcklins Auseinandersetzung mit Werken von Botticelli liegen kann. Albert Fleiner gegenüber hielt Böcklin mit seiner Anerkennung Botticellis nicht zurück, als beide später einmal gemeinsam die Uffizien und die Accademia besuchten. Die *Allegorie des Frühlings* habe ihm wichtige Anregungen gegeben und seine Vorstellungen viele Jahre hindurch beschäftigt. Nach der langen Zeit, die er das Bild Botticellis nicht mehr gesehen habe, könne er sich nun doch gut wieder erinnern, daß ihn das beeinflußt habe, und er verglich Einzelheiten bei Botticelli mit ähnlichen Motiven, wie etwa den blumendurchwirkten Schleier der Frühlingshore – es handelt sich um die Flora in der Figurengruppe rechts – oder das Gewand der Venus (A. Fleiner, Mit Arnold Böcklin, Frauenfeld 1915, S. 198).

Das Bild läßt an Wachsmalerei denken, ist jedoch reine Tempera, mit welcher Technik er damals begann, auf Holztafeln zu malen.

Es seien im folgenden kurze Hinweise auf die beispielhaft kalkulierte Farbigkeit gegeben: Das Kleid in kostbarem Lapislazuliblau mit violetten Abstufungen, reiche Nuancierungen von Moosgrün bilden mit dem Wiesengrund und dem über Steinstufen rinnenden Bächlein die Folie, darüber der Himmel zartblau mit weißen Zirrus-Wolken, die durch ihren kühlen Charakter die Farbigkeiten der Hauptpartien von Blau und Grün warmtonig erscheinen lassen und dabei dem Veilchen- und Butterblumenkranz mit drei Margueriten eine »bunte« Wirkung verleihen. Die Sträucher und Felsen links sind metallisch grün, dagegen steht das Goldhaar mit rötlichem Ton, und entsprechend dazu sind Augenfarbe und Teint gehalten. Die Gänseblümchentupfer in der Wiese setzen sich als »Sterne« im Schleiergewand fort. Dieses fein abgestimmte Wechselspiel der Farben ist von unnachahmlicher Sensibilität in der Mundpartie wie auch in der Handhaltung begleitet, die als Keuschheitsgestus ähnlich bei antiken Venusdarstellungen, etwa der mediceischen, aber eben auch bei Botticellis Venus vorkommt.

Wie schon im Zusammenhang mit den *Nonnen* (Kat. 37) bemerkt, finden wir auch hier den merkwürdig die Figur unten beschneidenden Bildrand, der die Einbildungskraft des Betrachters anregt, wie auch die ähnlich leise Kopfwendung, die hier aber ein Horchen andeutet auf Schwingungen, die wir nur vermuten können im Wachsen der jungen Natur oder dem fernen Geriesel des Baches. Wir erinnern uns an das Selbstporträt, wo die Quelle des Tons nur uns sichtbar gemacht, vom Künstler aber akustisch vernommen wurde. C. H.

39

39 Idylle (Pan zwischen Säulen), 1875

Leinwand; 62,7 x 50,2 cm
Bezeichnet unten links: A. Böcklin
München, Bayerische Staatsgemäldesammlungen, Neue Pinakothek. – Inv. Nr. 8741
Literatur: Andree 1977, Nr. 301. – Ranke 1977, S. 77f. – Kat. Ausst. Basel 1977, Nr. 136. – Kat. Ausst. Darmstadt 1977, Nr. 22. – Poetter 1978, S. 85ff. – Putz 1979, S. 220f. – Kat. München, Neue Pinakothek 1981, S. 34.

Nach über 15 Jahren erscheint hier nochmal Pan als Einzelgestalt, und zwar ausnahmsweise im Zusammenspiel mit antiker Architektur. Sie dient zum einen dem Formalen, als Struktur für einen geometrischen Bildaufbau aus Horizontalen und Vertikalen und bedingt so den Eindruck des Bühnenhaften, einer Scheinwelt, gegen die die angenommene Wirklichkeit der mythischen Existenz Pans gesetzt ist (Poetter 1978, S. 86). Das antithetische Prinzip Böcklins ist voll durchgespielt, auch in der üppig wuchernden Natur und darüber hinaus im stehenden Wasser, darin sich der architektonische Aufbau trübe spiegelt und zugleich Distanz schafft für den Auftritt des Syrinx blasenden Pan.

Wie immer bei Böcklin ist auch hier das Formale nicht Selbstzweck, sondern Bedeutungsträger. Wie zuvor immer wieder beobachtet, obsiegt auch hier die Natur schlußendlich über die kulturellen Leistungen des Menschen, die Geschichte wird von der übermächtigen Natur wieder eingeholt. Aber es kündigt sich dabei etwas Neues an, indem die antithetischen Bildkomponenten nicht mehr ein- und derselben Realitätsebene angehören, sondern frei verfügbar gemacht sind: einmal mittels offensichtlich kulissenhaft gezeichneter Accessoires als Bühne (die Welt des Scheins, der Vorstellung) und andererseits die mythische Gestalt des Pan, der sobald aus seiner ihm eigenen traditionell zugeordneten und natürlichen Welt herausgenommen, nurmehr eine Rolle übernimmt, zum Zitat wird.

Früher hatte Böcklin im Naturerlebnis seiner Italienaufenthalte »das Mythische aus dem anschaulichen Zusammenhang seiner Bilderfindungen sinnfällig hervorgehen lassen. Er malte Erscheinungen, die ihre Authentizität aus der stets anschaulichen Naturhaftigkeit ihres Seins zogen. Wenn er sich dabei auch an überlieferte Personifikationen und Gestalten hielt, so gelang es ihm doch, diese in seinen Bildern so erscheinen zu lassen, daß alles Hergebrachte und Herbeizitierte von ihnen abfiel» (Ranke 1977, S. 78).

Den Pan, der hier aber zwischen den Säulen eines verfallenen Heiligtums erscheint, läßt Böcklin nicht mehr als Poesie gewordene Naturwelt aus mythischer Vorzeit vor uns erstehen, sondern verwendet das Bildthema als Zitat. Es erhält dabei etwas Sarkastisch-Humoriges, wird seiner naturmythologisch-weltanschaulichen Bedeutung enthoben, sozusagen ein brillianter Einfall, der amüsiert. So bedient sich Böcklin hier auch nicht naturalistischer Effekte, sondern legt das Ganze in recht trocken wirkender olivfarben gestimmter Tempera nach den Eindrücken pompejanischer Wandmalerei an. Ob allerdings dieser Stilwandel in Form und Aussage mit einer tatsächlich ja sehr starken Hinwendung Böcklins nach Deutschland und den dort veränderten Verhältnissen nach dem Deutsch-Französischen Krieg, mit Kaiser- und Gründerzeit und ihren wirtschaftlichen Erfolgen und sozialen Umschichtungen direkt zusammenhängt (Ranke 1977, S. 78), soll dahingestellt bleiben. Dagegen ließe sich jedenfalls vieles einwenden, wie etwa, daß nicht diese oder ähnliche Bilder Böcklins Erfolg beim deutschen Käuferpublikum ausmachten, sondern die lyrisch gestimmten, aus seiner Weltanschauung hervorgegangenen Themen, die er wie beispielsweise die Serie der *Villa am Meer* oder den *Heiligen Hain* und seine vielfältigen Variationen erst in den achtziger Jahren zu malen begann. Daß das Pan-Thema aus der melancholischen Beladenheit der frühen Jahre zu einem Unterhaltungsthema verflacht, wie es dann vor allem im Jugendstil (nicht nur bei Franz von Stuck) einen anderen Signalcharakter bekommt, das läßt sich auf literarischem Gebiet ebenso verfolgen. C. H.

40 Betender Einsiedler in felsiger Einöde, 1877

Leinwand; 62 x 52,5 cm
Bezeichnet oben rechts: A. Böcklin
Schweinfurt, Sammlung Georg Schäfer. – Inv. Nr. 53 191 187
Literatur: Andree 1977, Nr. 317.

Hier hat Böcklin nochmal eine von Flechten überzogene Felsengegend gemalt, wie er sie ähnlich schon einmal beinahe zwanzig Jahre zuvor im *Panischen Schrecken* (Kat. 13), vor allem aber in der zweiten Fassung des *Petrarca an der Quelle von Vaucluse* von 1877 verwirklicht hat. Auch die Lokalität ist insofern vergleichbar, als auch dort ein Weg oder eine Schneise aus dem tiefgelegenen Vordergrund hinaufführt. Dem Thema angemessen, seiner inhaltlichen Verdeutlichung dienend, ist in dem hier besprochenen Bild die vegetationslose Kargheit ganz auf den frommen Büßer abgestellt, die beiden kräftigen alten Bäume, nur im unteren Teil des Stammes zu sehen, weisen genau über dem über seinen Rosenkranz gebeugten alten Mann nach oben in den Himmel.

Daß diese Gedankenverbindung vom Künstler intendiert ist, erweist sich durch die Höhle, die wahrscheinlich als Unterschlupf dient, aber natürlich sofort an Grabeshöhle denken läßt. An die beiden frühen Fassungen des *An einem Felssteilhang vor rohem Holzkreuz knieenden Anachoreten* (siehe Kat. 20) knüpft dieses Bild nur ganz vage an, immerhin ist auch hier der Bildgedanke auf Erlösung hin durchgeführt, indem eine Art Felsenpfad an den beiden Bäumen vorbei ebenfalls nach oben führt. Dieser Zug nach oben wird aber erst sinnfällig oder überhaupt erst bemerkbar durch die kauernd gebückte Sitzhaltung des alten Mannes, und diese wiederum erscheint sinnvoll wegen des Rosenkranzbetens. Der Meinung von Andree, in dem angeblich überdimensionierten Rosenkranz eine »witzige Pointe« zu sehen, kann man sich wohl nicht ohne weiteres anschließen. Wie in den beiden frühen Fassungen das Holzkreuz primitiv zusammengebunden war, um die absolute Weltabgeschiedenheit des Anachoreten glaubhaft darzustellen, so wird man bei dem Rosenkranz vielleicht an ähnliches denken dürfen. Merkwürdigerweise war mit der Bestellung der ersten Fassung durch einen Basler Freund Böcklins bereits der Wunsch nach einem »lustigen Bild« verbunden (siehe Kat. 20), was dann von Berggruen bei der Besprechung der zweiten Fassung in der Schack-Galerie mit der Bemerkung »von gemütlichem Humor« übernommen und unsinnigerweise so interpretiert wurde, daß

40

die Raben umsonst auf den Tod des schmerbäuchigen Alten warteten (O. Berggruen, in: Die graphischen Künste 1880, Bd. II, S. 84). An solcherlei Auslegungen seiner Werke mag es vielleicht auch gelegen haben, daß auch weiteste Publikumskreise allmählich ihre Freude an Böcklins Bildern bekamen. Solchem Verlangen kam Böcklin in der Folge öfter als vielleicht einzusehen nach. Ein solcher Fall ist die letzte Fassung des Einsiedlerthemas von 1884 (Andree 1977, Nr. 384), wo ein geigender Mönch in seiner Klause von Engelputten umringt ist.

C. H.

41 Meeresbrandung, 1877

Leinwand auf Holz; 81 x 56 cm
Bezeichnet oben rechts: AB
Zürich, Kunsthaus. – Inv. Nr. 1950
Literatur: A. von Salis, Erinnerungen an Arnold Böcklin, in: Basler Jahrbuch 1902, S. 20f. – M. F. Schneider, Arnold Böcklin. Ein Maler aus dem Geiste der Musik, Basel 1943, S. 38. – Andree 1977, Nr. 327. – Kat. Ausst. Basel 1977, Nr. 146. – Kat. Ausst. Darmstadt 1977, Nr. 78. – A. Linnebach, Böcklins Meeresszenen: ›Klassische‹ Ikonographie und ›deutsche‹ Mythologie, in: Kat. Ausst. München 1987, S. 60f.

Die bislang unwidersprochene und bei Andree (1977, S. 406) zitierte Ableitung dieser Bilderfindung Böcklins von Salomon Gessners *Die sehnende Melida*, einer radierten Illustration zu seinem Gedicht »Der erste Schiffer«, hat neuerdings einen aufschlußreichen Gegenvorschlag erhalten. In ihrem hier veröffentlichten Beitrag (S. 60f.) macht Andrea Linnebach im Zusammenhang mit einer Vielzahl von Übernahmen Böcklins aus der deutsch-romantischen Mythologie glaubhaft, daß es sich bei dem Typus dieser personifizierten »Meeresbrandung« um das verfremdete Vorbild aus Heine-Brentanos ›Loreley‹ handelt, das als ikonographischer Neuling im 19. Jahrhundert zu einem außerordentlich populären Bildthema geworden war. Wie für Böcklins bildschöpferische Phantasie nicht anders zu erwarten, sind auch hier wieder verschiedenste Anregungen, über lange Zeiträume gegebenenfalls verteilt, in dieses gestaltgewordene Naturphänomen eingeflossen. Tschudi, der im Florentiner Kreis der Deutsch-Römer viel verkehrte, bemerkt im Zusammenhang mit der in der Erfindung gleichartigen Berliner Zweitfassung (siehe Andree 1977, Nr. 328), die *Meeresbrandung* sei aus Anregungen während eines Aufenthalts an der ligurischen Küste hervorgegangen.

Im folgenden seien ein paar der wichtigsten, weil so durchaus treffenden Bemerkungen Tschudis wiedergegeben, da sie sich auch voll mit der hier ausgestellten ersten Fassung von 1877 decken: »... sie horcht hinaus in die weite Ferne, aus der eine neue Woge brausend heranstürmt, und mit einem Griff in die Harfe begleitet sie die Musik der Elemente. Oder vielmehr, sie ist selbst die Personifikation dieses wilden Tönens der Felsen unter dem Anprall der Brandung. Kein Geschöpf klügelnden Verstandes, spricht sie auch gleich zu unseren Sinnen. In der Anschauung enthüllt sich ihr ganzes Wesen. Die poetischsten Worte geben nur ein trockenes Symbol. Vor dem Bild überlegt man keinen Augenblick, was dieses harfespielende Weib zu bedeuten hat, ihre Erscheinung setzt sich ohne weiteres in die Stimmung des brausenden und dröhnenden Meeres um. Auf dieses Bild muß man verweisen, um darzutun, wie wenig literarisch Böcklins Kunst ist oder doch sein kann, denn in diesem Maße ist sie es allerdings nicht immer. Man wird bemerken, daß auch hier die Figur durch den Ausdruck des gespannten Hinaushorchens rein gegenständlich für die Erweckung des Raumgefühls herangezogen ist. Ganz böcklinisch ist dann, wie in dem selben Sinne fast als Andeutung nur und doch in entscheidender Weise das plötzliche Zurückweichen der Felswand wirkt, das den Blick auf den kleinen Ausschnitt des Himmels führt, von dem man den Eindruck gewinnt, daß er sich über die Unendlichkeit des Meeres wölbt ...« (H. von Tschudi, Gesammelte Schriften, München 1912, S. 153f.).

41

Auf das assoziativ kalkulierte Gestaltungselement geht dann noch genauer Schneider (1943, S. 38) ein, der auch eine ganz bewußt angewandte Gedankenverbindung zwischen dem Tosen der Brandung und dem brausenden Harfenschall des »dämonischen Weibes« hervorhebt. In dem kolossalen mit Saiten bespannten Instrument erkennt er die Nachformung einer »gewaltigen Windharfe«, von absichtlich rechteckiger Form wegen des stets gleichbleibenden Tons der Brandung, wie uns von Salis überliefert hat (1902, S. 20f.). Hinzu komme die Bedeutung der Harfe als Instrument der Barden und Sänger und sei somit Sinnbild der Poesie, bei Böcklin vor allem neben Flöteninstrumenten in Gebrauch.

C. H.

42 Sturm am Meer (Heiligtum des Herakles), 1878/80

Leinwand; 100,5 x 141 cm
Bezeichnet unten rechts: A. Böcklin fecit
Darmstadt, Städtische Kunstsammlungen. – Inv. Nr. GK 657
Literatur: Schmid 1901, S. 55. – Schmid 1903, Nr. 299. – Ostini 1904, S. 102. – Andree 1977, Nr. 341. – Kat. Ausst. Basel 1977, Nr. 150. – Kat. Ausst. Darmstadt 1977, Nr. 41. – Kat. Darmstadt, Hessisches Landesmuseum 1979, Nr. 15.

Man hat dieses Bild seit Schmid immer als Vorstufe oder Entwurf zu den beiden noch etwas größeren Fassungen *Heiligtum des Herakles* von 1880 und 1884 angesehen (Andree 1977, S. 416), wobei eine schlüssige Deutung bislang noch aussteht. In seiner Naturstimmung schließt es am nächsten an die etwa gleichzeitige *Ruine einer Villa am Meer* von 1879/80 wie auch an die, in Zusammenhang mit den ersten Bildern der *Toteninsel* entstandenen Variationen von *Ruine am Meer* an (Andree 1977, Nr. 179, 353–355). Es scheint, daß eine *Große Landschaft, Nachtstimmung, neapolitanischer Charakter* mit dem hier gezeigten Gemälde identisch ist (Andree 1977, S. 416). Die von Andree vorgeschlagene Datierung um 1880 erklärt sich wahrscheinlich daraus, daß die ausgeführte erste Version im Oktober 1879 erst skizziert war und in der Entwurfsfassung hier der vom Mond (?) schlaglichthaft beleuchtete Opferstein mit weiteren Verbesserungen nachträglich von Böcklin hinzugemalt worden sein soll. Seinem antithetischen Prinzip auch jetzt wieder folgend, wird Böcklin diesem intakten, von den Zeitläuften und natürlicher Erosion unbeschadet gelassenen Opferstein in seiner schmucklos-geometrischen Form eine hochgradige Gedenkfunktion zugewiesen haben. Dem gegenüber ist die von schattigen Zypressen umstandene Göttersäule kaum sichtbar zwischen den Baumstämmen, aber durch ihr Hinterfangensein vom Restbestand einer Cella-Mauer doch gleich augenfällig. Der auch für diese Skizze meist beibehaltene Bildtitel ›Hain des Herakles‹ hat genaueres Hinsehen verhindert, hätte aber sogleich erkennen lassen, daß es sich hier weder um Herakles noch sonst eine männliche Gottheit handelt, sondern – durch die halb erhobene Rechte im Vergleich mit der *Altrömischen Maifeier* kenntlich – um Fortuna, die eine Kugel in der Hand hält. Schließt man sich Andrees Ausführungen zu mehreren verspäteten Korrekturen Böcklins an dem Bild wie auch seinem Datierungsvorschlag auf 1880 für das somit dann fertiggestellte Bild an, so bleibt im Zusammenhang mit der Bezeich-

42

nung: »Strandlandschaft, Nachtstimmung, neapolitanischer Charakter« nur noch zu bedenken, daß vor einem Kuraufenthalt auf Ischia 1880 Böcklin bereits im Jahr 1878 zusammen mit seiner Frau anläßlich ihrer Silberhochzeit nach Neapel gefahren war. Vielleicht ein zu diesem Zeitpunkt besonders selbstverständliches Reflektieren im Rückblick auf ein gelebtes Vierteljahrhundert der Kämpfe, der Opfer, der Standhaftigkeit, – und dieses wieder in eine Form gebracht, die das Persönlichste zum allgemein Gültigen hat werden lassen.

Daß solches die Möglichkeit irgendwie gearteter Resonanz finden konnte, abgehoben von persönlichen Identifikationen, die übergreifenden Zusammenhänge beinhaltend und zum Ausdruck bringend, erfordert die Suche nach Vergleichbarem, das die Vorstellungsweisen in jener Zeit anschaulich machen kann. Da zeigt es sich, daß Böcklin bei all seiner Modernität und Impulse gebenden künstlerischen Potenz doch auch ganz in seiner Epoche eingebettet war. Zwei Beispiele aus den vierziger Jahren bieten sich an, von zwei Künstlern, die nicht von ungefähr in dieser Ausstellung vertreten sind: Carl Rottmann und Wilhelm Schirmer (siehe Kat. 126 und 132).

Die späten griechischen Landschaften von Rottmann kannte Böcklin jedenfalls von seinen Münchner Jahren her, und darunter wird man die *Griechische Küste bei Sturm* besonders hervorheben müssen, die Schack zwischen 1866/69 ankaufte. Was hier und bei dem späten Rottmann überhaupt die tragende Bildidee, das hat Böcklin während der sechziger Jahre in seinen beiden *Villen am Meer* für Schack und in anderen Werken ähnlich zum Ausdruck gebracht. Beiden erscheint die Konfrontation von Natur und Geschichte als etwas Unversöhnliches, da die Natur dem zivilisatorischen Anspruch von Geschichte letztlich immer überlegen bleibt.

Aber Rottmanns Landschaftsauffassung war Böcklin nicht nur aus der eigenen Anschauung, sondern ebenso in der Auseinandersetzung mit seinem Freund Jacob Burckhardt und dem Ästhetiker Friedrich Theodor Vischer geläufig. Und durch Burckhardt kennen wir auch ein Bild Wilhelm Schirmers, des Lehrers von Böcklin in Düsseldorf, das ganz in der Nähe des hier gezeigten Böcklin-Bildes steht. Das Gemälde *Hain am Meere* von Schirmer hat Burckhardt am 16. März 1843 im Kunstblatt besprochen: »Eine reich bewaldete Felsküste vom letzten Abendstrahl rot beschienen, senkt sich ins Meer; einsam trauert im Vordergrund die Ruine eines Römerbades; die Schlingpflanzen ... haben die Ruinen überwuchert; die stille Flut spiegelt sie zurück. Auf den Ruinen steht noch, im goldenen Abendlicht, ein einsames Götterbild ...« Das ist die Stimmung der deutschen Spätromantik, aber zugleich auch Ausdruck für Burckhardts Lebensgefühl, wie es auf seine Historiographie übertragen, dann für sein epochales Werk ›Die Zeit Konstantins des Großen‹ bestimmend wurde (W. Kaegi, Jacob Burckhardt, Basel 1950, Bd. 2, S. 238). C. H.

43

43 Die Hoffnung, 1880

Holz; 34 x 25 cm
Schweiz, Privatbesitz
Literatur: A. von Salis, Arnold Böcklin und die Antike, in: Basler Jahrbuch 1955, S. 97 f. – Andree 1977, Nr. 350 – Kat. Ausst. Basel 1977, Nr. 158 – Kat. Ausst. Darmstadt 1977, Nr. 89.

Die unverkennbar von pompejanischer Wandmalerei inspirierte, aber (laut von Salis 1955, S. 97) auf kein bestimmtes Vorbild zu beziehende Mädchengestalt auf dunklem Grund ist das erste Bild in einer ganzen Reihe allegorischer Frauengestalten, die in den achtziger und frühen neunziger Jahren meistens eigenartig losgelöst jetzt aus allem naturalistischen Zusammenhang ganz für sich erfunden sind. Während alle weiteren dieser Darstellungen einen monumentalen Charakter haben und als Denkmale wirken sollen, ist dieses kleine Figürchen von zartgliedriger Leichtigkeit, die das engelhafte Schweben ohne Flügel (entgegen Lessings Forderung!) vollkommen selbstverständlich erscheinen läßt. Ebenso überzeugend gibt sich die Gestalt im grünen Schleiergewand zu erkennen: Traditionellem Kanon folgend stellt sie, in den Händen den Palmenzweig und ein Öllämpchen haltend, die Hoffnung auf Frieden durch Wachsamkeit dar (Andree 1977, S. 424).

Die ihm erstmals 1862 im Pompeji vor Augen gekommenen römischen Wandmalereien haben nie aufgehört, Böcklin zu beschäftigen. Aber hier mag noch ein weiterer Grund für die Entstehung dieses Bildes in den beiden unbefriedigenden, liegengelassenen Entwürfen zur *Nacht* von 1870 zu finden sein. Im ersten dieser Versuche hatte er der auf die Erde sich senkenden Allegorie der Nacht einen grünen Schleier umgetan, wie von Salis überliefert hat, und als Hintergrund war ein schwarzer Wolkengrund gezeigt. In den zwei folgenden Fassungen, von denen nur die letzte erhalten ist, wurde das Gewand in schwarz geändert vor hellerem Grund (Andree 1977, S. 334). Daß Böcklin den ersten, zehn Jahre zuvor mißlungenen Versuch nun noch einmal – erfolgreich – unternimmt, dürfte wohl hauptsächlich am Format liegen, das hier im Gegensatz zu den Versionen der *Nacht* alleine schon wegen der kleinen Bildfläche zartgliedrige Schwerelosigkeit darstellbar werden läßt. Zusätzlich zu ihrem traditionellen Bedeutungsgehalt geben die beiden Grundfarben goldgelb und grün dem ganzen etwas Dekoratives, Leichtgewichtiges, was durch den geschickt eingesetzten Kontur vor dem monochrom dunklen Grund entschieden verdeutlicht wird. C. H.

44 Quell in einer Felsschlucht, 1881

Leinwand; 85 x 60 cm
Bezeichnet oben links am Felsen: AB/1881
Schweiz, Privatbesitz
Literatur: Andree 1977, Nr. 362. – Kat. Ausst. Darmstadt 1977, Nr. 32.

Spielt während der mittleren Schaffensjahre Böcklins der Bildtypus von figurenlosen Landschaften gar keine Rolle, so scheint er in den frühen achtziger Jahren daran wieder größeres Interesse gefunden zu haben. Einsetzend mit der *Ruine einer Villa am Meer* kurz vor 1880 häufen sich dann die Beispiele mit *Sturm am Meer* (Kat. 42) und der Serie von Bildern *Ruine am Meer*, um zehn Jahre später dann nochmals dieses Thema aufzunehmen. Erscheinen jene Spätwerke von einer düster-romantischen Stimmung getragen, so zeichnen sich die oben genannten Beispiele der frühen achtziger Jahre durch eine ganz offenkundige Befrachtung mit Symbolgehalten aus. Zeitlich parallel mit den Variationen der *Toteninsel* entstanden,

44

wird dies allerdings auch kaum verwundern. Eines der eindrucksvollsten Bilder der Gruppe dürfte der hier gezeigte *Quell in einer Felsschlucht* von 1881 sein. Einiges davon läßt an die *Toteninsel* denken (Kat. 46), wie die Betonung der vertikalen, kulissenartig nach der Mitte zulaufenden Felswände, der Eindruck vollkommener Stille, die gerade erst durch das leichte Geräusch des Wassers (hier Bachgeriesel, dort das Eintauchen der Ruder) besonders anschaulich gemacht ist. Man hat verschiedentlich auch bei diesem Bild Vergleiche mit Caspar David Friedrich gezogen (Andree 1977, S. 435), wobei hier immer zu berücksichtigen ist, daß Friedrichs christlich gebundene Symbollandschaften nur sehr bedingt mit formal entsprechenden Bilderfindungen Böcklins verglichen werden können. Was sie gegebenenfalls verbindet, sind subjektive Erfahrungsfaktoren, die aber bei Böcklin für sich stehen und ebenso empirisch vom Betrachter aufgenommen werden wollen, dabei allemal in der Aussage visionär gesteigert.

Im Gegensatz zu den drei Fassungen der *Hochzeitsreise* (Andree 1977, Nr. 298, 321, 415) mit ihren offensichtlich autobiographischen Anspielungen auf durchstandene Mühsale in Form eines engen Felsentals, auf das das junge Menschenpaar zurückblickt, wird in dem hier gezeigten Beispiel durch das Fehlen allen Lebewesens die Aussage durchaus grundsätzlich: Vom Hintergrund jenseits der Felsschlucht sieht man in helles Licht, das durch die dicht stehenden Bäume dringt. Aus dieser Richtung fließt ein Wasserrinnsal über Felsen auf den Betrachter zu und bringt hier die Natur zum Grünen und Blühen, darunter auch zwei Birken mit ihrem zarten Blattwerk, gegen das die bedrängenden Felswände eindrucksvoll kontrastieren. Ähnlich wie in dem *Odysseus* (Kat. 27) ist die Farbigkeit hauptsächlich auf die Farben braun und grün beschränkt. Man wird wohl kaum fehl dabei gehen, wenn man dieses Bild bewußt als Gleichnis des Lebens auffaßt. C. H.

45 Der Heilige Hain (Opferhain), 1882

Leinwand; 105 x 150,5 cm
Bezeichnet unten rechts: A B
Basel, Öffentliche Kunstsammlung, Kunstmuseum. – Inv. Nr. 110
Literatur: H. Wölfflin, Die Böcklin-Ausstellung in Basel, in: Kunstchronik NF 9, 1898, Sp. 36. – G. Floerke, Zehn Jahre mit Böcklin, München 1901, S. 70f. – F. H. Meissner, Arnold Böcklin, Berlin 1901, S. 99. – G. Schmidt, Böcklin heute, Basel 1951, S. 26. – Kat. Ausst. Le Symbolisme en Europe, Rotterdam u. a. 1976, Nr. 11. – Andree 1977, Nr. 363. – Kat. Ausst. Basel 1977, Nr. 164. – Kat. Ausst. Darmstadt 1977, Nr. 43. – Tittel 1977, S. 138. – Putz 1979, S. 291ff. – Kat. Ausst. Fiesole 1980, Nr. 20. – Sammlungsheft »Böcklin im Kunstmuseum Basel« (in Vorb.).

Neben *Villa am Meer* und *Toteninsel* (Kat. 23, 45) ist der *Heilige Hain* wohl das dritte der weitesthin bekannten Böcklinbilder. Seine ausdrucksstarke Kraft nimmt beim ersten Blick gefangen aufgrund einer ebenso gezielt wie sicher durchgeführten Bildregie. Böcklins Schüler Gustav Floerke

45

bestätigt das, indem er es mit Frühwerken wie der genialen *Dianajagd* (Andree 1977, Nr. 143) vergleicht. Dabei kommt er zu dem Schluß, daß Böcklin hier mittlerweile ein Maß an »Positivem, Klugem, Bewußtem« erreicht habe, das beinahe erschrecken mache. Voll rückhaltloser Bewunderung hebt er das Charakteristische des Bildes hervor als kahl und – reich in formaler wie auch in farblicher Beziehung.

Berühmt ist der Kommentar von Thomas Mann, der in der ihm eigenen unerreichten Mischung aus Sensibilisiert-Sein und Reserviertheit die atmosphärische Stimmung in Worte faßt, wahrscheinlich nicht fern von dem, was Böcklin an Wirkung beabsichtigt hatte. »Ich brauche nur aufzublicken von meinem Tisch, um mein Auge an der Vision eines feuchten Haines zu laben, durch dessen Halbdunkel die lichte Architektur eines Tempels schimmert. Vom Opferstein lodert die Flamme, deren Rauch sich in den Zweigen verliert. Steinplatten, in den sumpfig geblümten Grund gebettet, führen zu seinen flachen Stufen, und dort knieen, ihr Menschentum feierlich vor dem Heiligen erniedernd, priesterlich verhüllte Gestalten, während andere, aufrecht, in zeremonialer Haltung aus der Richtung des Tempels zum Dienste heranschreiten.« (Th. Mann, Betrachtungen eines Unpolitischen, Frankfurt a. M. 1956, S. 470; im Wortlaut zitiert bei Andree 1977, S. 436). Wie für Böcklin so bezeichnend, erhält der für den Bildgegenstand gewählte Ort seinen entscheidenden atmosphärischen Akzent durch die Staffage der »weiß gekleideten Feueranbeter« (Wölfflin 1898, Sp. 36). Ihr gemessenes Hintereinanderherschreiten und Abstandhalten vor den beiden am Altarfeuer bereits Knienden verwandelt die baumbestandene Parkterrasse in einen liturgischen Raum, der auch durch seine hochgelegene Abgeschiedenheit die ihm eigene Exklusivität bewahrt, trotz der nach links weithin sich öffnenden Fluren. Diesen Eindruck der Exklusivität, des für den Betrachter nicht Betretbaren vermittelt uns die voll Wasser stehende Wiese, die das Gefühl von Feuchtigkeit und Kühle erzeugend, ihrerseits mit der heiß lodernden Opferflamme kontrastiert. Ein Wechselspiel von sich Öffnen und Verschließen, von Helligkeit und Dämmer, von Weite und Abgrenzung zieht uns in Bann, und man ahnt, weshalb jemand wie Thomas Mann eine Reproduktion gerade dieses Bildes über seinem Arbeitstisch hängen hatte.

Die atmosphärisch wesentlich naturalistischer ausgeführte Hamburger Version von 1886 entbehrt dieses rationalen Kalküls, das sich dem Betrachter so offensichtlich mitteilt. Diese Suggestionskraft aber ist es u. a., was Meier-Graefe so grundsätzlich an Böcklin kritisiert (A. J. Meier-Graefe, Der Fall Böcklin, Stuttgart 1905, S. 87). Wie das Motiv des Opferfeuers bereits in dem Frühwerk *Die Götter Griechenlands* verwendet ist, so finden sich weitere Einzelheiten in so verschiedenen Bildern wie *Römisches Landfest* (Kat. 22), *Altrömische Maifeier* (Kat. 31), *Nonnen* (Kat. 37), *Sturm am Meer* (Kat. 42) u. a. vorgebildet. Thematisch ging diesem Schlüsselwerk Böcklinscher Kunst der *Von einem Einhorn bewachte Hain* (Kat. 35) voran, das aber noch ganz von seinen naturhaften Grunderlebnissen geprägt war. C. H.

46 Toteninsel III, 1883

Holz; 80 x 150 cm
Bezeichnet auf dem Felsen rechts: AB
Berlin, Staatliche Museen Preußischer Kulturbesitz, Nationalgalerie. – Inv. Nr. NG 2/80
Literatur: F. H. Meissner, Arnold Böcklin, Berlin 1901, S. 95. – H. A. Schmid, Arnold Böcklin, München 1901 (Vorwort), S. 61. – Böcklin-Memoiren 1910, S. 304 f. – Ostini 1925, S. 96 ff. – H. Floerke, Arnold Böcklin, München 1927, S. 37 ff. – Andree 1977, Nr. 345. – N. Schneider, Böcklins Toteninsel, in: Kat. Ausst. Darmstadt 1977, S. 106 ff.

Es ist dies die dritte Fassung der berühmtesten von Böcklins Bilderfindungen. Bei Fritz Gurlitt 1884 in Berlin ausgestellt, erhielt das Bild damals erst seinen weltbekannten Namen und wurde von Max Klinger im Auftrag des Galeristen frei nachradiert. Um hier nur eine ahnungsweise Vorstellung vom Bekanntheitsgrad und der Faszination des Bildes zu geben, wie sie diesbezüglich den deutschsprachigen Teil Europas seinerzeit erfaßt hatte, sei hier nur auf die hohen Auflagen verschiedenster Reproduktionsdrucke verwiesen, infolgedessen nur es bei der nachfolgenden Symbolistengeneration zu den vielfältigen Rezeptionen dieser damals lange noch nicht in öffentliche Sammlungen gelangten Bildschöpfungen hat kommen können. Neben der Radierung Max Klingers und dem als Hommage auf Böcklins Tod gemalten Bild Ferdinand Kellers *Böcklins Grab* (Kunsthalle Karlsruhe), das Assoziationen aus dessen *Toteninsel* mit solchen aus seinen anderen Bildern umsetzt, entstanden noch in den dreißiger Jahren eine Reihe anderer mehr oder weniger freier Umsetzungen durch verschiedenste Künstler wie Giorgio de Chirico, Emil Nolde, Salvador Dali, Max Ernst u. a. Nach Adolf Freys Überlieferung wissen wir von Conrad Ferdinand Meyer, dieser habe einmal Böcklin von einer solchen Reproduktion der *Toteninsel* erzählt, die über seinem Bett hinge und unter der er dereinst auch seine Augen zu schließen hoffe (Schneider 1977, S. 108 f.). Und wie vielleicht auch nicht anders zu erwarten, ging das Bild sogar in die Geschichte der Psychoanalyse ein, indem es im Traum des C. G. Jung-Patienten Henry eine Schlüsselfunktion einnahm (C. G. Jung, Der Mensch und seine Symbole, Holten 1968, S. 277 f.). Nicht verwundern kann auch, daß die *Toteninsel* für August Strindberg eines der liebsten Bilder war (G. Svenaeus, Edvard Munch, Lund 1973, S. 189).

Die nie versiegte Auseinandersetzung mit dieser Bilderfindung Böcklins ließ diese insbesondere um die Jahrhundertwende zwangsläufig auch für Werbezwecke in Industrie und Handel geeignet scheinen. Dann wieder diente sie 1971 dem Mythensucher und Böcklin-Verehrer Ernst Fuchs als Vorlage für seine Radierung gleichen Titels, und kürzlich fand diese unergründliche Inkunabel Böcklins auch Verwendung als Stimmungsträger gründerzeitlicher Welten in Patrice Chéraus berühmt gewordener Bayreuther Neuinszenierung des ›Ring‹. Als die Wandlungen des Kunstgeschmacks seit den dreißiger Jahren Böcklin für einige Dezennien aus dem Blickfeld rückten, blieb hingegen die *Toteninsel* gegenständlich im allgemeinen Bewußtsein haften, so daß man mit Böcklins Namen gemeinsam die Vorstellung an dieses Bild verband.

Dessen Bedeutungsinhalte sind nach wie vor ungeklärt, und es lag das hier wohl noch mehr als sonst ganz in Böcklins Absicht, der es »ein Bild zum Träumen« nannte. Es war dies der Wunsch der Auftraggeberin Marie Berna (spätere Gräfin Oriola), der er erläuterte, es müsse »so still wirken, daß man erschrickt, wenn angeklopft wird« (Schmid 1901, S. 61). Böcklin wünschte sich immer, daß jeder Betrachter sich durch genaues Hinsehen den Zugang zum Sinn seiner Bilder selbst suche. Folglich hat er sich wie gewohnt zu keiner der fünf Fassungen geäußert und sie auf diese Weise dem subjektiven Erleben des Betrachters überlassen: Das Sehen von Kunst wird somit als kreativer Akt verstanden wie der künstlerische Gestaltungsprozeß selbst.

Ähnlich wie bei den *Villen am Meer* in der Schack-Galerie ist auch bei den Versionen der *Toteninsel* in der hier gezeigten Fassung ein Abrücken vom ursprünglich nachtdunklen Hintergrund zu einem sturmbewegten Gewitterhimmel zu beobachten. Damit verliert das Sujet viel von seiner gespenstisch visionären Suggestion

46

zugunsten einer real nachvollziehbaren Naturstimmung, etwa dem Wirklichkeitsgrad eines Traumes entsprechend, der bis in die kleinste Einzelheit im Bewußtsein haftet, aber ohne Anbindung an Lebenszusammenhänge isoliert bleibt. Wenn man vielleicht heute auch nicht mehr mit der Meinung des Klinger-Biographen F. H. Meissner übereinstimmen mag, Böcklin habe mit der *Toteninsel* eine Elegie auf die sterbende Antike geschaffen, so erscheint doch seine Interpretation vollkommen schlüssig: hier werde eine erdgeschichtliche Entwicklung stufenweise ablesbar, von den stehengebliebenen Kraterspitzen über angeschwemmten Boden und darin aufgegangenen Zypressensamen bis schließlich zum Menschen hin, der seine zivilisatorischen Spuren hinterlassen hat. Hier sei, so fährt er fort, kein Symbol mehr nötig, »denn der Ort wirkt toternst wie eine Pyramide«, die ja ebenso als Unterschlupf für ewige Grabesruhe diene. Diese Todesruhe sei »in einsamer Weltvergessenheit zu ergreifender Stimmung ausgeklärt«. Wie oben schon angedeutet, liegt der eigentliche Unterschied zwischen den beiden vorangegangenen Versionen und der gezeigten dritten Fassung in der hier stärkeren Einbindung des Gräber-Eilandes in den Zusammenhang unserer Erfahrungswelt. Über die atmosphärische Neukonzeption hinaus geht dies aber bei Böcklin immer auch bis ins Detail. Und diesbezüglich möchte hier der entscheidende Spannungsfaktor für die gesamte Bildstimmung betrachtet sein, den wir in dem Nachen mit Fährmann und seiner Fracht erkennen. Und eigenartigerweise ist dies auch der Punkt, der für den genannten Patienten von C. G. Jung ein Schlüsselerlebnis bedeutet hat: Die Paradoxie des von der Insel wegstrebenden Bootskiels hat zur Auflösung von Realität in eine visionäre Vorstellungswelt wesentlich beigetragen. Hier in der dritten Fassung ist diesem wichtigen Detail in Anbetracht der veränderten Gesamtsituation Rechnung getragen, und der jetzt stehende Ruderer lenkt den Kahn mit seiner irdischen Fracht ganz offensichtlich der Gräberinsel zu.

Todes- und Vergänglichkeitsthematik setzt bei Böcklin schon während seiner von der Düsseldorfer Akademie und seiner Auseinandersetzung mit Caspar David Friedrich geprägten frühen Zeit ein und begleitet sein gesamtes Schaffen bis in die letzten Jahre. Bilder wie *Burgruine, Hünengrab* oder der mit der *Ruine im Mondschein* um zwanzig Jahre vorweggenommene *Ritt des Todes* sind erste Signale für das gleichermaßen von Melancholie geprägte Naturell Böcklins, das neben allen Ausdrucksmöglichkeiten innerer Daseinsfreude sich immer wieder dem schicksalhaft Tragischen irdischer Schöpfung ausgeliefert sieht. Nicht zuletzt diesem Bewußtsein, seiner Fähigkeit zur Trauer, ist der meist tiefgründende Aussagegehalt seiner heiteren wie schwermütigen Werke zuzuschreiben. C. H.

47 Im Spiel der Wellen, 1883

Leinwand; 180,3 x 237,5 cm
Bezeichnet unten rechts: A. Böcklin pinx.
München, Bayerische Staatsgemäldesammlungen, Neue Pinakothek. – Inv. Nr. 7754
Literatur: F. H. Meissner, Arnold Böcklin, Berlin/Leipzig 1898, S. 95. – Ostini 1925, S. 80f. – Andree 1977, Nr. 375. – Ranke 1977, S. 86f. – Tittel 1977, S. 94. – Putz 1979, S. 267ff. – Kat. München, Neue Pinakothek 1981, S. 34f.

Schon zu Beginn der fünfziger Jahre, als Böcklin nach Italien gekommen war, hatte er sich ausführlich mit den Erscheinungsformen des Meeres beschäftigt und diese Kenntnisse schon früh für Bilder wie *Schloß am Meer* verwendet. Interessanterweise fand dies aber erst seinen Niederschlag, als er längst wieder im Norden, fern dem Meer in München lebte, – ein vielfach schon beobachtetes Phänomen, das man wohl zu Recht als Sehnsuchtsmotiv gewertet hat. Seit *Triton und Nereide* von 1874 (Kat. 36; ebenfalls in München gemalt) kennen wir Darstellungen, die das Meer als Lebenselement für mythologische Wesen thematisieren. Während diese frühen Bilder noch von einer eigentümlichen beschwerten Seelenstimmung zeugen, setzt in diesen Darstellungen um das Jahr 1879/80 ein Umschwung zu entspannter Lebensfreude ein. Dies scheint im Zusammenhang mit der Reise nach Neapel zu stehen, die Marées mit Böcklin und einem seiner Schüler unternahm, um ihm die Fresken in der zoologischen Station zu zeigen. Die damals geschlossene Bekanntschaft mit deren Direktor, dem Meeresbiologen Anton Dohrn, konnte im darauffolgenden Jahr vertieft werden, als Böcklin mit seiner Familie auf Einladung Dohrns eine gemeinsame Kreuzfahrt unternahm und Ischia und die Ponza-Inseln besuchte (Putz 1979, S. 266).

Voller Gelöstheit und humoriger Daseinsfreude wirken diese ausdrucksstarken Bilder wie Satyrspiele neben den gleichzeitigen Tragödiendichtungen meerumspülter Toteninseln und Ruinenlandschaften. Das Antithetische bedingt sich für Böcklin auch in der Thematik. So hieße es auch gewiß ihn mißzuverstehen, wenn man das mutwillige Treiben oder schicksalhafte Trauern dieser Naturwesen als gesellschaftspolitische Absicht interpretieren wollte, wie es neuerdings zuweilen geschieht. Böcklin war, wie alle Quellen belegen, zwar sehr belesen, aber kein theoretisch veranlagter Mensch (und schon gar nicht einer, der etwas verändern wollte). An derlei Überlegungen war er nur insoweit interessiert, als sie zu seinem eigenen Verständnis der Naturzusammenhänge beitrugen (siehe Kat. 36).

47

Im Spiel der Wellen galt den Zeitgenossen als eines von Böcklins Hauptwerken, Giorgio de Chirico hielt es sogar für sein bedeutendstes überhaupt, und Max Reger vertonte das Thema 1913 im 2. Satz seines Opus 126, der »Böcklin-Suite« (Andree 1977, S. 448). Fritz Gurlitt stellte das Bild gleich nach der Fertigstellung mit Erfolg in Berlin aus, und es gelangte als Geschenk bereits fünf Jahre später in die Neue Pinakothek, wofür der Stifter in den Freiherrnstand erhoben wurde. Hinter dieser Begeisterung der Zeitgenossen bleiben wir heute etwas zurück und verstehen dies auch besser bei der Lektüre von Würdigungen aus jener Zeit. So sieht F. H. Meissner (1898, S. 95) in dem neuen »Hauptwerk ... die packende Lebenslust ausgelassener prächtiger Urgeschöpfe (!) ohne jeden schwächenden Ansatz von Gehirnabrichtung, schrankenlos ihren nächsten Trieben lebend« und doch durch die Freude am Spaß »aus dem unbewußt Animalischen schon weit herausgerückt«. In letzterem wird man die Stelle zu suchen haben, an der die Überzeugungskraft der Darstellung für uns stark beeinträchtigt wird. Statt der früher erreichten Verlebendigungen urzeitlicher Naturwesen, die erst außerhalb historischer Reichweite als Bedeutungsträger für uns mythische Qualität erlangen, finden wir Böcklin seit den achtziger Jahren verschiedentlich in gefährliche Nähe zum Anekdotischen gerückt, als habe hier ein Prozeß der Verbürgerlichung seiner Kunst begonnen, den er ironisierend aufzufangen versucht.

Die Tradition von Kentaurendarstellungen aus Antike und Renaissance war Böcklin wohl bekannt und auf unmittelbarere Vorläufer, etwa B. Genelli, wurde hingewiesen (Ranke 1977, S. 85). Nachdem Böcklin selbst das Thema in seiner *Kentaurenschlacht* (Kat. 34) wie auch in anderem Zusammenhang behandelt hat, ist die Variante Meerkentaur neu. Wie schon bei den Wald- und Feldgottheiten, so vermied Böcklin auch bei den Meerwesen höhergestellte olympische Götter einzubeziehen, denn es ging ihm um die mythischen Gestalten des Volksglaubens, deren Wesen dem Menschen näher steht. Großartig als Bilderfindung ist vor allem die fast mit Händen greifbare Nähe des Wassers, das Hineingenommensein des Betrachters in das Auf und Ab der Wellen, die Grenzenlosigkeit des Meeres ohne Andeutung von Festland. Bei der Originalität dieser auf Notwendigstes sinnvoll reduzierten Szenerie kann ein Verweis auf Rubens' *Hero und Leander* in der Dresdener Galerie nicht von Belang für Böcklins Erfindung sein, ebenso wenig wie die auch heute immer mal wieder diskutierte Frage, ob die *Toteninsel* ihr Vorbild in den Ponza-Inseln, in Ischia oder sonstigen Vulkan-Eilanden des Mittelmeers habe.

C. H.

48

48 Das Schweigen im Walde, 1885

Holz; 73 x 59 cm
Poznan (Posen), Muzeum Narodowe. – Inv. Nr. Mo 903
Literatur: A. Frey, Arnold Böcklin. Nach den Erinnerungen seiner Zürcher Freunde, Stuttgart/Berlin 1903, S. 94 f. – Floerke 1927, S. 60 ff. – U. Christoffel, Malerei und Poesie. Die Symbolische Kunst des 19. Jahrhunderts, Wien 1948, S. 89. – R. Hamann und Jost Hermand, Gründerzeit. Deutsche Kunst und Kultur von der Gründerzeit bis zum Expressionismus, Berlin 1965, Bd. 1, S. 248. – Kat. Ausst. Düsseldorf 1974, Nr. 53. – Andree 1977, Nr. 388. – Kat. Ausst. Basel 1977, Nr. 171. – Kat. Ausst. Darmstadt 1977, Nr. 84.

Böcklins Rückkehr in die Heimat im April 1885 unterbrach seine Tätigkeit in Florenz. Er hat sich in Hottingen bei Zürich niedergelassen und im Sommer dieses Jahres den Schweizer Dichter Gottfried Keller kennengelernt. Aus dieser Begegnung entfaltete sich eine tiefe und für beide bedeutungsvolle Freundschaft. Die Bilderfindung *Schweigen im Walde* geht auf eine Anregung des Dichters zurück. Wahrscheinlich noch in Florenz begonnen, entschloß sich Böcklin, nach Erinnerung Gottfried Kellers, Naturmotive des Zürcher Landes hinzuzunehmen (Frey 1912, S. 94): »Jetzt malt der Böcklin ein schönes Bild. ... Es ist eine Waldeinsamkeit, ein junges Weib, das auf einem Einhorn über eine Waldwiese reitet. Ich sagte ihm, wenn er das Bild ›Waldeinsamkeit‹ taufen wolle, so müsse das Weib eigentlich im Walde drinnen reiten, nicht vor dem Wald. Das gab er zu und fragte mich, wo in der Umgebung Zürichs man die schönsten Tannen finde. Ich sagte ihm: bei Adliswil. Da ist er hingefahren und hat sich die Bäume angesehen, ohne einen Strich zu zeichnen.« Böcklin hat den Wald hier als etwas unergründlich Geheimnisvolles dargestellt, in der Vorstellung an Traditionen aus der Romantik anknüpfend. Man denke etwa an einzelne Bilder Caspar David Friedrichs oder an die märchenhaft verschwiegene Waldesdämmerung bei Moritz von Schwind. Das geheimnisvoll legendäre Einhorn, das Böcklin schon einmal 1871 für die erste Fassung des *Heiligen Hain* der Schack-Galerie gedient hatte (Kat. 35), erscheint in der Ikonographie des Mittelalters als Symbol der Jungfräulichkeit und Unberührtheit, aber auch der ungezähmten Wildheit und Stärke. Es ist jedoch schwer, die mittelalterliche Bedeutung des Fabeltieres in Böcklins Gemälde zu finden. Das Einhorn ist hier auch kein erotisches Symbol, wie es gelegentlich in der Malerei des 19. Jahrhunderts vorkommt und – wie etwa bei Gustave Moreau – die sinnliche Seite des mittelalterlichen Mythos zum Ausdruck bringt. Wie Andree 1977, S. 460 zutreffend bemerkt, hat sich die traditionelle Darstellung bei Böcklin in eine Waldphantasie und märchenhafte Schilderung gewandelt, die durch das Einhorn und die Reiterin als Personifizierungen der unheimlichen und geheimnisvollen Stille des Waldes vergegenwärtigt ist. Aus der Waldesdämmerung, aus den dicken, kahlen, meergrünen Tannenstämmen tritt hervor, den Fuß leicht und behutsam auf rötlichem Boden aufsetzend, seine Schritte auf die helle Welt des Sonnenscheins richtend, ein Tier mit braunweiß geflecktem Fell. Auf dem Fabelwesen reitet scheinbar regungslos eine Jungfrau, mit unheimlichem Blick vor sich hin starrend. Dieses fast »hörbare« Schweigen des Waldes, rätselhaft und zugleich Furcht und Schauer einflößend – das ganze unsagbare, seltsame Gefühl des Waldes vermochte Böcklin dank seiner meisterhaften Anschauung in ein malerisches Sinnbild umzugestalten und sein physisches, fühlbares Dasein darzustellen. Das Eichhörnchen am Stamm, die Eidechse am Boden, diese Kennzeichen des leisen Lebens der Natur, helfen auch wesentlich dem Künstler bei der Charakterisierung der Stille des Waldes. Die Stimmung des Unheimlichen wird durch die Farbgebung des Bildes verstärkt: der Kontrast des dunklen Waldesinneren und der schmalen Streifen des hellen Himmels zwischen den Baumstämmen und -kronen ist auffallend. Die frappante Klarheit und Deutlichkeit, die Kraft der Bilderfindung haben über die Popularität des Gemäldes entschieden, das nicht ohne Grund als Hauptwerk der Zürcher Jahre Böcklins betrachtet wird.

M. Piotr Michazowski

Karl Heinrich Dreber, gen. Franz-Dreber

49 

49 Landschaft mit dem Barmherzigen Samariter, 1848

Leinwand; 123 x 177,5 cm
Bezeichnet unten rechts: H. Franz-Dreber Rom 1848
Dresden, Staatliche Kunstsammlungen, Gemäldegalerie Neue Meister. – Inv. Nr. 2258
Literatur: Boetticher 1, 1, S. 251, Nr. 3 – Schöne 1940, Kat. Nr. 9, S. 155. – Kat. Dresden Gemäldegalerie Neue Meister 1981, S. 32.

Als 1848 die Dresdner Akademie ein Bild bei dem in Rom lebenden Heinrich Dreber bestellte, schlug dieser den *Barmherzigen Samariter* vor, ein Werk, an dem er damals schon arbeitete. Das im Herbst des selben Jahres vollendete Werk gelangte nach zweijähriger Irrfahrt im Herbst 1850 nach Dresden, wo es Drebers Lehrer, Ludwig Richter, sah, der am 12. Dezember 1850 (Schöne 1940, S. 130) folgende Zeilen an Dreber schrieb: »Ein gewisses inneres Leben, innere Wärme schien dem durch seine bedeutenden Formen zu ebenso großen Ansprüchen auffordernden Bild noch zu fehlen … Anstatt auf den poetischen Gehalt des Gegenstandes sehen Sie mehr auf die classische Form, statt daß die letztere doch nur ganz wie von selbst aus dem Ersteren hervorwachsen muß.«

Das Bild ist Drebers erster großformatiger Versuch einer klassischen Landschaft von heroischem Charakter. Als Staffage wählte er das Gleichnis vom Barmherzigen Samariter, der, einem von den Juden wenig geachteten Volksstamm angehörend, als einziger von den Vorübergehenden einem von Räubern Überfallenen zu Hilfe kommt (Neues Testament, Lukas 10, 25–37). Dieses Thema war in der alten Malerei vor allem im Elsheimer-Kreis und bei Rembrandt geläufig, findet sich aber auch schon bei Paolo Veronese.

Drebers Landschaft ist eine nazarenischer Auffassung nahestehende Umwandlung des

Typus der klassischen Landschaft mit hohem Horizont (vgl. Carl Philipp Fohr oder Ferdinand Olivier). Die etwas bunte Farbigkeit verleugnet diesen Ursprung ebensowenig wie die Figurenauffassung. Das Thema war gerade um diese Zeit im römischen Nazarener-Kreis aktuell: Peter Cornelius hatte es für eine Lünette seiner zwischen 1843 und 1845 entstandenen Entwürfe für den Berliner Campo Santo aufgenommen. 1846 hatte Philipp Veit eine Zeichnung vollendet, in der der Barmherzige Samariter als Christus erscheint, während Moses und Aron als Vertreter des Gesetzes an dem Verwundeten vorübergehen (Boetticher, II, 2, S. 920, Nr. 72). Schon 1833 hatte Julius Schnorr von Carolsfeld für das Städelsche Kunstinstitut in Frankfurt am Main dieses biblische Thema gemalt. Vielleicht erinnerte man sich auch daran, daß schon Ludwig Tieck in seinem 1798 entstandenen Roman ›Franz Sternbalds Wanderungen‹ den Malern die Darstellung eines Erschlagenen in einsamer Waldlandschaft als romantisches Thema wegen seiner Seltsamkeit und Wunderbarkeit vorgeschlagen hatte (2. Buch, Anfang des 3. Kapitels). Das Thema taucht später auch bei Schirmer und Preller d. Ä. auf.

Vermutlich hatte Dreber bei seiner Komposition Veroneses Samariter in der Dresdner Gemäldegalerie im Auge. Auch in diesem Bild ist der Weg, auf dem der Verwundete liegt, von großen Steinbrocken gesäumt, in deren Spalten Bäume wachsen. Diese sind in Drebers Bild allerdings weniger bildbeherrschend als bei Veronese. Zudem meint man, vor allem im Hintergrund Anregungen durch die Berglandschaft der Serpentara bei Olevano mit ihrem Steineichenbewuchs zu erkennen. Anders als in Veroneses Werk und den Darstellungen aus dem Elsheimer-Kreis sind in Drebers Landschaft Elemente des Abgestorbenen aufgenommen, welche die Thematik von Hinfälligkeit und Leiden begleiten, die sich in der Figur des Überfallenen konzentriert. Auch dafür gab es Vorläufer, so etwa Domenico Fetis *Barmherzigen Samariter* in der Dresdner Galerie. In Drebers Bild tragen beide Gestalten, der hilflose Nackte und der durch Gewandung und Physiognomie als edler Weiser gekennzeichnete Samariter Züge, die auf Christus verweisen, womit in ihnen offenbar zwei Aspekte des christlichen Lebens erscheinen: Leiden und Nächstenliebe.

Schöne (1940) kennt zwei Zeichnungen in Privatbesitz zu den Figuren, Boetticher eine zur gesamten Komposition. Außerdem befand sich, wie Schöne berichtet, im Nachlaß Drebers eine Farbskizze zu dem Bild.

B. E.

50

50 Italienische Landschaft mit tanzenden Hirten, um 1855/56

Leinwand; 68,5 x 89 cm
Bezeichnet unten rechts: F. Dreber
Dresden, Staatliche Kunstsammlungen, Galerie Neue Meister. – Inv. Nr. 2260 A
Literatur: Schöne 1940, S. 156–157, Nr. 13. – Kat. Dresden Gemäldegalerie Neue Meister 1981, S. 32.

Von Schöne (1940) wird dieses Bild mit einem Werk identifiziert, das Dreber dem Arzt, der ihn 1854 während der Cholera-Epidemie behandelte, als Geschenk übergeben hatte.

Das Bild zeigt eine ländliche Idylle: Eine Mulde, schützende Bäume im Hintergrund, von denen einer sich torartig über einen Weg wölbt, ein von schattenden Bäumen überwachsener Eingang zu einer Höhle, vielleicht ein altes Quellheiligtum, zu dem das Wässerchen im Vordergrund gehört, reichen aus, um einer anspruchslosen ländlichen Bevölkerung als Ort der Muße zu dienen. Man tanzt eine Tarantella, während im Hintergrund die arbeitsreiche Seite des ländlichen Tagesablaufs angedeutet ist.

Ohne direkt auf traditionelle Muster zurückzugreifen, verwandelt der Künstler die unscheinbare Gegend zum idyllischen Ort. Da weder die Landschaft noch die Menschen idealisiert werden, erscheint die Idylle als jederzeit mögliche Gegenwart und nicht als ein der realen Zeit enthobener Zustand wie in der Malerei des 17. und 18. Jahrhunderts. B. E.

51 Die Jagd der Diana, um 1860

Leinwand; 44 x 67 cm
Bezeichnet unten rechts: H. D.
Berlin, Staatliche Museen Preußischer Kulturbesitz, Nationalgalerie. – Inv. Nr. A I 229
Literatur: Boetticher, I, I, S. 252, Nr. 19. – Schöne 1940, Nr. 19, S. 159, 160.

Die nur skizzenhaft angelegte Landschaft mit der Jagd der Diana ist eine der idealen Kompositionen Drebers, die wohl um 1860 entstand.

Bereits Schöne hob an dieser Komposition hervor: »Durch die Landschaft geht ein großer freier Zug, alles mündet in *einen* Blick und in *einer* Bewegung«. Die mythologischen Figuren wirken – wie mit dem Wind aus dem Wald herausgeweht – als flüchtige Erscheinungen in dem weiten und lichten Raum der Landschaft. Sie erscheinen damit als Teil der Landschaft – als deren Verdichtung in der Vorstellung des Betrachters. Man meint, den Einfluß Friedrich Prellers d. Ä. zu spüren, der sich 1859/60 zur Überarbeitung seines Odyssee-Zyklus in Rom aufhielt und freundschaftlich mit Dreber verbunden war.

Eine Zeichnung gleichen Themas (Berlin Nationalgalerie, Schöne 1940, Abb. 39) zeigt größere, im flachen Vordergrund aufgereihte Figuren und eine Verriegelung des Hintergrundes durch eine hohe Felskette. Hier ist noch nichts von der Weite und Dynamik der Ölskizze, die nie zu einem Bild verarbeitet wurde, zu spüren. Diese Komposition erinnert eher an Bilder Joseph Anton Kochs aus den Schweizer Bergen. B. E.

51

52 Felsenküste im Sturm mit Sappho, 1859

Leinwand; 60,3 x 41,3 cm
Bezeichnet unten rechts: H. D.
München, Bayerische Staatsgemäldesammlungen, Neue Pinakothek. – Inv. Nr. 9278
Literatur: Schöne 1940, S. 160, Nr. 21. – Kat. München Bd. IX, Neue Pinakothek (in Vorbereitung).

Die Skizze muß im Jahre 1859 entstanden sein, denn Friedrich Preller d. J. berichtet in seinem Tagebuch, daß Dreber in diesem Jahr an einer Skizze mit einer Darstellung der griechischen Dichterin Sappho arbeitete (F. Preller d. J., Tagebücher des Künstlers, hg. v. Jordan, M., München/Kaufbeuren 1904, S. 57). Graf Schack sah das Werk im Jahre 1864 und bestellte danach das Gemälde für seine Galerie (siehe Kat. 53).

Gegenüber der Endfassung zeichnet sich die Skizze durch die dramatische Bewegung der Wolken am Himmel, der sturmgepeitschten Büsche auf den Felsen sowie der Brandung des Meeres aus. Die Farbigkeit ist frischer als in dem Bild der Schack-Galerie und zeigt starke Hell-Dunkel-Kontraste, die in der Endfassung einer weicheren Lichtführung und Stimmung gewichen sind.

Möglicherweise ließ sich Dreber schon bei diesem Bild durch Franz Grillparzers Drama ›Sappho‹ von 1818 anregen, denn wie dort ist die zum Sprung vom Leukadischen Felsen entschlossene Dichterin mit dem Purpur bekleidet (hier deutlicher erkennbar als in der großen Fassung, wo das tiefe Rot einem dunklen Violett gewichen ist) und trägt den Lorbeerkranz im Haar, der sie als olympische Siegerin ausweist. Dreber will offenbar in der Bewegtheit der Landschaft die leidenschaftliche Erregung der unglücklich Liebenden ausdrücken und damit einen Ton treffen, der auch Sapphos Gedichte kennzeichnet. Zumindest ihre ›Ode‹ an Aphrodite und das ›Liebeslied‹ waren ihm sicher aus Emanuel Geibels ›Classischem Liederbuch‹ bekannt. B. E.

52

53 Sappho, 1864–70

Leinwand; 241 x 170 cm
Bezeichnet unten rechts: DREBER
München, Bayerische Staatsgemäldesammlungen, Schack-Galerie. – Inv. Nr. 11625
Literatur: O. Berggruen, Die Galerie Schack in München, Wien 1883, Einleitung S. XII. – A. F. von Schack, Meine Gemäldesammlung, 5. Aufl. Stuttgart 1889, S. 200ff. – Boetticher, I, I. S. 251, Nr. 6. – Schöne 1940, Nr. 21, S. 86, 87 – Kat. München Schack-Galerie 1969, S. 97ff.

Das Bild, das nach der Skizze von 1859 (siehe Kat. 52) von Graf Schack im Jahre 1864 für seine Sammlung bestellt worden war, wurde nach langem Zögern Drebers erst im Jahre 1870 vollendet, nachdem ein Aufenthalt in Ischia von 1867 neue Anregungen gegeben hatte. Die Komposition stand im Wesentlichen mit der Skizze fest, nicht jedoch die Bildidee, wie dies auch eine Bleistiftzeichnung in Berliner Privatbesitz von 1864/65 (Schöne 1940, Abb. 45) belegt. Die leidenschaftliche Bewegung, die sich in der ersten Skizze in der Landschaft ausdrückte, wurde in der Zeichnung auf die Figur übertragen, die nun, in erregter Haltung den Betrachter anblickend, fast halbe Bildgröße erreicht. Doch kehrte Dreber bei der Endfassung, die nach Schöne im Jahre 1865 in Blei angelegt wurde, zur ursprünglichen Komposition zurück, jedoch mit entgegengesetztem Ausdruck. Zwar sind Aufbau der Landschaft und Stellung der Figur

53

in ihr geblieben, doch Himmel und Meer haben sich beruhigt. Durch die Dämpfung der Farben zum Grau liegt eine kühle Melancholie über dem Bild.

Während die Dichterin in der ersten Fassung als verlassene, untröstliche Geliebte erschien, ist sie nun in der edlen Gefaßtheit der Priesterin dargestellt, worauf auch der Opferstein neben ihr hinweist. Vielleicht läßt sich darin ein Reflex von Bachofens 1861 erschienenem »Mutterrecht« erkennen, in dem dieser der Insel Lesbos und der griechischen Dichterin Sappho einen ganzen Abschnitt widmet. Für Bachofen ist sie eine in die orphischen Mysterien eingeweihte Priesterin, die bestrebt ist, ihr Volk – besonders was das Liebesleben anbetrifft – auf eine höhere Stufe der Kultur zu heben.

Dreber folgt in beiden Kompositionen der Sage, daß sich die um 600 v. Chr. auf der Insel Lesbos lebende Dichterin Sappho aus unerwiderter Liebe zu dem jungen Phaon vom leukadischen Felsen ins Meer stürzte. In dieser Sage wurde wohl ein alter Liebes- und Reinigungsritus mit der Lebensgeschichte der Sappho verbunden (vgl. J. G. Weichmann, Sapphos Oden nebst mehreren Fragmenten derselben, Würzburg 1822, S. 14). Im Gegensatz zur Interpretation Schönes, der darauf hinweist, daß Dreber ein anderes Ende der Sappho darstelle als Grillparzer in seinem Drama von 1818, gibt es in beiden Bildfassungen Hinweise auf Grillparzer als Quelle. In der vorliegenden Fassung spricht vor allem der Altar für diese Beziehung, denn nach Grillparzer begibt sich die Dichterin vor dem Sprung zum Altar der Aphrodite. In seinem Drama hat sie sich innerlich von Phaon, der sie mit einer ihrer Sklavinnen betrog, getrennt, bevor sie sich zum Todessprung entschließt. Die Haltung des Verzichts, die sich bei Grillparzer in den Worten »Ich suchte dich [Phaon] und fand mich« ausdrückt, wird bei Dreber durch die leidenschaftslose Stimmung, die in der Landschaft zum Ausdruck kommt, analog wiedergegeben. Lorbeerkranz und Leier hat die Dichterin, anders als bei Grillparzer, am Altar niedergelegt, doch wird ganz in dessen Sinne damit eine Trennung von Leben und Kunst angedeutet.

Drebers Bild entstand in Rom zu einer Zeit, als sich Feuerbach *(Iphigenie)* und Böcklin *(Villa am Meer)* mit einer ähnlichen Thematik beschäftigten. Gemeinsam ist diesen Bildern die dem Meer zugewandte einsame Frauengestalt in antiker Gewandung, deren psychische Gestimmtheit des Verlassenseins sich in der Landschaft spiegelt. Mit seiner Skizze von 1859 ist Dreber offenbar der erste, der das Thema in die Malerei der Deutsch-Römer einführte. In allen Bildern dieses Themenkreises wird ein fast handgreiflicher Übergang zur Stimmungslandschaft des späten 19. Jahrhunderts sichtbar, indem Inneres und Äußeres, Landschaftsstimmung und Stimmung des Betrachters bzw. der betrachtenden Figur in der Landschaft zur Deckung kommen.

Auf der Weinmüller-Auktion 116, München 1968 (Kat. 124, Nr. 1314, Abb. 81) wurde eine Variante der Komposition von Dreber versteigert (Leinwand, 140 x 85 cm). Außerdem hat Dreber dieselbe Landschaft auch mit idyllischer Staffage gemalt (Leinwand, 103 x 75 cm, Dresden, Gemäldegalerie). 1871 entstand eine ähnliche, aber seitenverkehrte Version mit einer Iphigenie (Privatbesitz, Schöne 1940, Nr. 47, Abb. 75). B. E.

Anselm Feuerbach

54 Jugendliches Selbstbildnis, 1851/52

Leinwand; 42 x 33 cm
Karlsruhe, Staatliche Kunsthalle. – Inv. Nr. 946
Literatur: Allgeyer-Neumann 1904, I, S. 224, Anm. 1; II, Nr. 93. – Uhde-Bernays 1929, Nr. 58. – Kat. Karlsruhe Staatliche Kunsthalle 1971, S. 69. – Kat. Ausst. Karlsruhe 1976, Nr. 12. – W. Zimmermann, Gemälde und Zeichnungen aus der Staatlichen Kunsthalle Karlsruhe, 2. Aufl. Karlsruhe 1978, Kat. Nr. 3.

Das *Jugendliche Selbstbildnis* entstand in Paris, wohin Feuerbach nach Ausbildungsstationen in Düsseldorf, München und Antwerpen 1851 gegangen war. Dort lebte er zunächst als freischaffender Künstler, kopierte im Louvre und trat schließlich, beeindruckt von dem damals führenden Protagonisten der französischen Historienmalerei Thomas Couture – das große Sittenbild *Die Römer der Verfallszeit* von 1847 hatte diesen auf die Höhe seines Ruhmes gebracht –, im Winter 1852/53 in dessen Atelier ein.

Unstet und wenig ergebnisreich war Feuerbachs Ausbildung bisher gewesen, er hatte nicht gefunden, was er suchte, dunkel schwebte ihm die Vorstellung eines hohen Kunstbegriffs vor, geprägt von der vorbildlichen Größe der alten Meister, den er in gleicher Höhe, mit neuer »Seele, Poesie«, weiterführen wollte. Von Beginn seiner Laufbahn an zeigte sich dieses Sendungsbewußtsein, damit verbunden das Gefühl seiner eigenen Größe gegenüber dem Ungenügen seiner Zeitgenossen, das sich in Exaltationen in seinen Briefen äußerte und sich gegen sein Lebensende bis zur krankhaften Verbitterung steigern sollte. So trat er seinen weiteren Weg an, der ihn nach Italien führen sollte, und bereits 1855 schreibt er an seine Mutter aus Venedig, immer noch tastend und suchend und als Stipendiat für den Großherzog von Baden Tizians *Assunta* kopierend: »und denke daran wie ich lechze und dürste nach einer höheren Stellung in der großen Kunstwelt.«

Etwas von dieser Auffassung seines Künstlertums spiegelt das Pariser Selbstporträt wider. Mit leicht gesenktem Kopf, streng frontal, blickt der junge Feuerbach den Betrachter beschwörend und düster an. Verschattungen an Schläfen und Wangen verstärken die Finsternis des Blicks und lassen die Stirn genialisch hervortreten. Die neutralen, warmen Ockertöne sind ganz auf die Farbe des Gesichts abgestimmt und werden lediglich zur Steigerung seines Ausdrucks abschattiert: nach oben dunkler werdend, läßt der Hintergrund die Stirn hervorleuchten, die Augenpartie selbst ist in der hellen Zone belassen, unten wiederum unterstreicht der Akzent des um den Hals geschlungenen Tuches die Intensität des eindringlichen und doch abweisenden Blicks. Die ovale, deutliche Umrißzeichnung des Kopfes, die lockere Behandlung des Haars und die modellierenden Weißhöhungen verraten den Einfluß Coutures.

54

Bei aller Theatralik der Pose ist in diesem Selbstbildnis der Ernst des Wollens jedoch nicht zu übersehen, besonders wenn man es mit den vorhergehenden und späteren Selbstporträts Feuerbachs vergleicht. Dieser

Ernst findet seinen Ausdruck in der unmittelbaren, nackten Konfrontation, die sich jedoch nicht ganz nach außen wendet, sondern in einer innerlich versenkten Entschlossenheit liegt. Ohne jedes erklärende Beiwerk, allein durch den genialen Habitus wird hier der Künstler erkennbar. A. H.

55

55 Dantebarke (nach Delacroix), 1852/53

Leinwand; 26,5 x 34,5 cm
Speyer, Historisches Museum der Pfalz (Besitz der Stadt Speyer)
Literatur: Uhde-Bernays 1929, Nr. 360. – Kat. Ausst. Karlsruhe 1976, Nr. 11. – H. Schimpf, Der Maler Anselm Feuerbach. Versuch einer Würdigung des Menschen und Künstlers zu seinem 100. Todestag, in: Das Feuerbachhaus, 1982, S. 52.

Die kleine, skizzenhafte Kopie nach Eugène Delacroix' *Dantebarke* von 1822 ist mit großer Wahrscheinlichkeit, wie auch W. Zimmermann (Kat. Ausst. Karlsruhe 1976, Nr. 11) vermutet, in der Pariser Studienzeit entstanden und nicht, wie Uhde-Bernays behauptet, nach Jahren in Rom 1858 aus der Erinnerung gemalt worden, eine Datierung, die sich durch ihre Einführung in die »Feuerbach-Gedächtnis«-Ausstellungen 1929 in München, Karlsruhe und Nürnberg hartnäckig etabliert hatte.

Ungewöhnlich ist lediglich die Wahl des Vorbilds – das geniale Frühwerk eines lebenden französischen Meisters –, das Feuerbach neben den Werken alter Meister im Louvre und denen seines Lehrers Couture kopierte. Feuerbach nennt Delacroix weder in seinen Briefen noch im Vermächtnis – wo er von anderen Modernen, besonders von Courbet, aber auch von Rousseau, Troyon und Delaroche mit Begeisterung redet –, deshalb ist die Kopie als Dokument seines Interesses und seiner Beschäftigung umso wertvoller. Zweierlei mag Feuerbach dazu angeregt haben. Zum einen die Bedeutsamkeit des Stoffes, mit dem er sich in Paris zum erstenmal beschäftigt: 1853 liest er, nach Zeugnis seiner Briefe, Dantes ›Göttliche Komödie‹, aus demselben Jahr stammt eine kleine Ölskizze mit *Dante und Vergil in der Unterwelt.* Die Gestalt des Dichters, Verkörperung des geistinspirierten großen Künstlers, tritt ihm dann 1855 in Venedig erneut vor die Augen und beherrscht zu einem Teil die Bildideen der folgenden Jahre. Neben der großen Ölskizze *Dante und Vergil, die Schatten Paolos und Francescas anrufend,* 1857 (München, Neue Pinakothek) und *Dantes Tod,* 1858 (Speyer, Historisches Museum der Pfalz) sind es besonders das erste monumentale Werk des römischen Aufenthalts, *Dante und die edlen Frauen von Ravenna,* 1858 und dessen Echo im *Garten des Ariost* von 1862 (siehe Kat. 65), die die Welt des alten italienischen Dichterlebens beschwören.

In Paris jedoch ist es wohl eher noch die Dramatik des Stoffes und insbesondere die Dramatik des Vortrags im Vorbild der *Dantebarke,* die Feuerbach anregte. Delacroix hatte hier mit einer neuartigen Form der heftigen Bewegtheit von stärkster Ausdruckskraft den überlieferten Stoff in einer poetischen, gesteigerten Spannung erfaßt und damit ein Fanal für die Historienmalerei gesetzt, das in der Nachfolge nicht eingelöst wurde. Von dieser Historienmalerei offizieller Prägung des mittleren und späteren 19. Jahrhunderts suchte sich auch Feuerbach, im Gegenstrom zu seiner Zeit, in seinen reifen Schöpfungen frei zu machen.

Mindestens ebenso wird die *Dantebarke* ihn aber während seiner Pariser Jahre durch das Beispiel des freien, kompositionsbeherrschenden Einsatzes der Farbe angeregt haben, den Delacroix an Rubens studiert hatte. Gerade Rubens war Feuerbach bislang wie kein anderer Meister vertraut gewesen, bis München »war er aus dem Rubenisieren kaum herausgekommen« und in der Tat galt der junge Feuerbach der deutschen Kritik zunächst als Vertreter eines neuen Kolorismus. In seiner Kopie arbeitet Feuerbach gegenüber dem Vorbild weniger die Plastizität der farbigen Massen heraus als die wirkungsvoll kreisende, malerische Gesamtgebärde des Bildes. A. H.

56 Diana, dem Bade entsteigend, von Nymphen umgeben, 1854/55

Leinwand; 54 x 42 cm
Bezeichnet unten links: AF (ligiert)
München, Bayerische Staatsgemäldesammlungen, Neue Pinakothek. – Inv. Nr. 9817
Literatur: Allgeyer-Neumann 1904, I, S. 261; II, Nr. 158. – Uhde-Bernays 1929, Nr. 118. – Kat. Ausst. Karlsruhe 1976, Nr. 23.

Von Paris in seine badische Heimat zurückgekehrt, ließ sich Feuerbach zunächst in der Residenzstadt Karlsruhe nieder und malte neben einem großen Werk, dem *Tod des Pietro Aretino* in der Manier von Veronese und Delaroche, Dutzende von kleineren Bildern, Zigeunerinnen, Blumenmädchen, spielende Putten, dem Rokoko nachempfundene Gesellschaftsszenen und badende

56

oder als »Nymphen« bezeichnete Frauen in der Landschaft. Auch im vorliegenden Bild bleibt das mythologische Thema äußerst vage, allein zu erraten etwa aus der königlichen Gebärde der mittleren sitzenden Frau oder der atmosphärischen Gesamtstimmung. Den Reiz des kleinen Bildes machen die direkte Sicht auf die locker gespachtelten, bewegten Frauengestalten gegenüber den oft winzig entrückten Figürchen der anderen Studien aus, sowie das spontan wechselnde Hell-Dunkel, das den Einfluß der französischen Studienerfahrungen zeigt.

Das Bild gehörte zunächst dem Münchner Maler Anton Stadler, später ging es in den Besitz von Johannes Brahms über, mit dessen Nachlaß es für ein Brahms-Museum bestimmt gewesen war. A. H.

57 Amazonenschlacht, 1856/57

Leinwand; 53 x 64,5 cm (Queroval)
Bezeichnet unten Mitte: A. Feuerbach
Oldenburg, Landesmuseum. – Inv. Nr. LMO 15.733
Literatur: Allgeyer-Neumann 1904, I, S. 343 f.; II, Nr. 217. – Uhde-Bernays 1929, Nr. 140. – W. Keiser, Gemäldegalerie Oldenburg, München 1967, S. 134. – Arndt 1968, S. 93 ff. – Kat. Ausst. Karlsruhe 1976, Nr. 27. – S. Wichmann, A. Böcklin, Schlachten: Amazonen- und Brückenkampf, Sindelfingen 1977. – J. Bahns, Anselm Feuerbach als Historienmaler, in: Das Feuerbachhaus, 1982, S. 85.

Die Vorstellung eines großen Schlachtenbildes beherrschte Feuerbach seit den frühesten Anfängen seiner Laufbahn und begleitete ihn durch sein ganzes Leben, bis sie schließlich in dem großen Gemälde der *Amazonenschlacht* von 1872 (Nürnberg, Museen der Stadt) ihre monumentale Ausführung fand. Damit vertritt der hier gezeigte Entwurf von 1856/57 einen seiner zentralen Bildgedanken, der im Keim bereits in den ersten Düsseldorfer Studienjahren angelegt war. 1845 schon hatte Feuerbach aus Düsseldorf seinen Eltern eine Skizze zu einer *Cimbernschlacht* geschickt und mit ausführlichen Erläuterungen versehen. Hier bereits ist die Rede von einem trüben Himmel, von einzelnen Lichtstrahlen magisch erhellt: »Eine nicht große, sondern gedämpfte Farbenpracht denke ich mir; bestimmte gräuliche Farben, die brillant wirken durch die starke Beleuchtung.«

Der Oldenburger Entwurf behält diese unwirkliche, durch Beleuchtung und gedämpfte Farben düster zusammenschmelzende Stimmung bei, die zweifelsohne einer der Grundfaktoren für Feuerbachs Interesse an diesem Thema war. Aus dem Germanenkampf ist nun eine Amazonenschlacht geworden. In weitem, gekurvtem Bogen sind die Kämpfenden und Herbeireitenden über eine zerrissene Ebene mit Küstenbegrenzung verstreut. Trotz aller Dramatik will sich kein Eindruck von Kampf und Sieg einstellen. Die einzige Bewegungsrichtung der Kämpfenden von links nach rechts scheint keinen Widerpart zu finden, ferner ist in der gesamten rechten Bildhälfte die Landschaftsbühne bis zum Mittelgrund mit Leibern der Besiegten und deren Helfern gefüllt, die den Bogen der Gesamtbewegung auslaufen lassen. Eingestellt in das umlaufende Oval wirkt das Ganze wie durch ein Fernglas gesehen und damit seltsam entrückt.

War dieser Entwurf das erste Bild, das Feuerbach nach seiner Ankunft in Rom 1856 auf der Staffelei stehen hatte, so folgt im März 1860 eine *Amazonenschlacht* großformatig in Kohle und er schreibt darüber: »In weiter abendlicher Campagna, mit Meereshorizont und wolkigem Himmel; ein wildes Plänkeln, Streiten, Stürzen; wild entfesselte Leidenschaft, die gemildert wird durch eine vollendete Farbe, und wo ich streben will, die plastische Formenschönheit in den verschiedensten Stellungen auszudrücken.« Letzteres, die Plastik der einzelnen Figuren, wird für die Entwicklung des Themas immer wichtiger. 1869 entstand ein großer untermalter Entwurf (ehem. Berlin, Nationalgalerie), der das Geschehen an die Küstenlandschaft von Porto d'Anzio versetzt, die Feuerbach auch als Hintergrund für seine großen Kompositionen der *Iphigenie* und *Medea* diente (siehe Kat. 81, 82, 83),

57

und der die Figurengruppen der monumentalen Endfassung im einzelnen vorbereitet.

Diese schließlich löst das Geschehen in eine Reihe von isoliert nebeneinander stehender Körper und erstarrter Einzelgesten auf. Alle Hauptfiguren sind in Haltung und »plastischer Formenschönheit« Zitate großer Kunstwerke aus Antike und Renaissance. Bei düsterer, drohend-unwirklicher Beleuchtung ist es ein »traumhaftes Hauen und Stechen« geworden, wie der Kritiker Friedrich Pecht es nennt, oder, wie Böcklin angesichts dieser *Amazonenschlacht* ausrief: »Aber das ist doch keine Schlacht, da fehlt ja die Hauptsache, das Leben! Das ist der reinste Dornröschenschlaf!« Feuerbach hat mit diesem Bild, mit seinem Arsenal überlieferter Formen, die zu keiner Aktion mehr zusammenfinden, das Thema der Schlacht – das nicht zu unrecht als ein »Sattelthema« des 19. Jahrhunderts bezeichnet wird – ad absurdum geführt und daraus eine der ungewöhnlichsten Kunstschöpfungen seines Jahrhunderts gemacht.

Eine Kompositionsskizze zur großen *Amazonenschlacht* siehe Kat. Z 19, Studien zu einzelnen Figurengruppen siehe Kat. Z 1, Z 10, Z 20, Z 21. A. H.

58 Bildnis des Kupferstechers Julius Allgeyer, 1857

Leinwand; 99,2 x 74,7 cm
Bezeichnet unten rechts: Anselm Feuerbach. 1857.
München, Bayerische Staatsgemäldesammlungen, Neue Pinakothek. – Inv. Nr. 9496
Literatur: Allgeyer-Neumann 1904, I, S. 349 f.; II, Nr. 232. Uhde-Bernays 1929, Nr. 155. – Kat. München, Neue Pinakothek 1981, S. 91 f.

Das Bildnis zeigt Julius Allgeyer, den einzigen langjährigen Freund und späteren Biographen Feuerbachs. Allgeyer, geboren 1829 im badischen Haslach, hatte nach einer Lehrzeit in einer lithographischen Anstalt

58

in Karlsruhe ein Stipendium erhalten, um sich in Düsseldorf als Kupferstecher weiter auszubilden. 1856 ging er mit einem weiteren Stipendium nach Rom und lernte dort im Café Luigi, einem Treffpunkt deutscher Künstler in Rom, den gerade frisch eingetroffenen Feuerbach kennen. Allgeyer wurde Feuerbachs erster und treuester Bewunderer und pflegte in den römischen Jahren einen engen Kontakt mit dem Künstler. 1860 verließ er Rom und gründete in Karlsruhe ein photographisches Atelier für Kunstdrucke, in dem er unter anderem eine Reihe von Reproduktionen nach Gemälden Feuerbachs herausgab. 1872 wechselte er in einen größeren photographischen Betrieb nach München über, in späteren Jahren verfaßte er u. a. ein ›Handbuch über das Lichtdruckverfahren‹ (1881, 2. Aufl. 1896) und unternahm einige Versuche, sich erneut selbständig zu machen. Schließlich gab er seinen Beruf ganz auf und begann auf Bitten Henriette Feuerbachs, der Stiefmutter des Malers, eine Biographie Feuerbachs zu schreiben. Dieses erste wichtige Buch über Feuerbach erschien 1894, zwei Jahre nach dem Tod der Stiefmutter. Von 1897–1899 konnte Allgeyer, nachdem die Originalbriefe Feuerbachs aus dem Nachlaß zugänglich geworden waren, eine vollständige Überarbeitung vornehmen, die jedoch nicht mehr zu seinen Lebzeiten erschien, sondern 1904 von Carl Neumann herausgegeben wurde. Allgeyer starb am 6. Dezember 1900 in München.

Zeit seines Lebens setzte sich Allgeyer in vielfacher Hinsicht für Feuerbachs Kunst ein, unter anderem durch seine Kontakte kam die Beziehung zum Grafen Schack zustande, der Feuerbach nach Zeiten der Not für einige Jahre ein finanzielles Auskommen sicherte. Eine weitere wichtige Beziehung für die Familie Feuerbach entstand durch Allgeyer mit Johannes Brahms, den er, zusammen mit Clara Schumann, in seiner Düsseldorfer Zeit kennengelernt hatte. Insbesondere Henriette Feuerbach pflegte diese um das Jahr 1865 vermittelten Freundschaften sehr (siehe auch Kat. 75). Brahms seinerseits war ein großer Verehrer der Kunst Feuerbachs, die er als der seinen verwandt betrachtete, fühlte sich jedoch mehr als einmal von der Person des Malers befremdet; eine endgültige Entfremdung scheint in Feuerbachs Wiener Jahren 1872 stattgefunden zu haben. Ein geplantes Bildnis Brahms' von Feuerbachs Hand blieb unausgeführt.

Das Porträt Allgeyers entstand Anfang des Jahres 1857 in nur zwei kurzen Sitzungen. Die rasche, flüssige Malweise läßt das Bild des Freundes, großzügig in den Details und zupackend im Ausdruck des Wesentlichen, in großer Einheitlichkeit und Lebendigkeit erstehen. Betont sind das festgefügte, vom Betrachter weggewandte Gesicht mit den braunen Augen, die aufmerksam einen Gegenstand außerhalb des Bildes zu fixieren scheinen, und die blaugeäderten, schöngeformten Hände. Der klare Aufbau aus nur wenigen Flächen von Braun, Grau, Schwarz und Weiß und die lebendige Haltung des Modells zeigen, zu einer Zeit, als in Deutschland die Porträtkunst noch wesentlich durch das ausgehende Biedermeier bestimmt war, den Einfluß der modernen französischen Porträtmalerei. A. H.

59 Kinderständchen, 1858

Leinwand; 100 x 230 cm
Bezeichnet unten rechts: Anselm Feuerbach. 1858.
Leipzig, Museum der bildenden Künste. – Inv. Nr. 530
Literatur: Allgeyer-Neumann 1904, I, S. 383 f.; II, Nr. 247. – Uhde-Bernays 1929, Nr. 183.

Die Gruppe der Kinderbilder, für die das Leipziger *Kinderständchen* das erste reife Beispiel ist, stellt einen wichtigen Teil im

59

Œuvre Feuerbachs dar. Hatte er bereits vor seiner italienischen Zeit Themen wie *Schlafender Bacchusknabe, Amoretten entführen den kleinen Pan* oder spielende Putten aufgegriffen, die jedoch nur ungenügend das Vorbild Rubens reflektieren oder stark an das französische 18. Jahrhundert gemahnen, so wurde ihm das Kind seit den Anfängen seines römischen Aufenthalts zu einem Gegenstand systematischer Studien. Das römische Kind stellte für Feuerbach das erste wirkliche Naturmodell dar, das in freier unbefangener Schönheit die Gegensätze von Natur und Idealbildung in sich aufhob. In den folgenden beiden Jahren fertigte Feuerbach weit über hundert ausgeführte Zeichnungen nach Kindern in den verschiedensten Stellungen und Tätigkeiten sowie einige große Ölbilder an (siehe auch Kat. 61). Auch Graf Schack bestellte noch nach einer dieser Zeichnungen die *Badenden Kinder* von 1858, ein Bild, das Feuerbach 1864 für ihn ausführte.

Auf dem Leipziger *Kinderständchen* sind vor der Staffage einiger dunkler Büsche, die in der Mitte den Blick auf eine mondüberglänzte Ebene freilassen, sechs kleine Knaben versammelt. Ihre trotz aller Rundungen bereits etwas gestreckten Körper verraten das Naturstudium, das Feuerbach am Modell zweier römischer Straßenbuben vornahm, die er oft in seinem Atelier herumtollen ließ. Auf der linken Bildhälfte sind vier von ihnen mit verschiedenen Instrumenten beschäftigt, jedoch eher verhalten lauschend auf den einen, der die Laute spielt. Rechts schläft ein Kind auf einem Ruhebett, von dem ein stehender Knabe, den Finger auf den Mund gelegt, den Vorhang wegzieht.

Mit diesen Bildern von frei und natürlich bewegten Kindern, deren einfaches Sein zugleich poetisch verklärt ist, hat Feuerbach mit Sicherheit Arnold Böcklin zu einigen ähnlichen Bildern angeregt, wie er seinerseits einen tiefen Eindruck von Böcklins stimmungshafter Landschaftskunst empfing (siehe Kat. 7). In diesem Zusammenhang ist besonders auf ein *Kinderständchen* Böcklins hinzuweisen, das dieser noch 1857 in Rom begann und zur Vollendung 1858 nach Basel mitnahm (Andree 1977, Nr. 106). Ganz wie bei Feuerbach agieren die groß gesehenen Kinder bildfüllend auf einer schmalen Vordergrundsbühne, hinterfangen von dunklem Buschwerk mit begrenzten Ausblikken auf eine unvermittelt anschließende, mondbeschienene flache Hintergrundszone.

Die beiden Künstler hatten sich 1857 in Rom durch Reinhold Begas kennengelernt. Böcklin, bereits seit 1850 in Rom, verließ die Stadt noch im selben Jahr, doch während der kurzen Spanne eines Dreivierteljahres pflegten die Künstler engen Kontakt miteinander. Bereichert durch Allgeyer bildeten sie ein Gesangsquartett und unternahmen einige gemeinsame Ausflüge in die Umgebung. Böcklin war einer der wenigen Maler, von dessen Kunst Feuerbach sich beeindruckt zeigte und über den er sich mehrfach begeistert äußerte. Wohl das einzige Mal in seinem Leben setzte sich Feuerbach für einen Kollegen ein, indem er Böcklin in einem Brief vom 9. Juni 1858 an den Konsul Wedekind empfahl (Allgeyer 1904, I, S. 518), für den dieser wenig später Fresken in seinem Hannoveraner Wohnhaus ausführte. Wedekind hatte in Rom, nachdem er Feuerbachs *Dante und die edlen Frauen von Ravenna* ausgestellt gesehen hatte, Feuerbach in dessen Atelier aufgesucht und daraufhin das hier besprochene, später ins Leipziger Museum gelangte *Kinderständchen* gekauft.

A. H.

60 Terrainstudie aus den Caracalla-Thermen in Rom, 1858

Leinwand; 75 x 99 cm
Bezeichnet unten rechts: A. Feuerbach.
Hamburg, Hamburger Kunsthalle. – Inv. Nr. 1466
Literatur: Allgeyer-Neumann 1904, II, Nr. 249. – Uhde-Bernays 1929, Nr. 168. – Kat. Hamburg Kunsthalle 1969, S. 66. – Kat. Ausst. Karlsruhe 1976, Nr. 33.

Die *Terrainstudie aus den Caracalla-Thermen* zeigt in selten offener Weise den vorübergehenden Einfluß Arnold Böcklins auf Feuerbach während ihrer gemeinsamen römischen Zeit. Bemerkenswert ist zunächst die Tatsache, daß Feuerbach hier ein Landschaftsbild gestaltet hat. Bisher hatte lediglich der überwältigende Natureindruck während seines Sommeraufenthalts in Castel Toblino, 1855 mit Viktor Scheffel von Venedig aus für einige Wochen unternommen, ihn zu umfangreicheren Studien im Freien angeregt. Durch die Begegnung mit Böcklin tat sich ihm ein neues Verständnis für die Möglichkeiten der Landschaftsschilderung auf, das in einigen, vorwiegend 1857/58 entstandenen Bildern und einer Reihe von Landschaftszeichnungen seinen deutlichen Niederschlag fand. Die oft zitierte erste Wirkung von Böcklins Kunst – Feuerbach hatte ihm auf Anraten von Reinhold Begas einen Atelierbesuch gemacht und brach nach Schilderung Allgeyers bei seiner Rückkunft mit dem Ausruf »Ich muß von vorn beginnen!« auf einem Stuhl zusammen – faßt Feuerbach wenig später in einem Brief an seine Mutter vom 3. Juni 1857 in folgenden Worten zusammen: »Seine Bilder, Landschaften, sind das, wohin mein Sinn geht in der Historie: Schönheit, Poesie, Tiefe und Glut der Farbe. Dabei ist er ein vollendeter Meister.« Bei diesem ersten Atelierbesuch stand offensichtlich Böcklins erste Fassung des *Pan im Schilf* auf der Staffelei, kurz vorher waren Bilder wie *Felsabhang im Albaner Gebirge* entstanden.

Eine ähnlich atmosphärische Wirkung und beinahe sinnlich erfahrbare Dichte erreicht Feuerbach in diesem Naturausschnitt mit seinem Wechsel von tiefen Verschattungen und hellbesonnten Kräutern und den rauh verstrichenen Felspartien.

Ein letztes Zeugnis dieser Art von Naturstudie im Werk Feuerbachs ist der *Waldweg in der Campagna* (Privatbesitz), der wohl nicht zufällig 1862 entstand, im Jahr von Böcklins erneuter Rückkehr nach Rom. Von Feuerbach zunächst freudig begrüßt, wie ein Brief vom 3. November 1862 bezeugt, entzweiten sich die Freunde 1864 schließlich über einer Geldangelegenheit. Beide Künstler äußerten sich später distanziert übereinander, Böcklin lehnte die Kälte, das gedanklich Konstruierte und die Betonung der äußeren Form in Feuerbachs Kunst ab, und Feuerbachs Absichten wiesen schon 1861 in eine andere Richtung: »Böcklin zehrt und macht sich viel weis, er hat sich ganz auf die Idylle geworfen, mein Sinn steht nach dem Höchsten, Gewalt der Form und leidenschaftlicher Ausdruck der Seele.« (Briefe II, S. 30).

Die *Terrainstudie aus den Caracalla-Thermen* befand sich ehemals im Besitz von Reinhold Begas, der sie nach Berlin mitnahm.

Zu den Landschaftsstudien in der Campagna aus dem gleichen Zeitraum siehe die Zeichnungen Kat. Z 5, Z 6 und Z 7. A. H.

60

61

61 Balgende Buben, 1860

Leinwand; 117 x 231 cm
Bezeichnet unten links: Anselm Feuerbach. Roma 1860.
St. Gallen, Kunstmuseum
Literatur: Allgeyer-Neumann 1904, I, S. 415 ff.; II, Nr. 348. Uhde Bernays 1929, Nr. 195. – Arndt 1968, S. 72, 208 ff. – Kat. Ausst. Karlsruhe 1976, Nr. 34. – Kat. St. Gallen Kunstmuseum 1977, Nr. 206.

1859/60 nahm Feuerbach zwei große Kinderbilder in Angriff, die *Balgenden Buben* und ein weiteres *Kinderständchen* (Hannover, Niedersächsische Landesgalerie), die er unbedingt als Pendants betrachtete und selbst sehr hoch schätzte. »Meine beiden Kinderbilder, das Dankbarste und Verkäuflichste, gehen einer delikaten Vollendung entgegen, sie sind Pendants und können in jeder Stube hängen«, berichtet er in einem Brief vom März 1860 und erwägt sogar, sie dem Großherzog von Weimar vorzuführen, bei dem sich Böcklin und Begas in dieser Zeit um eine Professur bemühten. Weiter schreibt er: »Ich wüßte nicht Besseres, denn die Bilder sind in ihrer Art ganz vollendet, und es bleibt ja nichts zu sagen als Amen. – Das eine rasch bewegt, lustiges, klassisches, römisches Kinderleben (Notabene ist das römische Kind der Keim zu allem Edlen und Großen in der Kunst); das andere träumerisch, leise, still, musikalisch, doch ist es ganz anders als jenes Ständchen, was Du kennst, keine Figur gleicht dem dortigen, und was dort verschüchtert angedeutet, hat hier endlich seinen klaren, abschließenden Ausdruck bekommen.«

In der Tat zeigt ein Vergleich dieser beiden Pendants mit dem Leipziger *Kinderständchen* von 1858 (siehe Kat. 59) die entscheidende Entwicklung, die Feuerbach in diesem Sujet inzwischen vollzogen hatte. Die hier gezeigten *Balgenden Buben* weisen in unvergleichlich höherem Maß eine plastische Durchbildung der Körper, eine klar modellierte Fülle jeder einzelnen Figur und einen reduzierteren, aber kräftigen Einsatz der Farbe auf, die im warmen Licht mit dem Rot, Blau und Gold der Tücher und dem dunklen Blau der Trauben leuchtende Akzente setzt. Tatsächlich scheint die Gruppe der Kinderbilder und -studien für die Ausprägung von Feuerbachs reifem Stil, der insbesondere auf die absolute Beherrschung der gültigen, durchgebildeten Form zielt, ein wichtige Rolle gespielt zu haben. Hier verbindet er zum ersten Mal intensives Naturstudium mit der »ganz vollendeten«, aus der Fülle der Erscheinungen herausgezogenen, »einfachsten« Form. Er selber deutet dies in seinem »Vermächtnis« an, wenn er schreibt: »Was ich konnte und was ich zu lernen hatte, wußte ich genau, und demgemäß habe ich zum Erschöpfen eines Gegenstandes unendliche Studien als notwendig erachtet. Daß mir bei Bildern wie die Iphigenie und die Kindergruppen eine einzige Seite nicht genügend dünkte, ist der Grund, weshalb viele in der Auffassung sich ähnelnden Werke eines und desselben Grundgedankens periodenweise entstanden, welche doch, jedes für sich betrachtet, ein in sich abgeschlossenes Ganzes darstellen.«

Ein weiterer Grund für Feuerbachs Beschäftigung mit den Kinderbildern ist ihr »lyrisches«, in seinen Augen »verkäufliches« Genre – wie in dem oben zitierten Briefanfang angedeutet –, das ein gewisses Gegengewicht zu seinen großen, anspruchsvollen Kompositionen darstellte, die er sich von vornherein als »hohe« Kunst nur für ein Museum bestimmt denken konnte.

Zu den zahlreichen Studien nach Kindern und Entwürfen zu *Balgenden Buben* siehe Zeichnungen Kat. Z 8 und Z 9. A. H.

62

62 Nanna, 1861

Leinwand; 137,8 x 99,3 cm
Bezeichnet unten links: A Feuerbach (ligiert)
München, Bayerische Staatsgemäldesammlungen, Neue Pinakothek. – Inv. Nr. 9610
Literatur: Allgeyer-Neumann 1904, I, S. 470ff.; II, Nr. 385. – R. Hamann, Die deutsche Malerei im 19. Jahrhundert, Leipzig/Berlin 1914, S. 217. Uhde-Bernays 1929, Nr. 213. – Kat. München Neue Pinakothek 1981, S. 92f.

Die Begegnung mit Nanna, der römischen Schustersfrau Anna Risi, wurde entscheidend für die Entwicklung von Feuerbachs eigenem, charakteristischen Stil. Er hatte sie bereits im Frühsommer 1860 während eines Spaziergangs mit ihrem Kind im Arm am Fenster stehend gesehen. Als er nach einem längeren Aufenthalt in der Heimat im Winter nach Rom zurückkehrte, suchte er sie offenbar sofort auf. Von Beginn 1861 dann datiert die Beziehung zwischen Maler und Modell, die zu den berühmtesten und inspiriertesten der Kunstgeschichte gehört. Mit ihr setzte eine entscheidende Wandlung in Feuerbachs Kunst ein, das hohe Ideal der Form, die schlummernde Vorstellung von Hoheit, Würde und klassischer Größe, die er bisher durch die Anlehnung an die Meister der Renaissance, die Venezianer, Raffael, Palma Vecchio u.a. zu erreichen suchte, gewann durch sie sozusagen lebendige Gestalt. Mehr als zwanzig Bildnisse malte Feuerbach von Nanna, die er eifersüchtig als sein alleiniges Modell hütete, oft in historischer oder allegorischer Verkleidung, als Lucrezia Borgia, Bianca Cappello, als »Poesie« oder »Bacchantin«.

Sein Ideal klassischer Schönheit trat ihm hier in Verkörperung entgegen. Bald nach ihrer Begegnung nahm er eine seiner wichtigsten großen Bildideen, die *Iphigenie* mit ihr als Modell in Angriff, über sie auch nähert er sich der »antiken«, d.h. klassischen Form. Bereits am 12. Januar 1861 schreibt er an seine Mutter: »Das Modell ist sehr schön und dürfte später einmal Iphigenie werden und im Gastmahl fungieren«, und zwei Jahre später hält er den Vorwürfen der Mutter über das aufsehenerregende Verhältnis entgegen: »Meine besten Ideen verdanke ich der Frau, die mir für meine Kunst unentbehrlich geworden ist.«

Angesichts dieser Begeisterung für Nanna und der großen Bedeutung, die sie als Modell für die Ausbildung seines reifen Stils hatte, mag die Frage auftauchen, wieso Feuerbach für die Verwirklichung seiner hohen Formideale, seiner künstlerisch vorgeprägten Ideen überhaupt auf eine derart enge Abhängigkeit vom Modell angewiesen war. An diesem Verhältnis und seiner wechselseitigen Steigerung werden einige grundsätzliche Merkmale Feuerbachscher Kunst deutlich. Hier revidiert sich das von der Feuerbach-Rezeption lange Zeit festgelegte Bild des leblosen Klassizisten, dessen Gedankenkunst aus den Formen überlieferten Bildungsguts schöpft und sie noch einmal zu Schönheit umschafft. Sein Entwicklungsgang war vielmehr, wie K. Scheffler es ausdrückte, »das stetige Suchen eines Ausgleichs von eingeborenen Stilbedürfnissen und Wirklichkeitsanschauungen« (K. Scheffler, Feuerbach, in: Kunst und Künstler, IV, 1906, S. 507), die in glücklichen Fällen, wie erstmals bei Nanna, zum Einklang kamen. Die Stärke Feuerbachscher Kunst lebt gerade aus der Verlebendigung hoher Formvorstellungen durch die Anschauung der – klassischen – Natur, von der »Naturalisation seiner Stilidee«, die Italien ihm brachte. Feuerbach selbst schreibt in seinem ›Vermächtnis‹ über dieses Land, das für seine Kunst schicksalsbestimmend wurde: »Das deutsch-romantische Gemüt steht hier der vollkommen positiven Erscheinung gegenüber, über welche die Phrase keine Macht hat. Im Positiven die Poesie festzuhalten, scheint mir die Aufgabe des Künstlers zu sein. – Man pflegt mich einen Idealisten zu nennen, und doch hat vielleicht kein jetzt lebender Künstler so viel und stets nach der Natur gearbeitet.«

Das vorliegende Porträt ist eines der ersten Bildnisse Nannas. Eingehüllt in ein prächtiges perlgraues, ins Violette spielende Seidenkleid und einen durchsichtigen Überwurf aus schwarzen Spitzen sitzt sie als mächtige Figur im Bild. Ihr weiter Rock wird an allen Seiten vom Bildrand überschnitten und wirkt wie ein Sockel, auf dem sich der Oberkörper, leicht zum Betrachter gerückt und dadurch noch mächtiger scheinend, und ihr Kopf im reinen Profil erhebt. Im Gegensatz zu dem prächtigen, in allen Farben changierenden Stoff des Gewandes ist ihr Gesicht merkwürdig stumpf und zurückhaltend und im Maßstab kleiner gehalten. Deutlich spürt man Feuerbachs zaghaften Versuch, ihrer Schönheit sich mit seinen Begriffen zu nähern, der ihrem Gesicht hier andererseits eine Natürlichkeit beläßt, die ihm in anderen Bildnissen fehlt. Gleichzeitig jedoch kündigt sich eine Gemeinsamkeit aller Nanna-Bildnisse an: die Entrückung und Überhöhung der Figur durch prächtige voluminöse Gewänder, durch die Präsentation im Profil oder mit niedergeschlagenen Augen, durch abschirmende Barrieren wie Armhaltung oder auf diesem Bild den mächtigen rötlich-weißen Fächer, der sich über die ganze Breite des Sitzmotivs spannt und alle farbigen Akzente des Bildes, so das warme Purpur des Kleidbesatzes, in sich aufnimmt. A. H.

63 Nanna, 1861

Leinwand; 119 x 97 cm
Bezeichnet unten links: A. Feuerbach (ligiert). 1861.
Stuttgart, Staatsgalerie. – Inv. Nr. 1426
Literatur: Allgeyer-Neumann 1904, II, Nr. 391. – Uhde-Bernays 1929, Nr. 216. – Kat. Ausst. Karlsruhe 1976, Nr. 37. – Kat. Staatsgalerie Stuttgart, Malerei und Plastik des 19. Jahrhunderts 1982, S. 80f.

Im selben Jahr 1861 entstand das erlesene Sitzporträt von Nanna im schwarzen Seidenkleid. Wieder wählt Feuerbach einen pyramidalen Aufbau der Figur. Angefangen über die breit fließenden Falten des Rockes, die ruhig und edel im Schoß ruhenden, prächtig geschmückten Arme und Hände, über das mit äußerster Delikatesse gemalte Obergewand mit den weit bauschenden Ärmeln, der violetten Schärpe, der Gemme und der langen Halskette mit Anhänger gleitet der Blick des Betrachters hoch zu ihrem Gesicht, das leicht geneigt im verschatteten Dreiviertelprofil, die monumentale Anlage der Figur gleichsam bekrönt. Das dunkle, prächtige Haar ist durch ein gold und violett gebändertes Netz im Nacken zusammengehalten, so daß die schöne Linie des Profils über Nacken und Kinn voll zur Geltung kommt. Diese Erfassung der Figur von unten nach oben, die Betonung des Gesichts trotz und durch die Veredelung mit kostbaren Materialien und Accessoires wird durch die raffinierte, kaum präzise ansetzbare Untersicht erreicht, mit der der Blick des Betrachters die schöne Frau trifft. Doch der prachtvolle Unterbau streicht nicht nur die königliche Schönheit ihres Antlitzes heraus, sondern entzieht sie zugleich wieder. Trotz aller breit lagernden Ruhe und Erhabenheit pendelt der Blick hin und her, blitzen irritierende Momente in ihrem Schmuck auf, lenken ab, so das giftige Rot der Armreifen, das weiße Tuch unter und der rosa-weiße Fächer mit dem violetten Spiegel in ihren Händen.

Entscheidend aber für das Abgleiten des Blicks ist der undurchdringliche Ausdruck ihres Gesichts mit den niedergeschlagenen Augen. Hier konzentriert sich die Abgeschlossenheit der Figur nach innen, der Eindruck von Unnahbarkeit, den beinahe alle Betrachter vor Feuerbachs Nanna-Bildern notieren, wird übermächtig. Zugleich ist dabei eine fortschreitende Idealisierung und Abklärung des Gesichts zu beobachten, die

63

64

mit dem Realismus im Detail in ein Wechselspiel tritt, die Figur wie ein Monument der Schönheit entrückt und durch die Widersprüche verrätselt.

Auffallend ist, daß Feuerbach seine Technik der perfektionierten, sorgfältigen Gestaltung von Gewand und Faltenwurf, die ein wesentliches Element der plastischen Klassizität der Figuren bildet, zugleich mit den Bildnissen der Nanna entwickelt und in der Komposition der *Iphigenie* von 1862 (Darmstadt, Hessisches Landesmuseum) erstmals bildkonstituierend für das klassische Thema einsetzt. A. H.

64 Bildnis einer Römerin (Nanna), 1862

Leinwand; 101 x 82,3 cm
Bezeichnet unten rechts: A Feuerbach. (ligiert).
München, Bayerische Staatsgemäldesammlungen, Schack-Galerie. – Inv. Nr. 11 512
Literatur: A. F. von Schack, Meine Gemäldesammlung, 5. Aufl., Stuttgart 1889, S. 99 f. – Allgeyer-Neumann 1904, II, S. 5, 46, Nr. 383. – Uhde-Bernays 1929, Nr. 219. – Kat. Schack-Galerie 1969, S. 105 ff. – H. Theissing, Feuerbach und die Krise des Idealismus, in: Das Feuerbachhaus 1982, S. 39.

Im sogenannten *Bildnis einer Römerin* wird Nanna erneut künstlerisch verewigt. Deutlicher als in anderen ihrer Bildnisse ist hier das Kunstzitat, der Kunstcharakter der Darstellung. Nanna sitzt, in der strengen Haltung florentinischer Porträts der Hochrenaissance, vor einem dunkelgrünen Vorhang Modell; die satten Farben erinnern wiederum an venezianische Vorbilder, etwa an Bildnisse Sebastiano del Piombos. Gekleidet in ein braunrotes Wams mit weißem Brusteinsatz greift sie mit einer bewußten, quer über den Leib geführten Geste der Rechten in den schwarzen Umhang, der ihr von den Schultern fällt und den Umriß ihrer Figur blockhaft verfestigt. Die Linke mit dem Fächer ist parallel dazu in den Schoß gelegt. Mit beinahe absoluter Regelmäßigkeit ist diesmal das Gesicht gebildet, die Symmetrie unter den exakten Linien ihres glänzenden schwarzen Haars über der weißen Stirn wird nur leise durch Schatten gestört. Steil aufgerichtet, in gelassener Haltung, sieht sie unter den gesenkten Lidern nach unten, ein wegsinkender, kaum ahnbarer Blick aus dunklen Augen, während ihre Mundwinkel leicht nach oben gezogen sind. Dieser Anflug eines geheimnisvollen, undeutbaren Lächelns macht sie der Mona Lisa ähnlich, an die sie auch in der Haltung erinnert. Sphingenhaft schirmt sie sich mit Armen und gesenktem Blick, wie auch durch die hermetische Glätte des Farbauftrags, vom Betrachter ab. Kein lebendiger Kontakt kommt auf, höchstens die leidenschaftliche Sehnsucht, sich hier einem künstlerischem Ideal zu nähern, bzw. das »Feste und Unberührbare« – so Feuerbach über seine Bilder – der in ihr summierten Kultur zu erfahren.

Das *Porträt einer Römerin* war zusammen mit dem *Garten des Ariost* das erste Bild, das Graf Adolf Friedrich von Schack von Feuerbach kaufte (siehe Kat. 65 ff.). Schack beanstandete im Laufe der Zeit u. a. die beherrschende Idee der Physiognomie Nannas, die zahlreichen Figuren Feuerbachs, von der Madonna bis zur liebenden Julia, ihren Stempel aufdrückte, und die er als Monotonie empfand. »Er scheint sich die Schönheit lange nicht anders als mit diesen Zügen gedacht zu haben«, schrieb Schack rückblickend darüber. A. H.

65 Der Garten des Ariost, 1862

Leinwand; 103,8 x 154 cm
Bezeichnet unten links: A. Feuerbach.
München, Bayerische Staatsgemäldesammlungen, Schack-Galerie. – Inv. Nr. 11 523
Literatur: A. F. von Schack, Meine Gemäldesammlung, 5. Aufl., Stuttgart 1889, S. 96 ff. – Allgeyer-Neumann 1904, II, S. 45 f., Nr. 392. – Uhde-Bernays 1929, Nr. 224. – Kat. Schack-Galerie 1969, S. 102 ff. – H. Theissing, »Die Ewigkeit der Kunst«. Zu Anselm Feuerbachs Schaffen und Denken, in: Kat. Ausst. Karlsruhe 1976, S. 65 f. – M. Küffner-Arndt, Zu Anselm Feuerbachs Bildthemen, in: Anselm Feuerbach. Seine Familie und seine Zeit, Speyer 1975, S. 33 f.

Mit dem Grafen Schack trat ein Auftraggeber in Feuerbachs Leben, der während beinahe sechs Jahren, von 1863 bis 1868, seine größte finanzielle Not linderte und dessen von ihm bestellte Bilder eine wichtige Gruppe in Feuerbachs Œuvre darstellen. Der *Garten des Ariost* ist das erste von ihm gekaufte Bild, die Quittung hierüber wurde am 8. Januar 1863 ausgestellt. Der oft wiederholte Bericht, Theodor Heyse, der in Italien lebende große Philologe und Onkel des Dichters Paul Heyse, habe Schack auf Feuerbach aufmerksam gemacht, muß ein wenig differenziert werden. Julius Allgeyer hatte sich Anfang Dezember 1862 auf Bitten Henriette Feuerbachs an Heyse mit der Frage nach einem möglichen Mäzen gewandt. Die Antwort Heyses vom 5. Dezember wies auf den Grafen Schack hin und berichtet von einem bereits stattgefundenen Gespräch. Zwei Tage später schrieb daraufhin die unermüdliche Stiefmutter erneut an Allgeyer und zählte für die Empfehlung einige offene, zum Verkauf stehende Bilder auf, u. a. den *Garten des Ariost* (K. Josephi, Feuerbach und Schack, 1939, S. 20 f.). Die Verbindung war hergestellt; Schack kaufte im Laufe der Jahre zwölf Bilder von Feuerbach, elf davon blieben in seiner Sammlung.

Der *Garten des Ariost* hat eine langwierige Genese. Die Idee zu einem zunächst auch *Italienisches Dichterleben* oder *Garten Boccaccios* genannten Bild wurde bereits 1855 in Venedig gefaßt. In einem Brief beschreibt er seine Bildvorstellung: »Die Komposition ist ganz träumerisch und wandelt hin und her. Vor untergehender Sonne wandeln die alten Dichter Petrarca und Boccaccio in ihrem Garten umher, sie sind umgeben mit lauschenden, gehenden Frauen, der eine beendet eben mit lächelndem Gesicht ein Sonett, eine Erzählung oder Märchen, worin die Zuhörer versunken zu sein scheinen. Links, im dunklen Lorbeergebüsch stimmen Musiker ihre Geigen, hinten reiche Ebene mit blauen Bergen, schon dämmrig.« Im Dezember des Jahres berichtet er von der Arbeit am *Dichtergarten*, wobei ein Freund und »Schüler« ihm die Architektur des Palastes konstruiert habe. Das Bild mit seinem anspruchsvollen Programm wurde nicht vollendet.

Wichtig wurde es wieder für das erste große Bild seiner römischen Zeit, auf das Feuerbach den größten Wert legte und dessen Mißerfolg ihm eine seiner ersten großen Enttäuschungen bereitete. Auf dem *Dante und die edlen Frauen von Ravenna* betitelten Bild, das der Musiker Paul von Landsberg 1857 bei ihm in Auftrag gegeben hatte, wandeln die monumentalen Figuren des greisen Dichterfürsten, umgeben von fünf Frauen, in friesartigem Relief und gemessen vor einer flach gedehnten Abendlandschaft wie auf einer Bühne. Eine ähnliche Gruppierung, um einen weiteren Dichter bereichert, findet sich als Hauptmotiv im vielfigurigen *Garten des Ariost* wieder. Die gemeinsame Wurzel des *Italienischen Dichterlebens* aus der Zeit des venezianischen Aufenthalts wird hier in allen Motiven deutlich.

Eben diese Häufung der Motive und das künstliche, in seiner feierlichen Anmut gehemmt wirkende Arrangement der Figuren machen dieses Bild zu einem Nachklang aus Feuerbachs früheren Jahren und überraschen zu einer Zeit, als er gleichzeitig die erste *Iphigenie* und die Nanna-Bildnisse schuf. Die Züge Nannas tauchen im Bild mehrfach auf, etwa in den beiden hinteren Frauenfiguren des Dichterzuges, die zugleich trotz aller feierlicher Faltenbildung merkwürdig modern gewandet sind; so erinnert die schwarze Seidenrobe an das Por-

65

trät Nannas von 1861 (siehe Kat. 63), wie auch der Armreif und Fächer. Alle Gesichter, besonders die der Dichterfürsten, wirken ein wenig plump montiert, überlang und disproportioniert. Weitere Gruppen, eingehüllt in Gewänder von ausgesuchter Farbigkeit, verteilen sich im Park vor Springbrunnen und Zypressen. Das Rot ist den männlichen Figuren vorbehalten, es leuchtet bis ins Hellrot der Mützen auf, die die musizierenden Jünglinge links unter der dämmernden Baumgruppe tragen; ein Typus des Renaissance-Jünglings, der in Feuerbachs späterem Bild *Paolo und Francesca* von 1864 seine Vollendung erfährt.

Das mit allen Mitteln gesteigerte Ambiente soll die dichterische, weiche Grundstimmung und den Zauber der Vergangenheit instrumentieren, die Feuerbach mit diesem Bild ausdrücken wollte. Sehr modern, und nur durch das Bewußtsein einer Spätzeit zu erklären, mutet der Versuch an, hier eine seelische Gestimmtheit und das Menschentum großer Geister vergangener Zeiten heraufzubeschwören. Daß Feuerbach dieses Bild nach seiner Fertigstellung 1862 in einem Brief stolz anpries (Briefe I, S. 501), beweist die schwankende Uneinheitlichkeit seines Stils, die über lange Jahre sein Schaffen prägen sollte. A. H.

66 Madonna, 1863

Leinwand; 63,2 x 50,5 cm
Bezeichnet unten rechts: A Feuerbach (ligiert)
München, Bayerische Staatsgemäldesammlungen, Schack-Galerie. – Inv. Nr. 11 524
Literatur: A. F. von Schack, Meine Gemäldesammlung, 5. Aufl., Stuttgart 1889, S. 11. – Allgeyer-Neumann 1904, S. 49 f. 467, Nr. 404. – Uhde-Bernays 1929, Nr. 228. – U. Finke, Künstlerbriefe an Schack, in: Zeitschrift des deutschen Vereins für Kunstwissenschaft, XXII, 1968, S. 86, Nr. 18; S. 90, Nr. 29, 30. – Kat. Schack-Galerie 1969, S. 107 ff.

In dem empfehlenden Gespräch von Theodor Heyse mit dem Grafen Schack hatte dieser ihn auf ein Madonnenbild Feuerbachs aufmerksam gemacht, das damals auf Ausstellungen durch Deutschland gewandert war und auch durch Reproduktionen aus der Allgeyerschen Anstalt bekannt war. Diese *Madonna* von 1860 mit dem Christuskind auf dem Schoß zeigt das Motiv in Anlehnung an Raffaelsche Madonnentypen, eingepaßt in ein ovales Rund, jedoch im Anklang an venezianische Vorbilder von drei musizierenden Engeln umgeben (Dresden, Gemäldegalerie). Über diese erste Fassung sagt Feuerbach in seinem Vermächtnis: »Eines meiner Lieblingsbilder, ›Le reveil‹ genannt, welches mir heute in der Erinnerung noch teuer ist. Das Christuskind auf dem Schoße der Mutter, eben erweckt durch musizierende Kinder; Rundbild mit Ausblick auf eine offene Campagna.« Im Januar 1860, während der Arbeit daran, teilt er der Mutter mit: »Die Madonna ist auf der Leinwand, und die Kinder musizieren, daß du es in deine Ohren hinein hörst. Mir musizieren sie im Kopfe, seit ich von Venedig fort bin, denn von dort habe ich das Bild, ohne es selbst recht zu wissen, hierher mitgetragen, und ich glaube, es ist schuld an der ganzen Kindermusiziererei.«

Tatsächlich hatten ihm sich von Venedig her die Eindrücke der vielen Altarbilder mit ›dunklen Madonnen in schöner Architek-

66

tur, und immer drei Engelchen darunter mit Geigen und Flöten‹ tief eingeprägt. In der Verschmelzung vieler Einflüsse in seinem Bild – Uhde-Bernays merkt nicht zu Unrecht eine an Schraudolph und Steinle gemahnende nazarenische Harmonisierung an –, wird dieser Eindruck zwar umgedichtet, doch das Motiv der Musik ist ein wichtiges Grundelement des Bildes. Nicht zuletzt deshalb wirkt wohl die Figur des »gerade erwachten Christuskindes« am natürlichsten und lebendigsten.

Schack bestellte eine Wiederholung des Bildes, nach seinen eigenen Angaben aufgrund einer sorgfältig ausgeführten Kreidezeichnung, die aus seinem Besitz an die Münchner Staatliche Graphische Sammlung übergegangen ist. Den Madonnenkopf fand Schack in der Ausführung sehr zu seinem Nachteil verändert, er erkannte darin die Züge Nannas wieder, und ging in seiner Ablehnung sogar so weit, eine dritte Wiederholung der *Madonna* zu empfehlen. In der Tat ist der Kopftypus auf diesem Bild gegenüber der Dresdener Madonna verändert, die weiche Fülle der Figur tritt eher in die Fläche zurück und ist in eine symmetrische Frontale gerückt. Zur weiteren Angleichung der Symmetrie – wie er am 15. Februar 1863 an Schack schreibt – hat Feuerbach zudem einen vierten Engelskopf auf der rechten Seite hinzugefügt. A. H.

67 Pietà, 1863

Leinwand; 136,2 x 269,5 cm
Bezeichnet unten rechts: A Feuerbach (ligiert) 1863
München, Bayerische Staatsgemäldesammlungen, Schack-Galerie. – Inv. Nr. 11 518
Literatur: A. F. von Schack, Meine Gemäldesammlung, 5. Aufl., Stuttgart 1889, S. 100 f. – J. Meyer, Zur Geschichte und Kritik der modernen deutschen Kunst, Gesammelte Aufsätze, hg. v. Conrad Fiedler, Leipzig 1895, S. 206 ff. – Allgeyer-Neumann 1904, S. 431, 477; II, S. 46 ff., 479 f., Nr. 409. – Uhde-Bernays, A. Feuerbachs Lehrer Th. Couture, in: Münchner Jahrbuch der Bildenden Kunst, 1907, 1. Halbjahr, S. 106 f. – E. Heyck, (Knackfuß Künstlermonographien Bd. 76), Feuerbach, Bielefeld/Leipzig 1925, S. 106. – Uhde-Bernays 1929, Nr. 227. – Kat. Schack-Galerie 1969, S. 111 ff.

Die *Pietà* ist eines von Feuerbachs wenigen Werken, die zu seinen Lebzeiten auf den Ausstellungen, zu denen er sie sogleich sandte, Anerkennung fanden. Der ergreifende und doch verhaltene Schmerz, gesammelt im gebeugten Rücken der über dem Leichnam ihres Sohnes knienden Muttergottes, hat diesem Bild einen eigenen, würdigen Platz in der Kunst des 19. Jahrhunderts gesichert. Schon 1860 begonnen, zog sich die Ausführung, auf die Feuerbach die größte Sorgfalt verwandte, über Jahre hin. Am 10. Mai 1863 meldet er: »Die Pietà ist fertig, mein seelenvollstes Werk.« Bevor sie in die Galerie des Grafen Schack wanderte, schickte er sie auf die Münchner Internationale Kunstausstellung von 1863, wo sie positives Aufsehen erregte. Schack selbst schätzte das Bild sehr und urteilte darüber, »schwerlich hat unsere Zeit noch ein anderes Bild hervorgebracht, aus dem die Sonne der großen italienischen Kunst so rein zurückstrahlt.«

Der herausragende Teil der Komposition, die ergreifende Gruppe mit der trauernden, verhüllten Madonna über dem toten Christus, reicht mit ihrem Ernst und der knappen Form in der Tat an klassische Vorbilder heran. Hierbei ist bemerkenswert, daß gerade diese Gruppe ihren Ursprung in einer unmittelbaren Anschauung hatte. Feuerbach selbst wies mehrfach, zuletzt noch in seinem ›Vermächtnis‹, darauf hin. Er hatte bei einem Spaziergang eine schlafende – oder weinende – Bäuerin auf den Kirchentreppen vor St. Peter in eben dieser Haltung liegen sehen. Allgeyer berichtet, daß Feuerbach, nach Hause kommend, sich auf den Boden warf und die Figur aus dem Gedächtnis, wie ein Bildhauer von unten nach oben beginnend, zeichnete. Während dieser Arbeit kam ihm

67

die Idee zu einer Pietà, er fügte den toten Christus, später noch einen Grabesengel hinzu. Während der Arbeit an dem großen Bild berichtet er: »Übrigens ist dieses Bild auch in meinem Kopf fertig bis auf den letzten Pinselstrich. So ist es immer, wenn der Gedanke aus unmittelbarer Anschauung kommt. Ich habe die Maria gesehen, die übrigen Figuren sind hinzugetreten.« Dabei wird deutlich, daß Feuerbach immer dann die stärkste Ausdruckskraft gewinnt, wenn sich seine hohe formale Kultur an einer realen Vorgabe entwickelt, wie auch die Gruppe der Fischer in seinem großen *Medea*-Bild zeigt (siehe Kat. 81).

Im ausgeführten Bild ist die Gruppe der Pietà nach rechts unter einen überhängenden Felsen gerückt, auf der linken Seite öffnet sich der Blick in eine dämmrige Ebene, von einem letzten goldenen Streif erhellt. Davor knien, in räumlich unklarer Disposition dazu, drei schöne, ins Gebet versunkene Frauengestalten, die sich auf der schmalen Vordergrundsbühne dem Geschehen am Grabe zuordnen lassen. Die Art und Weise ihrer Darstellung läßt sie eher wie anmutsvolle Römerinnen erscheinen, vom Bildthema her sind sie nicht motiviert. Uhde-Bernays hat darauf hingewiesen, daß eine ähnliche Gruppe von drei betenden Frauen auf einem der großen Fresken auftaucht, die Thomas Couture für St. Eustache in Paris ausgeführt hat und aus denen Feuerbach mehrfach kopiert hat. Des weiteren ist darauf hinzuweisen, daß Feuerbach drei ähnlich betende Frauengestalten in seiner großen Ölskizze *Dantes Tod* von 1858 zu Seiten des Sterbenden eingesetzt hat.

Auf der *Pietà* von 1863 ergänzen sie mit den ausgewählten, vielfach ineinander spielenden Farben ihrer Gewänder von Violett, Mattrot und Gold das matte Grün und Weiß der Madonna und des Leichnams mit delikater Verhaltenheit. Die mittlere der Frauen mit ihrer etwas zu steilen Rückenlinie und dem prachtvoll aufgesteckten Haar ist ebenso stark beleuchtet wie Christus auf der Gegenseite. Insgesamt lenken die edlen Gestalten von der Konzentration auf die Trauer ab. Mit diesem Bemühen um Bereicherung des großen Eindrucks willen, das Julius Meyer in seiner Kritik der Münchner Ausstellung von 1863 treffend als ein Merkmal der Gruppe von Feuerbach und Böcklin feststellte: »Sie eifern insofern den großen Meistern nach, als sie mit jedem Kunstwerke, was es auch darstelle, eine unendliche Wirkung, den Eindruck eines in sich abgeschlossenen Daseins zu erreichen suchen« – hat Feuerbach sein Bild um einen Teil seiner Wirkung gebracht. A. H.

68 Paolo und Francesca, 1864

Leinwand; 137 x 99,5 cm
Bezeichnet unten links: A. Feuerbach. 1864
München, Bayerische Staatsgemäldesammlungen, Schack-Galerie. – Inv. Nr. 11 521
Literatur: A. F. von Schack, Meine Gemäldesammlung, 5. Aufl., Stuttgart 1889, S. 108. – Allgeyer-Neumann 1904, I, S. 388; II, S. 12, 51 f., 468, Nr. 415. – G. Locella, Dantes Francesca da Rimini in der Literatur, Bildenden Kunst und Musik, Eßlingen 1913, S. 152 ff. – Uhde-Bernays 1929, Nr. 240. – Kat. Schack-Galerie 1969, S. 115 ff. – Kat. Ausst. Karlsruhe 1976, Nr. 41. – H. Theissing, »Die Ewigkeit der Kunst«. Zu Anselm Feuerbachs Schaffen und Denken, in: ebenda, S. 64 f.

Paolo und Francesca entstand als erstes selbständiges Auftragsbild, das Graf Schack an Feuerbach aufgrund einer Zeichnung vergab (siehe Kat. Z 3). Im Juni 1863 schreibt Feuerbach: »Gestern sind Zeichnungen, die seit 1857 geplante Francesca von Rimini, an Baron v. Schack abgegangen.« Zunächst in Lebensgröße mit halben Figuren geplant, komponierte er das Bild auf Wunsch des Grafen Schack in »ganze Figur und drei viertel lebensgroß« um. Das Thema des Bildes geht auf eine alte Idee Feuerbachs zurück, gespeist aus venezianischen Eindrükken wie auch der *Garten des Ariost* oder die *Madonna,* 1857 in Rom nach der erneuten

68

Lektüre von Dantes ›Göttlicher Komödie‹ wieder aufgegriffen.

Dargestellt sind Francesca, die Gattin des Gianciotto da Malatesta, und Paolo, der jüngere Bruder ihres Mannes, die, in Liebe zueinander entflammt, von Gianciotto entdeckt und ermordet wurden. Während die ältere Kunst von diesem Stoff nur das Motiv der Begegnung Dantes mit den Schatten Paolos und Francescas in der Hölle verarbeitete – das Feuerbach in den fünfziger Jahren in zwei Skizzen dargestellt hatte –, wurde die Liebesszene als Bildgegenstand in der Kunst des 18. Jahrhunderts mit der Wiederentdeckung Dantes aufgegriffen (B. Richter, in: Kat. Ausst. Karlsruhe 1976, Nr. 41, S. 174). Hierbei wurde jedoch das Motiv der Überraschung durch den eifersüchtigen Gatten gewählt, zumindest das des in den Kuß versunkenen Paares. Feuerbach nun interpretiert das Thema in einer völlig neuen Weise, die in der Bildtradition einzig dasteht.

Schack, der mit dem Bild sehr zufrieden war, beschreibt es mit folgenden schönen Worten: »Zunächst vollendete er in Rom unter meinen Augen die Francesca von Rimini. Sie stellt, nach Dante, die Szene dar, wo die Fürstentochter mit Paolo den Roman von Lanzelot und Ginevra liest, und wo beide in dem durch die Erzählung erregten Liebesaffekt bis zu dem Moment gelangt sind, den die Unglückliche später mit den Worten bezeichnet: ›An jenem Tage lasen wir nicht weiter‹.«

Auf Feuerbachs Bild sitzen die beiden jungen Liebenden dicht nebeneinander auf einer steinernen Bank und lesen gemeinsam in dem Buch, das Francesca in zarter Sorgfalt auf ihrem Schoß in den Händen hält. Die Gestalt Francescas, in einem wundervollen, von Mattviolett über Altrosa bis ins farblose Grau schillernden Seidenkleid mit züchtigem, mädchenhaft wirkendem Brusteinsatz, ist nach rechts ins Profil gerückt und wird hinterfangen von der anmutigen Jünglingsfigur Paolos, der in seinem schwarzglänzenden, fließenden kurzen Seidengewand gleichsam eine schützende Hülle um die Geliebte bildet. Den rechten Arm hat er hinter ihr auf die steinerne Lehne der Bank gelegt, die Linke führt er leicht ans Kinn, so daß die Linie seines Arms einen abgeschlossenen Bogen zur Geliebten hin bildet. Verstärkt wird dieses abschirmende Hinwenden durch die Gestaltung des Hintergrundes, der gerade über diesem Bogen ein Stück Himmels freigibt. Werden in der Ferne Zypressen flächig angedeutet, so drängt sich zu Seiten und Häupten der Liebenden dunkles Blattwerk heran, das plastische Fülle gewinnt, sobald es an die Figuren anreicht und ihnen damit gleichsam als Schmuck dient.

Zypresse und Bank sind Motive, die Feuerbach bei einem Sommeraufenthalt 1857 in der Villa d'Este in Tivoli aufnahm (vgl. Kat. Z 4) und in einer Reihe späterer Bilder verarbeitete, so u. a. in einer Skizze zu *Paolo und Francesca* von 1864 (Mannheim, Städtische Kunsthalle). Hier sitzt das Paar in einer Parklandschaft am Fuße der ansteigenden Terrassen und Balustraden aus dem Park der Villa d'Este, umstellt von seinen mächtigen Zypressen.

Kaum jedoch ist in dieser weitläufigen Skizze die unvergleichliche Konzentration und Innerlichkeit angedeutet, die die für Schack ausgeführte Fassung mit ihrer Verabsolutierung der beiden Figuren und ihres innigen Beieinanderseins erreicht. In mehrfachen Überschneidungen von Gesicht und Körper, im gleichen Fluß der Gewänder verschmelzen sie zu einer Einheit, vereinigt insbesondere durch die niedergeschlagenen Augen in einem gemeinsamen Tun. Jedes dramatische Moment oder aktive Handlung ist aus dem Bild gebannt, es lebt allein von der inneren Spannung zwischen den Figuren, die sich auf den Betrachter überträgt. Schack bewunderte darin »die verhaltene Gluth, die lange zurückgedrängte Liebe, die nun, nach vergeblichem Kampfe, im Begriffe ist, zu unterliegen.« Feuerbach hat es hier in einzigartiger Weise verstanden, seelische Gestimmtheit ohne äußeren Affekt ins Bild zu setzen und damit ein künstlerisches Anliegen formuliert, das seine Auswirkungen erst gegen Ende des Jahrhunderts zeitigen sollte. Vielerlei formale Erinnerungen mögen hier miteingeflossen sein, eigene festgeprägte Vorstellungen wie der blonde Kopftypus der Francesca, deren keusche Anmut an die rechte der drei Frauen in der *Pietà* (Kat. 67) erinnert und den er auch für *Laura im Park* und ähnliche Bildschöpfungen verwandte. Auch der Typ Paolos stammt aus seiner venezianischen Zeit und weist zugleich auf den Typus des Renaissancejünglings schlechthin, der in der internationalen Historienmalerei seit den vierziger Jahren in vielen Varianten als »Bewußtseinsinhalt« auftritt. Auch mögen Anklänge an die Düsseldorfer Schule mit ihrem sentimental gefärbten frühen Realismus eingegangen sein. All dies verwandelte Feuerbach mit größter formaler Disziplin in ein Bild, dessen erlesene Schönheit diesmal auch in der Innigkeit der Bildempfindung liegt. Für *Paolo und Francesca* können die Worte des Kritikers Friedrich Pecht gelten, Feuerbach habe die deutsche Kunst »der Erzeugung eines zugleich lebendigen, modernen und doch hohen Stils« um Schritte näher gebracht.

A. H.

69 Musizierende Kinder, von einer Nymphe belauscht. 1864

Leinwand; 198,5 x 93,7 cm
Bezeichnet unten links: A. Feuerbach. 1864.
München, Bayerische Staatsgemäldesammlungen, Schack-Galerie. – Inv. Nr. 11 520
Literatur: A. F. von Schack, Meine Gemäldesammlung, 5. Aufl. Stuttgart 1889, S. 109 f. – Allgeyer-Neumann 1904, II, S. 52 ff., 468, Nr. 419. – Anselm Feuerbach und Moritz von Schwind. Drei Briefe Feuerbachs, hg. v. C. Neumann, in: Kunst und Künstler, II, 1904, S. 99 ff. Uhde-Bernays 1929, Nr. 233. – U. Finke, Künstlerbriefe an Schack, in: Zeitschrift des Deutschen Vereins für Kunstwissenschaft, XXII, 1968, S. 86, Nr. 19, S. 91, Nr. 35. – Kat. Schack-Galerie 1969, S. 121 ff.

Ende 1863 ließ Graf Schack über seinen »Agenten« Franz Lenbach, der damals für ihn in Rom seine Tätigkeit als Kopist begann, Feuerbach wissen, er wünsche nach den vorgelegten Zeichnungen zwei weitere Bilder: die *Badenden Kinder* (siehe auch Kat. Nr. 59) und die *Musizierenden Kinder, von einer Nymphe belauscht*. Auf dem 1864 in steilem Hochformat ausgeführten Bild sind unten zwei musizierende Knaben zu sehen, über ihnen tritt aus einem schmalen Felsspalt eine fast nackte Nymphe heraus und legt mit lauschender Geste die Hand ans Ohr. Links im Hintergrund öffnet sich der Blick auf die glatte Fläche eines Sees und einen Wasserfall. Der Nemisee, kombiniert mit den Wasserfällen von Tivoli, gehört zu den wenigen Landschaftseindrücken, die Feuerbach mehrfach in seinen Bildern als Versatzstücke verwandt hat. Zum ersten Mal begegnet mit den *Musizierenden Kindern* ein figürliches Thema, das sich in einen weiteren Landschaftszusammenhang einordnen will. Doch Vorder- und Hintergrund, Oben und Unten kommen nur in mehrfacher Gebrochenheit in einem höchst kunstvollen Arrangement zusammen.

Auch in diesem Falle hat die Idee des Bildes Feuerbach jahrelang beschäftigt; seit seiner venezianischen Zeit plante er ein Bild, an dem ihm vorwiegend die poetische Gestalt der Nymphe faszinierte. Ein Skizzenbuch mit 13 verschiedenen Entwürfen zu ihrer Figur, ursprünglich gänzlich nackt geplant, zeugt von dem Bemühen um ihre Gestaltung. In dem für Schack ausgeführten Bild lehnt sie, den weißen Leib notdürftig mit einem bläulichen Tuch bedeckt, in etwas gezierter Haltung am Fels über der Kindergruppe. Haltung und Anordnung erinnern stark an die nackte Frauenfigur, die in dem unglücklichen, noch in Karlsruhe 1855 entstandenen und von Feuerbach selbst zerstörten Bild *Die Versuchung des Heiligen Antonius* über dem knienden Heiligen auf einer steilen Landschaftsrampe erscheint. Das unvermittelte räumliche Verhältnis der beiden Zonen wird durch die unterschiedliche Farbigkeit verstärkt. Herrschen bei der Nymphe kühle bläuliche und graue Töne, so ist die malerische Sitzgruppe der beiden Kinder im Vordergrund wie von goldenem Schein übergossen und in einer ausgesuchten Palette von kräftigem Kirschrot, Orange und Gelb-Grün gehalten. Feuerbach selbst schildert seiner Mutter die Idee des Bildes so: »Es sind musizierende Hirtenknaben im Walde am Wasser, und hinten, herbeigezogen von den Tönen, kommt eine feuchte Nymphe, die lauscht. Ein Bekannter saß lange davor und sagte, man höre Töne und fühle das leichte Herannahen der weiblichen Gestalt. Siehst Du, liebe Mutter, Du wirst vor Freude weinen, wenn Du das Bild siehst.« Eindeutig steht für ihn der durch die Musik hervorgezauberte Stimmungswert in natürlicher Umgebung im Vordergrund, der jedoch nach der Beschreibung andere Vorstellungen von dämmerndem, flüsterndem Grün des Waldes, Feuchtigkeit und »leichtem Herannahen« hervorrufen mag, als es die Ausführung des Gemäldes zeigt.

Läßt Feuerbachs Beschreibung fast an Bilder Böcklins denken, der ebenfalls das Thema der Musik in der Landschaft mehrfach aufgegriffen hat, so kann sein eigenes Werk geradezu als Musterbeispiel seiner völlig anderen künstlerischen Gestaltung eines gemeinsamen Vorstellungshorizontes gelten. Formelhaft dienen Landschaftsteile – Blattwerk, »natürlicher« Felssitz – als Staffage für seine Figuren; die Behandlung der Blätter und Büsche, weit entfernt von jener der *Terrainstudien aus den Caracalla-Thermen* von 1858 (siehe Kat. 60), erinnert eher an das grüne Gebüsch auf Bildern von Moritz von Schwind, zumindest in der Art und Weise, wie das dichte Blattwerk ganze Teile des Bildes mit seinem Geheimnis bedeckt. Der Vergleich mit Schwind ist nicht so fernliegend, wie es das festgelegte Bild des »klassischen« Feuerbach vielleicht nahelegt. Mehrfach ist bezeugt, daß Schwind von Feuerbach hoch geschätzt wurde. »Ich erinnere mich nicht, daß er über irgend ein anderes Kunstwerk unserer Tage sich beifällig geäußert habe, als über einige Bilder von Schwind«, bestätigt auch Graf Schack.

69

Feuerbach selbst schreibt u. a. an seine Mutter: »Ich halte ihn für den Ersten, bloß weil er das Herz bewegt mit seinen Sachen.« Bei einem Deutschlandaufenthalt im Herbst 1860 war es in München zu einer Begegnung zwischen beiden Künstlern gekommen, Feuerbach sah u. a. Moritz von Schwinds *Sieben Raben*, »ein Werk so köstlicher Genialität und so ergreifender Lieblichkeit, daß ich selbst ganz verzaubert bin.«

Mögen die figurnahe Behandlung der Landschaft und auch die vornehme Nymphe in ihren Stimmungswerten an Schwind gemahnen, so treten die beiden Kinder im Vordergrund wiederum buchstäblich aus diesem Zusammenhang heraus. Mit der sorgfältig geformten Plastik und Stellung ihrer Glieder und der süßen, kräftigen Farbigkeit verkörpern sie den südländischen Typus einer leicht sentimental-folkloristischen Italien-Malerei. Insbesondere in der Figur des singenden – oder zuhörenden – Knaben mit dem goldenen Kettchen um den Hals, der den Betrachter mit leicht gezierter Koketterie anblickt und ihn gleichsam auffordert, Töne und Stimmung mitzuerleben, bekommt der poetische Zauber des Bildes etwas Äußerliches. Figuren dieser Art, wie sie in Feuerbachs Werk der sechziger Jahre mehrfach auftreten, scheinen auf Einflüsse August Riedels hinzuweisen, der damals als deutscher Italien-Maler hohe Anerkennung genoß und als Professor an der Accademia di San Luca tätig war (siehe auch Kat. 121). Feuerbach hat seit den Anfängen seiner römischen Zeit über Jahre mit dem viel älteren Riedel Kontakt gehalten. 1858 hatte er zwei Kopien nach Riedels *Mädchen an der Quelle* ausgeführt. Mehrfach scheint Feuerbach die Notwendigkeit verspürt zu haben, seine Figurenmalerei von der Riedels abzugrenzen: »Soeben komme ich von Riedels Bild; es ist famos gemalt, aber nicht, wie meine gemalt werden dürfen; doch kann ich viel lernen von ihm«, schreibt er im Februar 1861. Und bereits 1857 hatte er versucht, die Gruppierungen zu definieren: »es ist hier die alte Kompagnie, Riedel an der Spitze, die, ich rede wahr, der Inbegriff alles Modernen ist ... Das Geld ist auf der Seite der Modernen, Kummer und Armut auf unserer Seite, die wir echte Künstler sind ...«. Die Größe der Empfindung und wahrer Natur, die Feuerbach echter – und seiner – Kunst zuschreibt, wird auf einem Bild wie den *Musizierenden Kindern* jedoch nicht eingelöst. Die Kinder und die stimmungshafte Atmosphäre wirken nicht natürlich, sondern »modern«, wenn man diesem von Feuerbach selbst konstruierten Gegensatz folgen will. A. H.

70

70 Landschaft mit Wasserfall, 1865

Leinwand; 75 x 62 cm
Bezeichnet unten rechts: A Feuerbach (ligiert). 65.
München, Bayerische Staatsgemäldesammlungen, Neue Pinakothek. – Inv. Nr. 9602
Literatur: R. Hamann, Die deutsche Malerei des 19. Jahrhunderts, Leipzig/Berlin 1914, S. 214. – Uhde-Bernays 1929, Nr. 236. – G. Poensgen, Anselm Feuerbach als Zeichner. Kunstverein Heidelberg, Historisches Museum der Pfalz, Speyer 1969, in: Das Kunstwerk, 23, 1969, S. 81–82.

Die *Landschaft mit Wasserfall*, in der Nürnberger und Münchner ›Feuerbach-Gedächtnis‹-Ausstellung 1864 bzw. 1865 datiert, gehört zu einer kleinen Gruppe von Landschaftsbildern, die Feuerbach um die Mitte der sechziger Jahre schuf. Wie bereits erwähnt, machen Landschaftsdarstellungen nur einen kleinen Randbereich in Feuerbachs Œuvre aus. Die begrenzte Anzahl erhaltener Landschaften läßt sich nach den Entstehungszeiten in vier Gruppen einteilen: zunächst die 1855 in Castel Toblino gemalten, weiter die 1857/58 unter dem Eindruck Böcklins entstandenen, – in das Jahr 1857 fällt auch der Ausflug mit Julius Allgeyer und Reinhard Begas über Tivoli in die Sabiner Berge nach Olevano und Civitalle. In die Jahre 1864–1866 gehören die *Landschaft mit Wasserfall* und insbesondere die Studien in *Porto d'Anzio* (siehe Kat. 71). Schließlich folgen eine Handvoll Landschaftsstudien in den frühen siebziger Jahren, bereits in seiner Wiener Zeit, offensichtlich bei Aufenthalten in Rom gemalt. Der über seine Figurenkompositionen sonst so mitteilsame Feuerbach erwähnt in seinen Schriften diese Studien wie auch seine weni-

71 

gen Aufenthalte auf dem Lande kaum und betrachtete sie offensichtlich nicht als selbständige Bilder.

Um so auffallender ist ihre stilistische Eigenwilligkeit, die sie mit allen anderen deutschen oder deutsch-römischen Landschaftsdarstellungen unverwechselbar macht und die vielleicht am unmittelbarsten Feuerbachs eigene Handschrift zeigt. Ohne die große formale Kontrolle und Ausgefeiltheit seiner restlichen Werke zeichnen sich diese Bilder durch großzügig gesehene Massen und Flächen aus, die eine merkwürdig unorganische materielle Qualität besitzen. Die großen Züge der Landschaft, unter Verzicht auf alles Unwesentliche, die zu erfassen die deutsch-römische Landschaftsmalerei von Koch bis Preller immer gefordert hatte, erreicht Feuerbach auf radikale, beinahe nüchterne Weise. Auffallend ist ferner, daß Feuerbach in seinen Landschaften niemals Antikenreste oder Architektur dargestellt hat, wie sie Böcklin häufig, etwa in der *Altrömischen Weinschenke,* im *Heiligen Hain* oder der *Villa am Meer* als Stimmungswerte einsetzte. Seine in stumpfem Graubraun, Mattgrün und Ocker oft nur dünn abschattierten Formationen, auf denen Strukturen von Gestein und Vegetation wie in den Grund gepreßt scheinen, verleihen seinen Landschaften auf ganz andere Weise Heroik und einen beinahe visionären Zug. Ihre abstrakte Sehweise hat am ehesten Parallelen in der französischen Landschaftsmalerei etwa eines Constant Troyon. A. H.

71 Küste bei Porto d'Anzio, 1866

Leinwand; 61 x 100 cm
Bezeichnet unten links: A Feuerbach (ligiert)
Oldenburg, Landesmuseum. – Inv. Nr. LMO 15.732
Literatur: Allgeyer-Neumann 1904, II, Nr. 448. – Uhde-Bernays 1929, Nr. 267. – W. Keiser, Gemäldegalerie Oldenburg, München 1967, S. 134. – Kat. Ausst. Karlsruhe 1976, Nr. 46, Abb. 257.

Die Küste von Porto d'Anzio gehört zu den wenigen ganz tiefgreifenden Landschaftserlebnissen Feuerbachs. Bereits 1861, während seiner Arbeit an der ersten Fassung der *Iphigenie* hatte er sie entdeckt. »Ich komme von Porto d'Anzio, dem alten Antium, zurück, wo ich zwei Nächte und einen Tag war, um das Meer zu studieren. Ich habe beide Nächte quasi im Freien zugebracht. Die Ufer sind ganz homerisch. In der Ferne der Circefelsen und in der Nähe die Grotten vom Meere bespült, wo der Apoll gefunden ist«, schreibt er am 18. Juli 1861. Seine 1862 fertiggestellte *Iphigenie* (Darmstadt, Hessisches Landesmuseum) setzt er schließlich als groß ausgeführte ›klassische‹ Gewandfigur erhaben und sehnsüchtig hoch über die Bucht des Meeres, die hier allerdings noch flach und wenig differenziert als blauleuchtendes »südliches Gestade« erscheint.

1866 wiederholt sich dann das elementare Naturerlebnis in Porto d'Anzio, das ihm zur Inspirationsquelle zahlreicher Bilder wird, und dessen charakteristische Küste zum Landschaftsraum für die wichtigsten Kompositionen seiner Spätzeit wird. So verarbeitete er das vorliegende Bild im Hintergrund seiner großen *Abfahrt der Medea* – auf den ersten beiden Entwürfen von 1866 und 1867 beinahe unverändert übernommen –, für deren Bildidee er durch die antikische Küstenlandschaft einen wesentlichen Impuls empfangen hatte. Auch im Hintergrund der beiden großen Bilder zur *Amazonenschlacht* von 1869 und 1873 taucht die Küste von Porto d'Anzio auf. Geht hier, wie auch in dem Bild *Am Strande* von 1870, das eine junge Frau mit einem kleinen Knaben am Meer zeigt (Basel, Öffentliche Kunstsammlung), die Formation der Landschaft unmittelbar auf das Oldenburger Bild zurück, so liegen den Küstenstreifen im Hintergrund der großen Stuttgarter *Iphigenie* von 1871 (Kat. 82), sowie der stehenden Frau *Am Meere*, 1875 (Düsseldorf, Kunstmuseum) eine weiter gefaßte Studie zur *Küste bei Porto d'Anzio* von 1866 (Karlsruhe, Staatliche Kunsthalle) zugrunde.

Mit für ihn außerordentlichen Worten beschreibt Feuerbach das Erlebnis des Meeres bei Anzio im Sommer 1866, wo er sich mit dem Hamburger Flor, dem alten Riedel und dessen Enkeln für einige Wochen aufhielt. »Ich selbst habe drei große Studien am Meer gemalt auf den Trümmern von Neros Palast. Und werde nun die übrige Hälfte dieses Monats dazu benutzen, zwei andere zu malen ... Ich selbst bin sonnenverbrannt wie ein Fischer. An dem Abhang oben am Meer, nachdem ich etwa zwei Stunden gemalt, habe ich mich dann ins Meer gestürzt und mich von den Wellen zimmerhoch herumwerfen lassen, das stärkt die Nerven und reinigt den Kopf,« schreibt er am 2. August an seine Mutter, und weiter: »Einstweilen denke an mich, als sitzend am Meer, malend und badend, umgeben von Felsen und Möwen und Wellen, die mir manchmal den Stuhl und Staffelei umwerfen. In der Ferne Fischerbarken und ein ewiges Gebrüll der Wellen.«

Das Bild der Küste mit ihrem rötlichwarmen Sand, den großen Felsbrocken im Vordergrund und dem rötlich und braunviolett aufstrahlenden Felsufer im Hintergrund, an dem sich die weiße Gischt bricht, zeugt von der hohen Meisterschaft Feuerbachs, einen Eindruck durch unmittelbare Anschauung künstlerisch zu erfassen. Ein kleiner Mensch sitzt, ganz in die Landschaft eingegliedert, vor einer dunklen Höhlung der Felswand, weiter hinten stehen zwei winzige Angler auf der Klippe und machen das Naturerlebnis nachvollziehbar. A. H.

72

72 Familienbild, 1866

Leinwand; 136,4 x 159,5 cm
Bezeichnet unten rechts: A Feuerbach (ligiert). 1866.
München, Bayerische Staatsgemäldesammlungen, Schack-Galerie. – Inv. Nr. 11 514
Literatur: A. F. von Schack, Meine Gemäldesammlung, 5. Aufl. Stuttgart, 1889, S. 115. – Allgeyer-Neumann 1904, II, S. 62, Nr. 443. – Uhde-Bernays 1929, Nr. 265. – W. Franke, Anselm Feuerbachs Zeichnungen, Leipzig/Zürich 1921, Abb. 31. – Kat. Schack-Galerie 1969, S. 122f.

1865, zu einer Zeit, als Feuerbach vollständig von dem Gedanken an eine Realisierung seiner großen Idee zum *Gastmahl des Plato* durchdrungen war und Graf Schack einige, in ihrer Anmaßung kaum annehmbare Vorschläge zur Finanzierung dieser Arbeit auf drei Jahre hinaus machte, bestellte der Auftraggeber seinerseits aufgrund einer Zeichnung und Beschreibungen ein Bild seiner Wahl bei Feuerbach: das sogenannte *Familienbild*, vollendet 1866. Das Bild zeigt eine wunderbare dunkelhaarige Frauengestalt in braunviolettem, schwarzbebänderten Kleid in einer Landschaft an einem antikischen Brunnen sitzend. Auf dem Schoß hält sie einen nackten schlafenden Knaben, den Kopf hat sie ins Profil gewandt und schaut mit sinnendem Blick in die Ferne. Hinter dem steinernen Trog, den Kopf versonnen auf beide Ärmchen gelegt, verharrt ein weiteres Kind, zwei andere halten sich zu Füßen der Frau auf. Das kleinere, ganz im Schutz ihres weiten Rockes sitzend, ist dem Betrachter voll zugewandt, das größere links neben ihm liegt auf einem weißen Tuch und wendet sein Gesicht über die nackte Rückenpartie ebenfalls aus dem Bild heraus. Im Arm hält es ein Kaninchen – zwei weitere Kaninchen treiben links in der Bildecke hinter ihm ihr Wesen –, und auf dem Haupt trägt es einen Efeukranz, wie sich auch silbrig-grünes Efeu über ihm am Brunnen hochrankt. Das kleinere Kind hält mit naivem Griff einen Strauß Kresse, den es offensichtlich von den Blättern zu seinen Füßen gebrochen hat. Beide Kinder blicken den Betrachter voll und bedeutsam, zugleich etwas abweisend an, wie gestört und wissend um ihre Idylle.

Jedem gebildeten Betrachter drängt sich beim Anblick dieses Werkes die Assoziation zu Tizians *Himmlischer und Irdischer Liebe* in der römischen Villa Borghese auf, auf dem zwei prachtvolle Frauenfiguren in einer Landschaft an einem steinernen, reliefgeschmückten Brunnen sitzen, ein Kind zwischen sich, das sich von hinten über den Brunnenkasten beugt und mit seinem Ärmchen ins Wasser greift. Feuerbach war dieses berühmte Bild Tizians wohlbekannt. Bereits nach seinem venezianischen Aufenthalt hatte Johann W. Schirmer sich in Karlsruhe um ein zweites Stipendium für ihn bemüht, mit dem er nach der *Assunta* nun die *Himmlische und Irdische Liebe* kopieren sollte. Und am 8. Oktober 1856, direkt nach seiner Ankunft in Rom, berichtet Feuerbach nach Hause: »Heute komme ich aus dem Palazzo Borghese und habe Tizians himmlische Liebe und in der Farnesina Rafaels Psyche gesehen.«

Die Anregungen Tizians für das *Familienbild* sind nicht zu übersehen. Sie betreffen die Hauptfigur des Bildes, die Sitzende am Brunnen, die in gleicher Weise ihren Arm auf dessen Rand legt wie Tizians *Irdische Liebe*, das hinter dem Brunnen in der Mitte stehende Kind und den weiten dämmrigen, durch eine Baumgruppe in der Mitte zweigeteilten Hintergrund. Auch weitere Einzelheiten, wie das antike Brunnenrelief – bei Tizian eine komplizierte Szenenfolge mit u. a. der Häutung des Marsyas und einer ernsten Warnung vor den Folgen der Liebe, bei Feuerbach ein griechisch empfundener Tanz mit Najaden und Pan – und die Kaninchen, auch diese bei Tizian mit einem hohen Symbolwert belegt, sind dem großen Vorbild entnommen. Auf Feuerbachs Bild entziehen sich diese Elemente jedoch einer einheitlichen ikonographischen Entschlüsselung und sind weit eher als Reminiszenzen denn als tragende Teile der Bildaussage eingesetzt. Deren völlige Andersartigkeit wird im Vergleich mit dem großen Vorbild besonders darin deutlich, daß der sinnenden Frau am Brunnen kompositionell ein Gegenpart fehlt. Ihr Blick schweift träumerisch ins Leere und wird wieder zurückverwiesen auf ihre schwermütige Gestalt. Die Isolierung der Figuren trotz allem dichten Beieinandersein und das Fehlen jeglicher Handlung charakterisiert das Bild und macht es zur Metapher eines Stimmungszustandes, der jedoch durch die hohe Kultiviertheit der Form mit ihrer anspruchsvollen Ableitung und die vielfachen Elemente des Bildes mancherlei Ablenkung erfährt.

Das zuständliche, beziehungslose Sein der Figuren auf dem *Familienbild*, das in Feuerbachs Schaffen isoliert dasteht, ist am ehesten vergleichbar mit den gleichzeitigen bildnerischen Bemühungen Hans von Marées'. Dieser schuf unter seinen ersten Werken in Italien drei *Familienbilder*, Frauen und Kinder in ruhigem Zusammensein vor einem dunklen Landschaftsraum, und lieferte als Ergebnis seines vierjährigen Aufenthalts in Rom schließlich an Graf Schack zwei *Römische Landschaften*, deren erste, 1867/68 vollendet, einige Figuren in rätselhafter Beziehungslosigkeit um ein Postament zusammenstellt: eine Frau, den Arm auf den Sockel gestützt, zwei Kinder und einen jungen Mann, die alle bedeutungsvoll aus dem Bild herausblicken.

Tatsächlich bildeten die Jahre 1865/66, als Feuerbachs *Familienbild* entstand, und 1868/69 die Höhepunkte in der Beziehung zwischen beiden Künstlern. Die beiden hatten sich durch Marées' Tätigkeit für Schack in Rom kennengelernt, bereits in seinem ersten Brief an Schack vom 1. Februar 1865 berichtet Marées über Feuerbach. Im Sommer dieses Jahres fuhr Feuerbach nach Heidelberg zu seiner Mutter, tief enttäuscht und verzweifelt über den Verlust seiner Geliebten Nanna. Auf dem Rückweg besuchte er Marées in Florenz und fuhr mit ihm in einer mehrtägigen Reise über Siena und Orvieto nach Rom zurück. Diese Fahrt war für beide ein anregendes Erlebnis. 1868/69 waren sie, in dem von den politischen Ereignissen leergefegten Rom, offenbar erneut häufig zusammen. »Feuerbach und ich durchziehen bezüglich der Isolierung kometengleich den rührigen Planetengang der übrigen Menschenkinder«, schreibt Marées am 28. September an Conrad Fiedler und berichtet, sie beide hätten ihre »Residenz in einer Fischkneipe« aufgeschlagen. Feuerbach äußerte sich über Marées mit seinem »ewigen Vonsichselbstreden« erheblich ungünstiger und ließ insbesondere in einem Brief vom 16. Oktober 1868 böse Worte über ihn fallen (Briefe II, S. 218). Das Verhältnis zu Conrad Fiedler, dem nach dem Bruch mit Schack hoffnungsvoll begrüßten neuen Mäzen, führte im folgenden Jahr zur endgültigen Entzweiung zwischen beiden Künstlern (siehe auch Kat. 74).

Die Anregungen von Marées mit seinem Streben um ein natürliches Sein seiner Figuren und einen größtmöglichen Grad an Allgemeingültigkeit von Form und Aussage werden von Feuerbach jedoch in sein Ideal von Schönheit überführt, das in seinem Zitatcharakter beinahe zwangsläufig von einer gewissen disparaten Schwermut ist. Die Frau, deren dunkler Kopftypus vielleicht auch eine persönlich-wehmütige Erinnerung an sein Modell Nanna bedeutet – worauf ein Brief vom Dezember 1865 schließen läßt (Briefe, 1911, II, S. 147) – trägt trotz ihres natürlich-gelassenen Seins in der Landschaft ein kostbares Gewand und erlesenen Schmuck und hält, besonders bemerkenswert, unter ihrem Arm ein roteingebundenes Buch. Den Kindern in der unteren Zone, die durch ihre Attribute der Natur am nächsten zu sein scheinen, ist zugleich ein rosa-weißer Fächer zugeordnet, der aus anderen Bildnissen Feuerbachs wohlbekannt ist, und als Atelierrequisit in dieser Umgebung auf einen Schönheitssinn Feuerbachs schließen läßt, der sich von dem eines Marées oder Böcklin grundlegend unterscheidet. A. H.

73 Mutter und Kind, 1867

Leinwand; 75 x 55 cm
Privatbesitz
Literatur: Allgeyer-Neumann 1904, II, Nr. 468. – E. Heyck, Anselm Feuerbach, Bielefeld/Leipzig 1925, S. 119. – Uhde-Bernays 1929, Nr. 281 (mit falscher Maßangabe).

Das 1867 datierte Bild *Mutter und Kind* blieb unvollendet und zeigt in der graugrün angelegten Untermalung, daß Feuerbach, wie in allen seiner »kleineren« Kompositionen, von einer malerischen Behandlung der Farbsubstanz ausgeht und die »klassische« Zucht und Verfestigung der Linie erst im Zuge des Arbeitsprozesses an Konturen gewinnt. Die weichgemalten Figuren der Mutter mit dem stehenden Kind auf dem Schoß sind vor einer Art dunklen Fensteröffnung sichtbar und wenden sich einander durch die Neigung der Köpfe und durch den verschränkten, zarten Griff an den Leib des anderen innig zu. *Mutter und Kind* war ein Thema, das Feuerbach in mannigfachen Varianten immer wieder aufgriff und auf das er bereits 1855 in Venedig auf der Suche nach einem einfachen Sujet, das »den Leuten die Tränen in die Augen treibt«, verfallen war. Feuerbach hat hier von seinem Schönheitsideal abgelassen und natürliche, in anspruchslosem Tun befindliche Menschen dargestellt. In den verfließenden Körperformen, die trotz ihrer Reduzierung auf einfache Grundformen eine weiche Dichte haben, erinnert auch dieses Bild an die Figurenauffassung Hans von Marées'. A. H.

74 Ricordo di Tivoli, 1868

Leinwand; 194 x 134,4 cm
Bezeichnet unten links: A. Feuerbach.
München, Bayerische Staatsgemäldesammlungen, Schack-Galerie. – Inv. Nr. 11516
Literatur: A.F. von Schack, Meine Gemäldesammlung, 5. Aufl., Stuttgart, 1889, S. 115. – Allgeyer-Neumann 1904, II, S. 62 ff., Nr. 478. – Uhde-Bernays 1929, Nr. 285. – W. Josephi, Hg., Adolf Friedrich von Schack und Anselm Feuerbach. – Originalbriefe des Künstlers und seiner Mutter im Mecklenburgischen Geheimen und Hauptarchiv zu Schwerin, in: Mecklenburgische Jahrbücher, CIII, 1939, S. 66 f., 73, 78. – Kat. Schack-Galerie 1969, S. 131 ff.

73

Ricordo di Tivoli ist das letzte Bild, das Feuerbach, als Ausgleich für einen Vorschuß auf die große *Medea*, an Schack lieferte. 1866 bereits angekündigt, jedoch erst auf Anmahnung 1868 widerwillig vollendet, stellt es eine Wiederholung des gleichnamigen Bildes dar, das Feuerbach 1866/67 für Conrad Fiedler ausgeführt hatte (heute Berlin, DDR, Nationalgalerie). Fiedler hatte ihn wie auch Hans von Marées im Sommer

1866 kennengelernt und wurde vorübergehend zu einer großen Hoffnung für Feuerbach. Er kaufte drei Bilder von ihm, u. a. im Januar 1868 die erste Fassung der *Iphigenie* (Darmstadt, Hessisches Landesmuseum). Schon an Weihnachten schrieb Feuerbach über Fiedler froh nach Hause: »Wir sind auf bestem Fuße. Wir reisen März nach Spanien, und dann bleibe ich bis Anfang Winter in Deutschland. Im Herbst bin ich nach Crostewitz eingeladen ... Ich glaube, an Fiedler einen wirklichen Freund zu haben, ich vollende ihm diese Woche das kleine Bild.« Fiedler aber wandte sich ganz Marées zu und nahm diesen schließlich auf die 1869 stattfindende Spanienreise mit. Die Enttäuschung Feuerbachs war groß, er brach den Verkehr mit Fiedler ab und näherte sich auch Marées nicht mehr. Fiedler jedoch hielt bis über Feuerbachs Tod hinaus Kontakt mit seiner Mutter Henriette und half ihr auch bei der Ordnung des Nachlasses.

Auf dem Bild *Ricordo di Tivoli* sitzen zwei musizierende Kinder, ein singendes Mädchen und ein lautespielender Knabe, auf einem kleinen Abhang, im Hintergrund ist flächig entrückt ein Wasserfall sichtbar, der eine Felswand herab in einen See stürzt. Thema und Landschaftssituation erinnern an die *Musizierenden Kinder, von einer Nymphe belauscht*, wo ebenfalls im Hintergrund der Wasserfall von Tivoli gleichsam als Echo für die Töne der Musik eingesetzt ist, ein spätestens seit der Romantik geläufiger Topos, musikalische Effekte in der Malerei zu reflektieren. Doch Feuerbachs Bild bleibt auf die Figuren konzentriert, die auf ihrem Grassockel im Vordergrund strikt von ihrer weiteren Umgebung getrennt werden. Das Mädchen in Rock, Bluse und Halskettchen sitzt mit erhobenem Kopf im Profil, die Hände um ihre übereinandergeschlagenen Knie geschlungen, der Junge unter ihr, in malerisch drapierten Stoffen mit halbnacktem Oberkörper, hat seinen dunklen Kopf mit dem Efeukranz gesenkt. Feuerbach sagt über dieses Bild im April 1866: »Ich habe für Berlin ein Bild begonnen, was die anderen weit hinter sich läßt, es heißt Ricordo di Tivoli und ist von einer genialen Nonchalance und Innigkeit, dabei nicht zu groß, so daß ich Furore überall mit machen werde, wo noch eine Idee von Feinheit sich befindet, was man freilich in Kleindeutschland schwerlich findet.« Nicht das stimmungshafte Aufgehen in der Landschaft steht demnach im Vordergrund – mag auch die Sitzhaltung des Mädchens entfernt an Böcklins *Hirtin* von 1866 erinnern –, sondern »Feinheit und Nonchalance«. Diese Absicht teilt sich dem Betrachter mit, oder, wie Graf Schack es ausdrückt: »In ›Idylle von Tivoli‹ führt er uns ein liebliches Bild des italienischen dolce far niente vor ...«.

Dennoch ist die Stimmung gedämpft. Dazu trägt zu einem nicht geringen Teil die matte, wie in Grau getauchte Farbigkeit bei, die unter dem bedeckten Himmel alles mit einem silbrig-dumpfen Film überzieht. Durch das gedämpfte Grün der Gewächse scheint der graubraune Grund hindurch, der auch die Farbe der beunruhigend abstrakt wirkenden Hintergrundselemente von Ufersand, See und Felskulisse ist. Dieser »knappere Ausdruck in der Farbe« – so Feuerbach in seinem ›Vermächtnis‹ – hat die Zeitgenossen an seinem Spätwerk mehrfach verstört, am spektakulärsten im *Gastmahl des Plato*. Wiederholt sind von seinen späteren Biographen Erklärungen für die absichtlich blasse Farbigkeit gesucht worden, die edle Zurückhaltung und abgeklärte Ruhe meinen soll. Wenn »Sein Streben ist, das aufrichtig gesehene Natürliche nach Form und auch nach Farbe hindurchgehen zu lassen durch ein zartes individuelles Kunstgefühl. Dazu gehört ihm, daß die Farbe als solche nicht zu blühend lokallebendig werden darf« (Heyck 1925, S. 95) – so führt dies in einem Bild wie dem *Ricordo di Tivoli* zu einem Verlust von Umwelt und Lebendigkeit. Für Schack, dem bereits die matte blaugrüne Farbigkeit der *Badenden Kinder* mißfallen hatte, gehörte die *Idylle von Tivoli* wegen ihres kalten Grau zu den Bildern, die er »mit Freuden« zurückgegeben hätte, wie er in seinem letzten Brief vom Dezember 1868 an Henriette Feuerbach schrieb. A. H.

75 Bildnis der Mutter des Künstlers, 1867

Leinwand; 101 x 82,4 cm
Bezeichnet unten rechts: A Feuerbach (ligiert) p. 67.
Heidelberg, Kurpfälzisches Museum der Stadt Heidelberg. – Inv. Nr. G. 155
Literatur: Allgeyer-Neumann 1904, II, Nr. 406. – Uhde-Bernays 1929, Nr. 284. – H. Schimpf, Henriette Feuerbach, Leitlinien ihrer Lebensgestaltung, in: Beiträge zur Speyerer Stadtgeschichte, 3, 1975, S. 53 ff. – H. Klimm, Der Maler Anselm Feuerbach, Sproß einer genialen Familie des bürgerlichen Zeitalters, in: Anselm Feuerbach. Seine Familie und seine Zeit, Speyer 1975, S. 15 f. – M. Zeller, Zur Rekonstruktion eines Mythos. Anselm Feuerbach in seinen Briefen und Aufzeichnungen, in: Kat. Ausst. Karlsruhe 1976, S. 60 ff.

Anselm Feuerbachs leibliche Mutter starb ein halbes Jahr nach seiner Geburt im Frühjahr 1830. Henriette Heydenreich (1812–1892), Pfarrerstochter aus Ansbach, wurde 1834 die zweite Frau seines Vaters Joseph Anselm Feuerbach, damals Gymnasiallehrer in Speyer, später Professor für Philologie und Altertumswissenschaften in Freiburg, und ersetzte den Kindern ein Leben lang die Mutter. Insbesondere für Anselm und seine Kunst setzte sie sich unermüdlich und aufopfernd ein und unterstützte ihn mit ihren knappen finanziellen Mitteln. Sie bemühte sich immer wieder bis zur Selbsterniedrigung um Stellungen oder Aufträge in Deutschland für ihn und nahm ihm alle praktischen Aufgaben, so den Kontakt mit Sammlern, Ausstellungsleitungen, Museen, Speditionen und Behörden ab. Bis zu seinem frühen Tod im Alter von fünfzig Jahren blieb die Stiefmutter Feuerbachs wichtigste Bezugsperson.

Nachhaltig ist ihr Verdienst um ihn ins Bewußtsein der Öffentlichkeit getreten durch die Veröffentlichung seiner Lebenserinnerungen, die sie in ihrer Überarbeitung unter dem Titel ›Ein Vermächtnis‹ 1882 herausgab. Aus den fragmentarischen autobiographischen Skizzen, die Feuerbach als Rekonvaleszent 1876 in Nürnberg aufgezeichnet hatte, aus frei kombinierten Briefauszügen und kleineren Texten und ›Aphorismen‹ stellte sie dieses sein ›Letztes Wort an die deutsche Nation‹ zusammen, das zu einem ungeheuren Bucherfolg wurde und allein bis 1913 dreißig Auflagen, im konservativen »Feuerbachkult« der zwanziger Jahre 1929 schließlich die 45. Auflage erreichte. Wie tief ihre »redaktionellen« Eingriffe in den Text waren, konnte später ein Vergleich mit den Originalbriefen aus dem Nachlaß (bereits von Allgeyer in seiner 2. Ausgabe der Feuerbach-Biographie benützt und 1911 vollständig von Uhde-Bernays publiziert) zeigen. Das von Henriette Feuerbach an die Nachwelt gegebene »Vermächtnis« hat die Rezeption Feuerbachs wesentlich bestimmt und das pathetische Bild vom »Bildungskünstler« geprägt, der gegen seine Zeit und die anflutende Moderne »klassische« Werte emporhält und daran tragisch scheitert.

Henriette Feuerbach selbst war eine sehr gebildete Frau. Ihre eigene literarische Begabung, von der einige Editionen zeugen, stellte sie jedoch im Dienst um den Sohn hintan. In der Geistigkeit des romantischen Idealismus der ersten Hälfte des 19. Jahrhunderts wurzelnd war sie immer lebhaft bemüht, mit Gleichgesinnten ein »rein geistiges« Leben zu teilen. Besonders in ihrer Heidelberger Zeit hielt sie ein geselliges Haus und einen regelmäßigen Musiksalon.

74

75

76

Clara Schumann, Hermann Levi, Johannes Brahms, Conrad Fiedler zählten zu den Freunden, die ihr durch den Sohn zugeführt wurden und mit denen sie zeitlebens engen Umgang pflegte. Johannes Brahms widmete ihr nach dem Tod Feuerbachs sein Chorwerk »Nänie« nach Schillers Trauergesang – als Henriette die Widmung auf ihren Sohn lenken wollte, einigte man sich darauf, mit der »Nänie« den »Namen Feuerbach« zu ehren.

Anfang der siebziger Jahre zwang sie ihr Sohn, als er seine Wiener Professur aufgab, mit ihm nach Nürnberg zu ziehen. Den Abschied aus dem geistig anregenden Klima in Heidelberg verwand sie nie ganz. Nach dem Tod des Sohnes zog sie sich in ihren Heimatort Ansbach zurück, wo sie in hohem Alter starb. Die reiche und schwierige Persönlichkeit der Mutter, ihre opferbereite Duldsamkeit und ihren scharfen Verstand, ihre Affinität zum Leiden und ihre Feingeistigkeit, ihr Gemüt »mit einer Menge Herzensforderungen und einem gänzlichen Mangel an Sinnlichkeit« – so Henriette Feuerbach über sich selbst in einem Brief an ihren Bruder – hat Feuerbach in einem der einfühlsamsten Bildnisse des 19. Jahrhunderts zur Darstellung gebracht. In schwarzem hochgeschlossenen Kleid sitzt sie, leicht ins Dreiviertelprofil gerückt, in ruhiger Haltung an einem Tisch; betont sind die langen weißen Hände und das helle Gesicht mit der leisen, aber beherrschten Verbitterung um die Mundwinkel und dem abirrenden, melancholischen-seelenvollen Blick unter der hochgezogenen Braue. Das Bildnis von 1867 ist das erste von drei Porträts der Mutter – ein frühes von 1846 ist verschollen –, die beiden späteren von 1871 (Wien, Österreichische Galerie) und 1878 (Berlin, Nationalgalerie) zeigen, in variierendem Bildausschnitt, eine ähnliche Haltung und Auffassung. A. H.

76 Selbstbildnis, 1867/68

Leinwand; 109,3 x 83,7 cm
Kiel, Stiftung Pommern
Literatur: Allgeyer-Neumann 1904, Nr. 482. – Uhde-Bernays, Ein unbekanntes Selbstbildnis von Anselm Feuerbach, in: Der Cicerone, 1917, S. 3 ff. – Uhde-Bernays 1929, Nr. 261 (mit abweichender Datierung). – K. Pilz, Das Selbstbildnis von Anselm Feuerbach in der Gemäldegalerie Kiel, in: Pommern, IV, 1972, S. 24 ff. – Kat. Ausst. Karlsruhe 1976, Nr. 50.

E. von Knorre (Kat. Ausst. Karlsruhe 1976) hat überzeugend nachgewiesen, daß dieses erste der Selbstbildnisse aus Feuerbachs reifen Schaffensjahren – nach den zahlreichen jugendlichen Selbstbildnissen aus der Studienzeit war eine lange Pause entstanden – als eine Art Pendant zum *Bildnis der Mutter* von 1867 (siehe Kat. 75) entstanden ist und konnte es somit sicher einreihen und datieren. Trotz der großen Divergenzen in der Auffassung und Erscheinung der Dargestellten läßt sich diese Annahme eindeutig belegen durch schriftliche Quellen, durch die annähernd gleichen Maße der beiden Bilder sowie durch die Tatsache, daß Feuerbach auch zu den beiden späteren Porträts der Mutter in Wien und Berlin jeweils ein Selbstbildnis als Gegenstück gemalt hat (1871, Wien, Österreichische Galerie und 1878, Karlsruhe, Staatliche Kunsthalle).

Seit 1865 hatte Feuerbach, wohl angeregt durch eine von zu Hause zugeschickte Photographie, den Plan gehegt, die Mutter zu porträtieren, konnte ihn jedoch erst 1867 ausführen. In einen Brief vom März 1867 geht Feuerbach erneut auf einige Absprachen für die Sitzungen in einem eigens gemieteten Zimmer ein und schreibt gleichzeitig: Ich male im Augenblick mein Porträt für Dich, Dank für das Zimmer ... Daß meine Erhebung mit der nationalen zusammentrifft, ist ein freudiger Triumph ... Ich lebe gesellig, leicht und elegant ... Ich reite die schönen Pferde des Fürsten Doria ... Ich bin im Kopfe zwanzig Jahre älter geworden und äußerlich jünger ... Halte Dich wacker und füttere Dich heraus zur Porträtsitzung.« Am 25. Januar 1868 kann er dann melden: »Nächste Woche vollende ich mein Porträt, welches ich mit dem Frühlingsbilde vor meiner Abreise zu Euch schicke.«

Auf dem Kieler Selbstbildnis von 1867/68, zu Zeit der Vorarbeiten am *Gastmahl des Plato*, gibt sich Feuerbach als lässig-eleganter Weltmann, stehend in modischem Anzug mit einer brennenden Zigarette in der Hand und betont zeitgenössisch. Die »nationale Erhebung«, von der er im oben zitierten Brief spricht, war der Sieg Preußens über Österreich 1866, mit dem sich eine kleindeutsche Lösung nationaler Einigung abzeichnete, und der Feuerbach – entgegen seinem sonstigen Haß auf Deutschland und deutsches Publikum – vorübergehend zur Begeisterung für sein Vaterland hinriß. Im Herbst 1866 war er deshalb unvermittelt nach Berlin gereist, in dem er die Hauptstadt einer neuen, modernen Kultur zu erblicken glaubte, war dort viel mit Reinhold Begas und dessen junger Frau zusammen, ließ sich von ihnen ein geeignetes Atelier suchen und verbrachte Weihnachten – wie er der Mutter schrieb – tanzend, gesellig und in bester Stimmung. In dieser Zeit begann er auch das Bild des *Frühlingslieds* (Kat. 77). Aus den deutschen Plänen wurde nichts, doch hielt sein »modern«-mondänes Lebensgefühl in Rom offenbar noch eine Weile an.

Diese Bejahung der eigenen Zeit mag sich in dem Kieler *Selbstporträt* niedergeschlagen haben, das nach Art der modernen Franzosen in wenige Flächen von Schwarz, Weiß und Grau gegliedert ist, doch es offenbart zugleich ein gestörtes, merkwürdig undeutliches Verhältnis zu sich selbst. Trotz allem spürbar eitlem Stolz – besonders viel hielt sich Feuerbach auf sein volles braunes Haar und den Kontrast zu den blauen Augen sowie die feine Linie von Nase und Kinn zugute – sind die Gesichtszüge unter dem öligen Farbauftrag summarisch und ungenau behandelt. Die brennende Zigarette gibt dem Bildnis etwas Momentanes, das mit der repräsentativen Pose in Widerspruch tritt. Sehr früh führt Feuerbach hier das Motiv des Zigarettenrauchens in die bildende Kunst ein, nach Ranke (Kat. Ausst. Franz von Lenbach, München 1987, Nr. 74, S. 241), dürfte es von der Photographie in die Porträtmalerei übernommen worden sein. Dies läßt sich im Falle Feuerbachs weiter damit belegen, daß zumindest für das spätere Karlsruher Selbstbildnis im Profil, ebenfalls mit Zigarette in der Hand, auch Photographien als Hilfsmittel benutzt wurden. Dazu schreibt Feuerbach der Mutter: »Jagemann (ein Wiener Photograph) wollte, ich sollte mein Malerkostüm! und Pinsel und Palette mitbringen; so eine Hanswurstiade hat mir gerade gefehlt! Zum Malen genügt der Porträtkopf.« (Briefe II, S. 353).

Hier klingt, wie im frühen Pariser Selbstbildnis (siehe Kat. 54) Feuerbachs Auffassung an, zum Eigenporträt reiche der Charakterkopf des Künstlers. War es dort jedoch der Wille zur Genialität, so muß in den späteren Selbstbildnissen nur noch die narzistische Darstellung der äußeren Erscheinung genügen. A. H.

77 Im Frühling (Frühlingslied), 1868

Leinwand; 100 x 137,5 cm
Bezeichnet unten rechts: A. Feuerbach. 68
Kiel, Kunsthalle zu Kiel. – Inv. Nr. 299
Literatur: Allgeyer-Neumann 1904, II, S. 12 ff., Nr. 465. – Uhde-Bernays 1929, Nr. 278 (mit falscher Maßangabe und Datierung). – Kat. Kunsthalle zu Kiel, Katalog der Gemälde 1973, S. 75. – Kat. Ausst. Karlsruhe 1976, Nr. 51. – Kat. Ausst. Paris 1984/85, Nr. 26, S. 124 ff.

Das Bild *Im Frühling (Frühlingslied)* wurde von Feuerbach während seines Berliner

77

Aufenthaltes im Winter 1866 begonnen. Es zeigt sechs modisch elegant gekleidete Damen bei einem kleinen Konzert im Freien versammelt. Schon Feuerbachs erster Biograph Julius Allgeyer hat das Ungewöhnliche der Thematik im Œuvre des Künstlers hervorgehoben. Am Weihnachtstag 1866 – und nicht 1868, wie S. Paas behauptet (Kat. Ausst. Karlsruhe 1976) – schreibt Feuerbach seiner Mutter aus Berlin: »Ich habe mit großem Glück begonnen. Ich habe ein kleines Bild gemalt, wozu ich heute schon den Rahmen bestellte; da mir moderne Toiletten fehlen, so kann es bis zum Frühjahr so bleiben, da ich dann zu Hause Garderobe genug finde. – Ich arbeite mit großem Glück im Kleinen, Eleganten, und werde es dann in Köln an B. Stein für sechstausend Frank verkaufen, was die Preise der Düsseldorfer sind. Es stellt einen Frühlingstag vor, sechs elegante Mädchen sitzen singend und musizierend auf einer blumigen Wiese, hinten ist ein See und Vögel in der Luft. Die Hüte mit Federn hängen in den kaum belaubten Bäumen. Es ist nahezu vollendet, nur brauche ich elegante Damenkleider. Sowie ich nächstes Jahr die Schackschen großen Bilder los bin, ist mein Programm festgestellt. Ich beginne ein großes Werk und immer ein oder zwei elegante kleine Bildchen, das ist bares Geld.« Feuerbach nahm das Bild 1867 mit nach Rom und vollendete es dort, zusammen mit einer kleinen Gruppe von Werken ähnlichen »Genres«, nach einigen Änderungen im folgenden Jahr.

Die Behauptung, Feuerbach sei zu diesem Bild durch die Begegnung mit der Sängerin Aglaja Orgeni bei Clara Schumann in Baden-Baden 1867 inspiriert worden – wie in Kat. Ausst. Karlsruhe 1976 geäußert und in Kat. Ausst. Paris 1984/85 wiederholt wird –, ist deshalb in den Quellen nicht nachvollziehbar. Auch der Vergleich mit dem verwandten, hochformatigen Bild *Im Frühling* von 1868 (Berlin, Nationalgalerie) mit dem Hinweis, dort seien die Porträtzüge der betreffenden Sängerin in die Lautenspielerin in der Mitte eingegangen, während sie auf dem Kieler *Frühlingslied* »nicht mehr eindeutig erkennbar sei«, ist unter diesem Gesichtspunkt nicht haltbar. Denn zum einen ist die junge Lautenspielerin links außen im *Frühlingslied* mit dem leicht geneigten runden, ernsten Gesichtchen durchaus derselbe Typus, während zum anderen das Berliner Bild mit Sicherheit später entstanden ist als das *Frühlingslied* mit seiner ersten zündenden Idee vom Berliner Winter 1866. Einige Quellen mögen dies belegen, die zugleich weiteren Aufschluß über Feuerbachs eigene Auffassung von diesen Bildern als solche des »eleganten« Fachs und die daran geknüpften erhöhten Verkaufserwartungen geben. Am 1. Februar 1867 schreibt er aus Rom: »Ich arbeite mit großem Glücke, und im eleganten Felde eröffnet sich mir eine Fund- und Goldgrube. ... Ich habe wieder ein Frühlingsbildchen gemalt. – So habe ich die Bilder: Van Dyck und seine Mätresse; eine Lukrezia Borgia; das Ricordo und zwei elegante. – Ich möchte hier das Symposion stehen haben und in Berlin bloß elegante Porträts machen.« Weiter unten erläutert er dann, worum es sich in dem neuen *Frühlingsbildchen* handelt: zwei Damen auf einer Wiese, Blumen pflückend und mit einem Hündchen scherzend (vgl. Uhde-Bernays 1929, Nr. 277, Abb. 239). Am 25. Januar 1868 schreibt er dann über das *Frühlingslied* in dem bereits in Kat. 76 zitierten Brief: »Nächste Woche vollende ich mein Porträt, welches ich mit dem Frühlingsbilde vor meiner Abreise zu Euch schicke. Die Kiste ist klein und ich habe dann den Sommer Beschäftigung, und Toiletten finden sich. Ich möchte es im Herbste nach Berlin bringen zu Lepke, als Vorläufer.« Offenbar war das Bild, auch mangels passender moderner Frauenkleider zum Modellstudium, immer noch nicht fertig, und Feuerbach hatte vor, es in den Sommermonaten bei seinem Heimaturlaub zu vollenden. Doch auch daraus wurde nichts. Am 27. September schließlich kündigt er an, es im folgenden Monat per Eilboten zu schicken, was auch geschah. Im November dann meldet er: »Ende November kommen vier Bilder (ich habe noch ein Frühlingsbild gemalt)« – womit das Berliner Gemälde gemeint ist – und bezeugt abermals seine eigene Wertschätzung dieses Genres, wenn er der Mutter einen vergleichsweise hohen Verkaufspreis für das Bild angibt.

Auf dem Kieler *Frühlingslied*, zweifellos das herausragende Bild der Gruppe, sitzen fünf Frauen in zeitgenössischen Roben von schlichter Eleganz und ausgesuchter Farbigkeit im Halbkreis um eine junge Sängerin herum, die in ihrer Mitte aufgerichtet im Profil steht. Wie eine kleine Arena öffnet sich ihr Kreis auf den Grasbänken im Vordergrund einer noch kahlen Frühlingslandschaft zum Beschauer, in der Mitte der Vertiefung zu ihren Füßen liegen Notenblätter auf dem Boden. Hinter ihnen geht die Landschaft unvermittelt in den Hintergrund über, wo sich die silberglänzende Fläche eines Gewässers dehnt, in der Ferne begrenzt von einem flachen, monotonen Hügelzug unter dem bedeckten Himmel. Vor der in mattes Silbergrün getauchten Landschaft entfalten die Gewänder der Frauen ein erlesenes Farbenspiel. Auf die bereits erwähnte Lautenspielerin links in schimmernd blaugrauem Kleid folgt eine zweite schwarzgekleidete, deren leuchtend blaues Hutband einen auffallenden Akzent setzt, der wie ein Echo von dem Blau in Wams und Rockpaspeln der gegenübersitzenden Zuhörerin eine Antwort findet. Hinter der mädchenhaften Sängerin in mattweißem Kleid sitzt, etwas verdeckt, eine weitere schwarzgekleidete Frau. Auf sie folgt ihre Nachbarin in blauem Wams und grauem Rock, den Abschluß bildet rechts die Rükkenfigur einer im Dreiviertelprofil sitzenden Dame in schilfgrünem, mit Weiß abgesetzten Kleid. Das helle Rot ihrer Haarbänder korrespondiert mit den Rotakzenten des Tuches neben der dunklen Figur in der Mitte und der Halskette der Sängerin. In der überlegten, in feinsten Nuancen abgestuften Skala ihrer Farben, der Abfolge ihrer Haltungen und dem versunkenen, gleichsam des eigenen Körpers nicht bewußten Sitzen scheinen die Frauengestalten wie eine Verbildlichung der erlauschten Folge der Töne, unter deren Zauber sie vereinigt sind.

In allen diesen Elementen offenbart sich zugleich das Ungewöhnliche des Bildes. In sich versunken, voneinander isoliert, sitzen die Frauen nebeneinander und blicken in verschiedenen Richtungen. Auch die im Profil mit erhobenem Kopf stehende Sängerin stellt keinen direkten Kontakt her und wendet sich insbesondere auch vom Betrachter ab, dem das Lied, in die helle Luft gesungen, so verloren zu gehen scheint. Melancholisch und ernst ist der Gesichtsausdruck der Zuhörerinnen, jede von ihnen scheint ein Rätsel aufzugeben; die irritierende Verdoppelung der Gestalten verrät dabei ein bemerkenswertes Desinteresse Feuerbachs an der menschlichen Individualität. Die drei Frauen im engeren Kreis um die Sängerin tragen die Gesichtszüge von Feuerbachs römischen Modell Anna Risi, die beiden äußeren sind von hellerem Typus und die Sängerin hat das Gesicht des Mädchens von *Ricordo di Tivoli* (siehe Kat. 74), wie bereits Allgeyer bemerkte. Ähnlich wie dort neigt sich auch hier eine Ranke zu ihren Lippen, vielleicht eine Verkörperung der Arabeske einer Melodie.

Auch die wenigen kräftigen Farben in der Gruppe der Frauen bleiben voneinander isoliert, ihre Vitalität wird auf diese Weise gedämpft, nicht aber ihre geheime Spannung. Am auffallendsten ist jedoch die Stellung der vereinzelten menschlichen Figuren in, oder besser gesagt vor der Landschaft, ihr mangelnder Kontakt zum Raum, der als brüchige, flächige Folie hinter ihnen erscheint. Einzig seine graugrüne Färbung scheint auch die Frauen wie mit einem Schleier zu überziehen und sie so in ihrem gedämpften, beherrschten Sein zusammenzubinden.

Angesichts der formalen Eigenart dieses Bildes drängt sich die Frage nach eventuellen Vorbildern Feuerbachs auf. Die farbliche Verselbständigung und Vereinzelung der Figur und ihr Bruch mit der Landschaft lassen an die vorimpressionistische Malerei Manets denken; die ruhige, atmosphärische Isolierung der Frauengestalten in den modernen Gewändern auch an die zeitgenössische Kunst der »Macchiaoli« in Italien, etwa an Silvestro Legas *In der Laube* von 1868. Mag dies im Sinne einer Gleichzeitigkeit der künstlerischen Ausdrucksformen gelten, die mehr als einmal zeigen, wie modern Feuerbach in diesem Bild in Form und Ausdruck ist, so war sich der Künstler zumindest zweifellos darüber klar, daß er hier ein anderes, von seiner sonstigen Kunst abweichendes Genre anschlug. Sichtbares Zeichen dafür war die für dieses Bild so wichtige zeitgenössische Tracht, mit der er nicht nur äußere Konzessionen an die Moderne machte. Feuerbachs Stimmung um 1866 und die Eindrücke in Berlin dürfen dabei nicht unterschätzt werden. Kurz nach seiner Ankunft dort schreibt er etwa: »Von Kunst habe ich nur vortreffliche Genrebilder gefunden, und ich habe mit Schmerzen mir gestehen müssen, daß, wenn ich in der Historie Annäherndes geleistet, ich nicht so fragmentarisch dastünde.« (Briefe II, S. 180).

Wenn Feuerbach sich nun im modernen Genre versuchte, so gelang es dem Maler der idealen Bildvorstellungen, der mit seiner Kunstauffassung in so grundsätzlichem Gegensatz zu seiner Epoche stand, ein Bild des spannungsvollen Ausgleichs von Gegensätzen zu schaffen, ohne daß die Harmonie ihre geheimen Abgründe verleugnen würde. Feuerbach hat die »ästhetische Radikalität« (Kat. Ausst. Paris 1984/85) und den Ernst dieses »eleganten Bildchens« offenbar selbst nicht empfunden. Sein Anliegen war auch hier, die Würde des empfindenden Menschen, sein schweigendes Leben in ein poetisches Bild zu bannen, das er »ich möchte sagen, hingeschrieben (hat), wie einer eine Elegie oder sonst ein Gedicht hinschreibt.« Daß die tatenlose Zuständlichkeit seiner Figuren einen sehr modernen Zug ins Bild bringt und in der Art der Darstellung »die heimliche Entseelung der Natur und des Lebens« stattfindet, »die er, an der Schwelle der neuen Zeit stehend, gewaltsam aufhalten wollte« (Kat. Ausst. Karlsruhe 1976), scheint Feuerbach nicht bewußt gewesen zu sein. A. H.

78

78 Das Gastmahl des Plato, 1865

Schwarze Kreide, Aquarell und Deckfarben auf braunem, mehrfach angestücktem Papier; 54,5 x 100 cm
Bezeichnet unten links: A. Feuerbach 65.
Mannheim, Privatbesitz
Literatur: R. Vischer, Über Pietro Testa und Anselm Feuerbach, in: Jahrbuch der Königlich Preußischen Kunstsammlungen, VIII, 1887, S. 154 ff. – Allgeyer-Neumann 1904, II, S. 130 ff., Nr. 433. – B. Schröder, Feuerbach und die Antike, in: Jahrbuch der Preußischen Kunstsammlungen, XLV, 1924, S. 85 ff. – Uhde-Bernays 1929, Nr. 367, Abb. 320. – H. Ahlers-Hestermanns, Das Gastmahl des Plato von Anselm Feuerbach, Der Kunstbrief Nr. 16, Berlin 1946. – F. Muthmann, Alkibiades und Agathon. Über die antiken Grundlagen von Anselm Feuerbachs Gastmahl des Plato, in: Zeitschrift für Kunstgeschichte, 1952, S. 97 ff. – Arndt 1968, S. 63 ff., Nr. 131, S. 306 ff. – M. Küffner-Arndt, Anselm Feuerbach als Zeichner, in: Kat. Ausst. Kunstverein, Heidelberg/Speyer 1969, Nr. 58. – Kat. Ausst. Karlsruhe 1976, Nr. Z 33, S. 202. – W. Zimmermann, Anselm Feuerbach. Gemälde und Zeichnungen aus der Staatlichen Kunsthalle Karlsruhe, hg. v. J. Lauts, 2. Aufl. Karlsruhe 1978, Nr. 12, S. 34 ff. – H. Froning, Ästhetik und Antikenverständnis bei Anselm Feuerbach, in: Wallraf-Richartz-Jahrbuch, XLII, S. 157 ff. – D. de Chapeaurouge, Dauerhaftigkeit der Kunst gegen Flüchtigkeit des Lebens, Feuerbachs »Gastmahl des Plato«, in: Das 19. Jahrhundert und die Restaurierung, hg. v. H. Althöfer, München 1987, S. 71 ff.

Das *Gastmahl des Plato* spielt eine zentrale Rolle in Feuerbachs Œuvre. Über einen langen Zeitraum kreisten seine Gedanken um diese Bildidee, und Jahre seines Schaffens widmete er der Ausführung und später der Wiederholung des großen Bildes. 1860 bereits taucht der Begriff »Gastmahl« in einem Brief auf, und am 12. Januar 1861 schreibt er in dem bekannten Zitat über sein Modell Anna Risi: »Das Modell ist sehr schön und dürfte später einmal Iphigenie werden und im Gastmahl fungieren«; am 25. Januar fügte er dann hinzu, er wolle das Werk des »Gastmahls« später einmal »als Denkmal« malen. Seit 1865 wird die Ausführung des Bildes zum zentralen Verhandlungsgegenstand im Verkehr mit Graf Schack. Dessen Weigerung, die Kosten für die monumentale Ausgestaltung zu übernehmen, führte schließlich zum Bruch mit dem Auftraggeber.

Der erste bildmäßige Entwurf des Themas entstand mit dem vorliegenden Aquarell 1865. Im Frühjahr 1866 unternahm Feuerbach eine Reise nach Neapel und Pompeji und verarbeitete die frischen Eindrücke der antiken Vorbilder, insbesondere der Wandmalereien und Reliefs aus dem Museum in Neapel, in seinem Aquarellentwurf. Nach entsprechenden Hinzufügungen berichtet er, »daß mit ganz kleinen Änderungen die Komposition erschöpft und sich nun an das Beste der alten und modernen Kunst anlehnt«. Nach jahrelangem Planen und Reifen ist das Gemälde an Ostern 1869 vollendet worden.

In dem Entwurf sind bereits alle Elemente der großen Fassung enthalten: in einer pompejanisch anmutenden Hallenarchitektur ist rechts die Philosophengruppe des platonischen Gastmahls um einen Tisch versammelt, in der Mitte steht der lorbeergekrönte Dichter Agathon, der mit vornehmer Geste die links hereinbrechende Gruppe des Alkibiades und seine Begleiterinnen begrüßt. Feuerbach selbst macht 1869 genaue Angaben über den zugrundeliegenden antiken Stoff des Bildes: »Den Sieg des preisgekrönten Tragödiendichters Agathon zu feiern, sind in seinem Hause die Freunde versammelt, unter ihnen Socrates, Aristophanes, Eryximachos, Phädros und Glaukon [in Platos Rahmenhandlung Pausanias]. Während sie sich nach dem Mahle in sinnvollen und heiteren Wechselreden ergehen, über die Natur des mächtigsten und herrlichsten der Götter, des Eros, erscheint, von nächtlichem Feste heimkehrend, in bacchischem Geleite der wein- und lustberauschte Alkibiades. Er kommt, den Dichter zu bekränzen, welcher ihm freundlichen Willkomm bietet.«

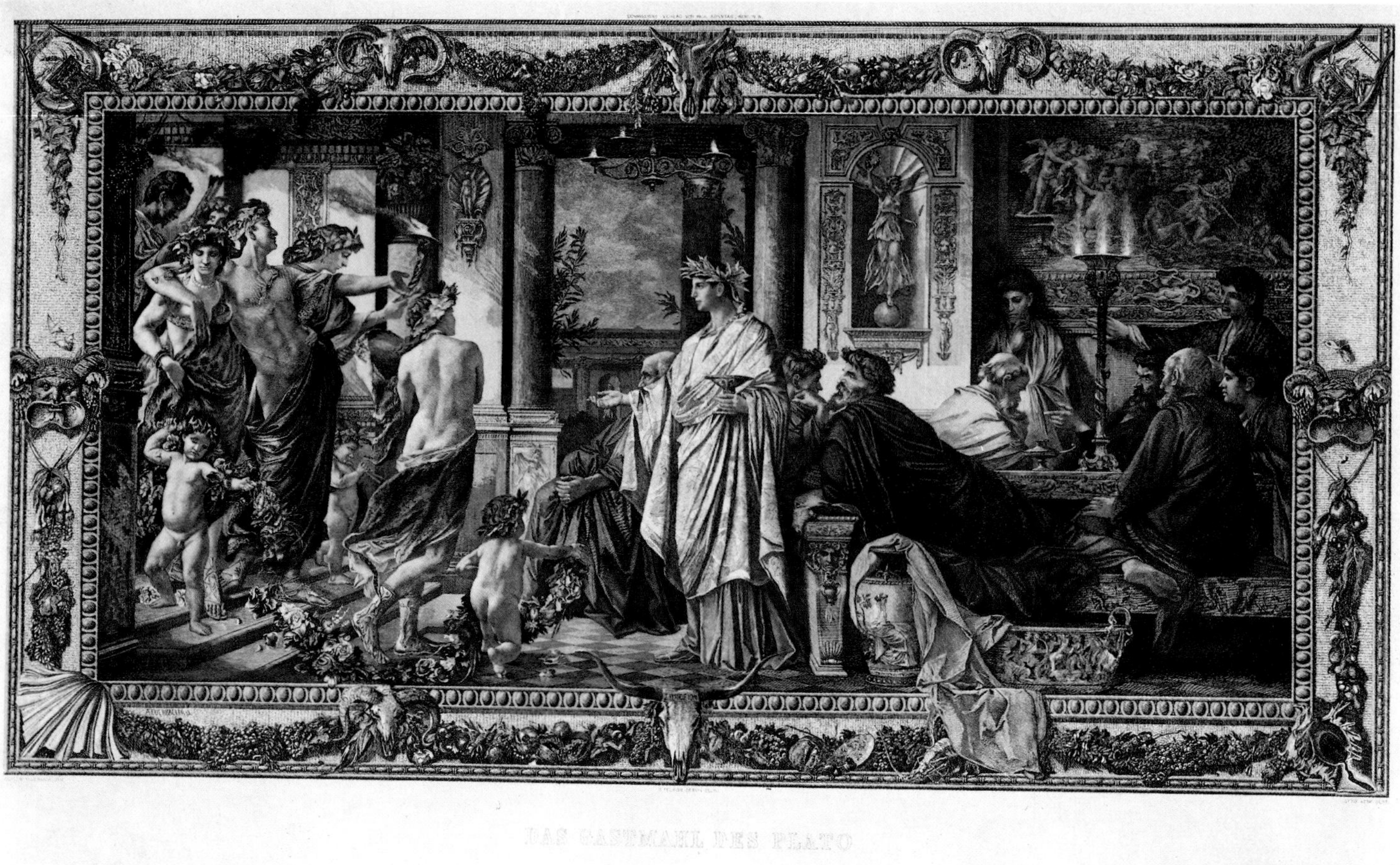

79

In der großen Fassung (Karlsruhe, Staatliche Kunsthalle) sind die Wände des Innenraumes und die hereintretende Gruppe des Alkibiades bildparallel in die Fläche gerückt, was die Beziehungen unter den Figuren wesentlich strafft und den reliefhaften Charakter des Bildes verstärkt. Die Figur der Tambourinschlägerin wendet sich mehr dem stehenden Dichter in der Mitte zu, hinter diesem ist die Sitzfigur eines Mannes mit um die Kniee geschlungenen Händen eingefügt, der das Gewicht gegen die bacchische Gruppe verstärkt. Deren Motiv wird andererseits in den Wandgemälden, insbesondere rechts in der *Hochzeit des Bacchus* aufgenommen. Darüber hinaus ist die Endausführung in allen Teilen in einem vielfach abgestuften Grau gehalten, die Gewänder der Philosophen sind graurosa, grauviolett, mattgrün, grauorange und mattweiß.

In den zahlreichen Untersuchungen über das *Gastmahl* ist den antiken Vorbildern einzelner Figuren nachgespürt und die Bildidee interpretiert worden, wobei man sich im wesentlichen Allgeyer angeschlossen hat, der das Werk als künstlerisches Bekenntnis Feuerbachs mit der »Gegenüberstellung des die Menschennatur beherrschenden großen ethischen Gegensatzes von Sinnen- und Geistesleben« deutet. Die Wahl des Stoffes, seine formale Gestaltung und die große Aufgabe, die sich Feuerbach mit diesem Werk gestellt hat, machen es in der Tat zu einem Schlüsselbild für seine Kunstauffassung und sein Verhältnis zu den Werten der Antike. Feuerbach selbst bezeugt die tiefe Beziehung, die er zu dem »Symposion« hatte: »Dieses Werk, das mich schon Jahre beschäftigt, ... ist mir riesengroß in der Phantasie erwachsen, als eine monumentale Tat, welche vielleicht mehr, wie jedes andere Bild, mein künstlerisches Ich zu meinem eigenen und zum Bewußtsein der Welt bringen muß ... wie ein Triumph meiner Kunst schwebt mir Tag und Nacht die heitere Wonne jenes Gastmahls vor, dessen Vollendung eine Erlösung meines Talents sein wird.« (Brief an Schack, 1866).

Seit seiner Ausstellung 1869 auf der Münchener »Internationalen Kunstausstellung« ist darüber diskutiert worden, ob Feuerbachs *Gastmahl* ein Historiengemälde sei – mit antikem Thema –, was das Urteil über den »klassischen Bildungsmaler« wesentlich mitgeprägt hat; bis in die jüngste Zeit wurde es dabei als eine Art »ideales Gegenbild« zu den *Römern der Verfallszeit* seines Pariser Lehrers Thomas Couture interpretiert. Feuerbachs Antikenverständnis, auch in seiner Idealität, ist jedoch wesentlich komplizierter und macht das *Gastmahl* zu dem Versuch einer programmatischen Aussage über das in der Antike verkörperte »Ethische und menschlich Große«, entsprechend der Versinnbildlichung allgemeingültiger Inhalte in den Historienbildern vergangener Epochen. Dies läßt sich für Feuerbach jedoch nur noch in vielfacher Brechung formulieren; das menschlich Große wird zur kulturellen Größe. Zahlreiche »Unstimmigkeiten« in der Gestaltung des Bildes weisen darauf hin. So das eindeutig Römische in den Gewandfiguren und der Architektur des doch klassisch-griechischen platonischen Gastmahls. Auch die in den Kommentaren immer wieder beschworene »rauschhaft sich brechende Bewegung« des sinnlichen Alkibiades und seiner Begleiterinnen, die »in trunkener Ausgelassenheit« in die Runde der ruhig

80

beieinander sitzenden Philosophen einbrechen, empfangen von der edlen Gestalt des Dichters, läßt sich am formalen Bestand nicht nachvollziehen. Wenn hier das Leben in den Raum der Kunst und des philosophisch-ästhetischen Denkens eindringt, so wird es in dessen Bannkreis sichtbar absorbiert, in selbem Maße in Bewegung und Farbe gedämpft, im anschaulichen Sinne »als Gast aufgenommen«. Die »Verknappung der Farbe« (Feuerbach im ›Vermächtnis‹), die er um der plastischen Stilisierung der Gestalten willen zurückgenommen hat, führt letztlich zu einer malerischen Nüchternheit, die die Leere zwischen den Figuren offenbart. Bedeutete die Beschäftigung mit antiken Stoffen und die lineare Gestaltung in den »Lernjahren der modernen Kunst« um 1800, etwa bei Carstens und Cornelius, ein emanzipatorisches Element, so wird sie bei Feuerbach zu einem künstlerischen Ideal. Die starke Betonung der Form und der vereinzelte Rückgriff auf einen vorgeprägten Formenschatz weisen darauf hin, daß Feuerbach die Antike nun wesentlich ästhetisch erfährt. Eine Art »platonischer Kunstbegriff«, der im Thema des *Gastmahls* auf sich selbst reflektiert, gibt dem Bild seine Schlüsselstellung in Feuerbachs Œuvre. Wenn die Antike bei Böcklin zur Neuaktivierung des Mythos dient und als Stimmungsmoment eine neue Aneignung für den modernen Menschen bietet, wenn ihre Bilder zu Ende des Jahrhunderts, etwa bei Klinger, in archetypischen Traumerinnerungen kulturelle Verluste kompensieren, so wird verständlich, daß Feuerbach mit den mühsam errungenen Formen des *Gastmahls* keine Impulse für sein Jahrhundert setzen konnte. A. H.

79 Das Gastmahl des Plato
Vor 1869

Reproduktionsstich von Otto Reim nach Anselm Feuerbach
Kupferstich; Plattengröße 57 x 89,4 cm
Bezeichnet am unteren Rand: Anselm Feuerbach Gem. – O. Felsing, Berlin Gedr. – Otto Reim Gest./Das Gastmahl des Plato/Commissions-Verlag von Paul Sonntag, Berlin
Karlsruhe, Staatliche Kunsthalle, Kupferstichkabinett
Literatur: Kat. Ausst. Karlsruhe 1976, Nr. 59, S. 188f. – weiter siehe Kat. 78.

Feuerbachs 1869 vollendetes *Gastmahl des Plato* stieß auf der Münchener Internationalen Kunstausstellung vom selben Jahr auf Ablehnung und Unverständnis. Besonders heftig wurde das »eisige«, kalkig graue Kolorit kritisiert, das das Gemälde wie einen »grau untermalten Carton« erscheinen lasse. Entgegen Feuerbachs Erwartungen, der das Werk für einen Platz im Museum bestimmt hatte und auf einen entsprechenden Ankauf hoffte, wurde das *Gastmahl* auf der Ausstellung von einer Privatperson, der Hannoveraner Malerin Marianne Röhrs, für den Preis von 30 000 Mark erworben. Sein großes Schaustück wurde so den Augen der Öffentlichkeit entzogen, und Feuerbach entschloß sich im folgenden Jahr, das Bild zu wiederholen.

Mit größter Offensichtlichkeit richtete sich der Maler bei der Arbeit an dieser zweiten Fassung nach der Kritik an der spartanischen und farblosen Gestalt seines ersten Bildes und schmückte es diesmal prachtvoll mit allem möglichen Zierat aus. Diese zweite Fassung (Nationalgalerie, Berlin/DDR), wurde 1872/73 in Wien vollendet. Als Hilfsmittel benutzte Feuerbach dazu

Photographien des Vorgängerbildes, eine montierte und quadrierte Photographie mit Überzeichnungen befindet sich im Kupferstichkabinett der Staatlichen Museen, Berlin-Ost. Feuerbach schreibt der Mutter über sein Vorgehen: »Den ersten Dezember beginne ich die Schlacht und das Symposion zu gleicher Zeit ... Bei letzterem ist die Photographie ein herrliches Knochengerüst mit seiner mathematischen Richtigkeit, und ich kann Geist und Phantasie laufen lassen in Bereicherung und Pracht. So zum Beispiel male ich den Rahmen mit Hilfe des Vergolders selbst. Lauter Kinder, Früchte, Tiere, Masken, grau in grau auf Goldgrund. Die Halle wird mit Blumen geschmückt und die Wände reich mit Gold geschmückt, der Boden reiche Mosaiken usw.« (Briefe II, S. 254 f.).

Die zahlreichen Verzierungen und Zutaten in Vasen, Bildern, Blumen, Lorbeerkränzen und Gewändern hat der Stecher des zweiten Gastmahls, Otto Reim, der das Gemälde wohl zwischen 1888 und 1894 im Auftrag der Nationalgalerie reproduziert hat, minutiös nachgestochen. Ihre willkürliche Anhäufung, nach den Forderungen der Kritik, verrät nicht nur eine Konzession an die offizielle Historienmalerei eines Hans Makart, als dessen Antipode sich Feuerbach in Wien sah, sondern auch den Mangel an innerer Konsistenz und Notwendigkeit auch der ersten Fassung. A. H.

80 Päonien, 1871

Leinwand; 55 x 83,5 cm
Bezeichnet oben links: AF (ligiert) 71
München, Bayerische Staatsgemäldesammlungen, Neue Pinakothek. – Inv. Nr. 9558
Literatur: Allgeyer-Neumann 1904, II, Nr. 547. – Uhde-Bernays 1929, Nr. 306. – Kat. München Neue Pinakothek 1981, S. 94, Nr. 9558.

Für die Blumengirlanden, die, von Putten getragen, als Bereicherung um die Gruppe des Alkibiades in der zweiten Fassung des *Gastmahls* auftauchen (siehe Kat. 79), machte Feuerbach einige Blumenstudien. Die hier vorliegende Studie *Päonien* ist, ebenso wie die der *Rosen* in der Staatlichen Kunsthalle Karlsruhe, mit ganz besonderem malerischem Eklat vollführt. Wie so oft, wenn Feuerbach sich nicht an eine »große« Bildaufgabe gebunden sah, offenbaren sich ein unbekümmerter, temperamentvoller Pinselduktus und Realismus der Wahrnehmung. Lediglich in der raffinierten Mischung aller möglichen Rottöne, von blaßrot, weißrötlich, matt dunkelrot und violett und orange links klingt die Bestimmung für das *Gastmahl* und seine Tonskala an. Die Fülle der Blüten, die farbigen Verschattungen in den Kelchen, die gekurvten Formen der Blätter sind rein aus der Farbe entwickelt und trotz allen Reichtums von lapidarer Treffsicherheit. A. H.

81 Medea, 1870

Leinwand, 197 x 395 cm
Bezeichnet unten links: Feuerbach R 1870
München, Bayerische Staatsgemäldesammlungen, Neue Pinakothek. – Inv. Nr. 9826
Literatur: Allgeyer-Neumann, II, S. 158 ff., Nr. 521. – R. Hamann, Deutsche Malerei im 19. Jahrhundert, Leipzig/Berlin 1914, S. 223 ff. – Uhde-Bernays, Nr. 293, Abb. 259. – Arndt 1968, S. 36 ff. – Kat. Neue Pinakothek München 1981, S. 93, Nr. 9826. – H. Schimpf, Einige Aspekte zur Kunst Anselm Feuerbachs, Speyer 1980, S. 11.

Das monumentale Bild der *Medea* (auch *Abschied der Medea* genannt) ist zusammen mit der zweiten Fassung der *Iphigenie* (siehe Kat. 82) das zentrale Werk aus Feuerbachs späten Schaffensjahren. Zu dem Bild, das malen zu dürfen er bereits 1866 den Grafen Schack gebeten hatte, nennt Feuerbach der Mutter mit ein wenig untertreibender Beiläufigkeit als Inspirationen »Ristori, Porto d'Anzio, Ruderknechte, Meeresglanz, Wogendrang, Lucia Brunacci«. 1866 war das Jahr seiner tiefen Naturerfahrung an der Küstenlandschaft von Porto d'Anzio, die zahlreiche seiner folgenden Bildideen fördern und begleiten sollte (siehe auch Kat. 82, 83). Ebenfalls im Jahr 1866 sah Feuerbach in Rom eine Aufführung des Dramas ›Medea‹ in der literarischen Bearbeitung von Ernest Legouvé mit der Tragödin Adelaide Ristori in der Titelrolle, die ihm großen Eindruck machte. Da Feuerbach jedoch 1869 erwähnt, er habe den Plan zur *Medea* schon seit sechs Jahren in der Seele, ist anzunehmen, daß durch diese äußeren Anregungen das innere Bild für ihn schließlich an Plastizität gewann. Wie mehrfach, etwa bei der *Pietà,* war auch hier die unmittelbare Anschauung der Anstoß zur künstlerischen Geburt des Bildes, was Feuerbach immer wieder, wenn auch oft übersehen, als wichtiges Moment seiner Kunst bekräftigt hat. Noch im Vermächtnis schreibt er: »Alle meine Werke sind aus der Verschmelzung irgendeiner seelischen Veranlassung mit einer zufälligen Anschauung entstanden.« Im Falle der *Medea* ist dies die Gruppe der ein Boot ins Wasser schiebenden Ruderknechte, die mit ihrem lebendigen, stofflichen Realismus zu den besten Schöpfungen Feuerbachs und auch seiner Epoche gehören. Ein weiteres Zeichen für diesen Kern des Bildes ist, daß ihre Gruppe in allen Entwürfen bis zur vollendeten Fassung vorhanden ist und kaum verändert wurde, während die Gestalt der Medea mit ihren Kindern mehrfach abgewandelt wurde.

Medea, die Tochter des Königs von Kolchis und Gefährtin des Argonautenführers Janson, in den sie sich verliebte und dem sie half, das Goldene Vlies zu gewinnen, wurde nach ihrer Flucht in Korinth von Janson um Kreusas, Tochter des Königs Kreon, willen verlassen. Ihre Rache war fürchterlich, sie tötete Kreon und Kreusa, ermordete ihre beiden Söhne und entfloh auf einem Feuerwagen. »Medea vor der Tat, Medea nach der Tat, Medea auf der Flucht am nächtlichen Meeresstrand, Medea als liebende Mutter, als mörderische Furie, im Schlaf, im Wachen, in Reue und Leid! Das ist nun wieder ein Gegenstand, in den ich mich sozusagen verbissen habe, von dem ich nicht loskomme« schreibt Feuerbach während der Arbeiten an dem Bild (zitiert nach Heyck 1925, S. 128). Der erste groß ausgeführte Entwurf in Tempera von 1866 (ehem. Breslau, Schlesisches Museum) zeigte Medea stehend vor der Felsküste von Porto d'Anzio, wie die Bootsknechte eingegliedert in die Landschaft und aus dem Bild herausblikkend. In der folgenden fertigen Untermalung in Öl (1869, ehem. Berlin, Nationalgalerie) ist sie zu steiler Größe erhoben, mit flatterndem Haar, das Kind an der Hand, näher an den vorderen Bildrand gerückt, alle Figuren haben an plastischem Volumen gewonnen, während die Landschaft in den Hintergrund tritt. Die Endfassung zeigt jedoch nicht mehr die leidenschaftliche, zu allem entschlossene Heroin oder gar – wie etwa von Delacroix gestaltet – eine aufgelöste Furie, zur schrecklichen Tat ansetzend, sondern nimmt jeden aktiven Affekt auf die innere Bewegung vor der Tat zurück, auf das stille Innehalten und das Ringen mit den Regungen der Mutterliebe.

Als breit komponierte monumentale antikische Sitzfigur, die jeden natürlichen Größenmaßstab sprengt, auch das Verhältnis zu dem neben ihr stehenden, an sie geschmiegten Sohn, sitzt Medea nun dicht im Vordergrund der linken Bildhälfte. Das Haupt mit dem edlen Profil und dem prachtvollen blauschwarzen Haar gebeugt, blickt sie sinnend auf den kleinen Sohn auf ihrem Schoß herab, den sie mit der gleichen Geste umfaßt wie den größeren der Knaben. Umfangen von einer aufwendigen, weit ausgelegten Draperie von Gewand und Umhang in wechselndem Rot, bilden die drei Figuren eine mächtige Pyramide von statuarischer Plastizität und erlesenem Linienspiel. Auch hier ist die Frau, als deren

81

Modell Lucia Brunacci diente, wie auf so vielen Bildern Feuerbachs prächtig geschmückt, Perlen und Ohrringe sind sorgfältig ausgeführt; trotz der ungeheuren Tragik der Situation büßt nichts an Vornehmheit ein. Als Verkörperung dieser Tragik und düsterer Vorahnung ist die völlig verhüllte Gewandfigur der trauernden Amme, die in den früheren Fassungen links im Hintergrund kauerte, in die Bildmitte in die Nähe der Medea gerückt und herrscht mit ihrer gebeugten Rückenlinie über den fernen Horizont. Die Gruppe der Ruderer im weiß aufspritzenden Wasser hingegen ist beinahe unverändert übernommen, lediglich etwas zurückversetzt. Die Qualität dieser Gruppe, ihre »kraftvoll drängende Bewegung«, »ihre herrliche männliche Plastik« ist nach der Jahrhundertwende, etwa von Karl Scheffler, erkannt worden. »Lebendigste Wirklichkeit der Natur, ohne daß von ihrer Unmittelbarkeit eine Spur verloren wird, ist hier zu griechischer Vollendung der Komposition erhoben« (Heyck 1925, S. 128). Dieser stilisierte Realismus, insbesondere in der Behandlung des Meeres mit der Verselbständigung der Farben von herrlichem Hellgrün, Türkis, Blau und Weiß und dem Widerpart des rosavioletten Himmels, galt den Zeitgenossen Feuerbachs als Gipfel der Unnatur. Andererseits bemerkte auch Scheffler die Uneinheitlichkeit der beiden Hälften des Bildes, die in verschiedener Machart und irrealen Größenverhältnissen beziehungslos nebeneinander zu stehen scheinen. In der Tat ist es in erster Linie die Farbe, das blasse Violett des Strandes und der Einsatz der Rottöne, über die Tücher der Medea bis zum aufsteigenden Stakkato der krapplackroten Mützen der Fischer, die eine Klammer zwischen den beiden Bildhälften bildet.

Vor den Diskrepanzen dieses Bildes wird besonders deutlich, wie Feuerbach die »klassische« Form zur Steigerung seiner Bildaussage einsetzt. Immer wieder macht sich der Mensch mit der Größe seiner Empfindung von der Umgebung unabhängig, rückt wie auf einer Bühne in den Vordergrund. Hier ist es die Medea, die als zentrale Figur seelische Bewegtheit und äußere Ruhe vereinigt. Feuerbach gelingt es hier, Gemütsbewegung ohne den Psychologismus der späteren Jahre und der Kunst der Jahrhundertwende auszudrücken, noch aufgehoben in klassischen Mustern. Auch die Widersprüche des Bildes sind nicht ohne Funktion: das idealisierte, statuarische Bild der Medea wird durch seine Wuchtigkeit glaubhaft, an ihrer inneren Konzentration vorbei nimmt der Betrachter die Gruppe der Fischer wie eine andere, weggerückte Realität wahr, als Bild im Bild, in dem ein Teil ihrer Natürlichkeit zum Relief gebannt wird.

1876 erwarb Ludwig II. von Bayern die *Medea* zu einem ansehnlichen Preis, der die Mutter, zusammen mit dem Verkauf des *Gastmahls* nach Berlin, endlich von Schulden befreite; die erhoffte Wende dadurch blieb jedoch aus, was sie vier Jahre danach beim Tod ihres Sohnes mit Bitternis registrierte.

A. H.

82

82 Iphigenie, 1871

Leinwand; 192,5 x 126,5 cm
Bezeichnet unten links: A. Feuerbach/71
Stuttgart, Staatsgalerie. – Inv. Nr. 770

Literatur: F. Pecht, Deutsche Künstler des neunzehnten Jahrhunderts, Studien und Erinnerungen, Nördlingen 1877, Bd. I, S. 260. – Allgeyer-Neumann 1904, I, S. 505 ff., II, S. 187 f., Nr. 535. G. J. Kern, Zu Feuerbachs Darstellungen der Iphigenie, in: Zeitschrift für bildende Kunst, NF 24, 1913, S. 245 ff. – Uhde-Bernays 1929, Nr. 300. – H. von Einem, Gedanken zu Feuerbach und seiner Iphigenie, in: Zeitschrift des deutschen Vereins für Kunstwissenschaft, XVIII, 1964, S. 127 ff. – P. Köster, Wächters Cornelia und Feuerbachs Iphigenie, in: Neusser Jahrbuch für Kunst, Kulturgeschichte und Heimatkunde, 1967, S. 16 ff. – Arndt 1968, S. 16 ff., 126, 137. – Kat. Ausst. Karlsruhe 1976, Nr. 55, S. 187 f. – H. Theissing, »Die Ewigkeit der Kunst«. Zu Anselm Feuerbachs Schaffen und Denken, in: Kat. Ausst. Karlsruhe 1976, S. 78 ff. – Ders., Anselm Feuerbach und die Krise des Ideals, in: Das Feuerbachhaus 1982, S. 33 ff. – Kat. Stuttgart Staatsgalerie 1982, S. 83. – M. Volpi Orlandini, L'»Ifigenia« di Anselm Feuerbach, in: Prospettive n. 33–36, 1985, S. 346 ff.

Die *Iphigenie* von 1871 ist sicher Feuerbachs populärstes Werk. Mit ihr hat er das Sehnsuchtsbild des späten 19. Jahrhunderts schlechthin geschaffen und damit die Metapher einer Gefühlslage, die als Muster in der nachfolgenden Kunst immer wieder aufgegriffen wurde und mit der sich Generationen bis weit in unser Jahrhundert hinein identifizieren konnten. Die langwierige Entstehungsgeschichte der beiden Fassungen der *Iphigenie* und die zentrale Rolle, die das Thema für Feuerbachs fruchtbarstes Schaffensjahrzehnt zwischen 1860 und 1870 bedeutete, sind mehrfach detailliert dokumentiert und eingehend dargestellt worden. Feuerbach beschäftigte sich mit dem Stoff spätestens seit 1858, wie aus einem Brief an Joseph Viktor von Scheffel hervorgeht. Doch erst die Begegnung mit Nana, seinem jahrelangen römischen Modell, gab den Impuls zur Ausführung und zur Umsetzung der Idee in ein geschautes, durch ihre hehre antikische Schönheit verkörpertes Bild. Anfang 1861 begann er mit ihr als Modell in einem extra geschneiderten griechischen Gewand ein zunächst stehend geplantes Bild der griechischen Priesterin am Meeresstrand, in der Endausführung schließlich sitzt sie, zur Beruhigung des Motivs und Konzentrierung des Ausdrucks, mit leicht gesenktem, verschatteten Kopf als große Profilfigur hoch über einer flachen Küstenlandschaft (Darmstadt, Hessisches Landesmuseum).

Damit hat Feuerbach zum ersten Mal das Motiv der sehnsüchtigen Iphigenie, wie sie von Goethe beschrieben wird, in der bildenden Kunst gestaltet und in beiden großen Fassungen zu einzig dastehenden, gültigen Bildlösungen geführt. Das Schicksal der Iphigenie, Tochter des Griechenkönigs Agamemnon, die, vom Opfertod gerettet, von Artemis ins Land der Taurier entrückt wurde und als Priesterin dienen mußte, hatte bei Goethe eine neue Bedeutungsdimension bekommen: »Denn ach! mich trennt das Meer von den Geliebten / und an dem Ufer steh ich lange Tage / das Land der Griechen mit der Seele suchend / und gegen meine Seufzer bringt die Welle / nur dumpfe Töne brausend mir herüber.« Doch gleichzeitig kündigt Feuerbach schon in der ersten Fassung eine Lösung vom konkreten Inhalt der stofflichen Vorbilder an: »Nun ist das Iphigenienrätsel gelöst. Der Gefühlszustand, welchen wir Sehnsucht nennen, bedarf körperlicher Ruhe. Er bedingt ein Insichversenken, ein sich Gehen- oder Fallenlassen. Es war ein Moment der Anschauung, und das Bild ward geboren, nicht Eurypideisch, auch nicht Goethisch, sondern einfach Iphigenie am Meeresstrand sitzend und allerdings ›das Land der Griechen mit der Seele suchend‹. Was sollte sie auch anderes tun?« (Zitiert nach H. von Einem 1964, S. 200.)

Diese Verselbständigung und Einlösung des sehnsüchtigen Zustands im Bild einer zur klassischen Größe gesteigerten Figur hat Feuerbach in der zweiten Fassung der *Iphigenie* von 1871 zu einem in allen Teilen adäquaten Ausdruck geführt. Hier sitzt Iphigenie auf einer steinernen Bank an einer hohen Brüstung, mit überschlagenem Bein und auf die Brüstung gelegtem Arm vom Betrachter abgeriegelt und weggewandt, den dunklen »Schattenkopf« in die linke Hand gestützt und auf das Meer in die Ferne gerichtet. Als Modell diente diesmal Lucia Brunacci, Feuerbachs *Medea* und Studienfigur im *Gastmahl,* deren weichere Züge als die Anna Risis im verlorenen Profil erkennbar werden. Die ganze Gestalt ist eingehüllt in ein schlichtes, griechisch empfundenes einfarbiges Gewand mit Überwurf von mattleuchtendem, in den Falten spielendem Grau. An den weitgeschnittenen Ärmeln, auch sie ein Mittel zur Monumentalisierung und Absperrung der Figur, schaut ein braunes Untergewand hervor. Hinter der hohen Brüstung wird ohne Übergang ein flacher Uferstreifen sichtbar, der kaum über die Mauer ragt und damit den Eindruck der Distanz, der ungreifbaren Entrückung aller Umgebung nur verstärkt: unvermittelt dehnt sich die weite Fläche des Meeres, links hinter der Figur eingefaßt von der bis zur Unkenntlichkeit reduzierten, fernen Küstenformation von Porto d'Anzio mit Cap Circeo. Die Horizontlinie des unendlichen Meeres, zu der hin die Figur in verlorenem Sinnen sehnsüchtig blickt, bietet dem Auge keinen Halt.

Wiederholt ist auf die Verwandtschaft der *Iphigenie* mit den Rückenfiguren der Malerei der Romantik hingewiesen worden. Doch wurde differenziert dargestellt, daß sich hier nicht die romantische Sehnsucht mit einer verbildlichten Unendlichkeit konfrontiert sieht, vor deren Größe sie als winzige Rückenfigur steht und nach seinsentgrenzender Aufnahme verlangt, sondern daß in Feuerbachs Bild der sehnsüchtige Mensch selbst im Vordergrund steht. Er ist von bildabdeckender Größe, die Ferne, auf die er gerichtet ist, gibt nichts zurück, einzig die Grauwerte der Figur werden in vielfacher Abstufung von Meer und Himmel aufgenommen und auf sie zurückgeworfen. Thema ist allein die innere Gefühlslage der Figur, deren Sehnsucht zudem anderer Natur ist als die romantische. Die antike Figur wird hier Träger einer mehrfach gebrochenen seelischen Gestimmtheit und verinnerlichter Leidenschaft, die zugleich in ihrer Tragik zu klassischer Größe erhoben wird. Wenn von Einem gerade für die Figur der *Iphigenie* feststellen kann, das Thema Feuerbachscher Kunst sei »nicht so sehr das klassische Selbst wie die Sehnsucht nach dem Klassischen« (H. von Einem 1964, S. 131), so wird damit eine Ebene der kulturellen Sehnsucht nach Vergangenheit angesprochen, die in dieser Form des Spätbewußtseins und des unerfüllten Trauerns neu in der bildenden Kunst und eminent modern ist. Meier-Graefe drückte es wenige Jahrzehnte modernistisch aus: »Man hat in fast allen Werken Feuerbachs ein Vergangenes vor sich. Dieser Eindruck entsteht weniger aus einem Archaismus, mehr aus einer die Realität überfliegenden Psyche« (J. Meier-Graefe, Entwicklungsgeschichte der modernen Kunst, ed. 1923, S. 349). Die überindividuelle Gültigkeit der klassischen Form tritt dabei für Feuerbach nicht in Widerspruch zum ausgedrückten subjektiven Gefühl, sondern verkörpert es in vollendetem Maße, mit »Gewalt der Form und leidenschaftliche(m) Ausdruck der Seele«, wie er einmal zur Unterscheidung seiner Kunst von der Böcklins sagte.

Die große emotionale Beziehung, die Feuerbach zum Bild der *Iphigenie* hatte, ist durch die zahlreichen Planungen und viele Briefstellen dokumentiert. Kurz nachdem die Erstfassung Ende 1867 an Conrad Fied-

83

ler verkauft worden war, begann er mit dem vorliegenden Bild eine »Ersatz-Iphigenie«, die er ganz sich und seiner Mutter reserviert dachte. »Ich wünsche nicht, daß sie an die Öffentlichkeit gelange, sondern uns bleibe. Es ist von solcher holden Schwärmerei in seiner Einfachheit, daß man tagelang davor sitzen kann, so wie es mich selbst in den Sessel gebannt hält«, schreibt er im Dezember 1868, oder, wenig später: »Die Iphigenie habe ich für unser Haus bestimmt und ich glaube, wenn einer die Personifikation der Sehnsucht will, so hat er sie in diesem Bilde«. (Briefe II, S. 222, 252).

In einzigartiger Weise hat Feuerbach hier seine persönliche künstlerische Problematik mit der Seelenkrankheit einer Epoche in Einklang zu bringen vermocht und ins Innere der Figur verlegt, für die er einen neuen Typus schuf. »Mit dieser Einsicht in eine allgemeine Bewußtseinsproblematik erreicht Feuerbach eine Subtilität des Vergangenheitsverhältnisses, welche die mythologische und historische Malerei seiner Zeitgenossen weit übertrifft. ... Vergangenheit wird auf diese Weise nicht als objektive Tat und Begebenheit sichtbar, sondern als Bewußtseinsinhalt« (H. Theissing 1982, S. 35). Antikensehnsucht, Sehnsucht nach klassischer Größe und Vergangenheitsbeschwörung in einer Zeit des allgemeinen Traditionsabbruchs und Trauer um den Verlust hat er hier eine prägende Gestalt verliehen, mit der sich das gebildete Bürgertum, sensibel auf die Prozesse des Umbruchs reagierend, über einen langen Zeitraum bis weit nach dem Ersten Weltkrieg identifizieren konnte. A. H.

83 Medea mit dem Dolche, 1871

Leinwand; 192 x 127 cm
Bezeichnet unten links: AFeuerbach (ligiert). R. 71.
Mannheim, Städtische Kunsthalle. – Inv. Nr. M 197
Literatur: Allgeyer-Neumann 1904, II, Nr. 544. – Uhde-Bernays 1929, Nr. 311, Abb. 291. – Kat. Mannheim, Städtische Kunsthalle, Verzeichnis der Gemäldesammlung, Mannheim 1957, Nr. 49, Abb. 24. – Arndt 1968, S. 58 ff. – Kat. Ausst. Karlsruhe 1976, Nr. 56, S. 186.

Die *Medea mit dem Dolche,* auch *Medea nach der Tat,* nahm Feuerbach nach Lage der Quellen im Frühjahr 1871 nach der großen Fassung des Medeen-Stoffes im Gemälde der Neuen Pinakothek (siehe Kat. 81) und ihren Entwürfen in Angriff. An der gleichen steinernen Brüstung, die auch der *Iphigenie* von 1871 (siehe Kat. 82) als Sitzbank dient, im Hintergrund das Meer bei Porto d'Anzio, ist die tragische Heldin der Griechensage hingesunken. Der Dolch, mit dem sie die schreckliche Tat der Ermordung ihrer beiden Kinder vollbracht hat, ist ihr aus der Hand zu Boden geglitten, den Kopf stützt sie in betäubtem, rasenden Schmerz in die Armbeuge. Das Theatralische der Figur wird erhöht durch die düster-grelle Beleuchtung und verschiedenes Beiwerk, wie die mit aufgespanntem Gefieder flatternde Eule am linken oberen Bildrand, den grünlichen Schlangenschmuck am herabhängenden Arm der Figur und ihr aufwendiges antikisches Schuhwerk. Die Eule als Sinnbild der Nacht und der Bedrohung mag auch an das fliegende Nachtgetier, die Fledermaus auf Dürers *Melancholie* gemahnen, hat doch Feuerbach einen Studienkopf nach Lucia Brunacci für die *Medea* mit der Aufschrift »Melancholie« versehen.

Zusammen mit dem später folgenden Gemälde *Medea an der Urne* von 1873 (Wien, Neue Galerie in der Stallburg), das die Heldin seitenverkehrt in ähnlicher Haltung schmerzversunken an einer Urne zeigt, weist die *Medea mit dem Dolche* alle Merkmale von Feuerbachs Spätstil auf, dem oft »Erstarren in der Reife« und ein neobarockes Pathos vorgeworfen wird. Ähnlich wie in der monumentalen Nürnberger *Amazonenschlacht* weist die Figur eine starre Gestik auf, während die scharfen Faltenstege ihr ein unruhiges plastisches Volumen geben, das, wie auch die raffinierten Farbtöne – hier Olive, Violett und Grau –, in den Figurengruppen des riesenhaften *Titanensturzes* an der Decke der Aula der Wiener Akademie von 1874 wiederkehrt. Gerade über das Spätwerk Feuerbachs äußerten sich die Künstlerkollegen, etwa anläßlich der Münchener Internationalen Ausstellung von 1878, distanziert und gelinde entsetzt. Sein Tod 1880 führt noch einmal zur Reflexion über seine Eigenart und das Bühnenhafte vieler seiner Bildschöpfungen, über die Hildebrand in einem Brief an Fiedler summiert: »Wie trügerisch sind die schönen erhabenen Gefühle, nichts als hohe Temperatur, gleichviel ob etwas an der Vorstellung ist oder nicht. Und doch ist die Täuschung bei ihm ein Glück zu nennen. Viel Objektives sagt er freilich nicht. Im ganzen stimmt es einen aber traurig und man hat Mitleid« (zitiert nach Hildebrands Briefwechsel mit Conrad Fiedler, Hg. G. Jachmann 1927, S. 175). A. H.

84 Boccia spielende Kinder, 1872

Leinwand; 64 x 51,5 cm
Bezeichnet unten links: A Feuerbach. (ligiert)
München, Bayerische Staatsgemäldesammlungen, Neue Pinakothek. – Inv. Nr. 9237
Literatur: Allgeyer-Neumann 1904, II, Nr. 548. – Uhde-Bernays 1929, Nr. 312, Abb. 286. – Kat. Neue Pinakothek München 1981, S. 94.

In den *Boccia spielenden Kindern* scheint Feuerbachs langdauernde Beschäftigung mit dem Motiv der spielenden, badenden oder balgenden Kinder, die ihren Höhepunkt in den frühen römischen Jahren hatte, gegen Ende seines Schaffens noch einmal auf. In seltener Gelöstheit und Gelassenheit sind hier die kleinen nackten Körper dreier Knaben beim Bocciaspielen auf einem besonnten, grasüberwachsenen Parkweg gegeben. In das Spiel vertieft, gliedern sie sich in die Licht- und Schattenflecke ihrer Umgebung ein, die in lockeren Grünwerten gehalten ist. Zum ersten Mal in der Reihe der Kinderbilder zeigt hier Feuerbach zudem den Versuch, die kleinen Figuren im Größenmaßstab mit der sie umgebenden Natur in Einklang zu bringen. Die zarte Idyllik der Szene wirkt inmitten der anspruchsvollen Monumentalbilder seines Spätwerks wie der Klang einer anderen Saite des Feuerbachschen Wesens. A. H.

84

85

85 Sonnenuntergang am Golf von Neapel, um 1854

Pappe, 21 x 35 cm
Bezeichnet unten links: BF
Heidelberg, Kurpfälzisches Museum der Stadt Heidelberg. – Inv. Nr. G 2289
Literatur: Kat. Ausst. Heidelberg 1922, Nr. 18 mit Abb. – Pérard 1930, S. 68, Nr. 65. – K. Lohmeyer, Heidelberger Maler der Romantik, Heidelberg 1935, S. 374, 377, Abb. 279.

Die Studie ist vermutlich auf der letzten von Pérard erwähnten Italienreise entstanden, als Fries im März 1854 in Neapel war (Pérard 1930, S. 28). Sie entstand vielleicht schon im Hinblick auf einen Italienzyklus, der von Fries um diese Zeit geplant wurde.

Die panoramatische Weite der Landschaft, akzentuiert durch dunkle Pinien vor einem Abendhimmel hat trotz der lebhaften Pinselschrift eher konventionelle Züge und erinnert in der Komposition an die Vedutenmalerei, in der Farbigkeit an Rottmann. Damit unterscheidet sich diese Ansicht von den spaten in Deutschland entstandenen Studien, in denen ganz unscheinbare, durch keine Tradition geweihte Landschaftsausschnitte im Sinne der damals modernen »intimen Landschaft« das Interesse des Künstlers erregten. B. E.

86 Das Oreto-Tal bei Palermo, 1854–1862

Leinwand; 98 x 131,5 cm
Bezeichnet unten rechts: Bernhard Fries; handschriftliche Notiz am Keilrahmen: Palermo
München, Bayerische Staatsgemäldesammlungen, Schack-Galerie. – Inv. Nr. 11463
Literatur: F. Pecht, Aus dem Cyklus italienischer Landschaften von Bernhard Fries, in: Zeitschrift für bildende Kunst 1, 1866, S. 136–137. – A. F. von Schack, Meine Gemäldesammlung, 5. Aufl. Stuttgart 1889, S. 212–213. – Boetticher 1, 1, S. 352, Nr. 47. – Pérard 1930, S. 37, 77, Nr. 274. Kat. München Schack-Galerie 1969, S. 137–138.

Im Anschluß an Carl Rottmann, den er als Freund seines Heidelberger Elternhauses kannte, und dessen Malerei er seit 1847 in München studieren konnte, begann Fries im Jahre 1854 mit einem Italienzyklus, der vierzig Bilder umfassen sollte. Ursprüng-

86

lich hatte der Künstler daran gedacht, den Zyklus in einem von Gottfried Neureuther geplanten Pavillon zu präsentierten. Nach Verlust seines Vermögens durch den Zusammenbruch des Heidelberger Bankhauses Fries im Jahre 1860 und nachdem ein Verkauf an den bayerischen König gescheitert war, sah sich Fries gezwungen, die Bilder einzeln zu verkaufen. Graf Schack erwarb im Jahre 1868 die Ansicht *Bei Palermo* und die *Mamellen*. Sie gehörten zu den 14 Bildern, die seit 1862 auf verschiedenen Ausstellungen in Deutschland zu sehen waren.

Das Bild zeigt das Oreto-Tal südöstlich von Palermo mit dem 1113 erbauten Ponte d'Ammiraglio und den Bergzügen des Monte Grifone und des Balzo Cavallo im Hintergrund. Der weichen Modellierung durch das Abendlicht entspricht eine umso intensivere Farbigkeit: Dem Grünblau von Himmel und Wasser stehen die warmen Ockertöne der Steine des Flußufers und der Brücke, dem dunklen Ockergrün der Vegetation die zarten Rosa- und Grautöne der abendlich beleuchteten Gebirgszüge gegenüber. Schönfarbige, großflächige Harmonie und weiche Zeichnung entrücken die Landschaft in eine ideale Sphäre.

Hatte Carl Rottmann in Italien und später in Griechenland Erinnerungsbilder der Menschheit gesucht, so verleiht Fries dem persönlich erlebten vorübergleitenden Augenblick durch Monumentalisierung der landschaftlichen Formen Dauerhaftigkeit. Die Stimmung in Rottmanns Bildern beruhte auf der Darstellung der Natur als Naturprozeß, durch welchen den Spuren historischer Erinnerung endgültige Vernichtung droht. Fries dagegen versenkt seine Landschaft durch das Abendlicht in eine Sphäre, die Erinnerungen an ursprüngliche Frische und paradiesische Ruhe und Schönheit aufkommen läßt. Dazu tragen auch die weiß und rot leuchtenden Staffagefiguren an der Grenze zum Mittelgrund bei, denen die Tätigkeit des Wäschewaschens nichts von ihrer idyllischen Wirkung nimmt.

B. E.

Otto Greiner

87

87 Odysseus und die Sirenen, um 1896

Karton; 175 x 200 cm
München, Bayerische Staatsgemäldesammlungen, Neue Pinakothek. – Inv. Nr. L 731
Literatur: J. Vogel, Otto Greiner, Leipzig 1903, S. 18 ff. – Th. Schreiber, Meisterwerke des Städtischen Museums der bildenden Künste zu Leipzig, München 1907, Kat. Nr. 779, Taf. 79. – H. W. Singer (Hg.), Zeichnungen von Otto Greiner (Meister der Zeichnung, Bd. IV), Leipzig 1912, Nr. 25 f. – J. Vogel, Otto Greiner, Bielefeld/Leipzig 1925 (Knackfuß-Künstlermonographie Bd. 114), S. 65 ff.

Der große Pastellkreide-Entwurf *Odysseus und die Sirenen* gehört zu den zahlreichen Studien, die Otto Greiner für ein gleichnamiges monumentales Ölbild von vier Metern Breite anfertigte, das als einziges ausgeführtes Gemälde in Greiners sonst ausschließlich lithographischem und zeichnerischem Schaffen eine zentrale Stellung in seinem Werk einnimmt (Leipzig, Museum der bildenden Künste). Greiner, der jahrelang in Leipzig als Lithographenlehrling die Kunst des Steindrucks erlernt hatte und sich später an der Münchner Akademie weiterbildete, wurde 1892 durch einen Mäzen ein längerer Aufenthalt in Rom ermöglicht. Die Begegnung mit Italien, insbesondere mit der freien, stolzen Körperlichkeit des südlichen Menschen, wurde zum entscheidenden Erlebnis für die Entwicklung seines persönlichen Stils. Ebenso einschneidend für die Auffassungsweise der Eindrücke, Stoffe und Modelle, die sich ihm nun boten, war dabei die Begegnung mit seinem Landsmann Max Klinger, den er bald nach seiner Ankunft kennenlernte. Mit ihm unternahm er mehrere Reisen durch Italien und übernahm später auch dessen Atelier am Kolosseum mit der weiträumigen Dachterrasse (siehe Kat. 97–99), wo er die Freilichtstudien nach dem Modell seines Vorgängers fortsetzte. Der formale Einfluß von Klingers graphischen Arbeiten, die gleiche harte Plastizität der Menschendarstellung, der selbe Körperkult bei gleichzeitiger Entzauberung des Nackten treten in der weniger inspirierten Handschrift Greiners nun sozusagen »nackt und bloß« zutage.

Wenn auch Klinger kurz nach dem frühen Tod des jüngeren Kollegen diese enge Abhängigkeit bestreitet und am 7. Oktober 1916 in einem Brief schreibt: »Ihr Alle standet dem Greiner ein Bischen sehr kühl gegenüber. Wegen mir. Schüler – Nachahmer. Weder das eine noch das andere war und ist er. Ihr werdet etwas spät zu dem Irrthum kommen« (Singer 1924, S. 213), so ist doch sein Einfluß unverkennbar. Nicht nur mit der haarfeinen Technik von nadelscharfem

Realismus des Körperlichen, die Greiner in einem hochentwickelten Strichverfahren noch über Klingers Manier hinaus weiter trieb, auch in der Wahl der Themen schloß er sich an die durch Klinger vermittelte Stoffwelt der späten Deutsch-Römer an, die ihm jedoch in erster Linie Vorwand für eine nackte, funktionalisierte Körperdarstellung sind und wesentlicher Bedeutungsdimensionen entkleidet werden.

Für sein Hauptwerk, das große Ölbild *Odysseus und die Sirenen,* vollendet 1902, schuf Greiner in jahrelanger Arbeit auf der Dachterrasse des ehemals Klingerschen Ateliers zahllose, zum Teil lebensgroße Einzelstudien in Kreide, Bleistift oder Buntstift. Licht und Luft um die Gestalten war ihm, wie bei Klingers Freiluftstudien, wichtig: »Der ganze Vorgang spielt sich gleichsam ab unter der großen Glocke der Luft« (zitiert nach J. Vogel 1902, S. 23). Der vorliegende Karton zeigt etwa zwei Drittel der geplanten Komposition, an der teilweisen Quadrierung ist ihre Bestimmung für den Übertrag in eine Endfassung ersichtlich. Links vorne im Bild knien auf einem Erdsockel die nackten Gestalten zweier Sirenen (in der Endfassung drei) und wenden sich in das Bild hinein zu dem flachen Kahn des Odysseus, der dicht hinter ihnen über die Fläche des Meeres gleitet. Steil aufgerichtet steht am Ende des Kahns, genau in der Bildmitte, die trotzige Aktfigur des Steuermanns, der mit finster-entschlossener Miene zu den weiblichen Verführerinnen herüberblickt. Greiner sagt über ihn: »Seine Stellung ist absolut männliches Prinzip, er ist sozusagen die moralische Kraft im ganzen Boot« (zitiert nach J. Vogel 1902, S. 20). Links neben ihm schließen sich die nackten Ruderer an; nicht in diesem Entwurf enthalten ist ganz außen die Figur des an den Mastbaum gefesselten Odysseus. Die ganze Szene ist auf blaugrauen Karton gemalt, der die Farbstimmung auch der ausgeführten Fassung bestimmt: damit soll die gedämpfte, bedrohliche Schiroccostimmung ausgedrückt werden, in der auch die Landschaft der Bucht von Terracina mit dem Cap Circeo im Hintergrund, einem für die älteren Deutsch-Römer klassischen Ort, verschleiert liegt. Einzig die rote Girlande von Mohnblumen, die die rechte der Sirenen über ihren Kopf erhebt, und der rote Schurz des Odysseus setzen farbige, erotische Signale. Die beinahe manische Bemühung um körperliche Detailtreue, die sich in den zahlreichen Einzelstudien und Wiederholungen niederschlägt, paart sich hier mit einem Mangel an künstlerischer Phantasie und auch Dezenz: so etwa ist die Haltung, die das Modell des Steuermanns einnimmt Klingers *Herakles* aus der *Befreiung des Prometheus,* dem letzten Blatt der *Brahms-Phantasie,* verwandt. Ebenso zeigen die beiden Körper der Frauen im Vordergrund, deren Überschneidung Greiner absichtlich vermieden hat, damit man »zu einem ungestörten Genuß derselben kommt«, mit ihren ungeschickten Verkürzungen und unklar angesetzten Schenkeln kaum die Erfüllung des noch so reduziert gestellten künstlerischen Anspruchs. Der krasse Realismus der Körper führt im Gegenteil zu einer Desillusionierung, die auch die Sinnlichkeit in Fesseln schlägt. Vollends durch die individuellen Physiognomien der Gestalten, die allzusehr dem Modell verpflichtet sind, wird das Geschehen jeglicher Transzendenz entkleidet. Während Klinger durch den Wirklichkeitsgrad seiner Graphiken die antiken Mythen als merkwürdig bekannt anmutendes »déjà-vu«-Erlebnis noch einmal künstlerisch virulent machte und beklemmend reale Traumbilder schuf, verfällt Greiners Lebenswerk des *Odysseus und die Sirenen* in banale Alltäglichkeit. A. H.

88 Ansicht von Rom, um 1845

Leinwand; 60 x 90 cm
Bezeichnet unten links: Gurlitt
Hamburg, Hamburger Kunsthalle. – Inv. Nr. 2770
Literatur: Kat. Hamburg Kunsthalle 1969, S. 106.

Die Ansicht zeigt das Panorama Roms vom Capitol aus über das Forum und den Palatin mit den Albaner Bergen in der Ferne. Man sieht links im Mittelgrund die Maxentius-Basilica und vor dem Colosseum die Kirche S. Francesca Romana und den Titusbogen, weiter vorne ragt sehr hell das Oktogon der Kirche S. Maria Liberatrice heraus, die 1899 den archäologischen Grabungen an der darunterliegenden S. Maria Antiqua weichen mußte. Auf dem Hügel hinter dem Colosseum erhebt sich der große Gebäudekomplex des Lateran mit S. Giovanni, einer der vier Hauptkirchen Roms. Die ausgedehnten Mauerreste mit hohen Bogenöffnungen sind die Substruktionen der Kaiserpaläste auf dem Palatin, dahinter wieder unbebautes grünes Land bis zu den Mauerresten der Substruktionen des Monte Celio, von dessen antiken Prachtbauten schon im frühen Mittelalter fast nichts mehr übrig war, außer solchen, die zu Kirchen umfunktioniert waren wie der deutlich sichtbare Gebäudekomplex S. S. Giovanni e Paolo. An Bauten des 19. Jahrhunderts existieren auf dem gesamten Bild lediglich die wenigen Mietshäuser im Vordergrund am Fuß des Capitolshügels in ihrem schön abgestimmten Fassadenputz.

Wohl keine andere Stadt der Welt eignete sich besser für Panoramabilder als das auf sieben Hügeln erbaute Ewige Rom, in das seit alters Pilger aus aller Herren Länder strömten. Erste Beispiele für einen künstlerischen Niederschlag solchen Interesses sind die in Vogelperspektive notierten Übersichtspläne von Rom aus dem 16. Jahrhundert (am bekanntesten der von Duperac; siehe hierzu Frutaz, Le Piante di Roma, 3 Bd., 1962.). Geradezu ein Boom von solch verschiedenst gearteten, mehr oder weniger künstlerisch ausgeführten Rund- oder Ausblicken über das Gewinkel von Dachfor-

Louis (Heinrich Ludwig Theodor) Gurlitt

88

men hinweg auf die überall daraus hervorragenden Kuppeln, Campanili und Fassaden entwickelte sich, beginnend mit dem späten Dixhuitième, im frühen 19. Jahrhundert, wobei nun längst nicht mehr das topographische Interesse allein, als vielmehr und vor allem das Festhalten des atmosphärisch Besonderen eigentlicher Anlaß für diese künstlerische Produktion und deren Abnahme war. Ein besonders schönes Beispiel in schon etwas fortgeschrittener Zeit ist dieses Panorama vom Herzen des antiken Rom aus, dem Capitol, in südöstlicher Richtung, das nun beides zu vermitteln vermag: Die genau identifizierbaren Kunstdenkmäler und sonstige Bauten in ihrem urbanen Zusammenhang, wie auch das Unverwechselbare des atmosphärischen Lichts, der gesamten Stimmung, die uns anweht und die Deutsch-Römer angeweht hat, die diese Spuren wechselnder Geschichte am einstigen Nabel der abendländischen Welt so noch angetroffen haben. C. H.

89 Dorf im Gebirge, um 1845

Leinwand; 27,9 x 39,2 cm
Bezeichnet unten rechts: L. Gurlitt (L und G ligiert)
Hamburg, Hamburger Kunsthalle. – Inv. Nr. 1154
Literatur: Kat. Hamburg Kunsthalle 1969, S. 107.

Die auf Papier vor Ort gemalte Ölskizze gibt den Ausblick auf ein offenbar verlassenes Bergbauerndorf wieder inmitten weit sich hinziehender Gebirgskämme. Vom hochgelegenen Standort – im Schatten wohl eines Hauses ähnlich den im Bild sichtbaren – erblickt man die vollkommen ausgestorben wirkende Kargheit der Gegend, die von der tief stehenden Sonne

89

scharf beleuchtet ist, den Mittelgrund aber im Halbschatten beläßt und damit die Weite des Bildraums entschieden steigert. Die Kuben der mit einfachem Pultdach versehenen Steinhäuser wie auch die erstaunlich große Kirche kontrastieren gegen die eher runden Formen der Bodenformation. Die Verlassenheit dieses entlegenen Fleckens Erde wird mittels einer einzelnen kleinen Figur, die in der Ferne auf dem Hügel am Boden sitzt, besonders sinnfällig, wie auch durch die Ruine eines Hauses im Mittelgrund. Die Verteilung von Licht und Schatten in ihren farbigen Gegensätzen läßt den Eindruck unmittelbarer Wirklichkeitstreue entstehen, fern von allen klassisch idealen Vorbildern traditioneller Landschaftsauffassung, wie sie von den Italienfahrern unter den Künstlern aus dem Norden meistens damals noch gepflegt wurde. Der Realismus eines Johann Christian Dahl und der Kopenhagener Akademieausbildung hat nachhaltig auf Gurlitt gewirkt. Die höchst originelle, ganz und gar unkonventionelle Wahl des Motivs aber und seine darin unmißverständlich zum Ausdruck gebrachte Stimmung lassen hingegen an Carl Rottmann denken (Kat. 122–126). C. H.

90 Hang mit Olivenbäumen, um 1845

Holz; 27,5 x 25,9 cm
Bezeichnet unten rechts: LG (ligiert)
Hamburg, Hamburger Kunsthalle. – Inv. Nr. 2714
Literatur: Kat. Hamburg Kunsthalle 1969, S. 108.

Im Gegensatz zu der kargen Gebirgsgegend mit verlassenen Steinhäusern (Kat. 89) wählte Gurlitt hier ein Naturmotiv, das ebenfalls vor Ort pleinair gemalt eine Vorstellung von der üppigen Vegetation des Landes vermittelt. Von einem höhergelegenen Standort blickt man in eine Senke mit Olivenbäumen, deren Zweige mit silbrigzartem Blattwerk gegen den südlichen Himmel stehen. Wein wuchert von den Stöcken die Baumstämme hoch, wie überhaupt der ganze Landstrich von paradiesischem Wachstum und hellem Licht erfüllt ist. Der Blick geht darüber hin aufs Meer und eine vorgelagerte Insel oder Landzunge ist gerade noch am Bildrand rechts zu sehen. All dies veranschaulicht unendliche Weite, Sommerluft und Wachstum der italienischen Mittelmeerküste. Ähnlich den hier gezeigten Baumstudien von Oswald Achenbach (Kat. 1, 2) zeigt sich der Vordergrund vom unteren Bildrand überschnitten und führt so das Auge unmittelbar ins spontan gewählte Naturmotiv hinein. Doch anders als Achenbach hat Gurlitt einen ganz freien Zugang zur Natur, sieht sie noch weniger akademisch formal übersetzt und kann uns deshalb viel direkter vermitteln, wie faszinierend die Szenerie der Natur in Italien auf die Maler aus dem Norden gewirkt haben wird und zu einer wesentlichen Quelle ihrer künstlerischen Inspiration hat werden können. C. H.

90

Ludwig von Hofmann

91

91 Notturno, um 1900

Leinwand; 62,5 x 83 cm
Bezeichnet unten rechts: L v Hofmann
München, Bayerische Staatsgemäldesammlungen, Neue Pinakothek. – Inv. Nr. 13 000
Literatur: O. Fischel, Ludwig von Hofmann, Bielefeld/Leipzig 1903, S. 47f. – Kat. München, Neue Pinakothek 1981, S. 140.

Das *Notturno* (Nachtstück) betitelte Bild beschwört den dämmrigen Zauber einer stillen, vom Mondlicht übergossenen Bachlandschaft herauf, in der sich zwei kleine Frauenfiguren am Ufer versunken ihren Vorbereitungen zum Bade hingeben, während vorne die Bildnisbüste einer dritten Frau dicht an den Bildrand gerückt ist. Den Körper mit dem leichten, griechisch anmutenden gefälteten Gewand, das von den Schultern gleitet, fast ins Profil gerückt, wendet sie ihr feines ovales Gesicht mit dem dunklen Haar wie in der Hingebung an die nächtliche Stimmung offen dem Betrachter zu. Ihr ruhiger, bedeutsamer Blick sowie die Stellung ihres Körpers leiten zur Szenerie hinter ihr über und ziehen den Betrachter in die träumerische Atmosphäre jener Nacht. An die Linien ihrer Figur, die durch das einfallende Mondlicht stark modelliert herausgehoben ist, schließen sich die kurvigen Ornamente der stilisiert behandelten Bachlandschaft an. Es entsteht trotz der auffallenden Hervorhebung der Figur eine Verbindung von empfindendem Mensch und Landschaft, die hier vielleicht als Traumvorstellung, vielleicht als reale Umgebung der individuell Porträtierten, jedenfalls mit ihr in Einklang steht. Bei der jungen Frau handelt es sich wahrscheinlich um Elly Kekulé von Stradonitz, der Tochter des Archäologen und Direktors der Berliner Antikensammlung R. Kekulé, eine Cousine Hofmanns und seine spätere Frau.

Die nächtliche Landschaft hinter ihr hat Hofmann mit dunklen bunten Farben von Blau und Grün und einer abschließenden Wand kräftig schimmernden Blaus charakterisiert und zeigt damit den kühnen, eigenwilligen Einsatz der Farbe, den er in seinen meist lichtübergossenen, arkadisch verklärten Landschaften häufig anwandte und für den er von seinen Zeitgenossen mehrfach kritisiert wurde. Französischer Symbolismus, deutscher Neuidealismus und eine moderne, vorwärtsweisende Farbigkeit verschmelzen im Werk Ludwig von Hofmanns, das zugleich mit der Idealisierung einer freiheitlichen Körperauffassung im Nachklang an das klassische Menschenbild der »Deutsch-Römer« das Lebensgefühl des Jugendstils und seiner Reformbewegung zum ursprünglichen Leben zum Ausdruck bringt. A. H.

Edmund Kanoldt

92

92 Aus der Serpentara bei Olevano, 1869

Pappe; 44 x 59 cm
Bezeichnet unten links: Edmund Kanoldt; unten rechts Olevano, Serpentara 23 July 1869
Karlsruhe, Staatliche Kunsthalle. – Inv. Nr. 1016
Literatur: A. v. Schneider, Badische Malerei des 19. Jahrhunderts, 2. Aufl. Karlsruhe 1968, S. 105. – Kat. Karlsruhe Staatliche Kunsthalle 1971, S. 126.

Besonders seit den sechziger Jahren war die Serpentara mit ihrem berühmten Eichenhain wieder ein von den deutschen Künstlern bevorzugtes Motiv. Ähnlich wie der ältere Preller in seiner Naturstudie aus der Gegend von Olevano (Kat. 114) hat sein Schüler Kanoldt hier das eng begrenzte Naturmotiv in den nur angedeuteten weiten Landschaftszusammenhang integriert. Man erkennt im Hintergrund die schon von Joseph Anton Koch, dem malerischen Entdekker dieser Landschaft, oft wiedergegebenen steilen Felswände der Serpentara. Die »intime Landschaft« enthält so trotz ihrer Ausschnitthaftigkeit Hinweise auf den unberührten Charakter dieser entlegenen Gegend in ihrer Gesamtheit. Charakteristisch für Kanoldts Studien dieser Zeit sind die streng umgrenzten Formen bei sehr starken Licht-Schatten-Kontrasten.

Wenige Jahre nach Entstehung dieser Studie sollte 1873 der Steineichenhain der Serpentara, der die Künstler des 19. Jahrhunderts so begeistert hatte, daß hier eine eigene Landschaftsikonographie entstand, abgeholzt werden. Dem Einsatz Kanoldts war es zu verdanken, daß dies verhindert werden konnte, indem eine Gruppe von Kunstfreunden das Areal erwarb, um es

93

95

Kaiser Wilhelm I. zu schenken, der es in den Besitz des Deutschen Reiches überführte (F. Noack, Das Deutschtum in Rom seit dem Ausgang des Mittelalters, 2 Bde., Leipzig 1927, Bd. 1, S. 609). B. E.

93 Blick auf den Campo d'Annibale bei Cannae, 1880

Leinwand; 52 x 102 cm
Bezeichnet unten links: Campo d'annibale / bei Cannae / Edmund Kanoldt p. 1880
Karlsruhe, Staatliche Kunsthalle. – Inv. Nr. 2008
Literatur: A. v. Schneider, Badische Malerei des 19. Jahrhunderts, 2. Aufl. Karlsruhe 1968, S. 105. – Kat. Karlsruhe Staatliche Kunsthalle 1971, S. 127.

Das Bild zeigt in gedehntem Querformat die Ebene des berühmten Schlachtfeldes in Apulien nahe der Mündung des Flusses Ofanto, wo im Jahre 216 v. Chr. die Römer durch die Karthager unter Hannibal vernichtend geschlagen wurden.

Entsprechend der durch Carl Rottmann begründeten Tradition der historischen Landschaftsmalerei verleiht Kanoldt dem in nachrömischer Zeit unbedeutenden Ort mit Hilfe der Gewitterfront, durch welche Licht- und Dunkeltöne in der Landschaft intensive Steigerung erfahren, eine Bedeutsamkeit, die den Betrachter aufmerken läßt. Der wenig Wasser führende Flußlauf vorne wird im Bild zu einer großen, die gesamte Gegend strukturierenden Ovalform. Auch hier folgt Kanoldt Carl Rottmanns Kompositionen, vor allem den Darstellungen aus der Campagna. Doch in der Wiedergabe von Bodengestalt und Bewuchs sowie in der Veranschaulichung der feuchten Witterung begnügt er sich mit der wirklichkeitstreuen Abbildung der Naturphänomene, die bei Rottmann immer eine Steigerung zum kosmischen Geschehen erfuhren. B. E.

94

94 Olivenhain bei Torbole, 1883

Holz; 40,3 × 29,7 cm
Bezeichnet auf der Rückseite: Gemalt von Prof. Edmund Kanoldt / »Olivenhain. Motiv von Torbole am Gardasee«. 1883
Hamburg, Galerie Mathias F. Hans
Literatur: vgl. E. Redslob, Beiträge zur Weimarer Landschaftsmalerei, 1. Edmund Kanoldt, in: Zeitschrift für bildende Kunst N. F. 30, Leipzig 1919, S. 212. – Kat. Düsseldorf Kunstmuseum 1981, S. 116, Nr. 75.

Die Frische der Darstellung und Unmittelbarkeit der Pinselschrift sprechen dafür, daß es sich bei diesem Bild um eine vor dem Naturmotiv entstandene Freilichtstudie handelt. Ungewöhnlich für eine solche Studie ist allerdings der Bildträger Holz. Das Bild steht dem Natureindruck jedoch näher als die etwa gleich große, ebenfalls auf Holz gemalte Variante im Düsseldorfer Kunstmuseum, in welcher die Pinselschrift der vorliegenden Studie systematisiert und in eine geschlossene Malschicht übersetzt wurde. In der ersten Studie hat Kanoldt den Eindruck flimmernden Lichts in einem Olivenhain durch das dichte Nebeneinander verschiedener Grün-, Blaugrün-, Ocker- und heller Himmelstöne erreicht, wobei durch die verschiedenfarbigen Pinselstriche zuweilen der weiße Grund sichtbar ist. Auch Wiese und Baumstämme zeigen ein vielfaches Farbgemisch, eine Form der Vergegenwärtigung, die durch John Constable in die Landschaftsmalerei eingeführt und durch die Maler der Schule von Barbizon allgemein verbreitet wurde.

Redslob, der die Düsseldorfer Variante 1919 erstmals veröffentlichte, weist auf den engen Zusammenhang mit der Weimarer Schule, in der, angeregt durch Kanoldts Lehrer Friedrich Preller d. Ä., die Studie des Baumschlags besonders gepflegt wurde.

B. E.

96

95 Römische Campagna, um 1883

Leinwand, auf Pappe; 22 x 38 cm (Leinwandmaße)
Bezeichnet unten links: Edmund Kanoldt; auf der Rückseite der Pappe oben links: Römische Campagna.
Düsseldorf, Kunstmuseum. – Inv. Nr. 4259
Literatur: Kat. Düsseldorf Kunstmuseum 1981, S. 116, Abb. S. 115.

Diese Studie aus der Campagna, die im Düsseldorfer Katalog mit den auf den Großen Kunstausstellungen in Dresden von 1883 und 1884 ausgestellten Gemälden aus der Campagna in Zusammenhang gebracht wurde, ist in ihrer Frische und Unbekümmertheit gegenüber der Tradition auffällig. Nur die Bezeichnung *Römische Campagna* läßt den Ort als solchen erkennen. Der Blick führt von oben über die Felshänge hinab auf die Ebene mit den Gebirgszügen im Hintergrund. Antike Reste sind nur für den genauen Kenner zu identifizieren. Der Ausschnitt, in dessen Flächenmuster der in seiner Zufälligkeit fast ungeschlacht wirkende Felsüberhang links im Vordergrund unmittelbar gegen die Ferne gesetzt ist, wurde fast fotografisch-impressionistisch gewählt. B. E.

96 Penelope am Meeresstrand, 1889

Leinwand; 187,5 x 132,5 cm
Bezeichnet rechts unten:
Edmund Kanoldt Karlsruhe
Berlin, DDR, Staatliche Museen zu Berlin, Nationalgalerie
Literatur: Kat. 61. Ausst. Kgl. Akademie der Künste Berlin 1889, Nr. 304. – Boetticher I, 2, S. 674, Nr. 25. – Kat. der Königlichen National-Galerie zu Berlin, hg. v. M. Jordan, XIII. vervollständigte Aufl. 1901, S. 231–232.

Das 1889 auf der Berliner Akademie-Ausstellung erstmals gezeigte Bild wurde im Jahre 1890 für die Berliner Nationalgalerie erworben. Es zeigt die Gemahlin des Odysseus, Penelope, die, am Meer stehend, auf ihren seit dem Ende des Trojanischen Krieges verschollenen Helden wartet, welcher durch Schiffbrüche und Abenteuer jahrelang von der Heimkehr abgehalten wurde. Penelope ist nur eine von vielen ähnlichen Frauengestalten Kanoldts, der seit den späten siebziger Jahren alle Themen malte, die seit Drebers *Sappho* (siehe Kat. 53), Feuerbachs *Iphigenie* (siehe Kat. 82) und Böcklins *Villa am Meer* (siehe Kat. 23) zum Repertoire der mythologischen Seelenlandschaft gehörten. Außer Penelope malte er Kassandra, Iphigenie, Hero und Sappho in hochformatiger Felsenkulisse mit »geräuschvoller« Meeresbrandung, wobei Böcklinsche Tempel oder Portiken mit mehr oder weniger bewegten Zypressen zum schicksalhaften Inventar gehören.

Redslob schreibt zu diesen Bildern in der Zeitschrift für bildende Kunst (N. F. 30, 1919, S. 211): »An ihm gefiel, daß er die Strenge der Zeichnung durch malerischen Klang zu überwinden vermochte und so die stimmungsvolle Auffassung von Böcklins Lehrer Schirmer mit der spröden Art des im Grunde nie populären Preller angenehm verband« [der sich übrigens auch an dieser Thematik versuchte: *Mythologische Landschaft,* um 1875, in der Düsseldorfer Kunsthalle]. Wie beliebt diese Darstellungen Kanoldts waren, zeigt ihre Veröffentlichung in dem Werk ›Lichtdrucke nach Gemälden von Professor Edmund Kanoldt mit begleitenden Gedichten von A. Leschivo‹ (Leipzig 1887). Eine weitere Fassung (1883) ungefähr gleichen Ausmaßes befindet sich in der Kunsthalle Karlsruhe. B. E.

Max Klinger

97

97 Das Colosseum in Rom, 1888

Leinwand; 77 x 102 cm
Bezeichnet unten links: MK (ligiert) Rom 88
Dresden, Staatliche Kunstsammlungen, Galerie Neue Meister. – Inv. Nr. 2460 B
Literatur: Singer 1924, S. 78. – Schmidt 1906, S. 80. – Kat. Ausst. Leipzig 1970, Nr. 39, S. 73. Mathieu 1976, S. 26. – Winkler 1984, S. 271, Nr. 224.

Max Klinger ist uns außer durch seine Skulpturen heute in erster Linie durch seine graphischen Zyklen bekannt, in deren phantastischen, mit größtem Realismus vorgetragenen Visionen er die Halluzinationen und Verfremdungen des Surrealismus und der Symbolwelt der Psychoanalyse vorwegnahm. Seine Malerei hingegen findet heute kaum größere Beachtung. Zu seiner Zeit jedoch hatten Klingers monumentale Wandbilder wie *Das Urteil des Paris, Die Kreuzigung, Christus im Olymp* oder *Die Blüte Griechenlands* größtes Aufsehen erregt und im Positiven wie im Negativen heftige Reaktionen hervorgerufen. Für Klinger selbst waren seine Gemälde, ebenso wie die Skulpturen, ein wichtiges künstlerisches Anliegen, das in den großen Schöpfungen programmatisch zum Ausdruck kam. Dabei sah er die Malerei, im Gegensatz zu den von ihm unter der Bezeichnung »Griffelkunst« zusammengefaßten graphischen Künsten, die die »dunkle Seite« des Lebens und der Phantasie zu zeichnen bestimmt waren, grundsätzlich als harmonische Kunst des Auges und der an Form und Farbe gebundenen Schönheit an. Darüber hinaus stellte sich Klinger seine anspruchsvollen Kompositionen stets als Teil einer farbigen Raumkunst vor, eingeordnet in den Zusammenhang eines angestrebten Gesamtkunstwerkes aus architektonischen, plastischen und malerischen Elementen.

Das *Colosseum in Rom* ist deshalb lediglich als eine Studie anzusehen, wie eine Reihe von Bildern, die Klinger in den ersten Jahren in Rom schuf, wo er sich im Zuge seiner künstlerischen Ausbildung erst spät, als über Dreißigjähriger, im Februar 1888 niedergelassen hatte und wo er mit Unterbrechungen bis 1893 blieb. Das Bild zeigt den Blick von der Terrasse seines römischen Ateliers in der Via Claudia 8, über das Klinger kurz nach seiner Ankunft begeistert in seiner eigenwilligen Sprache nach Hause berichtet: »Das Atelier ist ziemlich groß ich habe da großen großen Balcon zum Malen im freien. 6 Treppen hoch und eine unbeschreiblich schöne Aussicht rundherum frei sehe ich. auf alle Monumente und ganz Rom und habe Ringsum Aussicht auf die fernen Gebirge. Direct vor dem Atelier liegen die Riesenruinen des Colosseums und weiter davor der Triumphbogen des Constantin.« (Singer 1924, S. 78). Mehrfach bricht Klinger in seinen Briefen in Begeisterung über das römische Panorama um sein Atelier herum aus, so bekräftigt er im August desselben Jahres: »Die Aussicht von meiner Terasse ist einzig. Schwer etwas schöneres zu denken ... Ich habe da wirklich die Großartigste Aussicht über die großartigste Stadt der Welt vor mir.« (Singer 1924, S. 82).

Auf Klingers Studie zum *Colosseum* ragt im Vordergrund das kahle Rechteck dieser Terrasse ins Bild, in engster Nachbarschaft zu den Mauern des antiken Rundbaus, die im Sonnenlicht warm aufstrahlen. Links davon ist der Würfel des Konstantinbogens im Grün zu erkennen, knapp über den flachen Rand des Colosseums erheben sich in der Ferne die Gebäude des kapitolinischen Hügels. Auf diesem Bild sind die Einflüsse des Impressionismus unverkennbar, mit denen sich Klinger in Paris konfrontiert gesehen und die er anfangs durchaus aufgenommen hatte, obwohl er sich bereits 1885 distanziert darüber äußerte. Dafür sprechen neben der scheinbaren Zufälligkeit des Bildausschnitts, mit der das Hauptmotiv aus der Mitte gerückt ist und die nüchterne Brüstung der Terrasse miteinbezogen wird, besonders die helle, leuchtende Freilichtmalerei, die sich auf den Gegenständen entfaltet. Für die Malerei Klingers am wichtigsten unter den Errungenschaften des Impressionismus ist jedoch die Auflockerung der Malstruktur, die in einzelnen Teilen eine gewisse Rauheit bei höchst differenziertem Farbenspektrum besitzt und den Sinneseindruck fast materiell werden läßt. Zusammen mit den klaren Konturen und den deutlichen Schlagschatten ergibt sich eine merkwürdige Mischung aus akademischen und progressiven Tendenzen, wobei die suggestive Wirkung vor allem in der bernsteinhaften Leuchtkraft der spannungsvoll aufeinander abgestimmten Palette liegt. Das spürbare Volumen in der malerischen Gestaltung mag mit Klingers Bemühungen in Rom zusammenhängen, sich von früheren Anschauungsarten in der Form zu befreien und zu mehr Plastizität zu gelangen, – und 1888 meldet er seinen Eltern entsprechende Erfolge in seinen malerischen Versuchen, »denn alle meine Arbeiten jetzt sind auf viel Licht und klare Luft komponiert«.

A. H.

98

98 Blick vom Esquilin auf S. Maria Maggiore, 1889

Holz; 46 x 36,2 cm
Bezeichnet unten rechts: MK (Monogr.) 89 Rom
Leipzig, Museum der bildenden Künste. – Inv. Nr. 2160
Literatur: Singer 1924, S. 91. – Kat. Ausst. Leipzig 1970, Nr. 40, S. 74. – Kat. Ausst. Rotterdam 1978, Nr. 16. – Winkler 1984, S. 271, Nr. 226.

Das kleine Bild *Blick vom Esquilin auf S. Maria Maggiore* von 1889 entstand ein Jahr später als die Ansicht des Kolosseums ebenfalls als Blick von der Terrasse des römischen Ateliers, diesmal genau nach Norden über die Konstruktionen der Domus Aurea, der Trajansthermen und den Hügel des Esquilin auf die Kirche S. Maria Maggiore. Im Juli dieses Jahres schreibt er darüber seinen Eltern: »Sonntag nachmittag; alles im Atelier dicht verschlossen; nur das Nordfenster weit auf – welches schöne Stück Landschaft! Die ferne Kirche Sta Maria, die Mauern, die Titusthermen! Und so sitze ich manchen Abend auf meiner Terasse und wünschte Euch nur etwas von diesem Reichtum geben zu können. Ihr müßtet es doch sehen.« (Singer 1924, S. 91).

Mehr noch als im *Blick auf das Kolosseum* vereinigt Klinger in diesem Bild die Widersprüche einer weitgehend aufgelösten Malweise und die festen Orientierungspunkte einer traditionellen Sehgewohnheit. In verschiedenen Schichten wird das Motiv von unten nach oben mit grob verstrichenem Deckweiß, braunen und gelbgrünen Zonen aufgebaut, während im oberen Drittel die beiden deutlich abgezirkelten Kuppeln der Kirche in das ruhige, luftige Blau des Himmels einschneiden. Der trockene, pastose Farbauftrag in der unteren Hälfte des Bildes erinnert in seiner Sprödigkeit an Klingers erstes größeres malerisches Unternehmen, den Zyklus der Wandbilder und Türfüllungen, den er 1883–1885 für die Villa Albers in Berlin-Steglitz schuf. Dort hatte er ein Vestibül mit Landschaftspaneelen, einer Tafel mit blumenstreuender Flora und einem zehnteiligen Meeresfries ausgestattet, die stark an die Fabelwelt und Naturauffassung Böcklins erinnern (über die Beziehungen von Klinger zu Böcklin siehe auch Kat. 8). Hier hatte der stumpfe kräftige Farbauftrag Natürlichkeit und vitale Unmittelbarkeit bedeutet, die wiederum durch die elegante farbige Gliederung der Pilaster und Wandelemente in einen dekorativen Zusammenhang eingebettet wurden.

Neben der Ausstattung der Villa Albers und dem *Paris-Urteil,* 1885/1887 in Paris und Berlin gemalt, war Klingers Beschäftigung mit der Malerei in seinen frühen Schaffensjahren begrenzt gewesen; auf der Graphik und seinen ersten wichtigen Radierfolgen, die ihn bekannt gemacht hatten, lag eindeutig der Schwerpunkt seiner Arbeit. In Rom nun beginnt eine sehr produktive Tätigkeit sowohl auf dem Gebiet der Malerei, die für ihn stets mit äußerer Schönheit zu tun hatte, als auch in der systematischen Auseinandersetzung mit der Skulptur. Das monumentale Bild der *Kreuzigung* und die große Zahl ihrer Studien entstehen, ferner die *Pietà,* die *Blaue Stunde, Die Quelle* und *Am Strande* (Kat. 100). In Rom verfaßte Klinger seine grundlegende kunsttheoretische Schrift ›Malerei und Zeichnung‹, die 1891 in Leipzig erschien, in Rom gibt Klinger die erste Ausgabe der Radierfolge *Vom Tode I* heraus und beginnt *Vom Tode II.* Nicht zuletzt entstehen in Italien die ersten Blätter der *Brahmsphantasie,* von denen eines einen Jüngling auf dem Dach eines römischen Hauses in Erinnerung versunken zeigt – die Stadtlandschaft im Hintergrund bildet hier allerdings der Blick von Klingers Atelier an der Piazza Mattei, in das er 1890 umgezogen war.

A. H.

99

99 Bianca, 1890

Pappe; 47,5 x 39,3 cm
Bezeichnet oben links: Bianca Rom 90 M. K.
Leipzig, Museum der bildenden Künste. – Inv. Nr. 1337
Literatur: A. Janda-Bux, Die Entstehung der Bildnissammlung an der Universität Leipzig, in: Wissenschaftliche Zeitschrift der Karl Marx-Universität, Leipzig 4, 1954/55, S. 193 ff. – Kat. Ausst. Leipzig 1970, Nr. 45, S. 76. – Kat. Ausst. Rotterdam 1978, Nr. 17, S. 118. – Kat. Ausst. Hildesheim 1984, S. 79, Nr. 22, S. 268. – Winkler 1984, Nr. 225, S. 307.

Das *Bianca* betitelte Bild einer jungen Frau entstand ebenfalls, wie die beiden vorhergehenden Gemälde, auf der Terrasse von Klingers römischem Atelier. Dort arbeitete er in den Jahren 1888 bis 1891 beinahe täglich nach dem lebenden Modell, wobei zahlreiche dieser Studien in Zusammenhang mit dem vielfigurigen Monumentalbild der *Kreuzigung Christi* stehen. Das Brustbild der *Bianca* hingegen gehört zu einer Gruppe weiblicher Bildnisse, die Klinger in Ganz- oder Halbfigur, meist sitzend und stets den Kopf gegen den freien Himmel erhoben, als Freilichtstudie malte. Sie sind deshalb weniger nur als Porträts aufzufassen – das Porträt interessierte Klinger bis auf wenige Ausnahmen erst später in Zusammenhang mit seinen plastischen Bildnissen etwa von Elsa Asenijeff, Liszt, Wagner und Nietzsche –, sondern als Versuche, die menschliche Gestalt als farbige Erscheinung im Raum abzutasten und sie als Teil der sichtbaren Welt auf ihre Formgesetze zu untersuchen.

Dabei ist wichtig, an Klingers Auffassung von den Aufgaben der Malerei zu erinnern: Im Gegensatz zu »Zeichnung« – damit ist seine Graphik gemeint –, die auch die Abgründe und Nachtseiten des Lebens, prinzipiell alles »Gedankliche« zur Darstellung bringen könne, habe die Malerei grundsätzlich »die farbige Körperwelt in harmonischer Weise zum Ausdruck zu bringen, selbst der Ausdruck der Heftigkeit und Leidenschaft hat sich dieser Harmonie unterzuordnen.« Jedoch unter dieser Prämisse ist auch die Malerei selbst in drei Kategorien einzuteilen, »als Bild – als Dekorations- und als Raumkunst wechselt sie ihre Ästhetik. Besonders als letztere hat sie vieles mit der Zeichnung zu tun«, so Klinger in seiner Schrift ›Malerei und Zeichnung‹. Während demnach seine monumentalen Wandgemälde, die stets für einen Raumzusammenhang gedacht sind, durchaus große gedankliche Konzepte gestalten sollen, ist ein Werk wie die *Bianca* zweifelsohne als reine »Bildkunst« aufzufassen, das heißt als Bewältigung des Sichtbaren, die für Klinger einhergeht mit der Klarheit und Tiefe des Erfassens. Dennoch ist ein Bild wie dieser Frauenkopf bei Klinger nicht die bloße Wiedergabe eines Sinneneindrucks, wie die impressionistisch-helle Lichtmalerei auf den ersten Blick nahelegt. Streng frontal und symmetrisch ist das Bildnis angelegt, mit unbeweglichem Blick schaut das Modell dem Betrachter gerade in die Augen. Bei allem luftigen Schimmer bewahrt das Gesicht seine Geschlossenheit, in den geöffneten Augen ist kein Reflex auf das einfallende Sonnenlicht erkennbar. Die hieratische Haltung gibt der Figur etwas Idolhaftes; in der Bedeutsamkeit der Menschendarstellung erinnert es fern an die weiblichen Bildnisse Böcklins, etwa an dessen *Judith* aus den achtziger Jahren. A. H.

100 Am Strande, 1890

Leinwand; 76 x 182 cm
Bezeichnet unten links: Max Klinger Rom 90
München, Bayerische Staatsgemäldesammlungen, Neue Pinakothek. – Inv. Nr. 10853
Literatur: Mathieu 1976, S. 99. – Kat. München, Neue Pinakothek 1981, S. 169 f. – U. Planner-Steiner, »Auf der Suche nach dem Reich der Kunst«, Malerei und Gesamtkunstwerk, in: Kat. Ausst. Hildesheim 1984, S. 52. – Winkler 1984, Nr. 223, S. 307.

»Der Kern- und Mittelpunkt aller Kunst bleibt der Mensch und der menschliche Körper«, diese Überzeugung hat Klinger zeit seines Schaffens immer wieder geäußert und unter dieses Leitmotiv seine Beschäftigung mit der Malerei und Plastik gestellt. Auch das Bild *Am Strande* ist als Studie des menschlichen Körpers und seiner plastischen Erscheinung in Licht und Luft gedacht, doch es wendet sich, wie viele Bilder Klingers, unversehens von einer bloß formbetonten, getreuen Schilderung der Wirklichkeit ab. Was Klinger in seiner Schrift ›Malerei und Zeichnung‹ gegen die Allegorisierung und das Anekdotenhafte der Kunst seiner Zeitgenossen stellt, kann in seinen Augen völlig für ein Bild wie *Am Strande* gelten: »Ein ruhender menschlicher Körper, an dem das Licht in irgend einem Sinne hingleitet, in dem nur Ruhe und keinerlei Gemütsbewegung ausgedrückt sein soll, ist, vollendet gemalt, schon ein Bild, ein Kunstwerk. Die »Idee« liegt für den Künstler in der der Stellung des Körpers

100

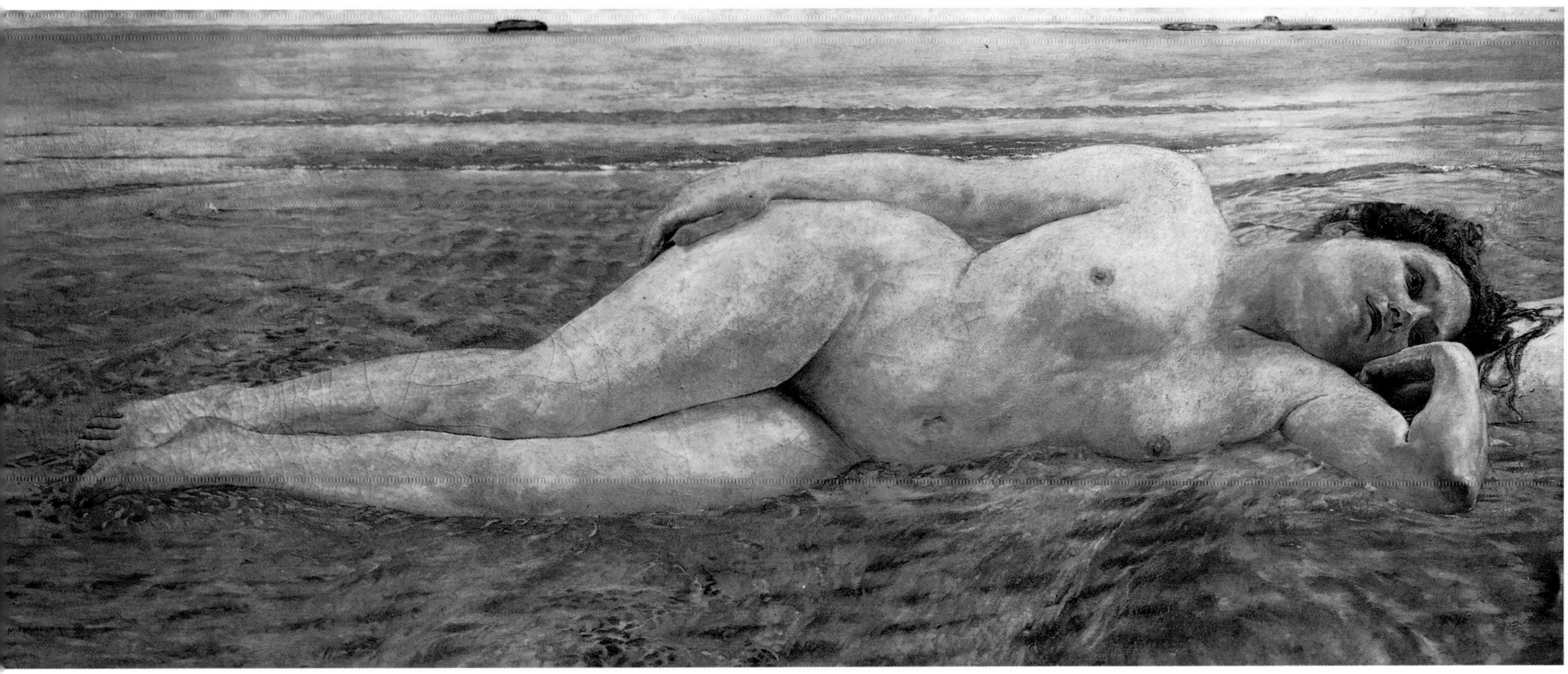

entsprechenden Formenentwicklung, in seinem Verhältnis zum Raum, in seinen Farbkombinationen.«

Doch die scheinbar inhaltslose Auseinandersetzung mit der Form wird von Klinger selbst unterlaufen, der nackte, in künstlich arrangierter Haltung und in merkwürdiger Isolierung vom umgebenden Element im Wasser liegende Frauenkörper wirkt eher wie eine Vision als eine lebendige Gestalt aus Fleisch und Blut. Befremdlich wirkt dabei gerade der naturalistisch, mit beinahe akademischer Exaktheit gemalte Akt auf dem unter ihm wegrieselnden bunten Gekräusel der Wellen, deren juwelenhaft leuchtende Flächen und Linien an dekorative Jugendstilmalerei gemahnen. Die für Klinger charakteristische Raumauffassung – man könnte fast von einem Raummotiv sprechen –, die Leere und öde Weite der Landschaft, die gerade durch das abrupte Abschneiden des Horizonts nicht meßbar und surreal wirkt, trägt ebenfalls zu dem beunruhigenden Stimmungswert des Bildes bei. Vollends bricht das Gesicht der Frau, ihre moderne Physiognomie und der sehnsüchtige, verlorene Ausdruck darin, mit einer angestrebten Idealität der Körperauffassung und dem Genügen in der Form. Die Frau liegt vom Meer abgewandt und ohne Bezug zur Landschaft da, ähnlich wie auch die drei weiblichen Akte in Klingers *Blauer Stunde* von 1890 in dämmerndem Träumen dem Betrachter zugewandt sind und den Kontakt zum Raum verloren haben.

Zu der für Klinger so wichtigen Absicht der Darstellung des menschlichen Körpers, die er in erster Linie mit diesen Bildern verfolgte, ist bemerkenswert, daß er anscheinend in den großen Deutsch-Römern Böcklin und Feuerbach das Vorbild für ein vollendetes, lebensvolles Aktstudium sah. So schreibt er in Zusammenhang mit seinen Arbeiten für die große *Kreuzigung* am 21. September 1888 an seine Eltern, er brauche keinen weiteren Lehrer: »Das was ich will, und was mir fehlt, macht jetzt niemand und das was Alle jetzt mehr oder weniger ausgezeichnet machen interessiert mich kaum. Also zu wem in solchem falle? Der einzige der mir genutzt hätte, und zu dem ich ginge, lebte er noch, wäre feuerbach gewesen, das ist einigermaaßen meiner Richtung verwand. Aber wer macht jetzt so was? Niemand. Der nackte menschliche Körper ist jetzt so vernachlässigt daß man es an den Modellen spürt, überall selbst in Paris und hier ist es schwer schöne Modelle zu finden, weil sich nur sehr wenige konsequent damit befassen.« (Singer 1924, S. 85). Und in einem Brief von 1901 zieht er rückblickend eine Summe über die künstlerischen Bemühungen seiner vergangenen Jahre, auch der römischen Zeit, »wo ein weiblicher Körper in meiner damaligen harten und ungenießbaren Art gegeben worden war«. Dort heißt es: »Denken Sie an feuerbach dagegen und an Böcklin. Da sehen Sie Haut, Körperbau, Erfassung des Außern durch das innere Verstehn, den Kuß auf alles was man sehen gelernt hat, kurz Sinnlichkeit.« (Singer 1924, S. 146).

Gerade in der Traditionsgebundenheit seiner Menschendarstellung, die durch die großen Vorgänger unter den Deutsch-Römern ein letztes Mal gefiltert wurde, ihrer Verlorenheit und ihrem »seltsamen Gemisch aus deutsch-römischer Idealität und fotografisch getreuem Naturalismus« machen die Bilder Klingers Verluste der Moderne offenbar, die dabei einer eindringlichen Wirkung nicht entbehren. A. H.

101 Triton und Nereide, 1895

Holz; 100 x 185 cm
Bezeichnet unten links: M. K. 95
Florenz, Sammlung Villa Romana
Literatur: Kat. Ausst. Fiesole 1980, Nr. 78, S. 153. Kat. Ausst. Hildesheim 1984, Nr. 22, S. 269.

Wie kein anderes Gemälde Klingers erinnert das breitformatige Bild *Triton und Nereide,* auch *Sirene* genannt, das zwei Meerwesen in leidenschaftlicher Umarmung in den Wogen zeigt, an die Themenwelt Arnold Böcklins. Die selben Bildphantasien, die zu provozierender Körperlichkeit gelangten Bewohner der Fluten, der Mann und das Weib, wie in Böcklins Schöpfungen *Triton und Nereide* (ehem. Berlin, Nationalgalerie oder München, Schack-Galerie, siehe Kat. 36), scheinen auch bei Klinger lebendig geworden zu sein. Allerdings trifft die intime erotische Vereinigung der beiden Naturwesen eine ganz andere Bildaussage als die voneinander weggewandten Paare Böcklins, die Fremdheit, Vereinzelung, träge Sinnlichkeit der Frau und sehnsüchtiges Aufgerichtetsein des Mannes in die Ferne als Trennendes zwischen den Geschlechtern markieren. Dabei ist jedoch zu bemerken, daß auch in Klingers Werk, in dem sexuelle Obsessionen, Zwangsvorstellungen und mehr oder weniger unverhüllte Sexualsymbole eine zentrale Rolle spielen, an keiner anderen Stelle geschlechtliche Vereinigung so direkt und unmittelbar dargestellt ist. Nirgendwo sonst kommt es zu einer derartigen Erfüllung des Verlangens, weder in den Vergewaltigungsszenen der späten Graphikfolge *Das Zelt* noch etwa im *Glück* betitelten Blatt des Zyklus *Eine Liebe,* wo das Paar dumpf und unbestimmt nebeneinander liegt. Insofern ist das Gemälde, das sich lange Zeit in Privatbesitz befand und in der älteren Literatur kaum erwähnt wurde, auch in Klingers Œuvre eine Ausnahme. Doch nicht nur die Eigenart der Motivwahl, auch die formale Behandlung unterscheidet Klingers *Triton und Nereide* von den Böcklinschen Entwürfen. In der trocken gemalten, im Farbenmosaik des Jugendstils schimmernden Wasserfläche sind die sich umarmenden Körper das beherrschende Moment. Die Natur, ihr feuchtes Lebenselement, ist trotz einer gewissen ästhetischen Eleganz wüst und leblos, ein flaches Chaos, wie es Klinger auch oft in seinen Graphiken in grenzenloser, unermeßlicher Weite, wie durch einen Focus gesehen und immer vom Menschen abgetrennt, dargestellt hat. Während aus der Natur die Seele gewichen ist, rücken die menschlichen Leidenschaften, die unter anderen Gesetzen und Triebkräften zu stehen scheinen, in den Vordergrund und werden nicht mehr, wie bei Böcklin, auf andere Geschöpfe projiziert und durch sie lebendig. Die Fabelwesen oder auch die Götter Klingers sind in ihren Verhaltensweisen restlos vermenschlicht, in völligem Vergessen ihrer Umwelt geben sie sich ihrer Leidenschaft hin. Abgründe lauern jedoch in den leeren roten Augen der Frau wie auch in der Faszination ihrer Mischgestalt.

Schon De Chirico war beeindruckt davon, wie Klinger, noch über Böcklin hinaus, die Mythen der Antike auf ein zeitgemäßes Menschenbild reduzierte und die mythischen Wesen, wie Kentauren, Tritonen und Quellnymphen, verblüffend real machte. Letztlich aller Aura entkleidet, gewinnen sie eine neue Magie als Personifikationen der seelischen und sexuellen Lebensmächte, denen sich die moderne Psyche mit ihren Verdrängungen unterworfen sah und für die sie in solchen Bildgestalten gleichzeitig eine Übertragung suchte.

Trotz dieser Unterschiede im Umgang mit den Mythen des Abendlandes bei Klinger und Böcklin fühlt sich Klinger Böcklin innerlich verpflichtet. Nicht nur, daß er auf das selbe Arsenal des kulturellen Erbes zurückgreift und ein letztes Mal mit Ernst auf die alten Götter blickt, sondern er folgt auch der Art der künstlerischen Verlebendigung, die, weder Allegorie noch nackter Realismus, eine eigene Realität geworden ist. So sagt Klinger bewundernd über Böcklin: »Er ist der erste moderne Künstler, der fähig ist, Bilder zu schaffen. Das heißt Kunstwerke, in denen Idee und Darstellung gleichmäßig abgewogen sind auf ihre harmonische Er-

101

scheinung, bei denen das sichtbare, bei vielen Künstlern zwar geistreiche, aber den Beschauer beunruhigende Studium der Natur, welches doch jedem Kunstwerk zugrunde liegen muß, völlig überwunden und unfühlbar gemacht worden ist« (zitiert nach H. Hofstätter, Idealismus und Symbolismus, Wien/München 1972, S. 56f.).

Klinger hatte sich schon früh, noch in seinen Berliner Studienjahren 1881 mit Böcklin beschäftigt. 1882 radierte er Böcklins *Sommertag,* 1883 Böcklins *Burg am Meer,* die er sich eigens von ihrem damaligen Besitzer Julius Albers, seinem Auftraggeber für die Ausstattung der Steglitzer Villa Albers, erbeten hatte. Später folgten noch Nachstiche der *Toteninsel* und des *Frühling.* In Rom radierte Klinger 1888/89 nach Böcklins *Flora* seine Version der *Quelle,* die ebenfalls bei Gurlitt verlegt wurde. Zusammen mit Böcklins *Petrarca an der Quelle von Vaucluse* war die *Flora* ehemals im Besitz Klingers, bevor er die beiden Bilder als Stiftung ins Leipziger Museum gab. Im April 1887 hatte Klinger Arnold Böcklin persönlich in Berlin kennengelernt; daraus entspann sich ein dauerhafter Austausch. Noch im selben Jahr widmete Klinger seine Radierfolge *Eine Liebe* (Opus X) mit einem Titelblatt »An Arnold Böcklin«. Im Februar des folgenden Jahres wechselte Klinger nach Rom. Am Ende der römischen Zeit, schon bald auf der Heimkehr nach Leipzig, traf er im Frühjahr 1893 mit Böcklin in Florenz zusammen. Dieser besuchte ihn schließlich im Juli 1894 für einige Tage in Leipzig. Vielleicht lag in diesem letzten Zusammentreffen auch eine Anregung für das Bild von *Triton und Nereide,* das in Klingers Werk eher wie ein Nachklang seiner Malerei aus den römischen Jahren um 1890 wirkt.

Die Villa Romana in Florenz, in deren Besitz sich das Bild seit langem befindet, ist ihrerseits eng mit der Person Klingers verknüpft. Die Gründung einer »Villa Romana« zum kostenlosen Aufenthalt junger deutscher Künstler in Florenz war der Vorschlag, mit dem Klinger, seit 1903 Vizepräsident des neugegründeten Deutschen Künstlerbundes, 1905 an den Verband herantrat. Das Unternehmen wurde in die Tat umgesetzt, Klinger war zusammen mit Elsa Asenijeff (siehe Kat. 102) maßgeblich an der Einrichtung der Villa beteiligt, 1906 erfolgte die Trennung vom Künstlerbund, Klinger wurde Vorsitzender des »Villa Romana-Vereins« mit Sitz in Leipzig.

A. H.

102 Elsa Asenijeff, um 1900

Parischer Marmor mit Farbresten (Hautpartien) Eingesetzte Opale (Augen) – Pyrenäischer Marmor (Haare) – Polychromer Marmor unbekannter Herkunft (Gewand); Höhe 92 cm
München, Bayerische Staatsgemäldesammlungen, Neue Pinakothek. – Inv. Nr. B 739
Literatur: Vogel 1902, S. 109 ff. – Mathieu 1976, S. 34 f. – Kat. Ausst. Fiesole 1980, Nr. 79, S. 153 f. Kat. Ausst. Melbourne, Max Klinger, Love, Death and the Beyond, National Gallery of Victoria 1981, Nr. 9, S. 16. – Kat. München, Neue Pinakothek 1981, S. 170 f. – Kat. Ausst. Hildesheim 1984, Taf. xx.

102

Die erst 1981 aus Privatbesitz für die Pinakothek erworbene Büste Elsa Asenijeffs, die lange Zeit als verschollen galt, gehört zu den eindruckvollsten farbigen Bildwerken Klingers. Elsa Asenijeff, geb. Packeny, slawischer Herkunft, um 1868 in Wien geboren und geschiedene Frau eines bulgarischen Konsulatsbeamten, war 1897 nach Leipzig gekommen, um ihren schriftstellerischen Neigungen nachzugehen und sich literarisch weiter auszubilden. Klinger, der bislang als Junggeselle zurückgezogen gelebt hatte, lernte sie als über Vierzigjähriger Anfang 1898 auf einer Dichterlesung in der Leipziger »Literarischen Gesellschaft« kennen. Es begann eine leidenschaftliche Verbindung, die 18 Jahre währte und sich in späterer Zeit durch Asenijeffs extravagantes und krankhaft eifersüchtiges Wesen sowie durch Klingers rücksichtslose Konzentration auf sein eigenes Schaffen zunehmend schwieriger gestaltete. Elsa wurde ihm Geliebte, Modell und Mutter ihrer gemeinsamen Tochter Desirée, die 1900 in Paris während der Arbeit am *Beethoven* geboren wurde. Die Entstehung des berühmten *Beethoven-Denkmals* hat Elsa Asenijeff in ihrer Schrift ›Max Klingers Beethoven‹ von 1902 detailliert dargestellt. Zu ihren literarischen Texten gehören das ›Tagebuch einer Emanzipierten‹, 1902, ›Der Kuß der Maya‹, 1903, und die ›Epithalemia‹ von 1907. Nach der endgültigen Trennung von Klinger 1916 verfiel sie in steigende Exaltiertheit und Hysterie, 1924 wurde sie, körperlich und geistig zerrüttet, in die sächsische Landesirrenanstalt Dösen eingeliefert. 1941 starb sie unter nicht geklärten Umständen geistig umnachtet in Bräunsdorf bei Freiberg/Sachsen.

Ihr berückendes Wesen und ihre starke sinnliche Ausstrahlung, mit der sie um 1900 in der Leipziger Gesellschaft glänzte, sind häufiger beschrieben worden. So bezeugt Fritz Schumacher »ihr geheimnisvolles Gesicht, das üppige slawische Weichheit mit merkwürdiger Energie verband« (zitiert nach Mathieu 1976, S. 35). In stärkstem Maße ist ihr heißes Leben in der Klingerschen Skulptur eingefangen, die Julius Vogel nicht zu Unrecht als das beste weibliche Bildnis Klingers beschrieben hat. Klinger begann die Skulptur bald nach dem Beginn ihrer Bekanntschaft und vollendete sie um 1900, parallel zu der Arbeit am großen, ebenfalls polylithen *Beethoven*-Monument. Elsa Asenijeff handelt in ihrer Dichtung ›Der Kuß der Maya‹ auch von der Begegnung mit dem Künstler und der Geburt ihres Ebenbildes: Ganz ein Gott! dachte erschüttert das Weib. Und stille in sich meinte sie: wenn er mich nur formen wollte, daß ich nicht sterben müßte! Aber vorsichtig schwieg sie still. Der Künstler betrachtete sie mit Wohlgefallen und sprach: ›Dich möchte ich in Stein bilden‹. Ihr gefiel sein Wollen. Er aber warnte: ›Weißt Du, aber

Deine Seele muß eher zerstückelt werden, denn ich muß sie in den Stein tun, damit er durchleuchtend ist wie seeliges Leben‹. (zitiert nach Mathieu 1976, S. 37 f.).

Tatsächlich scheint das schwellende Fleisch der Statue aus blendend weißem parischen Marmor zu pulsieren, die weiche Sinnlichkeit des Körpers, der Gesichtszüge und die üppigen dunklen Haarmassen verraten das kaum gebändigte Temperament der Sinne dieser Frau. Es geht ein »berükkender Zauber von den fremdartig schönen Zügen, um welche sich das schwere Haar dick wulstet, und von diesem kleinen üppigen Körper aus, dessen heißes Blut in den tiefen Augen widerleuchtet« (F. H. Meissner, Max Klinger, München 1914, S. XXXVII). Klinger hat für die einzelnen Teile der Figur die verschiedenen Materialien sorgfältig ausgewählt und den Stein nach Farbe und Beschaffenheit bewußt eingesetzt. Den schwarz-braunen, geäderten Pyrenäenmarmor für die dunkle Masse des Haares, den weich gemeißelten parischen Marmor für die nackten Teile des Körpers, rötlichen, bunt gesprenkelten Marmor für das kühn behandelte Gewand mit dem untergezogenen Arm. Auf dem Grund der tief ausgebohrten Augäpfel schillern Opalplättchen von stumpfem, undurchsichtigem Blau, eine Spur von noch erhaltenem Rot gibt den Lippen unter der aufgeworfenen Nase Leben. Klingers farbige Plastik mußte, wie auch A. Dückers ausführt, auf die an monochrome Skulptur gewöhnten Zeitgenossen unerhört, wie nie zuvor gesehen wirken. Auch »der von der Farbigkeit ausgehende Sinnenreiz wirkte hier also in gleicher Weise betörend« (A. Dückers, Max Klinger, Berlin 1976, S. 120).

Schon in den achtziger Jahren, als die Diskussion um die Frage, ob die Kunst der Antike polychrome Bildwerke gekannt hatte, durch neue Funde wiederbelebt wurde, die 1885 auf der Berliner Ausstellung vorgeführt wurden, hatte sich Klinger mit farbiger und polylither Plastik befaßt. Auch Böcklin und Marées zogen Versuche farbiger Bemalung von Skulpturen in ihr Schaffen ein. Klinger jedoch setzte bereits in sein erstes Raumensemble in der Villa Albers farbige Büsten ein und behandelte solche Werke stets untrennbar von ihrem räumlichen Zusammenhang. So erhielt sein *Beethoven*-Monument für einige Zeit einen idealen Aufstellungsort in einem eigens von Josef Hoffman gestalteten Raum auf der 14. Wiener Sezessions-Ausstellung 1902, mit den Wandbildern von *Tag* und *Nacht* und dem *Beethovenfries* von Gustav Klimt in einem flankierenden Seitensaal. Diese Tendenz zum Gesamtkunstwerk, die alles ästhetisch verschmelzt – bereits in der farbigen Skulptur Malerei und Bildhauerkunst – und wo sich Skulptur letztlich als dekorative Form in den Raum gibt, steht auch hinter der eigenwilligen Halbfigur der Elsa Asenijeff. A. H.

Weitere Klinger-Skulpturen siehe unter P 21–P 23

103 Flötenspielender Knabe, um 1880 (?)

Pappe; 33,5 x 25 cm
Karlsruhe, Staatliche Kunsthalle. – Inv. Nr. 1647
Literatur: Kat. Karlsruhe Staatliche Kunsthalle 1971, S. 151.

10

Das kleine Bild des *Flötenspielenden Knaben* gehörte einst Hans Thoma und gelangte aus seinem Nachlaß in den Besitz der Karlsruher Kunsthalle – schon diese Provenienz deutet auf die engen Beziehungen hin, die zwischen beiden Künstlern bestanden. Lang hatte Thoma Anfang der siebziger Jahre im Kreis um Carl Schuch, Wilhelm Trübner und Wilhelm Leibl in München kennengelernt, wo er, bestärkt durch deren Einfluß, überwiegend Landschaften in einem realistischen Freilichtnaturalismus malte, den auch Thoma damals noch vertrat. Als Lang Thoma 1874 zusammen mit dem Maler Wilhelm Heinrich auf eine Italienreise begleitete, ließ er sich, begeistert von dem Erlebnis des Südens, bereits auf ihrer ersten wichtigen Station, Florenz, nieder und blieb dort über 14 Jahre lang. Hier geriet er unter den Einfluß von Marées, Böcklin, Hildebrand und Pidoll und beschäftigte sich unter dem Eindruck ihrer Werke mit figürlichen und mythologischen Themen. Besonders eng war zunächst der Anschluß an Marées; so unternahm Lang ein Jahr nach seiner Ankunft zusammen mit Marées eine zehntägige Reise nach Siena, wie dieser im August 1875 an Fiedler schreibt. Deutlich von Marées beeinflußt zeigt sich im *Flötenspielenden Knaben* die blockhafte und doch weich modellierte Körperauffassung der Jünglingsfigur sowie das Motiv des Baumes mit den Früchten. Die Idyllik der Szene weist zum anderen auf Böcklin, formal allerdings vermittelt durch die Verarbeitung Böcklinscher Bildvorwürfe durch Thoma. War der Austausch mit Thoma auch durch die räumliche Entfernung geringer, so blieb doch der Kontakt bestehen und lebte insbesondere 1887 während der vierten Italienreise Thomas verstärkt wieder auf. Damals ging Thomas Bild *Erinnerung an Orte* von 1887 (Kat. 136) in den Besitz Langs in Florenz über, der es in seinen späten Münchner Lebensjahren 1925 an die Neue Pinakothek verkaufte. 1887 war Thoma in Florenz bei Hildebrand zu Gast und beschäftigte sich vermehrt mit dessen plastischen Figurenerfindungen in seinen Bildern, so etwa in *Bogenschütze und Reiter* (Kat. 137). Auch ein *Sitzender Flötenspieler* von Thoma geht vielleicht auf eine verlorene Skulptur von Hildebrand zurück (siehe den Aufsatz von Sigrid Braunfels, S. 104). In Thomas *Endymion* von 1886 sitzt ein antikisch bekränzter und mit einem Schurz umgürteter Jüngling rechts im Bild in sehr ähnlicher Haltung wie Langs *Flötenspielender Knabe* auf einem kleinen Grasbuckel, ebenfalls an einem See, und spielt, nur mehr ins Profil gewandt, versunken auf einer Flöte. In vereinfachten Formen wird diese Figur in *Apoll und Mar-*

syas von 1886 wiederholt, als Einzelfigur taucht ein vergleichbarer Flötenspieler bei Thoma noch einmal in *Abendfrieden* 1892 auf. Durch die Ähnlichkeit des Motivs bedingt, ist Langs *Flötenspielender Knabe* vielleicht mit Vorsicht in das Ende der italienischen Jahre um 1887 zu datieren, bevor der Künstler auf Anraten Thomas 1888 zu ihm nach Frankfurt übersiedelte. A. H.

104 Olivengarten, 1883

Leinwand; 58 x 72,5 cm
Bezeichnet unten rechts: Albert Lang.X.83
München, Städtische Galerie im Lenbachhaus. – Inv. Nr. G 10281
Literatur: Kat. Städtische Galerie München, Gemälde, Ende 18. Jahrhundert bis zur Gegenwart, München 1955, Nr. 10281, S. 82.

Im *Olivengarten* von 1883 wird der Blick zwischen den schlanken Stämmen zweier

104

105

10

auseinanderstehender Oliven über den Grasboden und die Reihen der tiefer im leicht gesenkten Gelände liegenden Bäume im Hintergrund wieder in die Höhe geführt, wo in der Bildmitte einige dunkle Zypressen und eine italienische Dorfarchitektur auf einem Hügel erkennbar sind. Vorn unter den Oliven sind zwei Menschen, ein Mann und eine Frau, bei der Feldarbeit beschäftigt. Die herbstliche Färbung des Laubes, die die Sonnenflecken auf dem Grund rötlichbraun aufleuchten läßt, und die auffallend hochstämmigen Oliven, deren Laubkronen so vom oberen Bildrand überschnitten werden, daß sich trotz der leichten Aufsicht eine allseits von dämmrigem Laub umschlossene Betrachterposition ergibt, lassen eher an einen deutschen Eichenwald denken; erst die Silhouetten im Hintergrund setzen einen südlichen Akzent.

A. H.

105 Landschaft bei S. Terenzo, 1883

Holz; 17 x 26,5 cm
Bezeichnet unten rechts: Alb. Lang 83.S.Terenzo
München, Städtische Galerie im Lenbachhaus. – Inv. Nr. G 10832

Auf der kleinen Studie *Landschaft bei S. Terenzo* zieht sich in der linken Bildhälfte eine verfallene, von Mauern gesäumte Steintreppe in die Höhe, auf der oben die Rükkenfigur einer Frau mit erhobenen Armen und einer Traglast auf dem Kopf sichtbar ist – eine in Albert Langs südlichen Landschaften wiederholt eingesetzte Figur. Rechts davon führt ein von hohem Laubengang und herabfallenden Ranken überwölbter Weg in das Bild hinein, daneben ist unter weißblauem Himmel ein Hügel angedeutet. Als eine Gelegenheitsstudie vor dem Motiv wirkt die Malerei ganz aus der unvermittelt starken Licht-Schatten-Wirkung. Möglicherweise gehörte das Täfelchen zu den 1904 in seinem eigenen Haus in Frankfurt a. M. ausgestellten Landschaftsbildern, denen der Rezensent wegen ihrer malerischen Frische bescheinigte, sie weckten »im Betrachter dieselben Empfindungen wie ein Ausblick ins Freie.« (Kunst für Alle, 1904, Bd. XIX, S. 388).

A. H.

106 Märchenbild

Pappe; 50 x 37 cm
Bezeichnet unten links: Albert Lang
München, Bayerische Staatsgemäldesammlungen, Neue Pinakothek. – Inv. Nr. 11025

1887 schreibt Thoma an Emil Lugo aus Frankfurt: »Der Karlsruher Lang siedelt vielleicht ganz hierher über; er hat wirklich den Mut, öffentlich von mir etwas lernen zu wollen. Er hat durch seinen langjährigen Aufenthalt in Italien eine sehr gute künstlerische Bildung; doch so recht zur Tat will sie nicht durchbrechen. Die »Kunstschulgeschicklichkeit« kann er auch nicht brauchen, da sein Sinn doch auf »Kunst« gerichtet ist.« Die »Kunst« blieb für Lang in seinen Frankfurter Jahren, wohin er 1888 auf Veranlassung Thomas übergesiedelt war, weiterhin in seinen Vorbildern Marées, Böcklin und Thoma verkörpert. In den frühen neunziger Jahren arbeitete er hauptsächlich mit dem Marées-Schüler Karl von Pidoll in einem gemeinsamen Atelier, in dem sich zum Teil auch Thoma einfand, um Aktstudien zu treiben. Die wichtigsten von Langs figürlichen Kompositionen, etwa das dreiteilige Wandbild *Der Garten Eden,* 1891 (Karlsruhe, Staatliche Kunsthalle) oder *Die Musik,* 1892 (München, Neue Pinakothek) entstanden erst in dieser Frankfurter Zeit. Das erstere dürfte Thoma wohl gemeint haben, wenn er 1892 an Henry Thode berichtet: »So hat Lang ein ganz auf Marées' Prinzipien aufgebautes Figurenbild gemalt, das nebenher eine enorme Leuchtkraft und große Empfindung für Farbenschönheit zeigt.«

Auch in dem großen Bild *Die Musik* sind stehende und sitzende Figuren nach Marées'scher Manier in einem baumbestandenen Landschaftsraum verteilt; rechts im Vordergrund sitzt hier mit übereinandergeschlagenen Beinen eine Frau mit einer Laute, die mit der Lautenspielerin auf dem kleinen *Märchenbild* fast identisch ist. Einzig Physiognomie, Frisur und Faltenwurf des Gewandes sind bei der Figur des *Märchenbildes* etwas vereinfacht. Diese Parallele legt eine Datierung des *Märchenbildes* ebenfalls in die Frankfurter Jahre um 1892 nahe. Hier sitzt das singende Mädchen in einem matt-lachsroten Kleid vor einem Waldeshintergrund mit dem für Marées typischen senkrechten Gestänge der Bäume vorn an einem Bach, in dem zwei kleine blonde Kinder baden. Links im Hintergrund tritt ein weißer Hirsch durch die Bäume. Auch hier läßt die geringe Selbständigkeit der Figurenerfindungen Albert Langs deutlich die verschiedenen Einflüsse erkennen. Die Zusammenstellung Böcklinscher Elemente zur märchenhaften Idylle lehnt sich eng an Thoma an, in dessen Werk seit Mitte der siebziger Jahre unter dem Eindruck Böcklins gehäuft blumenstreuende Floren, tanzende Elfenkinder, Pane und Meergeister in volkstümlich abgewandelter Weise auftreten. Bei Lang tauchen diese Motive in malerisch vergröberter Form wieder auf, die im Bild der Lautenspielerin mit den rohen Faltenstegen des Gewandes, den plumpen Gliedern und dem Bunt der Glockenblumen zu ihren Füßen zum beinahe gänzlichen Atmosphäreverlust führt. A. H.

107

107 Bildnis Adolf von Hildebrand, 1884

Holz; 31 x 20,8 cm
Bezeichnet unten rechts: III AL (monogr.).84
Privatbesitz

1884 schuf Albert Lang, der während seines 14jährigen Florenzaufenthalts mit Adolf von Hildebrand eng befreundet war, ein kleines Porträt des Bildhauers, das in seiner altmeisterlichen, schwebenden Feinmalerei aus dem bisher gezeigten Werk heraustritt. Der Künstlerfreund ist vor einem hellen sandfarbenen Hintergrund in schwarzem Anzug und weißem Kragen erfaßt. Auffallend ist die jugendliche Zartheit des Gesichts, eingerahmt von den rotblonden Haaren und rotem Bart, aus dem die hellblauen, von Lichtreflexen lebendig erfüllten Augen den Betrachter voll und aufmerksam anblicken.

Im Stil des Porträts greift Lang hier eher auf Vorbilder seines Malerfreundes Hans Thoma und der Karlsruher Malerschule zurück, als auf seine sonstige Beschäftigung mit der Kunst Marées und Böcklins in den Florentiner Jahren. Als Thoma 1887 Hildebrand besuchte und bei ihm arbeitete, schuf er wiederum ein *Bildnis des Malers Albert Lang* vor glattem grünen Hintergrund in ähnlicher Auffassung und Formbehandlung des Modells (München, Städtische Galerie im Lenbachhaus). A. H.

Franz von Lenbach

108 Vesta-Tempel in Rom, 1858/59

Leinwand; 29 x 40 cm
Berlin, Staatliche Museen Preussischer Kulturbesitz, Nationalgalerie. – Inv. Nr. NG 949
Literatur: Kat. Berlin, Nationalgalerie, 1968, S. 128. – Kat. Ausst. München 1987, Nr. 51, S. 216

Der sogenannte *Vesta-Tempel* war wohl eines der ersten Motive, die Lenbach wie auch Schüz während des römischen Aufenthaltes 1858 auf Anregung ihres Lehrers Piloty für eine Studie vornahmen. Lenbach führte sein Bild später in München weiter aus. Auch hier bedient er sich einer intensiven, kräftigen Farbigkeit, die die glühende Sonnenhitze von den Mauern und kannelierten Säulen zu reflektieren scheint und stellt Einzelheiten, wie das leicht gewellte Ziegeldach des Tempels, mit dem unbekümmerten Blick des Realisten heraus. Die Leere der Straßen ist eher eine von der Hitze ausgestorbene als die einer antikischen Verlassenheit. Davon zeugt auch die mächtige Kuh, die vorn im Bild lagert und mit einem Seil offenbar irgendwo angebunden ist oder gehalten wird. Wie Ranke (Kat. Ausst. München 1987, Nr. 52) richtig bemerkt, wählte Lenbach auch hier eine gegenwärtige Situation, zwar vor antiker Kulisse, die »aber von seinen bisherigen Studien im ländlichen Genre nicht allzuweit entfernt war«. A. H.

108

109

109 Der Titusbogen in Rom, 1858

Leinwand; 98 x 74,5 cm
Bezeichnet unten rechts: F. Lenbach./Rom 1858
München, Städtische Galerie im Lenbachhaus. – Inv. Nr. L 148
Literatur: Wichmann 1973, S. 24, 26 – Mehl 1980, Nr. 49 – Ranke 1986, S. 41 ff. – Kat. Ausst. München 1987, Nr. 52, S. 216

Die Studie zum *Titusbogen* entstand während Lenbachs erstem Aufenthalt in Italien 1858. Lenbach, der sich später ausschließlich der Porträtmalerei zuwandte und einer der gefeiertsten Bildnismaler seiner Zeit wurde, war 1857 in die Malklasse von Karl von Piloty an der Münchner Akademie aufgenommen worden und begleitete, zusammen mit den Malerkollegen Ebert und Schüz, seinen Lehrer im folgenden Jahr auf eine Studienreise nach Rom. Piloty suchte hier Anregungen und Motive für einige große Historienbilder und befaßte sich insbesondere für die Vorarbeiten zu *Nero auf den Trümmern Roms* mit den römischen Ruinen. Er regte auch seine Schüler zu solchen Studien an. Lenbachs *Titusbogen* erfaßt das antike Monument mit verblüffender Genauigkeit, jede Einzelheit der in der Sonne liegenden Partien des figürlichen Reliefs und der Ornamentik, jede ruinöse Bruchstelle und Verfärbung des Gesteins sind zu sehen. Die grelle Mittagssonne mit dem tiefen Schlagschatten an der Bogeninnenseite verleiht dem Monument zugleich eine Präsenz und Gegenwärtigkeit, wie sie etwa die um archäologische Exaktheit bemühten Bauaufnahmen des Klassizismus nie erreicht haben.

Die pointierte, kontrastreiche Art der Darstellung gibt Aufschluß über Lenbachs damaliges Verhältnis zu dem großen Erbe vergangener Kultur und letztlich zu Italien überhaupt. Während er sich einerseits bereits »verstohlen« zu seinen geliebten Alten Meistern ins Museum schlich, sah er bei einer Bildaufgabe wie dem *Titusbogen* den Realismus des Motivs und den Reiz seines ungewöhnlichen Ambientes. »Es war das Wort Natur, das bei meinem Einzuge in Rom auf meiner Fahne stand«, sagt Lenbach später selbst darüber, »In dieser Richtung befangen, habe ich die Studien zu dem Bilde *Der Titusbogen* gemacht ...«, bei dem damals ein Platz mit Bäumen, Viehmarkt und prächtigen Kerlen aus der Campagna gewesen sei; »Es war ein famoses Treiben; was mir damals vorschwebte und woraus das große Bild *Der Titusbogen* entstanden ist ... das war ein solches Sonnenbild. Ich stellte dar, wie in aller Frühe die Campagnolen durch den Bogen ziehen – so ungefähr à la Robert –, ein Vorgang, der mir außerordentlich gefiel ...«. Während auf der vorliegenden, in Rom vor dem Motiv angefertigten Studie der Hintergrund nur skizzenhaft gefüllt ist und zwei nachträglich über die Sockelzone gemalte Figuren unter dem Bogen stehen, führte Lenbach nach seiner Rückkehr in München eine große Fassung aus (Budapest, Museum der Schönen Künste, vollendet 1860), auf der eine farbenprächtige Gruppe Bauern mit Esel, Büffel und Wagen durch das Tor zieht, am staubigen Abhang des Weges lagern zwei Hütejungen mit Ziegen. Für dieses Bild gab sich Lenbach erneut einem beinahe fanatischen Naturstudium hin. Er zog aufs Land ins niederbayerische Aresing und nahm als Staffagefiguren für sein Bild zwei »germanische Knirpse« aus dem Dorf, die sich tagelang in die Sonne legen mußten, um die gewünschte braune Färbung zu erreichen. Aus diesen Studien entstanden mehrere selbständige Bilder, etwa der liegende *Hirtenknabe* von 1859 (München, Schack-Galerie). Im *Titusbogen* von 1860 gehen demnach südliche und bayerische Studien eine »deutsch-römische« Synthese spezieller Art ein. A. H.

110 Reinhold Begas, 1861/62

Leinwand, auf Pappe aufgezogen; 33,5 x 25 cm
München, Städtische Galerie im Lenbachhaus. – Inv. Nr. L 185
Literatur: Böcklin-Memoiren 1910, S. 92. – Mehl 1980, Nr. 228. – Ranke 1986, S. 92 ff.

Das Bildnis *Reinhold Begas* von Lenbachs Hand stammt aus der Zeit der gemeinsamen Lehrtätigkeit in Weimar und damit der Zeit der frühen Kontakte Lenbachs zu einigen der »Deutsch-Römer«, die sich während seiner Kopiertätigkeit für Graf Schack 1863–1866 noch einige Jahre fortsetzen sollten.

1860 waren Arnold Böcklin und Franz Lenbach als Lehrer an die von Großherzog Carl Alexander neugegründete Kunstschule in Weimar berufen worden. Böcklin gelang es, den Bildhauer Reinhold Begas (siehe Kat. P 1–3), mit dem er in der gemeinsamen Zeit in Rom 1856 bis 1858 enge Freundschaft und künstlerischen Austausch gepflegt hatte, im Frühsommer 1861 nachzuziehen. Beide römische Freunde bemühten sich, auch für Anselm Feuerbach eine Professur zu erlangen, mit dem sie 1857 mit Julius Allgeyer, Ludwig Passini und Franz-Dreber zusammen einen Kreis gebildet hatten. Feuerbach legte sich jedoch nicht fest und ließ die Gelegenheit verstreichen.

Die drei jungen Professoren wurden in Weimar nicht übermäßig beansprucht und vertrieben sich die Zeit mit gemeinsamen Studien. Alle drei übten sich im Porträt, nahmen Böcklins Frau Angela als Modell und malten sich gegenseitig. So ist ein Porträt Böcklins von Begas' Hand in der Nationalgalerie Berlin, DDR, erhalten. Wie stark sich Lenbach damals von der Maltechnik Böcklins beeinflussen ließ, zeigt ein Vergleich mit dem ebenfalls in diesem Zusammenhang entstandenen *Doppelporträt Lenbach/Begas* von der Hand Böcklins (siehe Kat. 16). Gesichtsmodellierung, Haltung und Blickrichtung des Modells Begas und die malerisch weiche, konturlose Darstellung weisen enge Verwandtschaft auf. Bald jedoch grenzten Böcklin und Lenbach – so zumindest stellt es Lenbach rückblickend dar – ihre unterschiedlichen Porträtauffassungen ab, die Lenbach auf die Formel »symbolisch-individuell« brachte. Die Freundschaft zwischen beiden Künstlern zog sich noch über ein Jahrzehnt hin und endete 1874 (siehe Kat. 111).

Mit Begas blieb Lenbach bis zu seinem Tod in freundschaftlichem Kontakt, der sich auch in einem stets aufrechterhaltenen Briefwechsel niederschlug. Nachdem Lenbach seinen Vertrag in Weimar bereits im März 1862 wieder gelöst hatte – Böcklin und Begas verließen ihre Posten ein halbes Jahr später –, trafen sich die drei Freunde 1863/64 in Rom wieder, als Lenbach dort für Graf Schack alte Meister kopierte. Lenbach sah Begas später häufiger in Berlin, wo er als Porträtist gekrönter Häupter, ab 1879 in Friedrichsruh als Porträtist des Reichskanzlers tätig war. Ein Zeugnis ihres langjährigen Kontakts ist das Porträt von Begas aus den neunziger Jahren (ebenfalls München, Städtische Galerie im Lenbachhaus), das Lenbach in seinem charakteristischen Spätstil mit graphischer Unterzeichnung des Gesichts, männlicher Haltung und inspiriertem Blick versah. A. H.

111 Arnold Böcklin, um 1874

Pappe; 67 x 51 cm
Düsseldorf, Kunstmuseum, Leihgabe der Bundesrepublik Deutschland. – Inv. Nr. 5590
Literatur: Böcklin-Memoiren 1910, S. 143 ff., 187 ff. – Kat. Kunstmuseum Düsseldorf, Die Gemälde des 19. Jahrhunderts, mit Ausnahme der Düsseldorfer Schule, Mainz 1981, Nr. 100, S. 146. Kat. Ausst. München 1987, S. 28 ff., Nr. 107

Nach der gemeinsamen Zeit in Weimar 1860–1862 (siehe Kat. 110) sahen sich Lenbach und Böcklin in Rom wieder. Lenbach nahm dort im Winter 1863/64 seine Kopier-

10

tätigkeit für Graf Schack auf und bezog mit Böcklin und Ludwig von Hagn ein gemeinsames Atelier, aus dem Böcklin jedoch bald wieder auszog. Lenbach war von Schack auch mit dem Auftrag nach Rom gesandt worden, über den Stand der Arbeiten der anderen für ihn dort tätigen Künstler Bericht zu erstatten. Nicht ohne Grund wurde deshalb der Kontakt mit ihm zuweilen als Kontrolle empfunden. So schreibt Feuerbach an Neujahr 1864 seiner Mutter: »Herr v. Schack hat mir Herrn Lenbach, der soweit ein bescheidener Mann und ein intimer Freund Böcklins ist und bei Schack alles gilt, quasi zur Beaufsichtigung meiner Arbeiten geschickt. Ich bin nicht kleinlich und mache doch, was mir gefällt, und denke an nichts mehr als an meine Kunst, sonst würde mir Rom und all die Kombinationen mit der Zeit unerträglich.« Um diese Zeit brach Feuerbach auch mit Böcklin. Lenbach vermittelte auch dem in finanziellen Nöten befindlichen Hans von Marées, den er noch aus seiner Münchner Studienzeit kannte und mit dem er bis 1863 häufig verkehrte, eine Kopiertätigkeit für Graf Schack; Marées traf im Herbst 1864 in Rom ein, empfand jedoch das Kopieren bald als lästige Pflicht, die ihn auch von Lenbach entfremdete.

Mit Böcklin hielt Lenbach auch in den Jahren nach seiner Rückkehr 1866 aus Italien Kontakt. Auf dem Hin- und Rückweg der großen Spanienreise besuchte er den Kollegen 1867 und 1868 in Basel. Der Briefwechsel zwischen beiden Künstlern bis zum Jahr 1870 bezieht sich hauptsächlich auf die Arbeiten für Graf Schack und Lenbachs Vermittlung, die Böcklin allerdings der Doppeldeutigkeit verdächtigte. So vermutete er, Lenbach habe Schack vom Kauf der ersten Fassung der *Villa am Meer* abgeraten und auch die Erwerbung der *Quelle* (*Wiesenquelle,* 1869, ehem. Dresden, Gemäldegalerie) hintertrieben, die auf Lenbachs Bemühungen hin auf der Internationalen Kunstausstellung in München 1869 gezeigt wurde und ablehnende Kritik erfuhr. Ganz unberechtigt war Böcklins Mißtrauen wohl nicht; Lenbach, der in seinen Briefen dem Freund gegenüber darüber nie etwas erkennen ließ, schrieb beispielsweise 1870 an Paul Heyse: »Was die Bilder betrifft, die ich bei Böcklin gesehen, so kann ich nur Betrübendes schreiben. Ich sah deren drei, zwei davon sind ganz, und das dritte halb verrückt nach meinem Begriff. Von den ersten zweien stellt das eine die Pietà, das andere ein Porträt vor, das dritte eine große Landschaft mit Petrarca an der Quelle. Ich nahm betrübt von ihm Abschied ... wir verstehen uns nicht mehr recht ...« (Wichmann 1973, S. 42). Angela Böcklin berichtet später aus ihrer Sicht dazu: »Um das gleich hier zu erwähnen, das Verhältnis zwischen meinem Gatten und Lenbach war sehr eigentümlich. Man konnte nicht recht klug werden, wie die beiden zueinander standen. Lenbachs Briefe – das läßt sich nicht verkennen – waren stets sehr herzlich, aber mein Gatte hatte doch immer die Empfindung, als ob der große Münchener Porträtmaler ein Achselträger sei und hinter seinem Rücken gegen ihn wirke. Es wird sich das wohl nie aufklären lassen.«

1871 kommt es mit der Übersiedelung Böcklins von Basel nach München zur Wiederbegegnung beider Künstler. Lenbach hatte dem Freund eine Wohnung besorgt und ließ Böcklin auch in seinem Atelier arbeiten. Mehrfach ist bezeugt, daß beide während Porträtsitzungen gemeinsam vor dem Modell arbeiteten, wie im Winter 1871 bei den Sitzungen Richard Wagners, oder Böcklin, hinter einer spanischen Wand verborgen, das Modell ebenfalls aufnahm. Aus dieser Zeit stammt das vorliegende Porträt Böcklins von Lenbach; im Katalog des Düsseldorfer Kunstmuseums 1872 datiert, weist es Ranke (Kat. Ausst. München 1987, Nr. 107) durch Vergleich mit einer 1874 datierten Studie in das Jahr 1874. Die deutlich sichtbaren schematischen Vorzeichnungen

111

112

um Nase und Augen lassen vermuten, daß das Bild nach einer Photographie entstanden ist.

1872 und 1873 trafen die Freunde in Wien zusammen, wo Lenbach auf Vermittlung von Moritz von Schwind erste glänzende Erfolge und Kontakte als Porträtmaler erfuhr, für Böcklin die Hoffnung auf Bildverkäufe jedoch zur Enttäuschung wurde. Im August 1874 kam es dann, wohl von Seiten Böcklins (siehe Böcklin-Memoiren, S. 188), noch vor dessen Aufbruch nach Florenz aus nicht geklärter Ursache zu einem endgültigen Bruch zwischen beiden Künstlern. A. H.

112 Richard Wagner, um 1874

Leinwand; 55 x 38 cm
Berlin, Staatliche Museen Preussischer Kulturbesitz, Nationalgalerie. – Inv. Nr. NG 774
Literatur: Kat. Berlin, Nationalgalerie 1968, S. 128. – M. Geck, Die Bildnisse Richard Wagners, München 1970, Nr. 28 A–C. – Wichmann 1973, S. 62 f. – Ranke 1986, S. 165 ff., 188. – Kat. Ausst. München 1987, Nr. 101, S. 264

Lenbach hatte Richard Wagner durch Vermittlung Cosimas, damals noch mit dem Dirigenten Hans von Bülow verheiratet, kennengelernt, die zu einer der frühesten Anhängerinnen des Porträtmalers wurde. Bereits seit 1867 in Kontakt, ließ sie 1869 ein Bildnis von sich als Hochzeitsgeschenk für Wagner anfertigen, das im Oktober eintraf und von dem die Eheleute gleichermaßen entzückt waren. Wagner seinerseits wollte Cosima ein Geschenk machen und verabredete im Dezember 1871 die ersten Porträtsitzungen bei Lenbach. Damals entstand allerdings nur eine Skizze. Auch das vorliegende Bildnis Richard Wagners mit Barett, vermutlich 1874 nach einer Fotografie entstanden (vgl. die abgebildete Aufnahme bei Wichmann 1973, Abb. Nr. 88), ist nur matt durchgearbeitet. Gleichwohl schätzte Wagner den Maler sehr hoch und äußerte u. a. in einem Brief an Ludwig II., Lenbach sei der genialste Porträtist seiner Zeit. Lenbach seinerseits, der mit Wagner häufig auch gesellschaftlich verkehrte, konnte sich mit dessen Kunst nicht recht befreunden. Zu lang und quälend empfand er die Musik, so daß er nach der Einweihung der Bayreuther Festspiele 1876 an seine Bekannte in Wien schrieb, das »scheußliche Bayreuth habe ihn ganz krank gemacht«. Ebenso wohl war es der Personenkult, der ihn abstieß und eifersüchtig machte. Im November 1880 gab er in seinem Münchner Atelier ein Fest für Richard Wagner. Nach Wien schrieb er: »Ich habe durch die Wagnerei auch nicht die beste Zeit gehabt: habe zwar den Wagnerfexen und sonst Leuten, die den Kasperl von Bayreuth sehen wollten, einen Abend gegeben, bin aber schließlich mit Sr. Heiligkeit in einen Kampf ums Dasein geraten und bin nun recht froh, die Herrschaften glücklich in Bayreuth zu wissen.«

Das Verhältnis der großen Vertreter der Deutsch-Römer zur Musik Richard Wagners wäre eine eigene Untersuchung wert. Spielt für Künstler wie Böcklin und Feuerbach die Musik – sowohl als Stimmungsreiz eines Bildthemas wie auch im Vergleich der Bildwirkung mit einem Tonstück – in ihrem Werk eine wichtige Rolle, und arbeitet sich auch ihre Malerei zu neuen Gemütsbereichen vor, so lehnten beide jedoch die Kunst Richard Wagners ab. Im Sinne der Romantik mit ihrer Melodik, aber auch klassischer Formgesetze, werden Komponisten wie Mozart, Gluck, Beethoven und Schubert bevorzugt, von Brahms ist seine Affinität zu Feuerbachs Kunst bezeugt. Am eindeutigsten ist die Ablehnung Wagners bei Feuerbach und Hildebrand, der noch Ende des Jahrhunderts an Cosima Wagner schrieb, alles von der klaren Form Abweichende sei ihm verhaßt. Auch Böcklin, der hochmusikalisch war, liebte die oben genannten Komponisten und bekam »Magenschmerzen« von der aufwühlenden Musik Richard Wagners; zwar war er von einigen ihrer Züge fasziniert, lehnte aber vor allem das Wagnersche Konzept des Gesamtkunstwerks ab.

Hans Thoma aber zeigte sich bereits nach dem ersten Erlebnis einer ›Parzifal‹-Aufführung 1882 beeindruckt und begeisterte sich, ebenso wie Conrad Fiedler, für Wagner. 1896 entwarf er die Kostüme für eine Neuinszenierung des ›Ring der Nibelungen‹ und plante schließlich, vom Geist des wagnerischen Gesamtkunstwerks inspiriert, die »Thoma-Kapelle« in Karlsruhe. A. H.

113 Paul Heyse, um 1890

Pappe; 53 x 42 cm
München, Städtische Galerie im Lenbachhaus. – Inv. Nr. L 112
Literatur: Mehl 1980, Nr. 309, S. 157

Paul Heyse (1830–1914), Sohn des Berliner Professors für Klassische Philologie Karl Heyse und Neffe des in Italien lebenden Altphilologen Theodor Heyse, war der gefeiertste deutsche Dichter seiner Zeit. Bereits 1854 von König Maximilian II. auf Empfehlung von Emanuel Geibel nach München berufen, wurden dem »Sohn Goethes« mit seiner formvollendeten Sprache und seiner hohen Fähigkeit, sich in seiner Dichtung klassischen Mustern einzufühlen, die größten Erwartungen entgegengebracht. Ideale Kunstauffassung verband sich in seinem Werk mit einer mühelosen Beherrschung der Form. Nach dem Tod Maximilians II. löste sich der Kreis der ›Münchner Idealisten‹ um ihn und Geibel, Dahn und Grosse allmählich auf. Obwohl sich Heyse in den letzten Jahrzehnten des 19. Jahrhunderts heftigen Angriffen von Seiten der Naturalisten und Vertretern eines sozialkritischen Realismus ausgesetzt sah, die ihm Ästhetizismus und leeren Formenkult vorwarfen, blieb er für lange Jahre der unangefochtene deutsche Dichterfürst. Nicht zuletzt verdankte er dies seiner Persönlichkeit, die Integrität, scharfes Urteil und große Schaffenskraft vereinigte und ihn zum Freund zahlreicher großer Männer seiner Zeit werden ließ, so auch seiner Dichterkollegen Gottfried Keller, Theodor Storm und Theodor Fontane. Als Paul Heyse 1910 der Nobelpreis für Literatur verliehen wurde, ehrte man nach allgemeinem Bewußtsein mit ihm einen letzten Epigonen des klassischen Erbes.

1853, als Heyse während seines ersten Italienaufenthaltes in Sorrent, begeistert vom hohen Formenideal und den Stoffen der italienischen Renaissance, seine ersten Novellen dichtete, lernte er in Rom eine Reihe deutscher Künstler kennen und befreundete sich insbesondere mit Böcklin, Dreber und Kaupert. Aus dieser frühen Zeit datiert seine hohe Wertschätzung der Kunst Böcklins, für die er mehrfach eintrat, so z. B. bei der aufsehenerregenden Ausstellung des *Pan im Schilf* 1859 in München. Als Heyse 1874 seine Villa im Renaissancestil in der Münchner Luisenstraße einweihte, war Böcklin unter den Gästen. Böcklin seinerseits entfremdete sich später von Heyse, weil dessen dichterische Produktion in seinen Augen nicht hielt, was sie versprach.

Auch Lenbach hatte Heyse schon früh, noch vor der Berufung nach Weimar 1860 kennengelernt und wurde ein Bewunderer seiner Kunst. Seit den sechziger Jahren, am Anfang beider Karrieren, halfen sich die beiden Künstler mit ihrer gegenseitigen Wertschätzung. Auch die Vermittlung des jungen Malers an Graf Schack, die Theodor Heyse 1862 anregte und die eine entscheidende Wende in Lenbachs Laufbahn bedeutete, wird nicht ohne Beteiligung seines Neffen unternommen worden sein. Nach Lenbachs Rückkehr aus Italien gab Heyse ihm 1867 den Auftrag, sich und seine Braut

113

Anna Schubart zu porträtieren. Im Laufe der lebenslangen Freundschaft schuf Lenbach eine Reihe von Bildnissen Paul Heyses in Öl und Pastell. Bei dem vorliegenden Porträt handelt es sich möglicherweise um eine Ausschnittsreplik eines weiteren, verschollenen Gemäldes. Vor dunkel verstrichenem Hintergrund wird das helle Gesicht mit den deutlichen graphischen Bleistiftunterzeichnungen um Augen und Wangen sichtbar.

Hermann Uhde-Bernays berichtete später über die Ausstattung von Heyses Arbeitszimmer: »Gemälde hingen in reicher Auswahl und Schönheit an den Wänden, Böcklins Landschaft aus den Pontinischen Sümpfen in der Mitte, eine feine Studie Gottfried Kellers und viele Bilder und Skizzen seines Freundes Lenbach ...«. Auf seinen Weggang nach Rom 1882, wo Lenbach sich im Palazzo Borghese eine fürstliche Wohnung mit Atelier einrichtete, dichtete ihm Paul Heyse: »Schon an Borgheses säulengeschmücktem Thor/Harrt Dein der Weltruhm, reichend das Gastgeschenk: / Zu wohlverdientem Eichenlaub flicht er / Dir um den Scheitel nie welkenden Lorbeer«. (Ranke 1986, S. 221). 1892 unternahmen sie zu zweit eine Reise nach Vicenza, Parma und Ferrara, 1903, kurz vor seinem Tod, besuchte Lenbach auf seiner Rückkehr von San Remo den Freund in dessen Villa in Gardone (Zu Paul Heyse siehe Kat. Ausst. Bayer. Staatsbibliothek München 1981).

Die herzliche Freundschaft zwischen beiden Künstlern kennzeichnet sie als heimliche Geistesverwandte. Lenbach, mit seiner altmeisterlichen Porträtkunst im Grunde ein Pragmatiker, verrät in einem Zitat, was ihm, wie auch dem Dichter Heyse, die alten Meister letztlich lieferten: Formenschönheit zur Feier der eigenen Gegenwart. »Was die Alten zu einer Familie machte, ist der gemeinsame Geschmack, die Freude an dem Schönen an sich. Die ganze alte Kunst bewegt sich in dem Rhythmus einer schönen Sprache .... Nur durch das Studium der Alten kann man zum Verständnis dessen gelangen, was die Kunst überhaupt sein muß. Den Alten war die Schönheit Zweck ihrer Kunst ...« (Mehl 1980, S. 89). A. H.

Friedrich Preller d. Ä.

114 Naturstudie: Bei Olevano, 1860

Leinwand auf Karton; 21,5 x 37 cm
Bezeichnet unten rechts: Olevano 16/8 1860
Privatbesitz

Nachdem Preller vom Großherzog von Weimar den Auftrag für einen Odysseezyklus erhalten hatte, bewilligte ihm dieser eine Reise nach Italien, um anhand der südlichen Natur seine bereits in Weimar entstandenen Kartons zu diesem Thema zu vervollkommnen. Die Reise, auf der ihn sein Sohn Friedrich begleitete, dauerte vom September 1859 bis zum Juni 1861, wie aus Prellers Tagebuchaufzeichnungen hervorgeht (Roquette 1883, S. 186–275). Dieser Italienaufenthalt, der nach dreißig Jahren das Wiedersehen mit den Orten seiner Studienzeit brachte, gehörte zu den glücklichsten Perioden in Prellers Leben. Die Frische, mit der er die Landschaft im Tagebuch beschreibt, spürt man auch in den auf dieser Reise entstandenen Ölstudien.

In der klassischen Landschaftsmalerei der ersten Jahrhunderthälfte spielten die zufälligen Einzelheiten der Bodenformationen keine Rolle. Prellers Lehrer Joseph Anton Koch interessierte sich vor allem für die großen Strukturen der Landschaft, denen auch eine als typisch erachtete Vegetation zuzurechnen war. Einer seiner Nachfolger, Carl Rottmann, hatte auf die Vegetation in seinen historischen Landschaften gelegentlich ganz verzichtet. Preller dagegen belebt seine heroischen Landschaften – vor allem in den späten Ölbildern – durch einen Detailrealismus, der ihnen Wärme verleiht. Dabei ist eine Studie wie die vorliegende sicher Anschauungsmaterial, doch keineswegs Grundlage für eine genaue Übertragung.

Umgekehrt erkennt man an dieser Studie Prellers Begabung zur großen Komposition, indem er den Vordergrundsausschnitt wie selbstverständlich durch den Fernblick auf einen mit einer Burg oder einem Ort bekrönten Berggipfel – eine typische Eigenart in Latium – in die Gesamtstruktur der Landschaft einbindet. B. E.

115 Campagnalandschaft, um 1860

Leinwand auf Karton; 22,7 x 40,4 cm
Privatbesitz

Diese Ansicht gehört zu Prellers Studien von der zweiten Italienreise (1859–1861), die vorwiegend in der Campagna und bei Olevano entstanden. Im Tagebuch der Reise rühmt der Künstler das Studium in der Campagna als Grundlage für den Landschaftsmaler (Roquette 1883, S. 217). Das Bild gibt die oft beschriebene öde Kahlheit

114

115

dieser Landschaft wieder, die den Blick der Künstler für die Farb- und Lichterscheinungen schärfte. Wie auf Rottmanns Studie aus der Campagna (siehe Kat. 122) erkennt man vorne die charakteristischen Erderhebungen, die Schluchten zwischen sich bilden.

Anders als bei Rottmann wird im Werk Prellers eine Studie wie die vorliegende, in der allein die großen Linienzüge der Landschaftsstruktur bestimmend sind, nicht zur Grundlage für eine Komposition. Preller, dessen Bilder bis in die letzten Jahre die Schulung bei Joseph Anton Koch erkennen lassen, gab in seinen klassischen Kompositionen vielteiligen Landschaften den Vorzug vor flach gelagerten kahlen Prospekten, die vor allem in Rottmanns griechischen Ansichten das Übergewicht hatten, aber auch schon in seinem Italienzyklus – keineswegs zufällig z. B. bei einer Ansicht aus der Campagna – vorkamen (siehe Kat. 122).

B. E.

116 Die Faraglioni bei Capri, 1860

Papier; 22,4 x 29,8 cm
Heidelberg, Kurpfälzisches Museum der Stadt Heidelberg.
Literatur: Kat. Gedächtnis-Ausstellung zur 150. Wiederkehr des Geburtstages von Friedrich Preller d. Ä., Heidelberg 1954, S. 17, Nr. 45.

Die bizarre felsige Küste zwischen Sorrent und der Insel Capri hatte Preller schon auf seiner ersten Italienreise im Jahre 1830 auf die Odyssee als Thema gebracht, das ihn seitdem bis in seine letzten Jahre beschäftigte. Auf dieser ersten Italienreise hatte er den Verleger Dr. Hermann Härtel kennengelernt, der bei ihm den ersten *Odysseezyklus* für sein Leipziger Wohnhaus (das sogenannte »Römische Haus«) bestellte. Die zweite Italienreise von 1859–1861 hatte als Anlaß die Vervollkommnung der Kartons

116

für den zweiten Odysseezyklus, den der Großherzog von Weimar bestellt hatte und später in dem neugebauten Museum in enkaustischer Malerei ausführen ließ.

Während die Naturstudien der ersten Italienreise vorwiegend Zeichnungen waren, die Preller als Schüler Joseph Anton Kochs auswiesen, gewinnt die Ölstudie auf der zweiten Reise zunehmend an Gewicht. Damit dokumentiert der Künstler sein gesteigertes Interesse an Farb- und Lichtstimmungen.

Die Insel Capri besuchte er im Juni 1860. Am 12. Juni schrieb er in sein Tagebuch: »Obgleich Capri fast nur aus öden Felsen besteht, ist doch der Wechsel von Formen und deren Zusammenstellung so mannigfaltig, dass der Gedanke von Einförmigkeit nicht aufkommt. Zuerst passirten wir die Faraglioni, durchfuhren das gigantische Thor des einen Kegels, und verliessen damit die Fronte der kleinen Marine, an der die Grotte di Castello ebenso gewaltig, als schön und malerisch ist. Das Wasser war von einer Schönheit der Farbe, die jede Vorstellung übersteigt, und, denken wir an unser elendes Material, das Einen zur Verzweiflung bringen könnte! ... Der gewaltigen Felsenklüftung ebenbürtig war der Anblick und die uns begleitende Melodie der Brandung, die schwerlich irgendwo malerischer und für das Gehör befremdlicher sein kann.« (Roquette 1883, S. 269–270). Dieser Küstenabschnitt wurde vom Künstler – wenn auch in anderer Form als in der Studie – für seine Odysseelandschaft *Die Tötung der Rinder des Helios* verwandt.

Preller hatte, bevor er sich wieder ausschließlich mit dem Odysseezyklus befaßte, »naturalistische« nordische Landschaften gemalt. Schon in dieser Periode hatte er ganz ähnliche Küstenformationen aufgesucht wie 1860 in Italien, so zum Beispiel die Küste von Helgoland. Der Anstoß, sich erneut mit der Odyssee zu beschäftigen, soll ihm nach Roquette (1883, S. 148) auch durch den Anblick des nördlichen Meeres gekommen sein, als er sich im Jahre 1856 in Düsternbrook bei Kiel aufhielt.

B. E.

117 Leukothea, 1863

Leinwand; 158 x 96 cm
Bezeichnet unten rechts: 18 FP (monogrammiert) 63 Weimar
München, Bayerische Staatsgemäldesammlungen, Schack-Galerie. – Inv. Nr. 11 543
Literatur: A. F. von Schack, Meine Gemäldesammlung, 5. Aufl. Stuttgart 1889, S. 199–200. – Roquette 1883, S. 101–102, 148–149, 299–300. – Boetticher II, 1, S. 313, Nr. 85. – Gensel 1904, S. 42–43, 98, 100–102. – Kat. München, Schack-Galerie 1969, S. 288–293, Abb. 77.

Nach Homer (Odyssee, V 332 ff.) rettete die Meeresgöttin den durch Poseidon in Seenot geratenen Odysseus, indem sie ihm einen die Sterblichkeit bannenden Schleier zuwarf, so daß er sich an Land retten konnte und dort Nausikaa begegnete.

Die Darstellung der *Leukothea* gehörte noch nicht zu den ersten sieben Kompositionen aus der Odyssee, die Preller zwischen 1833 und 1836 in Leipzig im »Römischen Haus« des Verlegers Dr. Hermann Härtel ausführte. Preller hatte den Härtelschen Zyklus 1855 mit seinem Sohn kopiert und ihn, mehrfach erweitert, immer wieder ausgestellt. Erst 1857 kam die *Leukothea* hinzu. Der Zyklus war inzwischen auf 14 Bilder angewachsen und wurde in dieser Form 1858 in München auf der ›Allgemeinen und Historischen Kunstausstellung‹ ausgestellt. Graf Schack sah ihn hier und bestellte die Motive *Leukothea* und *Odysseus nimmt Abschied von Kalypso* für seine Sammlung. Gleichzeitig hatte auch der Großherzog von Sachsen-Weimar einen Odysseezyklus bei Preller bestellt, der 1863–1869 im Weimarer Museum als Wanddekoration ausgeführt wurde. Die Bilder Schacks wurden ebenfalls erst nach Prellers Italienreise von 1859–1861 in den Jahren 1863 und 1864 vollendet. 1859 entstand eine erste Version der *Leukothea,* die Franz Liszt, der seit 1842 Hofkapellmeister in Weimar war, als Geschenk erhielt.

Thema der Odysseelandschaften Prellers ist fast in allen Fällen die Gegenüberstellung des Menschen Odysseus mit außerirdischen mythologischen Wesen. In der Komposition *Leukothea* wird der Gegensatz zwischen den beiden Welten besonders klar: Leukothea scheint aus der Vorstellungskraft des Odysseus geboren, ist sie doch die Verwandlung der Gischtkrone, welche dem im Wellental sich an die Reste seines Schiffes klammernden Odysseus als wunderbare Verheißung der Rettung aus der Not erscheint. Fast meint man in diesem Bild die Veranschaulichung einer Mythentheorie zu erkennen und wird darin durch Friedrich Nietzsches ›Die Geburt der Tragödie aus dem Geist der Musik‹ (1872 erschienen) bestätigt, definiert doch Nietzsche die homerische Götterwelt als apollinischen Traum, in dessen heiterer Klarheit das Bedrückende des realen Lebens aufgehoben und die menschlichen Bestrebungen als gerechtfertigt erscheinen: »Er (Apollo) zeigt uns, wie die ganze Welt der Qual nötig ist, damit durch sie der Einzelne zur Erzeugung der erlösenden Vision gedrängt werde und dann, ins Anschauen derselben versunken, ruhig auf seinem schwankenden Kahne, inmitten des Meeres sitze.« (1. Abschnitt, Goldmanns Gelbe Taschenbücher, München 1959, S. 37).

Wie sehr Preller damit kämpfte, die Vision der Meeresgöttin so zu gestalten, daß sich der Betrachter an die Stelle des Odysseus versetzt fühlt, zeigen die zehn Entwürfe im Weimarer Museum (teilweise abgebildet bei Gensel, 1904, S. 100–101), in denen Odysseus und Leukothea immer wieder miteinander vertauscht werden, bis das Wellental, vom Betrachter ausgehend und Odysseus umfangend, in der sich nach vorn überschlagenden Welle die ihm und Odysseus zugewandte Figur der Leukothea hervorbringt und so die Welle am vernichtenden Sich-Überschlagen hindert.

In seinem Bestreben, die Entstehung mythischer Figuren zu veranschaulichen, ist dieses Bild am ehesten mit Böcklins *Pan erschreckt einen Hirten* zu vergleichen (Kat. 13). Böcklins Bildidee soll schon auf das Jahr 1853 zurückgehen, doch wurde das Werk erst 1858 in München begonnen. Es ist also durchaus möglich, daß die Ausstellung von Prellers Kompositionen in München Böcklin Anregungen für die Konzeption seines Bildes gab, auch wenn das Ergebnis ein ganz anderes ist.

B. E.

117

118

118 Landschaft bei Olevano, 1870

Leinwand; 80,5 x 119 cm
Bezeichnet unten rechts: 18 FP 70 Weimar
Leipzig, Museum der bildenden Künste. – Inv. Nr. 669
Literatur: Boetticher II, I, S. 313, Nr. 93. – Gensel 1904, S. 127. – H. Geller, 150 Jahre deutsche Landschaftsmalerei, Dresden 1951, Abb. 66.

Dargestellt ist die oft gemalte Ruine der Burg von Olevano. Das Bild erscheint – ebenso wie der *Barmherzige Samariter* in der Serpentaralandschaft aus demselben Jahr, ebenfalls in Leipzig – wie eine späte Huldigung an Prellers Lehrer Joseph Anton Koch. Dieser hatte die auf steilem Fels liegende Burg von Olevano immer wieder in seinen Kompositionen mit ländlicher Staffage verwandt (siehe O. R. v. Lutterotti, Joseph Anton Koch, Berlin 1940, Nr. 61, 63, 64, 65, alle aus den zwanziger Jahren). Während Koch, der Entdecker dieser Landschaft, den malerischen Ort und seine Umgebung mehr in Aufsicht zeigte, wobei die Vielfältigkeit des Terrains schließlich in der Burg im Hintergrund gipfelt, stellt Preller die Szenerie dem Betrachter frontal gegenüber, so daß die Brücke mit ihrem Turm eine bildparallele Sperre zum Hintergrund bildet. Preller konnte hier vor allem auf seine Skizzen von der zweiten Italienreise von 1859/61 zurückgreifen, auf der fast nur Zeichnungen von Olevano und aus der Campagna entstanden. Das entsprechende Skizzenbuch war auf der Heidelberger Preller-Gedächtnis-Ausstellung von 1954 (Nr. 172) zu sehen.

Koch hatte in seinen Kompositionen die Landschaft aus einer Vielzahl von scharf konturierten Gegenständen zusammengesetzt. Preller dagegen sieht die Vielzahl der Dinge, die er schon durch den Blickwinkel reduziert, als größere kompakte Einheiten, so daß die Burg mit dem Felsen und die Baumgruppe den beiden Ausblicken links und rechts gegenübergestellt sind. Ihm gelingt es in den späten Jahren, vor allem bei der Darstellung von Bäumen, zumal Oliven, ein flimmerndes Licht wiederzugeben, das die frühere klassische Landschaftsmalerei nicht kannte. Anders als in den meisten seiner späten Landschaften, die entweder eine mythologische oder eine biblische Staffage aufweisen, begnügt sich Preller hier mit der Darstellung ländlicher Idylle. Dies mag nicht nur mit der Erinnerung an seinen Lehrer Koch, sondern auch mit seiner besonderen Begeisterung für die Landschaft von Olevano zusammenhängen, von der er schon bei seinem ersten Italienaufenthalt von 1828–1831 schrieb: »Wo wäre wohl eine herrlichere Natur, so charaktervoll, so fertig in Form und Farbe, so unendlich reich und mannigfaltig in ihrer Schönheit auf Gottes Erde wieder zu finden! Vielfach und in weitem Umkreis habe ich das schöne Land durchstreift, aber aus keiner Gegend habe ich so viel Belehrung geschöpft, keine hat mich so sympathisch berührt, als die von Olevano!« (Roquette 1883, S. 70). B. E.

119

119 Landschaft mit Nymphenraub, 1874

Leinwand; 82 x 142,5 cm
Bezeichnet unten rechts: FP 1874 Weimar
Dresden, Staatliche Kunstsammlung, Galerie Neue Meister. – Inv. Nr. 2503
Literatur: Roquette 1883, S. 330. – Boetticher II, I, S. 313, Nr. 102. – Kat. Friedrich Preller, Ausstellung anläßlich seines 100. Todestages, Weimar 1978, Nr. 50.

Nichts deutet bei dieser in Weimar entstandenen mythologischen Landschaft darauf hin, daß es sich um eine italienische Gegend handelt. Die lichte Helligkeit der besonnten Partien und die Vielfalt der verschiedenen Laubbäume lassen eher an eine nördliche Landschaft denken.

Den von Bäumen umschlossenen Ort eines sich erweiternden kleinen Flüßchens haben sich Nymphen zum Baden ausgesucht, als plötzlich ein von leidenschaftlicher Liebe erfaßter Kentaur auftaucht und sich einer der Gespielinnen bemächtigt. Zwar vollführen alle dramatische Bewegungen neugieriger Abwehr, doch wird – schon wegen der gleichmäßigen Gruppenbildung und friesartigen Anordnung – der Eindruck idyllischer Ruhe, den die Landschaft ausstrahlt, nur unbedeutend gestört. Die Pathosgesten werden auch dadurch in ihrer Dramatik zurückgenommen, daß sich die Gruppe nach rechts schließt durch die interessiert abwehrende Geste der hockenden Kranzwinderin. Auch die gleichmäßige Verteilung der Farben der Trias Blau, Rot, Gelb auf die drei Figurengruppen, deren Körper sich mit den sandigen Farben des Flußbettes verbinden, tragen zur Harmonisierung bei. Das Eindringen des Kentauren in die Welt der Frauen erscheint so als der Natur zugehörig, nicht als Störung von außen.

Kentauren – halb Mann, halb Pferd – sind in der antiken Mythologie zwar als Frauenräuber bekannt, doch sind es üblicherweise keine Nymphen, deren sie sich bemächtigen. Beispiele sind der Raub der Dejanira, der Gemahlin des Herkules, durch den Kentauren Nessus oder der Auftritt der Kentauren auf der Hochzeit des Perithoos. Preller verwendet allgemein in seinen späten Bildern die Mythologie sehr frei. Die mythologischen Figuren sollen vor allem die Ausstrahlung der jeweiligen Landschaft unterstreichen oder verstärken, es kommt deshalb mehr auf die allgemeine Stimmung als auf die Genauigkeit im mythologischen Detail an. Böcklin hatte schon 1855 – lange vor seinen Kentauren–Kampfszenen (siehe Kat. 34) – einen Kentauren gemalt, der am Waldrand eine Nymphe raubt (Berlin, DDR, Nationalgalerie), doch geschieht dies in seinem Bild mit ungleich größerer Dramatik als bei Preller. Dessen Nymphenraubszene erscheint dem Betrachter auch wegen der scheinbar direkten Erinnerung an antike Friese und Skulpturen entrückt. Jedoch sind bei genauerem Hinsehen nur wenige Zitate zu finden: Für die aus dem Wasser steigende Nymphe ist ein Niobide das Vorbild und die hockende Kranzwinderin verweist auf die kauernde Aphrodite des Doidalsas (für Hinweise danken wir Raimund Wünsche, Antikensammlung München). B. E.

Friedrich Preller d.J.

120 

120 Die Cestius-Pyramide, 1884

Leinwand; 47,3 x 66,7 cm
Bezeichnet unten links: FP (monogrammiert)
Rom 14. Sept. 1884
Privatbesitz

Anlaß für die Italienreise von 1884 waren die Vorarbeiten für vier italienische Ansichten – Rom, Tivoli, Amalfi, Neapel –, die Julius Eichel bei Friedrich Preller d.J. bestellt hatte (Jordan 1904, S. 248). Die Ansicht der Cestius-Pyramide in Rom mit dem Friedhof für Nichtkatholiken entstand im Anschluß an Prellers Reise nach Süditalien, bei der er gerade noch der Cholera entkommen war. Angesichts der Schrecken dieser Krankheit wird den Künstler dieser Friedhof beeindruckt haben, in dem der Tod durch die Zeugen der Vergangenheit zum Bild erhabener Ruhe gesteigert ist. Seit 1875 lag hier Franz-Dreber, der mit Beginn des ersten Romaufenthalts von 1859/60 großen Einfluß auf die künstlerische Entwicklung des jungen Preller ausgeübt hatte. Außerdem waren hier u.a. die Söhne Wilhelm von Humboldts, Goethes Sohn August sowie die Maler Jakob Asmus Carstens und Karl Philipp Fohr begraben.

Auf Prellers Naturstudie erscheint links der Friedhof mit seinen Pinien und Zypressen und rechts im Vordergrund die Aurelianische Mauer mit der Cestius-Pyramide, das Grabmal eines römischen Tribunen aus dem Jahre 12. v. Chr. Diese Pyramide war schon in der klassischen Zeit der Landschaftsmalerei ein gern gemaltes und gezeichnetes Motiv und kommt u.a. im 17. Jahrhundert im Werk von Claude Lorrain oder im 18. Jahrhundert bei Jan Frans van Bloemen vor. Auf den frühen Darstellungen fehlen jedoch die Zypressen und Pinien, denn eine ummauerte, gartenartige Gestalt erhielt der Friedhof erst durch die Initiative des Historikers und preußischen Gesandten Bartholomäus Georg Niebuhr (1776–1831) in den zwanziger Jahren des 19. Jahrhunderts (zum Friedhof für Nichtkatholiken in Rom siehe: F. Noack, Das Deutschtum in Rom seit dem Ausgang des Mittelalters, 2 Bde., Leipzig 1927, Bd. 1., S. 384 ff.).

B. E.

August Riedel

121 Judith, 1840

Leinwand; 131 x 96 cm
Bezeichnet unten rechts auf der Klinge: A. Riedel Roma 1840
München, Bayerische Staatsgemäldesammlungen, Neue Pinakothek. – Inv. Nr. WAF 826
Literatur: C. Schaper, August Riedel, in: Archiv für Geschichte von Oberfranken, 42. Bd., Bayreuth 1962, S. 133/34. – Kat. München, Neue Pinakothek 1981, S. 277/78. – Kat. München Bd. V, Neue Pinakothek 1984, S. 356–358.

121

In ihrem Ernst und der mächtigen Erscheinung bildet diese stehend in Dreiviertellänge wiedergegebene Heroine eine frühe Vorläuferin für die bedeutenden Frauengestalten, die unter den Deutsch-Römern vor allem von Feuerbach als klassisches Urbild der Italienerin verewigt wurden. Judith (Apokryphen des Alten Testaments, Buch Judith) gelang es während der Belagerung der Stadt Bethulia durch die Assyrer, das Vertrauen des feindlichen Generals Holofernes zu gewinnen und ihn dann mit einem Schwertstreich zu töten. Die Tat gilt als Vorbild für die Erhebung des Einzelnen gegen die Tyrannis. Die häufige Darstellung der Tötung oder des Triumphs wird hier ersetzt durch die Vorstellung eines Weibes, das solche Tat vollbringen könnte. Auf das Judith-Thema weisen nur die nach außen verlagerten Attribute, das nach vorn gesetzte, mit leichter Hand umgriffene Schwert als Tatwerkzeug und der hinter dem Rock weitgehend verborgene Haarschopf des geköpften Holofernes hin. Aus der diagonalen Position im Bildraum wendet sich das Gesicht nach rechts ins Dreiviertelprofil ab und blickt mit in die Augenwinkel gedrehten Pupillen ausdruckslos schwerblütig weg. Der Überlieferung nach hat die zwanzigjährige Brigantentochter Grazia aus Sonnino für die Judith Modell gestanden. Einen repräsentativ-pompösen Zug gewinnt die Darstellung durch den schweren, rot und violett gemusterten Goldbrokat des Gewandes, das zum Weiß der Bluse und dem lichten Hintergrund kontrastiert. Raffiniert geführter Lichtschein von rechts hinten durchleuchtet einzelne Stoffpartien und erzeugt rötlich goldene Reflexe. Wie der Maler Eduard Lehmann in seinen ›Erinnerungen eines Künstlers‹ (Berlin 1896, S. 212) berichtet, war Riedel in Rom mit dem kalten Atelierlicht nicht zufrieden und schuf sich künstlich warme Lichtreflexe, indem er den Lichteinfall mit Goldpapier auf sein Modell lenkte. Auf ein Bildnis wie dieses gründet sich Riedels Ruhm als Orientalist und Kolorist, doch wurde ihm gleichzeitig Effekthascherei vorgeworfen. Hier bietet das Heldentum einer biblischen Heroine den Anlaß für das Porträt einer südländischen Schönheit, »eines capuanischen Mädchens – als Judith maskiert« (s. Schaper, S. 132). B. H.

Carl Rottmann

122

122 Aquädukt in der Campagna, 1826/27

Papier auf Leinwand; 20,2 x 22,5 cm
Privatbesitz
Literatur: Bierhaus-Rödiger 1978, S. 187, Nr. 90.

Das Bild, das aus dem Besitz des Leibarztes der Königin Therese von Bayern stammt, ist nach Bierhaus-Rödiger auf der ersten Italienreise von 1826/27 entstanden. Es gehört zu den wenigen erhaltenen Ölstudien Rottmanns aus dieser Zeit.

Ansichten der weitläufigen Campagna-Landschaft mit ihren Resten römischer Wasserleitungen und anderer antiker Monumente waren allgemein bei den Malern beliebt. Ein Beispiel ist etwa die Darstellung dieser Gegend von Philipp Hackert aus dem Jahre 1796 (Frankfurt a. M., Goethehaus). Im Gegensatz zu Hackerts Bild sind bei Rottmann die antiken Reste auf ein Minimum reduziert. Auch fehlen alle schmückenden und rahmenden Baumkulissen. Der Vordergrund zeigt einige der für die Campagna typische Bodenerhebungen. Im Hintergrund erscheint der Soracte. Die schon im dunstig grauen Dämmerlicht liegende Landschaft mit dem hohen Abendhimmel darüber, dessen helles Graublau im unteren Teil von lachsrosa angestrahlten Wolkenstreifen durchsetzt ist, wurde allein wegen ihres atmosphärischen und koloristischen Reizes als Bildmotiv gewählt. Man versteht beim Anblick dieses Bildchens, daß Rottmanns frühe italienische Studien unter den Zeitgenossen berühmt waren.

In den von 1830–1834 in den Münchner Hofgartenarkaden in Freskotechnik ausgeführten italienischen Landschaften (heute: München, Residenzmuseum) verwendet Rottmann wieder mehr Requisiten, die die abgebildeten Gegenden durch historische Assoziationen für den gebildeten Betrachter interessant machen sollen. Die Ansichten aus der Campagna sind durch die großen Linienzüge der Terrainformationen charakterisiert. Beleuchtung und Witterung haben einen allgemeinen, die inhaltlichen Bezüge unterstreichenden Charakter. In der Studie dagegen, die nicht für den Zyklus verwandt wurde und wohl nie dafür gedacht war, geht es dem Maler um die Wiedergabe des momentanen Eindrucks einer bestimmten Lichtsituation, wobei er auf alle zusätzlichen Effekte verzichtet. B. E.

123 Sizilianische Landschaft mit Ruine, 1826/27

Papier auf Pappe; 17 x 25,8 cm
Bezeichnet unten links: C. Rottmann
Privatbesitz
Literatur: Bierhaus-Rödiger 1978, S. 202–203, Nr. 129.

Die Studie ist nach Bierhaus-Rödiger während der ersten Italienreise von 1826/27 entstanden. Das romantische Thema der gotischen Kirchenruine hatte Rottmann in den Jahren 1824/25 beschäftigt (vgl. Bierhaus-Rödiger 1978, S. 34). Im vorliegenden Bild wird die Thematik unter anderem Vorzeichen, vielleicht angeregt durch Kontakt mit englischen Malern, wiederaufgenommen. Man fühlt sich auch an italienische Studien des allerdings erst 1828/29 in Italien arbeitenden Karl Blechen erinnert, auch wenn die Farbauffassung gegenüber Blechens Bildern konventionell wirkt. Zwar ist das Vorwiegen des hellen Gelbs ungewöhnlich, Verwandtes findet sich etwa bei Blechen und bei Turner. Doch werden bei Rottmann immer noch Erinnerungen an das alte Helldunkel wach, wenn die Rundbogenwand der Ruine, die durch die Perspektive fast gotischen Charakter erhält, mit Braun in die verschiedenfarbig variierten, doch überwiegend sandgelben sonnenbeschienenen Hänge des kahlen Berges eingeschrieben werden.

Während in Rottmanns Ruinenbildern der vorausgehenden Zeit oder auch bei den Engländern, die um 1800 Darstellungen gotischer Ruinen in der Landschaft besonders schätzten, die Vegetation meist ein versöhnliches Element darstellt, verliert in der vorliegenden Studie ähnlich wie später in Rottmanns Griechenlandzyklus, die Natur alle idyllischen Elemente. Dies ist auffällig, weil bis dahin italienische Natur und Idylle fast Synonyme waren. Die Natur wird bei Rottmann zu einer mit der Zeit verbundenen Kraft, die die menschliche Geschichte zur Episode werden läßt. B. E.

123

124 

124 Das Colosseum in Rom, 1828

Leinwand; 75 x 104,5 cm
Bezeichnet unten rechts: C. Rottmann 1828
Essen, Museum Folkwang
Literatur: Schorn'sches Kunstblatt 1829, Nr. 38, S. 151. – F. Krauss, Carl Rottmann, Heidelberg 1930, S. 135, 148, 153, 162. – W. Geese, Die heroische Landschaft von Koch bis Böcklin, Straßburg 1930, S. 97. – Decker 1957, Nr. 256, S. 69. – Bierhaus-Rödiger 1978, S. 209–210, Nr. 157.

Diese Nachtdarstellung des Colosseums in Rom wurde 1828, dem Jahr ihrer Entstehung, im Münchner Kunstverein ausgestellt (Jahresbericht 1828, Ausst. Nr. 137) und als Jahresgabe für seine Mitglieder von A. Borum gestochen. Das Bild geht der endgültigen Fassung des Themas in dem heute stark zerstörten Fresko des Italienzyklus in den Münchner Hofgartenarkaden (heute: München, Residenzmuseum; Bierhaus-Rödiger 1978, Nr. 209) voraus, an dem Rottmann 1831 arbeitete, und bei dem er vor allem die Baumgruppe links etwas reduzierte.

Solche Darstellungen des Colosseums bei Mondlicht waren, wie Bierhaus-Rödiger bemerkt, bei den Romantikern sehr beliebt und entsprachen der Tatsache, daß eine Besichtigung dieses Gebäudes bei Mondschein zu den beliebtesten Touristenattraktionen gehörte.

Schon in der vorbereitenden Zeichnung zu dem Gemälde und dem späteren Fresko (Bierhaus-Rödiger 1978, Nr. 85) isoliert Rottmann das Gebäude von den umgebenden antiken Resten. Eine offenbar an Ort und Stelle aufgenommene Zeichnung, auf der noch der Constantinsbogen erscheint (München, Staatliche Graphische Sammlung; Bierhaus-Rödiger 1978, Nr. 86), wurde für die ausgeführten Fassungen aber verworfen. Das Colosseum erscheint in allen Varianten der endgültigen Version von Büschen und Bäumen umwachsen, so daß man das unterste Geschoß, das etwa auf Piranesi-Stichen freigelegt erschien, nicht sieht.

Nicht nur durch die abgekürzte Wiedergabe und die Herauspräparierung aus der Umgebung, sondern auch durch das Mondlicht erhält die Darstellung Erinnerungscharakter, wie G. Haderer im Führer zu den Hofgartenbildern von 1834 (S. 23–24) bemerkt: »Die antike Ruine ist somit durch das eigenartige Licht und durch die der Römerzeit angehörige Gestalt dem gegenwärtigen Bildbetrachter entrückt. Das Colosseum wird auf diese Weise als ein der Vergangenheit angehöriges Monument charakterisiert.« Durch fast unveränderte Wiederholung der einmal gefundenen Form sorgte der Künstler für die Verfestigung der durch ihn geprägten Erinnerungsbilder. B. E.

125 Die Zyklopenfelsen, um 1830/33

Leinwand; 33,5 x 46,5 cm
Privatbesitz
Literatur: Vgl. Bierhaus-Rödiger 1978, S. 258–259.

Schon in Rottmanns Italienzyklus gehören zu den Stationen in Süditalien einige der sagenhaften Orte aus Homers ›Odyssee‹: so die Scylla bei Messina und die Zyklopenfelsen nördlich von Catania an der sizilianischen Ostküste. Das vorliegende Ölbild ist eine Studie oder Variante zu dem nahezu identischen Fresko in den Münchner Hofgartenarkaden (heute: München, Residenzmuseum). Nach Homer verdanken die Basaltkegel im Meer ihre Entstehung dem Zorn des von Odysseus geblendeten einäugigen Zyklopen Polyphem, der dem Schiff des Fliehenden große Felsbrocken nachwarf, die ihn jedoch nicht trafen (9. Gesang, Vers 474–541). Als Erinnerung an dieses gefahrvolle Geschehen sieht man auf Rottmanns Bild ein Schiff, dessen Mast im Umkippen begriffen ist.

Die erste Bleistiftskizze zu der Komposition entstand auf Rottmanns zweiter Italienreise von 1829 (München, Staatliche Graphische Sammlung; Bierhaus-Rödiger 1978, Nr. 180). Es fehlt hier noch der Felshang am rechten vorderen Rand des Bildes, den alle späteren Versionen einschließlich des Freskos von 1833 (Bierhaus-Rödiger 1978, Nr. 256; Aquarellvorstudie von 1830 Nr. 255) aufweisen. Das vorliegende Bild wird daher ebenfalls zwischen 1830 und 1833 entstanden sein.

Rottmann hat in seinem Italienzyklus die Vedute zur Ideallandschaft gesteigert, indem er die landschaftlichen Charakteristika so monumentalisierte, daß bei ihrem Anblick ihre mythologische oder historische Bedeutsamkeit unmittelbar einleuchtet. Für den gebildeten Betrachter wird so die äußere Form zum Auslöser der gespeicherten inneren Bilder. B. E.

126 Das Grab des Archimedes, um 1830/32

Leinwand; 43 x 58,7 cm
Berlin, Staatliche Schlösser und Gärten. – Inv. Nr. GK I 30 150
Literatur: H. Börsch-Supan, Deutsche Romantiker, Deutsche Maler zwischen 1800 und 1850, München/Gütersloh/Wien 1972, S. 91 f., 113. – Bierhaus-Rödiger 1978, S. 274, Nr. 290.

Bei dem sogenannten Grab des Archimedes, das sich in der Nähe von Syrakus befindet, handelt es sich in Wirklichkeit um ein römisches Columbarium, also eine Begräbnisstätte für eine größere Anzahl von in Wandnischen aufgestellten Urnen, die ins 1. vor- oder ins 1. nachchristliche Jahrhundert datiert wird. Das von Cicero beschriebene Grab des in Syrakus im 3. vorchristlichen Jahrhundert lebenden antiken Mathematikers Archimedes muß dagegen Säulenform gehabt haben.

Das von Rottmann gemalte Denkmal gehörte im frühen 19. Jahrhundert zu den Sehenswürdigkeiten von Sizilien, die man nicht auslassen durfte. Es wurde u. a. – worauf Bierhaus-Rödiger hinweist – im Jahre 1819 von Friedrich von Gärtner in seinem in München erschienenen lithographischen Werk ›Ansichten der am meisten erhaltenen griechischen Monumente Siciliens ...‹ abgebildet. Gärtners Ansicht ist allerdings von weiter rechts aufgenommen, so daß sich die

125

126

Teile des Gebäudes mehr überschneiden. Sie kann deshalb für Rottmann nur eine allgemeine Orientierung gewesen sein und ist keineswegs für seine Komposition bestimmend.

Gerade in der Einbindung des Monuments in die karge verkarstete Landschaft Siziliens erkennt man, daß für Rottmanns Darstellung persönliche Eindrücke wohl von seiner zweiten Sizilienreise aus dem Jahre 1829 ausschlaggebend waren, wobei ihn vor allem die Licht- und Farberscheinungen interessierten. Am stahlblauen Himmel aufziehende dunkelgraue Wolken werfen von links düstere Schatten auf die hellen Gelb-, Grau- und Weißtöne der sonst besonnten Partien von Boden und Architektur. Ein Mann links steht genau an der scharfen Grenze zwischen Licht und Schatten, so daß sein Oberkörper beleuchtet, sein Unterkörper aber in die Schattenpartie eingebettet ist. Im Gegensatz zu späten Bildern aus Griechenland ist der Bodenbewuchs noch sehr deutlich angegeben. Die Farbigkeit ist frisch und kühl, während in der Spätzeit Rot- und Violettöne bevorzugt werden.

Das Grab des Archimedes entstand zwar im Zusammenhang mit Rottmanns von Ludwig I. von Bayern für die Münchner Hofgartenarkaden bestellten Italienzyklus (1830–1834 in Freskotechnik ausgeführt), das Thema wurde jedoch nicht in den Zyklus aufgenommen, obgleich Ludwig I. eine Ölfassung für seine Privatsammlung erwarb (Bierhaus-Rödiger 1978, Nr. 289). In dieser Darstellung wird eine Möglichkeit, die im Italienzyklus, besonders in den Bildern aus Sizilien und dort vor allem bei *Selinunt,* angelegt ist, weitergeführt. Das verfallene Monument erhält in der kahlen Landschaft durch die schlaglichtartige Beleuchtung vor dem Unwetter eine geisterhafte Erscheinung. Es fehlt die freundliche Natur, die vielen Bildern des Italienzyklus' einen idyllischen Charakter verleiht. Die Zeugen der Vergangenheit erscheinen in anderen Bildern als Bereicherung der Gegenwart durch den Hinweis auf die frühere Größe. Beim *Grab des Archimedes* dagegen wird die Vergangenheit übermächtig. Da die rauhe Natur dem Menschen keine gegenwärtige Möglichkeit läßt, verbindet sich die Darstellung vom Grab eines großen Mannes der Antike mit dem Gedanken an das Ende aller menschlichen Größe, indem außer den Ruinen nur eine unfruchtbare, lebensfeindliche Natur übrigbleibt. Der hier erstmals in Sizilien erfahrene Eindruck verstärkt sich bei Rottmann durch seine Griechenlandreise. In dem 1834 begonnenen *Griechenlandzyklus* ist das alle Bilder bestimmende Thema das Ende der menschlichen Geschichte, die sich als Episode in einer von kosmischen Kräften beherrschten Natur zu erkennen gibt. B. E.

Johann Wilhelm Schirmer

127

127 Landschaft bei Civitella, 1839

Pappe; 37 x 53 cm
Bezeichnet oben rechts: Civit: 4. Sept. 39; unten links: Civitella 4. Sept.
Karlsruhe, Staatliche Kunsthalle. – Inv. Nr. Lg 71
Literatur: K. Zimmermann, Johann Wilhelm Schirmer, Diss. Kiel 1919, Saalfeld a. S. 1920, Nr. 184. – H. Appel, J. W. Schirmers Italienische Reise (1839–1840), in: Aachener Kunstblätter 17/18, 1958/59, S. 80, 82. – Kat. Ausst. Düren, Leopold-Hoesch-Museum 1964, Nr. 12. – Kat. Karlsruhe Staatliche Kunsthalle 1971, S. 210 m. Abb.

Die Studien, die Schirmer einen Monat nach seiner Ankunft in Rom (11. August 1839) bei Civitella ausführte, sind von einer Plastizität, die man weder in seinen vorausgehenden Studien der Schweizer Reise von 1837 findet (Beispiele in der Kunsthalle Karlsruhe), noch in denen, die Ernst Willers (siehe Willers, Kat. 138 und 139), Freund und Begleiter Schirmers während der ersten Monate in Rom, ebenfalls in dieser Gegend schon in den Jahren 1836/37 machte. Zwar übernimmt Schirmer von Willers die formsteigernden Lichtränder, doch gibt er ihnen, zu Lichtbahnen verbreitert, in Verbindung mit einer vor allem im Mittelgrund anzutreffenden Nahsichtigkeit eine neue Bedeutung für die Struktur des Bildes und die Körperlichkeit seiner Gegenstandswelt. Indem sich Licht und Gegenstandsfarbe zur Einheit verbinden, wird durch ihre verschiedenen Tonwerte die Oberfläche modelliert. B. E.

128 Die Serpentara bei Civitella, 1839

Papier auf Pappe; 49,4 x 81,5 cm
Bezeichnet oben rechts: Civit: 18. Sept. 1839
Düsseldorf, Kunstmuseum, Dauerleihgabe der Staatlichen Kunstakademie Düsseldorf, 1932. – Inv. Nr. 2219
Literatur: K. Zimmermann, Johann Wilhelm Schirmer, Diss. Kiel 1919, Saalfeld a. S. 1920, S. 30, 32, 67, Nr. 119. – H. Appel, J. W. Schirmers Italienische Reise (1839–1840), in: Aachener Kunstblätter 17/18, 1958/59, S. 80, 82. – Kat. Düsseldorf Kunstmuseum 1969, S. 302–303.

Civitella und die Serpentara waren zunächst das Hauptziel von Schirmers Italienreise von 1839/40. Nach eigenen Angaben entstanden hier fünf große und zehn kleine Ölstudien sowie zwanzig Zeichnungen

128

(Appel 1958/59, S. 80). Die Studien aus Civitella zeigen fast alle, worauf Appel (S. 82) hinweist, die Weite eines Panoramas und pleinairistische Helligkeit. Zumindest den panoramaartigen Überblick konnte Schirmer schon bei der älteren deutschen Schule in Rom finden. Von Heinrich Reinhold (gestorben 1825) gibt es Ansichten von Civitella, in denen Standort und Weite des Blickwinkels mit Schirmers Studien verglichen werden können (Beispiel in der Hamburger Kunsthalle). Doch verleiht Schirmer seinen Ansichten eine Genauigkeit in der Darstellung spezifischer Lichtsituationen, die man vorher nicht findet. Dem entspricht auch seine, allerdings unter den deutschen Künstlern seit den dreißiger Jahren übliche Gewohnheit, die Studien auf den Tag genau zu datieren. So läßt sich an ihnen wie in einem Tagebuch seine Reiseroute und künstlerische Entwicklung ablesen.

Trotz seiner beträchtlichen Größe gehört das Bild zum Studienmaterial Schirmers, das nicht für die Öffentlichkeit, sondern für die eigene Verwendung gedacht war. Als Lehrmaterial für die Schüler blieben derartige Werke im Besitz der Düsseldorfer und später der Karlsruher Akademie. B. E.

129 Zypressen, 1840

Leinwand; 76 x 54 cm
Düsseldorf, Kunstmuseum, Dauerleihgabe der Staatlichen Kunstakademie Düsseldorf, 1932. – Inv. Nr. 2263
Literatur: K. Zimmermann, Johann Wilhelm Schirmer, Diss. Kiel 1919, Saalfeld a. S. 1920, S. 31, 67, Nr. 124. – H. Curjel, Landschaftsstudien J. W. Schirmers, in: Pempelfort, Sammlung kleiner Düsseldorfer Kunstschriften, hg. v. H. W. Keim und K. Koetschau, H. 10, Düsseldorf o. J. (1926), S. 1. – W. Geese, Die heroische Landschaft von Koch bis Boecklin, Straßburg 1930, S. 115. H. Appel, Johann Wilhelm Schirmers Italienische Reise (1839–40), in: Aachener Kunstblätter 17/18, 1958/59, S. 82. – W. Hütt, Die Düsseldorfer Malerschule, Leipzig 1964, S. 179. – R. Zeitler, Die Kunst des 19. Jahrhunderts, Propyläen Kunstgeschichte Bd. 11, Berlin 1966, S. 216. – Kat. Düsseldorf Kunstmuseum 1969, S. 304–305 (mit ausführlicher Literatur). – Kat. Ausst. Düsseldorf/Darmstadt 1979, Nr. 233, S. 469.

Das Bild gehört zu den Naturstudien der italienischen Reise von 1839/40 und ist nach H. Appel im Mai oder Juni 1840 entstanden. Im zweiten Jahr der Italienreise widmete sich Schirmer vor allem der Detailstudie – wohl im Hinblick auf die Verwendung in größeren Kompositionen –, während er im Jahr 1839 panoramatische helltonige Übersichten bevorzugte (siehe Appel 1958/59).

Die Zypressen im Garten der Villa d'Este in Tivoli bei Rom sind ein häufiges Motiv der in Rom zu Beginn des 19. Jahrhunderts lebenden Künstler. Schirmer ist wohl einer der ersten, der in einer Ölstudie den Blick vor allem auf die Kronen der Bäume richtet, wobei er deren Masse in einer Form wiedergibt, die an die Malerei der Donauschule um 1500 erinnert. Zu diesem Eindruck tragen die zeichnerisch aufgetragenen Lichtränder, die Strudelformen im Geäst und die einzeln herausragenden kahlen Äste bei.

Die Zypresse ist kein Baum der klassischen Landschaftsmalerei, in welcher die runde Gestalt des Laubbaums bevorzugt wurde. Dieser Umstand begründet wohl auch die Begeisterung der Künstler des 19. Jahrhunderts für den Steineichenwald der Serpentara bei Olevano, fand man doch hier das natürliche Urbild der klassischen Landschaftsmalerei. Die spitzen Zypressen widersprachen ebenso wie die langstämmigen Pinien mit ihren einsamen, himmelragenden Kronen der kompakten, gelagerten Gestalt der klassischen Landschaften des

129

130

17. Jahrhunderts und ihrer späteren Nachfolger.

Demgegenüber trifft man Zypressen häufiger in der Florentiner Malerei der Frührenaissance an. In den gartenartigen, meist architektonisch gestalteten Landschaftsräumen bildet die Zypresse einen dunklen Kontrast zur hellen Architektur und betont die Senkrechte gegenüber der Waagerechten im Bild. Als Zeichen südlicher Gegend findet man schon auf dem Genter Altar der Brüder van Eyck eine Zypresse.

Fehlte die Zypresse in der klassischen Landschaftsmalerei, so erscheint sie – ebenso wie die Pinie – um so häufiger in den Italienveduten des späten 18. Jahrhunderts, zum Beispiel bei fast allen in Rom zu dieser Zeit malenden Engländern. Hier liegt wohl auch der Ausgangspunkt für die Studien von Zypressen im Garten der Villa d'Este in Tivoli, die fast obligatorisch auch im Werk der zu Beginn des 19. Jahrhunderts in Rom arbeitenden deutschen Künstler auftauchen. Doch fehlt diesen Arbeiten noch die düstere Ausdruckskraft, die dieser Baum in der zweiten Hälfte des 19. Jahrhunderts vor allem durch Böcklin erhielt, der sich seines Stimmungswertes als Trauerbaum für die Bildwirkung bediente (J. Poetter, Studien zum Mythos im Werke Arnold Böcklins, Diss. München 1978, S. 122–123). Im frühen 19. Jahrhundert wurden Zypressen wohl erstmals in dem Gemälde *Park der Villa d'Este in Tivoli* von Karl Blechen zu geisterhafter Wirkung gesteigert (Berlin, DDR, Nationalgalerie). Wenn dagegen Schirmer in seinen Kompositionen Zypressen verwendet, dann ausschließlich als exemplarische Beispiele einer südlichen Baumart. In seinen Bildern ist die Zypresse kein Ingredienz eines gesteigerten Stimmungswertes (zur Ikonographie siehe auch Kat. 129). B. E.

130 Bei Tivoli, 1840

Papier auf Pappe; 37 x 52 cm
Bezeichnet unten rechts: Tivoli 3. Juni
Düsseldorf, Kunstmuseum, Dauerleihgabe der Staatlichen Kunstakademie Düsseldorf, 1932. – Inv. Nr. 2228
Literatur: K. Zimmermann, Johann Wilhelm Schirmer, Diss. Kiel 1919, Saalfeld a. S. 1920, S. 32, 67, Nr. 122. – Kat. Düsseldorf Kunstmuseum 1969, S. 304, Abb. 222.

H. Appel hatte in seinem Aufsatz »J. W. Schirmers Italienische Reise (1839–1840)« (Aachener Kunstblätter 17/18, 1958/59, S. 82) darauf hingewiesen, daß während Schirmers zweitem Aufenthalt in Tivoli im Juni 1840 eine Wendung vom Pleinairismus zur idealistischen Malerei erkennbar wird.

Die Darstellung der Kirche La Carità unterhalb von Tivoli (Kat. Düsseldorf Kunstmuseum 1969) mit vielfältigem Baumbestand zeigt diese Neuorientierung gegenüber den früheren panoramatischen und pleinairistischen Studien aus Civitella.

Nicht mehr ein Aufsicht bietender Standort charakterisiert das Bild, sondern dem Betrachter werden die Gegenstände bildparallel ausgebreitet dargeboten. Statt der allgemeinen Helligkeit herrschen Kontrastfarben wie Weiß und Blau im Himmel, Ocker und Ziegelrot in der Architektur sowie ein bräunliches Grün in den Baumkronen. Dem entsprechen die Formkontraste in der Vegetation: Eine Vielfalt von Bäumen, unter denen eine Pinie den zentralen Platz einnimmt, ist hier in exemplarischen Beispielen versammelt – ein Prinzip, das Schirmer in späteren Kompositionen weiterführte (z. B. in der *Gegend bei Terni* von 1851 in der Niedersächsischen Landesgalerie in Hannover). Die an der klassischen Landschaftsmalerei entdeckte Typenbildung bei der Darstellung der Vegetation wird bei dem »Naturalisten« Schirmer zur exemplarischen Vielfalt der natürlichen Arten. Der Maler wird dadurch einerseits der Individualität jeder einzelnen Baumart gerecht, andererseits sieht er darin das Mittel zur Veranschaulichung paradiesischer Vielfalt der Natur. B. E.

131 Am Waldesrand, um 1850/60

Leinwand; 46 x 61 cm
Bezeichnet unten rechts: J. W. Sch.
Bremen, Kunsthalle. – Inv. Nr. 380–1917/3
Literatur: Kat. Bremen Kunsthalle 1973, S. 293, Abb. 201.

Diese Studie, möglicherweise eine Darstellung aus den Sabinerbergen, unterscheidet sich grundsätzlich von den frühen Freilichtstudien der Jahre 1839/40. Der Bildaufbau beruht auf dem bestimmenden Helldunkelkontrast von Nähe und Ferne. Die Gründe, die sich deutlich voneinander scheiden, sind bildparallel gestaffelt, der Horizont liegt niedrig, die Landschaft ist dem Betrachter gegenübergestellt wie eine Bühne. Sie ist von innerer Dramatik erfüllt, die sich auch in der pastosen Pinselschrift ausdrückt.

Alle diese Elemente sprechen für eine späte Entstehung vermutlich in den fünfziger Jahren und rücken das Bild in die Nähe der historischen Stimmungslandschaften *Die vier Tageszeiten* mit der Geschichte des Barmherzigen Samariters, die Schirmer um die Mitte der fünfziger Jahre beschäftigten. Am nächsten steht das Werk den um 1855 entstandenen Studien zu diesem Zyklus, die sich in den Städtischen Kunstsammlungen in Kassel befinden (Abb. in: Kat. Ausst. Die Düsseldorfer Malerschule. Düsseldorf/Darmstadt 1979, S. 472–473). Das Bremer Bild ist eine Vorstudie oder Variante zu dem

131

132 

gleich großen *Waldblick* im Wuppertaler Von der Heydt-Museum.

Naturstimmung ist jetzt nicht mehr die Gesamtheit aller Elemente der Landschaft in ihrer Beziehung zum Betrachter, sondern viel eher die Projektion der Befindlichkeit des Künstlers auf die Landschaft, was er durch entsprechende Figuren noch verdeutlichen kann. Demgemäß können auch wie hier die Details der landschaftlichen Oberfläche und ihre Beziehung zum Licht, die Schirmer in seinen frühen Naturstudien beschäftigte, zurücktreten gegenüber einer auf Kontraste angelegten Dramatik der Pinselschrift und der Lichtführung.

(Für Hinweise danken wir Rudolf Theilmann, Kunsthalle Karlsruhe).

B. E.

132 Heranziehendes Gewitter in der römischen Campagna, 1858

Leinwand; 90 x 138 cm
Bezeichnet unten links: J. W. Schirmer
Karlsruhe, Staatliche Kunsthalle. – Inv. Nr. 612
Literatur: Andresen 1878, Bd. II, S. 324. – Boetticher II, 2, S. 568, Nr. 78. – F. Dülberg, in: Zeitschrift für bildende Kunst N. F. 17, 1906, S. 177. – K. Zimmermann, Johann Wilhelm Schirmer, Diss. Kiel 1919, Saalfeld a. S. 1920, S. 60, 66, Nr. 100. – H. Appel, J. W. Schirmers Italienische Reise (1839–1840), in: Aachener Kunstblätter 17/18, 1958/59, S. 81. – R. Theilmann, Johann Wilhelm Schirmers Karlsruher Schule, Diss. Heidelberg 1971, S. 123, Abb. 36. – Kat. Düsseldorf Kunstmuseum 1971, S. 214–215 m. Abb. (mit ausführlicher Literaturliste).

Schirmers akademische Spätwerke konzentrieren sich um wenige Themen, unter denen *Die vier Tageszeiten* mit der Geschichte vom Barmherzigen Samariter und die *Campagnalandschaft bei heraufziehendem Gewitter* herausragen. Von beiden Themengruppen gibt es eine große Anzahl von Varianten, denen immer dieselben kompositorischen Gedanken zugrunde liegen. Die Karlsruher Campagnalandschaft entstand im Jahr 1858 (nach Andresen 1878). Der Gedanke ist jedoch schon 1851 nachweisbar, wie die Variante im Krefelder Kaiser-Wilhelm-Museum belegt. (Eine Skizze zu beiden Fassungen in den Öffentlichen Kunstsammlungen in Basel.) Eine Fassung ohne Staffage geht voraus, von der vor allem zwei Varianten, diejenige im Leopold-Hoesch-Museum in Düren und die in den Bayerischen Staatsgemäldesammlungen in München, dem Natureindruck noch sehr nahestehen. Doch auch hier handelt es sich schon um Kompositionen und nicht um direkt vor der Natur entstandene Studien. Eine spätere Variante dieser Fassung ist im Besitz des Augustinermuseums in Freiburg i. Br.

In allen Varianten sind in der Mitte des Bildes typische Elemente der Campagna auf engstem Raum in bildparalleler Anordnung versammelt. Als Hauptmotive wählte Schirmer die auffälligen Erd- und Gesteinswälle, die die kahle Ebene schluchtartig durchziehen, den allen Witterungen ausgesetzten Bewuchs aus niederen Bäumen und Büschen, einen der vielen Tümpel sowie den schon von den klassischen Malern des 16. und 17. Jahrhunderts immer wieder gemalten Berg Soracte. Schirmer hatte in Italien u. a. Kompositionen von Nicolas Poussin mit der *Darstellung des Soracte* kopiert (Appel 1958/59, S. 82, Abb. 74). Durch ein aufziehendes Gewitter bringt er dramatische Bewegung in die Landschaft, die sie dem Betrachter interessant machen soll. Dieser Eindruck wird noch gesteigert durch die »beziehungsreiche« Staffage. In einer Fassung mit dem Opfer von Kain und Abel (Schweinfurt, Sammlung Georg Schäfer) drückt der Sturmwind den Rauch von Kains Opfer nach unten. Die späteste Fassung von 1863 zeigt die Wirkung des aufziehenden Sturms auf eine Rinderherde (Vorzeichnung in der Nationalgalerie in Oslo).

In der vorliegenden Fassung unterstreicht eine eigentlich zum Typus der Idylle gehörende Staffage von schlafenden Landleuten den Charakter des Ausgesetztseins, den man in einer solchen Landschaft empfinden kann. Schirmer weicht mit dieser Staffage vom klassischen, durch Caspar Dughet geprägten, von Johann Christian Reinhart und Adrian Ludwig Richter im 19. Jahrhundert fortgeführten Typus der Sturmlandschaft ab, zu der gewöhnlich in Eile vor dem Unwetter fliehende Landleute gehörten. B. E.

133 Goldene Zeit, 1876

Leinwand; 126 x 89,7 cm
Bezeichnet unten links: HT 1876
Frankfurt, Städtische Galerie im Städelschen Kunstinstitut. – Inv. Nr. SG 911
Literatur: Thode 1909, S. XXVI, LV, LVII, Abb. S. 88. – F. von Ostini, Hans Thoma, Bielefeld/Leipzig 1910, S. 70, Abb. S. 17. – H. Thoma, Im Winter des Lebens, Jena 1919, S. 72/73. – Kat. Frankfurt Städel 1972, S. 414, Taf. 167.

133

In seinen Erinnerungen gibt Thoma an, er habe das Bild in München gemalt, in der Zeit der ersten Bekanntschaft mit Cella Berteneder, die im Jahr 1877 seine Frau wurde. Es entstand sichtbar unter dem Eindruck seines ersten Italienaufenthalts und der Berührung mit italienischer Kunst und Landschaft, wohl auch mit in München gesehenen Werken der Deutsch-Römer, etwa Böcklins, den er durch Viktor Müller hier schon Anfang der siebziger Jahre kennen gelernt hatte. Maßgeblich für Stimmung und Aussage des Gemäldes ist der Titel *Goldene Zeit*, der wie die Erinnerung an eine erlebte, glückliche Phase der Jugend klingt. Ähnlich wie laut Beenken beim *Bogenschützen* (vgl. Kat. 137) keine eindeutig fixierbare Bedeutung festzustellen ist, so erschließt sich der Inhalt dieses Gemäldes wohl nicht durch eine feste Bildtradition; vielmehr ist »die angeschaute Wirklichkeit mit überkommenen Bildprägungen zu unverwechselbarer Form verbunden« (M. Bringmann, Kunstchronik 1975, S. 9), die entsprechende Vorstellungen erweckt.

Die von blühendem Geäst umrankten hohen Stämme der im Halbkreis stehenden Pinien, in deren nach vorn geöffnetem Kreis der Betrachter mit einbezogen ist, umstellen den Ring der acht tanzenden Mädchen, die sich bei den Händen fassen und durch ihre Bewegung den Raum erschließen. Nach oben öffnet sich die Szene in einem ansteigenden Puttenreigen zum Himmel. Das Gemälde vereint auf ungewöhnliche Weise verschiedene bei Thoma vorkommende Motive, wie den Reigen, die paradiesische Baumlandschaft und den Engelputtenkranz. Wirken die anderen Kinderreigen (Thode 1909, Abb. S. 47, 72, 217) geordneter, als »fast zum Ornament stilisierte Gruppe« (M. Bringmann, Kunstchronik 1975, S. 9), so fällt hier gerade die Ausgelassenheit und mänadenhafte Leidenschaftlichkeit der Tanzbewegung auf. Im Zusammenhang mit elysischen Empfindungen im Süden präsentiert das Gemälde eine ungewöhnliche Verbindung von sinnlicher Lebensfreude und gleichzeitiger paradiesischer Entrückung.

B. H.

134 Selbstbildnis, 1880

Leinwand; 70,5 x 51 cm (ohne Rahmen)
Bezeichnet unten rechts: HTh 1880
Dresden, Staatliche Kunstsammlung, Galerie Neue Meister. – Inv. Nr. 2487
Literatur: Thode 1909, Abb. S. 145. – E. Würtenberger, Hans Thoma, Zürich/München 1924, S. 74. – Kat. Ausst. Hans Thoma, Halle 1974, Nr. 13. – Kat. Dresden, Gemäldegalerie Neue Meister 1977, S. 96.

Unter Thomas Selbstbildnisssen nimmt das frontale Brustbild des 41jährigen eine Sonderstellung ein, weil sich Thoma hier nicht als Maler darstellt, sondern mit einem aufgeschlagenen Buch, über dem das bärtige Gesicht den Betrachter direkt fixiert, eher als Verkünder einer Botschaft. Die Rechte mit dem Ehering – er hatte drei Jahre zuvor die junge Malerin Cella Berteneder geheiratet – birgt den Buchrücken, Daumen und kleiner Finger stützen die Buchdeckel, und die drei Mittelfinger greifen in die Seiten. An dem Bildnis und seiner Handhaltung entzündeten sich Frage und Antwort Fiedlers und Hildebrands in ihren Briefen. Fiedler schrieb aus München am 26. Dezember 1880 an Hildebrand: »Kennst Du nicht Thoma? Ich sah neulich ein Selbstporträt von ihm, merkwürdig gut, aber etwas affectiert und mit Marées-Böcklinschen Einflüssen. Was ist er für ein Mensch?« (A. Hildebrand und seine Welt, München 1962, S. 262). Hildebrand ging am 27. Januar 1881 von Florenz aus auf die Frage ein: Thoma »kann jedenfalls am Meisten von den Leuten draußen, hat aber wenig Steuer«. Das Selbstbildnis betreffend antwortete er am 9. Oktober 1881: »In dem Kopf steckt doch enorm viel, und wenn der Unsinn mit der Hand nicht dabei wäre, so wäre es ausgezeichnet ... Er überläßt Anordnung und Wahl ganz dem momentanen Zufall und dann macht er das mit so viel Fähigkeit, daß eine große Dissonanz entsteht. Es ist sehr schade um dies große Talent ... Es tut mir leid, daß ich nicht mit ihm zusammen bin, man könnte gegenseitig etwas lernen« (Hildebrands Briefwechsel mit Fiedler, Dresden 1927, S. 151, 159). 1884 ließen sich Hildebrand und Fiedler von Thoma in München porträtieren (vgl. Kat. 135).

Die Zuordnung von Buch und Außenwendung des Blicks verleiht dem Porträt einen Zug von Sendungsbewußtsein. Thoma bekannte sich zu einem Programm, dessen Inhalt sich wohl im Ambiente mitteilt. Der von Fiedler gesehene Anklang an Marées findet sich in dem Apfelbaumzweig über dem Kopf – an die Äpfel der Hesperiden erinnernd – und in der ferneren Baum- und Flußlandschaft, wo ein menschengefüllter Kahn erscheint, gelenkt von einem Charonartigen Bootsführer. Die Assoziation an Paradies, Lebensfluß und Überfahrt verleiht dem Bildnis seine geistige Dimension, die formalen Anspielungen auf den Kreis der Deutsch-Römer weisen auf den Standort, an dem Thoma sich selbst sah und einordnete. Böcklins Einfluß, ebenfalls von Fiedler angesprochen, findet man direkter z. B. in dem *Selbstbildnis mit Tod und Amor* von 1875 (Karlsruhe, Kunsthalle), das auf Böcklins *Selbstbildnis mit fiedelndem Tod* von 1872 (vgl. Kat. 33) Bezug nimmt.

Ungewöhnlich wie das Bildnis selbst ist auch der gemalte Holzrahmen, der ebenfalls italienische Seherfahrungen aufgreift. Es ist Thomas erstes Bild mit gemaltem Rahmen, dem einige weitere folgen, wie etwa das Ehebildnis mit Cella 1887 (F. v. Ostini, Hans Thoma, Bielefeld/Leipzig 1909, Abb. S. 34) mit ähnlichen Rahmenmotiven. Neben den Blütengewinden aus Rosen, Tulpen, Iris, Narzissen und Lilien figurieren in den unteren Ecken und oben auf voller Breite, wie hinter einer Brüstung hervorschauend, Puttenköpfe, von denen einige zu singen scheinen. Ihre Vorbilder sind wohl auf den Florentiner Sängerkanzeln zu finden, die Thoma sicher gesehen hat. Einzelne erinnern besonders an die Tondenköpfe im Cherubimfries der Pazzikapelle von Desiderio da Settignano. B. H.

134

135 Bildnis Conrad Fiedler, 1884

Leinwand; 100 x 75 cm
Bezeichnet unten rechts: HTh/1884
Berlin, DDR, Staatliche Museen zu Berlin, Nationalgalerie.
Literatur: Thode 1909, S. XXXIV, Abb. S. 211. – Briefwechsel Hans Thoma–Conrad Fiedler, hg. v. A. v. Schneider, Karlsruhe 1939, S. 9–13. – A. v. Schneider, in: NDB, Bd. 5, 1961, S. 141.

Thoma zeigt Fiedler frontal in Halbfigur erhöht vor einer Landschaft sitzend. Körperhaltung und Gesichtsausdruck zeigen eine eigentümliche Mischung aus Angespanntheit und Unbeteiligtsein, von Konzentration und Überlegenheit, Nähe und Distanz, wobei die beiden nur als Stämme erkennbaren Bäume hinter Fiedlers Rücken wegen des optisch damit entschieden eingeengten Bewegungsspielraums den Eindruck nicht nur physischer Präsenz begünstigen. Thoma hat einen hohen Ähnlichkeitsgrad erreicht, wie der Vergleich mit mehreren Fiedler-Porträts von Hans von Marées zeigt (J. Meier-Graefe, Hans von Marées, Bd. II, München/Leipzig 1909, Nr. 141, 367, 457).

Adolph Conrad Fiedler (1841–1895) war Kunstschriftsteller, Mäzen und Sammler und spielte im Kreis der Deutsch-Römer eine zentrale Rolle. Der finanziell unabhängige Jurist gab nach einem Jahr seinen Beruf auf, um sich ganz seinen eigentlichen Interessen, der bildenden Kunst und Philosophie, Musik und Literatur, zu widmen. Auf einer seiner zahlreichen Reisen in die Kunststädte Europas lernte er im Winter 1866/67 in Rom Hans von Marées und bald darauf Adolf von Hildebrand kennen. Aus den dabei festgestellten gemeinsamen künstlerischen Anschauungen entwickelten sich lebenslange Freundschaften. Fiedler förderte Marées und ermöglichte ihm durch eine jährliche Rente ein freies Schaffen ohne materielle Not. 1874 richteten sich auf Fiedlers Anregung Marées und Hildebrand, die um diese Zeit in naher künstlerischer Beziehung standen, jeder eine Wohnung und Arbeitsstätte im alten Kloster von San Francesco di Paolo bei Florenz ein, wo nach dem endgültigen Bruch ihrer Freundschaft und dem Weggang von Marées 1875 Hildebrand mit seiner Familie wohnen blieb. Fiedler selbst hielt sich mit seiner Frau dort jährlich einige Monate auf; seinen ständigen Wohnsitz hatte er seit 1880 in München.

Über die Entstehung des Bildnisses von Thoma sind wir genau informiert. Fiedler und Hildebrand hatten schon über Thoma korrespondiert (vgl. Thomas *Selbstbildnis,* Kat. 134). Mit dem Auftrag an Thoma, sein Porträt zu malen, begann im November

135

1884 der Briefwechsel Fiedlers mit Thoma, der erst mit Fiedlers Tod 1895 endete. Thoma reiste am 15. November nach München, um Fiedler und gleichzeitig auch Hildebrand zu porträtieren. Rückblickend, als das Bild bereits im Kunstverein ausgestellt war, schrieb er am 30. Dezember an Fiedler: »Das Zusammensein mit Ihnen und mit Hildebrand hat mir die düsteren Novembertage zu den angenehmsten des Jahres gemacht.« Fiedler war jedoch offenbar mit seinem Porträt nicht sehr zufrieden, ohne es Thoma gegenüber auszusprechen; 1887 jedenfalls, als er einen Künstler für das Porträt seiner Frau suchte, traute er Thoma »bei Porträts doch immer nicht ganz« (Briefwechsel mit Hildebrand, Dresden 1927, S. 259). Fiedler schätzte nicht Thomas Landschaften, sondern seine Figurendarstellungen (vgl. den Ankauf der ersten Fassung der *Bogenschützen* Kat. 137), insoweit sie sich der Kunst Hildebrands und Marées annäherten. Gelegentlich (Brief vom 27. Dezember 1887 an Hildebrand, S. 258) sieht er an einem Bild Thomas Einflüsse von Marées: »einfache Mittel mit einer geheimnisvoll reichen Wirkung«. Fiedlers Briefwechsel mit Thoma ist auch ein Gedankenaustausch über künstlerische Probleme, weit mehr aber vermittelte Fiedler Ankäufe und Bestellungen von Bildern Thomas, die zu der Zeit noch nicht offiziell anerkannt waren. B. H.

136

136 Erinnerung an Orte, 1887

Malkarton, 51,5 x 71,5 cm
Bezeichnet unten links: HTh 87
München, Bayerische Staatsgemäldesammlungen, Neue Pinakothek. – Inv. Nr. 9268
Literatur: Thode 1909, Abb. S. 270 oben. – Die Zeichnungen und Aquarelle des 19. Jahrhunderts in der Graphischen Sammlung der Staatsgalerie Stuttgart (bearb. v. U. Gauss), Stuttgart 1976, S. 205, Nr. 1520. – Kat. München, Neue Pinakothek 1981, S. 337.

Die Bergstadt »Orte« liegt östlich von Viterbo zwischen Bagnaia und Otricoli an einer Tiberschleife. Thoma berührte den Ort auf einer Reise mit dem Maler Emil Lugo und erinnert sich: »Am 16. Mai 1874 reiste ich ... nach Orte und von dort mit dem Wagen nach Bagnaia, durch dunkle Eichwälder bei einem Gewitter, nicht ohne Banditenfurcht« (Thoma, Im Winter des Lebens, Jena 1919, S. 69). In der hier vorliegenden späten, dreizehn Jahre nach den beschriebenen Eindrücken entstandenen Bildfassung teilt sich noch einiges von dem individuellen Erlebnis mit. Gegenüber der kleineren Ölskizze von 1874 (Thode, Abb. S. 65 u.), die von höherem Standort aus die abenteuerlichen Gesellen im Galopp davonpreschend zeigt, heben sich hier die Reiter als schwarze Silhouetten von der goldgelb leuchtenden Formation von Fels und bekrönender Stadtanlage ab, die, von dem blauen Band des Flusses umwunden, als erratischer Block, aus der hügeligen Landschaft aufragt. Die unwirkliche Beleuchtung bei stark bedecktem Himmel betont die Abgeschlossenheit und Unzugänglichkeit der festungsartigen Bergstadt und weckt die Assoziation an die Gefahren durch Überfälle. Thoma entwirft damit aus der Erinnerung heraus ein ganz anderes – eher märchenhaftes – Bild der Umgebung Roms, als die deutschen Künstler der ersten Hälfte des Jahrhunderts, die diese Gegend vor ihm durchstreift, gezeichnet und gemalt hatten.

Das Erinnerungsbild wurde aus dem Besitz des Malers Albert Lang erworben, mit dem zusammen Thoma seine erste Italienreise 1874 angetreten hatte. Dem Gemälde geht ein großformatiges, ebenfalls 1887 datiertes Aquarell unmittelbar voraus (Stuttgart, Staatsgalerie); alle, nur geringfügig variierenden, Fassungen basieren auf der Entwurfszeichnung, bezeichnet »Orte 18. Mai 1874« in einem Skizzenbuch Thomas (Bernau, Thoma-Museum). B. H.

137

137 Bogenschütze und Reiter, 1888

Pappe; 102,2 x 73,8 cm
Bezeichnet unten rechts: HTh 88
Frankfurt, Städtische Galerie im Städelschen Kunstinstitut. – Inv. Nr. SG 937
Literatur: Thode 1909, S. LVIII, Abb. S. 286. – H. Thoma, Im Herbste des Lebens, München 1909, S. 73. – H. Beenken, Das neunzehnte Jahrhundert in der deutschen Kunst, München 1944, S. 204. Kat. Frankfurt Städel 1972, S. 428, Taf. 177.

Das Gemälde stammt aus dem Besitz des Thoma-Freundes Dr. Otto Eiser. Es ist das dritte aus einer Reihe von sechs Bildern und einer Radierung desselben Themas *Vogeljagd* in relativ dichter Folge (1887, 1888, 1890, 1893, 1903), über deren Entstehung wir durch Briefe Thomas gut unterrichtet sind. Am 12. März 1887 berichtete Thoma an Eiser aus Florenz, wo er bei Hildebrand eingeladen war: »Es ist für mich gute Gelegenheit hier, Figurenstudien zu machen. Hildebrand hat einen herrlichen Menschen als Modell für beständig im Hause, und dieser steht mir jetzt immer zur Verfügung« (Hildebrand und seine Welt, hg. v. B. Sattler, München 1962, S. 297). Beeindruckt von Hildebrands Arbeiten und fasziniert von der Möglichkeit, nach einem Modell zu zeichnen, begann Thoma, sich mit dem von ihm bis dahin unbeachteten Thema der großen bewegten Aktfigur auseinanderzusetzen. Während dieses Florenzaufenthalts, bei dem sich Hildebrand und Thoma näher kennen und schätzen lernten (vgl. auch den Essay von Sigrid Braunfels, S. 102), bearbeitete auch Hildebrand das Thema ›Bogenschütze‹ für die Flügelreliefs des *Amazonenkampftriptychons*. Beide Künstler hatten zunächst als Anregung auf Dürers Kupferstich *Apollo und Diana* (1503/05) zurückgegriffen. Fiedler, der sich gleichzeitig in Florenz aufhielt, kaufte dann Thomas Erstfassung der *Bogenschützen* (Thode 1909, Abb. S. 273 r), welche die drei Stadien: Abschuß des Pfeiles, Nachschauen und Bücken nach dem getroffenen Vogel in drei Gestalten auseinanderlegt und simultan erfaßt. In dieser Konfiguration erinnern die Figuren an Domenichinos *Caccia di Diana* von 1617 (Rom, Galleria Borghese). In der Fassung von 1888 löst Thoma die Hauptfigur der Komposition des Vorjahrs heraus, dreht sie um 90 Grad ins Profil und bereichert sie mit dem Hintergrund der reitenden nackten Knaben; dieses Motiv stammt offenkundig aus Marées' Bildern.

In einem Brief an Emil Lugo aus Frankfurt im Juli 1887 erwähnt Thoma für die Fassung, die er gerade in Bearbeitung habe, die »weite öde Landschaft« und den »großen Luftraum«, die auch das vorliegende Gemälde charakterisieren. Vor dem in flockigen Tupfen gemalten bewölkten Himmel hebt sich die groß gesehene, nahe im Vordergrund agierende Aktfigur umrißbetont ab; das flatternde Schamtuch ist eine eigenhändige nachträgliche Übermalung. Als inhaltliche Aussage des Bildes vermutet Beenken, freilich kaum fixierbar, im Bogenschuß einen Hinweis darauf, in welche Höhen sich der menschliche Geist aufschwingen könne. Zu seiner Auseinandersetzung mit dem plastischen Element in der Malerei bekannte Thoma in einem Brief an Hildebrand am 19. Oktober 1885: »die Malerei sollte eigentlich aus der Bildhauerei hervorwachsen, sie würde sich dann weniger ins Maßlose der Landschaft und Gedankenmalerei verlieren« (Hildebrand und seine Welt, 1962, S. 286). Die Einbindung der Aktfigur (wohl noch immer des Modells aus Florenz) – ohne das ihm eigentlich fremde Thema der Jagd – in ein Landschaftsgemälde mit subjektiver, einfach abzulesender Aussage gelang Thoma dann z.B. in dem Bild *Sehnsucht* von 1900 (Thode 1909, Abb. S. 427), wo ein nackter Jüngling auf einem Felsufer am reißenden Fluß mit verlangend ausgebreiteten Armen davonfliegenden Reihern nachblickt. B. H.

138

138 Cervara, 1836

Pappe; 44 x 58 cm
Bezeichnet unten links: E. W. 1836 August./ Cervara
Bremen, Kunsthalle. – Inv. Nr. 647–1954/17
Literatur: Kat. Bremen Kunsthalle 1973, S. 361, Abb. 68.

Seit 1835 war Willers in Italien. Wie alle in Rom ansässigen Künstler unternahm er Studienreisen ins Sabinergebirge, in die Serpentara und die Campagna.

Die Studie zeigt den am Felshang liegenden Ort Cervara im Sabinergebirge. Darstellungen von Hängen, die zur Seite und nach vorn zum Betrachter hin geneigt sind, wobei man den weiteren Abfall nach unten noch ahnt, gehören zu den typischen Motiven der Landschaftsstudien des frühen 19. Jahrhunderts. Das Motiv kann nicht aus der Tradition der Landschaftsmalerei abgeleitet werden; es entspricht einer für den Wanderer im Gebirge typischen Ansicht und ist somit Zeichen einer neuen, unbefangenen Sicht der Natur. In Willers Bild erkennt man – im Gegensatz zu ähnlichen Studien Schirmers (siehe Kat. 127) – insofern noch Anklänge an die Tradition, als er sein Hauptmotiv in die Ferne rückt und vorn eine »Rampe« andeutet, von der aus die Ansicht aufgenommen ist.

In der Variationsbreite von Licht- und Farbschattierungen sowie durch die Lichtränder im oberen Teil, die das Gebirge plastisch modellieren, weist Willers' Studie auf die 1839 entstandenen Studien seines Freun-

139

des Schirmer voraus, den er auf seinen Ausflügen von Rom aus begleitete (H. Appel, J. W. Schirmers Italienische Reise (1839 bis 1840), in: Aachener Kunstblätter 17/18, 1958/89, S. 80).

Eine später ausgeführte Landschaft aus der Gegend von Cervara, wohl aus größerem Abstand, da man der Beschreibung nach mehr von dem Eichenwald sieht, befand sich 1846 im Besitz des Kaufmanns Beck in Wien (H. Hettner, Kleine Schriften, Braunschweig 1884, S. 305). Ein Bild ähnlichen Themas, ebenfalls von tieferem Standort aufgenommen, *Felsen in Cervara*, befindet sich in der Oldenburger Gemäldegalerie, die den Hauptanteil von Willers' Studien besitzt. B. E.

139 Campagnalandschaft, 1841

Leinwand; 71 x 105 cm
Bezeichnet unten rechts: E. Willers Roma/1841
Bremen, Kunsthalle. – Inv. Nr. 1064–1972/12
Literatur: Kat. Bremen Kunsthalle 1973, S. 361, Abb. 70.

Dargestellt ist eine Gegend in der Campagna mit Blick auf die sogenannte »Sedia del diavolo«, wohl ein antikes Grabmal, und den Berg Soracte im Hintergrund bei aufziehendem Unwetter. Das Motiv war bei den deutschen Künstlern in Rom beliebt, wie z. B. eine Ölstudie von 1822 von Heinrich Reinhold in der Hamburger Kunsthalle oder Carl Rottmanns Fresko von 1831 in den Münchner Hofgartenarkaden zeigen. Willers hält sich in der Komposition sehr eng an Rottmanns Fresko. Dafür sprechen die Lage der Ruine im Bild sowie ihre Spiegelung in einem vorne von Schilfgras gesäumten Tümpel mit Wasservögeln. Daß Rottmann das Vorbild ist, erkennt man deutlich beim Vergleich der entsprechenden Naturstudien der genannten Künstler, in denen das Verhältnis von Ruine und Wasser ein ganz anderes ist.

Neu ist in Willers' Bild die Wiedergabe der Vegetation bei einer spezifischen Witterung. Ihm kommt es nicht nur auf die großen Linien der Landschaft an, sondern die Erdformationen verschwinden unter dem windbewegten Gras, zu dem die ruhige Wasseroberfläche in merkwürdigem Gegensatz steht.

Anders als bei den üblichen idyllischen Italiendarstellungen zeigten Campagnadarstellungen deren rauher Natur entsprechend frühzeitig einen anderen Charakter. G. Haderer gibt in seinem ›Begleiter zu den landschaftlichen Freskogemälden‹ (München 1834) eine Beschreibung der Landschaft und des entsprechenden Gemäldes von Rottmann, die auch auf Willers' Bild zutrifft: »So bietet freilich die Campagna dem Blicke wenig dar, als eine öde, leere, trockene, hügelige Fläche mit einzelnen fruchtbaren Stellen, die wie Oasen auftauchen ... (S. 29). Die Einsamkeit und Verlassenheit zu vermehren, setzt der sinnreiche Künstler noch in den Vordergrund die schönen Trümmer eines antiken Grabes an eine jener Pfützen, welche mit ihren faulenden Gewässern die Luft verpesten, um die vielgenannte und gefürchtete aria cattiva zu erzeugen.« (S. 30.)

B. E.

Zeichnungen

Z 1 Reiter, eine leblose Frau im Arm haltend, 1855/56

Schwarze und rotbraune Kreide sowie Deckweiß auf graublauem Papier; 49,5 x 33,0 cm
Bezeichnet unten links: AF.
München, Staatliche Graphische Sammlung. – Inv. Nr. 252 97
Literatur: Allgeyer-Neumann 1904, Nr. 576. – Arndt 1968, Nr. 7. – Kat. Ausst. Heidelberg 1969, Nr. 24. – Kat. Ausst. Karlsruhe 1976, Nr. Z 14.

Die Zeichnung stellt eine Vorarbeit für die zentrale Gruppe des Mittelgrundes im geplanten Gemälde *Amazonenschlacht* dar. Sie erscheint an der entsprechenden Stelle der 1857 entstandenen Ölskizze zu diesem Bild, (Oldenburg, Landesmuseum für Kunst und Kulturgeschichte (Kat. 57)).

In der Zeichnung hat Feuerbach Motive aus Gemälden seiner französischen Zeitgenossen Chassériau und Delacroix verarbeitet (Arndt 1968, S. 98f.). Im Hinblick auf den Zeichenstil ist das Blatt ein charakteristisches Beispiel für den Einfluß Coutures auf Feuerbach. F. F.

Z 2 Die Hochzeit von Bacchus und Ariadne, 1855/60, 1864

Schwarze Kreide, Deckfarben und Goldbronze auf braunem Papier, aus zwei Teilen zusammengeklebt; 47,2 x 74,8 cm
Bezeichnet unten links: A. Feuerbach. 64.
München, Staatliche Graphische Sammlung. – Inv. Nr. 44523
Literatur: Allgeyer-Neumann 1904, Nr. 434 und II, S. 34. – Arndt 1968, Nr. 58. – Kat Ausst. Heidelberg 1969, Nr. 56. – Kat. Ausst. Karlsruhe 1976, Nr. Z 29.

Auch wenn das Blatt von Feuerbach mit »64« datiert wurde, nimmt Arndt an, daß die Zeichnung bereits in der zweiten Hälfte der fünfziger Jahre entstand, jedoch 1864 im Hinblick auf ein Gemälde mit Aquarell und Deckfarben überarbeitet wurde (Arndt 1968, S. 242).

Soweit bekannt, ist es zu einer Umsetzung der Zeichnung in ein Gemälde nicht gekommen. Seitenverkehrt und mit Abänderungen hat sie lediglich als Bild im Bild in der ersten Fassung des *Gastmahl des Plato* von 1869 in der Staatlichen Kunsthalle Karlsruhe (H. Uhde-Bernays 1911, Nr. 290)

Z 1

Verwendung gefunden. Feuerbach konnte die Zeichnung deshalb verwenden, weil in ihr dasselbe Rahmenthema wie im Gemälde, die Gegenüberstellung von Vita activa und Vita contemplativa, veranschaulicht ist (siehe Kat. 78). Die Komposition ist zweigeteilt in eine sich ekstatisch bewegende Figurengruppe auf der einen und einem in sich gekehrten ruhigen Hochzeitspaar auf der anderen Seite.

In der Gruppe von Bacchus und Ariadne hat Feuerbach das in zahlreichen Repliken überlieferte hellenistische Relief *Paris und Helena*, Nationalmuseum Neapel, verarbeitet (Arndt 1968, S. 84). F. F.

Z 3 Paolo und Francesca, 1855/60

Schwarze Kreide und Deckweiß auf braunem Papier; 38,8 x 32,0 cm
Bezeichnet unten links: AF
München, Staatliche Graphische Sammlung. – Inv. Nr. 35 746
Literatur: Allgeyer-Neumann 1904, Nr. 425 sowie II S. 15, Anm. 2 und S. 514. – Arndt 1969, Nr. 59. – Kat. Ausst. Heidelberg 1969, Nr. 51. – Kat. Schack-Galerie, München 1969, S. 116f. – Kat. Ausst. Karlsruhe 1976, Nr. Z 36.

Die Datierung des Blattes ist umstritten. Gesichert ist, daß Feuerbach die Zeichnung im September 1863 an den Grafen Schack sandte und daraufhin den Auftrag für das Gemälde *Paolo und Francesca* erhielt (siehe Kat. 68). Feuerbach führte das Gemälde dann von Oktober 1863 bis Januar 1864 aus. So ist es naheliegend, die Zeichnung unmittelbar vor das Gemälde, ins Jahr 1863 zu datieren (Kat. München, Schack-Galerie 1969, S. 116f.). Dagegen sprechen die Zeichentechnik und stilistische Gründe für eine Entstehung schon in der zweiten Hälfte der fünfziger Jahre (Arndt 1968, S. 243 ff.): Die technischen Mittel sind auf schwarze Kreide und Deckweiß beschränkt wie bei den übrigen Kompositionsentwürfen der Jahre 1855 bis 1858. Die kompakten Körperproportionen bei der Figur der Francesca – im ausgeführten Gemälde merklich gelängt – kennzeichnen Feuerbachs Frauengestalten gegen Ende der fünfziger Jahre, wie etwa die Ophelia in der 1858 datierten Ölskizze (H. Uhde-Bernays 1911, Nr. 181). F. F.

Z 4 Allee im Park der Villa d'Este in Tivoli, 1857

Schwarze Kreide und Deckfarben auf braunem Papier; 45,1 x 31,2 cm
Bezeichnet unten links: AF.
Stuttgart, Staatsgalerie, Graphische Sammlung. Inv. Nr. C 20/5
Literatur: Allgeyer-Neumann 1904, Nr. 330. Kat. Ausst. Heidelberg 1969, Nr. 30. Kat. Stuttgart, Staatsgalerie 1976, Nr. 254. Kat. Ausst. Karlsruhe 1976, Nr. Z 16.

Die in dem Blatt geschilderte Stimmung deckt sich mit dem Bericht des damaligen Reisebegleiters von Anselm Feuerbach, Julius Allgeyer (I, S. 366): »vor allem die Villa d'Este mit ihren mächtigen Zypressen, ihren dunklen Lorbeergängen, ihren im Grünen schimmernden Marmorbildern, blinkenden Brunnen, Terrassen und Balustraden hat sich mit einer Fülle von Bildern aufs tiefste seiner Seele eingeprägt.« Gleichwohl läßt die Zeichnung in ihrer raffinierten Komposition und bildmäßigen Ausführung wenig Spontanes erkennen. Eine Paraphrase des Motivs läßt sich in der Hintergrundslandschaft der Mannheimer Fassung des Gemäldes *Paolo und Francesca* sehen (H. Uhde-Bernays 1911, Nr. 241; Kat. Ausst. Karlsruhe 1976, S. 175). F. F.

Z 5 Große Baumgruppe auf einem Abhang, 1857/58

Schwarze Kreide, grau laviert, weiß gehöht auf graublauem Papier, 33,2 x 52,1 cm
Bezeichnet unten in der Mitte (nicht ligiert): A. F.
München, Staatliche Graphische Sammlung. – Inv. Nr. 25284
Literatur: Allgeyer-Neumann 1904, Nr. 321. – Kat. Ausst. Heidelberg 1969, Nr. 36.

Z 2

Z 3 

 Z

Das Blatt ist während der Campagna-Aufenthalte in den Jahren 1857 oder 1858 entstanden, von denen Feuerbachs damaliger Reisebegleiter Julius Allgeyer berichtet: »Die künstlerische Ernte, die Feuerbach in seiner Mappe heimtrug, bestand in einer Reihe von Landschaftsstudien, zumeist auf Tonpapier in Kreide und Kohle mit erhöhten Lichtern ausgeführt, ...« (vgl. Kat. Z 6, Z 7). Arndt zählt diese Blätter »zu den bedeutendsten Leistungen der »heroischen« Landschaftskunst des 19. Jahrhunderts« (Kat. Ausst. Heidelberg 1969, S. 18). F. F.

Z 6 Campagna, im Mittelgrund zwei Grotten, 1857/58

Schwarze Kreide, Kreidelavierung und Deckweiß auf graublauem Papier; 27,2 x 49,3 cm
Bezeichnet unten links: AF.
Stuttgart, Staatsgalerie, Graphische Sammlung. Inv. Nr. C 20/7
Literatur: Allgeyer-Neumann 1904, Nr. 332. – Kat. Ausst. Heidelberg 1969, Nr. 37. – Kat. Stuttgart, Staatsgalerie 1976, Nr. 255.

Die Zeichnung dürfte während Feuerbachs Sommeraufenthalten in der Umgebung von Rom, 1857 oder 1858 entstanden sein. Nur in dieser Zeit hat er sich intensiver mit Landschaftsdarstellungen beschäftigt (vgl. Kat. Z 5, Z 7).

Den Mittelteil dieser Zeichnung hat Feuerbach im Kompositionsentwurf zu den *Balgenden Buben* verwendet, der 1858 datiert ist (Kat. Ausst. Heidelberg 1969, S. 35; Kat. 61). F. F.

Z 7 Campagna, Felspartie mit Bäumen und Sträuchern, 1857/58

Schwarze Kreide und Deckweiß auf graublauem Papier; 27,5 x 54,5 cm
Bezeichnet unten links: AF. sowie unten rechts: AF.
Basel, Öffentliche Kunstsammlung, Kupferstichkabinett. – Inv. Nr. 1921.109
Literatur: Allgeyer-Neumann 1904, Nr. 333. – Kat. Ausst. Heidelberg 1969, Nr. 35. – Kat. Ausst. Karlsruhe 1976, Nr. Z 18. – Kat. Ausst. Basel 1983, Nr. 21.

Das Blatt gehört zu einer Gruppe von etwa 15 Landschaftszeichnungen, die Feuerbach auf dem gleichen blauen Tonpapier angefertigt hat. Sie sind 1857 oder 1858 bei Sommeraufenthalten in der Campagna, der Umgebung von Rom, vor der Natur entstanden. Julius Allgeyer, damaliger Begleiter Feuerbachs, berichtet in diesem Zusammenhang: »Im großen und ganzen liebte es Feuerbach sonst nicht, die Natur, wie er sich ausdrückte, im Vorübergehen abzuschreiben« (Allgeyer 1904, I, S. 367; siehe auch Kat. Z 5, Z 6). F. F.

Z 8 Balgende Buben, 1858

Schwarze Kreide und Deckweiß auf blaugrauem Papier; 32,1 x 59,1 cm
Bezeichnet unten links: A. Feuerbach. 58.
München, Staatliche Graphische Sammlung. – Inv. Nr. 35748
Literatur: Allgeyer-Neumann 1904, Nr. 261. – Arndt 1968, Nr. 22. – Kat. Ausst. Karlsruhe 1976, Nr. Z 20.

Der Kompositionsentwurf liegt dem 1860 vollendeten Gemälde *Balgende Buben* unmittelbar zugrunde (Kat. 61). In der Anordnung und der Haltung der Figuren spiegeln sich mehrere Vorbilder (Arndt, 1968, S. 209): Die Kindergruppen links vorne und im Mittelgrund lassen sich auf die entsprechenden Figuren in der 1857 gemalten Ölskizze *Amazonenschlacht* zurückführen

Z 5

Z 6

Z 7

Z 8

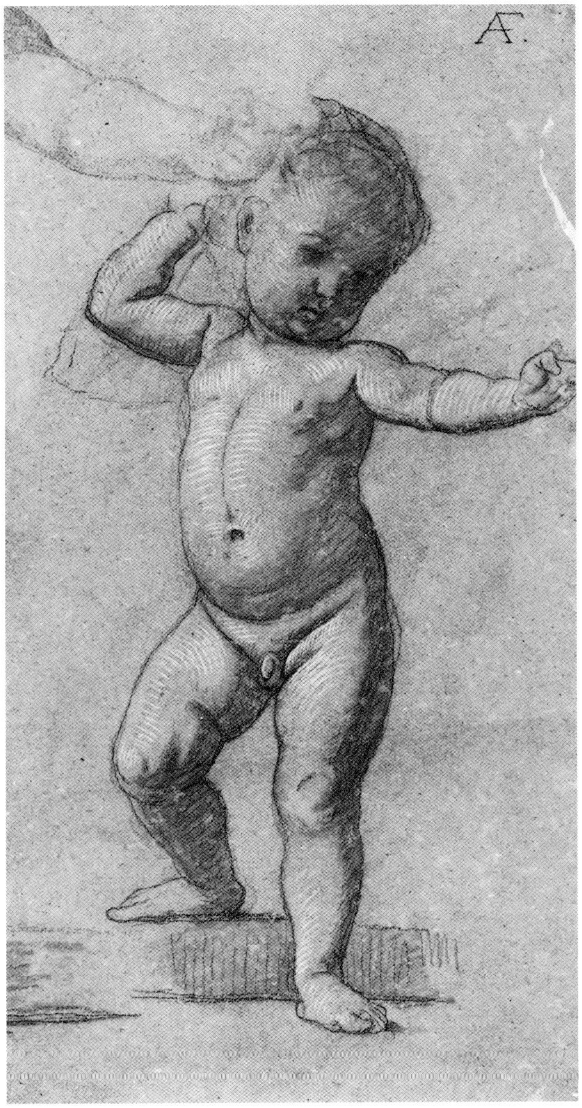

Z 9

Z 10

(siehe Kat. 57). Die beiden am Boden liegenden Kinder variieren eine ganz ähnliche Gruppe in Jacques Louis Davids *Raub der Sabinerinnen* von 1799 (Paris, Louvre). Für die Hintergrundslandschaft hat Feuerbach auf eine von ihm selbst 1857 in der Campagna gefertigte Landschaftsstudie zurückgegriffen (siehe Kat. Z 6). F. F.

Z 9 Kinderakt, 1858

Schwarze Kreide, Deckweiß auf hellbraunem Papier, beschnitten; 37,0 x 19,4 cm
Bezeichnet oben rechts: AF.
München, Staatliche Graphische Sammlung. – Inv. Nr. 25288
Literatur: Allgeyer-Neumann 1904, Nr. 265. – Arndt 1968, Nr. 27.

Es handelt sich um eine Studie zu dem die Treppe herunter kommenden Knaben im 1859/60 ausgeführten Gemälde *Balgende Buben* des Kunstmuseums St. Gallen (siehe Kat. 61). Die Zeichnung muß nach dem Kompositionsentwurf (siehe Kat. Z 8) entstanden sein, denn sie steht zwischen diesem und dem Gemälde, bei dem Feuerbach die Haltung des Knaben nochmals leicht verändert hat. F. F.

Z 10 Weiblicher Akt, 1858/59

Schwarze Kreide und Deckfarben auf gelblichem Strohpapier; 47,7 x 35,6 cm
Bezeichnet unten links: AF.
Hamburg, Hamburger Kunsthalle. – Inv. Nr. 1914:220
Literatur: Allgeyer-Neumann 1904, Nr. 602. – Arndt 1968, Nr. 90. – Kat. Ausst. Heidelberg 1969, Nr. 49. – Kat. Ausst. Karlsruhe 1976, Nr. Z 23.

Die stark betonte Kontur und das überdeutliche Herausmodellieren der Körperformen charakterisieren die Zeichnung als eine typische Modellstudie Feuerbachs aus den späten fünfziger Jahren. Vorbereitet wird mit ihr die Figur einer reitenden Amazone in einem letztlich nicht ausgeführten Gemälde, einer *Amazonenschlacht*. Dieselbe Figur samt dem sich aufbäumenden Pferd erscheint einerseits im Zentrum einer erhaltenen Kompositionsskizze zu diesem Gemälde (Berlin, Staatliche Museen, Kupferstichkabinett; Arndt 1968, Nr. 87). Die Verwendung des Strohpapiers sowie die kurzen Parallel- oder Kreuzschraffuren, mit denen die Deckweißhöhungen aufgetragen sind, rücken die Zeichnung zeitlich in die Nähe der Kinderstudien aus den Jahren 1858/59 (vgl. Kat. Z 8, Z 9). F. F.

Z 12

Z 11 Iphigenie, 1861

Schwarze Kreide und Deckweiß, aquarelliert, auf blauem Papier; 47,1 x 23,9 cm
Bezeichnet unten links: A F (ligiert, ergänzt) euerbach
Heidelberg, Kurpfälzisches Museum der Stadt Heidelberg. – Inv. Nr. Z 1990
Literatur: Allgeyer-Neumann 1904, Nr. 396 sowie I S. XIV. – Arndt 1968, Nr. 37. – Kat. Ausst. Heidelberg 1969, Nr. 53. – Kat. Ausst. Cambridge 1972, Nr. 18. – Kat. Ausst. Rotterdam 1973, Nr. 15. – Kat. Ausst. Karlsruhe 1976, Nr. Z 28.

In der über vier Jahre, von 1858–1862 währenden Werkgenese der *Iphigenie* dokumentiert die Zeichnung eine entscheidende Phase (Arndt, 1968, S. 18ff.). Denn mit ihr verwirft Feuerbach die zuvor geplanten, mehrfigurigen Formulierungen; nur mit der Einzelfigur lasse sich die Einsamkeit und damit die Sehnsucht der Iphigenie vergegenwärtigen.

Iphigenie, »ganz in Weiß gekleidet, tritt heraus aus dem Wald und hält im Schreiten inne beim Anblick des brandenden Meeres« (Briefe II, S. 30/31). So beschreibt Feuerbach seine Bilderfindung. Sie ist aus mehreren Quellen zusammengefügt (Arndt 1969, S. 19ff.).

Feuerbach stützt sich auf Goethes Iphigenie auf Tauris (1786). Schon des Dichters Figur tritt aus einem Wald »heraus in eure Schatten rege Wipfel«. Und auch das »brandende Meer« von Feuerbach ist Nachklang, denn schon Goethes Iphigenie klagt: »Und gegen meine Seufzer bringt die Welle/Nur dumpfe Töne brausend herüber«.

In der Körperhaltung und -sprache reflektiert Feuerbachs Figur antike Vorbilder, bei denen der Gestus, den rechten entblößten Unterarm auf die linke Hand, das Kinn auf die rechte zu stützen, in ähnlicher Weise Lauschen oder Sinnen bedeutet. Als Beispiel, wenn auch nicht als direkte Vorlage ist die Penelope des in Pompeji, Macellum, befindlichen Freskos genannt worden, das die Heimkehr des Odysseus darstellt (Arndt, 1968, S. 21).

Antik soll auch das Gewand erscheinen. »Cardwell hat mir ein griechisches Gewand geschneidert« berichtet Feuerbach begeistert seiner Mutter über den Fortgang seiner Bemühungen, zu einem schlüssigen Iphigenie-Bild zu gelangen. Das 1861 begonnene Gemälde allerdings, zu dessen Vorbereitung die Zeichnung diente, zerstörte Feuerbach noch im selben Jahr. Schließlich malte er Iphigenie nicht mehr »im Schreiten innehaltend«, sondern sitzend (1862, Darmstadt, Hessische Landesmuseum; H. Uhde-Bernays 1904, Nr. 223). »Nun ist das Iphigenie-Rätsel gelöst. Der Gefühlszustand, welchen wir Sehnsucht nennen, bedarf körperlicher Ruhe« (zitiert nach Arndt, 1968, S. 22). Von der literarischen Quelle hat Feuerbach sich damit gelöst. – In Böcklins frühen Fassungen der *Villa am Meer* erscheint die gleiche Gestalt seitenverkehrt (siehe Kat. 23). F. F.

Z 12 Amme der Medea, 1866/67

Schwarze und farbige Kreide auf dunkelbraunem Papier; 39,2 x 29,8 cm
Bezeichnet rechts: A. F.
Stuttgart, Staatsgalerie, Graphische Sammlung. – Inv. Nr. C 20/4
Literatur: Allgeyer-Neumann 1904, Nr. 526. – Arndt 1968, Nr. 75. – Kat. Ausst. Heidelberg 1969, Nr. 67. – Kat. Stuttgart, Staatsgalerie 1976, Nr. 257.

Die Zeichnung ist als Studie für das 1866/67 gefertigte Gemälde *Abschied der Medea* (ehem. Berlin, Nationalgalerie) entstanden (H. Uhde-Bernays 1923, Nr. 293). Wiederverwendet hat Feuerbach sie für die zweite Gemäldefassung der Neuen Pinakothek, München (siehe Kat. 81). Wenn auch laut

13

Z 11

einem von Henriette Feuerbach überarbeiteten Brief des Künstlers ein »Bischof in weitem Bademantel« »in ahnungsloser Unschuld die Amme darstellte«, für den Maler als Modell fungierte, geht die Figur letztlich eher auf antike Trauer- und Klagefiguren zurück, die bereits der Klassizismus wieder aufgegriffen hatte (Kat. Stuttgart, Staatsgalerie 1976, S. 49.). F. F.

Z 13 Medea, ihren jüngeren Sohn auf dem Arm, 1866/67

Schwarze und farbige Kreide auf braunem Papier; 51,0 x 25,2 cm
Bezeichnet unten rechts: AF.
Basel, Öffentliche Kunstsammlung, Kupferstichkabinett. – Inv. Nr. 1921.111
Literatur: Allgeyer-Neumann 1904, Nr. 525. – Arndt 1968, Nr. 76. – Kat. Ausst. Heidelberg 1969, Nr. 66.

Die Zeichnung ist eine vorbereitende Studie zur ersten Gemäldefassung *Abschied der Medea*, die 1866/67 entstand (ehem. Berlin, Nationalgalerie). Indem Feuerbach das Kind ganz in den Kontur der Figur der Mutter einbindet, schildert er es als geborgen. Die strenge, römische Gewandung der Figur der Medea geht auf antike Vorbilder wie die Antonia im Südfries der Ara Pacis in Rom zurück (Arndt 1968, S. 47). F. F.

Z 14

Z

Z

Z 14 Männlicher Akt, 1866

Schwarze Kreide und Deckweiß auf braunem Papier; 58,1 x 44,7 cm
Privatbesitz
Literatur: Allgeyer-Neumann 1904, Nr. 495. – Arndt 1968, Nr. 143. – Kat. Ausst. Heidelberg 1969, Nr. 71. – Kat. Ausst. Karlsruhe 1976, Nr. Z 34.

Die Zeichnung ist eine Modellstudie zur Figur des Alkibiades im Gemälde *Gastmahl des Plato* (Staatliche Kunsthalle Karlsruhe; H. Uhde-Bernays 1904, Nr. 290; siehe Kat. 78 und 79).

In der Körperhaltung der Figur spiegelt sich die vielleicht berühmteste antike Skulptur, der Apoll von Belvedere. Auf eine Modellstudie nach einem weiblichen Modell (Lucia Brunacci) geht hingegen der Kopf der Figur des Alkibiades zurück (vgl. Kat. Z 17). Im Zusammensetzen unterschiedlichster Elemente sowie in der Gepflogenheit, bei einer Figurenstudie die vom Gewand bedeckten Partien beim Zeichnen zu vernachlässigen, folgt Feuerbach akademischer Tradition. F. F.

18

Z 17

Z 15 Aktstudien, 1866

Braune Kreide auf grauem Tonpapier; 55,8 x 40,4 cm
München, Staatliche Graphische Sammlung. – Inv. Nr. 25277
Literatur: Allgeyer-Neumann 1904, Nr. 499. – Arndt 1968, Nr. 144.

Die einzelnen, nach dem Modell gezeichneten Aktstudien beziehen sich auf den rechten Unterarm und den Oberkörper des Alkibiades in der Karlsruher Fassung des Gastmahls (vgl. Kat. 79) und auf die bogenschießende Amazone links im Hintergrund auf der Nürnberger Fassung der *Amazonenschlacht* (H. Uhde Bernays 1904, Nr. 321). F. F.

Z 16 Weiblicher Kopf, eine Weinranke im Haar, 1866/70

Schwarze und farbige Kreide sowie Deckfarben auf braunem Papier; 31,5 x 28 cm
Bezeichnet unten links: AF.
Speyer, Historisches Museum der Pfalz, Leihgabe der Stadt Speyer.
Literatur: Allgeyer-Neumann 1904, Nr. 494. – Kat. Ausst. Speyer 1975, Nr. 13. – Kat. Ausst. Karlsruhe 1976, Nr. Z 36.

Die Zeichnung ist eine Modellstudie nach Lucia Brunacci für den Kopf des Alkibiades in der ersten Fassung des *Gastmahls des Plato* von 1869 (Karlsruhe, Staatliche Kunsthalle; siehe Kat. 78). Nach akademischer Tradition wäre es durchaus möglich, ein männliches Modell für eine Frauendarstellung zu verwenden, aber kaum umgekehrt. Bei Feuerbach sind weibliche und männliche Modelle in ihrer Verwendung austauschbar. F. F.

Z 17 Weiblicher Akt, 1867/68

Schwarze und farbige Kreide, Deckweiß auf braunem Papier; 52,2 x 28,2 cm
Bezeichnet unten links: AF.
München, Staatliche Graphische Sammlung. – Inv. Nr. 25278
Literatur: Allgeyer-Neumann 1904, Nr. 500. – Arndt 1968, Nr. 133. – Kat. Ausst. Speyer 1980, S. 84.

Die Modellstudie gehört zu den umfangreichen Vorarbeiten Feuerbachs zur ersten Fassung des Gemäldes *Gastmahl des Plato* in der Staatlichen Kunsthalle Karlsruhe (H. Uhde-Bernays 1904, Nr. 290; Kat. 78) und dürfte demnach 1867/68 entstanden sein.

Dargestellt ist die Begleiterin des Alkibiades und zwar im Unterschied zum Gemälde unbekleidet. Somit wird Feuerbach akademischer Tradition folgend vor der Übertragung der Figur auf das Gemälde noch eine weitere Studie im Hinblick auf das Gewand gemacht haben. F. F.

Z 19

Z 18 Medea, ihren jüngeren Sohn auf dem Schoß haltend, 1868/69

Schwarze und farbige Kreide auf braunem Papier; 51,5 x 41,5 cm
Bezeichnet links neben der Figur: AF.
Stuttgart, Staatsgalerie, Graphische Sammlung. – Inv. Nr. C 1920/3
Literatur: Allgeyer-Neumann 1904, Nr. 523. – Arndt 1968, Nr. 77. – Kat. Ausst. Heidelberg 1969, Nr. 74. – Kat. Stuttgart, Staatsgalerie 1976, Nr. 258.

Die Zeichnung ist eine Studie für die zweite Fassung des 1868/69 ausgeführten Gemäldes *Abschied der Medea* in der Neuen Pinakothek (siehe Kat. 81). Feuerbach hat nur das Gesicht des Modells Lucia Brunacci detailliert ausgeführt; das Gewand ist lediglich skizziert.

Die komplizierte Haltung des Kindes entspricht der des Jesusknaben von Michelangelos Medici-Madonna, die Feuerbach bei seinem Florenz-Aufenthalt 1856 kopiert hat (Arndt 1968, S. 51). F. F.

Z 19 Gruppe von drei reitenden Amazonen, 1871

Schwarze und farbige Kreide sowie Deckweiß auf rötlich-braunem Papier; 50,4 x 43,2 cm
Bezeichnet unten rechts: AF. 71.
München, Staatliche Graphische Sammlung. – Inv. Nr. 253 00
Literatur: Allgeyer-Neumann 1904, Nr. 571. – Arndt 1968, Nr. 125. – Kat. Ausst. Heidelberg 1969, Nr. 96. – Kat. Ausst. Karlsruhe 1976, Nr. Z 41.

Das Blatt, das drei verschiedene Posen eines Modells festhält, gehört zu den umfangreichen Vorarbeiten zum Gemälde *Amazonenschlacht,* für das Feuerbach angibt, 254 Einzelstudien gemacht zu haben. Die Zeichnung ist auf die 1872 vollendete Nürnberger Fassung des Gemäldes zu beziehen (H. Uhde-Bernays 1904, Nr. 321; vgl. Kat. 57). Dort erscheinen die beiden linken Figuren im Hintergrund ausgeführt. Die dritte Studie hat Feuerbach etwas abgeändert und für die kämpfende Amazone in der Mitte des Bildes verwendet (Arndt 1968, S. 301). F. F.

Z

Z 21

Z 20 Reitende Amazone, 1870/71

Feder in violetter Tusche auf rotem Löschpapier, beschnitten; 16,8 x 21,8 cm
Am unteren Rand Siegelabdruck Feuerbachs: A. F.
Nürnberg, Germanisches Nationalmuseum. – Inv. Nr. Hz 3658
Literatur: Arndt 1968, Nr. 95. – Kat. Ausst. Heidelberg 1969, Nr. 87.

Die Zeichnung vertritt in der Ausstellung die Gattung der Detailskizzen Feuerbachs. Sie entstehen neben den Entwurfsskizzen ganz zu Beginn der Genese eines Gemäldes. Mit ihnen sucht Feuerbach die Haltung einzelner Figuren erstmals zu fixieren. Als Zeichnungsträger benützt er einfaches Löschpapier. In zunächst unscheinbaren Skizzen wie dieser wird die Phantasie Feuerbachs am ehesten greifbar.

Die flüchtig skizzierte Amazone läßt sich mit der Nürnberger *Amazonenschlacht* von 1872 in Verbindung bringen. Sie stellt eine Vorarbeit zu der Amazone am linken Bildrand dar. Über die rechte Hälfte des Blattes ist in griechischen Buchstaben ein Zitat aus der Odyssee geschrieben (Arndt 1968, S. 274).

F. F.

Z 21 Weiblicher Kopf, 1871

Schwarze und farbige Kreide auf rötlich-braunem Papier; 51,0 x 41,5 cm
Bezeichnet unten links: A. Feuerbach. 71.
München, Staatliche Graphische Sammlung. – Inv. Nr. 2531
Literatur: Allgeyer-Neumann 1904, Nr. 568. – Arndt 1968, Nr. 119. – Kat. Ausst. Karlsruhe 1976, Nr. Z 42.

Das Blatt entstand 1871 im Zusammenhang mit der Vorbereitung der Nürnberger Fassung der *Amazonenschlacht*. Die Modellstudie nach Lucia Brunacci fertigte Feuerbach für die Amazone auf dem sich bäumenden Pferd rechts neben der Bildmitte an (Arndt 1968, S. 296).

F. F.

Z 22

Z 22 Medea tötet ihre Kinder, 1868/71

Feder/schwarze Tusche auf rotem Löschpapier; 17,3 x 30,0 cm
Bezeichnet unten links: AF.
Oxford, Ashmolean Museum
Literatur: Allgeyer-Neumann 1904, Nr. 555. – Arndt 1968, Nr. 78. – Kat. Ausst. Heidelberg 1969, Nr. 82. – Kat. Ashmolean Museum, Oxford 1987, Nr. 26.

Die Zeichnung vertritt in der Ausstellung exemplarisch Feuerbachs Kompositionsskizzen. Sie sind anders als die großformatigen Studien wenig detailliert ausgeführt und mit Feder auf einfaches, oft fleckiges Löschpapier gezeichnet. Zeitlich stehen sie stets am Anfang einer Werkgenese, da Feuerbach mit ihnen erstmals die Komposition des geplanten Bildes festhält. Ergänzend zu ihnen, fertigt er in derselben Technik Detailskizzen zu einzelnen Figuren an (vgl. Kat. Z 20).

Die Skizze hängt eng mit dem Gemälde *Medea* von 1870 in der Neuen Pinakothek München zusammen (siehe Kat. 81). Die Komposition ist bei der Skizze und dem Gemälde ganz ähnlich angelegt, die Gruppe der Ruderknechte fast identisch. Doch die Hauptfigur der Medea ist grundsätzlich anders dargestellt: Die Skizze präsentiert die Heldin als rasende Rächerin, das Bild als liebende Mutter.

Für die Gestaltung der Gruppe der Medea hat Feuerbach auf eigene Bildmotive aus der *Amazonenschlacht* von 1856/57 in Oldenburg (Kat. 57) sowie aus dem Entwurf und dem Gemälde *Balgende Buben* zurückgegriffen (Kat. 61, Z 8). In der Figur der Medea hat er zudem die sogenannte Niobide Chiaramonti der Vatikanischen Museen verarbeitet (Arndt 1968, S. 55).

Die Datierung der Skizze ist fraglich. Umstritten ist, ob sie vor der Münchner Fassung der *Medea* entstanden ist und diese vorbereitet (Kat. Ashmolean Museum, Oxford 1987, S. 29 f.) oder ob sie – was wohl weniger wahrscheinlich ist – diese weiterentwickelt (Arndt 1968, S. 53 f.). F. F.

Z 23 Drei Bäume an einem Abhang, 1850/52

Bleistift auf weißem Papier; 27,9 x 34,2 cm
München, Staatliche Graphische Sammlung. – Inv. Nr. 24510
Literatur: Schmid 1903, aus Nr. 93 a–g. – Kat. Ausst. Basel 1977, Nr. Z 25. – Kat. Ausst. Darmstadt 1977, Nr. Z 11.

Das Blatt ist eine der zahlreichen Naturstudien Böcklins, die er in der Umgebung Roms anfertigte. Bei diesem frühen, zu Anfang seines ersten Romaufenthaltes entstandenen Blatt orientiert sich Böcklin im Zeichenstil noch an seinem Lehrer Wilhelm Schirmer, von dem zahllose ähnliche Baumstudien erhalten sind (vgl. R. Theilmann, Die deutschen Zeichnungen des 19. Jahrhunderts, Karlsruhe 1978, Nr. 3250, 3254, 3312, 3325, 3273). F. F.

Z 23

Z 24 Laubwerk, 1851

Bleistift, Pinsel mit Deckweiß auf bräunlichem Papier; 26,9 x 31,0 cm
Bezeichnet unten rechts: Ariccia. 51.
Basel, Öffentliche Kunstsammlung, Kupferstichkabinett. – Inv. Nr. 1980. 13 (Depositum des Vereins der Freunde des Kunstmuseums)
Literatur: Kat. Ausst. Basel 1977, Nr. Z 34. – Kat. Ausst. Darmstadt 1977, Nr. Z 15. – Kat. Ausst. Tokyo 1987, Nr. 16.

Laut Böcklins Bezeichnung ist die Naturstudie während seines ersten Sommers in Italien in Arriccia bei Albano entstanden, vielleicht im Park der wegen ihres Baumbestands berühmten Villa Chigi. Die in der Form an eine Vignette erinnernde Zeichnung ist durch Kontraste gekennzeichnet. Nahsichtig gegebene Blattstudien sind unmittelbar vor den Blick auf ein dunkles Waldstück gesetzt. Im Zeichenstil treten sowohl Merkmale der letzten Baseler Zeit – Hervorhebung des Konturs, lockere Schraffur – als auch der ersten Jahre in Rom in Erscheinung – dicht aufgetragene, flächige Schraffuren. F. F.

Z 24

Z 25

Z

Z 25 Waldecke und Ausblick auf Hügelkette, 1850/52

Bleistift auf gelblichem Papier; 18,1 x 25,0 cm
Basel, Öffentliche Kunstsammlung, Kupferstichkabinett. – Inv. Nr. 1980.12 (Depositum des Vereins der Freunde des Kunstmuseums)
Literatur: Kat. Ausst. Basel 1977, Nr. Z 36. – Kat. Ausst. Darmstadt 1977, Nr. Z 8.

Das Blatt gehört zu einer Gruppe von Zeichnungen vom Beginn der fünfziger Jahre, die während Böcklins Aufenthalten in der Umgebung von Rom vor der Natur entstanden. Es besitzt weder reinen Studiencharakter noch ist es wohl ein direkter Entwurf für ein bestimmtes Gemälde. Immerhin könnte es im Hinblick auf Gesamtkomposition und Verteilung der Massen im Zusammenhang mit der *Landschaft aus den Albanerbergen* von 1851 stehen (Andree 1977, Kat. Nr. 69). Kennzeichnend ist das äußerst nuancenreiche System, mit dem Licht- und Schattenwerte verteilt sind sowie die »Rahmung«, durch die ein Anspruch auf Bildmäßigkeit erhoben wird.

F. F.

Z 26 Landschaft mit Felsen und Baum, 1851

Bleistift, schwarze und farbige Kreide auf gelbem Papier; 19,7 x 16,9 cm
Basel, Öffentliche Kunstsammlung, Kupferstichkabinett, Depositum der Eidgenössischen Gottfried Keller-Stiftung. – Inv. Nr. 1902.62
Literatur: Schmit 1903, Nr. 62. – Kat. Ausst. Basel 1977, Nr. Z 37. – Kat. Ausst. Darmstadt 1977, Nr. 16. – Volpi/Frongia 1982, Nr. 3. – Kat. Tokyo 1987, Nr. 17.

Das Charakteristische der Zeichnung liegt in der Beschränkung auf das Wesentliche: wenige aber »sprechende« Motive sind zu einem finalen Kunstwerk zusammengebracht. Der Widerspruch zwischen Naturstudie und bildmäßigem Charakter, den die offenkundig nachträgliche Rahmung hervorruft, wird dadurch nicht aufgelöst.

Stilistisch und technisch gehört das Blatt zur selben Gruppe von Zeichnungen wie die vorhergehende Katalognummer. F. F.

Z 27 Waldinneres mit drei Säulen, 1850/52

Bleistift, Farbstift auf gelblichem Papier; 16,6 x 25,3 cm
Basel, Öffentliche Kunstsammlung, Kupferstichkabinett, Depositum des Vereins der Freunde des Kunstmuseums. – Inv. Nr. 1980.11
Literatur: Kat. Ausst. Basel 1977, Nr. Z 39. – Volpi/Frongia 1982, Nr. 2.

Ähnlich wie die Figuren auf vergleichbaren Zeichnungen vom Beginn der fünfziger Jahre (siehe Kat. Z 28), drohten hier die drei Säulenfragmente in der Dichte der sie

Z

Z 28

umgebenden Natur zu versinken, wären sie nicht durch ein blitzartig aufscheinendes Licht hervorgehoben. Vom Motiv her ist an romantische Landschaftsbilder mit Runensteinen zu denken, wie sie Böcklin während seiner Düsseldorfer Akademiezeit etwa bei Andreas Achenbach kennen gelernt haben kann. F. F.

Z 28 Waldinneres bei Rom, Um 1850/55

Bleistift auf gelblich-grauem Papier; 28,2 x 39,8 cm
Bezeichnet unten links: A. Böcklin fec. Romae.
Schweinfurt, Sammlung Georg Schäfer
Literatur: Schmid 1903, Nr. 83. – Kat. Ausst. Frankfurt 1964, Nr. 51. – Kat. Ausst. Düsseldorf 1974, Nr. 66. – Kat. Ausst. Schweinfurt 1983/84, Nr. 79.

Die Zeichnung dürfte in der ersten Hälfte der fünfziger Jahre entstanden sein, als Böcklin eine Reihe von Landschaften zeichnete, bei denen nahsichtiges Busch- und Baumwerk fast die gesamte Bildfläche ein-

Z 29

Z 30

Z 31

nehmen. Dabei ist die menschliche Figur gänzlich in die Naturdarstellung als ein Teil von dieser eingeordnet. In dieser Zeichnung erscheint sie genrehaft, in späteren Werken besitzt sie fast immer mythologischen Charakter. F. F.

Z 29 Italienische Landschaft, 1852

Bleistift, Pinsel mit blauer Aquarellfarbe auf weißem Papier; 21,9 x 29,7 cm
Bezeichnet unten links: A. Böcklin Inv. Romae 1852
Basel, Öffentliche Kunstsammlung, Kupferstichkabinett. – Inv. Nr. 1920.49.2
Literatur: Kat. Ausst. Basel 1977, Nr. Z 43. – Kat. Ausst. Darmstadt 1977, Nr. Z 19. – Volpi/Frongia 1982, Nr. 4. – Kat. Ausst. Tokyo 1987, Nr. 19.

Mit rahmenden Motiven an den Seiten und dem fernen, blauen Berg im Zentrum, der den Blick des Betrachters in die Tiefe holt, legt Böcklin eine Komposition an, die an die heroische Landschaft des 17. Jahrhunderts gemahnt. Gleichzeitig schaut uns die Landschaft »wie ein Wesen oder eine Versammlung von Wesenheiten ins Auge. Sie tritt uns gegenüber, aktiv, nicht vedutenhaft«. (D. Koepplin, Kat. Ausst. Basel 1977, S. 93.)

Böcklin hat die Zeichnung dreifach umrahmt, sie außerhalb der Rahmung wie eine Druckgrafik signiert und damit demonstrativ als finales Kunstwerk gekennzeichnet. Mit der »repräsentativen« Zeichnung hätte, so wurde vermutet, Jakob Burckhardt, aus dessen Nachlaß das Stück stammt, »für seinen Freund nach Bestellungen suchen« wollen (Schmid 1921, S. 13). F. F.

Z 30 Wasserrinne zwischen großen Steinblöcken, 1857 (?)

Bleistift, Feder mit brauner Tusche auf weißem Papier; 22,2 x 16,1 cm
Darmstadt, Hessisches Landesmuseum. – HZ 3334 (Stiftung Heyl)
Literatur: Schmid 1903, Nr. 64. – Heyl 1907, Nr. 4. – Schmid 1921, Tf. 21. – Kat. Ausst. Düsseldorf 1974, Nr. 71. – Kat. Ausst. Basel 1977, Nr. Z 52. Kat. Ausst. Darmstadt 1977, Nr. Z 26.

Das Blatt gilt als eine der ersten Federzeichnungen Böcklins. Bildmäßig ausgeführt, gehört es zu den etwa zwischen 1855 und 1865 entstandenen Zeichnungen, die er als eigenständige Kunstwerke gelten ließ. Böcklin maß diesen weitaus mehr Gewicht bei als etwa den Bildentwürfen späterer Jahre. Manche verwendete er auch als Grundlagen für Gemälde, was sich bei dieser Zeichnung bislang allerdings nicht nachweisen ließ. F. F.

Z 31 Anachoret in wilder Felsgegend, 1857/59

Feder mit schwarzer und brauner Tinte auf weißem Papier; 29,7 x 25,5 cm
Basel, Öffentliche Kunstsammlung, Kupferstichkabinett. – Inv. Nr. 1923.75
Literatur: Schmid 1903, Nr. 115. – Schmid 1921, Tf. 22. – Kat. Ausst. Basel 1977, Nr. Z 53. – Kat. Ausst. Darmstadt 1977, Nr. Z 27. – Volpi/Frongia 1982, Nr. 8. – Kat. Ausst. Tokyo 1987, Nr. 27.

Das Blatt ist ein Entwurf zu einem gleichnamigen Gemälde, von dem zwei Fassungen bekannt sind; die eine von 1859/60 befindet sich in Basler Privatbesitz (Andree 1977, Nr. 129), diejenige von 1863 in der Münchner Schack-Galerie (siehe Kat. 40).

Die Zeichnung steht der früheren Gemäldefassung näher. Dort wie auf der Zeichnung kniet der Einsiedler auf einem größeren Felsplateau, sein Kopf erscheint im Profil, und als Attribut ist ihm ein Totenkopf zugeordnet. Die Unterschiede zwischen den insgesamt drei Darstellungen des Themas lassen eine Entwicklung erkennen:

Z 32

Z 33

Böcklin sucht jeweils durch die Abänderungen eine noch dramatischere Wirkung zu erlangen. F. F.

Z 32 Jagd der Diana, 1862

Feder mit brauner Tusche auf weißem Papier; 24,5 x 41,1 cm
Basel, Öffentliche Kunstsammlung, Kupferstichkabinett. – Inv. Nr. 1901.12
Literatur: Schmid 1903, Nr. 127. – Schmid 1921, Taf. 28. – Kat. Ausst. Rotterdam 1973, Nr. 4. – Kat. Ausst. 1977, Nr. Z 65. – Kat. Ausst. Darmstadt 1977, Nr. Z 33. – Volpi/Frongia 1982, Nr. 13.

Das für Böcklins Zeichnungen ungewöhnlich große Format und die detaillierte Ausarbeitung erklären sich aus der Funktion des Blattes: Böcklin hat es bei der Kommission des Baseler Museums eingereicht, um einen Auftrag für ein Ölbild zu bekommen. Im März 1862 erhielt er die Bestellung. Es war Böcklins erster größerer Auftrag, dotiert mit 9000 Franken.

Das im selben Jahr ausgeführte Gemälde (Andree 1977, Nr. 143) unterscheidet sich von der Zeichnung. Die Figuren sind im Vergleich zur Landschaft kleiner gegeben. Die Jagd auf den Hirsch ist weniger bewegt dargestellt: Diana holt nicht zum Speerwurf aus, sondern hält ihr traditionelles Attribut, den Bogen, in der Hand. Ganz weggefallen sind die Hunde, die den Hang herabstürmen.

Bei der großen Baumgruppe im Zentrum hat Böcklin, wie häufig zu beobachten ist, auf eine bereits in früheren Gemälden verwendete Zeichnung zurückgegriffen (Andree 1977, Nr. 122). F. F.

Z

Z 33 Römische Landschaft, 1862/64

Feder mit brauner Tusche auf grauem Papier; 21,5 x 45,9 cm
Bezeichnet unten links: A. Böcklin
Basel, Öffentliche Kunstsammlung, Kupferstichkabinett. – Inv. Nr. 1927.265
Literatur: Schmid 1903, Nr. 156. – Schmid 1921, Taf. 30. – Kat. Ausst. Basel 1977, Nr. Z 68. – Kat. Ausst. Darmstadt 1977, Nr. Z 34. – Volpi/Frongia 1982, Nr. 14.

Vom Format und der bildmäßigen Ausführung her ist die Zeichnung eine der prominentesten Böcklins. Doch obwohl es nahelüge, läßt sie sich nicht als Ganzes im Sinn eines Entwurfs auf ein bestimmtes Gemälde beziehen. Einzelne Motive hingegen, zum Beispiel der Rundtempel und die Zypressengruppe am Horizont, erscheinen in jeweils etwas abgewandelter Form auf mehreren Gemälden Böcklins, erstmals auf dem um 1860 angesetzten *Römischen Landfest* des Kurpfälzischen Museums Heidelberg (Kat. 14), dann auf den beiden Fassungen der *Altrömischen Weinschenke* von 1865 (Kat. 24) und von 1866 (Kunstmuseum Basel; Andree 1977, Nr. 181). Eine stärker abgeänderte Fassung stellt das gleichnamige Bild in der Staatlichen Kunsthalle Karlsruhe dar, das 1867/68 entstand (Andree 1977, Nr. 182).

Der Rückgriff und die mehrfache Variation von in Zeichnungen fixierten Motiven kennzeichnen die Arbeitsweise Böcklins (vgl. auch Kat. Z 32). F. F.

Z

Z 36

Z 34 Faun, 1864

Kohle, schwarze Kreide, weiße Kreide auf bräunlichem Papier; 17,8 x 30,0 cm
Bezeichnet unten rechts: A. Böcklin Rom 1864.
Basel, Öffentliche Kunstsammlung, Kupferstichkabinett. – Inv. Nr. KK 1931.113
Literatur: Schmid 1903, Nr. 141. – Kat. Ausst. Basel 1977, Nr. Z 70. – Kat. Ausst. Darmstadt 1977, Nr. Z 38. – Volpi/Frongia 1982, Nr. 16. – Kat. Ausst. Tokyo 1987, Nr. 36.

Die Zeichnung ist eine Studie zum Gemälde *Faun, einer Amsel zupfeifend* von 1864/65 in Hannover (Andree 1977, Nr. 160). Böcklin hat die Figur des Faun nahezu unverändert für das Gemälde übernommen, was ihre Funktion als konkrete Vorarbeit in diesem Fall eindeutig belegt.

Das Gemälde in Hannover stellt die zugespitztere Fassung des Themas dar. In der ersten, 1863 entstandenen Fassung der Neuen Pinakothek München (siehe Kat. 21) ist der Bildausschnitt weiter gefaßt, und schon dadurch erscheint der Bezug zwischen Amsel und Faun weniger direkt. Zudem ist die Physiognomie und die Körperhaltung des Fauns etwas anders gegeben.

F. F.

Z 35 Quelle am Waldrand, um 1864

Schwarze Kreide und Deckweiß auf bräunlichem Papier; 20,5 x 27,7 cm
Darmstadt, Hessisches Landesmuseum. – Inv. Nr. HZ 3353 (Stiftung Heyl)
Literatur: Schmid 1903, Nr. 150. – Heyl 1907, Nr. 23. – Schmid 1921, Taf. 29 unten. – Kat. Ausst. Frankfurt 1964, Nr. 56.

Schmid vermutete in der Zeichnung einen Entwurf zum *Petrarca an der Quelle von Vaucluse*, ein Thema, das Böcklin in zwei Bildern auf unterschiedliche Weise dargestellt hat (Andree 1977, Nr. 194, 195; Kat. 25). Die motivischen Übereinstimmungen zwischen der Zeichnung und den Bildern sind jedoch nur allgemein; zu keinem läßt sich ein direkter Bezug erkennen. Vgl. Kat. Z 36 und Kat. 44.

F. F.

Z 36 Petrarca an der Quelle von Vaucluse, 1864

Schwarze Kreide, Pinsel mit Aquarell- und Deckfarbe auf graublauem Papier; 17,6 x 25,4 cm
Darmstadt, Hessisches Landesmusem. – Inv. Nr. HZ 3356 (Stiftung Heyl)
Literatur: Schmid 1903, Nr. 172. – Heyl 1907, Nr. 26. – Kat. Ausst. Basel 1977, Nr. Z 72. – Volpi/Frongia 1982, Nr. 19.

Böcklin sandte die Zeichnung mit zwei weiteren an Rudolf Merian-Iselin nach Basel, um den Auftrag für ein Ölbild gleichen Themas zu erhalten. Aus dieser Aufgabe der Zeichnung heraus erklärt sich ihre bildmäßige, detaillierte und vor allem technisch sehr aufwendige Ausführung. Sie wird kurz vor dem 1867 vollendeten Gemälde des Basler Kunstmuseums (Andree 1977, Nr. 195) entstanden sein.

In der früheren Leipziger Fassung kleineren Formats hatte Böcklin das Thema sehr anders dargestellt (siehe Kat. 25). Mit diesem hat die Zeichnung daher kaum etwas gemein.

F. F.

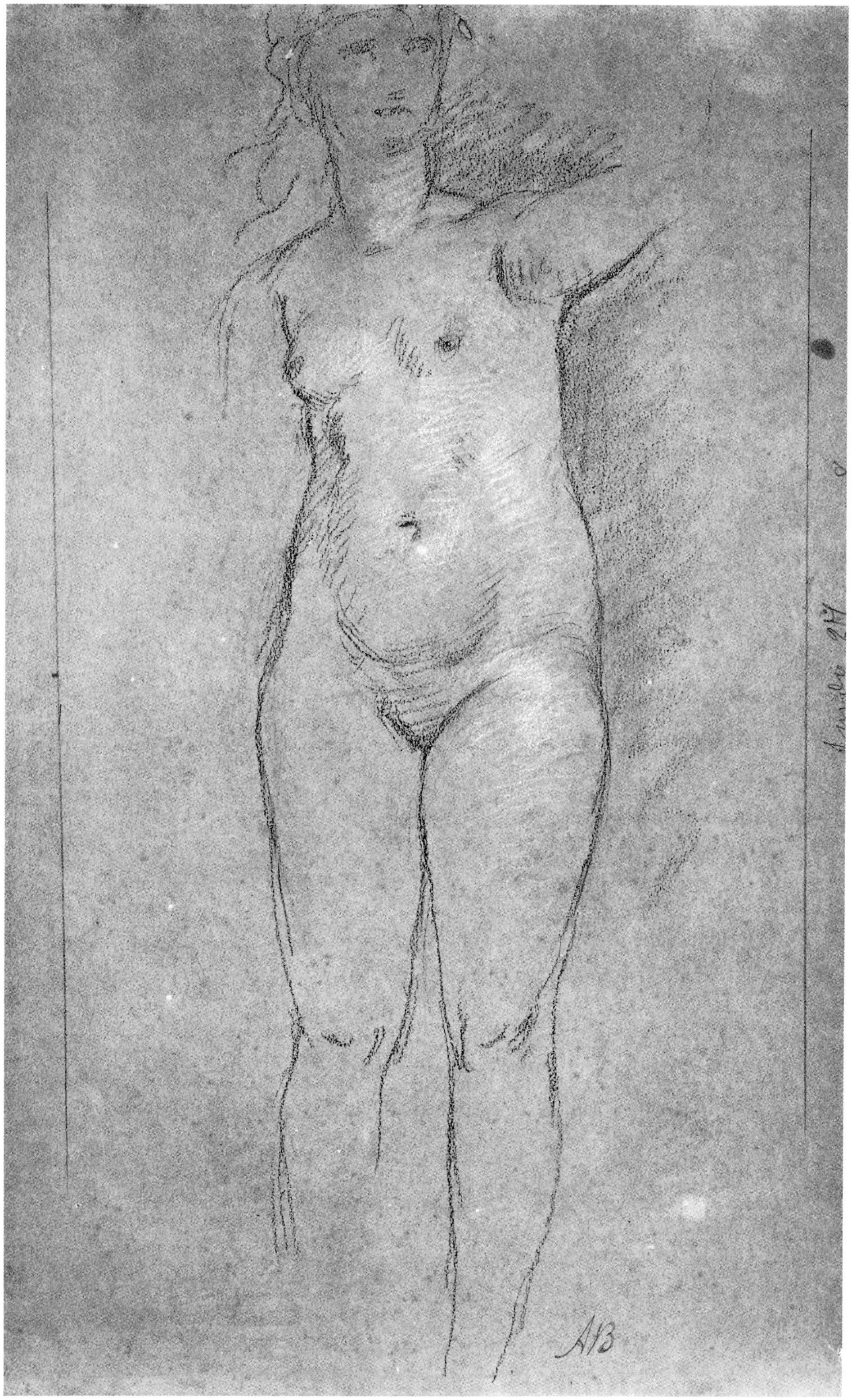

Z 37

Z 37 Weiblicher Akt, 1868

Schwarze und weiße Kreide auf grauem Papier; 47,1 x 28,4 cm
Bezeichnet unten rechts: A B
Basel, Öffentliche Kunstsammlung, Kupferstichkabinett. – Inv. Nr. 1902.35
Literatur: Schmid 1903, Nr. 187 d. – Schmid 1921, Taf. 43. – Kat. Ausst. Basel 1977, Nr. Z 85. – Kat. Ausst. Darmstadt 1977, Nr. 43. – Volpi/Frongia 1982, Nr. 22. – Kat. Ausst. Tokyo 1987, Nr. 49.

Die Zeichnung ist eine Modellstudie zur zentralen Gestalt der *Magna Mater* des gleichnamigen Freskos, das Böcklin 1868 im Treppenhaus des Museums der Sammlungen der Universität Basel, heute Museum für Natur- und Völkerkunde, schuf (Andree 1977, Nr. 218). Im ausgeführten Fresko steht die Natur-Personifikation (Wasser) auf einer von Seeungeheuern hochgehaltenen Muschel. In der vorgestreckten Linken hält sie eine Fackel, in der Rechten einen Globus.

Die Zeichnung stellt möglicherweise eine der wenigen erhaltenen Modellstudien Böcklins dar. Allerdings wissen wir aus zeitgenössischen Berichten, daß er auch Akte nicht direkt vor dem Modell zeichnete, sondern erst als dieses sein Atelier wieder verlassen hatte, also aus der Erinnerung. Dafür spräche der eher summarisch wiedergegebene Frauenkörper. F. F.

Z 38 Ruhe auf der Flucht nach Ägypten, 1868

Kohle, schwarze Kreide auf weißem Papier; 52,0 x 77,3 cm
Basel, Öffentliche Kunstsammlung, Kupferstichkabinett, Legat aus dem Nachlaß von Dr. Gotthelf Kuhn, Riehen 1975. – Inv. Nr. 1975.131
Literatur: Schick 1901, S. 144. – Schmid 1903, Nr. 183 i. – Kat. Ausst. Basel 1977, Nr. Z 79. – Kat. Ausst. Darmstadt 1977, Nr. Z 42. – Volpi/Frongia 1982, Nr. 20. – Kat. Ausst. Tokyo 1987, Nr. 47.

Für eine Zeichnung Böcklins ist das Blatt von ungewöhnlich großem Format, außerdem sehr detailliert ausgeführt. Die Zeichnung schuf Böcklin nicht, um sich selbst über einen Bildgedanken klar zu werden, sondern um einen potentiellen Auftraggeber einen möglichst genauen Eindruck von dem geplanten Kunstwerk gewinnen zu lassen. Die Zeichnung ist der Entwurf für das linke der beiden Fresken, die Böcklin 1868

Z 38

Z 39

im Gartensaal vom in der St. Alban-Vorstadt gelegenen Anwesen des Basler Ratsherrn Karl Sarasin-Sauvin ausführte (vgl. Kat. Z 39). 1928 wurde das Fresko auf Leinwand übertragen und befindet sich heute im Kunstmuseum Basel (Andree 1977, Nr. 213).

Die Haltung des Joseph – auf der Zeichnung ausgestreckt daliegend, im Gemälde den Kopf auf die Hand gestützt – und die Erscheinung der Maria – in der Zeichnung im Kleid ohne Kopfbedeckung – hat Böcklin traditionellen Darstellungen des Themas angeglichen. Sonst hat er die Zeichnung unverändert übertragen.

Für den Grafen Schack wiederholte Böcklin um 1870 das Motiv als Hochformat ohne die linke Seite des Bildes (Andree 1977, Nr. 211). Dabei hat er die Gruppe der Heiligen Familie durch eine Frauengestalt ersetzt. F. F.

Z 39 Gang nach Emmaus, 1868

Schwarze Kreide auf gelblichem Papier; 52,0 x 77,2 cm
Darmstadt, Hessisches Landesmuseum. – Inv. Nr. HZ 3092
Literatur: Schmid 1903, Nr. 183 h. – Heyl 1907, Nr. 34. – Schmid 1921, Taf. 41. – Kat. Ausst. Basel 1951, Nr. 172. – Kat. Ausst. Darmstadt 1977, Nr. Z 44. – Volpi/Frongia 1982, Nr. 21.

Das Blatt ist der Entwurf für das rechte der beiden als Pendants angelegten Fresken, die Böcklin 1868 im Auftrag von Karl Sarasin-Sauvin ausführte und das sich heute auf Leinwand übertragen im Kunstmuseum Basel befindet (Andree 1977, Nr. 210; vgl. Kat. Z 38).

Prononciert herausgearbeitete Kontraste erklären die beiden Darstellungen zu Gegenstücken. Der nach rechts abfallenden Horizontlinie auf der *Ruhe auf der Flucht* antwortet eine nach rechts ansteigende, der düsteren Stimmung auf dem *Gang nach Emmaus* entspricht eine helle Frühlingslandschaft auf der anderen Seite. Die vergleichbaren Bildelemente: Villa und Felsennest, aufragende Zypressen und breite Baumgruppe, Quelle mit Gesträuch und Brunnen mit Rankenwerk, blühender Wiesenabhang und karger Felsboden, sind in ihrer Eigenart charakterisiert und gegeneinander abgesetzt (Andree 1962, S. 60).

Aufbauend auf die Zeichnung, doch die Stimmung durch einen Gewitterhimmel und entsprechendes Licht dramatisierend, wiederholt Böcklin als Auftragswerk für den Grafen Schack 1870 den Bildgedanken als Ölbild (siehe Kat. 29). F. F.

Z 4

Z 40 Drei Landschaftsentwürfe und eine an einen Abhang gelehnte Figur, 1870/75

Schwarze Kreide auf weißem Papier; 20,7 x 27,5 cm
Darmstadt, Hessisches Landesmuseum. – Inv. Nr. HZ 3374 (Stiftung Heyl)
Literatur: Heyl 1907, Nr. 44. – Kat. Ausst. Basel 1977, Nr. Z 100. – Kat. Ausst. Darmstadt 1977, Nr. Z 45.

Keine der vier Einzeldarstellungen auf dem Blatt läßt sich mit einem ausgeführten Gemälde in Verbindung bringen. Die beiden oberen sind Beispiele dafür, daß Böcklin sich ab den siebziger Jahren bei seinen Kreidezeichnungen immer mehr darauf beschränkt, die Verteilung der hellen und dunklen Partien der Komposition anzugeben.

Die Pfeile links unten auf dem Blatt zu

Z 4

42

Z 43

deuten, fällt schwer. Vielleicht sind es lediglich »Spuren«, die Böcklins Kinder hinterlassen haben? F. F.

Z 41 Kentaurenkampf, 1871/73

Schwarze und weiße Pastellkreide auf bräunlichem Papier; 19,0 x 29,0 cm
Darmstadt, Hessisches Landesmuseum. – Inv. Nr. HZ 3371 (Stiftung Heyl)
Literatur: Schmid 1903, Nr. 223 c. – Heyl 1907, Nr. 41. – Schmid 1921, Taf. 50 unten. – Kat. Ausst. Frankfurt 1964, Nr. 60. – Kat. Ausst. Düsseldorf 1974, Nr. 77. – Kat. Ausst. Basel 1977, Nr. Z 98. – Kat. Ausst. Darmstadt 1977, Nr. Z 47. – Volpi/Frongia 1982, Nr. 28.

Das Blatt gehört zu den umfangreichen Vorarbeiten für das Gemälde *Kentaurenkampf* von 1872/73 (Basel, Öffentliche Kunstsammlung, Kunstmuseum; Andree 1977, Nr. 266).

Böcklin entwirft in großen Zügen die Komposition. Auf dem mit Horizontalen begrenzten Bildfeld verteilt er die Figuren und gibt die Lichtführung an. Eingehender beschäftigt ihn die Figur des von links heranstürmenden Kentauren, dessen Kontur er mit einer Vielzahl von Linien festzulegen sucht.

Zur Vorarbeit für das Gemälde zählen auch zwei Farbskizzen (Andree 1977, Nr. 263, 264); derjenigen im Kunstmuseum Bern steht die Zeichnung näher (siehe Kat. 34). F. F.

Z 42 Seeräuberüberfall, 1872

Schwarze Kreide, Pastell auf bräunlichem Papier; 22,8 x 29,4 cm
Darmstadt, Hessisches Landesmuseum. – Inv. Nr. HZ 3369 (Stiftung Heyl)
Literatur: Schmid 1903, Nr. 219. – Heyl 1907, Nr. 39. – Schmid 1921, Taf. 46. – Kat. Ausst. Düsseldorf 1974, Nr. 75. – Kat. Ausst. Darmstadt 1977, Nr. Z 49. – Volpi/Frongia 1982, Nr. 29.

Das Blatt zählt zu den Vorarbeiten für das gleichnamige Gemälde aus dem Jahr 1872, das seit 1945 verschollen ist (Andree 1977, Nr. 274). In dieser Phase der Vorarbeiten geht es Böcklin nicht darum, Einzelmotive wiederzugeben. Nur zu erahnen sind die Gruppe der Räuber im Vordergrund links, die das von rechts kommende Boot erwarten, um es mit der Beute zu beladen, und das auf einem Felsmassiv hoch über dem Meer liegende Schloß. Deutlich markiert Böcklin jedoch die für die dramatische Wirkung des Gemäldes entscheidende Lichtführung, also die Verteilung der hellen und dunklen Flächen. Dabei hält er auch mit rosa Kreide fest, daß er sich das Schloß brennend vorstellt. F. F.

Z 43 Weibliche Figur, 1875

Schwarze Kreide auf weißem Papier; 27,3 x 20,3 cm
Darmstadt, Hessisches Landesmuseum. – HZ 3384 (Stiftung Heyl)
Literatur: Schmid 1903, Nr. 260. – Heyl 1907, Nr. 54. – Kat. Ausst. Basel 1977, Nr. Z 105. – Kat. Ausst. Darmstadt 1977, Nr. Z 52. – Volpi/Frongia 1982, Nr. 36.

Die schemenhaft skizzierte Frauengestalt ähnelt in Haltung und Bewegung der Flora auf dem Gemälde *Flora, Blumen streuend* (Gesellschaft Kruppsche Gemäldesammlung, Essen; Andree 1977, Nr. 306). Möglicherweise gehört die Zeichnung also zu den Vorarbeiten für dieses Bild. Allerdings lassen sich auch Unterschiede erkennen. Die Frau auf der Zeichnung ist eher von matronenhafter Gestalt, kein junges Mädchen wie die Flora des Gemäldes. Vor allem ist das Motiv des Blumenstreuens auf der Zeichnung nicht eindeutig auszumachen. Vielleicht ist sie dennoch eine Vorarbeit zum Essener Bild, doch muß mit weiteren Zwischenstufen in der Werkgenese des Gemäldes gerechnet werden. F. F.

Z 44

Z

Z 44 Schlafende Diana, von zwei Faunen belauscht, 1877

Schwarze und weiße Kreide auf graublauem Papier; 25,5 x 32,8 cm
Darmstadt, Hessisches Landesmuseum. – Inv. Nr. HZ 3392
Literatur: Schmid 1903, Nr. 271. – Heyl 1907, Nr. 62. – Schmid 1921, Taf. 64. – Ausst. Kat. Düsseldorf 1974, Nr. 85. – Volpi/Frongia 1982, Nr. 45.

Die Zeichnung ist ein Entwurf zum gleichnamigen Gemälde von 1877 im Kunstmuseum Düsseldorf (Andree 1977, Nr. 314).

Böcklin zeichnet den Entwurf fast ohne Linien. Trotz dieser Unschärfe entspricht die Anordnung der Figuren und die Lichtführung genau derjenigen im ausgeführten Gemälde.

Möglicherweise hat Nicolas Poussins Gemälde *Schlafende Venus, von zwei Faunen belauscht* Böcklin zu der Komposition angeregt. Er könnte das Bild auf seiner Reise nach Weimar (1860) in Dresden gesehen haben.

F. F.

Z 45 Hexe mit Rabe, 1876

Pinsel mit Tusche auf weißem Papier; 22,0 x 16,4 cm
Bezeichnet unten links: A B. f.
Basel, Öffentliche Kunstsammlung. – Inv. Nr. 1931.68
Literatur: Schmid 1903, Nr. 267. – Kat. Ausst. Basel 1977, Nr. Z 107. – Volpi/Frongia 1982, Nr. 40. – Kat. Ausst. Tokyo 1987, Nr. 60.

Das kleine Blatt ist ein Beispiel für die Tuschpinselzeichnungen der Spätzeit. Vermutlich diente die Zeichnung nicht zur Vorbereitung eines Gemäldes, sondern war eher zum privaten Gebrauch des Malers bestimmt und vielleicht als Geschenk an seine Kinder gedacht.

F. F.

Skulpturen

Reinhold Begas

P 1 Phryne, um 1865

Bronze; H. 21,3 cm; Marmorsockel: 4,3 cm.
Bezeichnet auf der Rückseite des Pfeilers: R. Begas. fec; auf der Basis: Guss/v. H. Gladenbeck & S.
München, Privatbesitz
Literatur: Kat. Ausst. Berlin 1906, Nr. 54. – Meyer 1901, S. 52 f. – Kat. Berlin, Nationalgalerie 1976, S. 41. – Vgl. Kat. München, Neue Pinakothek 1981, S. 25/26.

Als Begas 1856 als Stipendiat der Berliner Akademie erstmals für kurze Zeit nach Rom kam, gewann er dort Anschluß an den Kreis von Lenbach, Feuerbach und Böcklin, die er über gemeinsames Musizieren näher kennenlernte. In der römischen Einflußsphäre entstanden ab 1857 Werke, die andere Qualitäten aufzuweisen beginnen, als die frühen, noch die klassizistische Berliner Schulung verratenden Arbeiten. Laut Peter Bloch »prägt nun das Dionysische Begas' Kunst und die einer ganzen Generation« (P. Bloch, Amor und Psyche, in: Anzeiger des Germanischen Nationalmuseums 1973, hier S. 145).

Phryne, eine athenische Hetäre des 4. Jahrhunderts v. Chr., soll für die berühmte Knidische Aphrodite des hellenistischen Bildhauers Praxiteles Modell gestanden haben. Praxiteles stellte die Göttin erstmals nackt dar und motivierte diese Blöße durch das Bad (Replik, Vatikan, Nr. 812). Auch die Phryne von Begas enthüllt ihren mit ausladender Hüfte an einem Pfeilerstumpf lehnenden Körper; das Tuch zurückschlagend, blickt sie seitwärts nieder.

Die Erarbeitung des Gipsmodells (Meyer 1901, Abb. S. 22) über Skizzen belegen drei Zeichnungen wohl desselben Aktmodells, als Kniestück mit ähnlich gesenktem Kopf und derselben Frisur, im umgekehrten Kontrapost stehend und sich ein großes Tuch über den Rücken ziehend und schließlich als Rückenakt schreitend, das Tuch wie eine Stola locker nachschleppend (Meyer 1901, Abb. S. 49, 46, 54). Das Modell dürfte mit Begas' junger Frau – seiner *Phryne* – Margarete Philipp zu identifizieren sein, die er 1863 als 15jährige kennengelernt hatte, ein Jahr später heiratete und zur Hochzeitsreise nach Rom führte. In Rom arbeitete Begas wieder im Einflußbereich Böcklins; diese Freundschaft dokumentiert auch ein von Begas gemaltes Bildnis Böcklins aus dem Jahr 1865 (Kat. Berlin, Nationalgalerie 1976, S. 40). Und hier schuf Begas wohl auch das Gipsmodell der *Phryne*, das dem Bronzeguß der bekannten Berliner Gießerei Gladenbeck und Sohn zugrundeliegt. In der Gestalt der *Phryne* verbindet Begas die Fähigkeit zur formalen Einfühlung in die antike Tradition mit den privaten Ausdruckswerten einer gewissen Intimität und natürlichen Grazie. B. H.

P 2 Die Badende, nach 1865

Bronze; H. 132 cm (mit angegossener Plinthe)
Bezeichnet an der Plinthe links: GUSS/H. NOACK/BERLIN FRIEDENAU
Berlin, DDR, Staatliche Museen zu Berlin, Nationalgalerie. – Inv. Nr. 258
Literatur: Meyer 1901, S. 51 f. – Kat. Ausst. Berlin 1906, Nr. 42. – Verzeichnis der Gemälde und Bildwerke in der National-Galerie zu Berlin, 1928, S. 147.

Begas entwickelte das profane Motiv der Badenden aus dem *Venus* und *Susanna im Bade*-Thema, zu einer Zeit, als ihm in seiner jungen Frau, die er 1864 heiratete, das blühende Modell für Aktfiguren zur Verfügung stand (vgl. auch *Phryne*, Kat. P 1); sie stellte wohl auch für die *Badende* das lebende Vorbild, dessen naturhafte Sinnlichkeit Begas zu seinem plastischen Schönheitsideal erhob. Wie Begas' Freund Böcklin Zeit seines Lebens Rubens verehrte, so sind für ihn selbst die römischen Marmorbildwerke Berninis zur Offenbarung geworden, die ihn befähigte, sich von der klassizistischen Prägung der Rauch-Schule zu lösen und zu eigener Formgebung zu gelangen. Er entwickelte eine Technik der Oberflächenbehandlung, die in ihrer Sensualität und ihrem sinnlichen Reiz ein barockes Element erhält, das in Zukunft in seiner spezifischen, nahezu naturalistischen Ausprägung zu Begas' individuellem Stilmittel wurde. Es blieb auf die Bildhauergeneration der Gründerzeit nicht ohne Wirkung.

Gerade an dieser Naturwirklichkeit in der Kunst, der »Apotheose des Fleisches«, entzündete sich aber auch Kritik von Zeitgenossen, wie etwa des Kunstschriftstellers Herman Riegel, der z. B. in Begas' »angeblicher Venus nichts als ein sogenanntes brillantes Virtuosenstück« sah (H. Riegel, Zwei Arbeiten des Bildhauers Reinhold Begas und der sogenannte Styl derselben, in: Deutsche Kunststudien, Hannover 1868, S. 231 ff.).

Begas erscheint als Antipode Hildebrands, diesem in der Auffassung diametral entgegengesetzt. Als Konkurrent konnte sich Hildebrand in Berlin gegen Begas nicht durchsetzen. Obwohl er den ersten Preis im Wettbewerb für das Kaiser-Wilhelm I. Denkmal gewonnen hatte (vgl. auch Viktoria, Kat. P 3), scheiterte der Auftrag dann am Einspruch Wilhelms II. (1889), der Begas vorzog.

Laut Meyer (1901, S. 51) war von der *Badenden* zunächst nur ein winziges Aktfigürchen vorhanden. Es wurde in Hunderten von Exemplaren als Petschaft gegossen, wobei die Körperbeugung als Griff diente. Die bei Meyer (1901, S. 21) abgebildete Figur *Nach dem Bade* diente als Gipsmodell für den Bronzeguß. Pietsch datiert die *Badende* in die zweite Hälfte der sechziger Jahre (L. Pietsch, Westermanns Monatshefte, Januar 1986, S. 631). B. H.

P 3 Viktoria

Bronze; H. 23,5 cm, Marmorsockel: 10 cm
Bezeichnet unter der linken Schulter: Victoria/Reinh. Begas; im Rücksprung des Nackens zum Sockel: Gladenbecks Bronce Cie & Se … (?).
München, Galerie Grünwald
Literatur: Kat. Ausst. Berlin 1906, Nr. 60 (Kopf der großen Viktoria vom Nationaldenkmal)

Der kleine Bronzekopf einer *Viktoria* entstand wohl im Zusammenhang mit der Arbeit an dem riesigen Projekt des Nationaldenkmals mit dem Reiterstandbild Kaiser Wilhelms I. (1892–1897), wo eine Viktoria mit Lorbeerkranz des Kaisers Pferd führt. Ihr Gesichtstypus ähnelt dem kleinen Kopf, auch im Idealisierungsgrad, jedoch nicht in den Details und der Haltung. Begas geht bei der Entwicklung seiner idealtypischen Viktoria von Studienköpfen aus, die Modelle »von der Straße« wiedergeben, wie etwa das Gipsmodell (Meyer 1901, Abb. S. 119) als Vorarbeit zeigt. Aus einem schmalen Kopf mit gerader Nase, wie sprechend geöffnetem Mund und zeitgemäß hochgestecktem Haarschopf des Berliner Dienstmädchens destilliert er in dem Bronzekopf die Lebendigkeit des Ausdrucks mit leicht geöffneten, asymetrisch geformten, tiefgeschnittenen Lippen und den Blick aus gehöhlter Iris mit geraden Stäbchen als Pupille – und verbindet diese Elemente mit distanzierender Idealität in Haltung, Proportionierung und tiefem Ernst. B. H.

P 1

P 3

P 2

Adolf von Hildebrand

P 4 Trinkender Knabe, 1870–1873

Bronze; H: 78 cm
Berlin, DDR, Staatliche Museen zu Berlin, Nationalgalerie
Literatur: Heilmeyer 1984, S. 23, Tafel 3. – P. Bloch, W. Grzimek, Das klassische Berlin, Frankfurt 1978, Tafel 305.

Der trinkende Knabe war der erste Auftrag von seiten Fiedlers. Hildebrand begann ihn in Berlin und vollendete ihn in Venedig und Florenz neben der Ausarbeitung des schlafenden Hirten (Abb. 1, S. 99) in Marmor, die gleichfalls von Fiedler gekauft wurde. Mit diesen beiden Skulpturen wurde Hildebrand auf der Weltausstellung in Wien 1873 mit einem Schlag bekannt.

Hildebrand drückt in einem Brief an Fiedler vom 16. Mai 1872 seine Überraschung darüber aus, daß die Figur »als Berliner Gewächs bei allen Unvollkommenheiten bis zu einem gewissen Grad ein bestimmtes Wollen ausdrückt ...«, sodaß Hildebrand sich veranlaßt sah, am Körper nichts zu ändern. »... kommt es doch bei der Kunst nicht auf Vermeidung von Unvollkommenheiten an, sondern auf die Energie, eine bestimmte Idee möglichst weit auszuschälen.« (zitiert nach B. Sattler, 1962).

Diese Figur hat Hildebrand, da der Guß nicht perfekt und die Bronze ungleich in der Farbe war, auch da es sein allererster von Fiedler stammender Auftrag war, besonders sorgfältig eigenhändig in wochenlanger Arbeit ziseliert und zuletzt mit etwas Ruß patiniert. Er selbst berichtet davon der Mutter, auch wie zerschunden seine Hände waren.

S. B.

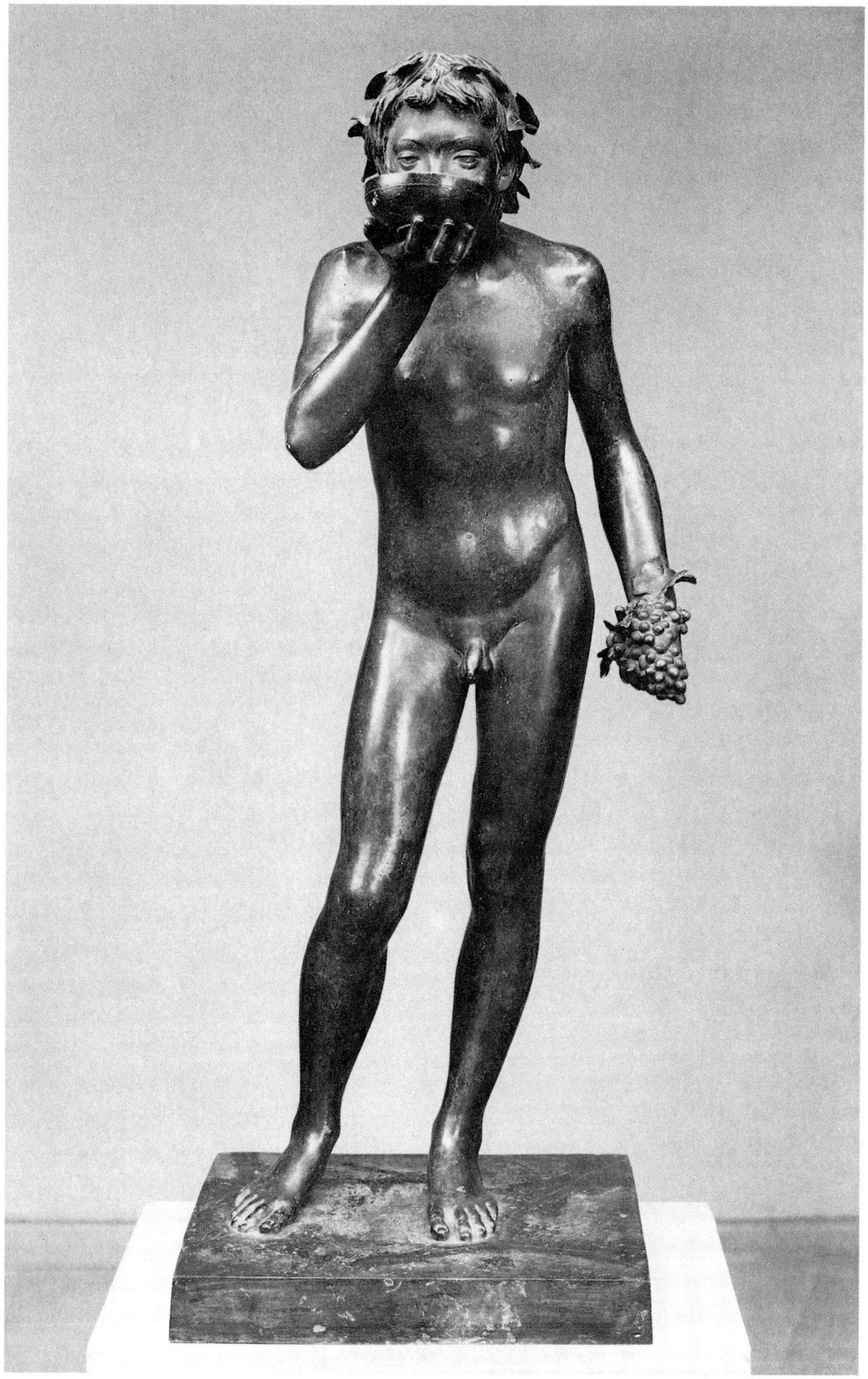

P

P 5

P 5 Adam und Eva, um 1880

Gipsrelief; 70 x 54 cm
München, Bayerische Staatsgemäldesammlungen, Hildebrand-Haus. – Inv. Nr. B 544

Originalgips.

Das Relief entstand wie die folgenden Reliefs der achtziger Jahre in der innerkünstlerischen Auseinandersetzung mit Marées, dessen Bildaufbau-Prinzipien Hildebrand auch für das plastische Relief gültig fand. In dieser Florentiner Zeit schuf Hildebrand Werke, die für ihn persönlich und das Haus in San Francesco vorgesehen waren. S. B.

P 6 Porträtbüste Julia Brewster, 1880/81

Marmor; H: 69 cm
Köln, Wallraf-Richartz-Museum. – Inv. Nr. SK 283
Literatur: Hass 1984, S. 37. – Heilmeyer 1922, S. 29, Tafel 19.

Julia Brewster, geb. von Stockhausen (1842–95) war die Schwester von Elisabeth von Herzogenberg und lebte mit ihrem Mann Henry Brewster seit 1874 nahe von Hildebrands Wohnsitz. Sie war die Verfasserin bemerkenswerter Aphorismen (›Via lucis‹). S. B.

P 7 Halbfiguriges Porträt der Maria Louise Fiedler, 1882

Terrakotta; H: 67 cm
München, Bayerische Staatsgemäldesammlungen, Neue Pinakothek. – Inv. Nr. B 467
Literatur: Hass 1984, S. 43 a. – Heilmeyer 1922, S. 29, Tafel 8

Wenige Jahre nach der Büste von Conrad Fiedlers Frau Mary (1879/80) entstand dieses Porträt seiner Mutter. In Anlehnung an italienische Vorbilder entwickelte Hildebrand das Dreiviertelporträt und wiederholte es als Typus des öfteren (z. B. Irene Hildebrand 1876; Julia Brewster 1880/81; Elisabeth von Herzogenberg 1885/86). S. B.

P 7

P 6

P 8

P 8 Merkur, um 1885

Gips; H: 56 cm
München, Bayerische Staatsgemäldesammlungen, Hildebrand-Haus. – Inv. Nr. B 473
Literatur: Heilmeyer 1922, S. 23, Tafel 14.

Bozzetto zur Figur des Merkur aus Bronze, die, ursprünglich für den Weimarer Schloßpark erworben, sich heute im Museum in Weimar befindet. Es handelt sich um die erste Figur, die seiner damals konzipierten Formtheorie entspricht. Sie ist in unmittelbarer Beziehung zu seiner Schrift »Das Problem der Form in der bildenden Kunst« zu sehen und steht als Exemplum der dort ausgedrückten bildnerischen Prinzipien, die sich aus der Berücksichtigung der menschlichen reliefhaften Wahrnehmungsweise ergeben. S. B.

P 9 Philoktet, 1886

Gips; H: 146 cm
München, Bayerische Staatsgemäldesammlungen, Hildebrand-Haus. – Inv. Nr. B 556
Literatur: Heilmeyer 1922, S. 23.

Originalgips.

Philoktet, Held eines Dramas von Sophokles, Besitzer des unfehlbaren Bogens des Herakles und damit der nach Troja segelnden Mannschaft der Griechen angehörend. Sieben Jahre wurde er wegen einer stinkend-eiternden Wunde auf einer Insel trauernd zurückgelassen, ehe er seines siegbringenden Geschosses wegen wiedergeholt wurde und den Kampf um Troja zugunsten der Griechen entschied. Seine Gestalt beschäftigte Lessing am Anfang seiner Schrift ›Laokoon‹, in der es darum geht, welche Restriktionen sich der bildende Künstler in der Darstellung des Schmerzes gegenüber dem Dichter auferlegen muß, um nicht durch Häßlichkeit den Betrachter abzuschrecken. Es ist wahrscheinlich, daß Hildebrand durch Gespräche mit Fiedler zu dieser Darstellung angeregt wurde. Fiedler hatte sich Notizen zu ›Laokoon‹ gemacht. S. B.

P 9

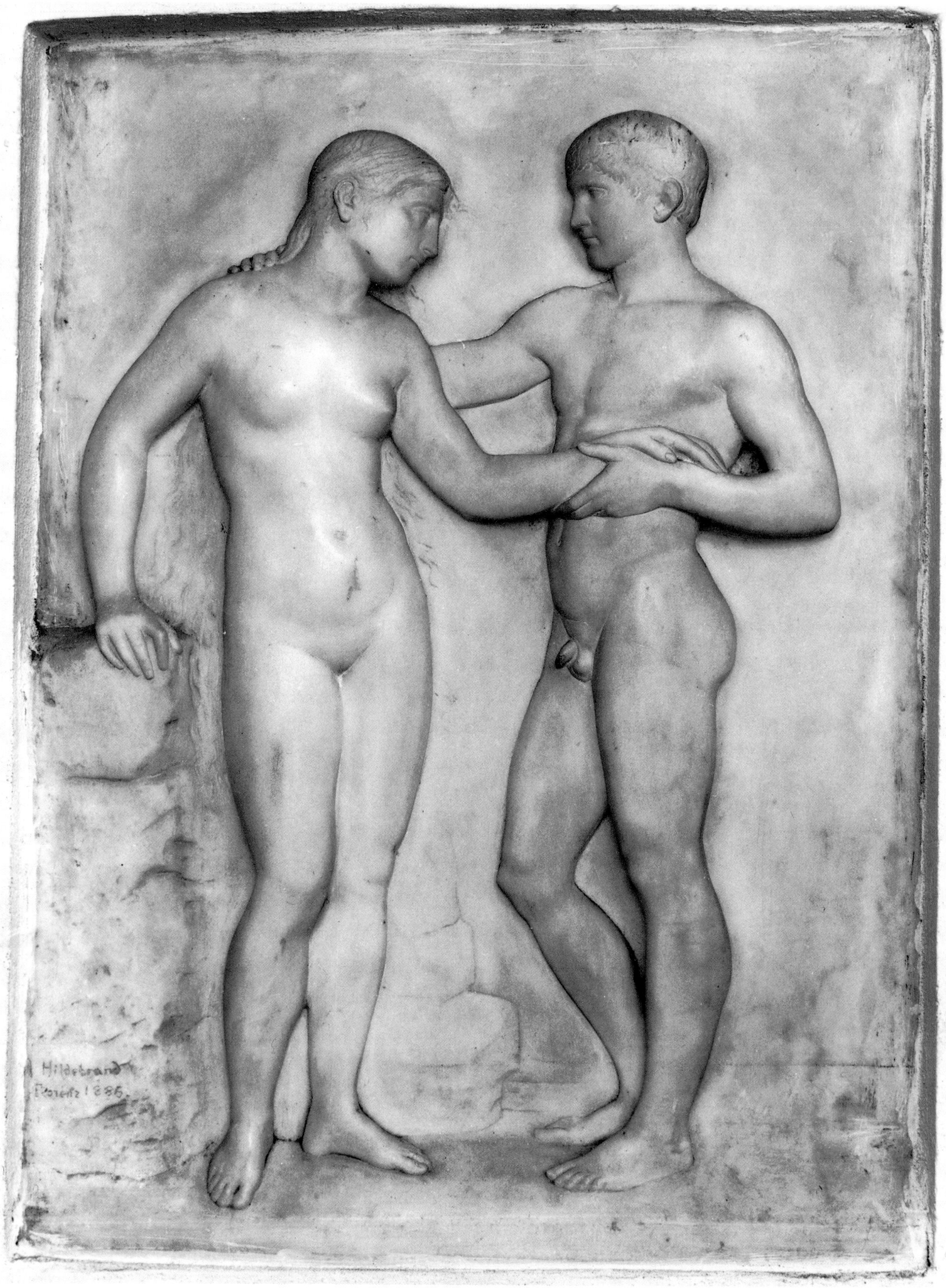

P 10

P 11

P 10 Liebespaar, 1886

Gipsrelief; H: 70 cm
München, Privatbesitz

Gipsfassung des in San Francesco in Florenz eingemauerten Marmor-Originals. S. B.

P 11 Panischer Schrecken, um 1886

Gipsrelief; H: 48,5 cm
Überlingen, Privatbesitz

Das Relief war vermutlich für die Ausstattung des Hauses von Conte Rasponi gedacht, der mit Hildebrand befreundet war, kam dort aber nicht zur Verwendung. Die vielfigurige und bewegte Szene ist ein Vorläufer des Amazonentriptychons zu einer Zeit, da Hildebrand sich nach größeren Aufträgen mit vielfigurigen Szenen sehnte. S. B.

P 12 Brunnenentwurf mit drei Mädchen, ca. 1886/7

Gips; 71 x 52,5 cm
München, Bayerische Staatsgemäldesammlungen, Hildebrand-Haus. – Inv. Nr. B 434

Einer der vielen Brunnenentwürfe, die Hildebrand vermutlich stets für bestimmte Situationen, hier vielleicht für sein Anwesen in Florenz, fertigte. Die drei Mädchenfiguren entsprechen einer erhaltenen Fotografie, auf der die drei ältesten Töchter des Künstlers im Alter von etwa neun, acht und sechs Jahren dem Vater posierten. Daraus läßt sich das Entstehungsjahr bestimmen. S. B.

P 12

P 13 a

P 13 c

P 13 b

P 13 a–c Amazonentriptychon, 1887

Gips; 125 x 175 cm
Mittelstück: Amazonenjagd
München, Bayerische Staatsgemäldesammlungen, Neue Pinakothek. – Inv. Nr. B 576
linker Flügel: junger Bogenschütze mit Lehrer
Gips; 130 x 91,5 cm
Florenz, Privatbesitz
rechter Flügel: Bogenschützen
Gips; 129 x 91,5 cm
Überlingen, Privatbesitz
Literatur: Heilmeyer 1922, S. 31, Tafel 15. – Sattler, Adolf von Hildebrand und seine Welt, Briefe und Erinnerungen, München 1962, S. 299, 301, 308. – G. Jachmann, Adolf von Hildebrands Briefwechsel mit Conrad Fiedler, Dresden 1927, Tafel 11.

Originalgips.

Das überaus bedacht komponierte Werk entstand unmittelbar nach der Griechenlandreise, die Hildebrand mit Fiedler unternahm. Es ist in seiner Dreiteiligkeit möglicherweise durch die Triptychen von Marées angeregt, die der Bildhauer bei dem Freund in Rom im Jahr zuvor und nach dessen Tod gesehen hatte. Es veranschaulicht nicht Kampf, sondern eine Szene aus dem täglichen Leben der Amazonen, die Wildvögeljagd. Im Mittelstück mit den dahinjagenden Amazonen ist mit dem kompositionellen zugleich der inhaltliche Höhepunkt zur Anschauung gebracht. Der Gipfel der Jagdlust ist ausgedrückt in dem Zusammentreffen des Jagdhornrufs mit dem wiehernd steigenden Pferd, über dem sich auch die Flugbahnen der Pfeile kreuzen würden.

Thoma hat, wie er selbst an Ernst Sattler schrieb, eine Wiederholung seines Bogenschützenbildes (Kat. 137) in Hildebrands Florentiner Atelier gleichzeitig neben dessen Arbeit an dem Relieftriptychon gemalt.

Die unteren Hufe der Pferde der Amazonenjagd sind falsch ergänzt. Gedacht war, wie auf griechische Giebel, eine Sicht von unten, wobei die Pferdehufe hinter dem Rahmen verschwinden sollten. S. B.

P 14

P 14 Porträtkopf Arnold Böcklin, 1898

Gips; H: 57 cm
Beschriftet auf dem Sockel: A. BOECKLIN
München, Bayerische Staatsgemäldesammlungen, Neue Pinakothek. – Inv. Nr. B 501
Literatur: Hass 1984, S. 115. – Heilmeyer 1922, S. 26, Tafel 27.

Originalgips für die im Basler Kunstmuseum befindliche Bronzebüste.
Die Büste wurde auf Drängen Conrad Fiedlers anläßlich des 70. Geburtstags Böcklins geschaffen. Eine Replik, für die Böcklin erneut Porträt saß, entstand durch Vermittlung Wölfflins.

S. B.

P 15 Lautespielendes Mädchen, 1907

Gips; H: 109 cm
München, Bayerische Staatsgemäldesammlungen, Hildebrand-Haus. – Inv. Nr. B 551
Literatur: Heilmeyer 1922, S. 24, Tafel 90.

Originalgips.

Diese Musikantin stammt mit einer zweiten lyraspielenden vom Denkmal des Geigers Joseph Joachim, das im Foyer der Musikhochschule in Berlin (West) an der dem Eingang gegenüberliegenden Wand stand. Die beiden Mädchen und die Büste Joachims, die sie auf einem Stufenpodest rahmten, wurden von Hildebrands Schüler Rothenburger in Marmor ausgeführt. Sie überlebten die Zerstörung des Gebäudes im Zweiten Weltkrieg und befinden sich heute in der Nationalgalerie in Berlin, DDR.

S. B.

P 15

P 16

P 17

P 20

P 16 Porträtkopf Josef Floßmann, 1907/08

Bronze; H: 36 cm (mit Sockel 51 cm)
München, Bayerische Staatsgemäldesammlungen, Neue Pinakothek. – Inv. Nr. B 464
Literatur: Hass 1984, S. 166. – Heilmeyer 1922, S. 27, Tafel 39.

Josef Floßmann, Münchner Bildhauer, hat in München neben zahlreichen anderen Werken die Personifikationen der Fakultäten an der Rückfront der Universität geschaffen. Er versuchte unter dem Einfluß Hildebrands der figürlichen und dekorativen Bauplastik wieder zu Ansehen zu verhelfen.

Hildebrand zeigt sich bei diesem Kopf stark von spätrömischen Kaiserporträts beeinflußt. S. B.

P 17 Auf einem Stein sitzender Jüngling, ca. 1909

Wachs; H: 32 cm
München, Bayerische Staatsgemäldesammlungen, Neue Pinakothek. – Inv. Nr. B 443
Literatur: Heilmeyer 1922, S. 39.

Ein Entwurf, der wahrscheinlich im Zusammenhang mit den Wachsgruppen des Liebes- und Freundespaares (Kat. P 18 und P 19) und wie diese für eine größere Gartenanlage entstand. Er ist vielleicht als Idee für eine Brunnenfigur inmitten eines Wasserbeckens (Narziß oder Fischstecher?) und schließlich als Station für die endgültige Form des Jünglings zum Liebespaar zu verstehen. S. B.

P 18

P

P 18 Liebespaar, 1909

Wachs; H: 31 cm
Bremen, Kunsthalle

P 19 Freundespaar, 1909

Wachs; H: 33,3 cm
Hamburg, Hamburger Kunsthalle

Literatur: Heilmeyer 1922, S. 40, Tafel 42. – Bock, »Freundespaar und Liebespaar«, in: Jahrbuch der Hamburger Kunstsammlungen, Bd. 12, 1967, S. 85 f.

Die beiden Gruppen Liebes- und Freundespaar entstanden während Hildebrands erneuter Auseinandersetzung mit dem Werk Hans von Marées', als dieses 1909 und 1910 in großen Ausstellungen in München und Berlin gezeigt wurde, für die Hildebrand mittätig war. Zu denken ist dabei an die vielen Entwürfe für Paare auf den Hintergründen von Marées' Bildzeichnungen.

Beide Kompositionen sind bei aller Kleinheit exemplarische Beispiele für Hildebrands psychosomatische Ausdruckskunst, in der jede Form der Veranschaulichung auch des seelischen Gehalts des Dargestellten dient. Zum einen manifestiert sich das festgegründete, vertrauende Freundesgespräch zwischen einem Älteren und einem Jüngeren, zum anderen das Werben und die scheue Zurückhaltung eines Liebespaars. Letztere Gruppe wurde angeregt von Marées' Liebespaar auf dem linken Flügel des Triptychons *Werbung*.

Als Aufstellungsort hatte Hildebrand wahrscheinlich die Terrassenanlage der Villa Boveri in Baden (Schweiz) im Auge, für die er 1909 zwei Figuren in Auftrag bekam. An den Stellen, an denen die Paare ihren Platz hätten finden können, wurden jedoch weniger kostenaufwendige, einfache Wandbrunnen ausgeführt, von Hildebrands Schüler Georgi gefertigt. Von ihm selbst wurden schließlich zwei Gärtner darstellende Putten auf den Sockeln einer Treppenanlage ausgeführt (die Gipsoriginale, z. T. beschädigt, befinden sich in Besitz der Bayerischen Staatsgemäldesammlungen in München). S. B.

P 20 Entwurf zu einem Portal mit dem hl. Georg im Giebel, um 1916

Gips; 20 x 13 cm
München, Bayerische Staatsgemäldesammlungen, Neue Pinakothek. – Inv. Nr. B 569
Literatur: Heilmeyer 1922, S. 43.

Der kleine Entwurf, der italienischer Renaissance- und Barock-Architektur verpflichtet ist, entstand vermutlich für einen nach 1916 zwischen Hildebrand und dem Kronprinzen Rupprecht besprochenen einstöckigen Anbau an das Armeemuseum. Der Anbau sollte im rechten Winkel zum bestehenden Bau die Südseite des Hofgartenparterres flankieren und die Dokumente des Ersten Weltkrieges beherbergen. Hildebrand hatte hierfür ein Modell (München, Bayerische Staatsgemäldesammlungen) und mehrere Skizzen gefertigt, die vor allem der Gestalt der Eingangsportale gewidmet waren. Der hl. Georg, seit alters Patron der Soldaten, erschien als die geeignete Gestalt für plastischen Schmuck des Tympanons. S. B.

21

P 21 Kassandra

Bronze; H. 35 cm, mit Sockel 52 cm
Bezeichnet an der Stütze: M. Klinger
München, Bayerische Staatsgemäldesammlungen, Neue Pinakothek. – Inv. Nr. B 837
Literatur: Vogel 1902, S. 17, 54 ff. – Schmid 1906, S. 126 f. – Kat. Ausst. Leipzig 1970, Nr. 3, S. 50 f. – Mathieu 1976, S. 14, S. 62 f. – Kat. Ausst. Rotterdam 1978, Kat. Nr. 2, S. 13, 114. – Winkler 1984, S. 181 ff.

Bei dem Kopf der *Kassandra* handelt es sich um einen Bronzeguß nach dem Kopf einer von Klingers ersten wichtigen Skulpturen, der halbfigurigen Plastik der *Kassandra* aus polychromem Marmor und Alabaster, vollendet 1895 (Leipzig, Akademie der bildenden Künste). Die *Kassandra* ist ein zentrales Kernstück der frühen Beschäftigung Klingers mit der Plastik. Vor seiner römischen Zeit bereits hatte Klinger einige Stücke der Bildhauerkunst in Angriff genommen bzw. im Gipsmodell geformt: in seinen Pariser Jahren 1885/87 die Modelle der *Neuen Salome* und des *Beethoven* sowie die Rahmenskulpturen zum großen Bild des *Paris-Urteils*. Die grundsätzlichen Ziele seiner Bildhauerkunst waren auch in diesem Falle schon im Raumentwurf der Villa Albers in Berlin-Steglitz 1883/85 zum Ausdruck gekommen. Die Arbeit daran hatte ihn, so Klinger, »zur Skulptur, und zwar zur farbigen geführt«. Skulptur wurde für ihn Teil eines Gesamtkunstwerks aus Architektur, Plastik und Malerei, der stets im räumlichen Zusammenhang gedacht werden sollte.

Auf der Suche nach einem passenden Marmorblock für den Kamin der Villa Albers nun fiel ihm in einem italienischen Steinbruch ein Stück Seravezzamarmor auf, das ihn sofort entzückte. Bereits 1886 meißelte er daraus Kopf und Büste der *Kassandra,* die er später zum Halbfigurenstück mit einem über die eine Schulter geführten Alabastergewand ergänzte. Entwürfe im Laufe der langjährigen Arbeit zeigen, daß Klinger ursprünglich eine heftig ausschreitende Gewandfigur plante, die die Erregtheit der antiken Seherin in der Bewegung der Figur zum Ausdruck gebracht hätte. Die vollendete Fassung, die Klinger noch Anfang 1895 selbst bemalte, ist an der Hüfte abgeschnitten, die Arme sind über den Körper gelegt, wie um die eigene Bewegung zurückzuhalten, der Kopf mit den eingelegten dunklen Bernsteinaugen ist leicht gesenkt und zur Seite gewandt. Eine beherrschte, gespannte Ruhe schließt jetzt die innere Erregung der Figur ein.

Nach der Fertigstellung der Skulptur wurden mit Zustimmung des Künstlers von den Gießerfirmen Gladenbeck, Berlin, und Lorch, Leipzig, Bronzegüsse der Figur sowie auch nur des Kopfes in zwei verschiedenen Größen hergestellt. Die hier gezeigte Bronzefassung des Kopfes entbehrt im Ausdruck der gespannt seelischen Beherrschung, die das Marmororiginal durch Polychromie des Materials und Stilisierung von Gestus, Körperhaltung und Gesicht auszeichnen. Andererseits erhält der Bronzekopf durch den raffinierten Verlauf der Gußränder einen eigenen Charakter und lenkt den Blick ganz auf die edle Form des antikisch straff frisierten Kopfes und den klassisch herben Gesichtsausdruck. A. H.

P 22 Badende, die sich im Wasser spiegelt, 1896/97

Laaser Marmor, durch Resorcin getönt, Haar ehemals vergoldet; Höhe 151,4 cm
Bezeichnet am Baumstumpf: MK
Leipzig, Museum der bildenden Künste, Skulpturensammlung. – Inv. Nr. 27
Literatur: Vogel 1902, S. 104ff. – Schmidt 1906, S. 128. – Kat. Ausst. Leipzig 1970, Nr. 4, S. 51. Mathieu 1976, S. 65. – Kat. Ausst. Rotterdam 1978, Nr. 3. – Winkler 1984, S. 186, Nr. 171, S. 306.

Die Skulptur der *Badenden* gehört zu denjenigen plastischen Werken Klingers, die von den Zeitgenossen im Gegensatz zu den beunruhigend und irritierend wirkenden farbigen Bildplastiken der *Salome*, der *Elsa Asenijeff* (Kat. P. 102) oder des großen Wagnisses des *Beethoven* mit ungeteilter Begeisterung als »klassisch-vollendetes« Bildwerk aufgenommen wurden. In der Tat gehört sie als rundplastische, monochrome Aktfigur in eine andere Gruppe unter den Skulpturen Klingers, wie etwa auch die *Kauernde* von 1900/01 oder die Figuren des *Dramas* um 1904. Des weiteren ist die *Badende*, im Gegensatz zu den mehrfarbigen polychromen Stücken aus verschiedenen Materialien, ein Monolith, in einem Stück aus einem großen Block harten Südtiroler Marmors herausgemeißelt, dessen mittelfeines gelbweißes Korn durch Resorcin nachgetönt wurde.

Das komplizierte Bewegungsmotiv der jungen Frau, die sich, auf ein Standbein gestützt, das andere hochgezogen, auf einen Baumstumpf gesetzt, die Hände hinter dem Rücken verschränkt und den Oberkörper

P 2

leicht vorgebeugt »im Wasser spiegelt«, ist zu einem gewissen Grade in einer vorangehenden Skulptur Klingers angelegt und motiviert. Das Standmotiv der *Badenden* ist in der linken Rahmenfigur des Monumentalgemäldes *Christus im Olymp* vorgegeben. Hier schmiegt sich die Figur der »Reue«, ein Bein auf einen Felsbrocken hochgesetzt, den Rumpf gedreht und das Gesicht im erhobenen Arm verborgen, gegen den Sockel. Die *Badende* entstand in engem Zusammenhang mit dieser Figur. Klinger hatte für die »Reue« wegen verzögerter Lieferung vorsorglich einen weiteren Block Laaser Marmors bestellt, als dieser nicht benötigt wurde, schuf er daraus später die abgeänderte Wiederholung der *Badenden*. Als Modell diente in beiden Fällen Helene Donath, von der Klinger 1902 ein Profilbildnis malte.

Der formale Reiz, der für Klinger sicher in der Gestaltung der *Badenden* lag, ist die mannigfaltige Auffächerung der Glieder und Flächen des menschlichen Körpers und die wechselnden Stellungskombinationen, die sich dem wandernden Blick enthüllen. Je nach Ansicht offenbaren sich etwa die volle Linie von Rücken und Gesäß, oder wieder, nur über das hochgezogene Bein einsehbar, die Wölbung des Bauches und die schönen vollen Brüste. Insbesondere die Beckengegend galt Klinger als Drehpunkt für »die wunderbare Kompliziertheit eines Mechanismus«, daher sein häufiger Protest gegen schamvoll verhüllte Nacktheit in der Kunst seiner Zeitgenossen. In Klingers Betonung des Nackten und seiner Beherrschung als »A und O jeden Stils«, ja als »die Grundlage einer gesunden Stilbildung« ist noch die klassische Vorstellung von der Integrität und Bedeutsamkeit der menschlichen Gestalt und der Antike als normativer Inspirationsquelle bewahrt. Nicht umsonst hat Avenarius Klinger für seine Skulpturen und die Motivwelt seiner graphischen Zyklen, etwa der *Rettung ovidischer Opfer* oder *Amor und Psyche,* einen »letzten Hellenen« genannt.

Gegen diese Idealität aber steht bei der *Badenden* ihre Kompliziertheit, die etwas unverkennbar Modernes ist. Die angespannten Muskeln finden an keiner Stelle Lösung, und insbesondere das Motiv der in unnatürlicher, eckiger Pose fest hinter dem Rücken verschränkten Hände wird man in der Antike schwerlich finden. Eine der einfachsten Formen der Aktivität – das selbstgenügsame Sich-im-Wasser-Spiegeln – wird hier zur Anstrengung und läßt heiterlächelnde, hellenistische Gelassenheit nicht aufkommen.

P 23

Auch die Oberflächenbehandlung ist eher von individueller Sensibilität und zugleich dekorativ. Auch die Tatsache, daß Klinger selbst diese monochrome Statue ehemals bemalt hatte, die Haare gold und den Baumstumpf braun, deutet auf die beabsichtigte dekorative räumliche Wirkung der Plastik hin. A. H.

P 23 Frauenkopf

Bronze, Sockel Sandstein; Höhe 26 cm (Sockel 14,5 cm)
Bezeichnet an der linken Halsseite: MK
Leipzig, Museum der bildenden Künste, Skulpturensammlung. – Inv. Nr. 213
Literatur: Kat. Ausst. Leipzig 1970, Nr. 7, S. 52 f. Mathieu 1976, S. 68 f. – Kat. Ausst. Hildesheim 1984, Nr. 5, S. 265.

Der kleine Frauenkopf ist ein Bronzeabguß nach einem um 1899 entstandenen Studienkopf, den Klinger später für seine Marmorskulptur *Die Kauernde* verwandte (Wien, Kunsthistorisches Museum). Die *Kauernde* schuf Klinger um 1900/01 aus einem antiken Bruchstück, das er in Rom an der Via Nazionale gefunden hatte und dessen Maße und Formung ihn zu einer Gestaltung auf engstem Raum herausforderte. Die in kompliziertер Haltung geduckt hingekauerte Figur mit den schmalen Gliedmaßen ist nur etwa 45 cm breit und einen knappen Meter hoch. Wie so oft war Klinger durch ein besonders schönes Stück Stein unmittelbar zur Vorstellung einer Plastik inspiriert worden. Das merkwürdig zwanghafte Einschnüren einer Ganzfigur durch die Vorgaben des Steinblocks ist dabei besonders bei seiner Marmorfigur der *Amphitrite* auffallend, die er aus einer schmalen antiken Treppenstufe aus Samos meißelte, und die mit ihren schroff abgeschnittenen Armen und der ambivalenten Mischung aus herrischer Schönheit und Wehrlosigkeit eine starke erotische Ausstrahlung hat.

Den Kopf der *Kauernden* setzte Klinger erst nach der Arbeit am Torso ein, nach dem Entwurf des oben erwähnten Studienkopfes. Der Bronzeabguß zeigt unter einer weich behandelten Fülle kurz gewellten Haares einen feinumrissenen Frauenkopf von delikater Zartheit. Das schmale Oval des Gesichts weist durch den Druck des modellierenden Fingers auf der Oberfläche und die leichte Assymetrie der rechten Gesichtshälfte eine reizende Unregelmäßigkeit auf. Der leicht hochgezogene nervöse, feine Mund und die Abflachung an der rechten Schläfe und Wange sind durch die Kopfhaltung des Marmororiginals gegen den erhobenen rechten Arm mit bedingt. Trotz der Unregelmäßigkeiten geht von dem kleinen Frauenhaupt eine Keuschheit und ein herber Zauber aus, wie sie dem Ideal eines antikischen Menschenbildes entsprechen. Gepaart mit moderner Sensibilität, läßt eine solche Skulptur an die abschließenden Worte De Chiricos in seinem Aufsatz über Max Klinger denken: »Klinger war der moderne Künstler schlechthin. Modern nicht in dem Sinne, den man heute dem Begriff gibt, sondern im Sinne eines gewissenhaften Mannes, der das Erbe an Kunst und Denken aus Jahrhunderten und aber Jahrhunderten achtet, der wachen Auges in die Vergangenheit, in die Gegenwart und in sich selbst blickt.« (De Chirico, Max Klinger 1920, zitiert nach Kat. Ausst. Hildesheim 1984, S. 142.) A. H.

Marmorbüste der Elsa Asenijeff
siehe Kat. 102

P 24 Amazone, 1896

Bronze; H. 56 cm
Bezeichnet am Sockel: L. Tuaillon.
Gießereistempel: H. Noack Berlin Friedenau.
München, Privatbesitz
Literatur: Kat. Ausst. 1978, Nr. 66. – P. Bloch/W. Grzimek, Das klassische Berlin, 1978, Sp. 324ff., Abb. 375, 376. – Kat. Ausst. Berlin 1979, Nr. 355. – Kat. München, Neue Pinakothek 1981, S. 345f.

1895 wurde die lebensgroße Amazone, das Hauptwerk Tuaillons, von Rom nach Berlin geschickt, von der Nationalgalerie (heute Berlin, DDR) erworben und 1898 dort aufgestellt. Sie war sensationell erfolgreich und begründete Tuaillons Ruf. Der

Ankauf der *Amazone* durch die Nationalgalerie in Berlin bedeutet zumindest für die Berliner Plastik eine Überwindung des sinnlichen und lautstarken Neobarocks des führenden Berliner Bildhauers Reinhold Begas und eine Besinnung auf die Tradition eines Christian Daniel Rauch, mehr noch eines Wilhelm von Schadow. Die statuarische Strenge und der Anspruch auf Allgemeingültigkeit, die summarische und archaisierend wirkende Oberflächenbehandlung leiten zur Kunst des 20. Jahrhunderts über. Aus dem Dynasten zu Pferde wird eine Amazone, aus dem auf einen Denkmalsockel gestellten statuarischen Leitbild, das sich auf ein Individuum oder ein bestimmtes Ereignis bezieht, ein allgemeingültiger Topos. So ist weniger die Aktion dargestellt – wie man sie noch bei August Kiss' berühmter kämpfender Amazone findet –, als vielmehr die Schönheit der in sich ruhenden Gruppe von Pferd und Reiterin, die darin an das berühmte Frühwerk von Marées *Die Schwemme* in der Sammlung des Grafen Schack gemahnt. Inspiriert zu seiner Amazone wurde Tuaillon mit Sicherheit von den Ideen seiner römischen Freunde Hans von Marées und Arthur Volkmann, möglicherweise sogar von einer in seinem Besitz befindlichen Marées-Zeichnung (J. Meier-Graefe, Hans von Marées, sein Leben und Werk, Bd. 2, München/Leipzig 1929, S. 596, Nr. 989).

Zwischen 1905 und 1906 ließ Kaiser Wilhelm II. eine größere Fassung der Amazone für den Berliner Tiergarten anfertigen. Darüber hinaus gibt es verschieden große, zum Teil mit einem Gießerstempel versehene Reduktionen von Gladenbeck bzw. Noack. Diese zimmergerechten Reduktionen, Kleindenkmale in einem gepflegten Wohnraum, waren Medien einer kulturbeflissenen Sammler- und Auftraggeberschicht, die zudem eine pädagogische Funktion für den Betrachter hatten. Zu den Reduktionen gehört das Exemplar in der Neuen Pinakothek München, das Exemplar in der Kunsthalle Bremen, das 1904 von Tuaillons Berliner Mäzen, Geh. Kommerzienrat Eduard Arnhold gestiftet wurde, sowie die hier gezeigte Amazone. M. G.

P 24

Annegret Hoberg, Margarete Benz-Zauner

Biographien

Oswald Achenbach

Geboren am 2. Februar 1827 in Düsseldorf, dort am 1. Februar 1905 gestorben; Bruder des um 12 Jahre älteren Landschaftsmalers Andreas Achenbach.

Nach ersten künstlerischen Anregungen durch seinen Bruder studierte Oswald Achenbach 1839–1841 in der Zeichenklasse der Düsseldorfer Akademie bei Johann Wilhelm Schirmer. Seit 1843 unternahm er zahlreiche Studienreisen, zunächst ins bayerische Gebirge, in die Schweiz und nach Oberitalien, schließlich 1850 nach Rom und in die Campagna. Er traf dort Karl Heinrich Dreber und auch Arnold Böcklin, der wie er Schüler der Düsseldorfer Akademie und zur gleichen Zeit in Rom war. Nach der Romreise wurden die italienische Landschaft und das südliche Volksleben seine Bildthemen, wobei zunächst noch der Einfluß Schirmers zu spüren ist. Doch löste Achenbach sich immer mehr von der Detailgenauigkeit und festumrissenen Formenstrenge seines Lehrers. Sehr nah am topographischen Naturvorbild stellte er die Landschaft in der Gesamtwirkung atmosphärischer Stimmungen dar – im hellen, oft gleißenden Licht und der kontrastreichen Farbigkeit des Südens. Auf vier weiteren Reisen nach Italien (1857, 1871, 1882 und 1885) sammelte er immer neue Eindrücke und Studien als Material für seine Landschaftsbilder, während Reisen in Mitteleuropa (Normandie und Paris 1859, Kissingen, Marienbad und Heidelberg 1866, 1870, Rheinland 1864, 1868, 1897, Holland und Belgien 1873) sich kaum in seiner Kunst niederschlugen. Als Lehrer an der Düsseldorfer Akademie in der Nachfolge Schirmers 1863–1872 vermittelte er seine Auffassung der italienischen Landschaft einer großen Zahl von Schülern (doch verlor die italienische Landschaft mit dem Bekanntwerden der französischen Pleinairmalerei an Bedeutung).

Reinhold Begas

Geboren am 15. Juli 1831 in Berlin, dort am 3. August 1911 gestorben; Sohn des Historienmalers Karl Begas, Bruder der Maler Oskar und Adalbert und des Bildhauers Karl Begas.

1846–1851 studierte Begas an der Berliner Akademie zunächst bei den Bildhauern Ludwig Wichmann und Gottfried Schadow, seit 1848 bei Christian Rauch. Als Stipendiat der Berliner Akademie fuhr er 1856 nach Rom. Dort arbeitete er im Atelier von Emil Wolff an der Marmorausführung einer *Amor-und-Psyche*-Gruppe. Neben dem Studium von Skulpturen der Antike, Michelangelos und Berninis hatte Begas jedoch vor allem mit Malern zu tun: Als Tenor wurde er Mitglied des Gesangquartetts mit Anselm Feuerbach, Arnold Böcklin und Ludwig Passini, später Julius Allgeyer, das sich regelmäßig im Haus des Sammlers und Musikers Ludwig von Landsberg traf. Dort lernte er auch Franz-Dreber kennen. Er zog mit den Malern in die Campagna und gewann immer mehr Abstand vom streng idealisierten Klassizismus seines Lehrers Rauch. Im Blick für malerische Reize und die lebendige Fülle des beobachteten Lebens sowie in der Thematik seiner mythologischen Gestaltungen wurde Begas dabei vor allem von Böcklin beeinflußt. 1858 kehrte er nach Berlin zurück und wurde durch den neuartigen Naturalismus seiner Werke weit bekannt. Er wurde 1861 zusammen mit Böcklin und Lenbach an die 1860 gegründete Kunstschule nach Weimar berufen, kehrte jedoch schon 1863 wieder nach Berlin zurück. 1864 kam Begas ein zweites Mal nach Rom, traf hier Böcklin wieder und auch Lenbach, den er immer wieder bei eigenen Malversuchen um Rat fragte. Seine in Rom und im Anschluß daran bis zu einer dritten Romreise 1869 geschaffenen Werke zeichnen sich durch sehr weiche Formen und erotische Sinnlichkeit aus. Hildebrand versuchte in dieser Zeit, in Begas' Atelier zu arbeiten, wurde jedoch abgewiesen. Seit den siebziger Jahren wird die fast intime Beschaulichkeit der sehr persönlich aufgefaßten Kleinplastiken überragt von monumentalen Auftragswerken, die vor allem in Berlin erstellt wurden und durch die Begas zum Repräsentanten der wilhelminischen Epoche geworden ist.

Arnold Böcklin

Geboren am 16. Oktober 1827 in Basel, gestorben am 16. Januar 1901 in San Domenico bei Fiesole.

Böcklin studierte 1845–1847 Landschaftsmalerei bei Johann Wilhelm Schirmer an der Düsseldorfer Akademie, wo zur selben Zeit auch Anselm Feuerbach eingeschrieben war. Nach Abschluß seines Studiums fuhr er nach Brüssel und Antwerpen und lernte die flämische und niederländische Malerei kennen; besonders fasziniert war er von Rubens. Danach – die belgische Landschaft hatte ihn enttäuscht – machte er Studienfahrten in die Schweizer Berge und arbeitete im September 1847 im Atelier des Landschafters Alexandre Calame in Genf. Im Revolutionsjahr 1848 in Paris, bewunderte er die Kompositionsweise Coutures und sah wahrscheinlich auch Landschaften Corots, wie es in seinen frühen italienischen Landschaften zu spüren ist.

Im Frühling 1850 fuhr Böcklin zum ersten Mal nach Italien, wohl angeregt durch den Historiker Jacob Burckhardt, der ihn immer wieder – oft auch Einfluß nehmend – förderte. In Rom, wo sich auch Burckhardt eine Weile aufhielt, schloß er sich Paul Heyse und dem Freundeskreis um Franz-Dreber an, machte mit diesem und auch Oswald Achenbach Ausflüge in die Campagna, nach Olevano, Subiaco und Tivoli. Er blieb – mit Ausnahme eines halbjährigen Aufenthaltes 1852 in Basel – bis 1857 in Rom, wo er sich 1853 mit der 17jährigen Angela Pascucci, einer gebürtigen Römerin, verehelichte. Er traf in dieser Zeit im Gesangsquartett bei Ludwig von Landsberg Anselm Feuerbach wieder und lernte Reinhold Begas kennen. Nach nur wenigen Verkaufserfolgen – u.a. des als »unsittlich« beanstandeten Bildes *Waldrand mit Nymphe und Kentaur* 1855 – zwang die finanzielle Lage die junge Familie, nach Basel zurückzukehren. Ein für Böcklin sehr wichtiger Auftrag zur Ausführung von Fresken für Consul Wedekind in Hannover endete mit der Weigerung des Bestellers, die für ihn nicht befriedigenden Arbeiten zu bezahlen. Böcklin ließ sich daraufhin mit den Seinen noch im selben Jahr in München nieder. Dort erhielt er 1859 mit dem Ankauf des Bildes *Pan im Schilf* durch König Ludwig I. für die Neue Pinakothek seine erste öffentliche Anerkennung. Durch Theodor Heyse wurde ihm die Bekanntschaft mit Adolf Friedrich von Schack vermittelt, der bis 1874 einer seiner wichtigsten Mäzene wurde. 1860 folgte Böcklin – zusammen mit Lenbach und Begas – für zwei Jahre der Berufung an die Großherzogliche Kunstschule in Weimar.

Finanziell nun unabhängiger, zog es ihn 1862 wieder nach Italien. Er traf auch bei seinem zweiten Romaufenthalt Feuerbach wieder, der sich tief beeindruckt von dessen Entwicklung zeigte. Auch lernte er Rudolf Schick, seinen späteren Biographen, und Hans von Marées kennen. Er sah – nachdem er selbst als Freskenmaler gearbeitet hatte – die Stanzen Raffaels mit größerer Aufmerksamkeit wieder und zum ersten Mal die pompejanischen Wandmalereien, deren Einfluß in der vereinfachenden Klärung seiner Kompositionen deutlich wird. Die Entdeckung der farbigen Augustus-Statue von Prima Porta war für ihn der Ausgangspunkt zur Wiederbelebung der polychromen Plastik – was erst später hauptsächlich durch Max Klinger erfüllt wurde.

1866 kehrte Böcklin wieder nach Basel zurück. Er arbeitete dort an den Fresken im Gartenhaus Sarasin-Sauvin und im Treppenhaus des Basler Museums. Nach Differenzen mit Jacob Burckhardt, seinem Förderer und Vermittler des Auftrags, wegen dessen zu starker Einflußnahme, siedelte er 1871 ein zweites Mal nach München über. Er lernte dort die Künstler des Leibl-Kreises kennen und hatte besonders herzliche Beziehungen zu Hans Thoma. In der Alten Pinakothek studierte er von Neuem die Alten Niederländer und deren schmelzende Farbigkeit. Er arbeitete viel mit Lenbach in dessen Atelier zusammen; doch wurde das Verhältnis der beiden Maler durch die enge Zusammenarbeit ernstlich getrübt. 1872 wurde Böcklin zum Ehrenmitglied der Münchener Akademie ernannt und erfuhr zunehmende Anerkennung.

Da ihm sein Erfolg nun unabhängig vom Wohnort sicher schien, zog Böcklin wieder nach Italien und ließ sich 1874 in Florenz nieder. Er verkehrte dort freundschaftlich mit Hans von Marées und Adolf von Hildebrand und lernte Fritz Gurlitt kennen, der ab 1880 in seiner Berliner Kunsthandlung, seit 1883 auch in Dresden, regelmäßig Werke Böcklins einem breiten Publikum vorstellte und sich erfolgreich, aber auch einengend, um dessen Geschäfte kümmerte. Wegen der Ausbildung seiner Kinder siedelte Böcklin 1885 nach Zürich über, wo er große Ehrungen durch die Stadt und die Universität erlebte, und wandte sich nun immer wieder der altdeutschen Malerei, vor allem Grünewald zu. Um seine nachlassende Gesundheit zu kurieren, machte er seit 1890 zunächst Bäderreisen nach Italien und kehrte 1893 nach Florenz zurück. Als letzten Wohnsitz erwarb er schließlich 1895 die Villa Bellagio in San Domenico bei Fiesole.

Karl Heinrich Dreber, gen. Franz-Dreber

Geboren am 9. Januar 1822 in Dresden, gestorben am 3. August 1875 in Anticoli bei Rom.

Franz-Dreber studierte seit 1836 an der Akademie in Dresden und arbeitete im Atelier von Ludwig Richter, dessen Einfluß in seinen Frühwerken noch zu spüren ist. 1841 ging er nach München und von da aus 1843 nach Rom, wo er sich dauernd niederließ. Er schloß sich dort zunächst dem Kreis um den Landschaftsmaler Johann Christian

Reinhart an. Ab 1848 lebte er zusammen in einem Drei-Männer-Haushalt mit den Bildhauern Heinrich Gerhardt und Gustav Kaupert. Er kümmerte sich wenig um Öffentlichkeit oder Auftraggeber; und dadurch, daß er sehr langsam an seinen Bildern arbeitete, sie mutlos liegenließ oder auch wieder übermalte, hat er kaum mehr als dreißig Gemälde hinterlassen. Von einer großartigen, klassizistischen Landschaftsauffassung her kam er zum lyrisch-romantischen Ausdruck eines Naturgefühls, wobei Nymphen und Faune oder Gestalten aus der Mythologie zu Personifikationen des Stimmungsgehaltes wurden. Sowohl in den naturmythologischen Inhalten wie in der von der Farbe ausgehenden Arbeitsweise beeinflußte er viele der nach Rom kommenden Künstler nachhaltig. Vater und Sohn Friedrich Preller und Edmund Kanoldt schätzten ihn sehr. Arnold Böcklin war eng mit ihm befreundet und wollte mit ihm zusammen arbeiten, was Franz-Dreber – wohl aufgrund der so gänzlich verschiedenen Arbeitsweisen – jedoch ablehnte.

Anselm Feuerbach

Geboren am 12. September 1829 in Speyer, gestorben am 4. Januar 1880 in Venedig.

Anselm Feuerbach, Sohn des Gymnasialprofessors und späteren Professors für Altphilologie und Altertumswissenschaften in Freiburg Josef Anselm Feuerbach, Enkel des Rechtshistorikers und Strafrechtsprofessors Johann Paul Anselm Feuerbach und Neffe des Philosophen Ludwig Feuerbach, begann nach vorzeitigem Schulabbruch als 16jähriger 1845 mit dem Studium an der Düsseldorfer Akademie unter Wilhelm von Schadow. Nach drei Lehrjahren verließ er Düsseldorf im Februar 1848 und siedelte nach München über, wo er jedoch, abgestoßen vom dortigen Akademiebetrieb, vorwiegend allein vor den alten Meistern in der Pinakothek kopierte und sich eng an den Maler Karl Rahl anschloß, der ihm den Kolorismus der venezianischen Malerei nahebrachte. Im Frühjahr 1850 wechselte Feuerbach nach Antwerpen und setzte unter dem Historienmaler Gustaaf Wappers das Studium fort. Noch immer von seiner künstlerischen Ausbildung wenig befriedigt, ging er im Juni 1851 nach Paris; im Herbst des Jahres starb sein Vater, dessen archäologisch-ästhetische Schrift »Der vatikanische Apoll« er später mit Bewegung lesen wird. Nach einem Aufenthalt bei der Mutter in Heidelberg ging Feuerbach erneut nach Paris und trat dort in das Atelier von Thomas Couture ein, bei dem er sich als Schüler zum ersten Mal gut aufgehoben fühlte. Im Frühjahr 1854 mußte Feuerbach die französische Hauptstadt endgültig wegen finanzieller Schwierigkeiten verlassen. Nach mangelnder Anerkennung und ausbleibenden Verkaufserfolgen in Karlsruhe, wo er sich danach niederließ, brach Feuerbach im Mai 1855, versehen mit einem Stipendium des Prinzregenten von Baden, nach Venedig auf, mit dem Auftrag, dort Tizians *Assunta* zu kopieren. Im Frühjahr 1856 kam es, auch wegen des Hochzeitsgeschenkes *Die musikalische Poesie* an den Großherzog, zu Mißstimmigkeiten mit Karlsruhe, im Mai verließ Feuerbach Venedig, hielt sich die Sommermonate in Florenz auf und traf am 1. Oktober völlig mittellos in Rom ein. Hier lebte und arbeitete Feuerbach, unterbrochen von regelmäßigen Aufenthalten in der Heimat, bis 1873. Im Anfang seiner römischen Zeit verkehrte er häufiger mit Arnold Böcklin, Reinhold Begas, Ludwig Passini und dem Kupferstecher Julius Allgeyer, der sich ihm lebenslang anschloß. Zusammen bildeten sie ein Gesangsquartett und trafen sich regelmäßig im Salon des Musikers von Landsberg. 1860 begegnete Feuerbach zum ersten Mal Anna Risi, genannt Nana, die später sein Modell und auch seine Geliebte werden sollte. Er schuf ab Anfang 1861 zahlreiche Bilder von ihr, und sie inspirierte ihn zur Realisierung seiner großen Entwürfe, etwa der ersten *Iphigenie*. 1862 wurde Feuerbach auf Vermittlung von Julius Allgeyer und Theodor Heyse an den Grafen Schack empfohlen, der ihm bis 1868 durch zahlreiche Aufträge aus der größten finanziellen Not half. 1865 erfolgte der Bruch mit seinem Modell Nana, der ihn tief traf; Feuerbach hielt sich im Sommer danach bei seiner Mutter in Heidelberg auf, während der Rückfahrt im Herbst fuhr er gemeinsam mit Hans von Marées von Florenz nach Rom. Im Oktober 1866 reiste Feuerbach erneut für längere Zeit nach Deutschland, von dem er sich nach dem Sieg Preußens über Österreich einen künstlerischen Aufschwung versprach; er verbrachte das Weihnachtsfest in Berlin, wo er viel mit Reinhold Begas zusammen war. In Rom erfolgte 1868 der endgültige Bruch mit dem Grafen Schack. Feuerbach nahm mit seinem neuen Modell Lucia Brunacci die großen Kompositionen seiner Reifezeit in Angriff, den *Medeen*-Zyklus, das *Gastmahl des Plato* und die zweite Fassung der *Iphigenie*. Am 1. August 1872 wurde Feuerbach als Professor für Historienmalerei an die Wiener Akademie berufen, im März folgenden Jahres trennte er sich von Rom und trat die Stelle an. Doch auch hier, wie bei jedem Angebot, das er aus der deutschsprachigen Heimat bekam, hielt es den nervlich überreizten Feuerbach nicht lange. Insbesondere der Mißerfolg seiner Ausstellung im Wiener Kunstverein trieb ihn zu unsteten Aufenthalten nach Rom zurück. Im Februar 1876 erkrankte Feuerbach schwer an Lungenentzündung. Während eines langwierigen Erholungsaufenthaltes bei der Mutter in Heidelberg schrieb er seine autobiographischen Notizen, denen Henriette Feuerbach nach seinem Tod in der Überarbeitung als ›Vermächtnis‹ zu einem ungeahnten Bucherfolg verhalf. Im Juli 1876 reichte Feuerbach sein Entlassungsgesuch an der Wiener Akademie ein und veranlaßte die Mutter zur gemeinsamen Übersiedelung nach Nürnberg. Dort hielt es ihn jedoch nicht lange, im Oktober 1876 siedelte er erneut nach Italien, diesmal nach Venedig, der Stadt seiner Anfänge, um. Zu dem Spätwerk der letzten Lebensjahre gehören neben dem großen *Titanen-Sturz* für die Decke der Aula der Wiener Akademie, 1873/74 in Wien und Rom begonnen, das *Kaiser-Ludwig-Bild* für die Nürnberger Handelskammer und die große Nürnberger *Amazonenschlacht*. Verhandlungen wegen einer Berufung nach München, um die sich die Mutter bemühte, zerschlugen sich. Die letzten vier Jahre seines Lebens verbrachte Feuerbach, unterbrochen durch Aufenthalte bei seiner Mutter, etwa zum 50. Geburtstag 1879 in Nürnberg, in völliger Einsamkeit in Venedig. Dort erlag er am 4. Januar 1880 in seinem Zimmer im Hotel Luna einem Herzschlag.

Bernhard Fries

Geboren am 16. Mai 1820 in Heidelberg, gestorben am 21. Mai 1879 in München; Bruder des Landschaftsmalers Ernst Fries (geb. 1801) und von Wilhelm Fries (geb. 1819), der auch Landschaften malte, hauptberuflich jedoch Konservator in Konstanz war.

Von seinem älteren Bruder Ernst wohl schon in die Malerei eingeführt und durch sein Elternhaus mit den Landschaften des Engländers Georg August Wallis vertraut, war Bernhard Fries zunächst Schüler des Historien- und Kirchenmalers Johann Karl Koopmann in Karlsruhe und studierte anschließend 1835–1838 an der Münchner Akademie. In München machte der italienische Freskenzyklus des ebenfalls aus Heidelberg stammenden und Fries wohl schon aus dem Elternhaus bekannten Carl Rottmann großen Eindruck auf ihn und beeinflußte ihn nachhaltig. Nach seinem Akademiestudium 1838 fuhr Fries das erste Mal nach Italien und blieb bis 1841 in Rom. Er traf dort Andreas Achenbach und Johann Wilhelm Schirmer, dem er für drei Jahre an die Düsseldorfer Akademie folgte. 1843/44 war Fries ein zweites Mal in Italien, diesmal mit Andreas Achenbach und Adolf Carl, 1846 für kurze Zeit ein drittes Mal, nachdem er zuvor in Paris die »paysage intime« kennengelernt hatte. Nach München zurückgekehrt, mußte er 1848 als Sympathisant der Revolution in die Schweiz fliehen. Dort arbeitete er mit dem Landschaftsmaler Alexandre Calame zusammen und befreundete sich mit Gottfried Keller (in manchen Zügen ist der Maler Lys in Kellers ›Grünem Heinrich‹ nach dem Vorbild von Fries geschaffen). Nach verschiedenen Aufenthalten in München, Dresden und Paris fuhr er 1853/54 wieder nach Italien. Danach ließ er sich zunächst in Heidelberg, von 1860 an in München nieder. In der Zeit von 1854 bis 1864 arbeitete er an einem Zyklus von vierzig italienischen Landschaften, die in Anlehnung an Rottmanns Hofgartenzyklus in einem von Gottfried Neureuther dafür geplanten Pavillon aufgehängt werden sollten; doch mußte Fries die Bilder aus finanzieller Not einzeln verkaufen. In dieser Zeit malte er auch zwei italienische Landschaften für das Treppenhaus der von Neureuther erbauten Technischen Hochschule in München.

Otto Greiner

Geboren am 16. Dezember 1869 in Leipzig, gestorben am 24. September 1916 in München.

Als ausgebildeter Lithograph gelang es dem 19 Jahre alten Otto Greiner mit Unterstützung eines Mäzens von Leipzig nach München zu kommen, wo er im Atelier des Piloty-Schülers Alexander Liezen-Mayer seine malerische Ausbildung erhielt. Von den in einer Ausstellung Anfang 1890 in München gezeigten Werken Max Klingers tief beeindruckt, ging er im folgenden Jahr nach Italien, wo er den damals in Rom ansässigen Klinger näher kennenlernte und wo unter dessen offensichtlichem Einfluß das Hauptwerk *Odysseus und die Sirenen* entstand. 1892 zurück in Leipzig und anschließend in München, übersiedelte er 1898 auf Dauer nach Rom, nicht ohne alljährliche Aufenthalte in der Heimat. Erst der Weltkrieg veranlaßte ihn 1915 wieder nach München zu ziehen, wo er an Entwürfen zu Wandgemälden für den großen Lesesaal der Deutschen Bücherei in Leipzig arbeitete, die aber wegen seiner baldigen Erkrankung nicht mehr zur Ausführung gelangten.

Als Graphiker machte sich Greiner einen bedeutenden Namen. Vor allem seine innerhalb des Gesamtœuvres auch überwiegenden lithographischen Arbeiten bewirkten eine neue Blüte dieser damals weitgehend vernachlässigten Kunst. Wie Klinger war er hauptsächlich an der Darstellung des nackten menschlichen Körpers interessiert und bevorzugte Themen mit der dem Dionysischen zugewandten Seite des Lebens. Seine Meisterschaft als Zeichner wird vor allem in den vorbereitenden Studienblättern deutlich. Seine hauptsächlich in Leipzig und Dresden aufbewahrten Zeichnungen wurden von Hans W. Singer in Auswahl noch vor seinem Tod publiziert.

Sein malerisches Schaffen gelangte fast ausschließlich in Privathand und ist darum heute kaum bekannt. Das erste in Pastellentwurf bildmäßig ausgeführte Wandbild für die Leipziger Bibliothek hat Greiners Biograph Julius Vogel folgendermaßen charakterisiert: eine weite paradiesische Landschaft mit Figuren, die den Gegensatz zwischen dem irdischen Dasein, der Fruchtbarkeit der Natur als der Grundlage aller Entwicklung, und der Verkörperung der Geisteskräfte in den Gestalten Apollons, Dantes, Goethes und Schillers zum Ausdruck bringen sollten.

Heinrich Louis Theodor Gurlitt

Geboren am 8. März 1812 in Hamburg-Altona, gestorben am 19. September 1897 in Naundorf bei Schmiedeberg/Erzgebirge.

Gurlitt nahm 1825–1828 ersten Unterricht in Porträtmalerei bei Günther Gensler, machte dann eine vierjährige Lehrzeit beim Dekorationsmaler Siegfried Bendixen und übte sich gleichzeitig – von Christian E. Morgenstern und Johann Christian Clausen Dahl beeinflußt – in Naturstudien. 1832 kam er an die Kopenhagener Akademie zu Christoffer Wilhelm Eckersberg. Von dort aus unternahm er erste Studienreisen nach Norwegen und Schweden. 1836–1838 hielt Gurlitt sich in München auf und machte Landschaftsstudien am Chiemsee, im Salzburger und Berchtesgadener Land. Im Kreis der Münchner Künstler wurde er erstmals mit der Besonderheit der italienischen Landschaft bekannt gemacht; doch folgte 1838 zunächst lediglich eine Reise nach Südtirol und Oberitalien. Nachdem er sich 1842/43 in Düsseldorf aufgehalten und dort Karl Friedrich Lessing und Johann Wilhelm Schirmer kennengelernt hatte, fuhr er 1843 für drei Jahre nach Rom, besuchte von dort aus Neapel, Sorrent, Palermo und vor allem die Sabinerberge. Er war viel mit den Malern Frederik Thöming und Eduard Agricola zusammen, befreundete sich mit Friedrich Hebbel, traf Franz Catel, den letzten aus dem Kreis um Joseph Anton Koch, August Riedel, Andreas Achenbach, Ernst Willers. Besonders bewunderte er die Leuchtkraft der Farben in Böcklinschen Bildern. Nach seiner Rückkehr 1847 ließ er sich in Berlin nieder, siedelte 1848 nach den Revolutionsunruhen nach Nischwitz/Sachsen um, drei Jahre später nach Wien, wo er bis 1858 blieb; von dort zog er für 14 Jahre nach Gotha, dann nach Dresden und Plauen und ließ sich schließlich in Steglitz bei Berlin nieder. Weitere Studienreisen führten ihn durch ganz Europa. 1855 kam er wieder nach Süditalien und versuchte sich hier ausgiebiger in der Freilichtmalerei. 1858 reiste er zusammen mit Ernst Willers nach Griechenland. Noch zweimal, 1877 und 1881, fuhr er nach Rom und wurde dort in den Kreis um Liszt, Ibsen, Heyse und Gregorovius aufgenommen. Obwohl der größte Teil seines Werkes die Landschaft des Nordens bzw. Mitteleuropas darstellt, verdankt er seinen Ruhm den Landschaften des Südens. Oswald Achenbach hat ihn als »leuchtendes Vorbild in der italienischen Landschaftsmalerei« bezeichnet.

Adolf von Hildebrand

Geboren am 6. Oktober 1847 in Marburg, gestorben am 18. Januar 1921 in München.

Hildebrand wuchs in Bern auf, wo er als Knabe schon zeichnete und von den Gipsfiguren der universitären Antikensammlung sehr beeindruckt war. Von 1861 an in Deutschland, zunächst in Jena, lernte er ab 1864 an der Krelingschen Kunstgewerbeschule in Nürnberg und trat 1866 in das Atelier des Münchner Bildhauers Kaspar von Zumbusch ein, der ihn 1867 nach Italien mitnahm. Hildebrand blieb allein in Rom zurück und lernte dort Hans von Marées und durch ihn bald auch Conrad Fiedler kennen. Ihre Suche nach der »reinen Form« und ihre kunsttheoretischen Überlegungen wurden zusammen mit dem Studium der Antike wie auch der italienischen Renaissance- und Barockplastik bestimmend für seine Formauffassung. 1868 ging Hildebrand nach Berlin, um dort in der Werkstatt von Reinhold Begas zu arbeiten, die jedoch voll besetzt war. Er fand Aufnahme im Atelier des Bildhauers Rudolf Siemering, verließ es aber nach kurzer Zeit wieder, um selbständig zu arbeiten.

1872 kehrte er nach Italien zurück und ließ sich in Florenz nieder, wo er der Plastik der Frührenaissance besonders nahe war. 1873 arbeitete er zusammen mit Marées an der Ausschmückung der Bibliothek der Zoologischen Station in Neapel. Im gleichen Jahr erfuhr er auf der Wiener Weltausstellung seinen ersten großen Erfolg. Ein Jahr später kaufte er das ehemalige Kloster San Francesco di Paola bei Florenz und richtete dort für sich und Marées zwei Ateliers ein. In Florenz hatte er engen Kontakt mit Böcklin, der sich 1874 dort niedergelassen hatte, und auch mit Albert Lang, der im selben Jahr dorthin kam. Die enge Beziehung zu Hans Thoma wird deutlich aus Hildebrands Einladung, bei ihm und seiner Familie in San Francesco zu wohnen und zu arbeiten. Wegen Zwistigkeiten war Marées 1875 nach Rom zurückgekehrt, doch bekannte sich Hildebrand weiterhin voll dankbarer Verehrung als dessen Schüler; die Freundschaft mit Fiedler blieb bis zu dessen Tod 1895 davon unberührt.

Nach großen Ausstellungserfolgen 1884 in Berlin und 1891 in München und der Auszeichnung mit dem ersten Preis beim Wettbewerb für das Kaiser-Wilhelm-I.-Denkmal 1889 (nicht ausgeführt) erhielt Hildebrand 1891 in München seinen ersten großen Auftrag, den *Wittelsbacher Brunnen* (1895 vollendet), der in seiner städtebaulichen Wirksamkeit die Schulung durch die barocke römische Monumentalplastik und Platzgestaltung verrät. Nun häuften sich die Aufträge für Brunnen, Denkmäler und Porträtbüsten, so baute sich Hildebrand – als Architekt – ein Haus in München-Bogenhausen (1897 fertiggestellt) und lebte nun abwechselnd in Deutschland und Italien; 1901 baute er sich in Forte dei marmi ein Landhaus.

Neben seinem plastischen Werk, das weitreichenden Einfluß auf die Bildhauerkunst des 20. Jahrhunderts hatte, wirkte Hildebrands theoretische Schrift ›Das Problem der Form‹ (Straßburg 1893) auch anregend auf die wissenschaftliche Kunstbetrachtung.

Ludwig von Hofmann

Geboren am 17. August 1861 in Darmstadt, gestorben am 23. August 1945 in Pillnitz.

Nach anfänglichem Jura-Studium wechselte von Hofmann 1883 zur Malerei, studierte zunächst bis 1886 an der Dresdener Akademie bei seinem Onkel Heinrich Hofmann, 1886–1888 an der Karlsruher Akademie bei Ferdinand Keller und schließlich an der Volz-Schule in München. 1889 ging er nach Paris, um an der Académie Julian seine malerische Ausbildung abzuschließen. Er schulte sich dort durch Kopien nach dekorativen Wandbildern Albert Besnards in der École de Pharmacie und war besonders beeindruckt vom Werk Puvis de Chavannes. 1890 ließ er sich in Berlin nieder und schloß sich der Gruppe der »Elf« an, einer Vorläufergruppe der Berliner Sezession, zu der u.a. Lovis Corinth, Max Liebermann und Max Klinger gehörten. Bei einem Aufenthalt in München 1892 sah von Hofmann Bilder Hans von Marées', die ihn in ihrem Verhältnis von Figur und Raum nachhaltig beeinflußten. 1894–1900 arbeitete er in Italien, vor allem in Rom, und bildete hier seinen Stil aus, der neben den Einflüssen Chavannes' und Marées' Verwandtschaft mit Böcklin und vor allem Thoma zeigt. Doch sind von Hofmanns Figurenkompositionen in südlichen Ideallandschaften lyrische Idyllen von wunschloser Zeitlosigkeit und tendieren oft zum Dekorativen. 1903 wurde er an die Weimarer Kunstschule berufen und fand dort bald öffentliche Anerkennung. Er erhielt Großaufträge für Wandmalereien u.a.im Großherzoglichen Theater, in van de Veldes Museumssaal von Weimar und im Senatssaal der Universität Jena. 1906 unternahm er zusammen mit Gerhart Hauptmann eine Reise nach Griechenland, von wo er sehr schlichte Landschaftszeichnungen mitbrachte. Von 1916–1932 leitete er an der Dresdener Akademie die Klasse für Monumentalmalerei. Daneben arbeitete er an graphischen Zyklen (Lithographie und Holzschnitt) seiner lyrischen Themen, an Buchillustrationen und kunstgewerblichen Vorlagen.

Edmund Kanoldt

Geboren am 13. März 1845 in Großrudestedt/Thüringen, gestorben am 27. Juni 1904 in Bad Nauheim; Vater von Alexander Kanoldt.

Kanoldt studierte 1864–1868 bei Friedrich Preller d. Ä. in Weimar und ging danach bis 1872 für drei Jahre nach Italien. Er lernte in Rom Franz-Dreber kennen, dessen Einfluß neben dem Prellers in einer stilisierten heroischen Landschaftsauffassung im Verein mit einer koloristisch aufgebauten Komposition für ihn bestimmend wurde. Sein damals entstandenes Gemälde *Odysseus auf der Ziegenjagd* wurde 1877 mit dem Goethepreis ausgezeichnet. Nach einem kurzen Aufenthalt in München fuhr Kanoldt 1873 wieder nach Italien und erwarb sich besondere Verdienste durch die Rettung der »Serpentara«, des Eichenhains bei Olevano, der für die deutsch-römische Landschaftsmalerei als Studienterrain so große Bedeutung erlangt hatte und nun abgeholzt werden sollte. Er kaufte ihn mit schnell gesammelten Spendenmitteln und vermachte ihn dem Deutschen Reich »als unveräußerliches und unantastbares Nationaleigentum«. 1876 ließ Kanoldt sich in Karlsruhe nieder, wo er sich mit Ferdinand Keller, dem »badischen Makart«, befreundete. Unter dessen Einfluß gelangte er zu einem weich-malerischen Stil. Von Karlsruhe aus unternahm er noch häufige Studienreisen nach Italien. 1898 rettete er die »Serpentara« ein zweites Mal, die als »unantastbares« Heiligtum durch einen Zaun vor weidendem Vieh geschützt worden war und nun zu verwildern drohte.

Max Klinger

Geboren am 18. Februar 1857 in Leipzig, gestorben am 4. Juli 1920 in Großjena.

Max Klinger begann seine künstlerische Ausbildung im Frühjahr 1874 in Karlsruhe, anfangs als Schüler Ludwig Des Courdes, dann bei Karl Gussow, dem er schon im Oktober desselben Jahres wegen dessen Wechsel an die Berliner Akademie folgte. Dort schloß er das Studium 1876 mit außerordentlichem Prädikat ab. Nach einjähriger Militärzeit kehrte Klinger 1878 nach Berlin zurück und beteiligte sich an der 52. Ausstellung der Königlichen Künste. Die dort gezeigten Werke – u.a. die *Ratschläge zu einer Konkurrenz über das Thema Christus* und besonders die Folge von Federzeichnungen *Paraphrase über den Fund eines Handschuhs* (1881 in München radiert) – des erst 21jährigen Künstlers riefen heftige Kritik wie auch fasziniertes Lob hervor. Noch nie waren so direkt, wie insbesondere in der *Handschuh-Paraphrase,* die Symbolwelt des Traumes und des Unbewußten, die phantastischen Angst- und Wunschvorstellungen, die wenig später zum Gegenstand der Psychoanalyse werden sollten, in der bildenden Kunst dargestellt worden. In den folgenden Jahren widmete sich Klinger mit größtem Fleiß graphischen Arbeiten, von ihm als »Griffelkünste« bezeichnet. 1879 ging er nach Brüssel, wo die *Radierten Skizzen* (Opus I) und die *Rettung ovidischer Opfer* (Opus II) erschienen. Schwer erkrankt, kehrte er nach sechs Monaten Aufenthalt nach Leipzig zurück, im folgenden Frühjahr siedelte er nach München über, wo er die Radierwerke *Eva und die Zukunft* (Opus III), *Intermezzi* (Opus IV) und *Amor und Psyche* (Opus V) in den Druck gab. Hier lernte er Johannes Brahms kennen, den er 1894 in Wien besuchen und ihm seine *Brahms-Phantasie* widmen sollte. 1883 folgten weitere Radierwerke, in diesem Jahr ging Klinger nach Paris, wo er, mit Unterbrechungen durch die Arbeit an der Villa Albers in Berlin-Steglitz, bis 1886 blieb. Nach seiner Rückkehr 1887 nach Berlin lernte Klinger im April Arnold Böcklin kennen. 1888 siedelte Klinger nach Rom über, wo er mit kurzen Unterbrechungen bis 1893 zurückgezogen arbeitete. Einzig mit Karl Stauffer-Bern, später mit Otto Greiner pflegte er dort näheren Umgang und unternahm in den Jahren 1888 bis 1892 mit ihnen mehrwöchige Reisen durch Italien. In Rom beschäftigte sich Klinger intensiv mit Malerei und Plastik, es entstanden u. a. die Bilder der *Kreuzigung* und *Pietà* sowie die Arbeiten an den polychromen Bildwerken der *Salome* und der *Kassandra.* Mit der Erneuerung der mehrfarbigen, polylithen Plastik, angeregt durch neuere archäologische Funde, erregte Klinger in Deutschland großes Aufsehen. 1891 erschien seine kunsttheoretische Schrift ›Malerei und Zeichnung‹ in Leipzig. 1893 kehrt er von Rom nach Leipzig zurück, nicht ohne vorher Böcklin in Florenz besucht zu haben. Dieser machte ihm im Sommer folgenden Jahres ein Gegenbesuch in Leipzig. 1898 lernte Klinger hier die Schriftstellerin Elsa Asenijeff kennen, die ihm bis 1916 Lebensgefährtin blieb und die er mehrfach porträtiert hat. In den folgenden Jahren war Klinger häufig in Paris, um den Guß seines lange geplanten *Beethoven*-Denkmals vorzubereiten. 1902 erfolgte die Fertigstellung des großen Monuments aus Bronze und verschiedenfarbigen Steinsorten, das er im April auf der 14. Wiener Sezessions-Ausstellung der Öffentlichkeit präsentierte. Das Denkmal, wie auch zuvor die *Salome, Kassandra* und *Die Badende* wurde vom Leipziger Museum angekauft, wo 1906 ein Sonderbau für die Plastiken Klingers eingeweiht werden sollte. 1903 erwarb Klinger ein Weinberghaus in Großjena bei Naumburg, wo er von da an häufig arbeitete. In diesem Jahr wurde er zum Vizepräsidenten des Deutschen Künstlerbundes gewählt; 1905 nahm der Bund Klingers Vorschlag an, ein Atelierhaus für junge deutsche Künstler in Florenz zu gründen. 1906 wurde Klinger Vorsitzender des neugegründeten »Villa Romana«-Vereins. In seinen späteren Schaffensjahren entstanden zahlreiche Bildhauerwerke, insbesondere Denkmäler und Büsten, wie die Porträtbüsten von Nietzsche, Liszt, Strauß und Wagner, das Brahms-Denkmal für Hamburg sowie die Entwürfe zum nicht ausgeführten Richard-Wagner-Denkmal für Leipzig. 1909 erfolgte die Fertigstellung des monumentalen Wandbildes *Die Blüte Griechenlands* für die Aula der Leipziger Universität, 1918 wurde ein weiteres mit dem Thema »Arbeit, Wohlstand, Schönheit« für den Abgeordnetensaal des Chemnitzer Rathauses ausgeführt. Im November 1919 erlitt Klinger einen Schlaganfall, er starb am 4. Juli 1920 in seinem Weinberghaus in Großjena.

Albert Lang

Geboren am 15. November 1847 in Karlsruhe, gestorben am 1. Dezember 1933 in München.

Lang studierte zunächst Architektur in Karlsruhe und Berlin. Während einer Italienreise 1869/70, auf der er Karl Schuch kennenlernte, entschloß er sich zur Malerei und ging 1870 an die Akademie in München zu Alexander Straehuber, arbeitete aber vor allem mit Schuch und Wilhelm Trübner; Wilhelm Leibl, der 1871 zu diesem Kreis gestoßen war, riet ihm schließlich, aus der Akademie auszutreten. In München lernte Lang Hans Thoma kennen. Mit ihm und dem Kissinger Maler Wilhelm Heinrich ging er nach kurzem Studienaufenthalt in Karlsruhe nach Italien. Er blieb mit Heinrich in Florenz, während Thoma nach Rom weiterreiste, und ließ sich dort bis 1888 nieder. Er war mit Hans von Marées, Adolf von Hildebrand, Karl Michael von Pidoll und Arnold Böcklin befreundet. In Thematik und Koloristik wurde er stark von Böcklin beeinflußt, doch finden sich auch Figurenkompositionen in der Art Marées' in seinem Werk. 1888 wurde er von Thoma überredet, zu ihm nach Frankfurt überzusiedeln. Dort teilte er ein Atelier mit dem Marées-Schüler Pidoll und verarbeitete die italienischen Erfahrungen weiter. 1897 ließ er sich in München nieder, wo sein Spätwerk – in der Hauptsache Landschaftsbilder – eine Tendenz zur dekorativen Flächenmalerei bekam.

Franz von Lenbach

Geboren am 13. Dezember 1836 in Schrobenhausen, gestorben am 6. Mai 1904 in München.

Franz Lenbach, Sohn eines Maurermeisters aus Schrobenhausen in Niederbayern, erhielt seine erste künstlerische Ausbildung an der Landwirtschafts- und Gewerbeschule, zunächst in Landshut, ab 1852 an der Polytechnischen Schule in Augsburg und während der Wintermonate 1851/52 im Münchner Atelier des Kunsttischlers Anselm

Sickinger. 1854 begann er das Studium an der Münchner Akademie, die meisten Bilder entstanden jedoch als Freilichtstudien in den Sommermonaten der folgenden Jahre in Schrobenhausen und Aresing. 1857 wurde Lenbach in die Malklasse Karl von Pilotys aufgenommen und von diesem auf eine Reise nach Rom mitgenommen. 1860 wurde Lenbach auf Empfehlung Pilotys als Lehrer der »realen Landschaftsklasse« an die neugegründete Weimarer Kunstschule berufen, wo er zusammen mit Arnold Böcklin und Reinhold Begas den Unterricht führte. Er blieb jedoch nur bis Anfang 1862 dort, und auch Arnold Böcklin und Reinhold Begas verließen Weimar wenig später. In Weimar schien Lenbach den Entschluß gefaßt zu haben, sich auf das Gebiet des Porträts zu konzentrieren und sich zuvor an den Alten Meistern weiter auszubilden. Zurück in München, wurde Lenbach 1863 vom Grafen Schack, wohl auf Hinweis von Theodor Heyse, dem Onkel seines Freundes Paul Heyse, beim Kopieren in der Alten Pinakothek ›entdeckt‹. Schack wurde für die folgenden Jahre Lenbachs wichtigster Förderer, in seinem Auftrag reiste der Künstler 1863/64 nach Rom, um alte Meister zu kopieren und auch, um dem Grafen über den Fortgang der Arbeiten anderer dort für ihn tätiger Künstler nach München zu berichten.

In Rom traf Lenbach erneut mit Böcklin und Begas zusammen, ebenso mit Anselm Feuerbach und Hans von Marées, dem er 1864 ebenfalls eine Kopiertätigkeit für den Grafen Schack vermittelt hatte. Im Sommer 1865 siedelte Lenbach von Rom nach Florenz über und kehrte im folgenden Sommer nach München zurück. Im Herbst 1867 fuhr Lenbach im Auftrag Schacks zum Kopieren nach Madrid, im Anschluß daran unternahm er 1868 zusammen mit dem Mäzen und dem Maler Ernst von Liphard eine Reise durch Südspanien. In den Jahren 1871 bis 1873 war Lenbach abwechselnd in München und Wien, wo er seine ersten großen Erfolge als Porträtist erringen konnte. In diesen Jahren ließ er den bedürftigeren Böcklin öfter in seinem Münchner Atelier arbeiten, 1874 kam es jedoch zum Bruch zwischen den Malerfreunden. In den folgenden Jahren nahm Lenbachs glänzender Aufstieg als Porträtist seinen Lauf, zahlreiche Persönlichkeiten aus Adel, Wirtschaft, Politik, Wissenschaft und Kunst gehörten zu seinen Kunden. Mit der Mischung aus altmeisterlicher Machart und einer modernen Sicht von photographischer Genauigkeit, die aus dem Mienenspiel des Dargestellten einen als typisch angesehenen Moment herausliest und ihn zu Bedeutung, Schönheit oder gesellschaftlicher Eleganz steigert, traf Lenbach genau die Repräsentationsbedürfnisse der höheren Schichten der Gründerjahre. Von 1883–1887 richtete sich Lenbach in Rom eine kostspielige Wohnung mit Atelier im Palazzo Borghese ein, wo er wie ein Fürst residierte und wo sich u. a. der Papst in seine »Galerie berühmter Zeitgenossen« einreihen ließ. Zurück in München, begann er mit dem Bau der von Gabriel von Seidel entworfenen Lenbach-Villa nahe des Königsplatzes, in die er mit seiner ersten Ehefrau, Magdalena Gräfin von Moltke, einzog. Im Münchner Kunstleben des ausgehenden 19. Jahrhunderts spielte der »Malerfürst« Franz von Lenbach eine dominierende Rolle. Die Hochzeitsreise mit seiner zweiten Frau, der Baronin von Hornstein, führte 1896 wieder nach Rom, Neapel und Capri. Im Frühjahr 1903 folgte ein letzter Erholungsaufenthalt in Italien. Im Frühjahr des folgenden Jahres starb Lenbach in München.

Friedrich Preller d. Ä.

Geboren am 25. April 1804 in Eisenach, gestorben am 23. April 1878 in Weimar; Vater von Friedrich Preller d. J.

Seine erste Ausbildung erhielt Preller ab 1814 bei Johann Heinrich Meyer an der freien Zeichenschule in Weimar, wohin die Familie 1813 übergesiedelt war. Durch Kopieren alter Meister – seit 1821 immer wieder in der Dresdener Galerie – bildete er sich weiter und studierte schließlich 1824–1826 an der Akademie von Antwerpen beim Historienmaler Mathieu Ignace van Brée. Seine Entwicklung wurde von Goethe mit großer Anteilnahme gefördert. Dieser hatte ihm die Bekanntschaft mit Carl Gustav Carus vermittelt; durch Gespräche mit Carus und durch sein besonderes Interesse für Nicolas Poussin und Claude Lorrain wandte Preller sich schließlich der Landschaftsmalerei zu. 1826 fuhr er das erste Mal für fast fünf Jahre nach Italien. In Rom besuchte er Joseph Anton Koch, was nach seinen eigenen Worten »entscheidend für (sein) ganzes Künstlerleben geworden« ist, und befreundete sich mit Bonaventura Genelli. 1831 kehrte er nach Weimar zurück und arbeitete an einem ersten Odysseezyklus, den er 1833–1836 im »Römischen Haus« des Dr. Härtel in Leipzig ausführte. 1834 wurde ihm ein Lehrauftrag an der Zeichenschule seines Lehrers Meyer erteilt. Von 1837 an unternahm er Reisen nach Rügen, Norwegen, ins Riesengebirge und die Alpen, wo ihn Wildheit und Unberührtheit der Natur faszinierten und bis in die fünfziger Jahre hinein seine Landschaften prägten. Doch kehrte er 1854 wieder zum idealistisch-klassischen Thema der Odyssee mit Entwürfen für einen zweiten Zyklus zurück, die 1858 in München ausgestellt und vom Großherzog von Weimar zur Ausführung bestellt wurden. Um Studien für den Zyklus zu machen, fuhr Preller 1859–1861 ein zweites Mal nach Italien – diesmal zusammen mit seinem Sohn. 1863–1868 wurde im neuerbauten großherzoglichen Museum die Preller-Galerie mit 16 in Enkaustik ausgeführten Bildern des Odysseezyklus eingerichtet. Zur Ehrung durch die für ihn bereitgestellte Galerie kamen 1868 und 1869 weitere Auszeichnungen: Er wurde Direktor der Zeichenschule, Mitglied der Wiener und der Berliner Akademie, Ehrenbürger der Stadt Weimar, erhielt das Komturkreuz des Großherzoglichen Hauses und den bayerischen Maximiliansorden. Noch zweimal fuhr er nach Italien, 1869 in Begleitung seines Sohnes und 1875/76 im Kreis seiner Familie. 1872 erschien bei Alfons Dürr in einer Holzschnittausgabe ein dritter Odysseezyklus; gegen Ende seines Lebens wandte Preller sich alttestamentarischen Themen zu.

Friedrich Preller d.J.

Geboren am 1. September 1838 in Weimar, gestorben am 21. Oktober 1901 in Dresden-Blasewitz; Sohn von Friedrich Preller d. Ä.

Preller wurde von seinem Vater ausgebildet und arbeitete als sein Gehilfe zunächst sehr eng mit ihm zusammen. 1859 begleitete er ihn nach Rom; dort lernte er Cornelius und Overbeck, vor allem aber Franz-Dreber kennen. Unter dessen Obhut blieb er ein Jahr länger als sein Vater (bis 1862) in Rom und übte sich in koloristischen Studien. Nach einjährigem Aufenthalt in Weimar fuhr er 1864–1866 ein zweites Mal nach Italien, um Landschaftsstudien für einige Aufträge in den Albaner- und Sabinerbergen sowie in Neapel zu machen. Er arbeitete wieder in sehr engem Kontakt mit Franz-Dreber, doch entwickelte Preller die Landschaft wie sein Vater aus der Zeichnung heraus und blieb seiner klassizistisch-idealistischen Auffassung verhaftet. Nach seiner Rückkehr siedelte er 1866 nach Dresden über. Er bekam dort schon bald größere Aufträge für Wandbilder und fuhr immer wieder nach Italien, um neue Eindrücke zu sammeln und gezielt Studien zu treiben: 1869 wieder mit seinem Vater, 1877, 1884 und 1891 auf der Rückreise aus Griechenland. 1880 war Preller Professor an der Dresdener Akademie geworden; mit seinen Schülern unternahm er Studienfahrten in die Rhön (1881) und nach Rügen (1887). Seit Ende der siebziger Jahre hielt er selbst sich immer wieder in den Alpen auf, und in den neunziger Jahren verdrängten schließlich wilde Berglandschaften die klassisch-südlichen.

August Riedel

Geboren am 25. Dezember 1799 in Bayreuth, gestorben am 6. August 1883 in Rom.

Riedel begann 1818 an der Münchner Akademie sein Studium der Historienmalerei bei Robert von Langer und der Baukunst. Seit 1821 war auch Rottmann in der Klasse für Historienmalerei. 1823 fuhr Riedel zum ersten Mal mit seinem Studienfreund Peter Emil Jakobs nach Italien, kam jedoch nur bis Florenz. 1827 traf er in München Rottmann wieder, der eben von seiner ersten Romreise zurückgekehrt war. Ein Jahr später fuhr Riedel selbst nach Rom, das ihm wie eine schon lang vertraute Heimat vorkam. Er traf dort noch Joseph Anton Koch, Johann Christian Reinhart und die Bildhauer Berthel Thorwaldsen und Johann Martin von Wagner und äußerte sich immer wieder sehr spöttisch über die Nazarener. Sein erstes Bild in Rom war die Halbfigur eines Bauernmädchens, der Auftakt einer großen Zahl von Frauenbildnissen mit genrehaften Zügen. 1830–1832 kehrte er nach München zur Ausführung von Fresken im Herzog-Max-Palais zusammen mit seinem Lehrer Robert von Langer zurück. Anschließend ließ er sich für immer in Rom nieder. Ein Fischerbild, das Thorwaldsen 1833 von ihm kaufte und in seinem Atelier hängen hatte, machte ihn in weiten Kreisen bekannt. Von da an häuften sich Aufträge aus ganz Europa. Neben den genrehaften Gestalten mit leuchtendem Kolorit erregten besonders heroische Frauengestalten mit den »antiken« Gesichtszügen von Römerinnen großes Aufsehen und Bewunderung. Riedel erfuhr 1842 seine erste öffentliche Auszeichnung, als er zum Ehrenmitglied der Münchner Akademie ernannt wurde; 1845 wurde er zum Mitglied der königlichen Akademie in Berlin ernannt, 1858 zum Mitglied der Accademia San Luca in Rom; 1883 – kurz vor seinem Tod – erhielt er von König Max II. den Maximiliansorden für Kunst und Wissenschaft. Das große Fest, das im deutschen Künstlerverein zu seinem 25jährigen Rom-Jubiläum 1853 veranstaltet wurde, zeigt die Bedeutung, die Riedel für die in Rom weilenden Künstler gehabt hat. Er wurde 1844 von Friedrich Hebbel und Louis Gurlitt besucht, 1858 von Vater und Sohn Preller. 1853 setzte er sich für Böcklins *Zentaur und Nymphe* ein, das als »unsittlich« aus der römischen Mai-Ausstellung zurückgewiesen werden sollte; auch zeigte er großes Interesse an Feuerbach und seinen »großen und edlen Kompositionen«.

Carl Rottmann

Geboren am 11. Januar 1797 in Handschuhsheim bei Heidelberg, gestorben am 7. Juli 1850 in München.

Ersten Unterricht erhielt Rottmann bei seinem Vater Friedrich Rottmann, der Universitätszeichenlehrer in Heidelberg war; Johann Christian Xeller, der Restaurateur der Brüder Boisserée, machte ihn wahrscheinlich mit den Anfangsgründen der Ölmalerei vertraut. Als Freund von Ernst Fries, dem älteren Bruder von Bernhard Fries, wurde er im Haus von dessen Eltern mit dem englischen Landschaftsmaler Georg August Wallis bekannt, der ihm erste Anregungen zur Darstellung atmosphärischer Lichteffekte vermittelte. Seit 1821 in München, studierte er an der Akademie Historienmalerei bei Robert von Langer, wurde in dieser Klasse jedoch nie heimisch. Er war beeindruckt von der Landschaftsmalerei Joseph Anton Kochs, dessen *Heroische Landschaft mit Regenbogen* er wahrscheinlich in der Akademie als erstes Werk kopierte, und machte Studienfahrten ins Inntal, in die bayerischen und österreichischen Berge. 1826/27 fuhr er zum ersten Mal nach Italien und schloß sich in Rom dem Künstlerkreis um Ludwig I. an. Soweit bekannt, hatte er mit Koch kaum Kontakt. 1828/29 fuhr er im Auftrag des Königs ein zweites Mal nach Italien, um Studien für einen Zyklus von »historischen« Landschaften in der Abfolge einer Reise von Norden nach Süden – mit Rom als Angelpunkt – zu machen. Die Bilder des Zyklus wurden als Fresken 1830–1833 in den westlichen Hofgartenarkaden ausgeführt (heute in der Residenz). Viele der in München studierenden Künstler waren von ihrer majestätischen Großräumigkeit, ihrer Lichtfülle und kontrastreichen Koloristik beeindruckt. Der geschichtlich-erzieherische Inhalt der Fresken verlieh der Landschaftskunst eine Würde, die sie der Historienmalerei gleichstellte.

Wieder im Auftrag des Königs bereiste Rottmann 1834/35 zusammen mit dem Architekten Ludwig Lange Griechenland, um dort Motive für einen zweiten Zyklus antiker Stätten in den nördlichen Hofgartenarkaden zu sammeln, die er seit 1836 in Enkaustik auszuführen begann (seit 1840 nicht mehr für die Hofgartenarkaden, sondern zunächst für das im Bau befindliche Kunst- und Industrieausstellungsgebäude, ab 1844 für die geplante Neue Pinakothek). In Anerkennung seiner Verdienste für die königliche Kunstpolitik wurde Rottmann 1841 zum königlichen Hofmaler ernannt. Neben einigen kleineren Alpenlandschaften arbeitete Rottmann bis zu seinem Tod an den Tafeln des Griechenlandzyklus, immer mehr durch ein Augenleiden behindert.

Johann Wilhelm Schirmer

Geboren am 7. September 1807 in Jülich, gestorben am 11. September 1863 in Karlsruhe.

Nach einer Buchbinderlehre kam Schirmer 1825 als Schüler von Heinrich Christoph Kolbe an die Düsseldorfer Akademie; dort schloß er sich bald der Klasse des Historienmalers Wilhelm von Schadow an, der 1826 als Nachfolger von Peter von Cornelius aus Berlin gekommen war. Als Schadow-Schüler war auch Karl Friedrich Lessing nach Düsseldorf gekommen, mit dem zusammen Schirmer seit 1827 ausgedehnte Naturstudien trieb und einen privaten »Landschaftlichen Komponierverein« gründete. Das erste Zeugnis dieser Hinwendung zur Landschaftsmalerei war der 1828 entstandene *Deutsche Urwald,* der mit großem Erfolg aufgenommen wurde. 1829 übertrug Schadow Schirmer den Unterricht von Landschaftern, 1839 wurde er Professor dieser Landschaftsklasse, dem Grundstock der Düsseldorfer Landschaftsschule. In vielen Studienreisen erweiterte Schirmer das Feld seiner Naturbeobachtungen: 1830 fuhr er nach Belgien, 1835 in den Schwarzwald, 1837 nach Holland, Paris und in die Normandie, 1838 an die Bergstraße, 1839/40 schließlich ins »Land seiner Sehnsucht«: nach Italien. Dort traf er Ernst Willers. Neben dem Studium der Kunstschätze Roms, dabei vor allem der Werke Lorrains, Poussins und Dughets, betrieb er Freilichtstudien in unzähligen Blättern und hellfarbigen Ölskizzen, in denen er die Charakteristik und gleichzeitig feinste Nuancen der Landschaftsausschnitte festhielt. Nach seiner Rückkehr dienten ihm diese Studien zur Ausführung von idealklassischen Landschaften, und er verwendete sie als Material in seinem Unterricht. So hat er selbst den Wert dieser »Studien« nur gering – als Mittel zum Zweck – eingeschätzt, doch hat er in diesen »Portraitlandschaften« seinen Schülern – u.a. Oswald Achenbach, Arnold Böcklin, Anselm Feuerbach, Bernhard Fries – eine sehr unmittelbare Anschauung der italienischen Landschaft und ihrer Schönheit vermittelt. 1854 wurde Schirmer nach weiteren Studienreisen nach Paris und Südfrankreich (1850) und in die Schweiz (1851) zum Aufbau der Akademie nach Karlsruhe berufen. Hier war Hans Thoma einer seiner ersten Schüler. In der Karlsruher Zeit wurde die Landschaft für Schirmer immer mehr zur sinnbildlichen Kulisse (»biblische Landschaften«).

Hans Thoma

Geboren am 2. Oktober 1839 in Bernau/Schwarzwald, gestorben am 7. November 1924 in Karlsruhe.

Nach einer Lehre als Lithograph und Uhrschildmaler studierte Thoma seit 1859 an der Karlsruher Akademie, zunächst bei Des Coudres in der Zeichenklasse nach antiken Skulpturen, dann bis 1866 bei J. W. Schirmer in der Landschaftsklasse. Schirmer, der aus seiner eigenen Entwicklung die Bedeutung des Naturstudiums schätzte, erlaubte Thoma, in den Sommermonaten daheim in Bernau vor der Natur zu arbeiten. Hans Canon unterwies ihn in maltechnischen Fragen. 1866 ging Thoma nach Düsseldorf und befreundete sich mit Otto Scholderer, der ihn mit der französischen Malerei bekannt machte. Mit ihm zusammen fuhr er 1868 nach Paris, wo ihn Courbet stark beeindruckte. Wieder in Karlsruhe, begegnete die Öffentlichkeit der schlichten, ungeschminkten Realistik seiner Bilder nur mit Unverständnis, und so siedelte Thoma 1870 nach München über. Dort fand er in Viktor Müller und im Leibl-Kreis wenigstens Gleichgesinnte, die wie er »unverkäufliche Bilder« (A. Bayersdorfer) malten. In München traf Thoma auch Böcklin, der damals schon zweimal für längere Zeit in Italien gewesen war, und Albert Lang, der sich – durch einen Italien-Aufenthalt beeindruckt – eben erst der Malerei zugewandt hatte. Mit Lang trat Thoma 1874 seine erste Italienreise an und traf in Rom Emil Lugo, Hans von Marées und Adolf Hildebrand. Besonders beeindruckt war er jedoch von den Werken Signorellis und Botticellis. Der Einfluß Böcklins wird spürbar in mancher Übernahme aus dessen Fabelwelt und vor allem in der kontrastreicheren Koloristik, die seiner tonigen »Graumalerei« mehr Farbe verleiht.

1877 siedelte Thoma nach Frankfurt über, wo er bis 1899 blieb. In dieser Zeit unternahm er drei weitere Italienreisen: 1880 zusammen mit seiner Frau Cella, um Landschaftsbilder für seinen englischen Mäzen Charles Minoprio zu malen, und zuletzt 1892 mit dem Kunsthistorikerehepaar Thode nach Venedig. Die Reise dazwischen – 1887 – war für seine Kunst von besonderer Bedeutung. Er war von Hildebrand nach Florenz eingeladen worden und arbeitete dort eng mit ihm zusammen; zum ersten Mal konnte er dort Aktstudien nach lebenden Modellen machen; diese verarbeitete er nun zu Bildern einer plastischen Figurenwelt in idyllischen Szenen.

In der Zwischenzeit war Thoma – vor allem seit einer sehr erfolgreichen Ausstellung 1890 in München – allgemein anerkannt. 1899 wurde er als Professor an die Akademie und als Direktor an die Kunsthalle nach Karlsruhe berufen; dort wurde eigens für ihn ein Thoma-Museum errichtet. Doch betätigte sich Thoma in seinen letzten Schaffensjahren immer weniger als Maler, um so mehr jedoch als Graphiker.

Louis Tuaillon

Geboren am 7. September 1862 in Berlin, gestorben am 22. Februar 1919 ebenda.

Louis Tuaillon besuchte von 1879 bis 1883 die Berliner Akademie und war dort die letzten zwei Jahre Meisterschüler von Reinhold Begas. 1885 ging er für sieben Jahre nach Rom, wo er dem Kreis um Hans von Marées angehörte. Hier erhielt er entscheidende Anregungen für sein künstlerisches Schaffen und wurde auch mit den für die Skulpturen Hildebrands gültigen Formprinzipien vertraut. 1902 trat er der Berliner Secession bei und im folgenden Jahr wurde er auch Mitglied der dortigen Akademie. 1906 übernahm er die Leitung eines Meisterateliers und wurde 1907 in den Senat gewählt.

Tuaillon schuf eine Anzahl von Kleinbronzen und Denkmälern, darunter bedeutende Reiterstandbilder, die sich von denen seines Lehrers Begas vor allem durch eine konsequente Vereinfachung der Form und natürliche Harmonie unterscheiden. Sein Hauptwerk, die während seiner römischen Jahre 1895 vollendete *Amazone* ist vom Streben rein plastischer Wirkung gekennzeichnet und steht am Anfang der Entwicklung hin zu einer Klassik, wie sie in der ersten Hälfte des 20. Jahrhunderts für die europäische Skulptur prägend wurde. Tuaillons bedeutendster Schüler war – wenn auch nur für kurze Zeit – Georg Kolbe.

Ernst Willers

Geboren am 14. Februar 1803 in Oldenburg, gestorben am 1. Mai 1880 in München.

Willers studierte in Düsseldorfer zunächst beim Dekorationsmaler Ludwig Pose und dann an der Akademie bei Peter von Cornelius. 1824 ging er als Schüler von Johann Christian Dahl nach Dresden. 1834 zog er nach München und machte von dort aus viele Studienwanderungen in die bayerischen Alpen. Von 1835 bis 1861 ließ er sich in Rom nieder. Er verkehrte zunächst noch im Kreis von J. A. Koch und Johann Christian Reinhart. Im Laufe seines fast 30jährigen Aufenthaltes wurde er zum Senior des deutschen Künstlervereins in Rom, an dessen Gründung er teilgenommen hatte, und bekleidete verschiedene Ehrenämter in den römischen Künstlergesellschaften. So kam er mit fast allen Rom besuchenden Künstlern in Kontakt. Von Rom aus fuhr er 1843 ein erstes Mal nach Griechenland, ein zweites Mal 1858 zusammen mit Louis Gurlitt, um dort im Auftrag der oldenburgischen Regierung Studien für einen Landschaftszyklus wie den Rottmannschen in München zu machen. 1863 kehrte Willers nach München zurück.

Literaturverzeichnis

Verzeichnis der abgekürzt zitierten Literatur

Allgeyer-Neumann 1904
J. Allgeyer/C. Neumann: Anselm Feuerbach. Zweite Auflage aufgrund der zum ersten Mal benützten Originalbriefe und Aufzeichnungen des Künstlers. Aus dem Nachlasse des Verfassers herausgegeben und mit einer Einleitung begleitet von C. Neumann, 2 Bde., Berlin/Stuttgart 1904

Andree 1977
R. Andree: Arnold Böcklin. Die Gemälde. Mit Beiträgen von A. Berner, G. de Chirico, H. Holenweg, H. Kühn, W. Ranke und G. Schmidt, Basel/München 1977

Arndt 1968
M. Arndt: Die Zeichnungen Anselm Feuerbachs. Studien zur Bildentwicklung, Diss. Bonn 1968

Böcklin-Memoiren 1910
Böcklin-Memoiren. Tagebuchblätter von Böcklins Gattin Angela. Mit dem gesamten brieflichen Nachlass. Hg. v. F. Runkel, Berlin 1910

Boetticher
F. von Boetticher: Malerwerke des 19. Jahrhunderts. Beitrag zur Kunstgeschichte, 4 Bde., Dresden 1891–1901 (Neudruck Frankfurt 1969)

Bierhaus-Rödiger 1978
E. Bierhaus-Rödiger: Carl Rottmann 1797–1850. Monographie und kritischer Werkkatalog. Mit Beiträgen von H. Decker und B. Eschenburg, München 1978

Briefe I, II 1911
Anselm Feuerbachs Briefe an seine Mutter (Aus dem Besitz der Königlichen Nationalgalerie zu Berlin). Hg. v. G. L. Kern und H. Uhde-Bernays, 2 Bde., Berlin 1911

Anselm Feuerbach 1975
Anselm Feuerbach. Seine Familie und ihre Zeit. Beiträge zur Speyerer Stadtgeschichte, Heft 3, Bezirksgruppe Speyer des Historischen Vereins der Pfalz, Speyer 1975

Das Feuerbachhaus 1982
Das Feuerbachhaus. Schriftenreihe über das Leben und Wirken der Familie Feuerbach, Heft 2, 1982, Speyer 1982

Gensel 1904
J. Gensel: Friedrich Preller d. Ä. (Knackfuß-Künstlermonographie Nr. 69), Bielefeld/Leipzig 1904

Haas 1984
A. Haas: Adolf von Hildebrand. Das plastische Porträt, München 1984

Heilmeyer 1922
A. Heilmeyer: Adolf von Hildebrand. Verzeichnis der sämtlichen Werke Hildebrands mit 117 Tfln. und G. Jachmanns Gedächtnisrede, München 1922

Heyck 1925
E. Heyck: Anselm Feuerbach (Knackfuß-Künstlermonographien Nr. 76), Bielefeld/Leipzig 1925

Heyl 1907
Handzeichnungen Arnold Böcklins. Stiftung des Freiherrn Maximilian von Heyl und der Freifrau Doris von Heyl. Katalog der Sammlung Grossherzoglich-Hessisches Landesmuseum in Darmstadt 1907

Kat. Ausst. Basel 1951
Katalog Ausstellung Arnold Böcklin. Ausstellung zum Gedächtnis an seinen 50. Todestag. Veranstaltet vom Basler Kunstverein und der Öffentlichen Kunstsammlung Basel, Kunsthalle Basel 1951

Kat. Ausst. Basel 1977
Katalog Ausstellung Arnold Böcklin 1827–1901. Gemälde, Zeichnungen, Plastiken. Ausstellung zum 150. Geburtstag. Veranstaltet vom Kunstmuseum Basel und vom Kunstverein 1977, Basel 1977

Kat. Ausst. Basel 1983
Katalog Ausstellung Zeichnungen deutscher Künstler des 19. Jahrhunderts aus dem Baseler Kupferstichkabinett, Basel 1982/83, bearbeitet von E. M. Krafft, Basel 1982

Kat. Ausst. Berlin 1906
Katalog Ausstellung Reinhold Begas. Veranstaltet vom Verein Berliner Künstler, Berlin/Stuttgart/Leipzig 1906

Kat. Ausst. Berlin 1978
Katalog Ausstellung Abbilder–Leitbilder. Berliner Skulpturen von Schadow bis heute. Neuer Berliner Kunstverein e. V. in der Orangerie des Charlottenburger Schlosses, Berlin 1978

Kat. Ausst. Berlin 1979
Katalog Ausstellung Berlin und die Antike. Veranstaltet aus Anlaß des 150jährigen Bestehens des Deutschen Archäologischen Instituts zusammen mit den Staatlichen Museen Preußischer Kulturbesitz, Berlin, Schloß Charlottenburg, Große Orangerie 1979

Kat. Ausst. Cambridge 1972
German Master Drawings of the Nineteenth Century. Cambridge, Mass., New York/Ottawa/Minneapolis/Cambridge 1972

Kat. Ausst. Darmstadt 1977
Katalog Ausstellung Arnold Böcklin 1827–1901. Ausstellung zum 150. Geburtstag. Veranstaltet vom Magistrat der Stadt Darmstadt, 2 Bde., Mathildenhöhe Darmstadt 1977

Kat. Ausst. Düren 1964
Katalog Ausstellung Ölstudien von Johann Wilhelm Schirmer (1807–1863) aus dem Besitz der Staatlichen Kunsthalle und der Badischen Akademie der Bildenden Künste, Karlsruhe, Leopold-Hoesch-Museum Düren 1964

Kat. Ausst. Düsseldorf 1974
Katalog Ausstellung Arnold Böcklin 1827–1901, Kunstmuseum Düsseldorf 1974

Kat. Ausst. Düsseldorf/Darmstadt 1979
Katalog Ausstellung Die Düsseldorfer Malerschule. Kunstmuseum Düsseldorf, Mathildenhöhe Darmstadt 1979

Kat. Ausst. Fiesole 1980
Katalog Ausstellung Arnold Böcklin e la cultura artistica in Toscana. Hans von Marées, Adolf von Hildebrand, Max Klinger ... Fiesole, Rom 1980

Kat. Ausst. Frankfurt 1964
Katalog Ausstellung Arnold Böcklin (bearbeitet von E. Rathke und S. Rathke-Köhl). Frankfurter Kunstverein, Frankfurt a. M. 1964

Kat. Ausst. Heidelberg 1920
Verzeichnis der im städtischen Sammlungsgebäude in Heidelberg vom 15. Mai bis 15. September 1920 ausgestellten Gemälde von Rahl–Feuerbach–Trübner und anderen zeitgenössischen Meistern aus Heidelberger Besitz, bearbeitet von K. Lohmeyer, 1920

Kat. Ausst. Heidelberg 1969
Katalog Ausstellung Feuerbach als Zeichner. Kunstverein Heidelberg, Historisches Museum der Pfalz, Speyer, Heidelberg 1969

Kat. Ausst. Hildesheim 1984
Katalog Ausstellung Max Klinger. Wege zum Gesamtkunstwerk. Roemer- und Pelizaeus-Museum Hildesheim, Mainz 1984

Kat. Ausst. Karlsruhe 1976
Katalog Ausstellung Anselm Feuerbach 1829–1880. Gemälde und Zeichnungen. Ausstellung in der Staatlichen Kunsthalle Karlsruhe, München/Berlin 1976

Kat. Ausst. Leipzig 1970
Katalog Ausstellung Max Klinger 1857–1920. Ausstellung zum 50. Todestag des Künstlers vom 4. Juli bis 20. September 1970. Museum der Bildenden Künste zu Leipzig, Leipzig 1970

Kat. Ausst. München 1984
Katalog Ausstellung München leuchtete. Karl Caspar und die Erneuerung christlicher Kunst in München um 1900. Hg. v. P.-K. Schuster. Katalog zur Ausstellung der Bayerischen Staatsgemäldesammlungen, Staatsgalerie moderner Kunst, München 1984

Kat. Ausst. München 1987
Katalog Ausstellung Franz von Lenbach 1836–1904. Städtische Galerie im Lenbachhaus München, München 1987

Kat. Ausst. Paris 1976
Katalog Ausstellung Le symbolisme en Europe. Wanderausstellung, Paris u. a. 1976

Kat. Ausst. Paris 1984/85
Katalog Ausstellung Symboles et Réalités. La peinture allemande 1848–1905 (hg. v. W. Hofmann), Paris 1984/85

Kat. Ausst. Rotterdam 1973
Katalog Ausstellung Duitse tekeningen uit de 19e eeuw. Museum Boymans-van-Beuningen, Rotterdam 1973

Kat. Ausst. Rotterdam 1978
Max Klinger 1857–1920. Beeldhouwwerken, schilderijen, tekeningen, grafiek (Text G. Winkler). Museum Boymans-van-Beuningen, Rotterdam 1978

Kat. Ausst. Speyer 1980
Katalog Ausstellung Anselm Feuerbach 1829–1880. Bearbeitet von E. Bratke und H. Schimpf, Speyer 1980

Kat. Ausst. Schweinfurt 1983/84
Katalog Ausstellung Von Wilhelm Leibl bis Lovis Corinth. Pastelle, Aquarelle und Zeichnungen 1865–1925. Aus der Sammlung Georg Schäfer in Schweinfurt, Schweinfurt 1983/84

Kat. Ausst. Tokyo 1987
Katalog Ausstellung Arnold Böcklin. Werke aus dem Kunstmuseum Basel. Veranstaltet von dem Nationalmuseum für westliche Kunst, Tokyo, und dem Kunstmuseum Basel, Tokyo 1987

Kat. Basel Kunstmuseum 1970
Katalog Kunstmuseum Basel. Öffentliche Kunstsammlung Kunstmuseum Basel, Katalog 19./20. Jahrhundert, Basel 1970

Kat. Berlin Nationalgalerie 1928
Verzeichnis der Gemälde und Bilder in der Nationalgalerie zu Berlin, Berlin 1928

Kat. Berlin Nationalgalerie 1968
Staatliche Museen Preußischer Kulturbesitz, Nationalgalerie. Verzeichnis der Vereinigten Kunstsammlungen, Galerie des 20. Jahrhunderts, Berlin 1968

Kat. Berlin Nationalgalerie 1977
Katalog Berlin Staatliche Museen Preußischer Kulturbesitz. Verzeichnis der Gemälde und Skulpturen des 19. Jahrhunderts, Berlin 1977

Kat. Bern Kunstmuseum 1983
Katalog Bern Kunstmuseum. Die Gemälde, Bern 1983

Kat. Bremen Kunsthalle 1973
Katalog der Gemälde des 19. und 20. Jahrhunderts in der Kunsthalle Bremen. Bearbeitet von G. Gerken und U. Heidrich, Bremen 1973

Kat. Darmstadt Landesmuseum 1979
Kataloge des Hessischen Landesmuseums. Malerei 1800 bis um 1900. Bearbeitet von G. Howaldt, Darmstadt 1979

Kat. Dresden Gemäldegalerie Neue Meister 1977
Staatliche Kunstsammlung Dresden. Gemäldegalerie Neue Meister, Dresden 1977

Kat. Düsseldorf 1966
Handzeichnungen und Aquarelle des 19. Jahrhunderts, Düsseldorf 1966

Kat. Düsseldorf Kunstmuseum 1969
Kataloge des Kunstmuseums Düsseldorf, Malerei Bd. 2. Die Düsseldorfer Malerschule. Bearbeitet von I. Markowitz, Düsseldorf 1969

Kat. Düsseldorfer Kunstmuseum 1981
Kataloge des Kunstmuseums Düsseldorf, Bd. 1. Die Gemälde des 19. Jahrhunderts mit Ausnahme der Düsseldorfer Schule. Bearbeitet von R. Andree, Düsseldorf 1981

Kat. Frankfurt Städel 1972
Kataloge der Gemälde im Städelschen Kunstinstitut. Die Gemälde des 19. Jahrhunderts. Hg. von E. Holzinger, bearbeitet von H.-J. Ziemke, 2 Bde., Frankfurt a. M. 1972

Kat. Hamburg Kunsthalle 1969
Katalog der Meister des 19. Jahrhunderts in der Hamburger Kunsthalle. Bearbeitet von E. M. Krafft und C. W. Schümann, Hamburg 1969

Kat. Karlsruhe Staatliche Kunsthalle 1971
Katalog Neuere Meister. 19. und 20. Jahrhundert. Bearbeitet von J. Lauts und W. Zimmermann, Staatliche Kunsthalle Karlsruhe 1971

Kat. Leipzig Museum der Bildenden Künste 1979
Katalog Leipzig, Museum der Bildenden Künste. Katalog der Gemälde. Bearbeitet von S. Heiland, Leipzig 1979

Kat. München Schack-Galerie 1969
Katalog Bayerische Staatsgemäldesammlungen München. Gemäldekataloge. Band II: Schack-Galerie. Bearbeitet von E. Ruhmer u. a., München 1969

Kat. München Neue Pinakothek 1981
Katalog Neue Pinakothek. Erläuterungen zu den ausgestellten Werken, München 1981

Kat. München Bd. V Neue Pinakothek 1984
Bayerische Staatsgemäldesammlungen München, Gemäldekataloge. Bd. V: Spätromantik und Realismus, München 1984

Kat. München Bd. IX Neue Pinakothek (in Vorbereitung)
Bayerische Staatsgemäldesammlungen München, Gemäldekataloge. Bd. IX: Impressionismus, Symbolismus, Jugendstil – deutsche Künstler, in Vorbereitung

Kat. Oxford Ashmolean Museum 1987
Catalogue of the Collection of Drawings in the Ashmolean Museum. Volume 5: German 19th Century Drawings. By C. J. Bailey, Oxford 1987

Kat. St. Gallen Kunstmuseum 1977
Katalog Kunstmuseum St. Gallen 1977, bearbeitet von R. Hanhart

Kat. Stuttgart Staatsgalerie 1976
Katalog Staatsgalerie Stuttgart. Die Zeichnungen und Aquarelle des 19. Jahrhunderts in der Graphischen Sammlung der Staatsgalerie Stuttgart. Bearbeitet von U. Gauss, Stuttgart 1976

Kat. Stuttgart Staatsgalerie 1982
Katalog Staatsgalerie Stuttgart. Malerei und Plastik des 19. Jahrhunderts. Bearbeitet von Chr. v. Holst, Stuttgart 1982

Kat. Winterthur Stiftung Oskar Reinhart 1977
Katalog Winterthur Stiftung Oskar Reinhart. Bd. I: Schweizer Maler des 18. und 19. Jahrhunderts. Bearbeitet von F. Zelger, Zürich 1977

Kat. Wuppertal Von der Heydt-Museum 1974
Katalog Von der Heydt-Museum Wuppertal. Gemälde des 19. Jahrhunderts. Bearbeitet von U. Laxner-Gerlach, Wuppertal 1974

Kleineberg 1971
G. Kleineberg: Die Entwicklung der Naturpersonifizierung im Werk Arnold Böcklins (1827–1901). Studien zur Ikonographie und Motivik in der Kunst des 19. Jahrhunderts, Diss. Göttingen 1971

Lasius 1903
O. Lasius: Arnold Böcklin. Aus den Tagebüchern von O. Lasius (1884–1889). Hg. v. M. L. Lasius, Berlin 1903

Mathieu 1976
S. W. Mathieu: Max Klinger. Leben und Werk in Daten und Bildern, Frankfurt a. M. 1976

Mehl 1980
S. Mehl: Franz von Lenbach in der Städtischen Galerie im Lenbachhaus. Mit einem Beitrag von C. Hoh-Slodzyck (Materialien zur Kunst des 19. Jahrhunderts Bd. 25), München 1980

Mendelsohn 1901
H. Mendelsohn: Böcklin, Berlin 1901

Meyer 1901
A. G. Meyer: Reinhold Begas (Knackfuß-Künstlermonographien Nr. 20), Bielefeld/Leipzig 1901

Ostini 1904
F. von Ostini: Böcklin, 9. Aufl. Bielefeld/Leipzig 1904

Pérard 1930
R. Pérard: Bernhard Fries, Darmstadt 1930

Poetter 1978
J. Poetter: Studien zum Mythos im Werke Arnold Böcklins, Diss. München 1978

Putz 1979
E. B. Putz: Classical antiquity in the painting of Arnold Böcklin, Diss. Berkeley 1979, Ann Arbor, UMI 1982

Ranke 1977
W. Ranke:Böcklinmythen, in: R. Andree: Arnold Böcklin. Die Gemälde, Basel/München 1977, S. 64 ff.

Ranke 1986
W. Ranke: Franz von Lenbach. Der Münchner Malerfürst, Köln 1986

Roquette 1883
O. Roquette: Friedrich Preller. Ein Lebensbild, Frankfurt a. M. 1883

A. von Salis 1902
A. von Salis: Erinnerungen an Arnold Böcklin. Nach Tagebuchnotizen eines Studenten, in: Basler Jahrbuch, 1902, S. 3 ff.

Schmid 1903
H. A. Schmid: Verzeichnis der Werke Arnold Böcklins, München 1903

Schmid 1921
H. A. Schmid: Arnold Böcklin. Handzeichnungen. Hg. v. H. A. Schmid, München 1921

Schmidt 1944
J. H. Schmidt: Oswald Achenbach, Düsseldorf 1944 (2. Aufl. 1946)

Schmidt 1951
G. Schmidt: Schriften aus 22 Jahren Museumstätigkeit, Basel 1964, darin: Böcklin heute. Rede gehalten zum Gedenken des 50. Todestages im Kunsthaus Zürich am 3. März 1951

Schmidt 1963
G. Schmidt: Arnold Böcklin, Pan. Einführung von G. Schmidt (Werkmonographien zur Bildenden Kunst. 85), Stuttgart 1963

Schneider 1977
N. Schneider: Böcklins Toteninsel, in: Katalog Ausstellung Arnold Böcklin, Mathildenhöhe Darmstadt 1977, Bd. I, S. 106 ff.

Schick 1901
R. Schick: Tagebuchaufzeichnungen aus den Jahren 1866, 1868, 1869 über Arnold Böcklin. Hg. v. H. von Tschudi; gesichtet von C. Flaischlen, Berlin 1901

Schöne 1940
R. Schöne: Heinrich Dreber. Forschungen zur deutschen Kunstgeschichte, Bd. 34, Berlin 1940

Singer 1924
H. W. Singer (Hg.): Briefe von Max Klinger aus den Jahren 1874 bis 1919, Leipzig 1924

Thode 1909
H. Thode: Hans Thoma. Des Meisters Gemälde in 874 Abbildungen (Klassiker der Kunst, Bd. XV), Stuttgart/Leipzig 1909

Tittel 1977
L. Tittel (Hg.): Arnold Böcklin. Hg. v. L. Tittel in Zusammenarbeit mit W. Grindemann u. a., Frankfurt a. M. 1977

Uhde-Bernays 1929
H. Uhde-Bernays: Feuerbach. Beschreibender Katalog seiner sämtlichen Gemälde, München 1929

Vogel 1902
J. Vogel: Max Klingers Leipziger Skulpturen. Salome. Kassandra. Beethoven. Das Badende Mädchen. Franz Liszt, Leipzig 1902

Volpi/Frongia 1982
M. Volpi: Arnold Böcklin, disegni. Introd. di M. Volpi. Note alle tavole di M. L. Frongia, Florenz 1982

Wichmann 1973
S. Wichmann: Franz von Lenbach und seine Zeit, Köln 1973

Winkler 1984
G. Winkler: Max Klinger, Leipzig 1984

Zimmermann 1920
K. Zimmermann: Johann Wilhelm Schirmer, Diss. Kiel 1919, Saalfeld 1920

Allgemeine Literatur

F. Pecht: Deutsche Künstler des 19. Jahrhunderts. Studien und Erinnerungen, Nördlingen 1877
A. F. Graf v. Schack: Meine Gemäldesammlung, Stuttgart 1881 (5. Aufl. 1889)
O. Berggruen: Die Galerie Schack in München, Wien 1883
R. Muther: Geschichte der Malerei im XIX. Jahrhundert, Bd. III, München 1894
F. Carstanjen: Das Problem der Form in der bildenden Kunst, in: Zeitschrift für bildende Kunst, NF 6, 1895, S. 5 ff.
C. Fiedler: Schriften über Kunst. Hg. von H. Marbach, Leipzig 1896
F. Th. Vischer: Das Schöne und die Kunst, 2. Aufl., Stuttgart 1898
B. Ruettenauer: Maler-Poeten: Hans Thoma. Anselm Feuerbach. Arnold Böcklin. Max Klinger. Puvis de Chavannes. Gustave Moreau, Straßburg 1899
P. Heyse: Jugenderinnerungen und Bekenntnisse, Berlin 1900
C. Gurlitt: Die deutsche Kunst des Neunzehnten Jahrhunderts. Ihre Ziele und Thaten, 2. Aufl. Berlin 1900
R. Muther: Studien und Kritiken, 2 Bde., Wien 1900–1901
E. v. Boetticher: Malerwerke des 19. Jahrhunderts. Beitrag zur Kunstgeschichte, 4 Bde., Dresden 1891–1901 (Neudruck Frankfurt 1969)

A. Koeppen: Die moderne Malerei in Deutschland, Bielefeld/Leipzig 1902
A. Heilmeyer: Moderne Plastik, Bielefeld/Leipzig 1903
J. Meier-Graefe: Entwicklungsgeschichte der modernen Kunst. Vergleichende Betrachtung der bildenden Künste, als Beitrag zu einer neuen Ästhetik, 3 Bde., Stuttgart 1904
H. Smidt: Ein Jahrhundert Römischen Lebens. Von Winckelmanns Romfahrt bis zum Sturze der weltlichen Papstherrschaft, Leipzig 1904
Katalog Die deutsche Jahrhundertausstellung. Ausstellung deutscher Kunst aus der Zeit von 1775–1875. Kgl. Nationalgalerie Berlin 1906. Hg. und eingeleitet von H. v. Tschudi, 2 Bde., München 1906
F. Noack: Die Kunst des 19. Jahrhunderts, Esslingen 1904 (2. Aufl. 1907)
F. Noack: Deutsches Leben in Rom 1700–1900, Stuttgart/Berlin 1907
G. Fuchs: Deutsche Form. Betrachtungen über die Berliner Jahrhundertausstellung und die Münchner Retrospektive, München/Leipzig 1907
R. Freiherr v. Lichtenberg/E. Jaffé: Hundert Jahre deutsch-römische Landschaftsmalerei, Berlin 1907
M.-R. Ally: Adolph Bayersdorfers Leben und Schriften. Aus dem Nachlaß. Hg. v. H. Mackowsky u. a., München 1908
A. Soergel: Dichtung und Dichter der Zeit. Eine Schilderung der deutschen Literatur der letzten Jahrzehnte, Leipzig 1911
T. Ziegler: Die geistigen und sozialen Strömungen des neunzehnten Jahrhunderts. Ungekürzte Volksausgabe, Berlin 1911
F. Noack: Das deutsche Rom, Rom 1912
R. Hamann: Die deutsche Malerei im 19. Jahrhundert, Leipzig/Berlin 1914
R. Muther: Aufsätze über bildende Kunst. Bd. I: Künstler und Werke. Bd. II: Betrachtungen und Eindrücke, Berlin 1914
W. Hausenstein: Die bildende Kunst der Gegenwart. Malerei – Plastik – Zeichnung, Stuttgart/Berlin 1914
Der Briefwechsel von Jacob Burckhardt und Paul Heyse. Hg. v. E. Petzet, München 1916
A. Piening: Der Kunstapostel Julius Meier-Graefe und seine Parteigänger, 2. Aufl. Bremen 1918
Paul Heyse und Gottfried Keller im Briefwechsel. Hg. v. M. Kalbeck, Köln 1919
W. Waetzoldt, Deutsche Malerei seit 1870, 2. Aufl. Leipzig 1919
G.J. Wolf: Deutsche Malerpoeten, München 1919
K. Scheffler: Deutsche Maler und Zeichner im 19. Jahrhundert, 2. Aufl. Leipzig 1920
O. Walzl: Die deutsche Dichtung seit Goethes Tod, Berlin 1920
W. Niemann: Brahms, Berlin 1920
A. Kuhn: Die neuere Plastik, München 1921
Der Briefwechsel von Emanuel Geibel und Paul Heyse. Hg. v. E. Petzet, München 1922
F.T. Vischer: Eine Reise, in: Kritische Gänge. Hg. v. R. Vischer, Bd. I, München 1922
O. Spengler: Untergang des Abendlandes, 3 Bde., 2. Aufl. München 1923
K. Gerstenberg: Die ideale Landschaftsmalerei. Ihre Begründung und Vollendung in Rom, Halle 1923
W. Cohen: Hundert Jahre rheinischer Malerei, Bonn 1924
K. Hillebrand: Unser Verhältnis zur Kunst, in: Abendländische Bildung, München o.J. (1924), S. 130ff.
E. Ermatinger: Gottfried Kellers Leben. Briefe und Tagebücher, 3 Bde., Berlin 1916–1924
C. A. Bernoulli: Bachofen und das Natursymbol. Ein Würdigungsversuch, Basel 1924
H. Uhde-Bernays: Künstlerbriefe über Kunst, Dresden 1926
C. A. Bernoulli: Bachofen, Urreligion und antike Symbole, 3 Bde., Leipzig 1926
F. Noack: Das Deutschtum in Rom seit dem Ausgang des Mittelalters, 2 Bde., Stuttgart/Berlin/Leipzig 1927
L. Curtius: Deutsche und antike Welt. Die antike Kunst und der moderne Humanismus, Berlin 1927
Der Briefwechsel von Theodor Fontane und Paul Heyse 1850–1897. Hg. v. E. Petzet, Berlin 1929
W. Hausenstein: Meister und Werke, München 1930
W. Geese: Die heroische Landschaft von Koch bis Böcklin, Straßburg 1930
E. Volhard: Zwischen Hegel und Nietzsche – der Ästhetiker Friedrich Theodor Vischer, Frankfurt a. M. 1932
E. Kris: Die Legende vom Künstler. Ein historischer Versuch, Wien 1934
K. Lohmeyer: Heidelberger Maler der Romantik, Heidelberg 1935
I. Kurz: Florentinische Erinnerungen, Tübingen 1937
T. Heuss: Anton Dohrn, Stuttgart/Tübingen 1940
H. Wölfflin: Das Klassische, in: Gedanken zur Kunstgeschichte, Basel 1941
Deutschland – Italien. Beiträge zu den Kulturbeziehungen zwischen Norden und Süden. Festschrift für Wilhelm Waetzoldt zu seinem 60. Geburtstag 21. Februar 1940, Berlin 1941
Handwörterbuch des deutschen Aberglaubens. Hg. v. H. Bächthold-Stäubli, 10 Bde., Berlin/Leipzig 1927–42
J.J. Bachofen: Versuch über die Gräbersymbolik der Alten, Stuttgart 1859. Siehe Bd. IV in der von Karl Meuli besorgten Gesamtausgabe, Gesammelte Werke (GW), Basel/Stuttgart 1943
H. Beenken: Das neunzehnte Jahrhundert in der deutschen Kunst, München 1944
R. Herbig: Pan. Der griechische Bocksgott. Versuch einer Monographie, Frankfurt a. M. 1949
H. Geller: 150 Jahre deutsche Landschaftsmalerei, Dresden 1951
H. v. Sonnenburg: Die antike Mythologie in der Malerei des 19. Jahrhunderts, Diss. München 1952
K. Gerstenberg: Die großen Deutsch-Römer und der Geist der Antike, Offenbach a. M. 1955
L. Curtius: Deutsche und Antike Welt. Lebenserinnerungen, Stuttgart 1958
W. Hofmann: Das irdische Paradies, München 1960 (2., verb. Aufl. München 1974)
W. Hütt: Die Düsseldorfer Malerschule 1819–1869, Leipzig 1964
Q. Carletti: Olevano Romano nella tradizione, nella storia, nell'arte, Rom o.J. (ca. 1964)
R. Zeitler: Die Kunst des 19. Jahrhunderts (Propyläen Kunstgeschichte Bd. XI), Berlin 1966
A. v. Schneider: Badische Malerei des 19. Jahrhunderts, 2. Aufl. Karlsruhe 1968
U. Finke: Künstler-Briefe an Schack, in: Zeitschrift des deutschen Vereins für Kunstwissenschaft, Bd. XXII, Berlin 1968, S. 82–110
H. Hüter: Unveröffentlichte Künstlerbriefe an den Grafen Adolf von Schack, in: Festschrift für Ulrich Middeldorf, Berlin 1968, S. 574–584
B. Marr-Schelker: Baslerische Italienreisen vom Beginn des achtzehnten bis in die zweite Hälfte des neunzehnten Jahrhunderts, Basel/Stuttgart 1970
W. Hofmann: Von der Nachahmung zur Erfindung der Wirklichkeit. Schöpferische Befreiung der Kunst 1890–1917, Köln 1970

C.F. Gulian: Mythos und Kultur, Wien/Frankfurt/Zürich 1971
M. Podro: The Manifold in Perception. Theories of Art from Kant to Hildebrand, Oxford 1972
H. Hofstätter: Idealismus und Symbolismus, Wien/München 1972
J. Burckhardt: Briefe. 5 Bde. Hg. v. M. Burckhardt, Basel 1949–74
M. Bringmann: Bemerkungen zu Arnold Böcklin, Hans Thoma und Wilhelm Leibl anläßlich der Ausstellungen in Düsseldorf, Karlsruhe und München 1974, in: Kunstchronik 28, 1975, S. 1–24
D. Sternberger: Gerechtigkeit für das 19. Jahrhundert, Frankfurt a.M. 1975
W. Schulz: Die Vollendung des deutschen Idealismus in der Spätphilosophie Schellings, Pfullingen 1975
Katalog Ausstellung Le Symbolisme en Europe, Paris/Rotterdam etc. 1975/76
R. Hamann/J. Hermand: Epochen deutscher Kultur von 1870 bis zur Gegenwart, 5 Bde., München 1971–1976; Bd. I: Gründerzeit, Bd. II: Naturalismus
H.H. Ewers: Die schöne Individualität, Stuttgart 1978
F.S. Würtemberger: Malerei und Musik. Die Geschichte des Verhaltens zweier Künste zueinander, dargestellt nach den Quellen im Zeitraum von Leonardo da Vinci bis John Cage, Frankfurt a.M./Bern 1979
J. v. Widmann: Erinnerungen an Johannes Brahms, Zürich/Stuttgart 1980 (Neuaufl.)
Katalog Ausstellung Roma 1911. Bearbeitet von G. Piantoni, Rom 1980
Katalog Ausstellung Die Nazarener in Rom. Ein deutscher Künstlerbund der Romantik, Rom/München 1981
G. Schiff: Epoche der Sehnsucht. Aspekte der deutschen Malerei des 19. Jahrhunderts, in: Meisterwerke der deutschen Malerei des 19. Jahrhunderts. Hg. v. S. Waetzoldt, Stuttgart 1981
J. Białostocki: Stil und Ikonographie. Studien zur Kunstwissenschaft, 2. Aufl. Köln 1981
Katalog Ausstellung Paul Heyse, Münchner Dichterfürst im bürgerlichen Zeitalter, München 1981
W. Kaegi: Jacob Burckhardt. Eine Biographie, Bde. I–VII, Basel 1947–1982
Kat. Ausstellung Zeichnungen deutscher Künstler des 19. Jahrhunderts aus dem Baseler Kupferstichkabinett, Basel 1982/83. Bearbeitet v. E.M. Krafft, Basel 1982
H. Paetzold: Aesthetik des deutschen Idealismus, Wiesbaden 1983
G. Pochat: Der Symbolbegriff in der Ästhetik und Kunstwissenschaft, Köln 1983
G. Pochat: Friedrich Theodor Vischer und die zeitgenössische Kunst, in: Ideengeschichte und Kunstwissenschaft – Philosophie und bildende Kunst im Kaiserreich, Hg. v. E. Mai, S. Waetzoldt und G. Wolandt, Berlin 1983
B. Scheer: Conrad Fiedlers Kunsttheorie, in: ebenda
M. Bringmann: Die Kunstkritik als Faktor der Ideen- und Geistesgeschichte. Ein Beitrag zum Thema »Kunst und Öffentlichkeit« im 19. Jahrhundert, in: ebenda
Klassik und Moderne. Hg. v. K. Richter und J. Schönert, München/Stuttgart 1983
Katalog Ausstellung Symboles et Réalités. La peinture allemande 1848–1905. Hg. v. W. Hofmann, Paris 1984/85
A. Schopenhauer: Metaphysik des Schönen. Philosophische Vorlesungen Teil III. Hg. und eingeleitet v. V. Spierling, München/Zürich 1985
G. Pochat: Geschichte der Aesthetik und Kunsttheorie. Von der Antike bis zum 19. Jahrhundert, Köln 1986
Fortschrittsglaube und Dekadenzbewußtsein im Europa des 19. Jahrhunderts. Hg. v. W. Drost, Heidelberg 1986
Catalogue of the Collection of Drawings in the Ashmolean Museum. Volume 5: German 19th Century Drawings. Bearbeitet von C.J. Bailey, Oxford 1987

Literatur zu den ausgestellten Künstlern

OSWALD ACHENBACH

C. Achenbach: Oswald Achenbach in Kunst und Leben, Köln 1912
W. Cohen: Oswald Achenbach in Italien und Daheim, in: Die Kunst für Alle, 32, 1917, S. 41f.
J.H. Schmidt: Oswald Achenbach, Düsseldorf 1944 (2. Aufl. 1946)
W. Hütt: Die Düsseldorfer Malerschule 1819 bis 1869, Leipzig 1964, S. 136ff.
I. Markowitz: Die Düsseldorfer Malerschule. Katalog Kunstmuseum Düsseldorf, Bd. 2, 1969, S. 28ff.
Katalog Ausstellung Die Düsseldorfer Malerschule, Kunstmuseum Düsseldorf/Mathildenhöhe Darmstadt 1979, S. 247ff.

REINHOLD BEGAS

L. Pietsch: Die Familie Begas, in: Westermanns Monatshefte, Jan. 1886
A.G. Meyer: Reinhold Begas (Knackfuß-Künstlermonographien Nr. 20), Bielefeld/Leipzig 1901
Katalog Ausstellung Reinhold Begas. Veranstaltet vom Verein Berliner Künstler, Berlin/Stuttgart/Leipzig 1906
P. Bloch: Amor und Psyche. Ein Frühwerk von Reinhold Begas, in: Anzeiger des Germanischen Nationalmuseums Nürnberg, 1973, S. 136ff.

ARNOLD BÖCKLIN

F. Pecht: Zu Arnold Böcklins 60. Geburtstag am 16. Oktober 1887, in: Die Kunst für Alle 13, 2. Halbjahr 1887/88, S. 17ff.
B. Haendcke: Arnold Böcklin in seinen historischen und künstlerischen Entwürfen, Hamburg 1890
P. Gérardy: A la gloire de Böcklin. Les petits essais d'enthousiasme, Liège 1895
C. Neumann: Der Kampf um die neue Kunst, Berlin 1896, darin: Arnold Böcklin, S. 251ff.
F. Novati: Artisti contemporanei: Arnoldo Boecklin, in: Emporium, 4, 1896, S. 243ff.
Katalog Böcklin-Jubiläums-Ausstellung, Basel 1897
Katalog Ausstellung Königliche Akademie der Künste, Berlin. Akademische Ausstellung von Werken Arnold Böcklins zur Feier seines 70. Geburtstages, Berlin 1897/98
M. Lehrs: Arnold Böcklin – Ein Leitfaden zum Verständnis seiner Kunst, 2. Aufl. München 1897
Katalog Ausstellung von Werken Arnold Böcklin's, veranstaltet zur Feier seines 70. Geburtstages. Kunsthalle und Kunstverein zu Hamburg (Einleitung: A. Lichtwark), Hamburg 1898
F.H. Meissner: Arnold Böcklin, Berlin/Leipzig 1898

H. Wölfflin: Die Böcklin-Ausstellung zu Basel, in: Kunstchronik, N.F. 9, 1898, Sp. 33 ff.
ders., Arnold Böcklin. Festrede zur Böcklinfeier, Basel 1897, in: Basler Jahrbuch, 1898, S. 218 ff.
R. Muther: Studien und Kritiken, Bd. 1, Wien 1900, darin: Arnold Böcklin zum 70. Geburtstag, S. 140 ff.; Arnold Böcklin (Epilog), S. 147 ff.
Arnold Böcklin. Eine Auswahl der hervorragendsten Werke des Künstlers in Photogravüre, Bd. 1–4, München 1892–1901 (Beilage: Arnold Böcklin. Sein Leben und sein Schaffen von H.A. Schmid)
F. Hammel: Die Insel der Seligen in Mythos und Sage der Vorzeit, München 1901
H. Mendelsohn: Böcklin, Berlin 1901
R. Schick: Tagebuchaufzeichnungen aus den Jahren 1866. 1868. 1869 über Arnold Böcklin. Hg. v. H. von Tschudi, gesichtet von C. Flaischlen, Berlin 1901
G. Floerke: Zehn Jahre mit Böcklin, München 1901
ders.: Zehn Jahre mit Böcklin. Aufzeichnungen und Entwürfe, 2., verm. Aufl. München 1902
A. von Salis: Erinnerungen an Arnold Böcklin. Nach Tagebuchnotizen eines Studenten, in: Basler Jahrbuch, 1902, S. 3 ff.
A. Frey: Arnold Böcklin nach den Erinnerungen seiner Züricher Freunde, Stuttgart/Berlin 1903
O. Lasius: Arnold Böcklin aus Tagebüchern von Otto Lasius. Hg. v. M.L. Lasius, Berlin 1903
H.A. Schmid: Verzeichnis der Werke Arnold Böcklins, München 1903
F. von Ostini: Böcklin, 9. Aufl. Bielefeld/Leipzig 1904
H. Floerke: Der Dichter Arnold Böcklin, München/Leipzig 1905
J. Meier-Graefe: Der Fall Böcklin und die Lehre von den Einheiten, Stuttgart 1905
H. Thode: Böcklin und Thoma. Acht Vorträge über neudeutsche Malerei, Heidelberg 1905
Katalog Ausstellung Arnold Böcklin. Ausstellung vom 24. September bis 21. Oktober 1905 bei Eduard Schulte, Berlin (Einleitung: H.A. Schmid), Berlin 1905
J. Manskopf: Böcklins Kunst und Religion, München 1905
E. Berger: Böcklins Technik, München 1906
A. Grabowsky: Der Kampf um Böcklin, Berlin 1906
F. Back und H. Kienzle: Handzeichnungen Arnold Böcklins. Stiftung des Freiherrn Maximilian von Heyl und der Freifrau Doris von Heyl, Darmstadt 1907
F. Runkel (Hg.): C. Böcklin: Neben meiner Kunst. Flugstudien, Briefe und Persönliches von und über Arnold Böcklin, Berlin 1909
K. Jaskulski: Der Symbolismus Böcklins, Czernowitz 1909
Böcklin-Memoiren. Tagebuchblätter von Böcklins Gattin Angela. Mit dem gesamten brieflichen Nachlaß. Hg. v. F. Runkel, Berlin 1910
H. von Tschudi: Gesammelte Schriften zur neueren Kunst, München 1912, darin: Die Werke Arnold Böcklins in der Nationalgalerie zu Berlin, S. 134 ff.; Über Arnold Böcklin, S. 119 ff., S. 128 ff.
A. Fleiner: Mit Arnold Böcklin, Frauenfeld 1915
R. Oeri-Sarasin: Beiträge zum Verhältnis zwischen Jacob Burckhardt und Arnold Böcklin, in: Basler Jahrbuch, 1917, S. 267 ff.
H.A. Schmid: Arnold Böcklin, München 1919
ders.: Arnold Böcklin. Handzeichnungen. Hg. v. H.A. Schmid, München 1921
B. Wyß: Erinnerungen an Arnold Böcklin. Nachgedruckte und ungedruckte Aufzeichnungen von Angela und Carlo Böcklin, Gottfried Keller, Alfred Welti, Adolf Frey, Hans Thoma u.a., Basel 1921
L. Thormaehlen: Böcklins Studien aus den Jahren 1850 und 1851, in: Repertorium für Kunstwissenschaft, Bd. 47, Berlin/Leipzig 1926, S. 209 ff.
Katalog Ausstellung Arnold Böcklin. Ausstellung zur Feier des 100. Geburtstages, Kunsthalle Basel, Basel 1927
H. Floerke: Böcklin und das Wesen der Kunst, München 1927
S. Streicher: Spitteln und Böcklin, 2. Bde., Zürich 1927
W. Barth: Arnold Böcklin, Frauenfeld/Leipzig 1928
M. Schneider: Arnold Böcklin. Ein Maler aus dem Geiste der Musik, Basel 1943
G. Schmidt: Schriften aus 22 Jahren Museumstätigkeit, Basel 1964, darin: Böcklin heute, 1951, S. 55 ff.
Katalog Ausstellung Arnold Böcklin. Ausstellung zum Gedächtnis an seinen 50. Todestag, veranstaltet vom Basler Kunstverein und von der Öffentlichen Kunstsammlung Basel, Kunsthalle Basel 1951
M. Bryner-Bender: Arnold Böcklins Stellung zum Porträt, Diss. Basel 1952
A. von Salis: Arnold Böcklin und die Antike, in: Basler Jahrbuch, 1955, S. 83 ff.
C.G. Heise: Der gegenwärtige Augenblick, Berlin 1960, darin: Arnold Böcklin (1936), S. 29 ff.
R. Andree, Arnold Boecklin. Beiträge zur Analyse seiner Bildgestaltung, Diss. Köln 1962
G. Schmidt: Arnold Böcklin, Pan. Einführung von G. Schmidt (Werkmonographien zur Bildenden Kunst. 85), Stuttgart 1963
Katalog Ausstellung Arnold Böcklin (bearbeitet von E. Rathke und S. Rathke-Köhl). Frankfurter Kunstverein, Frankfurt a.M. 1964
J. Wissmann: Arnold Böcklin und das Nachleben seiner Malerei, Studien zur Kunst der Jahrhundertwende, Diss. Münster 1968
G. Kleineberg: Die Entwicklung der Naturpersonifizierung im Werk Arnold Böcklins (1827–1901). Studien zur Ikonographie und Motivik in der Kunst des 19. Jahrhunderts, Diss. Göttingen 1971
Katalog Ausstellung Arnold Böcklin. Arts Council/Pro Helvetia 1971, Hayward Gallery London 1971
W. Fuchs: Hommage à Böcklin, Wien/Genf/Frankfurt a.M. 1972
G. de Chirico: Wir Metaphysiker. Gesammelte Schriften. Hg. v. W. Schmied, ins Deutsche übertragen von A. Henze, Berlin 1973, darin: Arnold Böcklin, S. 73 ff. (abgedr. in: Andree 1977, S. 46 ff.)
Katalog Ausstellung Itinerario mitologico. Boecklin. De Chirico. Savinio. Vacchi. Galleria dell'Oca, Rom 1974
Katalog Ausstellung Arnold Böcklin 1827–1901, Kunstmuseum Düsseldorf 1974
J. Wissmann: Zum Nachleben der Malerei Arnold Böcklins, in: ebenda, S. 28 ff.
R. Andree: Arnold Böcklin – Zur Ausstellung im Kunstmuseum, in: Düsseldorfer Museen, 6, 1974, S. 204 f.
M. Schneckenburger: Düsseldorf-Kunstmuseum. Ausstellung: Arnold Böcklin, in: Pantheon, 32, 1974, S. 408 ff.
E. Mai: Arnold Böcklin. Kunstmuseum Düsseldorf, in: Das Kunstwerk, 27, 1974, S. 5 f., 168 ff.
H. Rumpel: Böcklin und Hodler, in: G. Jedlicka. Eine Gedenkschrift, Zürich 1974, S. 89 ff.
R. Ironside: Arnold Böcklin, in: Apollo 101, 1975, S. 183 ff.
E. Beaucamps: Das Dilemma der Avantgarde. Aufsätze zur bilden-

den Kunst, Frankfurt a.M. 1976, darin: Die sinnliche Strategie Arnold Böcklins, S. 82ff.
Z. Magyar: Die Toteninsel, in: Das Münster, 29, 1976, S. 204ff.
M.-J. Heyer-Etienure: Arnold Böcklin à Bâle, in: Revue d'Allemagne, Bd. XIII, 2, 1980, S. 200ff.
R. Andree: Arnold Böcklin. Die Gemälde. Mit Beiträgen von A. Berner, G. de Chirico, H. Holenweg, H. Kühn, W. Ranke und G. Schmidt, Basel/München 1977
W. Ranke: Böcklinmythen, in: ebenda, S. 64ff.
Katalog Ausstellung Arnold Böcklin 1872–1901. Gemälde, Zeichnungen, Plastiken. Ausstellung zum 150. Geburtstag, veranstaltet vom Kunstmuseum Basel und vom Kunstverein 1977, Basel/Stuttgart 1977
F. Zelger: Kinder, Engel, Amoretten – Variationen eines Motivs im Œuvre von Böcklin, in: ebenda, S. 103ff.
E. Mai: Arnold Böcklin, Kunstmuseum Basel, 1977, in: Das Kunstwerk, 30, 1977, 5, S. 46f.
Katalog Ausstellung Arnold Böcklin 1827–1901. Ausstellung zum 150. Geburtstag, veranstaltet vom Magistrat der Stadt Darmstadt, 2 Bde., Mathildenhöhe Darmstadt 1977
C. Heilmann: Zu Arnold Böcklins künstlerischer Individualität, in: ebenda, Bd. I, S. 34ff.
N. Schneider: Böcklins Toteninsel, in: ebenda, Bd. I, S. 106ff.
Katalog Ausstellung Panamarenko, Flugobjekte und Zeichnungen. Arnold Böcklin, Leonardo da Vinci, Wladimir Tatlin. Flugmodelle, Pläne und Fotos, Kunsthalle Basel 1977
L. Tittel (Hg.): Arnold Böcklin. Leben und Werk in Daten und Bildern. Hg. v. L. Tittel in Zusammenarbeit mit W. Grindemann u.a., Frankfurt a.M. 1977
H. Brauer: Zeitgenössische Urteile über Böcklin, in: Kaleidoskop. Eine Festschrift für Fritz Baumgart zum 75. Geburtstag, Berlin 1977, S. 218ff.
W. Ranke: Arnold Böcklin – Ein Neuzugang unter den Klassikern? Zu den Ausstellungen in Basel und Darmstadt, in: Kunstchronik, 31, 1978, S. 75ff.
J. Poetter: Studien zum Mythos im Werke Arnold Böcklins, Diss. München 1978
E.B. Putz: Classical antiquity in the painting of Arnold Böcklin, Diss. Berkeley 1979, Ann Arbor, UMI 1982
W. Ranke: Le ›Cas Böcklin‹: un épisode toujours actuel de l'art en Allemagne, in: Revue de l'Art, 45, 1979, S. 37ff.
Katalog Ausstellung Arnold Böcklin e la cultura artistica in Toscana. Hans von Marées, Adolf von Hildebrand, Max Klinger ... Fiesole, Rom 1980
M. Volpi: Arnold Böcklin, disegni. Introd. di M. Volpi. Note alle tavole di M.L. Frongia, Florenz 1982
F. Zelger: Arnold Böcklin, Glattburg 1982
E. Tumanonis: Böcklin and Wagner: The Dragon Slain, in: Pantheon, XLIV, 1986, S. 87ff.
Katalog Ausstellung Arnold Böcklin. Werke aus dem Kunstmuseum Basel. Veranstaltet von dem Nationalmuseum für westliche Kunst, Tokyo, und dem Kunstmuseum Basel, Tokyo 1987

FRANZ-DREBER

A. Rosenberg: Geschichte der modernen Kunst, Bd. II, Leipzig 1887, S. 172ff., 355
H. Börger: Heinrich Dreber. Kleine Führer der Kunsthalle zu Hamburg, Nr. 25, Hamburg 1921
P. Schumann: Heinrich Franz Dreber – Zur Jubiläumsausstellung in der Galerie Ernst Arnold, Dresden, in: Die Kunst für Alle, 37, 1921/22, S. 265ff.
R. Schöne: Heinrich Dreber. Forschungen zur deutschen Kunstgeschichte, Bd. 34, Berlin 1940

ANSELM FEUERBACH

Katalog Ausstellung National-Galerie Berlin. Werke von Anselm Feuerbach, Text Max Jordan, Berlin 1880
R. Vischer: Über Pietro Testa und Anselm Feuerbach, in: Jahrbuch der Königlich Preußischen Kunstsammlungen, VIII, 1887, S. 154ff.
G. Winkler: Anselm und Henriette Feuerbach und ihre Beziehungen zum Grafen Schack, in: Die Kunst, Bd. VII, 1903, S. 107ff.
J. Allgeyer und C. Neumann: Anselm Feuerbach. Zweite Auflage auf Grund der zum ersten Mal benützten Originalbriefe und Aufzeichnungen des Künstlers. Aus dem Nachlasse des Verfassers herausgegeben und mit einer Einleitung begleitet von C. Neumann, 2 Bde., Berlin/Stuttgart 1904
Anselm Feuerbach und Moritz von Schwind. Drei Briefe Feuerbachs. Hg. v. C. Neumann, in: Kunst und Künstler, II, 1904, S. 99ff.
P. Hartwig: Anselm Feuerbachs Medea, Lucia Brunacci, Leipzig 1904
A. von Oechelhäuser: Aus Anselm Feuerbachs Jugendjahren, Leipzig 1905
P. Hartwig: Eine Vorarbeit Anselm Feuerbachs zum zweiten (Berliner) Symposion des Platon, in: Die Graphischen Künste, Jg. 28, 1905, S. 35ff.
K. Scheffler: Feuerbach, in: Kunst und Künstler, 4, 1906, S. 449ff., 505ff.
H. Ebert: Briefe von Anselm Feuerbach und Johannes Brahms, in: Süddeutsche Monatshefte, 4. Jg., H. 3, März 1907, S. 304
H. Uhde-Bernays: A. Feuerbachs Lehrer Th. Couture, in: Münchner Jahrbuch der Bildenden Kunst, 1907, 1. Halbjahr, S. 101ff.
Anselm Feuerbachs Briefe an seine Mutter. Aus dem Besitz der Königlichen National-Galerie zu Berlin. Hg. v. G.J. Kern und H. Uhde-Bernays, 2 Bde., Berlin 1911
H. Uhde-Bernays: Anselm Feuerbach. Seine besten Gemälde, Studien und Handzeichnungen, München 1911
H. Feuerbach (Hg.): Ein Vermächtnis. Von Anselm Feuerbach (20.–24. Aufl./Unveränderter Abdruck der 6. Aufl.), Berlin 1912 (34. Aufl. Berlin 1913)
H. Uhde-Bernays: Feuerbach. Des Meisters Gemälde (Klassiker der Kunst Bd. 23), Stuttgart/Berlin 1913
Henriette Feuerbach: Ihr Leben in ihren Briefen. Hg. v. H. Uhde-Bernays, Berlin/Wien 1913
G.J. Kern: Zu Feuerbachs Darstellungen der Iphigenie, in: Zeitschrift für Bildende Kunst, N.F., Bd. 24, 1913, S. 245ff.
H. Uhde-Bernays: Ein unbekanntes Selbstbildnis von Anselm Feuerbach, in: Der Cicerone, 1917, S. 3ff.
W. Franke: Anselm Feuerbachs Zeichnungen, Leipzig/Zürich 1921
B. Schroeder: Anselm Feuerbach und die Antike, in: Jahrbuch der preußischen Kunstsammlungen, XLV, 1924, S. 85ff.
E. Heyck: Feuerbach (Knackfuß-Künstlermonographien Nr. 76), Bielefeld/Leipzig 1925
Katalog Ausstellung Anselm Feuerbach. Gedächtnisausstellung. Badische Kunsthalle Karlsruhe, Karlsruhe 1929
Katalog Feuerbach-Ausstellung zur Feier des 100. Geburtstages des Meisters. Veranstaltet von der Direktion der Bayerischen Staats-

gemäldesammlungen in der Neuen Pinakothek München. Verbunden mit einer Ausstellung von Zeichnungen geistesverwandter Künstler des 19. Jahrhunderts, München 1929
Katalog der Anselm-Feuerbach-Gedächtnis-Ausstellung, Städtische Galerie Nürnberg 1929
H. Uhde-Bernays: Feuerbach. Beschreibender Katalog seiner sämtlichen Gemälde, München 1929
W. Josephi (Hg.): Adolf Friedrich von Schack und Anselm Feuerbach. Originalbriefe des Künstlers und seiner Mutter im Mecklenburgischen Geheimen und Hauptarchiv zu Schwerin, in: Mecklenburgische Jahrbücher, Bd. CIII, 1939, S. 3 ff.
K. Huschke-Weimar: Anselm Feuerbach und Johannes Brahms, in: Die Kunst, LXIII, 1931, S. 154, 179 ff.
F. Ahlers-Hestermann: Anselm Feuerbach: Das Gastmahl des Platon (Der Kunstbrief Nr. 16), Berlin 1941
W. Waldmann: Anselm Feuerbach, Berlin 1942
F. Muthmann: Alkibiades und Agathon. Über die antiken Grundlagen von Anselm Feuerbachs »Gastmahl des Plato«, in: Zeitschrift für Kunstgeschichte, 14, 1951, S. 97 ff.
H. von Einem: Gedanken zu Anselm Feuerbach und seiner »Iphigenie«, in: Zeitschrift des deutschen Vereins für Kunstwissenschaft, 18, 1964, S. 127 ff.
P. Köster: Wächters »Cornelia« und Feuerbachs »Iphigenie«, in: Neusser Jahrbuch, 1967, S. 16 ff.
M. Arndt: Die Zeichnungen Anselm Feuerbachs. Studien zur Bildentwicklung, Diss. Bonn 1968
Katalog Ausstellung Anselm Feuerbach als Zeichner, Kunstverein Heidelberg, Historisches Museum der Pfalz, Speyer/Heidelberg 1969
G. Poensgen: Anselm Feuerbach als Zeichner. Kunstverein Heidelberg, Historisches Museum der Pfalz, Speyer, in: Das Kunstwerk, 23, 1969, S. 81 f.
L Fehrle-Burger: Hölderlin und Feuerbach – durch Chorgesänge Brahms geehrt, in: Ekkhart, 1971, S. 36 ff.
K. Pilz: Das Selbstbildnis von Anselm Feuerbach in der Gemäldegalerie Kiel, in: Pommern, IV, 1972, S. 24 ff.
H. von Einem: Anselm Feuerbachs »Orpheus und Euridike«, in: Wallraf-Richartz-Jahrbuch, 36, 1974, S. 295 ff.
Anselm Feuerbach. Seine Familie und ihre Zeit. Beiträge zur Speyerer Stadtgeschichte, Heft 3, Bezirksgruppe Speyer des Historischen Vereins der Pfalz, Speyer 1975
H. Klimm: Der Maler Anselm Feuerbach, Sproß einer genialen Familie des bürgerlichen Zeitalters, in: ebenda, S. 9 ff.
H. Schimpf: Henriette Feuerbach. Leitlinien ihrer Lebensgestaltung, in: ebenda, S. 53 ff.
Katalog Ausstellung Anselm Feuerbach 1829–1880, Gemälde und Zeichnungen. Ausstellung in der Staatlichen Kunsthalle Karlsruhe, München/Berlin 1976
H. Theissing: ›Die Ewigkeit der Kunst‹. Zu Anselm Feuerbachs Schaffen und Denken, in: ebenda, S. 64 ff.
M. Bringmann: Ein erträumter Lorbeerkranz und die Flohstiche der Realität. Feuerbachs Selbstgefühl und die zeitgenössische Pressekritik, in: ebenda, S. 124 ff.
J. Bahns: Anselm Feuerbachs Nürnberger Historienbilder, in: ebenda, S. 106 ff.
M. Zeller: Zur Rekonstruktion eines Mythos. Anselm Feuerbach in seinen Briefen und Aufzeichnungen, in: ebenda, S. 51 ff.
M. Bringmann: Anselm Feuerbach (1829–1880) – Karlsruhe/Kunsthalle, in: Weltkunst, 46, S. 1356 f., 1366 ff.
E. Mai, Besprechung der Karlsruher Feuerbach-Ausstellung, in: Pantheon, XXXIV, 1976, S. 344 ff.
A. Feuerbach: Ein Vermächtnis (Neuauflage), Hildesheim 1977
W. Zimmermann: Anselm Feuerbach. Gemälde und Zeichnungen aus der Staatlichen Kunsthalle Karlsruhe, Karlsruhe 1961, 2. Aufl. 1978
Katalog Ausstellung Anselm Feuerbach 1829–1880. Bearbeitet von E. Bratke und H. Schimpf, Speyer 1980
Das Feuerbachhaus. Schriftenreihe über das Leben und Wirken der Familie Feuerbach, Heft 2, 1982, Speyer 1982
H. Theissing: Feuerbach und die Krise des Idealismus, in: ebenda, S. 21 ff.
H. Schimpf: Der Maler Anselm Feuerbach. Versuch einer Würdigung des Menschen und Künstlers zu seinem 100. Todestag, S. 45 ff.
H. Fronig: Ästhetik und Antikenverständnis bei Anselm Feuerbach, in: Wallraf-Richartz-Jahrbuch, Bd. XLII, 1981, S. 157 ff.
E. Mai: Feuerbach und die alten Meister, in: Pantheon, 2, 1984, S. 131 ff.
M. Volpi: L'»Ifigenia« di Anselm Feuerbach, in: Prospettive, n. 33–36, 1985, S. 346 ff.
D. de Chapeaurouge: Dauerhaftigkeit der Kunst gegen Flüchtigkeit des Lebens – Feuerbachs ›Gastmahl des Plato‹, in: Das 19. Jahrhundert und die Restaurierung. Hg. v. H. Althöfer, München 1987, S. 71 ff.

BERNHARD FRIES

F. Pecht: Ravello. Aus dem Cyclus italienischer Landschaften von Bernhard Fries, in: Zeitschrift für bildende Kunst, Bd. I, 1866, S. 136
Katalog Ausstellung Heidelberg. Verzeichnis der im Kurpfälzischen Museum der Stadt Heidelberg ausgestellten Werke von Bernhard Fries, einem Heidelberger und Münchner Maler, 1820–1879. Bearbeitet von K. Lohmeyer, Heidelberg 1922
J. A. Beringer: Badische Malerei 1770–1920, Karlsruhe 1922, S. 26 ff.
R. Pérard: Bernhard Fries. Ein Maler des Übergangs im 19. Jahrhundert in seinem Leben und künstlerischen Werk, Diss. Darmstadt 1930
Katalog Ausstellung Romantiker und Realisten. Badischer Kunstverein Karlsruhe 1965, Nr. 84
A. von Schneider: Badische Malerei des 19. Jahrhunderts, 2. Aufl. Karlsruhe 1968, S. 41 ff.

OTTO GREINER

J. Vogel: Otto Greiner, Leipzig 1903
Th. Schreiber: Meisterwerke des Städtischen Museums der bildenden Künste zu Leipzig, München 1907, Kat. Nr. 779
H. W. Singer (Hg.): Zeichnungen von Otto Greiner (Meister der Zeichnung, Bd. IV), Leipzig 1912
J. Vogel: Otto Greiner (Knackfuß-Künstlermonographie Nr. 114), Bielefeld/Leipzig 1925

LUDWIG GURLITT

L. Gurlitt: Louis Gurlitt. Ein Künstlerleben des 19. Jahrhunderts. Dargestellt von seinem Sohne Ludwig Gurlitt, Berlin 1912
L. Martius: Die schleswig-holsteinische Malerei im 19. Jahrhundert, Neumünster 1956, S. 235 ff.

ADOLF VON HILDEBRAND

A. Heilmeyer: Adolf von Hildebrand (Knackfuß-Künstlermonographie Nr. 60), Bielefeld/Leipzig 1902
A. von Hildebrand: Das Problem der Form in der bildenden Kunst, Straßburg 1913
A. Heilmeyer: Adolf von Hildebrand. Verzeichnis der sämtlichen Werke Hildebrands mit 117 Tfln. und G. Jachmanns Gedächtnisrede, München 1922
Adolf von Hildebrands Briefwechsel mit Conrad Fiedler. Hg. v. G. Jachmann, Dresden 1927
B. Sattler (Hg.): Adolf von Hildebrand und seine Welt. Briefe und Erinnerungen, München 1962
M. Imdahl: Marées, Fiedler, Hildebrand, Riegl, Cézanne. Bilder und Zitate, Bonn 1963 (Sonderdruck aus: Literatur und Gesellschaft, 1963, S. 143 ff.)
H. Bock: Adolf von Hildebrand. Das Problem von Form und Inhalt, in: Sitzungsberichte der Kunstgeschichtlichen Gesellschaft, Berlin 1968/69, N.F. 17, S. 8f.
A. von Hildebrand: Gesammelte Schriften. Hg. v. H. Bock, Köln/Opladen 1969 (Wiss. Abhandl. d. Arbeitsgemeinschaft f. Forschung d. Landes Nordrhein-Westfalen, 39)
H. Bock: Problematische Formtheorie. Adolf von Hildebrand und Konrad Fiedler, in: Beiträge zur Theorie der Künste im 19. Jahrhundert, Frankfurt a. M. 1973, S. 230 ff.
F.J. Neckening: Das Problem der Form- und Inhaltsreduktion im künstlerischen Schaffen und theoretischen Denken deutscher Plastiker der Marées-Nachfolge. Adolf von Hildebrand und Arthur Volkmann. Die historische Bedingtheit eines künstlerischen Phänomens zwischen 1870 und 1910, Diss. Berlin 1982
A. Haas: Adolf von Hildebrand. Das plastische Porträt, München 1984
S. Braunfels-Esche: Marées und Hildebrand, in: Katalog Ausstellung Hans von Marées, 1987, S. 127 ff.

LUDWIG VON HOFMANN

O. Fischel: Ludwig von Hofmann (Knackfuß-Künstlermonographie Nr. 63), Bielefeld/Leipzig 1903
F. Naumann: »Ein Farbenseher«, in: Form und Farbe, Berlin 1909, S. 138 ff.
B. Graeff: Die künstlerische Welt in den Bildern Ludwig von Hofmanns, in: Zeitschrift für bildende Kunst, XXVII, 1917, S. 133 ff.
P. Clemen: Ludwig von Hofmann zum 80. Geburtstag, in: Die Kunst, LXXXIII, 1941, S. 279 ff.
E. Rebslob: Katalog der Gedächtnis-Ausstellung Ludwig von Hofmann 1861–1945, Berlin 1962 (Kunstamt Charlottenburg)
Katalog Ausstellung Secession. Europäische Kunst um die Jahrhundertwende, Haus der Kunst, München 1964, S. 43 f.
Katalog Ausstellung Ludwig von Hofmann. Zeichnungen und Pastelle aus Privatbesitz, Darmstadt, Hessisches Landesmuseum/Heidelberg, Kurpfälzisches Museum, Darmstadt 1976
Katalog Ausstellung Roma 1911. Bearbeitet von G. Piantoni, Rom 1980, S. 123

EDMUND FRIEDRICH KANOLDT

Katalog Ausstellung Romantiker und Realisten, Badischer Kunstverein Karlsruhe 1965, Nr. 121 ff.
A. von Schneider: Badische Landschaftsmalerei des 19. Jahrhunderts, 2. Aufl. Karlsruhe 1968, S. 104 ff.
J.A. Beringer: Badische Malerei 1770–1920, Karlsruhe 1922, S. 99 ff.

MAX KLINGER

M. Klinger: Malerei und Zeichnung, Leipzig 1891
G. Treu: Klinger als Bildhauer (Sonderheft aus der Zeitschrift »Pan«), Leipzig 1900
J. Vogel: Max Klingers Leipziger Skulpturen. Salome. Kassandra. Beethoven. Das Badende Mädchen. Franz Liszt, 3. Aufl. Leipzig 1902
M. Schmid: Klinger (Knackfuß-Künstlermonographien Nr. 41), Bielefeld/Leipzig 1906
F.H. Meissner: Max Klinger. Radierungen, Zeichnungen, Bilder und Skulpturen, München 1914
W. Pastor: Max Klinger, Berlin 1922
H.W. Singer (Hg.): Briefe von Max Klinger aus den Jahren 1874 bis 1919, Leipzig 1924
Ausstellungskatalog Max Klinger zum 100. Geburtstag. Hg. vom Museum der Bildenden Künste in Leipzig, Leipzig 1957
Katalog Ausstellung Max Klinger 1857–1920. Ausstellung zum 50. Todestag des Künstlers vom 4. Juli bis 20. September 1970. Museum der Bildenden Künste zu Leipzig, Leipzig 1970
U. Steiner: Die Malerei Max Klingers, Diss. Wien 1973
S.W. Mathieu (Hg.): Max Klinger. Leben und Werk in Daten und Bildern, Frankfurt a. M. 1976
A. Dückers: Max Klinger, Berlin 1976
Katalog Ausstellung Max Klinger, Kunsthalle Bielefeld 1976
Katalog Ausstellung Max Klinger 1857–1920. Beeldhouwwerken, schilderijen, tekeningen, grafiek (Text G. Winkler). Museum Boymans-van-Beunigen, Rotterdam 1978
C. Heilmann: Max Klinger. 30.9.–12.11.1978 Boymans-van-Beunigen Museum Rotterdam, in: The Connoisseur, 199, 1978, S. 292
Katalog Ausstellung Max Klinger 1857–1920. Malerei, Graphik, Plastik. Werke aus dem Besitz des Museums der Bildenden Künste, Leipzig und der Graphischen Sammlung Albertina, Wien 1981
Katalog Ausstellung Max Klinger. Love, death and the beyond. By M.J. Holloway, I. Zdanowicz. National Gallery of Victoria, Melbourne 1981
Katalog Ausstellung Max Klinger. Wege zum Gesamtkunstwerk. Roemer- und Pelizäeus-Museum Hildesheim, Mainz 1984
G. Winkler: Max Klinger, Leipzig 1984

ALBERT LANG

J.A. Beringer: Badische Malerei 1770–1920, Karlsruhe 1922, S. 124
Katalog Gedenkausstellung Albert Lang 1847–1933, München, Galerie Heinemann 1934
A. v. Schneider: Badische Malerei des 19. Jahrhunderts, 2. Aufl. Karlsruhe 1968, S. 132 f.
Katalog Ausstellung Die Münchner Schule 1850–1914, München 1979, S. 265
H. Ludwig (Hg.): Münchner Maler im 19. Jahrhundert. Bruckmanns Lexikon der Münchener Kunst, Bd. III, München 1983, S. 11 ff.

FRANZ VON LENBACH

S. Wichmann: Franz von Lenbach und seine Zeit, Köln 1973
S. Mehl: Franz von Lenbach in der Städtischen Galerie im Lenbachhaus. Mit einem Beitrag von C. Hoh-Slodzyk (Materialien zur Kunst des 19. Jahrhunderts Bd. 25), München 1980
W. Ranke: Franz von Lenbach. Der Münchner Malerfürst, Köln 1986
Katalog Ausstellung Franz von Lenbach 1836–1904. Städtische Galerie im Lenbachhaus München, München 1987

FRIEDRICH PRELLER D. Ä.

C. H. A. Burckhardt: Aus Friedrich Prellers erstem Aufenthalte in Italien 1826–1831, Beilage zur Allgemeinen Zeitung 1878, Nr. 141
O. Roquette: Friedrich Preller. Ein Lebensbild, Frankfurt a. M. 1883
J. Gensel: Friedrich Preller d. Ä. (Knackfuß-Künstlermonographien. 69), Bielefeld/Leipzig 1904
Friedrich Preller d. Ä.: Künstlerisches aus den Briefen Friedrich Prellers des Älteren. Zu seinem 100. Geburtstag, dem 25. April 1904, hg. v. W. Witting, Weimar 1904
Katalog Gedächtnis-Ausstellung zur 150. Wiederkehr des Geburtstages von Friedrich Preller d. Ä., 26. April 1804, Kurpfälzisches Museum der Stadt Heidelberg 1954
W. Schneidig: Die Geschichte der Weimarer Malerschule 1860–1900, Weimar 1971
Katalog Ausstellung Friedrich Preller. Ausstellung anläßlich seines 100. Todestages, Kunstsammlungen zu Weimar, Kunsthalle am Theaterplatz 1978

FRIEDRICH PRELLER D. J.

Friedrich Preller d. J.: Tagebücher des Künstlers. Hg. und biographisch vervollständigt von M. Jordan, München/Kaufbeuren 1904 (mit Verzeichnis der Gemälde)
R. und L. König (Hg.). Friedrich Preller d. J. Eine Künstlerjugend, Weimar 1930

AUGUST RIEDEL

R. Oldenbourg: Die Münchner Malerei im 19. Jahrhundert, München 1922, S. 258 ff.
C. Schaper: August Riedel. Ein Bayreuther Maler-Professor an der römischen Akademie San Luca (Archiv für Geschichte von Oberfranken, Bd. 42, Bayreuth 1982, S. 91 ff.)

CARL ROTTMANN

F. Krauss: Carl Rottmann, Heidelberg 1930
K. Lankheit. Der Maler Carl Rottmann, in: Ruperto Carola, 5. Jg., Heft 11/12, 1953, S. 51 ff.
Katalog Ausstellung Carl Rottmann, 1798–1850. Bayerische Staatsgemäldesammlungen, Kunstverein München, München 1955
H. Decker: Carl Rottmann, Berlin 1957
Katalog Ausstellung Carl Rottmann, 1789–1850. Aquarelle und Zeichnungen aus dem Besitz des Kurpfälzischen Museums, Heidelberg 1974
E. Bierhaus-Rödiger: Zum ehemaligen Dekorationsprogramm der Münchner Hofgarten-Akademie, in: Weltkunst, 47, 1977, S. 2149 ff.
dies.: Carl Rottmann, 1797–1850. Monographie und kritischer Werkkatalog. Mit Beiträgen von H. Decker und B. Eschenburg, München 1978

JOHANN WILHELM SCHIRMER

H. Riegel: Deutsche Kunststudien, Hannover 1868, darin: Joh. Wilhelm Schirmer, S. 365 ff.
Katalog Ausstellung Johann Wilhelm Schirmer, 1807–1863. Galerie Heinemann München, München 1919
G. J. Wolf: Johann Wilhelm Schirmer, in: Die Kunst, 41, 1919–20, S. 197 ff.
K. Zimmermann: Johann Wilhelm Schirmer, Diss. Kiel 1919, Saalfeld 1920
W. Cohen: Hundert Jahre Rheinische Malerei, Bonn 1924, S. 9 ff.
H. Curjel: Landschaftsstudien J. W. Schirmers, in: Pempelfort, Sammlung Kleiner Düsseldorfer Kunstschriften, hg. v. H. W. Keim und K. Koetschau, Heft 10, Düsseldorf 1926
Die Lebenserinnerungen des Johann Wilhelm Schirmer. Bearbeitet von P. Kaulhausen, Düsseldorf 1956
Katalog Ausstellung Johann Wilhelm Schirmer, 1807–1863. Zeichnungen und Aquarelle, Clemens-Sels-Museum Neuss 1957
H. Appel: J. W. Schirmers italienische Reise (1839–1840), in: Aachener Kunstblätter, 17/18, 1958/59, S. 78 ff.
Katalog Ausstellung Ölstudien von Johann Wilhelm Schirmer (1807–1863) aus dem Besitz der Staatlichen Kunsthalle und der Badischen Akademie der Bildenden Künste, Karlsruhe, Leopold-Hoesch-Museum Düren 1964
R. Theilmann: Johann Wilhelm Schirmers Karlsruher Schule, Diss. phil. Heidelberg 1971
R. Theilmann: Schirmer und die Düsseldorfer Landschaftsmalerei, in: Katalog Ausstellung Die Düsseldorfer Malerschule, Düsseldorf/Darmstadt 1979, S. 130 ff.

HANS THOMA

H. Thoma: Im Herbste des Lebens. Gesammelte Erinnerungsblätter, München 1909
H. Thode: Hans Thoma. Des Meisters Gemälde in 874 Abbildungen (Klassiker der Kunst Bd. XV), Stuttgart/Leipzig 1909
F. von Ostini: Thoma (Knackfuß-Künstlermonographie Nr. 46), Bielefeld/Leipzig 1910
H. Thoma: Im Winter des Lebens. Aus acht Jahrzehnten gesammelte Erinnerungen, Jena 1919
J. A. Beringer: Hans Thoma, München 1922
E. Würtenberger: Hans Thoma. Aufzeichnungen und Betrachtungen, Zürich/München 1924
H. Thoma: Briefwechsel mit Henry Thode 1889–1920. Hg. v. J. A. Beringer, Leipzig 1928
A. v. Schneider: Führer durch das Thoma-Museum, Badische Kunsthalle Karlsruhe 1933
Katalog Ausstellung Hans Thoma, 1839–1924. Zum 100. Geburtstag. Katalog der Gemälde und Zeichnungen, Karlsruhe 1939
A. v. Schneider (Hg.): Briefwechsel Hans Thoma–Conrad Fiedler, Karlsruhe 1939

Katalog Ausstellung Hans Thoma und sein Kreis, Staatsgalerie Stuttgart 1962
Katalog Ausstellung Hans Thoma. Gedächtnis-Ausstellung zum 50. Todestag (Katalog bearbeitet v. W. Zimmermann), Karlsruhe 1974
Katalog Sonderausstellung Hans Thoma. Gemälde, Handzeichnungen, Druckgraphik, Staatliche Galerie Moritzburg, Halle 1974

ERNST WILLERS

Artikel Ernst Willers, in: Thieme-Becker, Künstlerlexikon, Bd. XXXVI, Leipzig 1947, S. 18
Katalog Bayerische Staatsgemäldesammlungen. Gemälde-Kataloge. Bd. II: Schack-Galerie, München 1969, Bd. I, S. 437 ff.

Photonachweis

Für die freundliche Überlassung von Photomaterial danken wir den jeweiligen Museen und privaten Leihgebern sowie folgenden Photographen und Institutionen:

M. Abel-Menne, Wuppertal 2
J. P. Anders, Berlin 33, 46, 51, 108, 112, 126
Blauel/Gnamm-Artothek, München 13, 26, 31, 53, 67, 72
E. Borgwaldt, Berlin/DDR 135
Conway Library, London P 13 a
U. Edelmann, Frankfurt 133, 137
R. Kleinhempel, Hamburg 60, 88, 89, 90, Z 10, P 18
Kunsthistorisches Institut, Florenz P 10
Landesbildstelle Rheinland, Düsseldorf 1, 5, 12, 95, 111, 128
H. Ort, Worms 28
G. Reinhold, Leipzig-Mölkau 8, 50, 97
Rheinisches Bildarchiv, Köln P 6
Sächsische Landesbibliothek, Dresden 49, 119, 134
C. Sandig, Leipzig 38, 99
M. Schott, Düsseldorf 129
Schweizer Institut für Kunstwissenschaft, Zürich (Photo Gross, St. Gallen) 6, 61
Fotoatelier Siegfried, Basel 44
H. R. Wacker, Oldenburg 57, 71